中国铜镜图典

（修订本）

孔祥星　刘一曼　鹏　宇　编著

上

上海古籍出版社

图书在版编目（CIP）数据

中国铜镜图典/孔祥星，刘一曼，鹏宇编著. — 修订本. —上海：上海古籍出版社，2020.12（2022.7 重印）
ISBN 978-7-5325-9771-0

Ⅰ.①中… Ⅱ.①孔… ②刘… ③鹏… Ⅲ.①古镜—铜器（考古）—中国—图集 Ⅳ.① K875.22

中国版本图书馆 CIP 数据核字（2020）第 187741 号

责任编辑：姚明辉
封面设计：严克勤
技术编辑：耿莹祎

中国铜镜图典（修订本）

（全二册）

孔祥星　刘一曼　鹏　宇　编著
上海古籍出版社出版发行
（上海市闵行区号景路 159 弄 1–5 号 A 座 5F　邮政编码 201101）
（1）网址：www.guji.com.cn
（2）E-mail：guji1@guji.com.cn
（3）易文网网址：www.ewen.co
上海盛通时代印刷有限公司印刷
开本 787×1092　1/16　印张 86.75　插页 15
2020 年 12 月第 1 版　2022 年 7 月第 2 次印刷
ISBN 978-7-5325-9771-0
K·2910　定价：518.00 元
如有质量问题，请与承印公司联系

1 叶脉纹镜（1.7） 商代

安阳妇好墓出土（《中国青铜器全集》16 卷图 3）

2 五山镜　战国

安徽六安出土（《六安出土铜镜》37 页图 16）

3 金银错斗兽镜（2.151） 战国
传河南洛阳出土（《洛镜铜华——洛阳铜镜发现与研究》69 页）

4 蟠螭镜（3.14） 汉代

江苏扬州汉墓出土（《汉广陵国铜镜》35页图6）

5 四神博局镜（3.174） 汉代

河南洛阳新莽墓出土（《洛镜铜华——洛阳铜镜发现与研究》142 页）

6 瑞兽葡萄镜　唐代

河南宜阳唐墓出土（《洛镜铜华——洛阳铜镜发现与研究》233 页）

7 金银平脱鸾鸟镜（4.207） 唐代

陕西西安出土（《中国青铜器全集》16卷图112）

8 缠枝花纹折角方镜　北宋

上海博物馆藏（《练形神冶莹质良工——上海博物馆藏铜镜精品》296 页）

9 迦陵频伽纹镜（6.45） 辽代
辽宁建平辽墓出土（《净月澄华——辽宁省博物馆藏古代铜镜》49页）

10 双鱼镜 金代

黑龙江阿城出土（《中国青铜器全集》16 卷图 199）

再版前言

《中国铜镜图典》(以下简称《图典》)于 1992 年出版,20 多年来铜镜研究领域有了根本性变化,不少考古出土和传世的铜镜相继出版,文博考古机构和民间收藏的铜镜,种类众多,品相精美,展示了中国古代铜镜文化的丰富多彩。伴随着新材料的发现和应用,研究铜镜的著作、图录、文章,特别是硕士、博士论文,拓展了新的视野,提供了新的思路。

21 世纪伊始,文博考古界和收藏界一直有同仁希望我们再版《图典》。但考虑到再版如何适应新的形势,如何使用新的资料,使定位更加科学,更加实用,我们犹豫再三,始终没有下定决心进行修订再版。2016 年,"未来铜镜艺术馆"李经谋先生又一次提出编辑《图典》修订本的话题,特别强调长时间以来此书很难买到,为了满足读者的需要,希望仍以原书的架构和定位为基础,增加新发表的考古资料和文博考古机构收藏的传世铜镜。现在民间收藏的铜镜数量很多,可另行编辑出版,以显示不同的特点和优势。他还建议邀请鹏宇博士参与编写,发挥其研究特长。他的想法和建议很好,也使我们再一次感到修订再版《图典》的必要性和可行性。

我们决定修订再版的想法,得到了上海古籍出版社吴长青副总编的支持。

此次修订主要进行了下列几项工作:

一、收录铜镜数量有较大的增加。为了更好地反映铜镜出土情况和新的研究成果,提高本书的学术水平,修订本增补了相当数量的考古出土和文博考古机构收藏的铜镜拓本。本书是以拓本为主,以更清晰地展示铜镜纹饰和铭文为宗旨,因此只选取了极少的铜镜照片,还有一些没有制作拓本的铜镜资料没有收录,甚为遗憾。同时也删减了一些资料,主要是与出土品相同或相似的传世品。

二、确定了铜镜传世品的收录原则。除了文博考古机构收藏的传世品外,修订本仍然保留一些 1949 年以前出版的铜镜著作中的资料,1949 年以后出版的民间藏镜资料不予收录。

三、对铜镜说明做了较大的修改。为了使铜镜说明更具规范性、科学性，修订本对原版的说明几乎全都做了程度不同的修改，除了改正纹饰内容的描述，删去了一些不必要的烦琐叙述外，鹏宇博士特别对铭文进行了全面释读。

四、铜镜说明中增加了引用资料的出处。首先是对原著作者权益的尊重，也为读者提供研究的方便。在修订过程中，引用资料较多的专著或考古报告，我们努力争取原作者的授权和应允，并在说明和本书参考书目中标注；分散在刊物中的铜镜资料，我们则在说明中注明论著的名称和出处。

五、提高图版的质量。努力选取图纹、铭文精美的拓本，重新进行扫描，删去一些不清晰的照片或拓本。为此，还请一些文博考古机构为本书的修订提供了原拓本或电子版资料。

总　论

一

现在学术界、收藏界都十分关注中国古代铜镜的研究、收藏和鉴赏问题。当读者利用《中国铜镜图典》时，我们认为有必要对中国古代铜镜作一个宏观性的论述。

中国古代铜镜定位的问题。实事求是地说，学界对中国古代铜镜的认识，经历了一个不短的历程。1949 年中华人民共和国成立后的一段时间，尽管对铜镜重要性的认识有所提高，一些省市出版了出土铜镜资料，也有若干研究铜镜的文章发表，但从总体上看，整个文物考古界对铜镜重要性的认识是很不够的。例如关于铜镜的定位，它应属于哪个文物门类，在这个门类中它又处于何种地位似乎并不明确。最典型的例子是《文物》、《考古》两大杂志的《索引》分类。

《文物 500 期总目索引》分为四大部分，第一部分《论述及研究》又分为《综述》和《专题》两部分，《专题》项内共有 11 类，其中第 1 类是"古文字与青铜器"，第 9 类是"文化、生活"，包括玉石器、铁器、金银器、镜鉴等 11 项，显然铜镜不包含在青铜器门类里。

《考古研究所编辑出版书刊目录索引及概要》所收《考古》399 期目录索引"考古学专论"项中，第（2）项为"商周铜器及铭文"，第（4）项为铜镜与其他器物，也可以看出商周铜镜与商周青铜器还是没有列在一起。此外，在某些中国古代青铜器的专著里，礼器、乐器和兵器等都有论述，唯独没有铜镜。这些事例说明，关于铜镜的定位和它在中国历史文物发展中的作用和价值认识尚不统一。

我们认为，铜镜应属于中国青铜器重要门类，自成体系。它所具有的三要素——图纹华丽、铭文丰富、铸造精美，就是其历史价值、艺术价值和科学价值的最好体现。李学勤、陈佩芬先生对此均有论述，他们还特别提出要努力做好镜鉴学的构建工作。

中国古代铜镜研究中的问题。近十几年来，研究铜镜的著作显著增多，特别是一些硕博论文，以中国古代铜镜为研究对象，专业性、学术性较强，促进了铜镜资料的集成，形成了研究的多样性和深入化，这是值得高兴和鼓励的事情。当然在研究内容和研究方法方面尚存在不少问题，这里我们不做过多的探讨，仅举一个关于中国古代铜镜功能的例子。在一些探讨铜镜的历史文化艺术的文章中，作者不注重考古出土资料的运用，过分强调中国古代铜镜的神圣化、神秘化功能。我们认为，其最重要的功能应是日常生活用品，是照面饰容、正人衣冠的器具，只是随着时代的变迁，社会的发展，铜镜文化衍生的内容变得更加多样和深邃了。如照妖镜——驱邪照妖的法宝，秦（明）镜高悬——美好愿望的追求，破镜重圆——爱情圆满的象征，但不能任意发挥，盲目拔高铜镜的历史文化艺术内涵。

中国古代铜镜的技术研究问题。这是深化铜镜研究的一个极为迫切的方面，近几十年来，文博考古学者有了更多的重视和参与。本书的体例决定了在这方面无法作出较系统的论述，仅以铜镜的铸造为例，就可以看出其重要性。铜镜铸造概括起来是制范→浇铸→铸件加工等流程，但在学者之间目前还存在不少有争论的问题。

第一步，制范（造型）：镜范的制作是一个复杂的过程，需要经历制模、用模制范、泥范成为陶范等工序。铜镜一般是用双合范即镜面范和镜背范。但当学者在讨论镜范时，对于能否多次浇铸使用一直存在不同看法。杨勇、白云翔《临淄齐故城镜范与汉代铸镜技术》一文认为，齐故城出土的汉代镜范是可以多次浇铸使用的。

第二步，浇铸：关于浇铸的金属配比，经过学者的研究，在不同时期，铜镜的金属配比有所不同，明显分为两大阶段。战国至五代为高锡青铜，宋至清代为锡青铜，含锡量明显降低，含铅量明显升高。研究还表明，合金成分与铜镜质地、研磨面色泽有密切的关系：高锡青铜，现白、质坚；锡青铜发暗、泛赤、泛黄、质软。

第三步，铸件加工：关于热处理问题，一种观点认为经过淬火和回火，提高强度和可塑性；另一种观点认为没有热处理。关于镜面是否涂以锡汞剂的问题，一种观点认为涂；另一种观点认为不涂。

从以上几个方面就可以看出，铜镜研究还有许多课题可以探讨及深入研究。

二

不难发现，在一些铜镜图录类型的著作中，其概述或总论的内容往往公式化、一般化，缺少自身的特点和新意。本书以不同时期铜镜类型为研究主题，以单个铜镜的介绍为主要形式，没有综合性的叙述。因此，在此谈谈我们的思路和书写的方式。

（一）必须对铜镜各部分称谓有一个定义，基本要素有五项：

形式：铜镜的几何形态，如圆形、方形、菱花形、葵花形、异形镜等，其中一些镜形名称是学者采取的约定俗成的流行称呼。

形制：镜钮、钮座、镜缘等的形态。

构图：铜镜镜背的布局格式，如圈带式、规矩式、轴对称式、中对称式等。

纹饰：纹饰内容、表现手法。

铭文：铭文内容、书法、排列方式。

本书作为铜镜图典，对铜镜的介绍必须规范化、系统化，具有典范性和实用性，因此文字描述基本上涵盖了上述诸要素，较为详细。同时，还重视考古资料的类型学、年代学。本书重视一些形制等细节的描述，是因为它们也是鉴定不同时期铜镜的重要因素。但我们建议在铜镜图录等形式的著作中，因有形象资料（照片或拓片等），一些不必要的文字描述可以省略，突出介绍铜镜纹饰、铭文等特点即可。当然，这对照片、拓片等的清晰度要求更高。

（二）铜镜研究的主要观察点：

1. 纹饰：纹饰是显示不同历史时期铜镜特点的最重要标志，本书以主题纹饰为铜镜定名的根据和类型划分的标准。如果是多圈带组合的纹饰，一般以内区的纹饰为主要纹饰。

中国古代铜镜的基本纹饰有如下几类：

（1）几何纹饰：具有点、线、面组成的图形。

（2）灵异图像：如四神、九尾狐、天禄、辟邪等。

（3）禽兽花鸟

（4）人物故事

（5）宗教题材

2. 铭文：不同时期特点鲜明，内容丰富。在一些既有纹饰又有铭文的铜镜中，不少学者以纹饰和铭文组合的方式定名，铭文名称则多以开头一句的文字中概括数字而成，如"日光"铭、"尚方"铭，本书也采用这一方式。对铜镜铭文研究时，必须关注三个方面：

（1）排列形式：方格排列式、圈带环列式、榜题式（纹饰旁的题名）等。

（2）铭文内容：如吉祥、相思、纪年、纪氏（铸镜匠师）、纪地（铸镜地区）、商标等。

（3）铭文书法：篆书、隶书、楷书等。

必须说明的是，本书铜镜定名的根据主要是主题纹饰和主题铭文，而且一般采用大多数学者通用的名称——即"约定俗成"的名称。其实，科学、准确地定名实属不易，有的名称虽然流行，但根据新的发现及研究，也产生了一些不同看法。如汉代流行的规矩镜，现在不少著作称为博局镜；又如唐代最著名的海兽葡萄镜，宋代《博古图录》中就同时出现"汉海马葡萄鉴"和"唐海兽葡萄鉴"名称，后来又有禽兽葡萄镜、瑞兽葡萄镜等名称。还有的铜镜名称明显不科学、不准确，但目前也没有更好的名称加以取代。因此，本书即使采用新的名称，也不反对一些著作中继续使用约定俗成的流行名称，因为一个新名称为大多数学者使用还需要较长时间的检验。

3. 表面形态：不同地区、不同时期铜镜表面腐蚀状态具有明显特征，例如色泽锈蚀，锈色有绿锈、黄锈、粉状锈等，绿锈中又可分点状、片状、蛤蟆斑状、海螺状锈。过去关于青铜器锈蚀的问题，文博考古学者一般强调的是南北方的差异，水坑、干坑的不同状况。伴随着铜镜出土和传世品的增多，我们已观察到某些地区铜镜表面状态的差别，如被人们称呼的"绍兴镜"、"扬州镜"、"徐州镜"等都能总结出其特色。

本书主要采用铜镜拓片的形式，因此重点是铜镜纹饰和铭文的论述，不可能涉及铜镜的表面形态。尽管如此，我们认为铜镜表面形态的研究，不仅是一个科技方面的问题，也有助于了解中国古代铜镜铸造地区、流通领域和不同地区出土铜镜的特色。

三

各时期铜镜的主要特征，需要稍作梳理。关于中国古代铜镜发展史，不少著作基本上采用我们曾经提出的六个阶段说：

早期出现时期——齐家文化和商西周铜镜

发展流行时期——春秋战国铜镜

繁荣鼎盛时期——两汉铜镜

南北差异时期——三国魏晋南北朝铜镜

高度发展时期——隋唐铜镜

日趋衰落时期——五代至明清铜镜

本书根据图典的定位，按照若干历史时期顺序，概括其最主要的特征。

（一）齐家文化和商西周铜镜——古拙简朴

目前学界一般认为，考古出土的中国古代铜镜，时代最早的应是齐家文化铜镜，距今四千年。中国早期铜镜数量较少，镜形为圆形，镜身薄，镜面近平或微凸。镜钮不规范是一个最显著的特点，有桥形钮、长条形钮、较长窄橄榄形钮，个别镜置双钮。

纹饰有几何纹、素面和禽兽纹。齐家文化和商代镜几何纹居多，有七角星纹、平行线纹、叶脉纹、多圈凸弦纹。还有不具纹饰的素镜。从商代铜镜纹饰看，其与当时的其他青铜器有别，似乎铜镜本身有独立的工艺传统。周代铜镜大多数为素镜。1957年，河南三门峡市上村岭虢国墓出土的西周晚期或春秋早期镜，钮上方一鹿、下方一鸟，两侧对称的兽纹单线勾出。中国古代铜镜最流行、最传统的图纹是禽兽纹，这面铜镜为目前发现的最早的禽兽纹镜，值得重视和研究。

中国早期铜镜可以分为三个区系源流。中原地区：黄河中下游及渭水流域地区；西北地区：黄河上游甘青地区及新疆东部；北方地区：长城沿线河北北部内蒙古南部。但是，关于中国古代铜镜的起源是学界还在探讨的课题，学者看法分歧很大，这里不再论及。

（二）春秋战国铜镜——精灵轻巧

镜形：圆形，偶见方形，镜面多平面。厚0.1～0.2厘米。

镜钮：多弦纹钮，钮体较小，钮足较宽，钮弓窄，其上有数量不等的细弦纹，以三弦最多。

钮座（或称为钮区）：呈凹面状圆形或方形。

边缘：多为细窄卷缘，或称为内凹式卷缘、匕缘，还有内向连弧缘等。

纹饰：地纹与主纹相结合是此时期铜镜纹饰组合最显著的特色，地纹即图案衬底的花纹，主纹即铜镜的主题纹饰，有纯地纹、花叶、龙凤、禽兽、山字、菱形、连弧、蟠螭纹等。纹饰表现手法有浅浮雕、高浮雕、透雕、金银错、嵌玉石、彩绘等。

以上的总结看似简单，其实是非常必要的。如弦纹钮、钮外凹面圆形和方形图形、地纹与主纹相结合、细窄卷缘等四项不仅是判断战国铜镜最重要的方面，而且可以看到这些特征在西汉早期仍存在并逐渐消失，表明西汉中期正是汉镜风格形成的一个重要标志。

断代分期：学者一般分为春秋中晚及战国早期、战国中期、战国晚期至秦末三个时期。

春秋中晚及战国早期：素镜、弦纹镜、纯地纹镜、叶纹镜、四山镜、透雕镜、多钮镜。

战国中期：除上期镜继续使用外，有花瓣镜、花叶镜、五山镜、六山镜、菱纹镜、禽兽纹镜、饕餮纹镜、羽鳞纹镜、连弧纹镜、金银错纹镜、彩绘镜等出现。

战国晚期至秦末：前期一部分镜类逐渐消失或减少，蟠螭纹镜、连弧镜数量增多，新出现四叶蟠螭纹镜、蟠螭菱纹镜、云雷纹地蟠螭连弧纹镜。

铜镜类型：

素镜，镜背无纹饰和铭文。

弦纹镜，简单的圆圈纹，有细弦纹和凹面宽带之不同。

地纹镜：图案衬底的花纹成为主题纹饰，其类型有羽翅地纹、云雷地纹和细地纹，所谓细地纹其实是云雷纹与圆点纹组合形成的一种较为复杂的纹饰。

花叶镜：中国铜镜上的一些传统纹饰很多在春秋战国铜镜中已经出现，只是不同的时期有着不同的形式。此时期的花叶比较简单，四叶、八叶以及叶片与图案式的花瓣组成的花叶纹。

龙纹镜：从战国一直到明清时期都有龙纹镜，不同朝代的龙纹均有着特有的形象、构图及组合方式。战国铜镜上的龙被称为"蛇体龙"，其图案化的倾向特别鲜明，蜿蜒曲转，除了清晰的龙头外，躯体各部分的结构，如四肢、尾部等都难以辨识。有三龙镜、四龙镜等。与汉代及其以后铜镜中的龙纹完全不同。

龙凤镜、凤鸟镜、兽纹镜中的禽兽形态也呈现出图案化的趋势，有的图形甚至难以确认名称，被称为变形兽纹。

山字镜、菱纹镜是战国镜中特有的铜镜题材，山字镜尤其受到学界和民间收藏界的重视。目前可以确定的有三山、四山、五山和六山镜四种，还有三山或四山与瑞兽组合的图纹。但目前尚未见有考古发掘墓葬出土的三山镜资料，四山镜数量较多，五山镜、六山镜较少。关于山字的寓意，学者尚有不同的看法。

蟠螭镜：战国晚期流行的蟠螭图纹婉转曲折，纠结缠绕，有的龙头结构明确，有的则看不出各部位的结构。因此目前其定名存在争议，同样的纹饰称蟠螭或龙纹，本书仍保留蟠螭镜名称。

特种工艺镜：是中国古代铜镜的精华，也能明显代表其所处时代的工艺技术和审美情趣。金银错镜、透雕镜和镶嵌玉琉璃镜都是战国独有的特种工艺铜镜。

（三）两汉魏晋南北朝铜镜——丰满奇异

形制特点：

镜形：铜镜虽然都是简单的平面几何形状，但是不同时期也出现特有的镜形。圆形是齐家文化铜镜至清代铜镜最流行的镜形，但是从出土的资料看，汉镜数量最多，除圆形外，几乎不采用其他形状。

镜钮：乳状圆钮最多，西汉中期连峰钮，东汉中后期镜钮变大变平。

边缘形式：内向连弧缘、平缘，斜缘、三角缘。

断代分期：

西汉中叶及汉武帝前后：以四乳钉为基点组织主题纹饰的四分法布局；突出主纹，地纹消失；铭文逐渐成为铜镜装饰的重要部分，有的铜镜仅以铭文为装饰图纹，早期为小篆，中期为篆隶变体。

西汉晚期至王莽及东汉早期：铜镜题材出现重要变化，以青龙、白虎、朱雀、玄武四神为中心的瑞兽禽鸟成为铜镜的主题纹饰；灵异禽兽更为形象化、写实化。

东汉中晚期：画像镜、神兽镜、龙虎镜出现；线条式逐渐被浮雕式取代；剪纸式的图案化的动物纹样流行；出现"轴对称"构图；各地形成铸镜中心，南北铜镜出现差异，神兽、画像镜流行于南方；纪年铭文镜流行。

魏晋南北朝时期：中国铜镜发展的"中衰期"，量少，质次。由于此时期铜镜类型基本上是汉代铜镜的延续和变化，属于汉式镜范围，我们与汉代铜镜一并叙述，不再单列。这个时期铜镜发展最突出的特征是中国南北方铜镜类型差异明显，铸镜业发展极不平衡。南方铜镜铸造业三国时最为兴盛，北方铜镜处于衰退阶段。两晋之交是三国两晋南北朝铜镜铸造业衰落的重要阶段。主要的镜类为神兽镜、变形四叶对凤镜和位至三公镜。

铜镜类型：

龙纹镜、蟠螭镜受战国镜风格的影响，在西汉初期继续流行。

草叶纹镜、星云镜是确立了西汉铜镜风格的重要镜类。如以四乳钉为基点的四分法纹饰布局，单一的主纹，流行乳状圆钮或连峰钮、四花瓣钮座，内向连弧缘等，与战国镜的风格完全不同。这两种镜数量多，纹饰变化丰富，特别是草叶纹镜中草叶与铭文组合，草叶与蟠螭、龙纹组合，形成了对称式、放射式等多样性构图。

铭文镜是汉代最流行的镜类，铭文成为铜镜的主题内容，主要有四乳家常富贵镜、连弧铭带镜、双圈铭带镜等。"日光镜"、"昭明镜"数量最多。双圈铭文镜书法精美，文辞华丽。

乳钉禽兽带镜由不同数量的乳钉与禽兽相间环列，四乳、七乳最多，还有五、六、八、九乳组合。纹饰有四神、奇禽瑞兽等，此类镜有的边缘纹饰也十分丰富。

博局镜，其名称目前一直争论不已，关于图纹的寓意和名称有近10种不同的观点，如TLV、日晷、式占盘、规矩、宇宙模式、八极纹、古代测量工具、博局等名称和寓意。"规矩镜"是最流行的名称，近几十年来，"博局镜"的名称使用较多。此类镜纹饰反映了汉代人的宇宙观、世界观和人生信仰，因此是汉镜中最引起学者关注和研究的镜类。可分为四神禽兽镜博局镜、禽兽博局镜、云气博局镜、简化博局镜。

画像镜、神兽镜：《浙江出土铜镜》中提出了"会稽铜镜"的名称，主要涉及画像镜和神兽镜。我们认为，画像镜是真正意义上的会稽镜，是会稽镜内涵的集中体现。而四乳四分法构图的画像镜才是会稽画像镜的典型代表、主流风格。此类镜可以分为神人车马画像镜、神人伎乐画像镜、神人禽兽画像镜和禽兽画像镜、历史传说故事镜等。

神兽镜是会稽镜的重要类型，环列式神兽镜代表了神兽镜的最高水平。学者有的以铜镜中某些特殊的图纹称为半圆方枚神兽镜、环状乳神兽镜；有的则以神兽布局构图方式分为对置式、同向式、重列式等形式。有的名称显然不能概括神兽镜的特点，但已约定俗成。我们认为，对神兽镜的定名、分类还需要进一步研究和完善。

龙虎镜：东汉流行的镜类，是会稽郡、吴郡铸造的重要镜类之一，可以分为龙虎对峙镜、龙虎环列镜、盘龙（虎）镜等。

变形四叶镜：有变形四叶兽首镜、变形四叶夔凤镜、变形四叶八凤镜等类型。

铭文特点：

关于中国古代铜镜上出现铭文，从考古出土资料看，汉初始兴，西汉中晚期则普及盛行，成为铜镜的一个重要内容。汉镜铭文的排列形式多种多样，有钮座铭、圈带铭、方格铭、方枚铭、缘区铭、榜题铭等。纪年、工匠、铸镜地区铭文对于铜镜的年代学、铸镜地区的研究别具重要性。目前发现最早的纪年铭为西汉成帝永始二年（前15）。纪年铭文在神兽镜中最多，其次是兽首镜。记录工匠姓氏的纪氏铭在画像镜、神兽镜中较多。记录铸镜地区的纪地铭以广汉西蜀、会稽、吴县居多。

汉镜铭文的书体，西汉前期以小篆为主，西汉中后期为较方正的篆体和篆隶夹杂方篆，图案化趋势明显，表现为圆体草化和方折隶化。王莽时期小篆盛行，东汉早期隶书为主，东汉中晚期铭文中俗化、简体、通假字较多。

铭文的主题思想特别丰富，有高官厚禄、大乐贵富、长生不死、羽化升天、子孙蕃昌和相思哀怨等。从中国古代铜镜的铭文内容分析，可以说汉代铜镜铭文表现的思想性最为强烈。

（四）隋唐铜镜——富丽堂皇

形制特点：

镜形：出现花式镜，有葵花形、菱花形、亚字形等。

镜钮：半球形钮为主，还有兽钮、龟钮。

钮座：隋及初唐多有钮座，盛唐后已很少。

各时期图文特点：

隋至唐高宗时期：沿袭传统因素多，布局严谨，分区式配置图文，内区纹饰，外区铭文或内外区纹饰。主题纹饰仍以灵异瑞兽为主，植物纹饰逐渐取代铭文即内区瑞兽、外区植物纹。

唐高宗至德宗时期：唐镜新形式、新题材、新风格由确立到成熟。图文配置由分区式变为广画面式构图，瑞兽纹退居次要地位，飞禽花枝渐居主要地位，人物纹流行。许多类型的铜镜没有装饰铭文或极少铭文。特种工艺镜如金银平脱、螺钿、贴金银片等十分精美。

唐德宗至晚唐时期：晚唐五代铜镜急剧变化，又流行分区式构图，含有宗教趣旨的纹饰增多，铭文也多了起来。浅浮雕手法流行。

如果最简单概括一下三个时期图文的发展趋势，可归纳为：

纹饰结构：分区式→广画面式（不分区）→分区式

纹饰内容：灵异瑞兽→花鸟花枝人物→宗教题材

铭文镜数量：较多→很少→较多

铭文排列形式：圈带式→偶见方格式→形式多样

铜镜类型：

灵异瑞兽镜：四神十二生肖镜、瑞兽镜是初唐最流行的镜类，沿袭了汉魏晋南北朝铜镜主题纹饰的传统内容，但构图及组合有所变化。汉代博局镜中常见十二地支，不见生肖形态，隋及唐初十二生肖图纹流行。隋文帝、唐太宗和唐高宗纪年墓中均有四神十二生肖镜类出土。瑞兽镜中瑞兽镜和瑞兽铭带镜都较流行，隋唐12座出土瑞兽镜纪年墓中，隋墓3座，唐高宗时期墓7座。

瑞兽葡萄镜：这是最受人们重视的唐代铜镜，被誉为"多谜之镜"、"凝结欧亚文明之镜"。从宋代《宣和博古图》中出现"汉海马蒲萄鉴"和"唐海兽蒲萄鉴"名称以来，其名称及寓意一直是学者研究的课题。"海兽葡萄镜"名称最为流行，近几十年来，"瑞兽葡萄镜"名称逐渐被较多的学者认可和使用。其出现和盛行时期也基本明确，从我们收集到的22面纪年墓出土的铜镜（绝大多数有图像资料）看，最早为唐高宗永徽五年（654）墓，最晚是唐宣宗大中五年（851）墓，武则天时期墓有11座之多。可证武则天时期是瑞兽葡萄镜的盛行期。

双鸾双兽镜：此类镜被认为是唐镜瑞兽纹向花鸟纹题材变化趋势中的图纹。唐代纪年墓中，此类镜最早见于唐中宗神龙二年（706）墓，神龙三年、景龙三年（709）、唐睿宗景云二年（711）及唐玄宗开元、天宝两座墓也有出土。此外，银背镜中亦发现不少鸾兽图纹的镜子，其中有5面都出土于唐玄宗开元时期纪年墓，可以明显看出其流行的时期。

花鸟镜：可以分为雀绕花枝镜、对鸟镜两大类型。唐纪年墓中雀绕花枝镜最早见于唐中宗神龙二年（706）墓。对鸟镜最早见于唐玄宗开元十年（722）墓，开元十七年、二十一年墓及唐肃宗、德宗、宣宗时期几座纪年墓亦有出土。

神仙人物故事镜：飞仙镜、月宫镜、吹笙引凤镜、真子飞霜镜、三乐镜、竹林七贤镜、狩猎镜、马毬镜等，题材和构图与汉镜完全不同。目前纪年墓出土的资料相对较少，二仙骑镜和四仙骑镜最早均见于唐玄宗开元年间墓，二飞仙镜最早见于唐玄宗天宝四年（745）墓，真子飞霜镜最早见于唐肃宗至德元年（756）墓。

花卉镜：花卉镜是唐代一个重要的镜类，图纹众多，因此其分类、定名一直在探讨和争论中，有的划分为几种，有的划分为十几种类型。尽管团花镜、宝相花镜、花枝镜名称使用较多，但同一面铜镜则有不同的称呼。

龙纹镜：可分为单龙（盘龙、云龙、蟠龙）镜和双龙镜，以单龙镜居多。唐代龙纹镜文献记载较多，大致能推测其流行时期，唐玄宗开元二十六年（738）、二十九年墓均有出土。

特种工艺镜：唐代特种工艺镜是彰显唐镜富丽堂皇的标志，金银平脱镜、螺钿镜（宝钿、宝装）、金（银）背镜各具特色。唐代纪年墓中，花鸟纹金银平脱镜最早见于武则天长安三年（703）纪年墓，金背镜最早见于唐中宗神龙二年（706）墓，螺钿镜最早见于唐玄宗开元二十四年（736）墓。在已搜集到的出土这三类特种工艺镜的纪年墓中，唐玄宗开元天宝时期就有 9 座之多，可知开元天宝及其前后一段时期是唐代特种工艺镜最流行的时期。

宗教图纹镜：唐代宗教图纹镜中，将历史文献与唐镜实物相对照研究，可以使人们对唐代道教用镜有较多的认识。

（五）两宋铜镜——秀色纤纤

形制特点：

镜形：镜形多样化是宋代铜镜最突出的特征。中国古代铜镜的镜形，圆形贯穿始终，是最主要的镜形。唐代除此前所见圆形、方形外，流行花式形，但未见考古出土的带柄镜资料。宋代具柄镜增加了铜镜的使用方式，此种镜形一直沿袭到清代。宋代镜形有十余种，炉（鼎）形、钟形、桃形（盾形、心形）、具支架形等所谓异形镜更是别具一格。

镜钮：多圆形小钮。

钮座：圆形、花瓣形。

合金成分：前文已经提到中国古代铜镜的合金成分分为两大阶段，唐代以后总的趋势是锡含量下降，铅含量增多。宋代铜镜正处在这个转变时期，这种转变表明宋代铸镜和使用铜镜的广泛性、普及性和平民化。

色泽：黄铜闪红。

纹饰铭文特点：总的来看，宋镜没有汉唐镜精美，但在中国铜镜发展史中也迎来一个新的阶段，铸造、镜形、花纹和铭文都有不少变化。花卉镜是北宋时期最流行的镜类，其中缠枝花草官工镜被赞誉为在中国青铜工艺史上占有一个特别的位置。唐代单龙镜流行，双龙镜很少，宋代则相反，双龙（龙虎）镜多见，单龙镜极少。中晚唐出现的八卦镜在宋代更为流行。

镜铭特点：以湖州镜为主的商标铭镜特色鲜明，根据纪年墓出土的资料，湖州镜流行于北宋中晚期至南宋中期，反映了民间铸镜的盛行和铜镜商品化竞争的激烈。

（六）辽金铜镜——朴秀兼全

伴随着考古出土资料的增多和研究的深入，辽、金铜镜的类型和特点也逐渐明晰。

辽代铜镜的类型：龙纹镜，龙纹是中国古代铜镜中的传统纹饰，可以说各个历史时期的龙纹都会展现自己的特点。辽太宗会同四年（941）耶律羽之墓出土的盘龙镜、辽宁阜新辽道宗时期塔地宫出土的双龙镜，是辽单龙镜和双龙镜的代表作。毯路龟背纹是辽代独有的、自成一脉的镜类，方圆结合的规格范式，点缀着人物、蛱蝶、花卉，既有造型的一致性，也呈现细节的多样性。十字形珠点线条分割式配置纹饰构图的铜镜也别具一格，格中有禽鸟花卉、人物鱼龙，既有生活气息，也有装饰意味。

金代铜镜的类型：金代铜镜给世人留下最深刻印象的当属双鱼镜、龙纹镜和人物故事镜。双鱼镜出土和传世数量最多，双鱼水中洄游，自由适意，两两成双，寓意丰富，充满生活气息。金代龙纹镜构图与唐宋不同，单龙、双龙镜都流行。学界一直比较关注为什么犀牛望月、许由曹父、柳毅传书、牛郎织女这些汉地流行的故事会成为金代人物故事镜的主题纹饰，而且这些铜镜纹饰都能与文献资料相对应，形象地阐释了故事的内容。特别是许由曹父镜竟然以四五种构图刻画出许由洗耳、曹父饮牛的情景。此外，童子嬉戏等期盼吉祥幸福的图纹也十分流行。

金代铸铭镜很少，但是具有官府验记和花押的刻款则是金镜最突出的特征，验记刻款盛行表明了金代铜禁严格。从刻记的时间地区、验记的单位可以探讨其流行的年代及流通区域。

（七）元明清铜镜——遗风余韵

元代铜镜出现了一些新的题材和新的镜形，有的沿袭前代铜镜的纹饰略有变化，如元代具年号的双龙镜发现较多，是这个时期流行的镜类。年号在钮外大方格内四角排列，双龙配置于方格上下，这在中国古代双龙纹铜镜中是独有的构图形式。由于缺少墓葬出土的资料，能确定为元镜的铜镜数量很少，且一些类型仅为孤例，还需要进一步的研究，以加深对元镜特色和时代的认识。

关于明清铜镜，学者对它们在中国铜镜发展史上的定位和评论并不相同，如一些学者认为，明朝是唐朝以后铜镜发展的一个重要阶段，但总的趋势是进入衰落时期。

纵观中国铜镜四千年的发展史，每个历史时期都会有独具特色的铜镜类型、纹饰和铭文，明清铜镜亦如此。由于明代墓葬出土铜镜资料相对较多，可以进一步将统称为明清铜镜的镜子加以区分。在这里，我们还是将这两个时期铜镜的特点一并叙述。

铜镜类型：明清铜镜类型特点鲜明，一是仿古镜和具有时代特色的铭文款识镜非常流行，二是官府铸镜与民间铸镜反差明显。

镜形：仍以圆形占大多数，与宋代铜镜相比，菱花镜、葵花镜的比例明显下降，方形镜、带柄镜增多，外形为钟、鼎、炉、瓶等特殊造型的铜镜铸造更为精细。

纹饰：明清镜除了传统的龙凤题材外，人物多宝纹应是采用最多的纹饰，有的是人物与杂宝的组合，有的则是以杂宝为主要形式。

铭文与款识：明清铜镜一个最鲜明的特点是铭文与款识镜流行，铭文成为铜镜的主要装饰。有的只有铭文而没有其他纹样，有的以铭文为主，点缀其他纹饰。此时期的铜镜吉祥铭文与汉唐铜镜在内容与形式上完全不同，四字吉语流行。

明清时期款识被广泛地应用于各类造型、纹饰的铜镜中，并以各种不同的形式展现纪年款和名号款等不同内容。

以上简略叙述了各历史时期铜镜的主要特点，这些特点在本书收录的铜镜中得到了较充分的展示。

李学勤、周世荣、陈佩芬等研究铜镜的学者都一直强调铜镜具有独立的起源和发展史，自成体系，应成为一个独立的学科。但是从铜镜研究的历史和成果看，学者关注的多是按历史时期对铜镜进行断代史的研究。其实还需要多做些纵向的专题研究，

选择的内容不仅丰富而且相对集中。不同时期铜镜的总结和对比能使我们更加清晰地认识中国铜镜发展史及其背后更深层次的社会因素和文化观念。因此，我们希望本书收录的一面面铜镜能够串联起中国古代铜镜发展史较完整的链条，提供新思路，产生新成果。

目　录

七 金代铜镜

一

中国早期铜镜

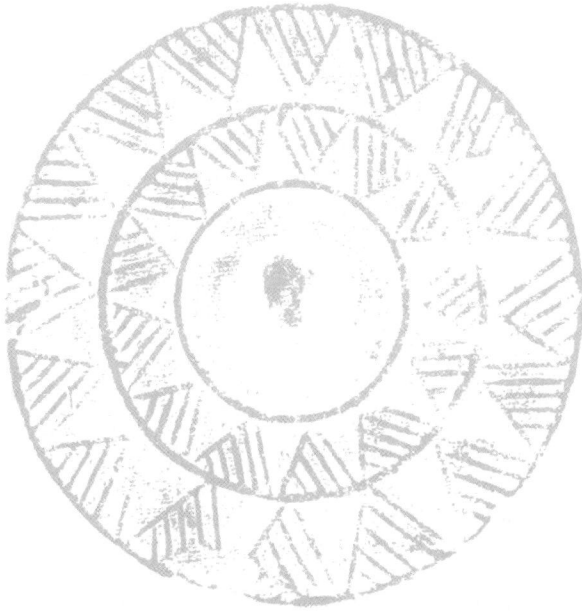

1.1 七角星纹镜

圆形。钮残损。两周凸弦纹之间，三角纹折转成七角星形图案，不甚规则，角与角之间饰斜线纹。镜的边缘有两个梨形小孔。直径8.9厘米，重109克。青海尕马台齐家文化25号墓出土。此镜是我国目前发现最早的铜镜，距今约四千年，在中国铸镜史上具有十分重要的意义。《齐家文化铜镜的非破坏鉴定——快中子放射化分析法》图一（《考古》1980年4期365页）。

1.2 素镜

圆形。拱桥形钮。素面无纹。直径 6.03 厘米。甘肃广河齐家坪墓葬出土。此墓属齐家文化时期。《中国早期铜镜的发现与研究》图 11,《中国早期铜镜》9 页。

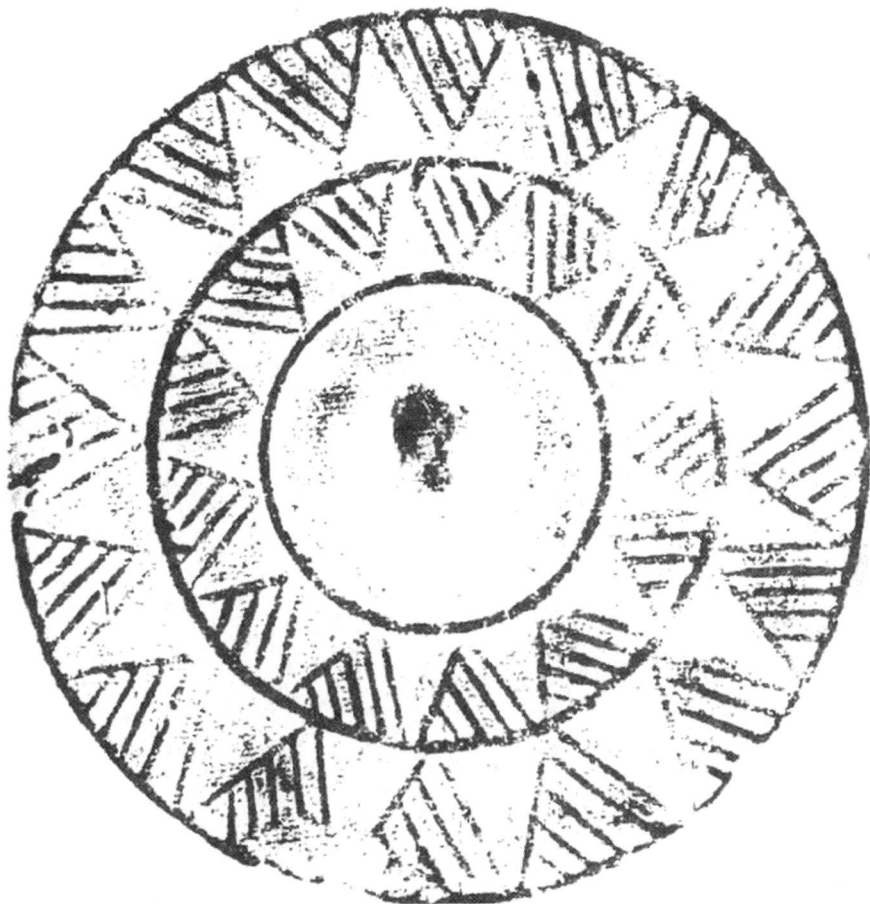

1.3 重圈三角纹镜

　　圆形。弓形钮。两周凸弦纹分为三区，内区平素无纹，中区、外区分别环列13个和16个三角形，三角形内饰数量不等的斜线。直径14.6厘米。传甘肃临夏出土，中国国家博物馆藏。此镜时代有齐家文化或可能晚于齐家文化等不同看法。《馆藏铜镜选辑（一）》图1（《中国历史博物馆馆刊》1992年总17期129页）。

1.4 圈带斜线纹镜

　　圆形。拱桥形钮，钮一端两侧各饰一枚乳钉。凸圈带外周放射长短不一的斜线光芒纹，窄缘。直径 7.8 厘米。新疆哈密天山北路墓地 M483 出土。墓地年代大体相当于中原地区夏代晚期至商代早期。《哈密文物精粹》107 页。《中国早期铜镜的发现与研究》图 17,《中国早期铜镜》13 页。

1.5 多圈凸弦纹镜

圆形。弓形钮。镜面平直。以钮为中心，由里至外饰四周凸弦纹圈带，圈带之间饰密排的竖直短斜线，形成向外辐射的光芒纹。直径8.8厘米。新疆哈密天山北路墓地M483出土。此外，在甘肃平凉（《文物》1991年5期96页）、内蒙古鄂尔多斯地区（《鄂尔多斯青铜器》）均征集有多圈凸弦纹镜。《哈密文物精粹》89页左图。

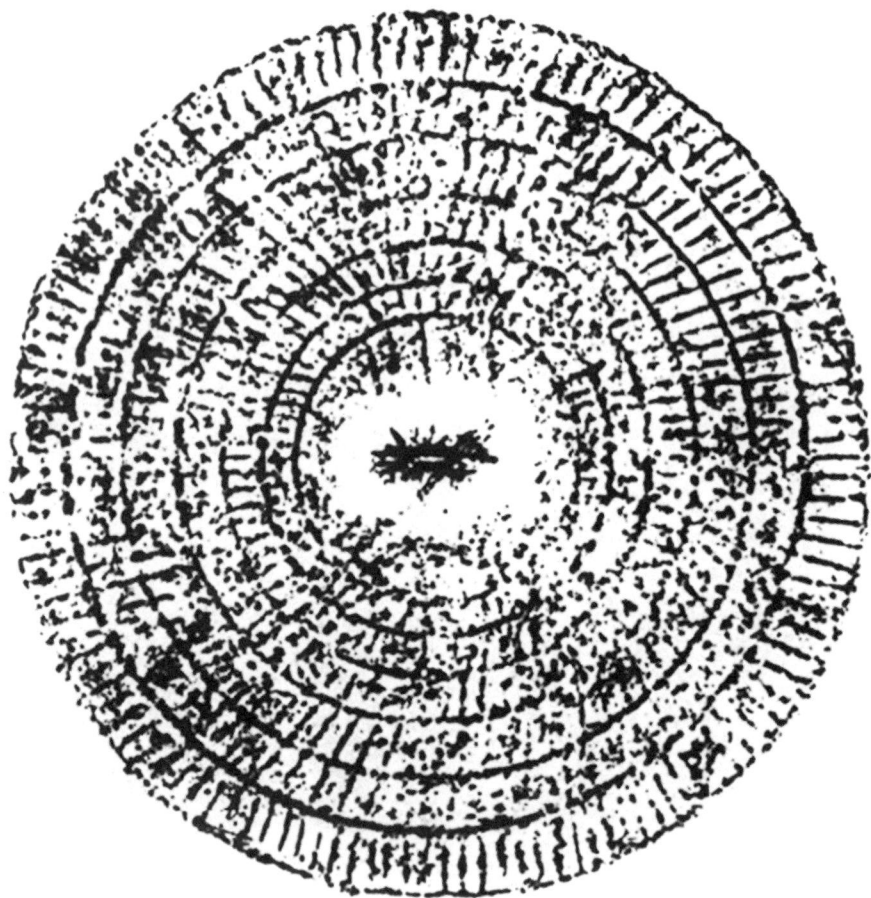

1.6 多圈凸弦纹镜

　　圆形。弓形钮。镜面微凸。以钮为中心，由里至外饰六周凸弦纹圈带，圈带之间饰密排的竖直短斜线，形成向外辐射的光芒纹。直径 11.8 厘米。河南安阳殷墟妇好墓出土。同墓还出了一面相同图纹的铜镜，饰五周弦纹圈带，直径 7.1 厘米。《馆藏铜镜选辑（一）》图 3（《中国历史博物馆馆刊》1992 年总 17 期 129 页）。

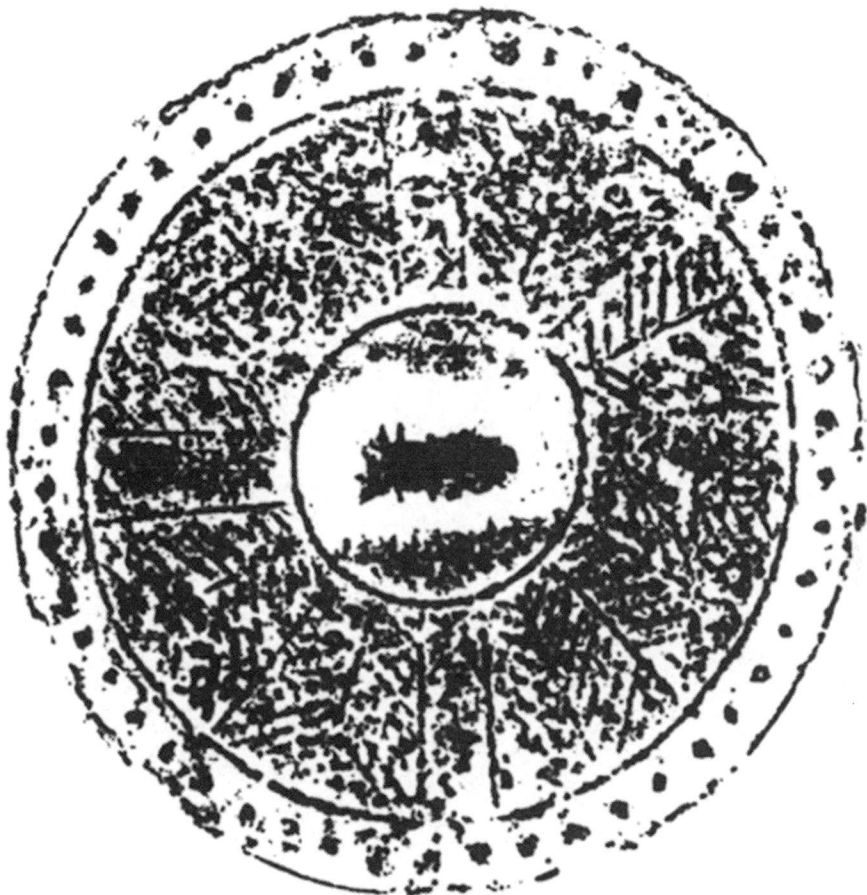

1.7 叶脉纹镜

圆形。弓形钮。镜面微凸。两周凸弦纹圈带之间，由内向外放射出十字形宽条幅，均匀地分成四区，每区由放射直线和斜线组成四片叶脉状纹。圈带与镜缘间整齐地排列 51 个小乳钉纹。铜镜图纹似一个有辐条的车轮。直径 12.5 厘米。河南安阳殷墟妇好墓出土。该墓还出土一面铜镜，图纹结构与此镜相同，直径 11.7 厘米。《馆藏铜镜选辑（一）》图 2（《中国历史博物馆馆刊》1992 年总 17 期 129 页）。

1.8 平行线纹镜

  圆形。弓形钮。镜面稍微凸。凸圈带分为内外二区，内区分为四等份，其内分别有长短不一的凸线九条或十条，凸线互相平行，对于相邻的两等份则呈现互相垂直的形式。圈带与边缘之间饰34条"3"字形节状凸线。直径6.7厘米。河南安阳侯家庄1005号墓出土。《古镜》18页图二。

1.9 四乳斜线纹镜

圆形。长条拱形钮。两周凸圈带分为内外二区，内区素面无纹。外区四乳划分的四等份内各饰七条凸起的斜线纹。直径 5.5 厘米。陕西淳化赵家庄一号墓出土，此墓应属殷商时期。《千秋金鉴——陕西历史博物馆藏铜镜集成》2 页上图。

1.10 素镜

圆形。橄榄形钮。素面无纹，制作较粗糙。直径 6.5 厘米。陕西宝鸡西周早期墓出土。《对镜贴花黄——宝鸡青铜器博物馆典藏铜镜精粹》27 页图 1。

1.11 素镜

圆形。弓形钮。镜身平直，素面无纹。凸缘。直径 5.9 厘米。河南三门峡上村岭虢国墓地 1650 号墓出土。墓的年代属西周晚期至春秋早期，铜镜的年代大约与之相近。《上村岭虢国墓地》图版贰叁 .1。

1.12 兽纹镜

　　圆形。拱桥形钮。一兽绕钮，或称蜷狼纹，或称龙纹。圆眼长吻，张口露齿，身躯沿镜缘盘曲一圈，脊背饰短线毛刺，卷尾。形态凶狠。直径9厘米。新疆和静察吾呼沟4号墓地出土。该墓地还出土了一面图纹与此镜相似的铜镜，但兽的头部形态不同。墓地年代相当于西周中期至春秋早期。《中国早期铜镜及其相关问题》图六.6(《考古学报》1997年2期157页)。

1.13 禽兽镜

　　圆形。两个平行的弓形钮。钮上方一鹿站立，伸脖张嘴，下方一鸟展翅飞翔。两侧二虎相对，张嘴露齿，身躯饰涡形花纹，两足弯曲，尖爪。图纹以单线条勾勒，笔画简单、古朴。镜身平直，直径6.7厘米。河南三门峡上村岭虢国墓地1612号墓出土。此墓年代属西周晚期至春秋早期。《上村岭虢国墓地》图二一。

二

春秋战国铜镜

素镜与弦纹素镜

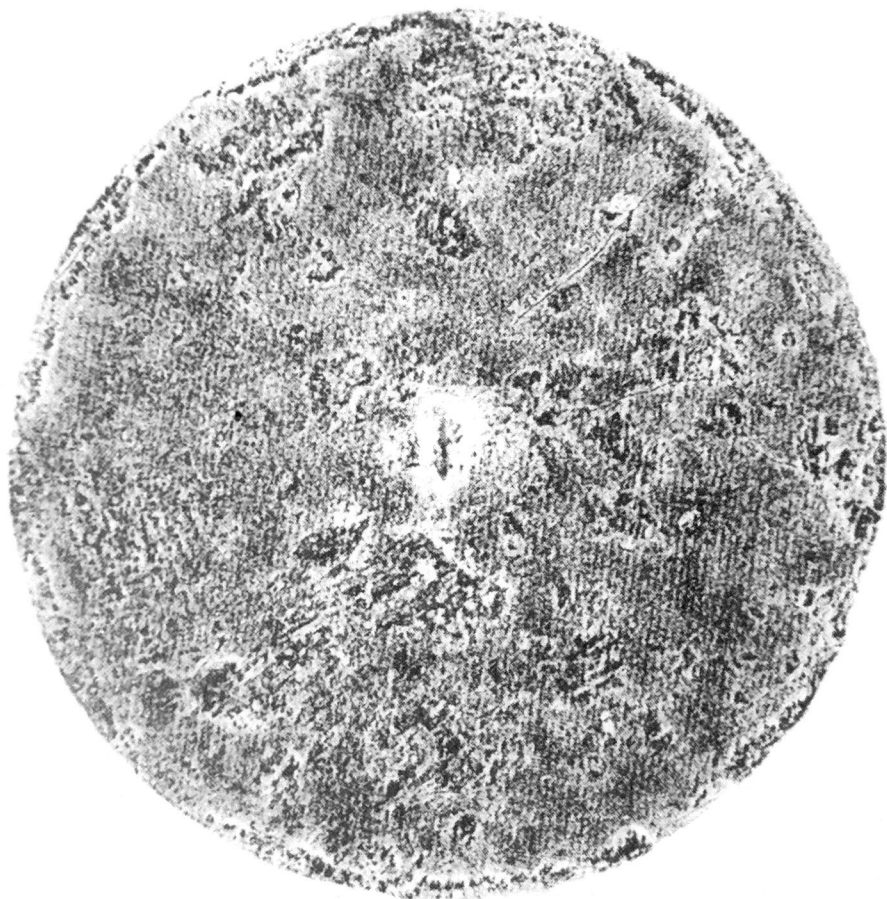

2.1 素镜

圆形。桥形钮。素面无纹。直径 10 厘米，厚 0.1 厘米。山东临淄战国墓出土。《山东临淄战国汉代墓葬与出土铜镜研究》130 页。

2.2 素镜

　　方形。小环钮。素面无纹。边长 9.9 厘米。河南南阳战国中期墓出土。《南阳出土铜镜》13 页图九。

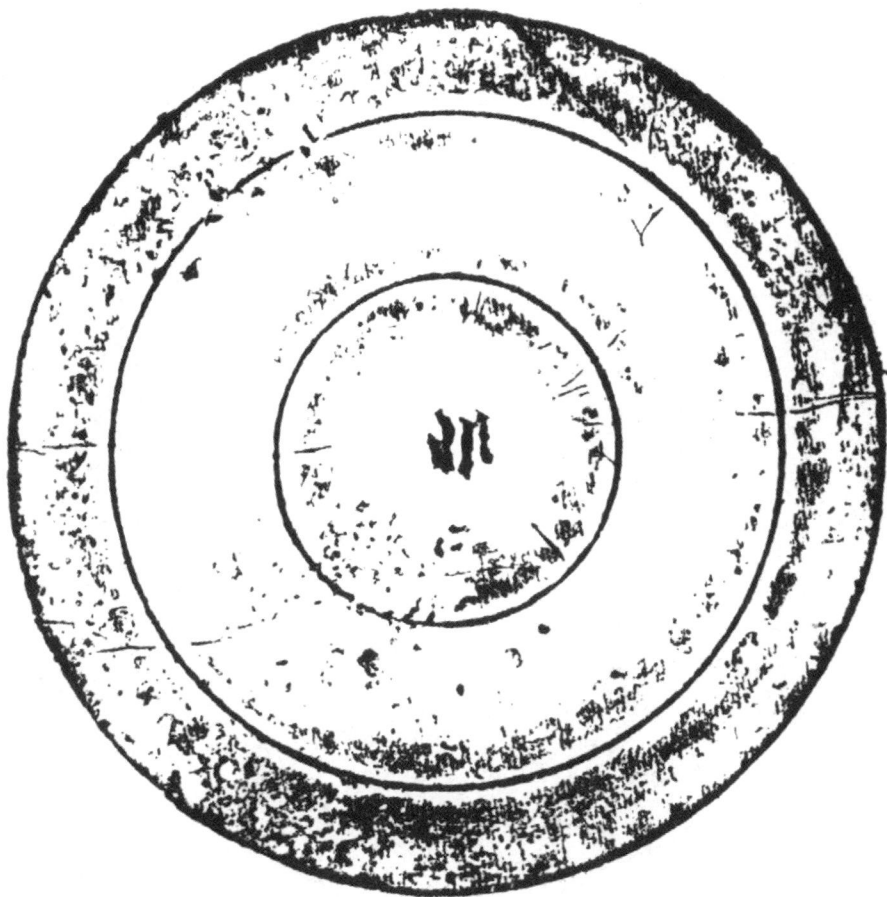

2.3 弦纹镜

圆形。三弦钮。钮外有二周细弦纹，镜身平直，直径 13 厘米。四川成都羊子山出土。春秋战国弦纹素镜，背面弦纹以一至三周为多，但战国晚期也有少数是五周弦纹的。《四川省出土铜镜》9 页图 4。

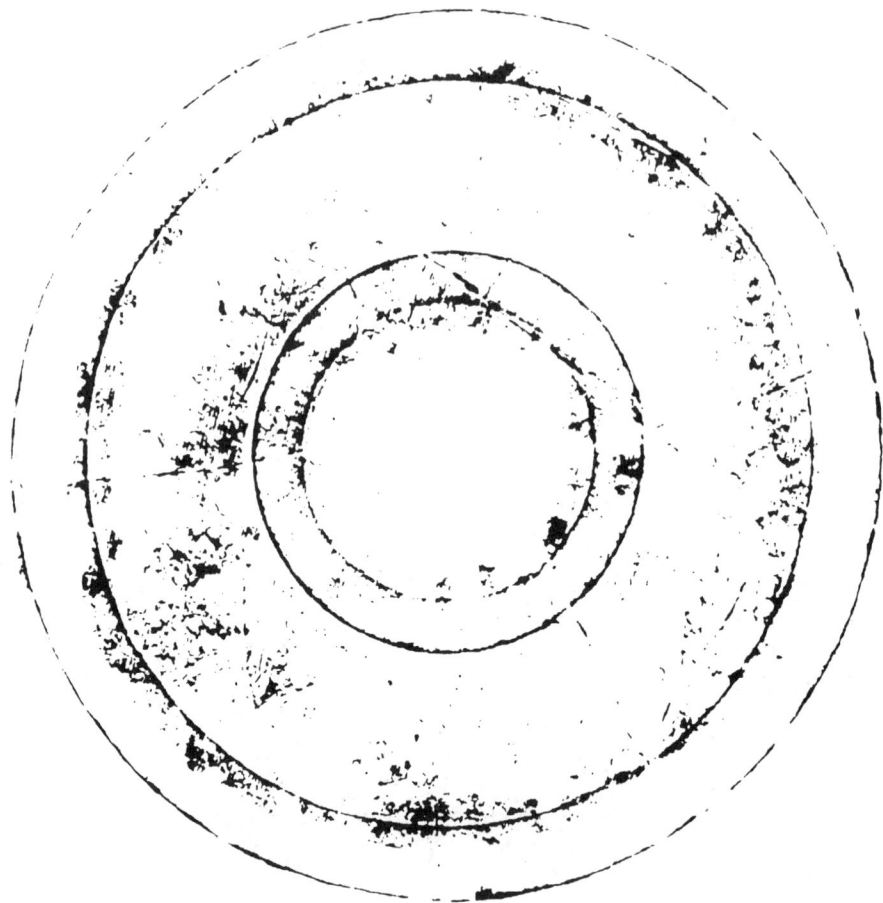

2.4 弦纹镜

圆形。弦纹钮。钮外有三周细弦纹，里面两周弦纹间距较近。直径24.3厘米。湖北鄂城楚墓出土。《鄂城楚墓》图二三（《考古学报》1983年2期246页）。

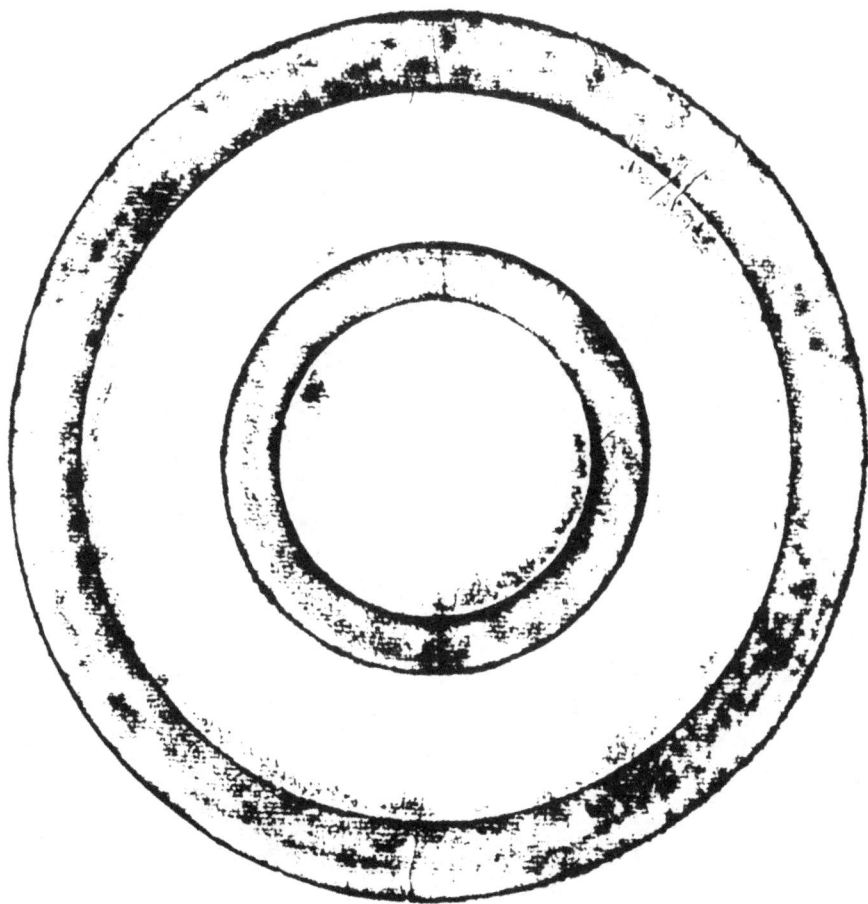

2.5 凹面圈带镜

　　圆形。三弦钮。钮外有一周凹面圈带纹，直径 16.4 厘米。长沙战国晚期墓出土。《长沙楚墓》233 页图一五七。

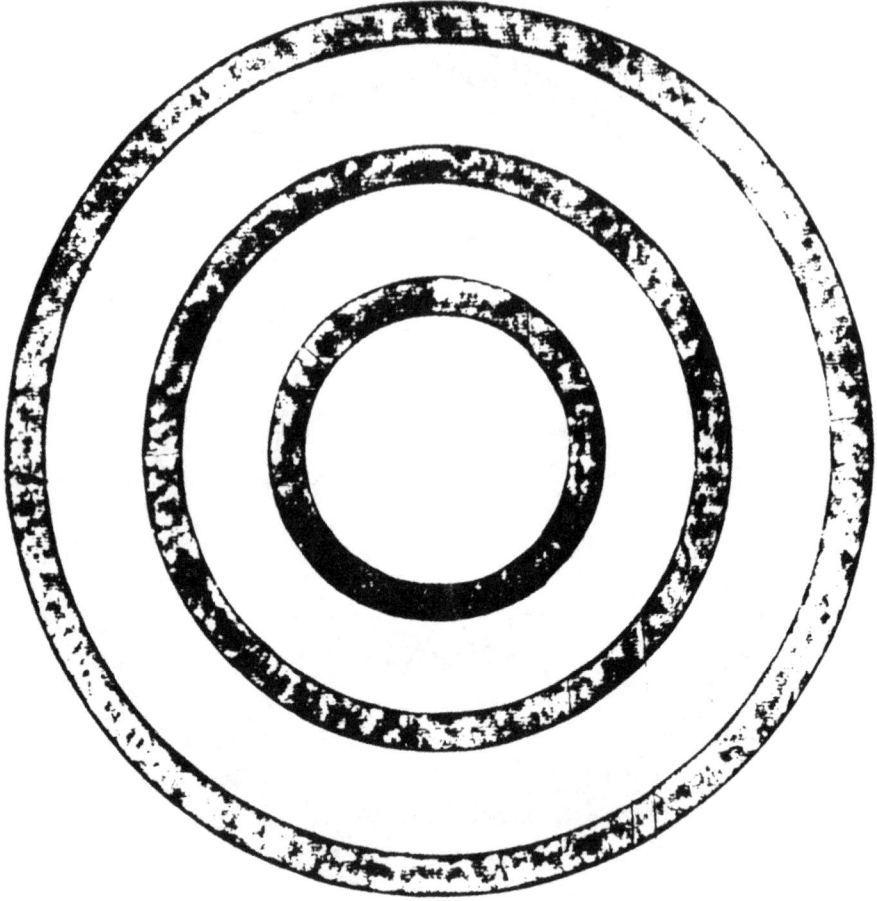

2.6 凹面重圈带镜

圆形。三弦钮。钮外有二周凹面圈带纹，此种纹饰也有称为"重轮素地镜"。
直径 22.3 厘米。湖南长沙战国晚期墓出土。《长沙楚墓》233 页图一五八。

地纹镜

2.7 羽状地纹镜

　　圆形。三弦钮，围以凹面方格。两组正反排列的羽翅纹和涡状纹组合成的一个个长方形图纹单元，有规律地连续排列布满镜背，单元之间拼接范痕清晰可见。素卷缘。直径 14.4 厘米。长沙市博物馆藏。此类纹饰还有"变形羽状兽纹"、"兽纹"、"变形兽纹"、"羽翅纹"等多种名称。或以为这是演变成羽状或涡粒状的蟠螭纹躯体的一部分，或以为应是截取青铜器纹饰中飞龙腾蛇躯体的小羽翅构成的密集图像。《楚风汉韵——长沙市博物馆藏镜》3 页图 1。

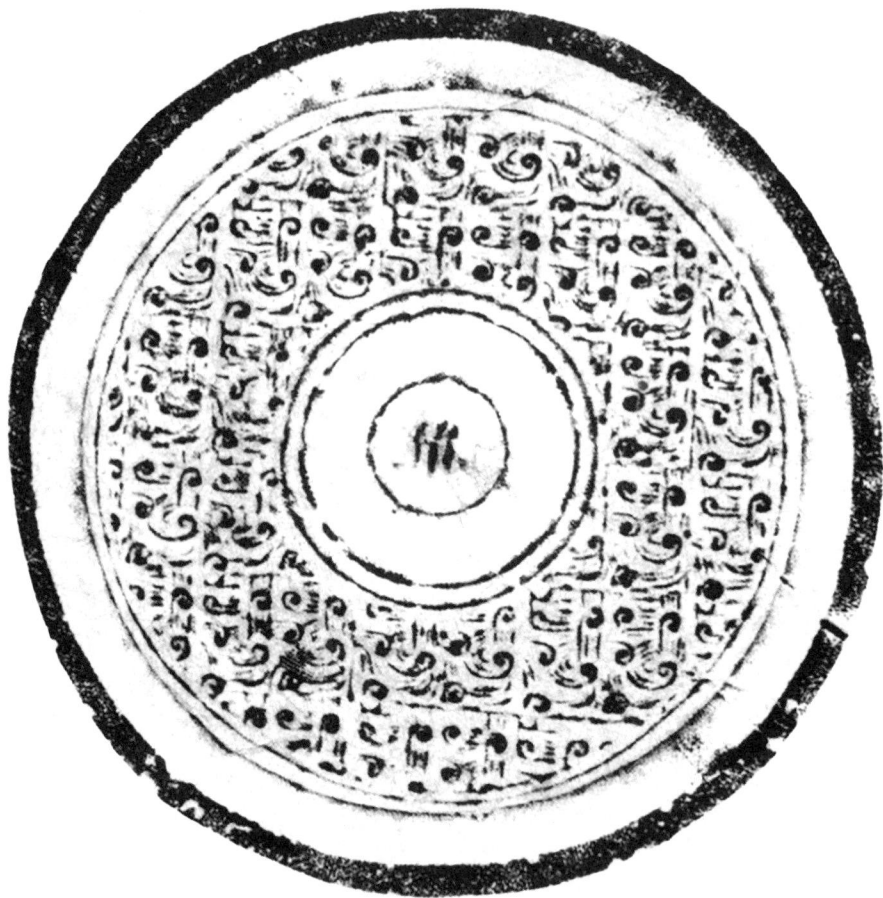

2.8 羽状地纹镜

圆形。三弦钮，围以凹面圈带。其外满布羽状地纹。素卷缘。直径 8.4 厘米。河北邯郸出土。《历代铜镜纹饰》4 页。

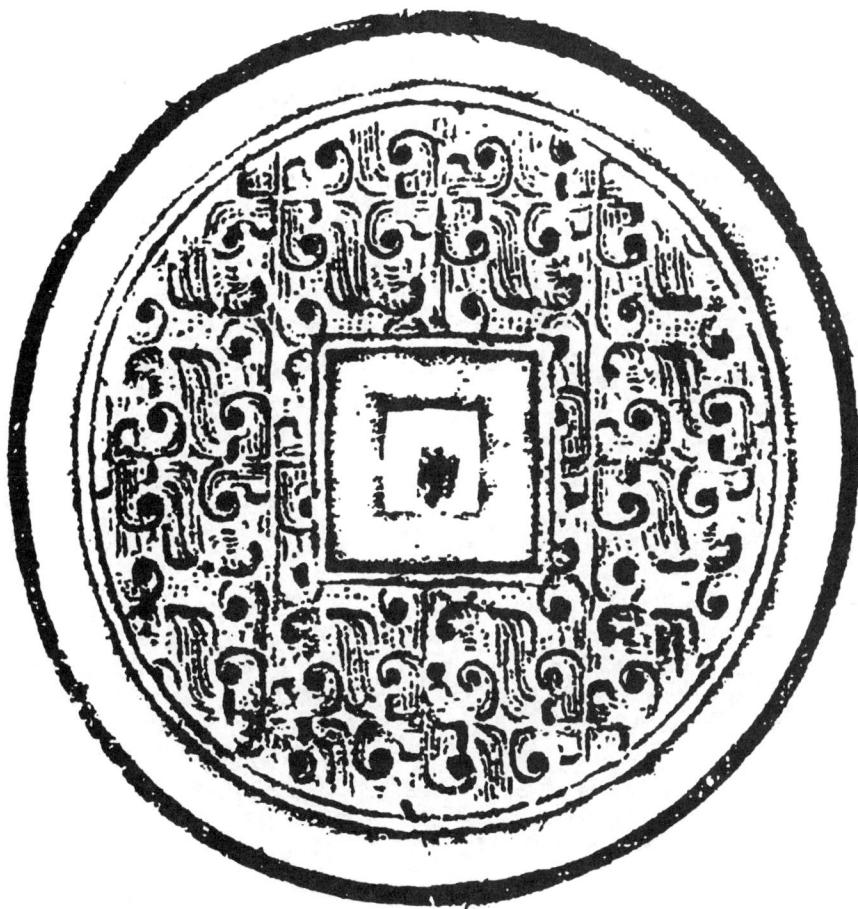

2.9 羽状地纹镜

圆形。三弦钮，围以凹面方格。其外满布羽状地纹。素卷缘。直径 8.7 厘米。《馆藏铜镜选辑（一）》图 5（《中国历史博物馆馆刊》1992 年总 17 期 129 页）。

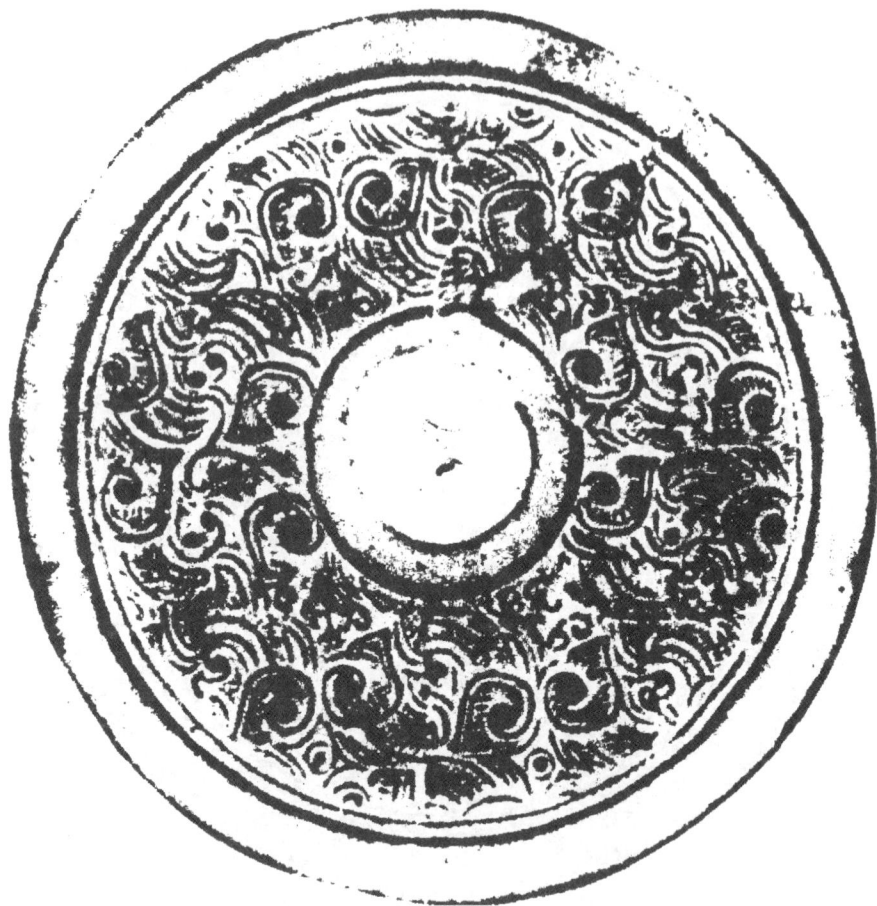

2.10 变形羽状地纹镜

　　圆形。三弦钮，围以凹面圈带。地纹由较大的羽翅纹、涡状纹和小乳钉纹交错排列成连续图案，布满镜背。素卷缘。直径 10.5 厘米。湖南长沙楚墓出土。此镜羽状纹较大，排列繁杂而富于变化，被称为变形羽状纹镜。《铜镜图案——湖南出土历代铜镜》22 页图 2。

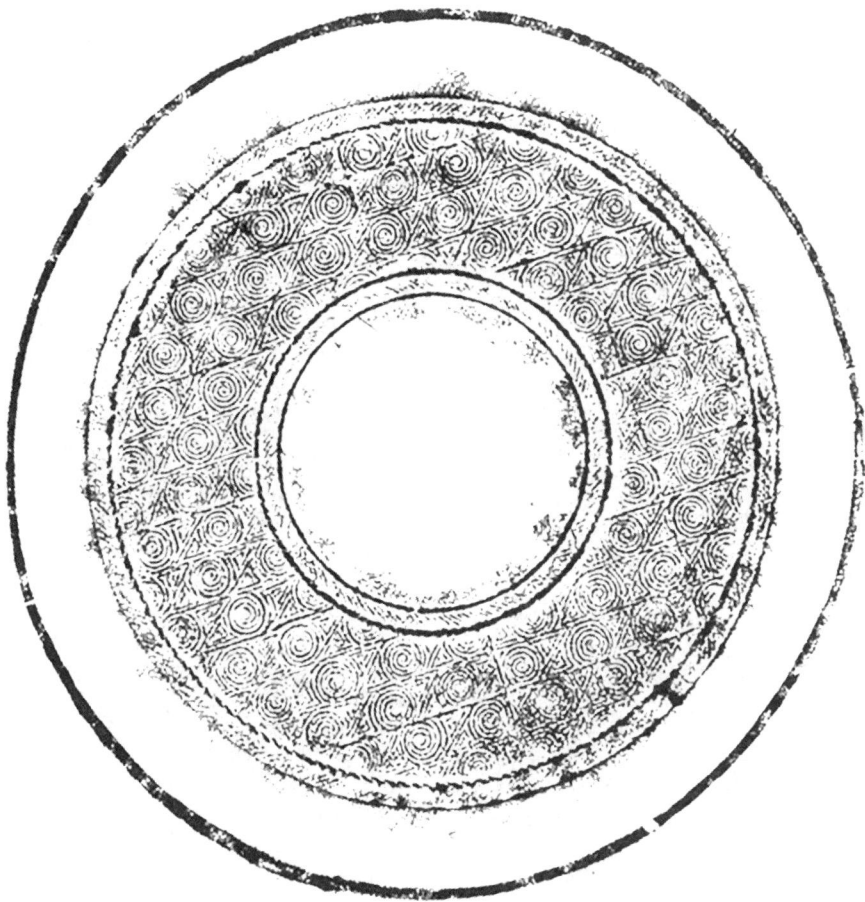

2.11 云雷地纹镜

圆形。三弦钮，围以弦纹和绚纹圈带。地纹为圆涡纹及双线三角纹组成的云雷纹，相间排列，布满镜背。素卷缘。直径11.9厘米。湖南长沙墓葬出土。《楚风汉韵——长沙市博物馆藏铜镜》5页图2。

花叶镜

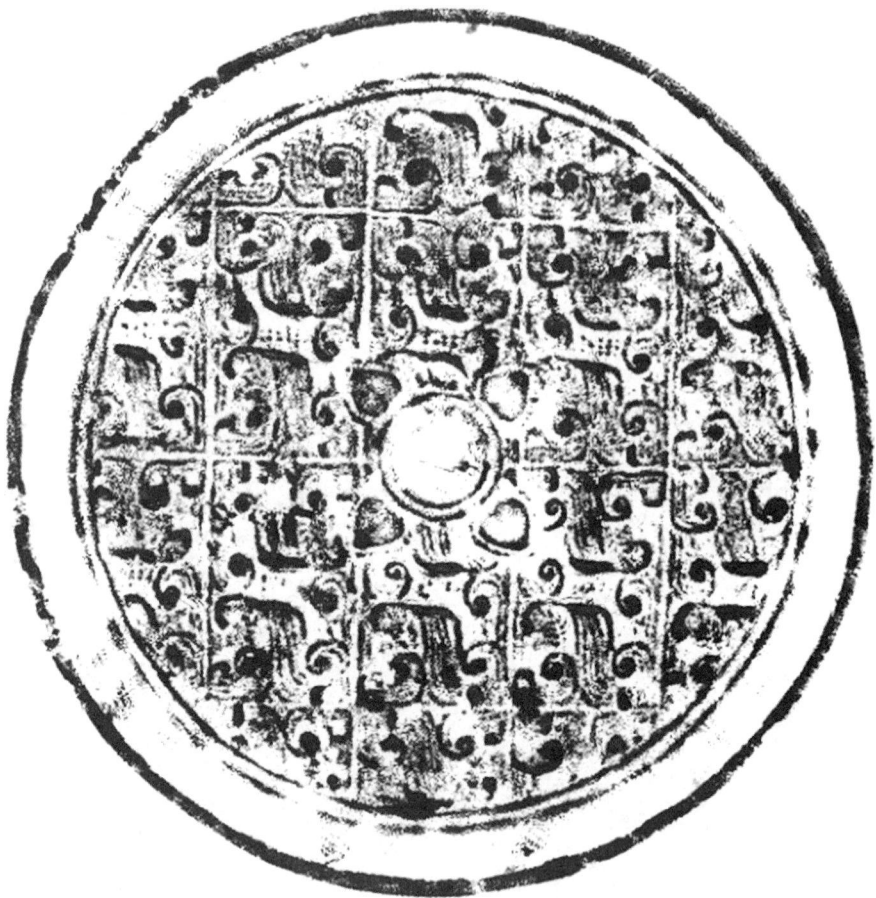

2.12 四叶镜

　　圆形。三弦钮，围以圆圈带。纹饰由地纹与主纹结合而成。地纹为羽状纹，长方形图纹单元拼接范痕十分清晰。主纹为镜心圆圈伸出的四叶瓣。素卷缘。直径 8.7 厘米。安徽潜山战国墓出土。《潜山县博物馆藏战国两汉铜镜》图四（《文物》2013 年 2 期 87 页）。

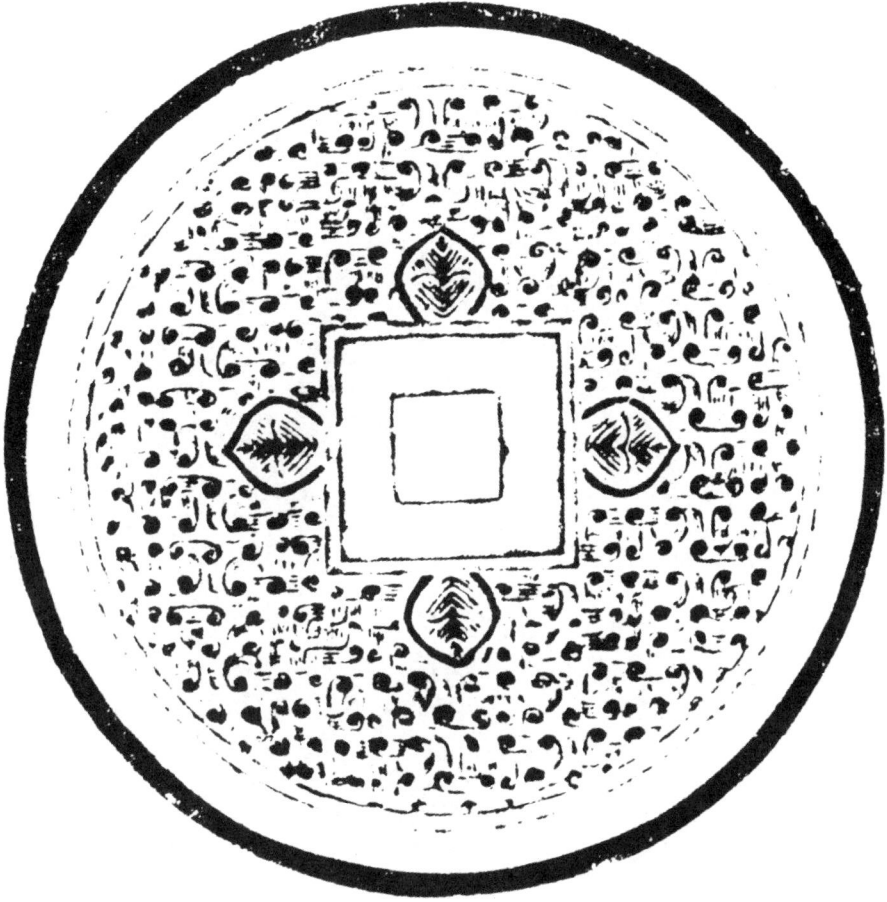

2.13 四叶镜

圆形。弦纹钮，围以凹面方格。纹饰由地纹与主纹构成。地纹为排列密集的
羽状纹。主纹为四叶纹，似桃形叶瓣叶脉清晰。素卷缘。直径 12.4 厘米。湖南长
沙战国中期墓出土。《长沙楚墓》236 页图一六三。

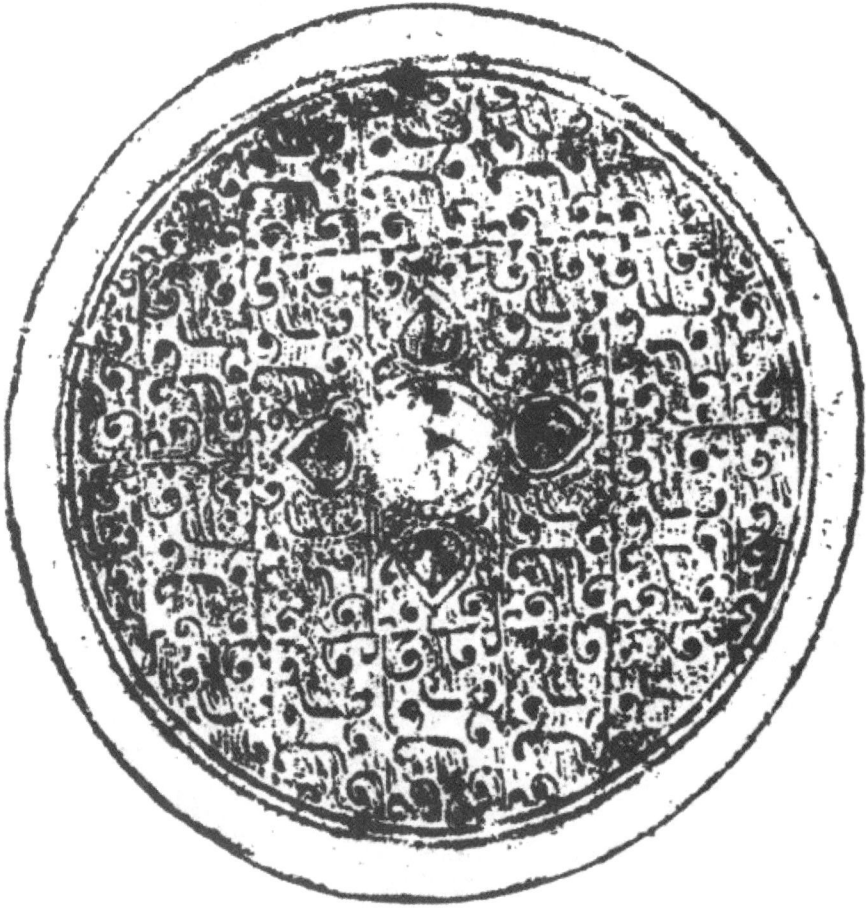

2.14 四叶镜

　　圆形。弦纹钮，围以圆圈带。纹饰由地纹与主纹构成。地纹为羽状纹。主纹为钮外圈带向外伸出桃形的四叶。直径 12 厘米。湖北鄂城楚墓出土。《鄂城楚墓》图二二(《考古学报》1983 年 2 期 245 页)。

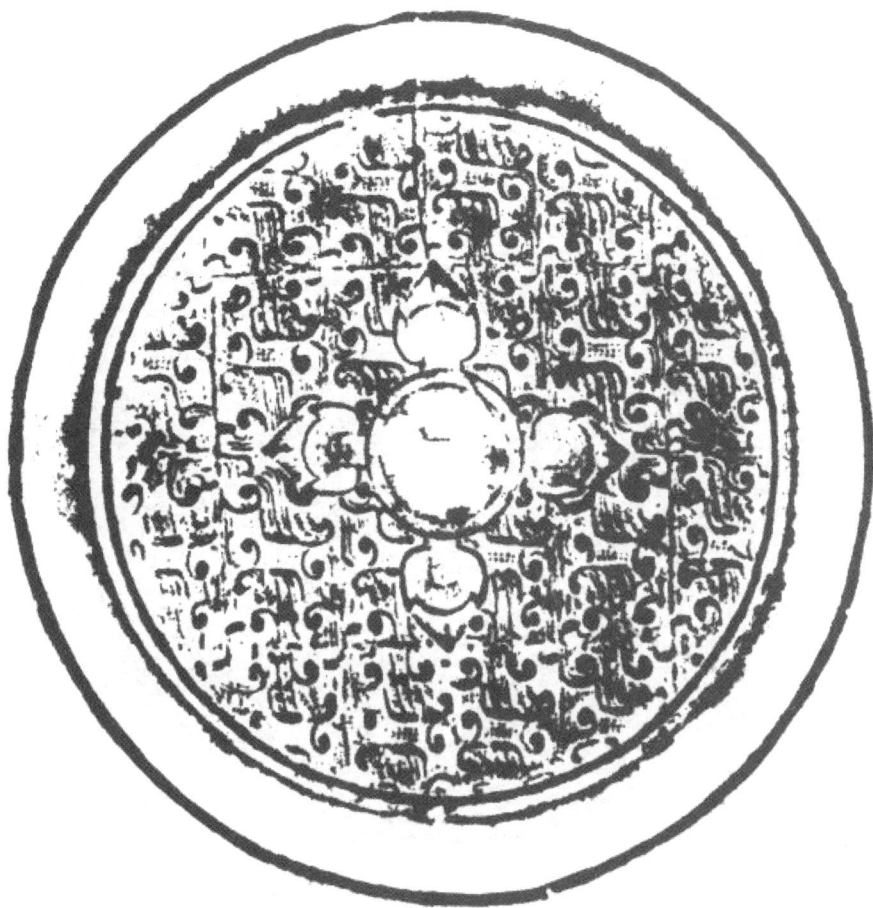

2.15 四叶镜

　　圆形。三弦钮，围以圆圈带。纹饰由地纹与主纹构成。地纹为羽状纹。主纹为钮座向外伸出的桃形四叶。素卷缘。直径 12 厘米。湖南资兴战国中期墓出土。《湖南资兴旧市战国墓》图二○ .2(《考古学报》1983 年 1 期 113 页)。

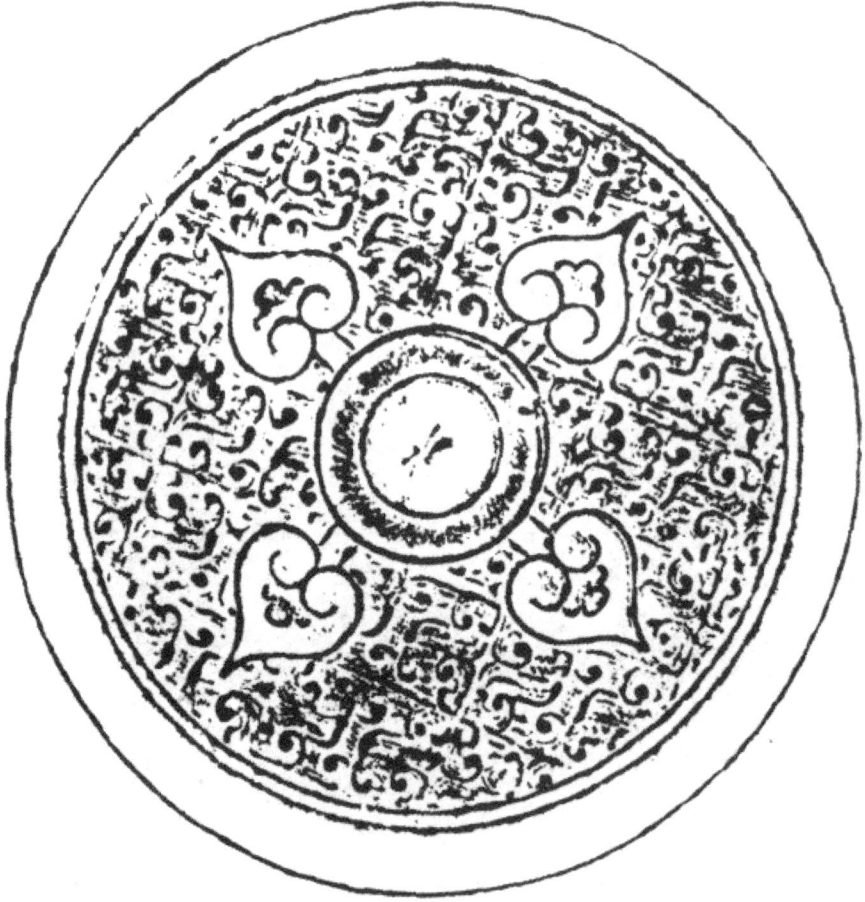

2.16 四叶镜

圆形。三弦钮，围以斜线纹圈带。纹饰由地纹与主纹构成。地纹为羽状纹。主纹为四叶纹，桃形叶瓣中饰叠瓣花叶纹。素卷缘。直径 11 厘米。湖南常德德山晚期楚墓出土。《湖南常德德山楚墓发掘报告》图二二.4(《考古》1963 年第 9 期 473 页)。

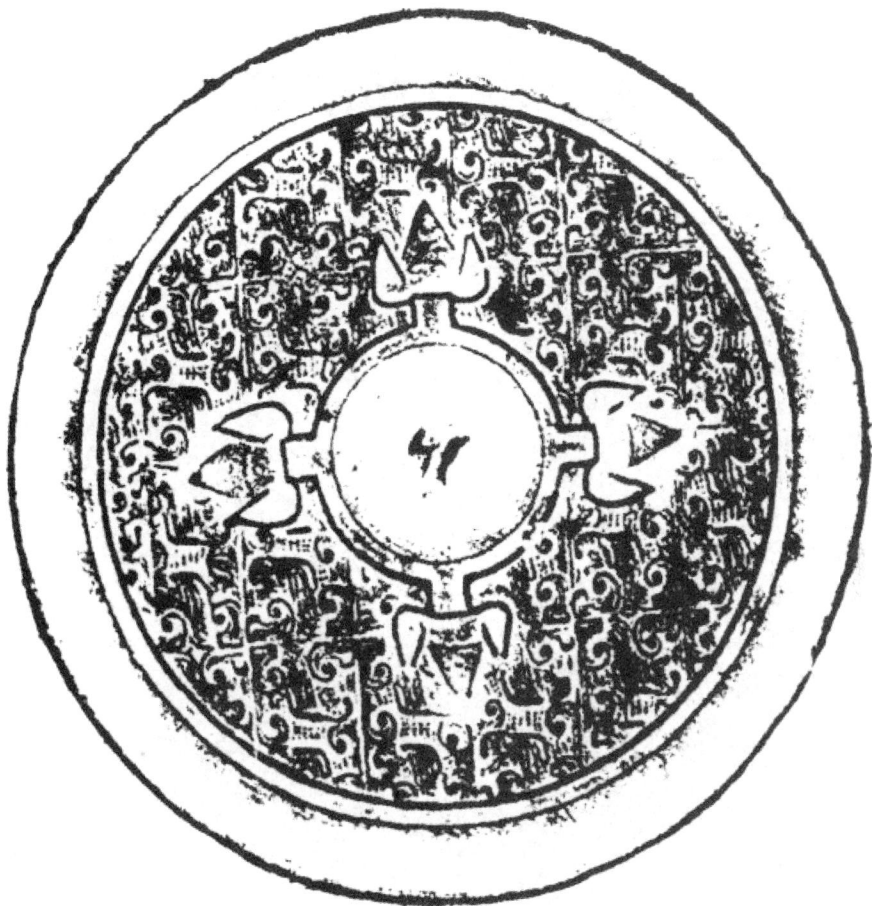

2.17 四叶镜

　　圆形。三弦钮，围以圆圈带。纹饰由地纹与主纹构成。地纹为羽状纹。主纹为圆圈带向外伸出四花叶。花叶有柄，绽开成山字形花苞。素卷缘。直径 11.6 厘米，重 110 克。安徽淮南市出土。湖南长沙丝茅冲楚墓出土的四叶纹镜与此镜相同。《安徽淮南市发现战国铜镜》图一（《考古》1988 年 4 期 294 页）。

2.18 四叶镜

　　圆形。三弦钮，外围短斜线圈带。纹饰由地纹与主纹构成。地纹为云雷纹。主纹为圈带向外伸出的四叶，叶片为椭圆形环带，环带内上饰以阴线 C 形和 O 形纹。素卷缘。直径 12.5 厘米。《上海博物馆藏青铜镜》图 20。

2.19 四叶镜

　　圆形。三弦钮，围以凹面圈带。纹饰由地纹与主纹构成。地纹为羽状纹。主纹为四宽扁形桃形叶，叶内饰云纹，应是注重装饰的叶纹镜。素卷缘。直径 11.8 厘米。湖南长沙墓葬出土。《楚风汉韵——长沙市博物馆藏镜》42 页图 33。

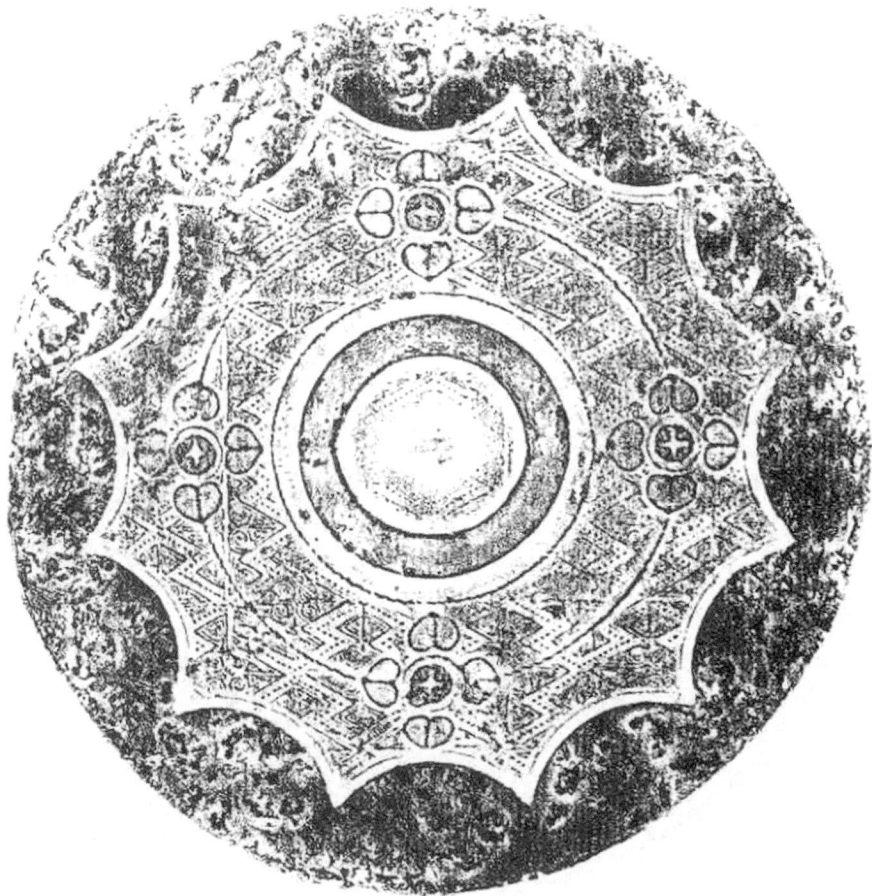

2.20 四花瓣镜

　　圆形。弦钮，围以凹面圈带格。纹饰由地纹与主纹构成。地纹为云雷纹。主纹为四个对称的四瓣花纹，十二内向连弧纹缘。直径 9.8 厘米。《故宫藏镜》4 页。

2.21 八叶镜

　　圆形。四弦钮,围以凹面圈带。纹饰由地纹与主纹构成。地纹有云雷纹、目纹、钩纹等,错落分布,呈现隽秀流动之美。主纹为向内或向外伸出的四叶交错配置。素缘。直径 10.5 厘米。湖南长沙战国晚期墓出土。《长沙楚墓》249 页图二〇五。

2.22 四叶四花镜

圆形。三弦钮，围以凹面方格。纹饰由地纹与主纹构成。地纹为双线菱形格内涡纹，菱边中填以碎点纹。主纹为凹面方格四角向外伸出的四宝珠叶纹，末端为勾卷的 U 形纹花瓣，瓣尖连接十字形花朵。素卷缘。山西孝义西汉早期墓出土。《山西孝义张家庄汉墓发掘记》图七（《考古》1960 年 7 期 43 页）。

2.23 十二花叶镜

　　圆形。弦钮，围以凹面方格。纹饰由地纹与主纹构成。地纹为云雷纹、圆点纹，排列随意。主纹为十二花叶，方格四角伸出的叶纹，中心内凹，缘边环列连珠纹，如同镶嵌的宝珠，方格四边和近缘圈带各伸出四叶相对排列。素卷缘。直径9厘米。此镜繁复的地纹与米字形配置的主纹，交互叠错，疏密得当。《故宫藏镜》3页。

2.24 十二花叶镜

　　圆形。三弦钮，围以凹面圈带。纹饰由地纹与主纹构成。地纹为折叠菱形格内的圆涡纹和三角雷纹，边框内填以碎点纹。主纹为圈带伸出的宝珠形四叶与四组连贯式二花瓣相间环绕。素卷缘。直径 7.8 厘米。《馆藏铜镜选辑（一）》图 14（《中国历史博物馆馆刊》1992 年总 17 期 131 页）。

2.25 八叶四花瓣镜

　　圆形。三弦钮，围以圆圈带。纹饰由地纹与主纹构成。地纹为羽状纹。主纹为八叶四花瓣纹，花瓣由凹圆形花蕊和四花瓣组成。圆圈带和近缘处各伸出四片叶纹。素卷缘。直径 11.7 厘米。湖南资兴战国中期墓出土。《湖南资兴旧市战国墓》图二〇 .3(《考古学报》1983 年 1 期 113 页)。

2.26 四叶八花瓣镜

　　方形。三弦钮，围以圆圈带及八角连弧纹。纹饰由地纹与主纹构成。地纹为羽状纹。主纹为方格四叶八花瓣纹，四叶从八角连弧外伸，八花瓣叠压在六条双线纵横相交之处，图纹工整有序。素缘。边长10.5厘米。安徽潜山战国墓出土。《潜山县博物馆藏战国两汉铜镜》图一（《文物》2013年2期86页）。

山字镜

2.27 三山三兽镜

　　圆形。四弦钮，围以凹面圈带。纹饰由地纹与主纹构成。地纹为羽状纹。主纹为三山与三兽相间环绕，一兽似犬，抬首前视，颈戴项圈，周身短线纹。两兽似鹿，回首竖耳翘尾，一前肢抬起微向后曲，周身为鳞状斑纹。山字倾斜，中间竖画伸向镜缘，两侧之竖画上端向内转折成尖角。素卷缘。直径近19.8厘米。传河南洛阳金村战国大墓出土。《洛镜铜华——洛阳铜镜发现与研究》60页图15。

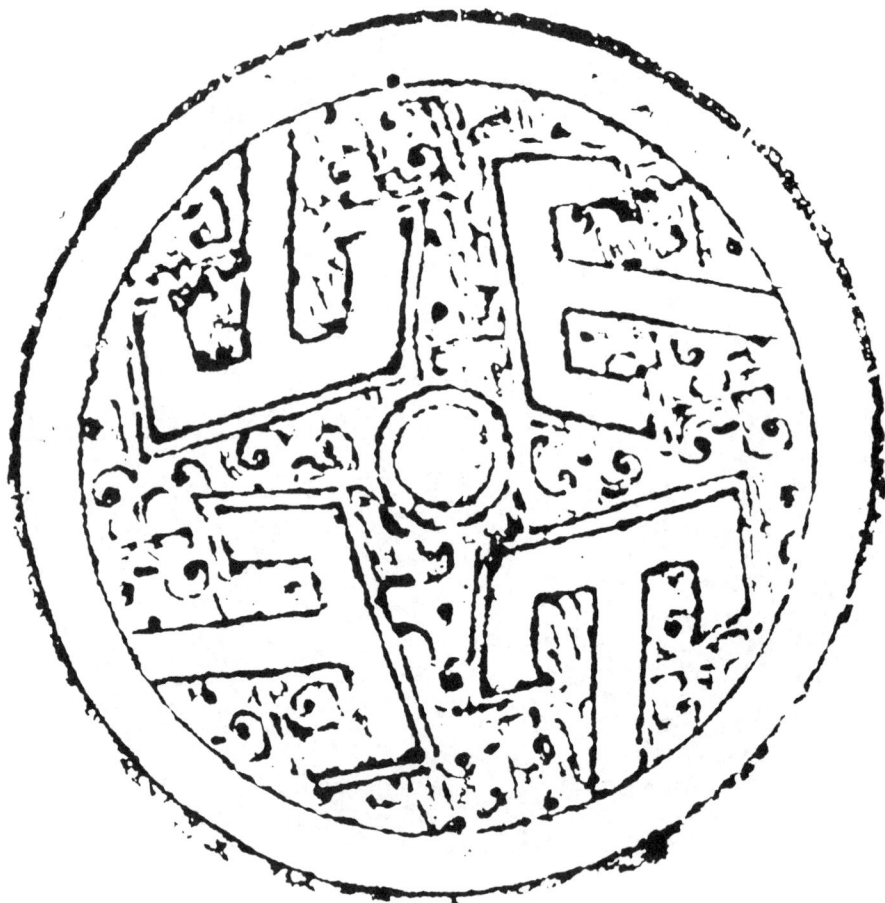

2.28 四山镜

圆形。三弦钮，围以凹面圈带。纹饰由地纹与主纹构成。地纹为羽状纹。主纹为四山，山字倾斜绕钮右旋，短竖道及底边外廓加一细边。素卷缘。直径 9.5 厘米。湖南古丈楚墓出土。《古丈白鹤湾楚墓》图一〇.9（《考古学报》1986 年 3 期 352 页）。

2.29 四山镜

　　圆形。三弦钮，围以凹面方格。纹饰由地纹与主纹构成。地纹为稀疏的羽状纹。主纹为四山，山字底边与方格的四角相对，四底边又形成了一个大双线方格，与小方格交错配置。素卷缘。直径 10.8 厘米。湖南资兴战国中期墓出土。《湖南资兴旧市战国墓》图二〇 .1（《考古学报》1983 年 1 期 113 页）。

2.30 四山镜

圆形。三弦钮，围以方格。纹饰由地纹与主纹构成。地纹为羽状纹。主纹为四山，多线条的山字纹底边与内方格平行排列。素卷缘。直径7.5厘米。山东临淄战国墓出土。此种多线条式的山字纹镜在其他地方少见。《山东临淄战国汉代墓葬与出土铜镜研究》118页。

2.31 四山四叶镜

　　圆形。二弦钮，围以凹面方格。纹饰由地纹与主纹构成。地纹为羽状纹。主纹为四山四叶，方格四角伸出的四叶与倾斜排列的四山相间环绕。素卷缘。直径10厘米。河北柏乡县战国墓出土。《历代铜镜纹饰》12页。

2.32 四山八叶镜

　　圆形。弦钮，围以凹面方格。纹饰由地纹与主纹构成。地纹为羽状纹。主纹为四山与四组连贯式的二叶相间环列，山字左旋，底边与方格四边平行。素卷缘。直径 9.7 厘米。吉林省吉林市出土。《吉林出土铜镜》图 5。

2.33 四山八叶镜

    圆形。三弦钮，围以凹面方格。纹饰由地纹与主纹构成。地纹为羽状纹。主纹为四山与四组连贯式的二叶相间环列，山字左旋，底边与方格四边平行。素卷缘。直径 11.7 厘米。浙江安吉出土。此镜是浙江地区出土山字镜的重要资料。《清质·昭明》20 页。

2.34 四山八叶镜

　　圆形。四弦钮，外围凹面方格。纹饰由地纹与主纹构成。地纹为羽状纹。主纹为四山八叶，相间环列。直径 11.2 厘米。河南南阳西汉早期墓出土。《南阳出土铜镜》17 页图二一。

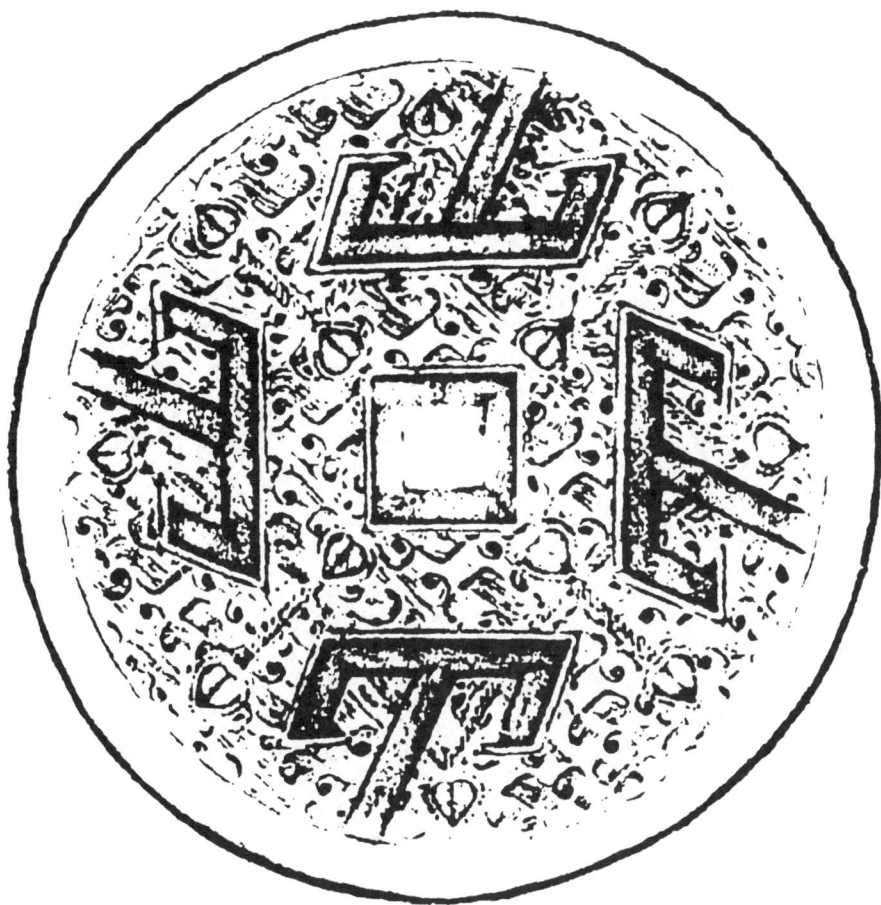

2.35 四山十二叶镜

　　圆形。三弦钮，外围凹面方格。纹饰由地纹与主纹构成。地纹为羽状纹。主纹为四山十二叶，方格四角伸出一叶，叶尖引出三条窄绹带，一条向外与一叶相连，左右两条与相邻绹带连接成一朵四角形花，花瓣尖外一叶，共 12 叶。素卷缘。直径 13.4 厘米。湖南长沙战国墓出土。《长沙沙湖桥一带古墓发掘报告》图十二 .3（《考古学报》1957 年 4 期 45 页）。

2.36 四山十二叶镜

　　形制、纹饰基本同上述湖南长沙沙湖桥战国墓出土铜镜。直径 12.9 厘米。安徽潜山战国墓出土。《潜山县博物馆藏战国两汉铜镜》图二(《文物》2013 年 2 期 86 页)。

2.37 四山十二叶镜

　　形制、纹饰基本同上述湖南长沙沙湖桥、安徽潜山出土镜。只是四角形花的窄条带为凹面形，花瓣尖外的叶片置于山字右胁而不是左胁。直径 13.4 厘米。湖南长沙左家塘战国墓出土。《楚风汉韵——长沙市博物馆藏铜镜》13 页图 9。

2.38 四山十二叶镜

    圆形。三弦钮，围以凹面方格。纹饰由地纹与主纹构成。地纹为细密的羽状纹。主纹四山十二叶，有四长叶。方格四角伸出一叶，叶尖引出三条窄绹带，一条与一叶相连，叶尖甩出一长叶。左右两条与相邻绹带连接成一朵四角形花，花瓣尖外一叶。素卷缘。直径 22.6 厘米。此镜不仅尺寸较大，叠压在四山下的绹带四角花瓣纹清晰可见。湖南长沙战国晚期墓出土。《楚风汉韵——长沙市博物馆藏镜》15 页图 10。

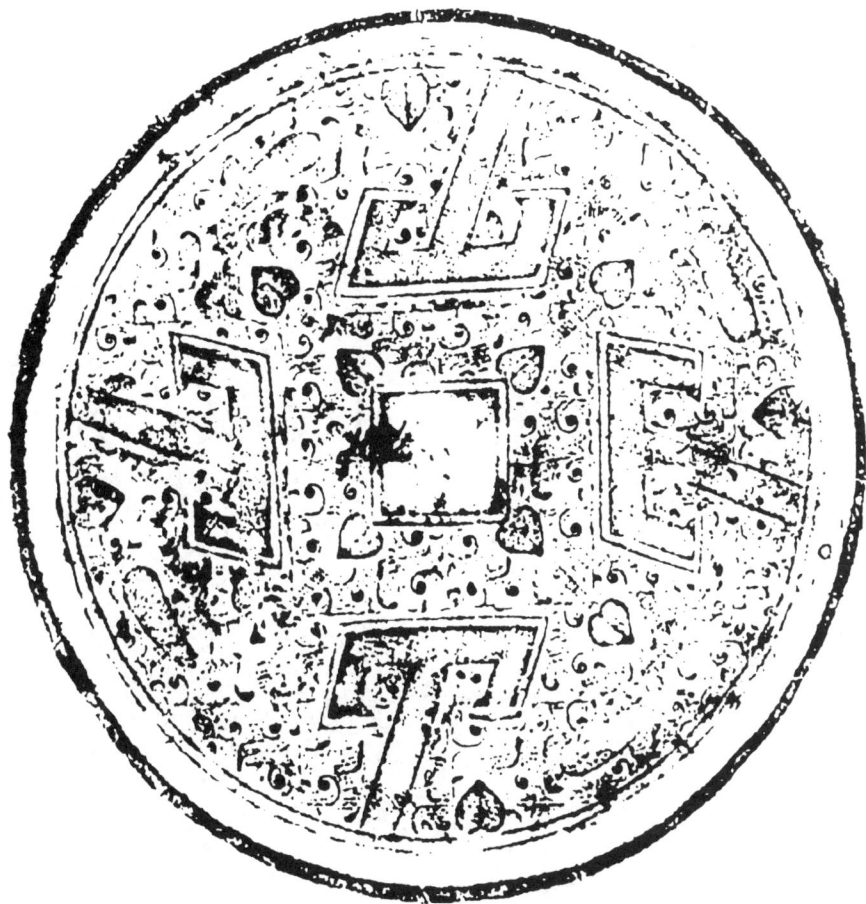

2.39 四山十二叶镜

　　圆形。弦纹钮,围以方格。纹饰由地纹与主纹构成。地纹为羽状纹。主纹为四山十二叶,方格四角向外伸出连贯式二叶,顶端甩出长叶纹,镜内缘伸出四叶。直径 15 厘米。此镜从镜内缘伸出四叶与一般十二叶布局稍异。湖北鄂城楚墓出土。《鄂城楚墓》图二二 .1(《考古学报》1983 年 2 期 245 页)。

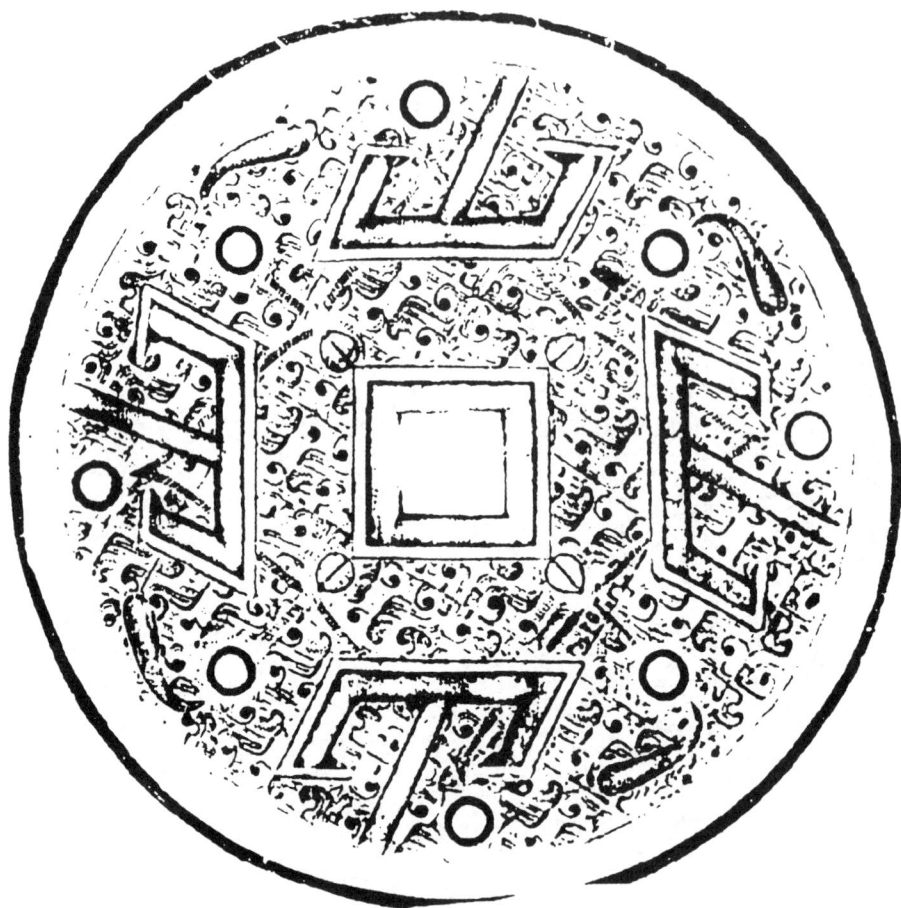

2.40 四山四叶八圆圈镜

　　圆形。三弦钮，围以凹面方格。纹饰由地纹与主纹构成。地纹为羽状纹。主纹为四山四叶八圆圈，方格四角外各一叶，四山叠压在绚带连接成的四角花上。八个小凹圈配置在山字周围，其中四个圆圈外饰四长叶。素卷缘。直径16.4厘米。湖南长沙楚墓出土。《长沙沙湖桥一带古墓发掘报告》图十二.1（《考古学报》1957年4期45页）。

2.41 四山八叶四花镜

圆形。弦钮，围以凹面方格。纹饰由地纹与主纹构成。地纹为羽状纹。主纹为四山八叶四花瓣，方格四角向外伸出一片叶贯连一朵四瓣花。四山叠压在绹带连接而成的四角花上，花尖饰一叶。素卷缘。直径 13.6 厘米。湖南常德德山晚期楚墓出土。《湖南常德德山楚墓发掘报告》图二二 .2（《考古》1963 年 9 期 473 页）。

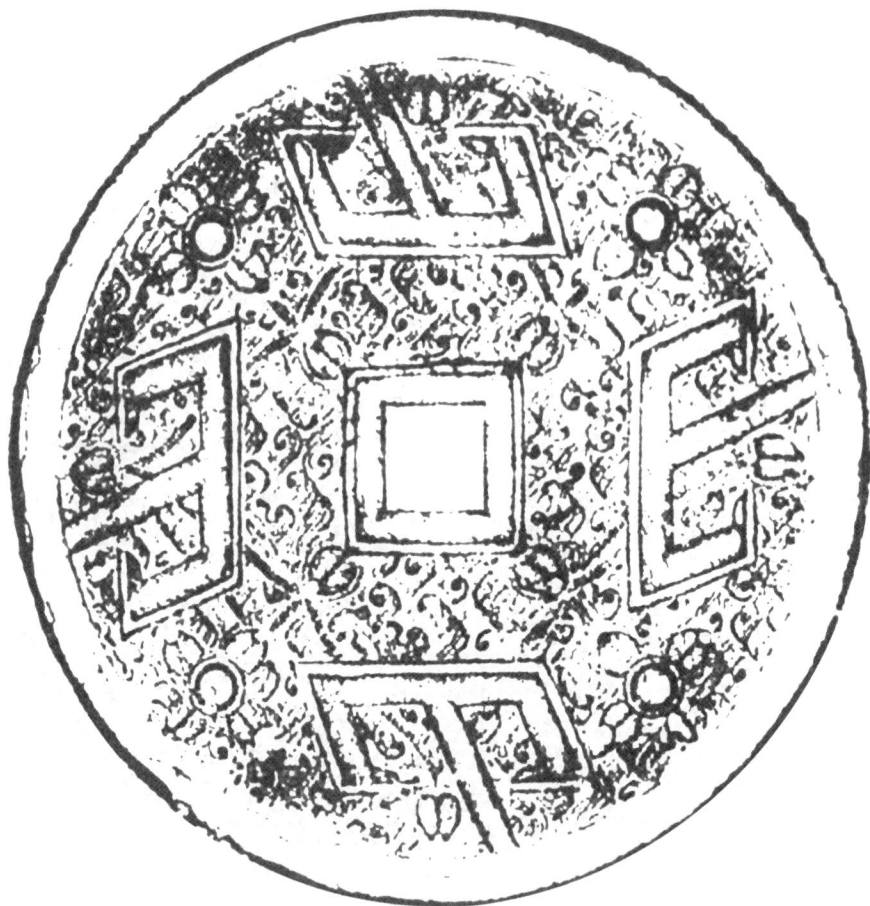

2.42 四山八叶四花镜

形制、纹饰基本同上述湖南常德德山出土镜。直径 13.4 厘米。湖北江陵秦墓出土。《江陵扬家山 135 号秦墓发掘简报》图十二（《文物》1993 年 8 期 6 页）。

2.43 四山八叶花瓣镜

形制、纹饰基本同上述湖南常德、湖北江陵出土镜。直径13.8厘米。安徽合肥战国墓出土。《合肥出土、征集的部分古代铜镜》图一(《文物》1998年10期82页)。

2.44 四山十六叶镜

　　圆形。弦钮，围以凹面方格。纹饰由地纹与主纹构成。地纹为羽状纹。主纹为四山十六叶，方格四角和四边伸出八叶，其外围饰以交错叠压的两个八角形，外八角形尖又饰八叶。四山叠压在八角形上，底边与方格边平行，形成了富于变化的图形。直径 17.2 厘米。湖南长沙战国晚期墓出土。《长沙楚墓》240 页图一七七。

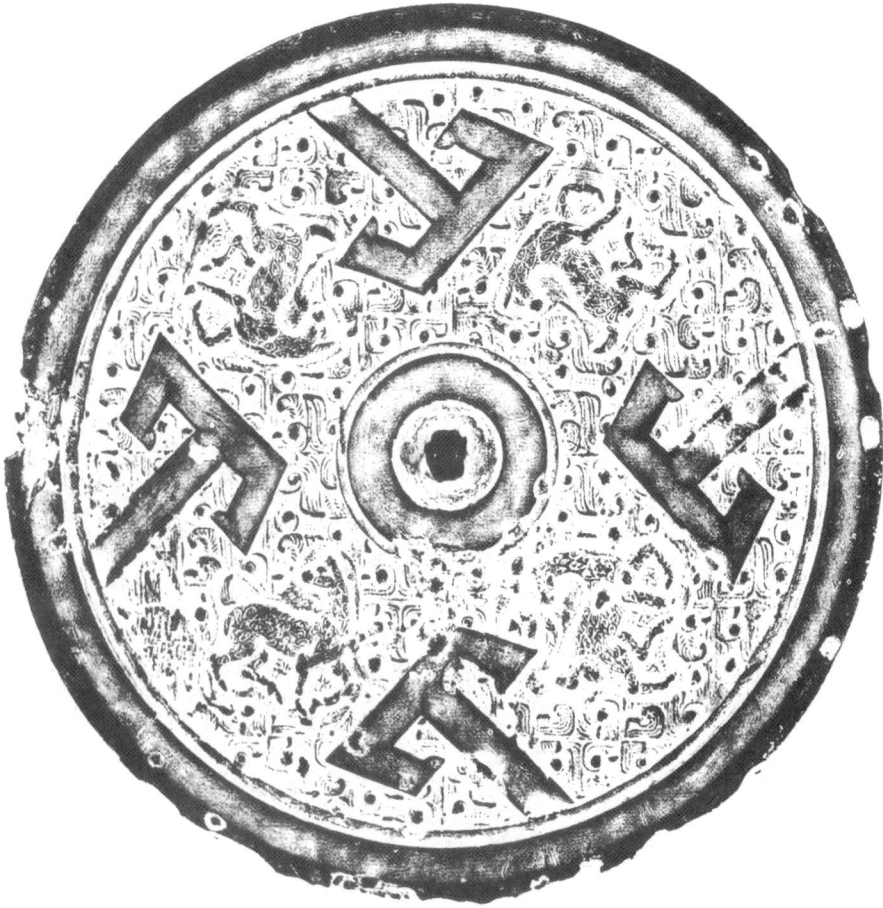

2.45 四山四兽镜

　　圆形。三弦钮，外围凹面圈带。纹饰由地纹与主纹构成。地纹为羽状纹。主纹为四山四兽，山字倾斜绕钮作左旋环列，四山之间各置一鹿，形态相同，回首顾盼，翘尾，一前肢抬起，全身满布斑纹。素卷缘。直径 17.3 厘米。《上海博物馆藏青铜镜》图 17。

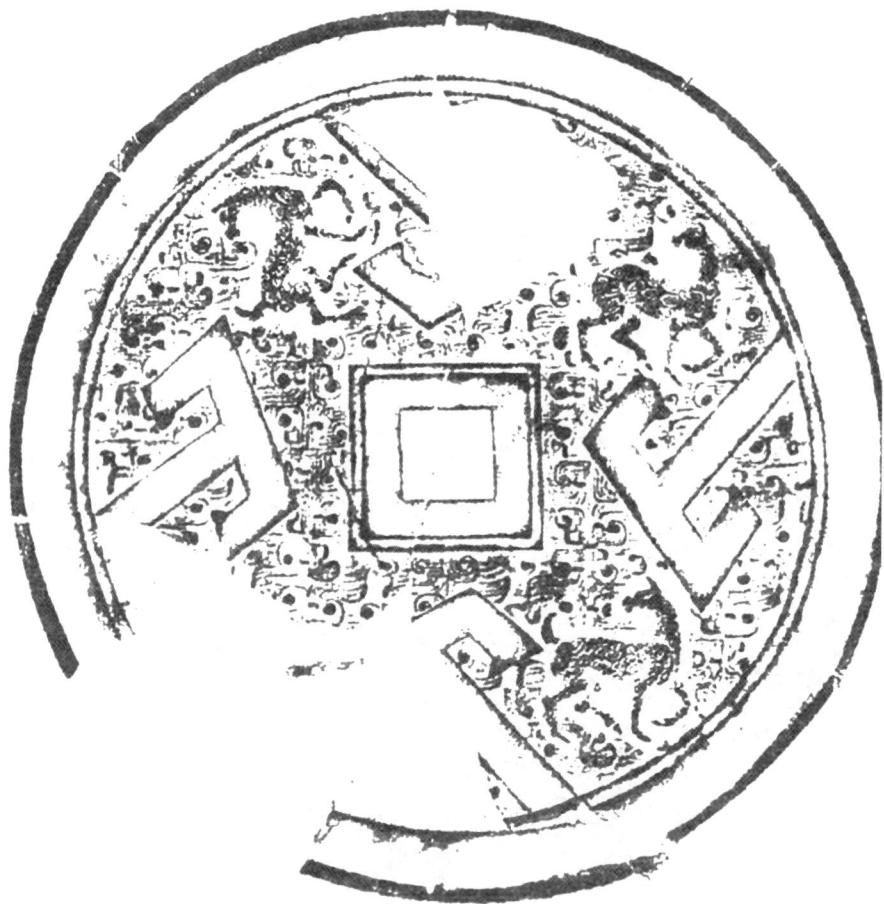

2.46 四山四兽镜

圆形。三弦钮，围以凹面方格。镜残，纹饰由地纹与主纹构成。地纹为羽状纹。主纹为四山四兽，山字左旋环列，残留三兽形态相同，头近缘处，回首后顾，一前腿微抬。直径 15.5 厘米。安徽淮南出土。此镜兽的布局与上海博物馆藏镜不同，后者四鹿头部均朝镜钮。《安徽淮南市博物馆收藏的几件古代铜镜》图二（《文物》1993 年 4 期 87 页）。

2.47 五山镜

　　圆形。三弦钮，外围凹面圈带。纹饰由地纹与主纹构成。地纹为羽状纹。主纹为五山纹，倾斜环列。素缘。直径 15 厘米。河南南阳西汉早期墓出土。《南阳出土铜镜》17 页图二二。

2.48 五山镜

圆形。钮外围以凹面圈带。纹饰由地纹与主纹构成。地纹为羽状纹。主纹为五山绕钮左旋。素卷缘。直径 12.3 厘米。安徽潜山战国墓出土。《潜山县博物馆藏战国两汉铜镜》图三（《文物》2013 年 2 期 87 页）。

2.49 五山五叶镜

　　圆形。弦钮，围以凹面圈带。纹饰由地纹与主纹构成。地纹为羽状纹。主纹为五山绕钮左旋，山字一竖道伸出短条带与相邻山字底边连接，形成一个规整的五角星形。圈带伸出的五叶配置于五角内。素卷缘。直径 13.2 厘米。《馆藏铜镜选辑（一）》图 47（《中国历史博物馆馆刊》1992 年总 17 期 136 页）。

2.50 五山五叶镜

　　圆形。三弦钮，围以凹面圈带。纹饰由地纹与主纹构成。地纹为羽状纹。主纹为五山五叶，凹面圈带向外伸出五叶，叶脉清晰。五山绕钮左旋环列，山字一竖道伸出短条带与相邻山字底边连接，形成一个规整的五角星形。素卷缘。直径16.7厘米。《上海博物馆藏青铜镜》图18。

2.51 五山十叶镜

　　形制、纹饰与前上海博物馆藏镜大致相同，只是近缘圈带向内伸出五叶于山字左胁，形成了五山十叶的布局。湖南长沙战国晚期墓出土。《楚风汉韵——长沙市博物馆藏镜》17 页图 11。

2.52 五山十五花苞镜

　　圆形。钮外围以凹面圈带。纹饰由地纹与主纹构成。地纹为羽状纹。主纹为五山十五花苞纹，凹面圈带向外伸出连贯式二花苞。五山绕钮右旋，叠压连贯花苞的条带，底边一端横出一尖角，形成旋转式五瓣形。山字竖道侧生一花苞。素卷缘。直径19厘米。湖南常德德山晚期楚墓出土。《湖南常德德山楚墓发掘报告》图二二.3（《考古》1963年9期473页）。

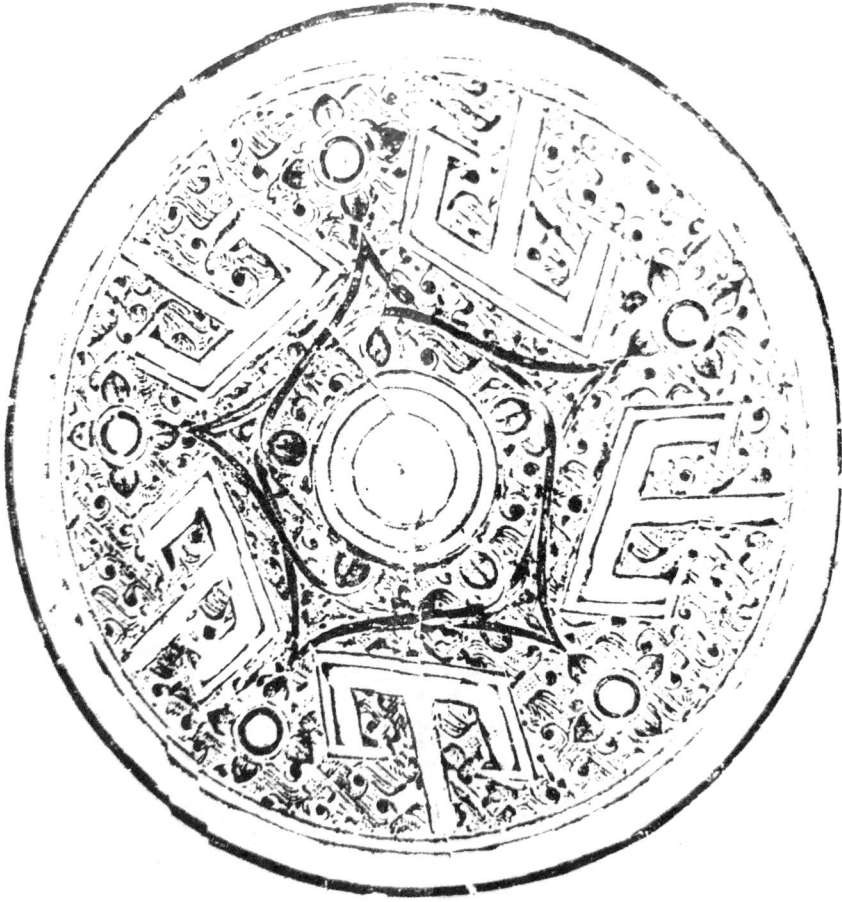

2.53 五山五叶五花镜

　　圆形。弦钮，围以凹面圈带。纹饰由地纹与主纹构成。地纹为羽状纹。主纹为五山五叶五花，圈带向外伸出五叶，围绕五叶的窄条带相互叠压，形成一个弧边交叉的五角星形，五角顶端各饰一朵四瓣花。五山配置于花瓣之间，位于连弧边外。素卷缘。直径16.5厘米。此镜为五山镜中少见的图形布局。《馆藏铜镜选辑（一）》图48（《中国历史博物馆馆刊》1992年总17期136页）。

2.54 六山镜

圆形。四弦钮，外围凹面圈带。纹饰由地纹与主纹构成。地纹为羽状纹。主纹为六山纹，山字绕钮左旋环列，倾斜度较大，一短竖道延长线与相邻山字的底边相接，形成一六角星形。素卷缘。直径 14.3 厘米。《上海博物馆藏青铜镜》图 19。

2.55 六山十二叶镜

　　圆形。三弦钮，围以凹面圈带。纹饰由地纹与主纹构成。地纹为羽状纹。主纹为六山十二叶，圈带外六叶，围绕叶边的窄条带左右交叉向外延伸，共同形成一个六瓣花，瓣尖又伸出一叶。六山叠压在六瓣花上，绕钮右旋，又形成一个六角星纹。素卷缘。直径 23.2 厘米。《馆藏铜镜选辑（一）》图 49（《中国历史博物馆馆刊》1992 年总 17 期 137 页）。

2.56 六山十二叶镜

    圆形。三弦钮，围以凹面圈带。纹饰与上述"六山十二叶镜"近似。直径21.2厘米。广东广州西汉南越王墓出土。《南越国铜镜论述》图四.7(《考古学报》1998年3期313页)。

2.57 六山十八圆圈镜

　　圆形。四弦钮，围以凹面圈带。纹饰由地纹与主纹构成。地纹为羽状纹。主纹为六山绕钮右倾环列，山字右竖道轮廓边延伸的条带与相邻山字底边相接，形成一个六角星形。六角内与山字左右胁各置一凹圆圈，共 18 个。洛阳出土山字镜中，在此类圆圈内装饰有料珠、琉璃珠或在珠上包以金箔。素平缘。直径 27 厘米。安徽六安战国墓出土，见《安徽六安市白鹭洲战国墓 M566 的发掘》(《考古》2012 年 5 期图版九 .3)。铜镜拓本选自铜陵博物馆《中国古代铜镜精品展》。

菱纹镜

2.58 花瓣折叠式菱纹镜

　　圆形。三弦钮，围以圆圈带。纹饰由地纹与主纹构成。地纹为羽状纹。主纹为花瓣折叠式菱形纹，磬形凹面宽条交错相接，组成九个菱形区。镜心菱形及四个不完整菱形内各配置一朵四瓣花，其他四个不完整菱形内则配置一叶瓣纹。素卷缘。直径11.5厘米。浙江安吉出土。菱形纹又被称为方连纹。《清质·昭明》14页。

2.59 花瓣折叠式菱纹镜

　　形制、纹饰基本同前浙江安吉出土镜，只是九个菱形内五个为四瓣花，四个为三瓣花。直径 15.5 厘米。此镜表明九个菱形内配置花瓣的完整性与铜镜尺寸大小有关。湖南长沙战国晚期墓出土。《长沙楚墓》245 页图一八七。

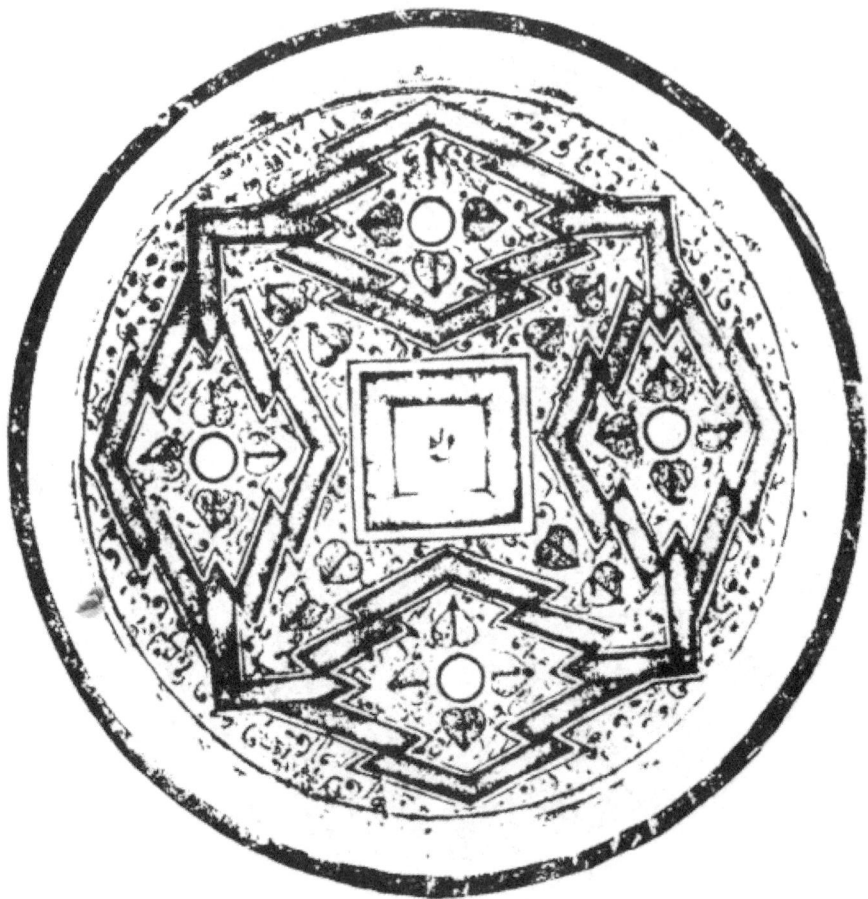

2.60 花瓣折叠式菱纹镜

圆形。三弦钮，围以凹面方格。纹饰由地纹与主纹构成。地纹为羽状纹。主纹为花瓣折叠式菱形纹，方格四角向外伸出连贯式二叶瓣，其外形态不同的角形条带交错连接，形成了一个四角星纹及四个菱形纹，四菱形内各置一四瓣花。素卷缘。直径21.2厘米。湖北宜昌战国墓出土。此镜纹饰装饰性强，呈现出方形、四角星形、外轮廓八角形，结构新颖奇特。《宜昌前坪战国两汉墓》图七（《考古学报》1976年2期120页）。

2.61 折叠式菱纹镜

　　圆形。三弦钮，围以凹面方格。纹饰由地纹与主纹构成。地纹为羽状纹。主
纹为折叠式菱形纹，磬形与直角宽带穿插连接成四个菱形及一个正方形。直径
12.4 厘米。湖南长沙战国晚期墓出土。《长沙楚墓》243 页图一八五。

2.62 花瓣格状式菱纹镜

　　方形。弦钮，外围凹面形方格。纹饰由地纹与主纹构成。地纹为羽状纹。主纹为花瓣菱形纹，十根凹面条带垂直相交，组成菱形格。条带交叉点间隔地配置凹圆圈花瓣，根据空间位置的不同，显现二瓣、三瓣和完整的四瓣花。素宽缘。边长约 11 厘米。《汉以前の古镜の研究》图版一二 .5。

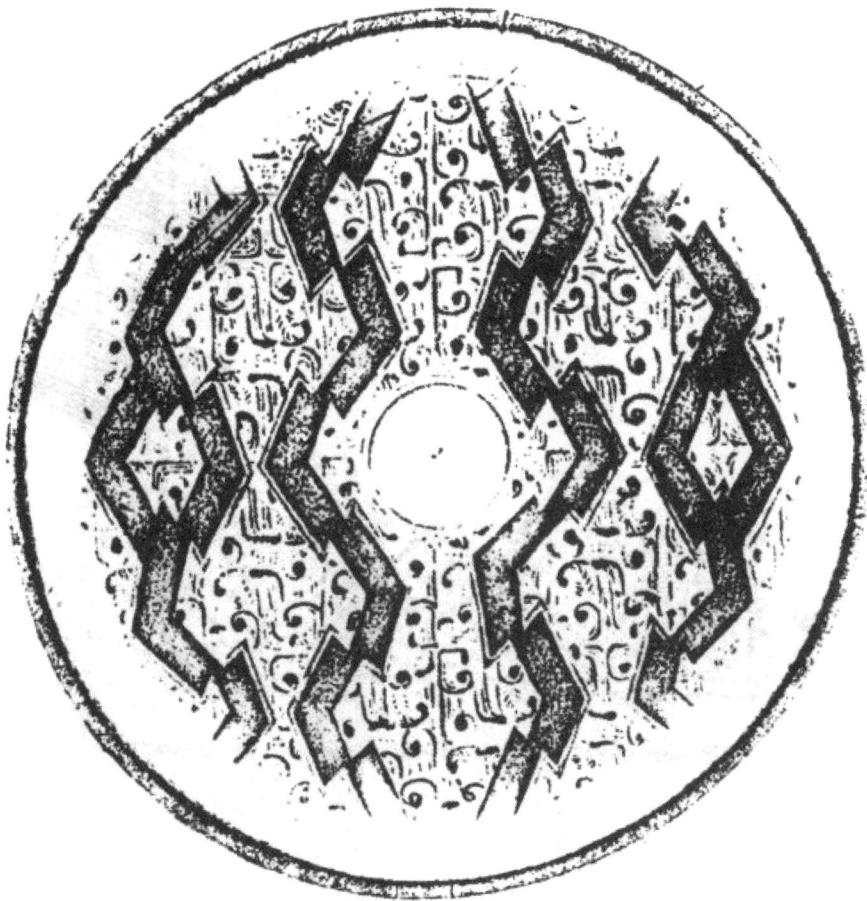

2.63 带状式菱纹镜

　　圆形。三弦钮，围以圆圈带。纹饰由地纹与主纹构成。地纹为羽状纹。主纹
为磬形条带连接成带状式菱形纹，中间的菱形纹被镜钮分割为左右两半，两侧一
完整菱形纹两端各贯连半个菱形纹。素卷缘。直径 13 厘米。湖南益阳战国中期墓
出土。《益阳楚墓》图二三 .1(《考古学报》1985 年 1 期 106 页)。

兽纹镜

2.64 双圈兽纹镜

　　圆形。环钮，圆钮座。圈带将纹饰分为内外二区。内区三兽，回首翘尾。外区五兽，低头翘尾。八兽的身躯都布满粟粒纹。素宽缘。直径 8.2 厘米。山西长治分水岭 53 号墓出土。《山西长治分水岭战国墓第二次发掘》图二七（《考古》1964年 3 期 134 页）。

2.65 双圈兽纹镜

    圆形。半环钮，小圆钮座。镜背中部有一圈带将纹饰分为内外二区。内区为六片莲瓣纹，每瓣内有涡粒化的兽面。外区为十二个回首的蟠龙纹，作环绕式排列，躯体各部分也都涡粒化。近缘处有绹纹一周。直径 11 厘米。山西长治分水岭126 号墓出土。《山西长治分水岭 126 号墓发掘简报》图六（《文物》1972 年 4 期45 页）。

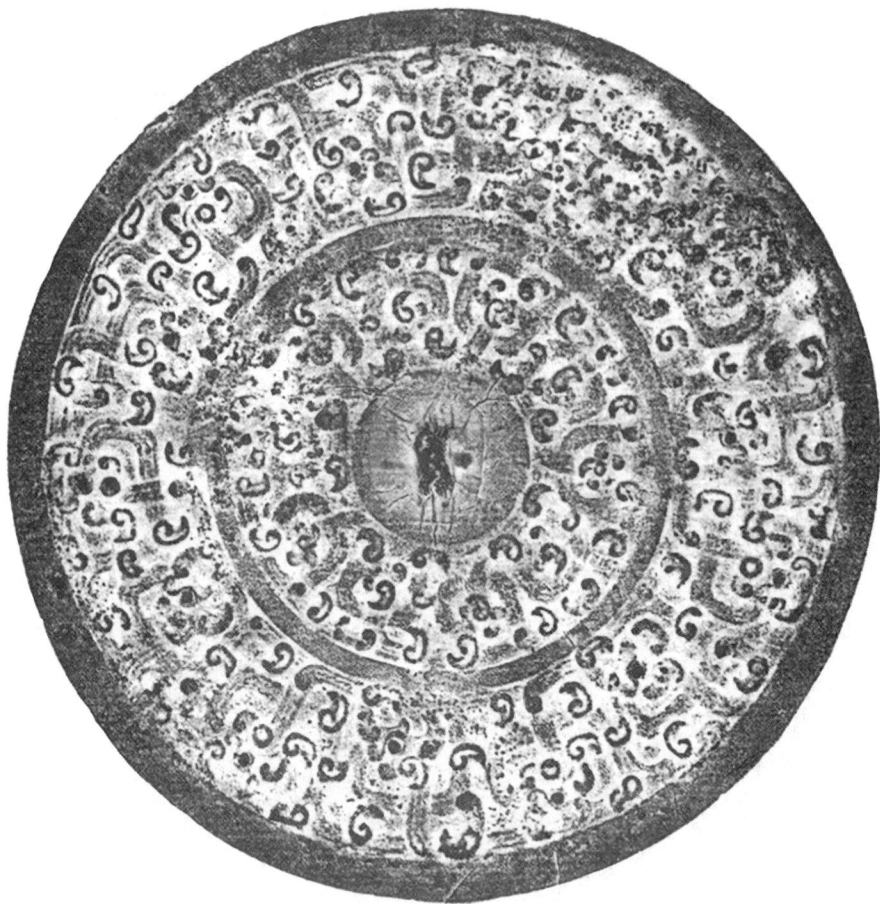

2.66 重圈蟠虺镜

　　圆形。绳纹半环钮，圆钮座。凸圈带将镜背分为内外二区，二区均满布涡状蟠虺纹。素宽缘。直径 10.5 厘米。河北邯郸战国墓出土。《历代铜镜纹饰》1 页。

2.67 重圈蟠虺镜

　　圆形。兽钮。凸圈带将镜背分为内外二区，内区素面，外区配置正反相间环列的十二组蟠虺纹。素宽缘。直径 8.3 厘米。河北平山战国墓出土。《历代铜镜纹饰》2 页。

2.68 四兽镜

　　圆形。三弦钮，围以凹面圈带。纹饰由地纹与主纹构成。地纹为羽状纹。主纹为四兽绕钮环列，狐面鼠耳，张嘴回首，长尾卷曲，四肢伸张，其中一前肢攀握另一兽之长尾。此镜兽的四肢处理夸张，形成了一幅跳跃运动的画面。素卷缘。直径19厘米。湖南长沙战国墓出土。《铜镜图案——湖南出土历代铜镜》30页图10。

2.69 四兽镜

圆形。三弦钮，围以凹面圈带。纹饰由地纹与主纹构成。地纹为羽状纹。主纹为四兽绕钮环列，二兽回首呈正视形；另二兽头部为侧视形，张口露齿。四兽尾部均呈 S 形卷曲，四肢伸张，其中一前肢攀握相邻兽尾。素卷缘。直径 15.7 厘米。河南南阳西汉早期墓出土。《南阳出土铜镜》21 页图三二。

2.70 四兽镜

　　圆形。三弦钮，围以凹面圈带。纹饰由地纹与主纹构成。地纹为羽状纹。主纹为四兽绕钮环列，回首曲身，头部呈俯视形，长尾。素卷缘。直径12.2厘米。湖南长沙墓葬出土。《楚风汉韵——长沙市博物馆藏镜》38页图30。

2.71 四兽镜

　　圆形。三弦钮，围以凹面圈带。纹饰由地纹与主纹构成。地纹为羽状纹。主纹为四兽绕钮环列，侧首站立，前肢左右伸张，攀握相邻兽尾。素卷缘。直径 24 厘米。江苏仪征西汉早期墓出土。《仪征馆藏铜镜》21 页。

2.72 四兽镜

　　圆形。弦钮，围以凹面圈带。纹饰由地纹与主纹构成。地纹为羽状纹。主纹为变形四叶四兽，兽侧身站立，长尾抛至腹前以后作 U 形弯曲，尾端内卷。素卷缘。直径约 15 厘米。《汉以前の古镜の研究》图版一四 .6。

2.73 四兽镜

圆形。桥形钮，三环钮座。四虎绕钮同向排列，身躯趴伏呈 S 形卷曲，嘴衔
钮座外圈，前肢前伸，利爪贴于镜缘上，尾端勾卷。虎颈饰鳞纹，身躯其余部分
饰涡纹和三角雷纹。素宽缘。直径 12.2 厘米。传河南洛阳金村出土。《上海博物馆
藏青铜镜》图 1。

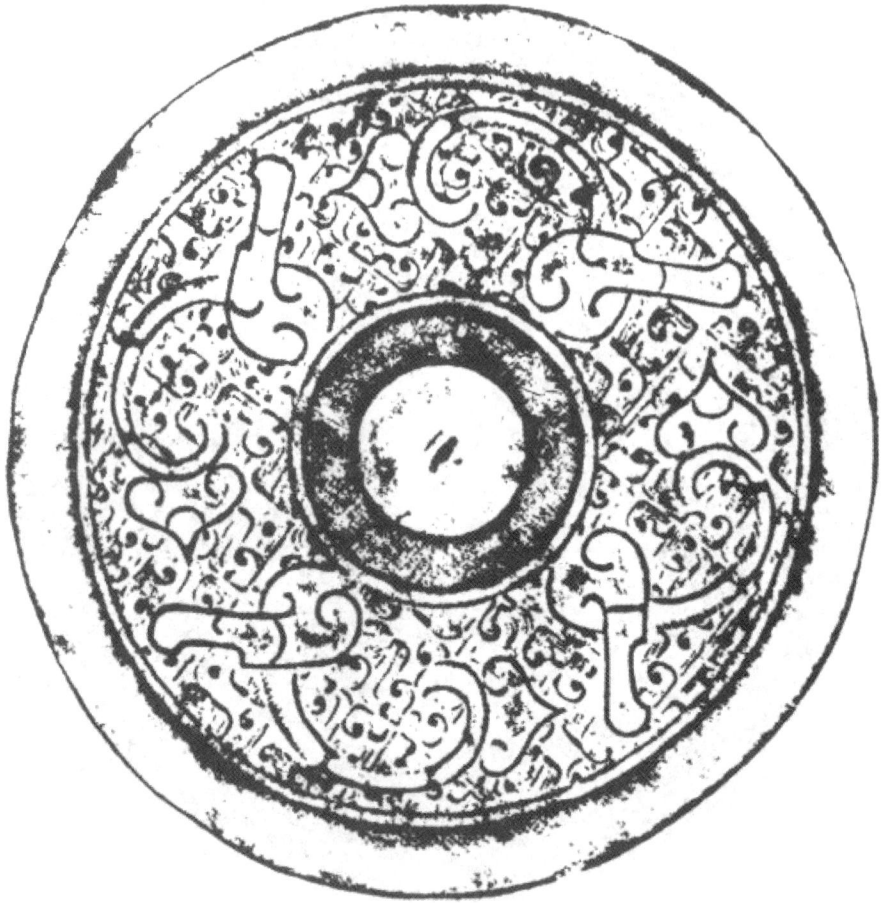

2.74 变形四兽镜

　　圆形。三弦钮，围以凹面圈带。纹饰由地纹与主纹构成。地纹为羽状纹。主纹为变形四兽绕钮环列，兽首伸向镜缘，长颈，涡纹化的圆腹贴于凹面带的外圈。尾细长而弯卷，在尾端的一侧连接一叶状纹。素卷缘。直径 13.5 厘米。湖南长沙子弹库 86 号墓出土。此镜兽纹已图案化，身体各部分结构不明确，因此又有变形四螭纹镜、变形鸟纹镜或花蕾纹镜之称。《湖南长沙纸园冲工地古墓清理小结》图一（《考古通讯》1957 年 5 期 41 页）。

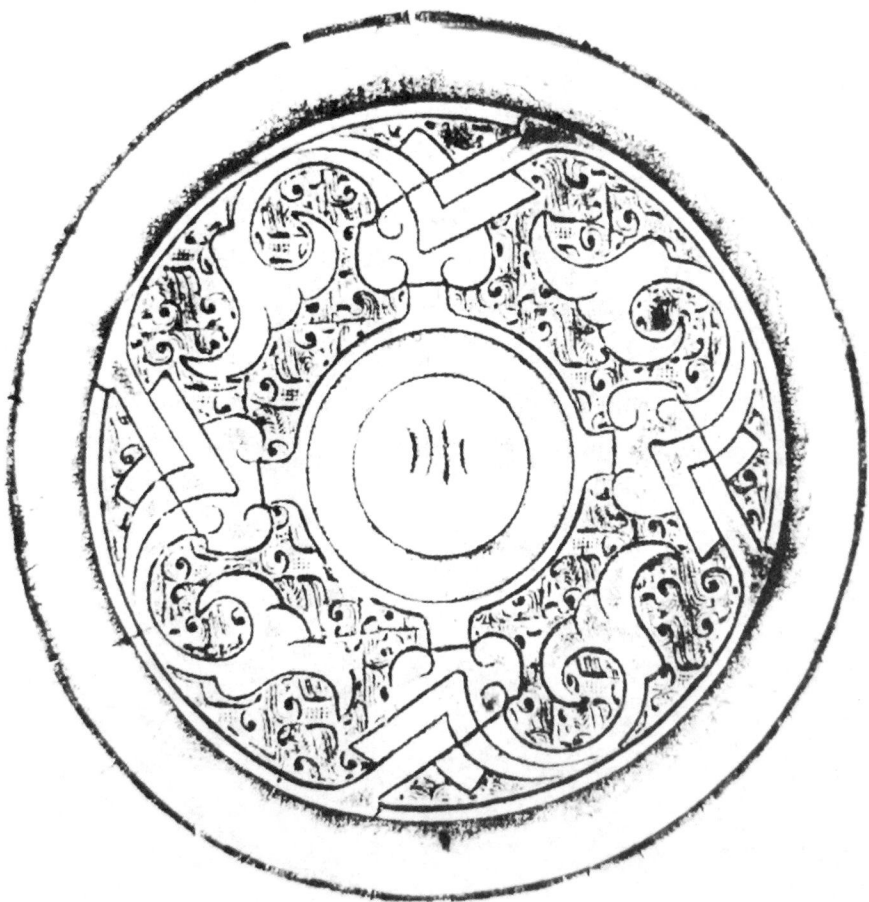

2.75 变形四兽镜

圆形。三弦钮，围以凹面圈带。纹饰由地纹与主纹构成。地纹为羽状纹。主纹为变形四兽绕钮环列，四兽已图案化，身躯作 C 形卷曲，头部较宽大，由两个向内卷曲的涡纹组成，中腰细长，尾部似喇叭花形。素卷缘。直径 14 厘米。湖南长沙墓葬出土。《楚风汉韵——长沙市博物馆藏镜》37 页图 29。

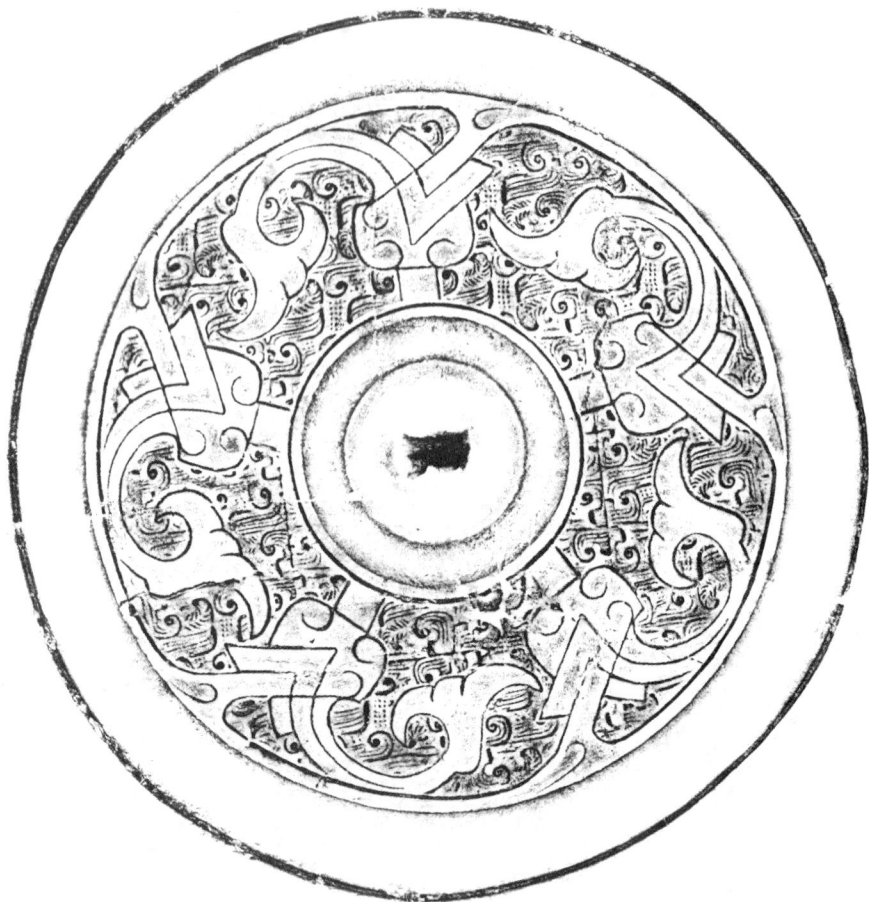

2.76 变形五兽镜

　　圆形。三弦钮，围以凹面圈带。纹饰由地纹与主纹构成。地纹为羽状纹。主纹为变形五兽绕钮环列，圈带向外伸出五片桃形叶瓣，与叠压其上的纹饰组成变形兽纹。兽纹已图案化，身躯作 C 形卷曲，尾部似喇叭花形。素卷缘。直径 14.3厘米。河南南阳西汉早期墓出土。《南阳出土铜镜》22 页图三三。

龙纹镜

2.77 三龙镜

　　圆形。三弦钮，围以凹面圈带。纹饰由地纹与主纹构成。地纹为内饰三角雷纹的勾连丁字纹，丁字纹间填以碎点纹。主纹为三龙绕钮环列，有角，张口，躯体呈 S 形卷曲，尾端向下勾卷。一龙回首反顾，胸部丰满，前肢挥舞，尾部有燕形小翼及花蒂形饰；一龙弯腰弓背，扭动前肢，尾中部有燕形小翼；另一龙回首反顾，一足仵立于圈带上，尾中部有花蒂装饰。素卷缘。直径 14 厘米。《馆藏铜镜选辑（一）》图 16（《中国历史博物馆馆刊》1992 年总 17 期 131 页）。

2.78 三龙镜

　　圆形。双弦钮，围以凹面圈带。纹饰由地纹与主纹构成。地纹为折叠式菱形纹，菱边中排列圆点纹，菱形内为云雷纹。主纹为三龙绕钮环列。龙有角，嘴微张，回首曲身，尾细长，向上竖起，末端内卷。四肢左右伸张，劲健有力，身躯饰圆圈和弧线。素卷缘。《尊古斋古镜集景》171 页。

2.79 三龙镜

　　圆形。弦钮，围以凹面圈带。纹饰由地纹与主纹构成。地纹为折叠式菱形纹，菱边中饰圆点纹，菱格内为云雷纹。主纹为三龙绕钮环列，龙头居中，回首曲身，张口露齿，腹下二足，尾中部有燕形小翼。龙身向右伸出末端内卷的花枝形纹饰，与龙尾相对称。十二内向连弧纹缘。直径约 11 厘米。《汉以前の古镜の研究》图一七 .1。

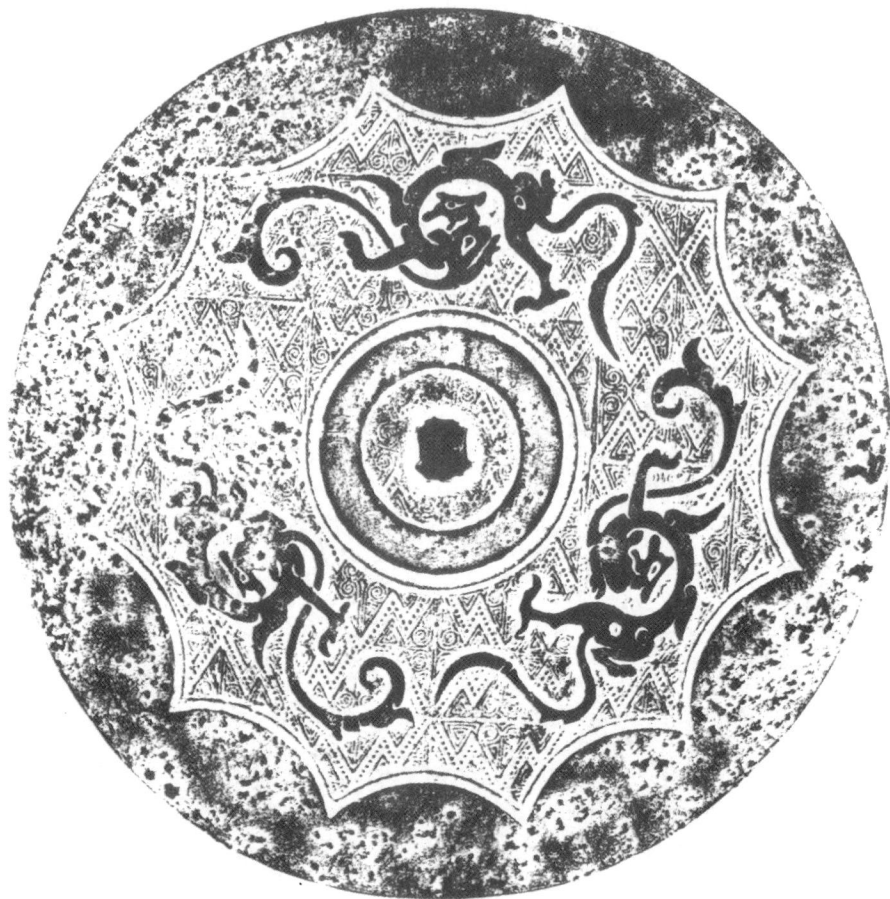

2.80 三龙镜

　　圆形。双弦钮，围以凹面圈带。纹饰由地纹与主纹构成。地纹为折叠式菱形纹，菱边中饰圆点纹，菱形内为云雷纹。主纹为三龙绕钮环列，龙张嘴回首，身躯圆涡状蟠曲，长尾曲折下垂，前肢抬起，后肢伫立。龙腹部伸出一花枝，末端向内勾卷，形成对称图形。十二内向连弧纹缘。直径 11.8 厘米。《上海博物馆藏青铜镜》图 5。

2.81 三龙镜

圆形。弦纹钮，围以凹面圈带。纹饰由地纹与主纹构成。地纹为双线折叠式菱形纹，双线内有并排的圆点纹。地纹之上，三龙绕钮分离配列，龙回首后顾，身躯作圆涡蟠曲，肢爪伸张，长尾高甩。十五内向连弧纹缘。直径 13.6 厘米。湖南长沙汉墓出土。《长沙西郊桐梓坡汉墓》图二一 .4(《考古学报》1986 年 1 期 80 页)。

2.82 三龙镜

　　圆形。三弦钮，围以凹面圈带。纹饰由地纹与主纹构成。地纹为双线勾连雷纹，双线内外均填以密集的细点纹。主纹为三龙绕钮环列，龙头前伸，身躯纠结成菱形，足部弯曲，仁立于圈带外，C形长尾，其中二龙尾之中部有燕形小翼，一龙尾中部有花苞装饰。江苏仪征墓葬出土。宽素卷缘。《汉广陵国铜镜》28页图3。

2.83 四龙镜

　　圆形。钮外围以凹面圈带。纹饰由地纹与主纹构成。地纹为云雷纹。主纹为四龙绕钮与扁形四叶相间环列，龙头居中，回首曲身，张吻露齿，尾粗短勾卷，龙的双翼和双足位于身躯两侧，向外舒展。十二内向连弧纹缘。直径14厘米。湖南长沙战国晚期墓出土。《长沙楚墓》259页图二三五。

2.84 四龙镜

　　圆形。三弦钮，围以凹面圈带。纹饰由地纹与主纹构成。地纹为云雷纹。主纹为四龙与四扁叶相间绕钮环列，龙头居中，回首曲身，两两相望，尾粗短勾卷，双翼和双足位于身躯两侧，向外舒展。十三内向连弧纹缘。直径 20.8 厘米。《汉以前の古镜の研究》图一七 .3。

2.85 四龙镜

　　圆形。钮残，围以凹面圈带。四龙与四扁叶相间绕钮环列，二龙躬腰曲体，羽翼分向前后；二龙头前伸，身躯呈 S 形曲卷，四肢伸张。四龙姿态别有情趣。十三内向连弧纹缘。直径 20.4 厘米。《安塞县文管所收藏的部分铜镜》图一左（《文博》1992 年 6 期 73 页）。

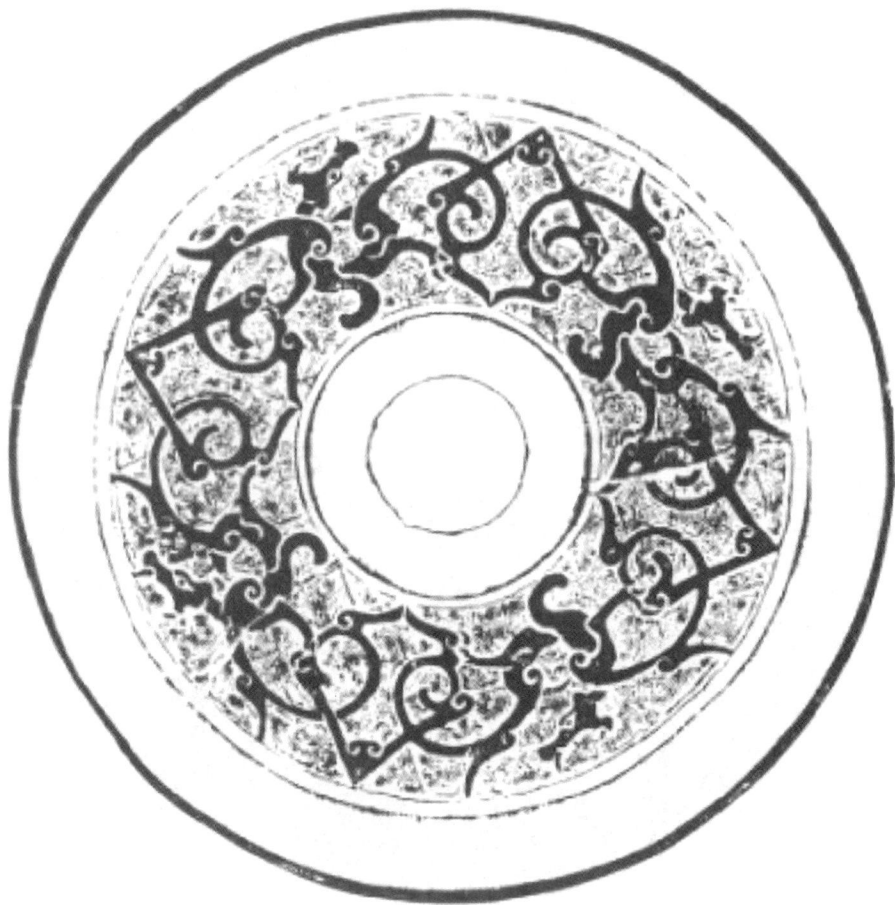

2.86 四龙镜

　　圆形。三弦钮，围以凹面圈带。纹饰由地纹与主纹构成。地纹为菱形格内的圆涡纹及碎点纹。主纹四龙绕钮环列，龙张嘴露齿，回首反顾，腹部蟠旋呈环状。双翼位于身躯两侧，向外对称展开，相邻二龙的翼交连成一花瓣图形，构图极为巧妙。素卷缘。直径 14.2 厘米。湖南长沙战国晚期墓出土。此镜与《上海博物馆藏青铜镜》图 6 铜镜的纹饰、尺寸完全相同。《长沙楚墓》255 页图二二五。

2.87 四龙镜

　　圆形。三弦钮，围以凹面圈带。纹饰由地纹与主纹构成。地纹为细密的云雷纹。主纹为四龙绕钮环列，圈带外伸出四扁叶，龙头居中，回首曲颈，身躯作圆涡蟠曲，双翼位于身躯两侧，对称展开，末端向内弯卷。十六内向连弧纹缘。直径19.1厘米。河南南阳战国晚期墓出土。《南阳出土铜镜》19页图二七。

2.88 四龙镜

　　构图类似上述南阳出土镜(《南阳出土铜镜》图二七)，只是四龙均回首后顾，头顶抵接镜缘。十四内向连弧纹缘。湖南长沙战国晚期墓出土。《长沙楚墓》259页图二三六。

2.89 龙凤菱纹镜

　　圆形。三弦钮，围以凹面圈带。纹饰由地纹与主纹构成。地纹为云雷纹。主纹为龙凤与菱形纹，呈 S 形的菱形与龙凤相间环列，交互勾连叠压。三龙昂首曲身，四肢伸张，细尾勾卷。三凤鸟栖立，侧首后顾，羽翅左右勾卷。龙凤安插在菱形空间之内，弧曲适度。素卷缘。直径 18.9 厘米。湖南长沙出土。《湖南出土铜镜图录》63 页图 37，又见《铜镜图案》11 页。

2.90 龙凤菱纹镜

　　圆形。三弦钮，围以凹面圈带。纹饰由地纹与主纹构成。地纹为云雷纹。主纹为龙凤四菱形纹，菱形纹由相连的双线山字纹组成，其所划分的内外八区中，内四区配置一龙一禽鸟，外四区各配置一龙。素卷缘。直径 19.2 厘米。湖南地区秦汉之际墓出土。《铜镜图案——湖南出土历代铜镜》46 页图 25。

凤鸟镜

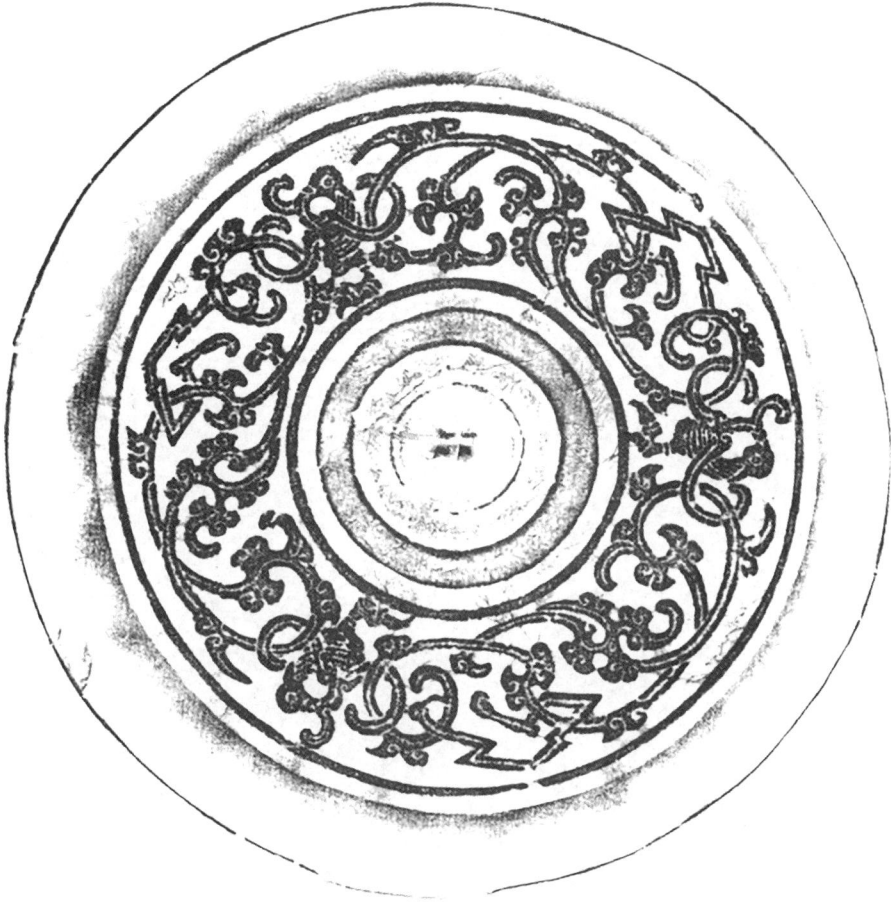

2.91 三凤三菱镜

　　圆形。三弦钮，围以凹面圈带。纹饰由地纹与主纹构成。地纹为云纹。主纹为三凤与三菱相间环列，凤圆眼尖喙，两翼勾卷，与缠枝菱形交互叠压。素卷缘。直径 14 厘米。此镜构图繁而不乱，巧寓变化。《历代铜镜纹饰》3 页。

2.92 四凤四菱四叶镜

　　圆形。三弦钮，围以凹面方格。纹饰由地纹与主纹构成。地纹为勾连雷纹与碎点纹。主纹为四凤与四菱、四叶相间环列，凤回首曲身栖立，圆眼勾喙，一翅卷曲于头部上方，短尾分叉。近缘圈带向内伸出的折叠菱形纹顶端饰一叶纹。直径10厘米。河南宜阳出土。《洛镜铜华——洛阳铜镜发现与研究》54页图9。

2.93 四凤四鸟镜

　　圆形。四弦钮，围以凹面方格。纹饰由地纹与主纹构成。地纹为圆涡云纹与碎点纹。主纹为四凤四鸟相间环列，凤栖立于方格四角，侧首曲身，勾喙有冠，一羽翼伸向头部上方。近缘圈带向内伸出的折叠式菱形角端站立四鸟，立鸟振翅垂尾。素卷缘。直径 11 厘米。四川成都出土。《四川省出土铜镜》7 页图 3。

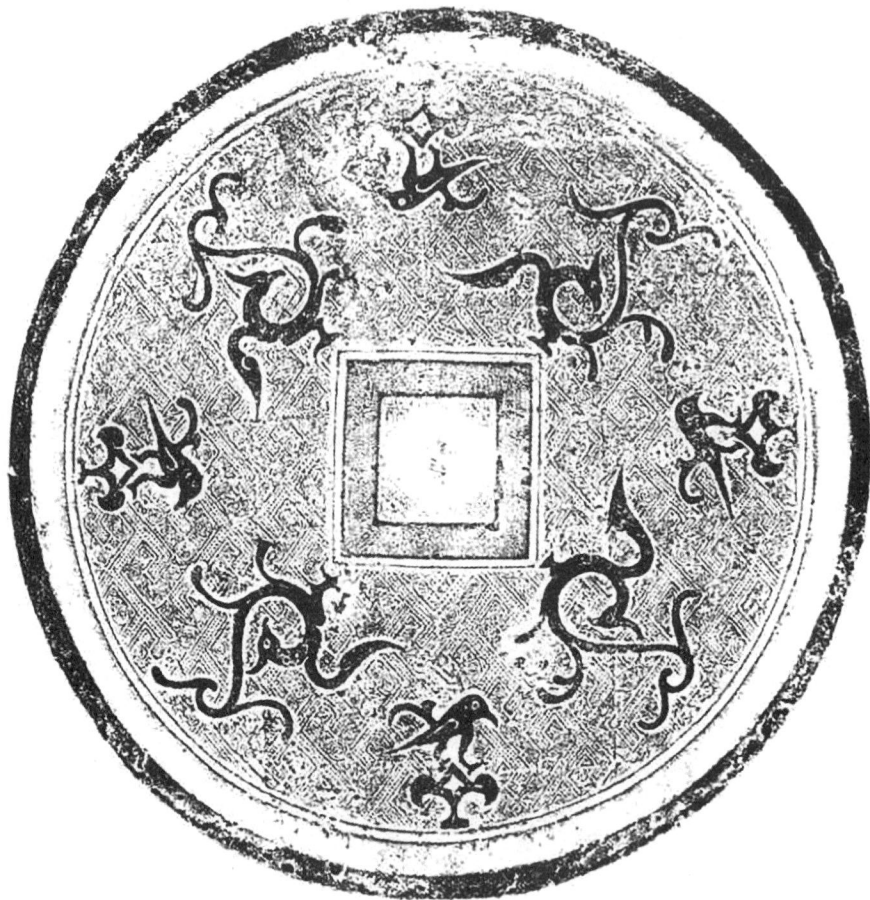

2.94 四凤四鸟镜

　　圆形。弦钮，围以凹面方格。纹饰由地纹与主纹构成。地纹为连山条带内外饰碎点纹和云雷纹。主纹为四凤与四鸟相间环列，凤栖立于方格四角，侧首曲身，振翅翘尾。近缘圈带向内伸出的花叶端立一鸟。素卷缘。直径 13.8 厘米。《故宫藏镜》13 页。

2.95 四凤四菱镜

　　圆形。双弦钮，围以凹面方格。纹饰由地纹与主纹构成。地纹为双线勾连菱纹，菱边排以圆点纹，菱形内填以圆涡纹。主纹为四凤与四菱形相间环列，四凤立于方格四角端，身躯呈环状弯卷，展翅翘尾，尾部与颈交叠后往上延伸。菱形纹为凹面宽带折叠式。素卷缘。直径 10.3 厘米。河南南阳西汉早期墓出土。《南阳出土铜镜》20 页图二八。

2.96 四凤四戟形饰镜

　　圆形。三弦钮，围以圆圈带。纹饰由地纹与主纹构成。地纹为羽状纹。主纹为四凤与四戟状形纹相间环列，圆圈带伸出的四叶，叶尖上方有细柄三叉戟状形饰。凤鸟单腿立于圈带边，羽冠、尖嘴、长颈、鼓腹，尾舒展上翘。宽素卷缘。直径11.6厘米。《上海博物馆藏青铜镜》图11。

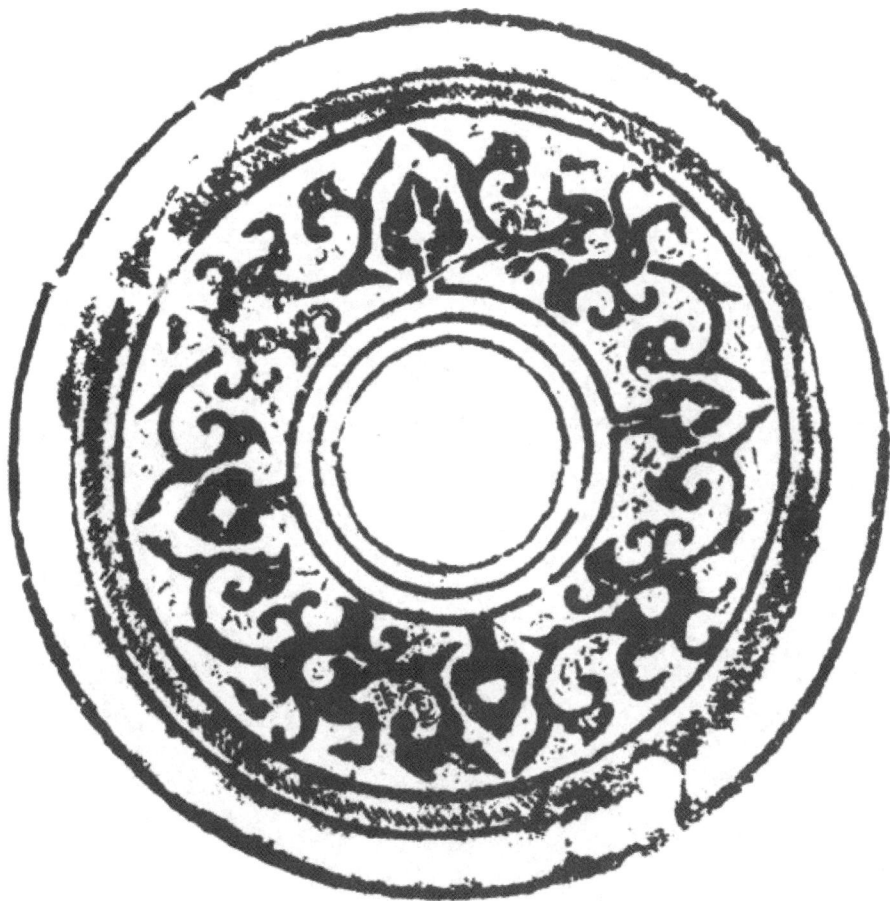

2.97 四凤四叶镜

　　圆形。弦钮，外围弦纹圈带。纹饰由地纹与主纹构成。地纹为云雷纹，已模糊不清。主纹为四凤四叶相间环绕，凤昂首曲身，勾喙，羽翼呈 S 形弯卷的枝条，左右张开。素卷缘。直径 10 厘米。河南洛阳汉墓出土。湖南长沙战国晚期墓亦有出土（《长沙楚墓》图二二八）。《洛阳烧沟汉墓》161 页图六九 .1。

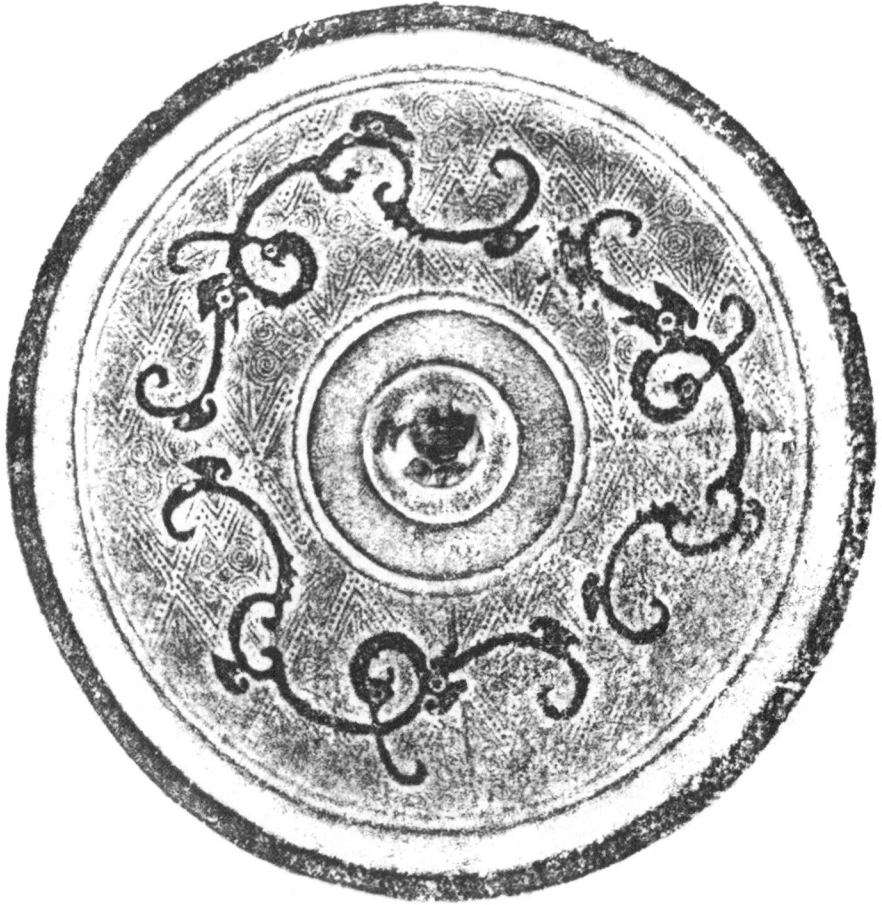

2.98 三凤镜

　　圆形。弦钮，围以凹面环带。纹饰由地纹与主纹构成。地纹为双线折叠式菱形纹，饰有圆点纹、云雷纹。主纹为图案化三凤绕钮环列，短喙斑眼，长冠伸向镜缘，身躯呈多节卷曲。素卷缘。直径7.55厘米。河南南阳战国末期西汉初期墓出土。《南阳出土铜镜》21页图三〇。

2.99 三凤三叶镜

　　圆形。三弦钮，围以双线圈带。纹饰由地纹与主纹构成。地纹为稀疏的云雷纹。主纹为三凤与三叶相间环列。凤回首，斑目，勾喙。双翼向两侧伸展，两腿一曲一伸，构图简洁而生动。素卷缘。直径8厘米。河南南阳西汉早期墓出土。《南阳出土铜镜》21页图三一。

2.100 四叶龙凤禽鸟镜

　　圆形。三弦钮，围以凹面圈带。纹饰由地纹与主纹构成。地纹为折叠菱形云雷纹。主纹为四叶龙凤禽鸟纹，亚字形扁状四叶内二龙二凤相间环列，龙回首后顾，四肢伸张，呈飞腾之势。凤侧首伫立，羽翅向上左右曲卷。亚字弧形外四鸟飞翔，扩翼展尾。素卷缘。直径21.2厘米。《楚风汉韵——长沙市博物馆藏镜》41页图32。

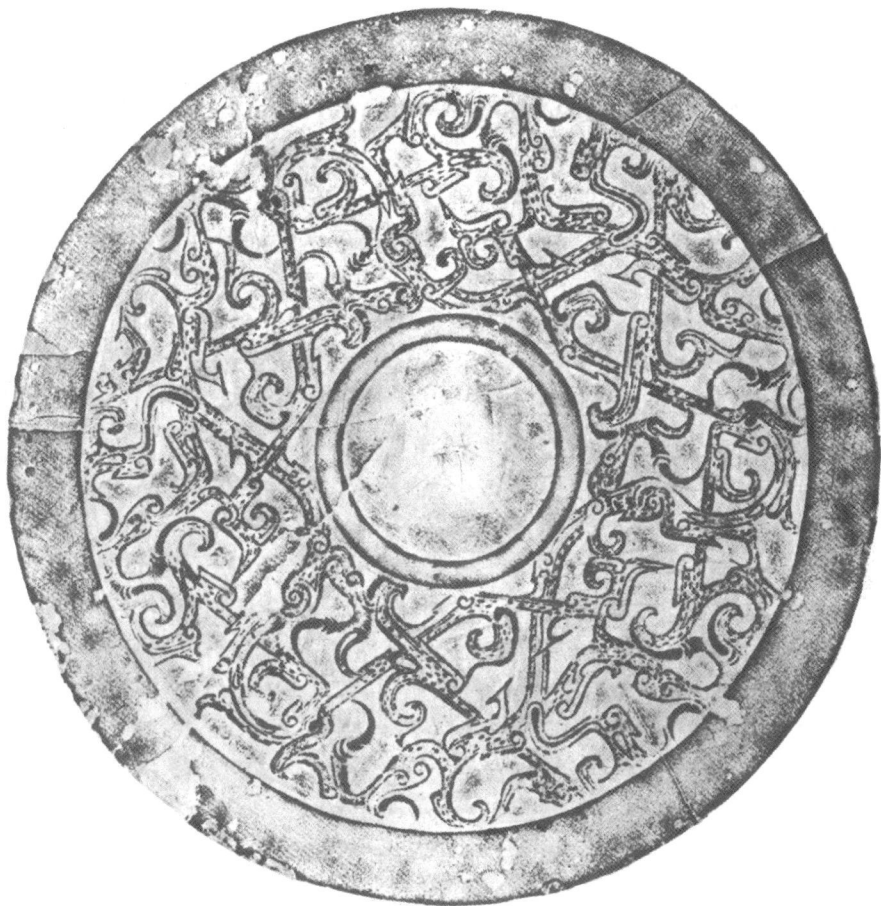

2.101 凤纹镜

　　圆形。三弦钮，围以凹面圈带。凤头近镜缘，长喙伸至圈带边后上卷，身躯
细长，饰涡纹、水滴状纹、长点纹，足居身躯两侧。三凤的周围，尚有其他凤的
部分身躯，如尾、足、爪等，与三凤勾连缠绕，构成十分复杂的图案。素平缘。
直径 18.5 厘米，湖南湘东地区战国墓出土。此镜纹饰特殊，似丝织品上图案的风
格，有学者称之为"刺绣状凤纹镜"。《铜镜图案——湖南出土历代铜镜》40 页图
21，又见《铜镜图案》图 8。

2.102 四叶禽兽镜

　　圆形。三弦钮，围以凹面圈带。纹饰由地纹与主纹构成。地纹为折叠菱形云雷纹及碎点纹。主纹为四叶禽兽，亚字形扁状四叶内各配置一俯首立兽，伫立，长尾下垂。外区空间窄长，二兽二禽身躯展开，相间环列。立兽回首后顾，长尾。鸟侧首，羽翼左右勾卷。素卷缘。直径 23.8 厘米。《扬州地区出土的铜镜》图3（《文物参考资料》1957 年 8 期 33 页）。此镜残缺小半，图据拓本复原。

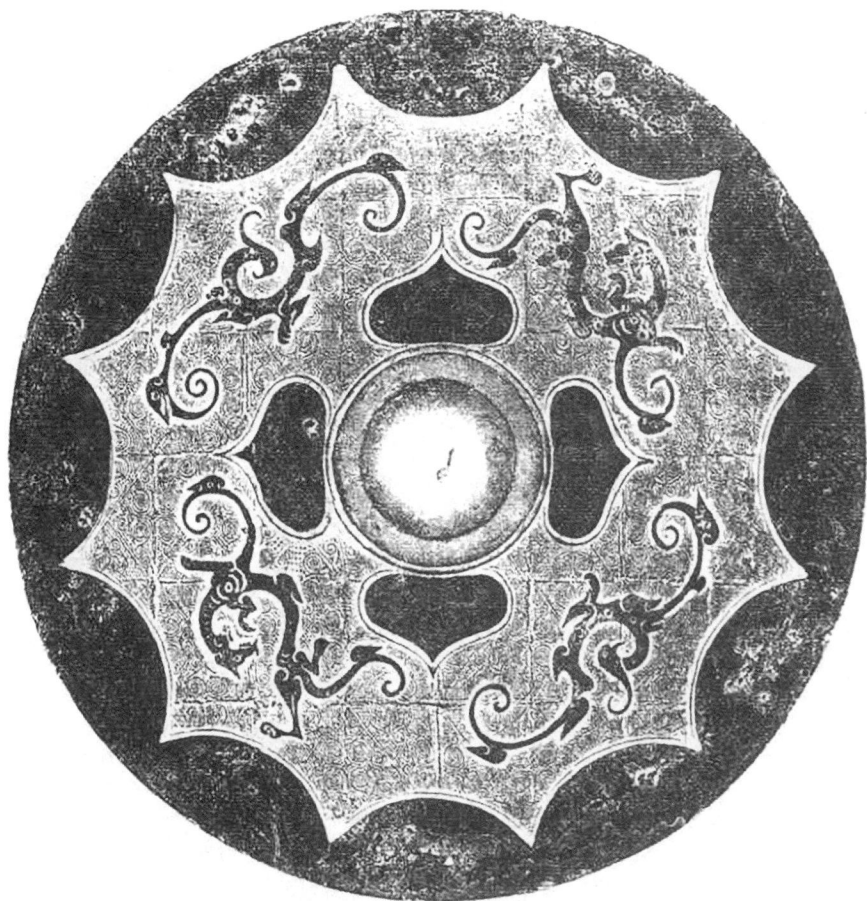

2.103 双凤双兽镜

　　圆形。弦钮，围以凹面圈带。纹饰由地纹与主纹构成。地纹为菱形云纹及碎点纹。主纹为双凤双兽，圈带伸出四大扁叶，兽回首曲身，四肢伸张，尾部细长。凤头部居中，羽翼左右卷曲，两相对称。十二内向连弧纹缘。直径18.3厘米。《故宫藏镜》16页。

饕餮镜

2.104 饕餮镜

　　圆形。三弦钮。纹饰由地纹与主纹构成。地纹为细密的云雷纹。主纹为上下对称的两个饕餮纹。素宽缘。直径 14 厘米。河北邯郸战国墓出土。《河北邯郸赵王陵》图一三（《考古》1982 年 6 期 604 页）。

蟠螭镜

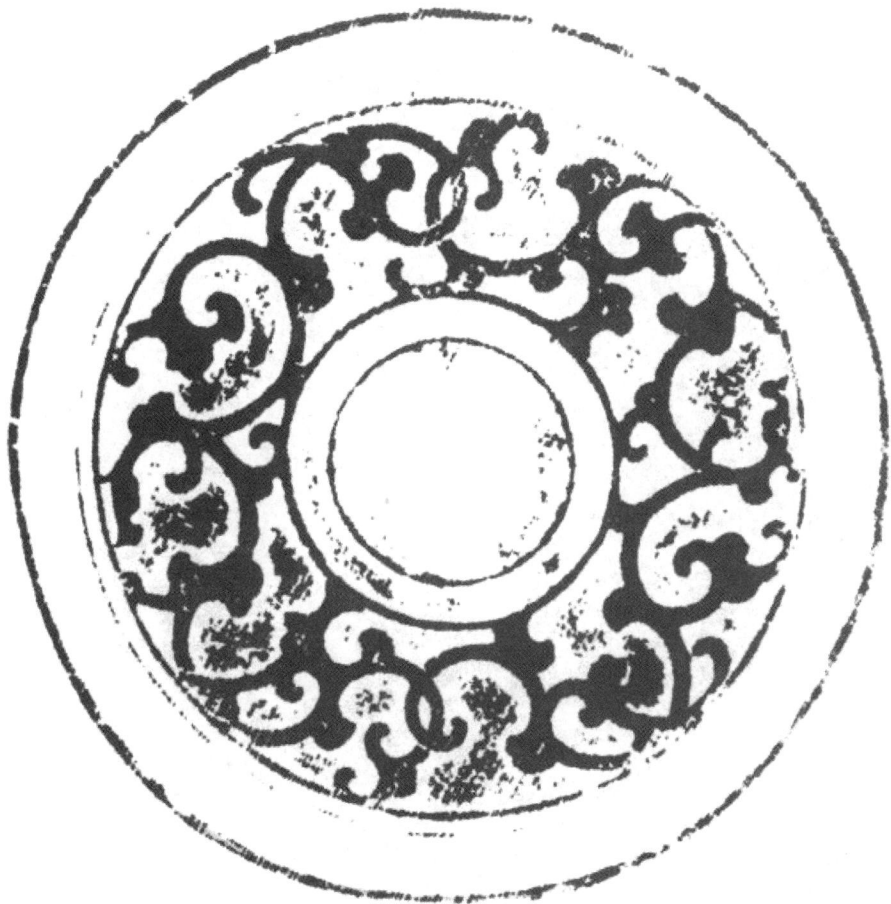

2.105 二蟠螭镜

　　圆形。双弦钮，围以凹面圈带。纹饰由地纹与主纹构成。地纹为细密云雷纹。主纹为二蟠螭缠绕环列。蟠螭身躯为柔长弯卷的枝条，从颈以下分为二枝向两侧扩展，尾部相互勾连。素卷缘。直径11.5厘米。湖南长沙楚墓出土。《铜镜图案——湖南出土历代铜镜》33页图13。一些学者将蟠螭称为龙纹，本书将螭体结构不明确、繁复纠结的龙纹仍称为蟠螭纹。

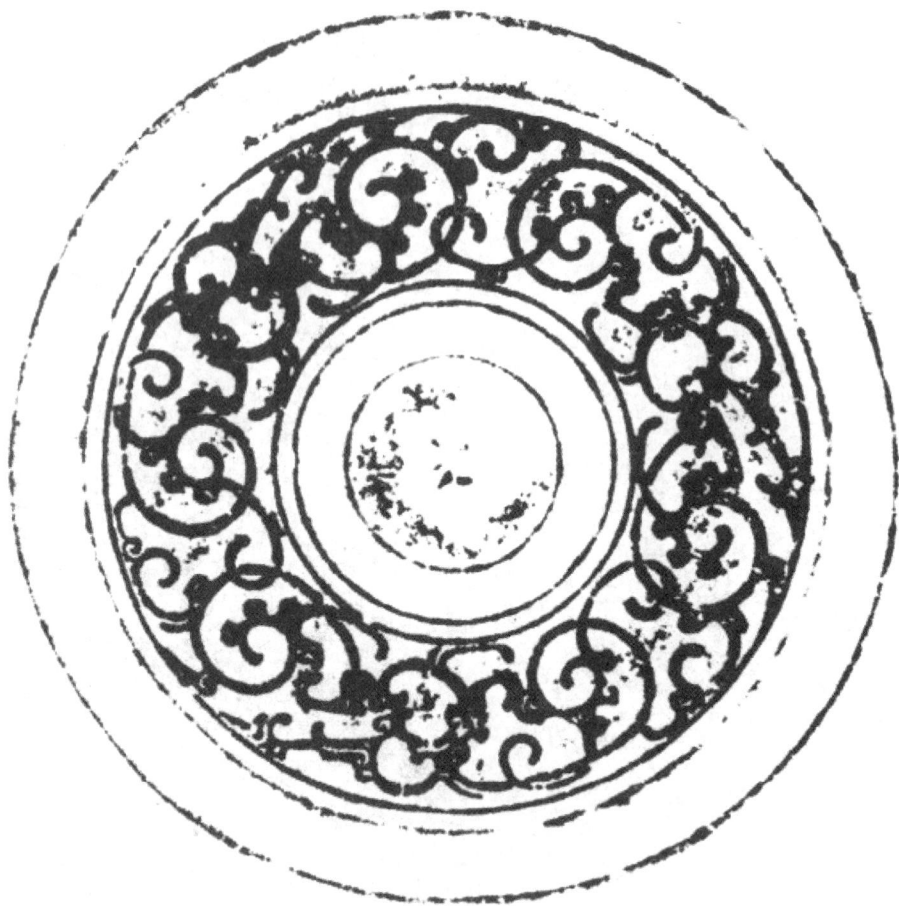

2.106 三蟠螭镜

　　圆形。三弦钮，围以凹面圈带。纹饰由地纹与主纹构成。地纹为细密的云雷纹。主纹为三蟠螭，螭头近镜缘，兽目，张嘴，双足位于腹部两侧，身躯、翼均作弧形蔓枝，勾连缠绕。素卷缘。直径 14.5 厘米。湖南长沙楚墓出土。《铜镜图案——湖南出土历代铜镜》34 页图 14。

2.107 三蟠螭镜

圆形。三弦钮。钮外有二周弦纹。纹饰由地纹与主纹构成。地纹为细密的云雷纹。主纹为三蟠螭，螭回首后顾，身躯呈多重 S 形卷曲，各部分结构不明确。素卷缘。直径 12.8 厘米。湖北云梦秦墓出土。《湖北云梦睡虎地秦汉墓发掘简报》图二〇.2(《考古》1981 年 1 期 40 页)。

2.108 三蟠螭镜

　　圆形。四弦钮，圆钮座，其外绳纹、弦纹、凹面圆圈及斜线纹圈带依次环列。纹饰由地纹与主纹构成。地纹为云雷纹。主纹为三蟠螭环列。蟠螭头部结构明确，但身躯呈多个 C 形勾连缠绕，肢爪伸展，较为繁复。素卷缘。直径 15.6 厘米。河南南阳战国末西汉初期墓出土。《南阳出土铜镜》23 页图 36。

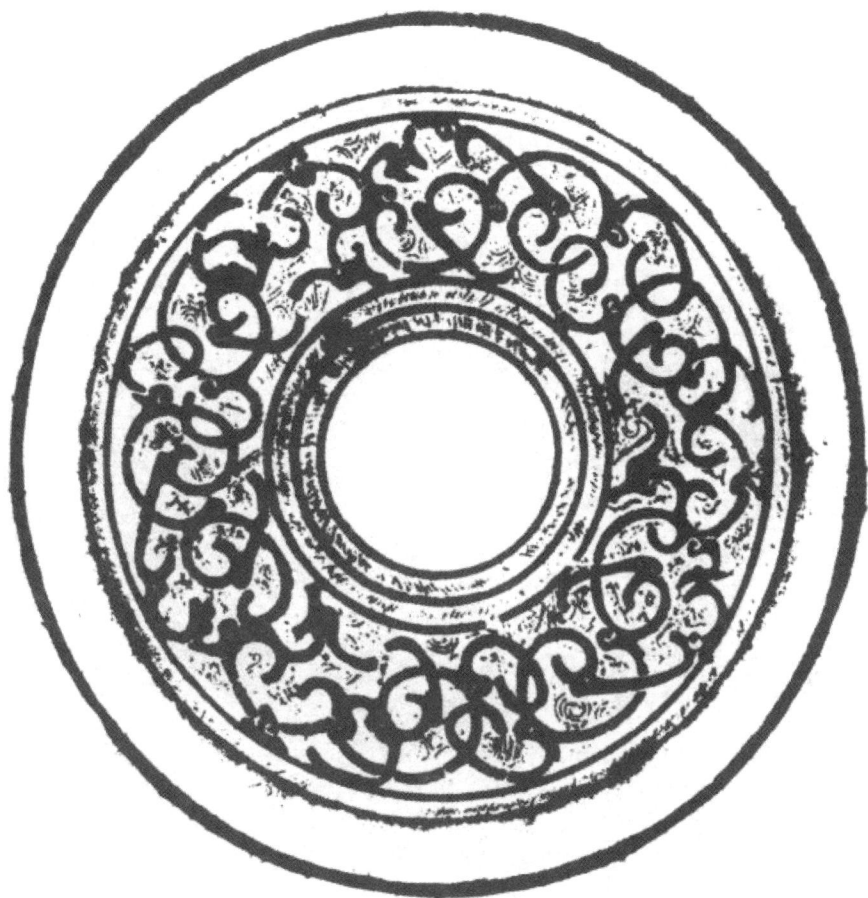

2.109 三蟠螭镜

圆形。三弦钮，围以弦纹圈带。纹饰由地纹与主纹构成。地纹为圆涡云纹。主纹为三蟠螭，螭头贴近弦纹圈，身躯勾连缠绕。素卷缘。直径 15 厘米。湖南资兴战国晚期墓出土。《湖南资兴旧市战国墓》图二〇 .4（《考古学报》1983 年 1 期 113 页）。

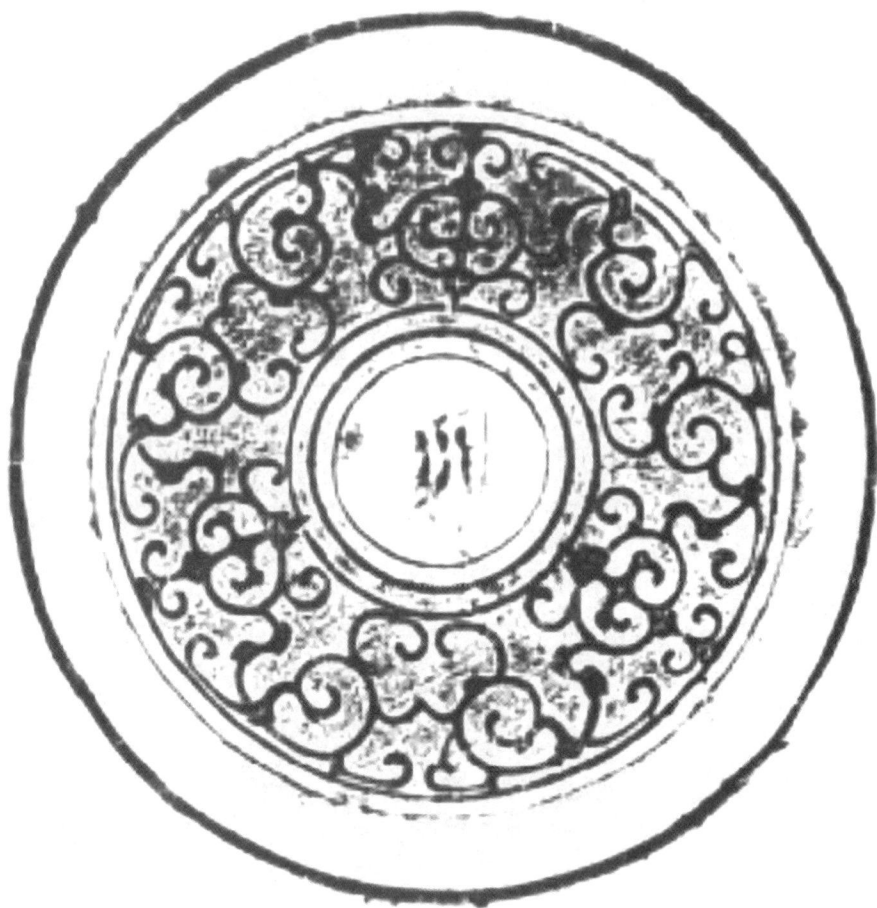

2.110 三蟠螭镜

　　圆形。三弦钮，外围二周短斜线圈带。纹饰由地纹与主纹构成。地纹为细密云雷纹。主纹为三蟠螭，螭口衔圈带周圈，腹呈圆形，四肢伸张，后肢连接勾卷的图纹。此镜蟠螭形态十分特别，更似图案化的蟾蜍或甲壳虫。湖南长沙战国晚期墓出土。《长沙楚墓》253 页图二一六。

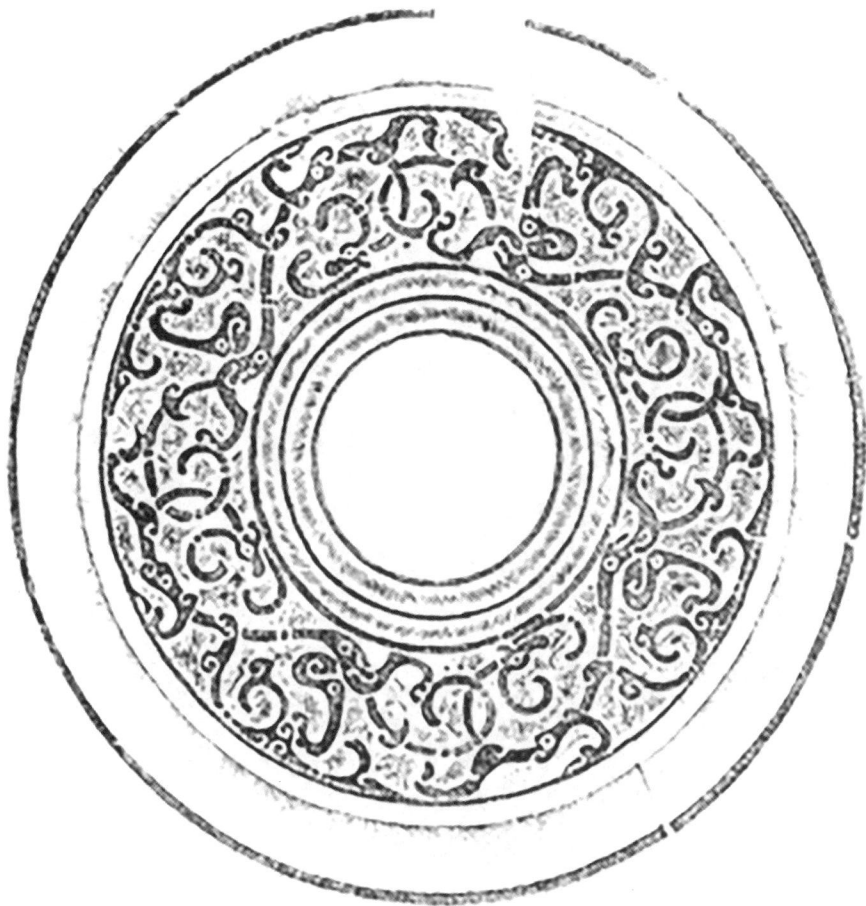

2.111 四蟠螭镜

　　圆形。三弦钮，围以二周圈带。纹饰由地纹与主纹构成。地纹为云纹。主纹为四螭纠结环绕，回首曲身。素卷缘。直径116厘米。湖南长沙战国晚期墓出土。《楚风汉韵——长沙市博物馆藏镜》26页图20。

2.112 四蟠螭镜

圆形。三弦钮，围以云雷纹圈带及凹面圈带。纹饰由地纹与主纹构成。地纹为细密的云雷纹。主纹为四蟠螭。螭头近镜缘，张嘴露齿，肢爪伸张，身躯、翼均似弯卷的蔓枝，勾连交错，复杂异常。素卷缘。直径19.3厘米。江苏扬州出土。《扬州地区出土的铜镜》图2(《文物参考资料》1957年8期33页)。

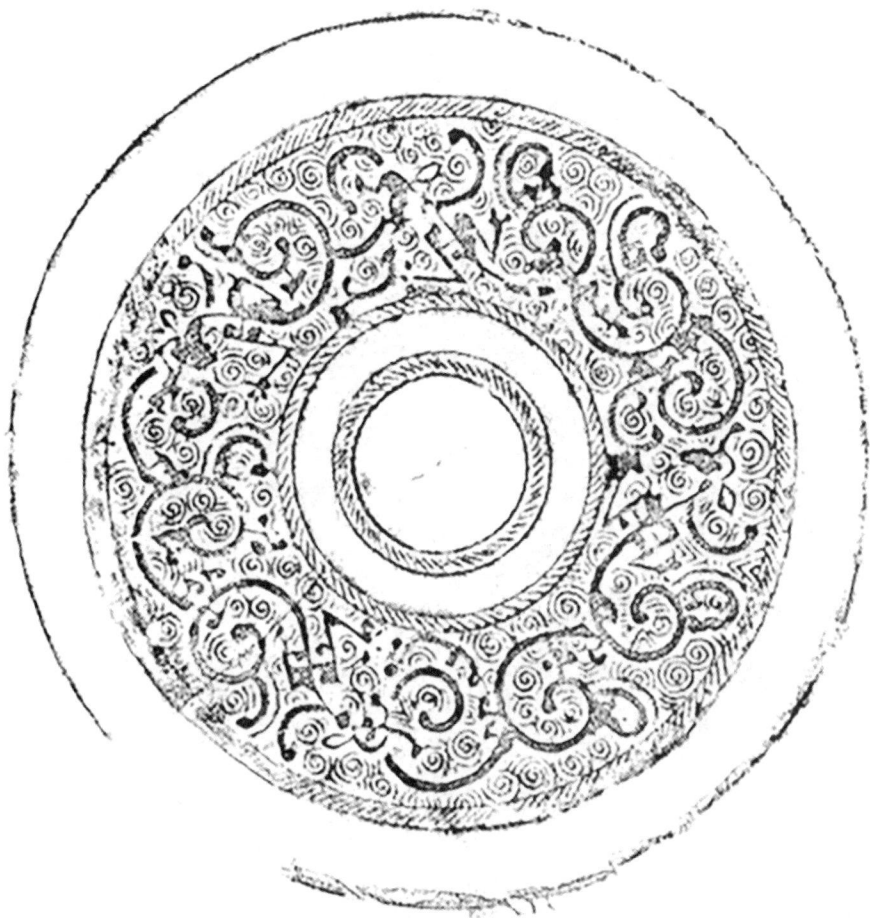

2.113 四蟠螭镜

圆形。三弦钮，围以凹面圈带。纹饰由地纹与主纹构成。地纹为云纹。主纹为四蟠螭纠结环绕，身躯各部分结构不明确。素卷缘。直径14.3厘米。湖南长沙墓葬出土。《楚风汉韵——长沙市博物馆藏镜》27页图21。

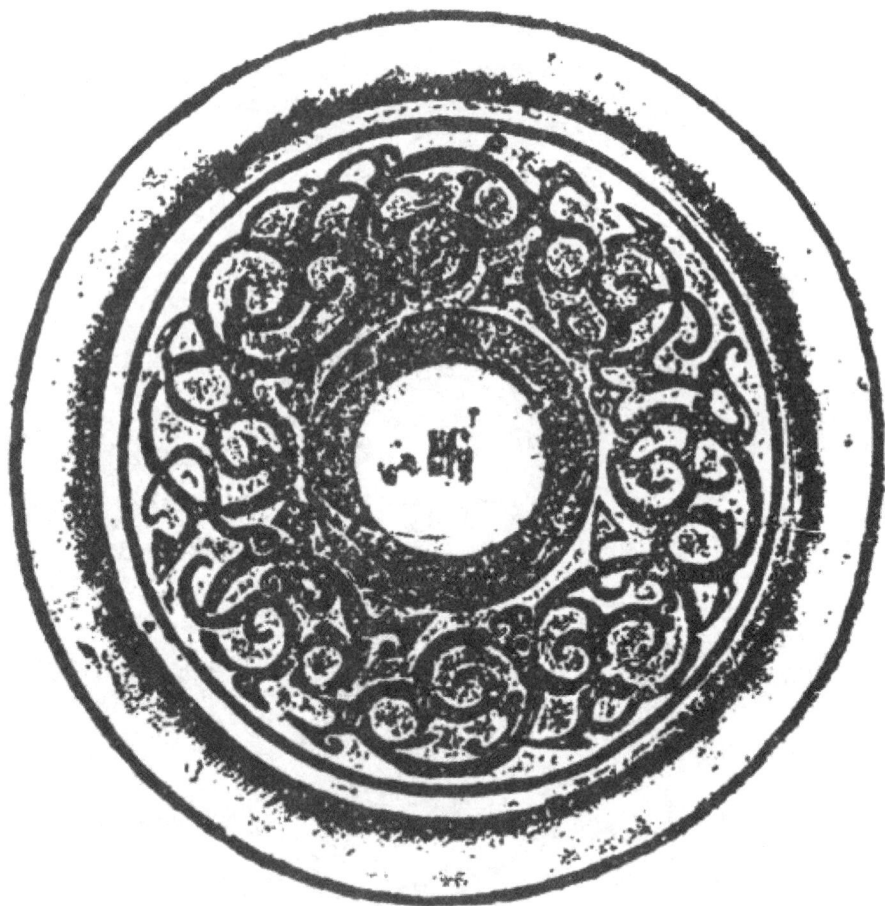

2.114 四蟠螭镜

　　圆形。三弦钮，围以凹面圈带。纹饰由地纹与主纹构成。地纹为细密的云雷纹。主纹为四蟠螭相互缠绕纠结，各部分结构不明确。素卷缘。直径 14.5 厘米。陕西咸阳战国墓出土。《咸阳市黄家沟战国墓发掘简报》图八（《考古与文物》1982年 6 期）。

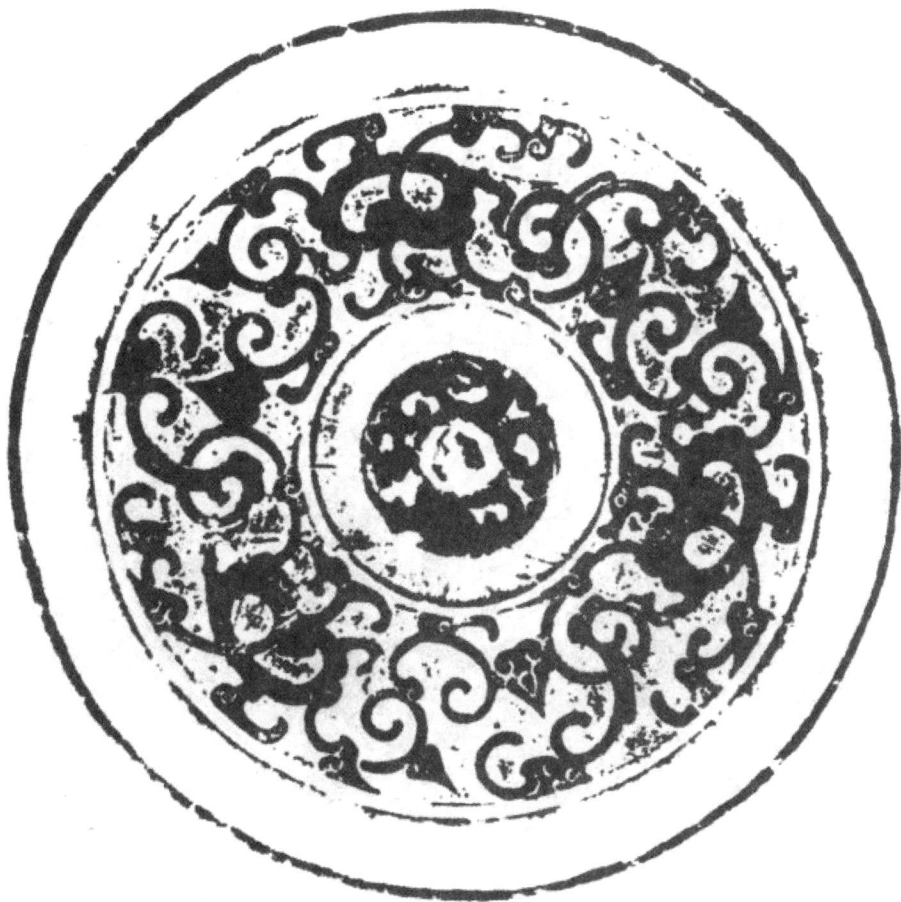

2.115 三叶三蟠螭镜

　　圆形。半球形镂空钮，透雕圆钮座，围以凹面圈带。纹饰由地纹与主纹构成。
地纹为细密的云雷纹。主纹为三蟠螭三叶纹。螭头部居中，张嘴，身躯作数个 C
字形纠结。蟠螭之间有叶纹相隔。素卷缘。直径 17.8 厘米。湖南长沙墓葬出土。
《铜镜图案——湖南出土历代铜镜》38 页图 19。又见《湖南出土铜镜图录》65 页
图 39。

2.116 四叶四蟠螭镜

　　圆形。三弦钮，围以二周短斜线纹圈带。纹饰由地纹与主纹构成。地纹为云雷纹。主纹为四蟠螭四叶相间环绕，螭头近镜缘，张嘴，身躯卷曲呈 S 形，两足前后伸张。宽素卷缘。直径 12 厘米。湖南长沙墓葬出土。《长沙沙湖桥一带古墓发掘报告》图十二 .6(《考古学报》1957 年 4 期 45 页)。

2.117 四叶四蟠螭镜

　　圆形。三弦钮，圆钮座，外围凹面形环带一周。纹饰由地纹与主纹构成。地纹为云雷纹。主纹为四蟠螭四叶相间环绕，蟠螭的头部斜对镜缘，张嘴，体躯弯卷，一足伸出至镜边缘，另一足踏在钮座外的弦纹圈上。从螭的腹部向两侧各伸出一向内弯卷的枝条，互相对称。宽素卷缘。《铜镜图案》6页右上。

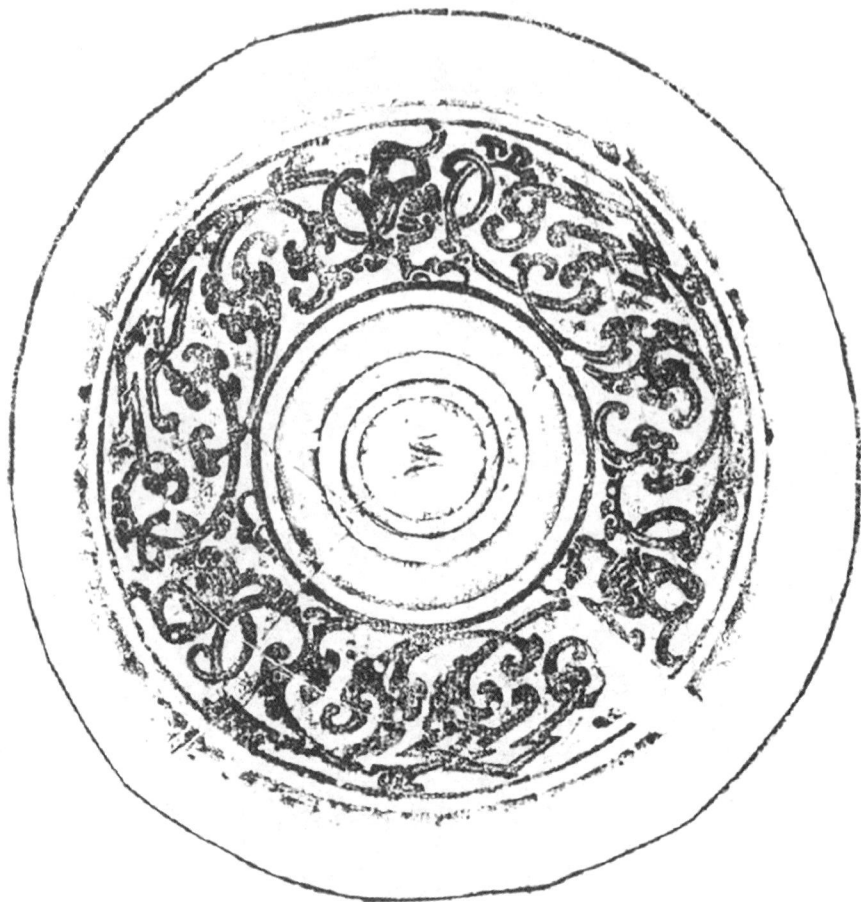

2.118 三菱三蟠螭镜

　　圆形。三弦钮，围以凹面圈带。纹饰由地纹与主纹构成。地纹为云雷纹。主纹为三蟠螭三菱纹，三蟠螭回首反顾，伫立于圈带外。圆眼，长喙，嘴衔卷尾，双翼向两侧展开，与蔓枝勾连，各束蔓枝又与一菱形纹相接。素卷缘。直径 12.2 厘米。江苏盱眙墓葬出土。安徽阜阳出土镜与此镜纹饰相同（《阜阳双古堆西汉汝阴侯墓发掘简报》，《文物》1978 年 8 期）。《江苏盱眙县大云山西汉江都王陵东区陪葬墓》图七（《考古》2013 年 10 期 73 页）。

2.119 四菱四蟠螭镜

　　圆形。双弦钮，圆钮座，座外三龙同向环绕。纹饰由地纹与主纹构成。地纹为云雷纹。主纹为四蟠螭四菱纹，螭头近镜缘处，引颈扬首，口吐长舌，身躯勾连交错，一肢向后曲折作对菱形。素卷缘。直径 22.6 厘米。山东临沂西汉早期墓出土。《临沂银雀山四座西汉墓葬》图九 .2(《考古》1975 年 6 期 370 页)。

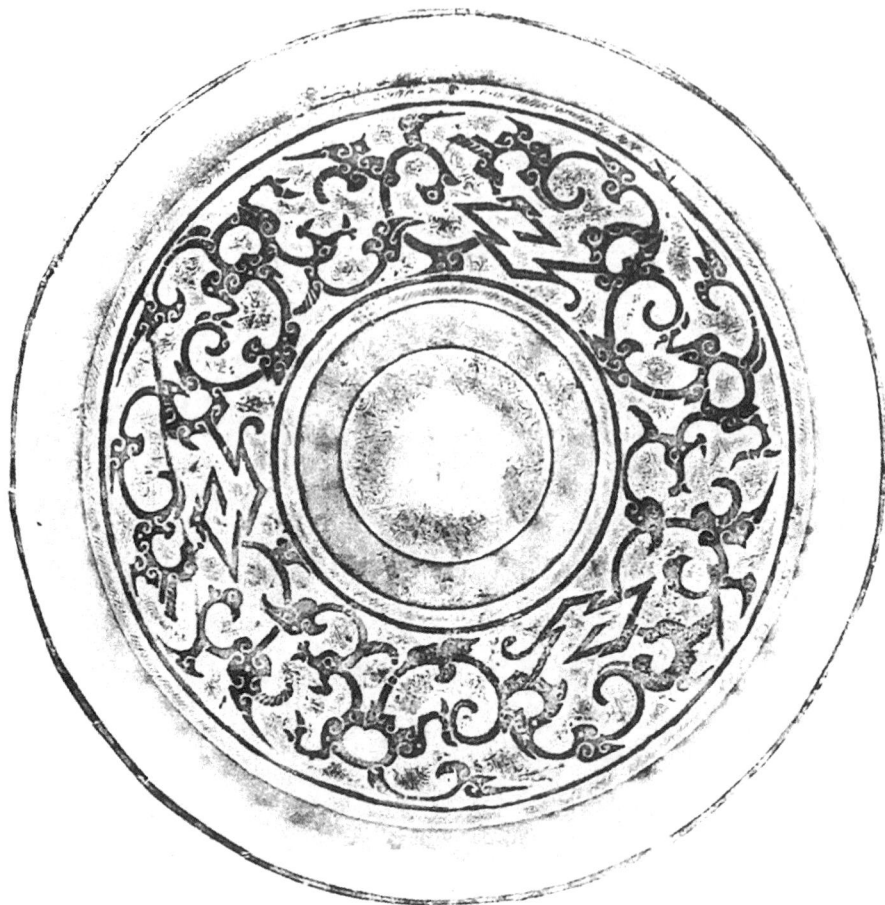

2.120 三菱三蟠螭镜

　　圆形。弦钮，围以凹面圈带。纹饰由地纹与主纹构成。地纹为云雷纹。主纹为三蟠螭三菱纹，蟠螭张口露齿，头有歧角，腹背弯卷成环状，二足伸张。从背部伸出内卷曲的蔓枝，连接折叠菱形纹。素卷缘。直径 18.6 厘米。《汉以前の古镜の研究》二八 .2。

2.121 三菱三蟠螭镜

　　圆形。三弦钮，圆钮座，围以凹面圈带。纹饰由地纹与主纹构成。地纹为云雷纹。主纹为三蟠螭三菱纹，蟠螭回首曲身，枝蔓似的身躯与菱形交互叠压，线条流畅精美。素卷缘。直径 18.3 厘米。江苏扬州西汉早期刘毋智墓出土。《汉广陵国铜镜》30 页图 4。

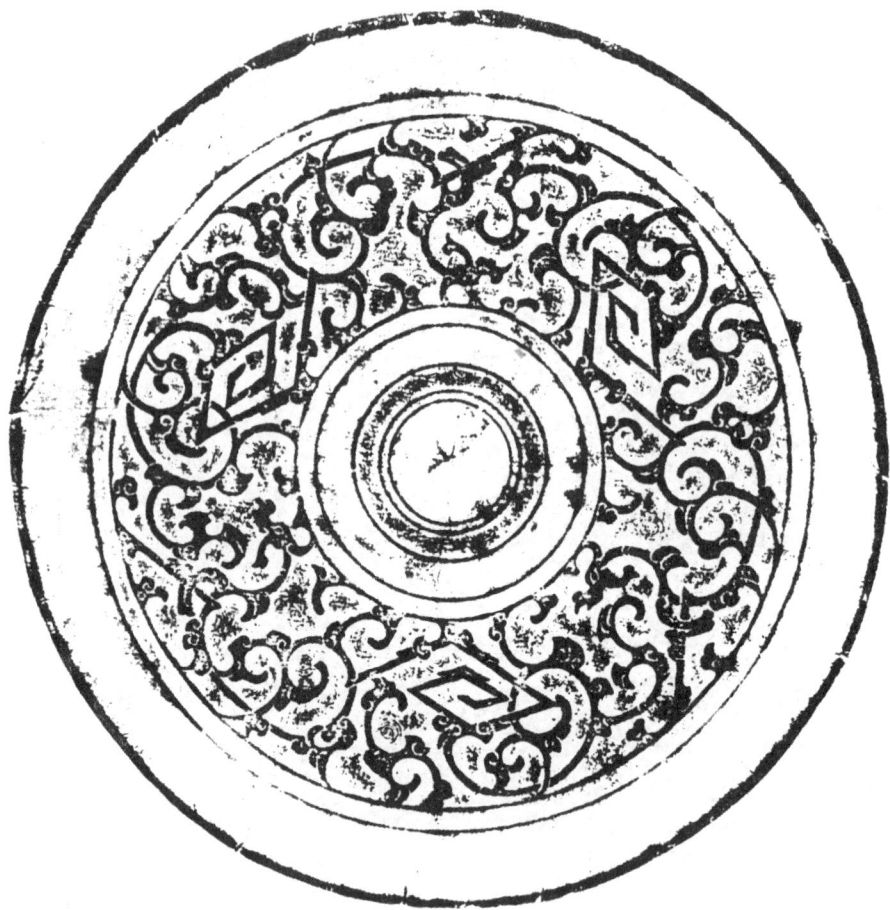

2.122 三菱三蟠螭镜

圆形。弦钮，围以凹面圈带。纹饰由地纹与主纹构成。地纹为云雷纹。主纹为三蟠螭三菱纹，蟠螭的身躯和足均为弧形蔓枝，勾连缠绕并与折叠菱形纹叠压。素卷缘。直径 19.5 厘米。长沙西汉前期墓出土。《铜镜图案》12 页，又见《铜镜图案——湖南出土历代铜镜》47 页图 26。

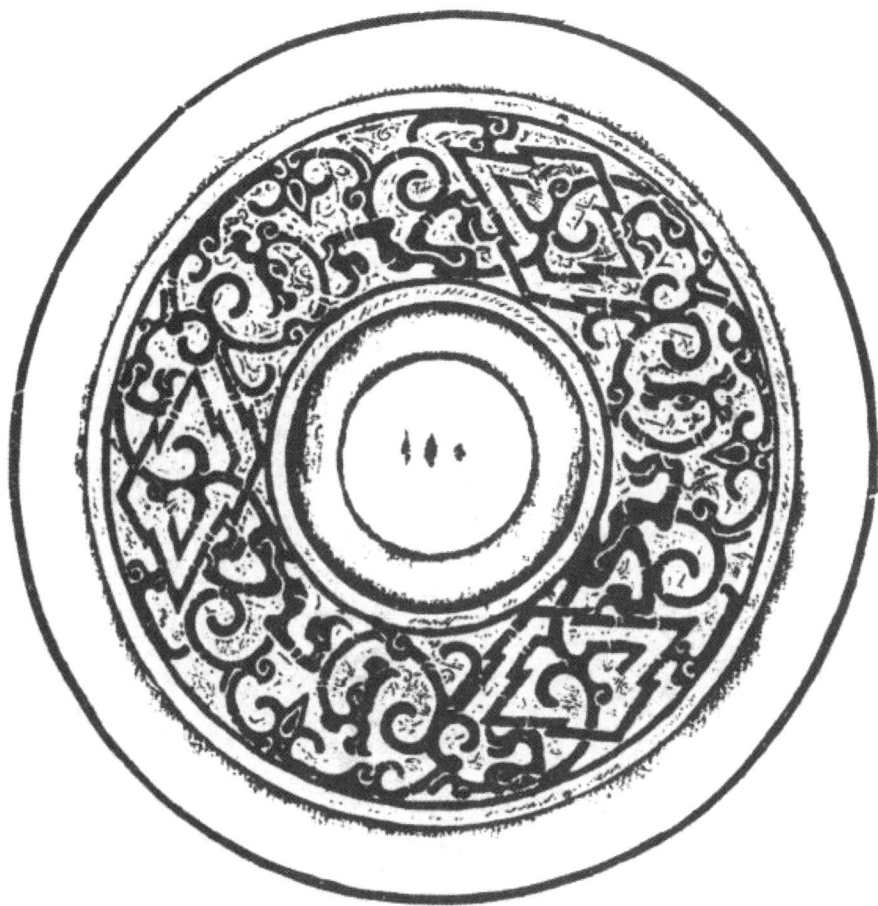

2.123 三菱三蟠螭镜

　　圆形。三弦钮，围以凹面圈带。纹饰由地纹与主纹构成。地纹为细密的云纹与碎点纹。主纹为三蟠螭三菱纹，蟠螭张嘴回首，身躯如弯卷柔长的枝条，勾连交错并与折叠菱形纹叠压。素卷缘。直径 14.1 厘米。湖北云梦西汉初年墓出土。《湖北云梦睡虎地秦汉墓发掘简报》图二〇.1(《考古》1981 年 1 期 40 页)。

2.124 三菱三蟠螭镜

圆形。三弦钮，围以凹面环带。纹饰由地纹与主纹构成。地纹为涡状云纹。主纹为三蟠螭三菱纹，螭体勾连交错并与折叠菱纹叠压。素卷缘。直径14.4厘米。湖南资兴战国晚期墓出土。《湖南资兴旧市战国墓》图二〇.5(《考古学报》1983年1期113页)。

2.125 三菱三蟠螭镜

　　圆形。三弦钮，圆钮座，围以凹面圈带。纹饰由地纹与主纹构成。地纹为云雷纹。主纹为三蟠螭三菱纹，螭体曲卷勾连并与折叠菱纹叠压，纹饰舒朗清秀，俏逸灵动。素卷缘。直径18.9厘米。浙江安吉出土。《清质·昭明》16页。

羽鳞纹镜

2.126 羽鳞纹镜

圆形。弦钮，围以凹面方格。纹饰由地纹与主纹构成。地纹为云雷纹。主纹为羽鳞纹。方格四边向外伸出叶纹，伸出的四长条形划分的四区内，分别配置两个和三个旋转的涡纹。近缘处有蟠曲的兽形，躯体上有大小不等的鳞纹。这些涡纹、曲线纹被认为是怪兽的羽毛、脚、关节等，整个纹饰形成一种旋转式的构图。素卷缘。湖南长沙出土。《楚文物展览图录》70。

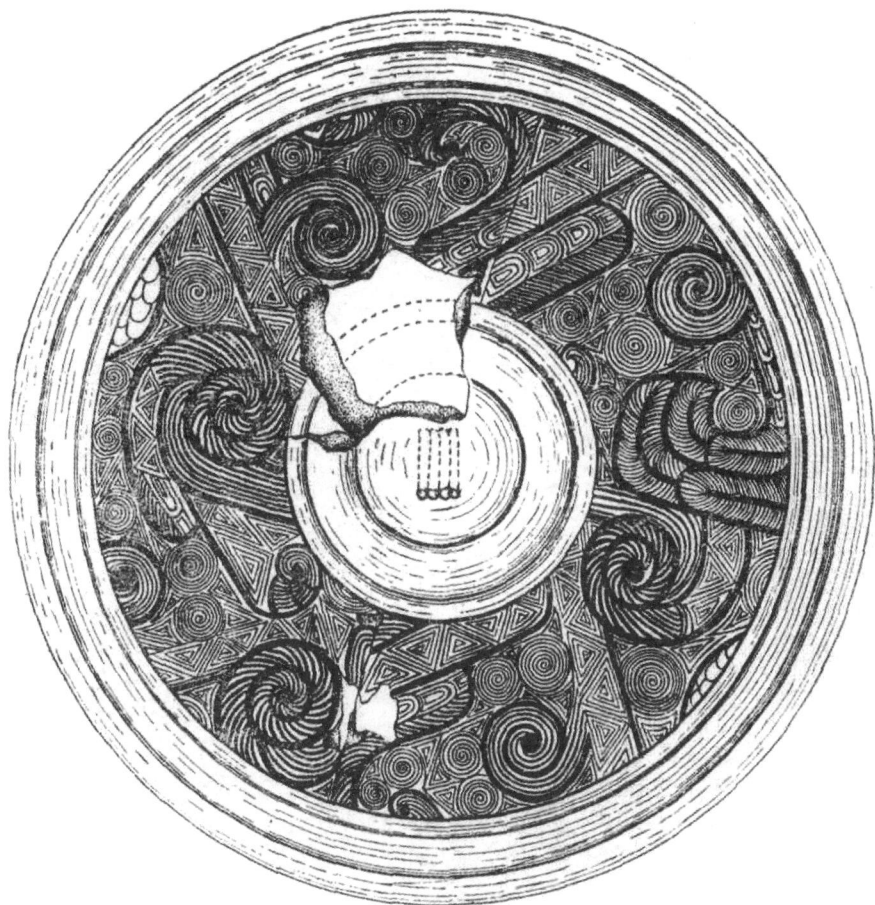

2.127 羽鳞纹镜

　　圆形。四弦钮，圆钮座。围以凹面圈带。纹饰由地纹与主纹构成。地纹为云雷纹。主纹为羽鳞纹。圆圈带向外伸出四条斜宽带把镜背分为四区，其中二区内有大小不一的圆涡纹，另二区纹饰相似，较为复杂：一区两个涡纹，其周围有几个小圆涡纹；一区旋转涡纹旁配置三排弧线羽毛纹。素卷缘。直径 8.8 厘米。四川成都战国墓出土。《成都羊子山第 172 号墓发掘报告》图十七（《考古学报》1956年 4 期 14 页）。

连弧纹镜

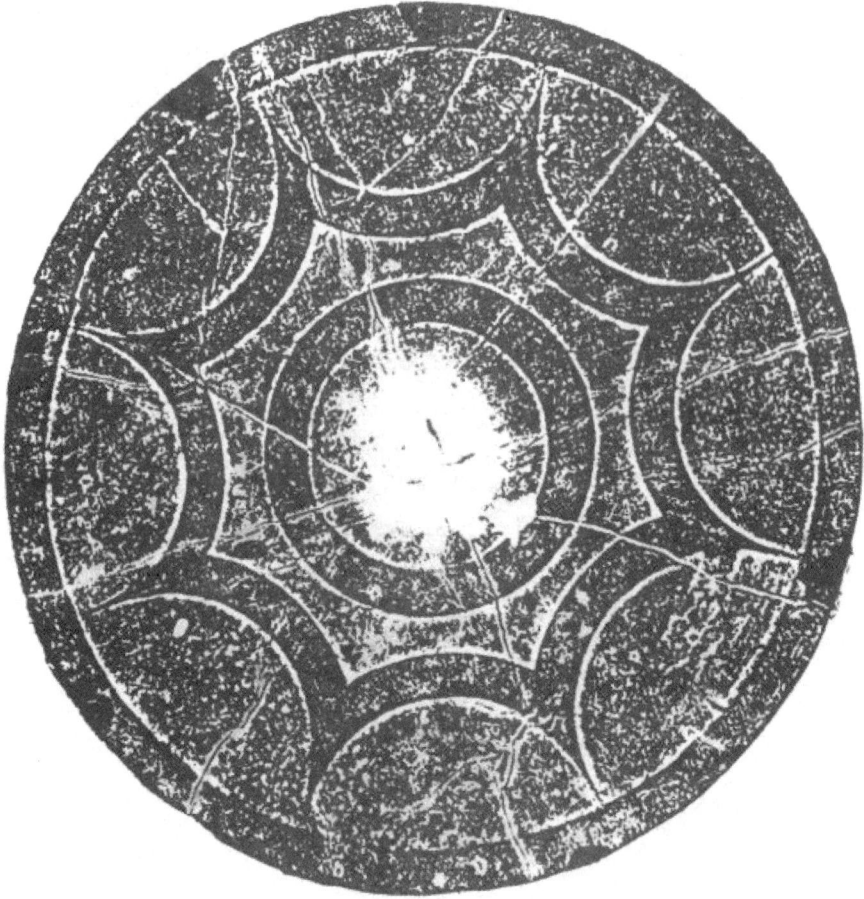

2.128 八连弧纹镜

　　圆形。弦钮，围以凹面圈带，其外有凹面宽条带构成的内向八连弧纹，连弧的外角直抵镜缘。素卷缘。直径16.1厘米。四川成都西汉前期墓出土。《成都洪家包西汉木椁墓清理简报》图四.2（《考古通讯》1957年3期17页）。

2.129 七连弧纹镜

　　圆形。三弦钮，围以凹面圈带。纹饰由地纹与主纹构成。地纹为云纹。主纹为凹面宽带构成的内向八连弧纹，连弧内角饰一桃形纹。素卷缘。直径15.1厘米。四川成都西汉初期墓出土。《四川省出土铜镜》23页图11。

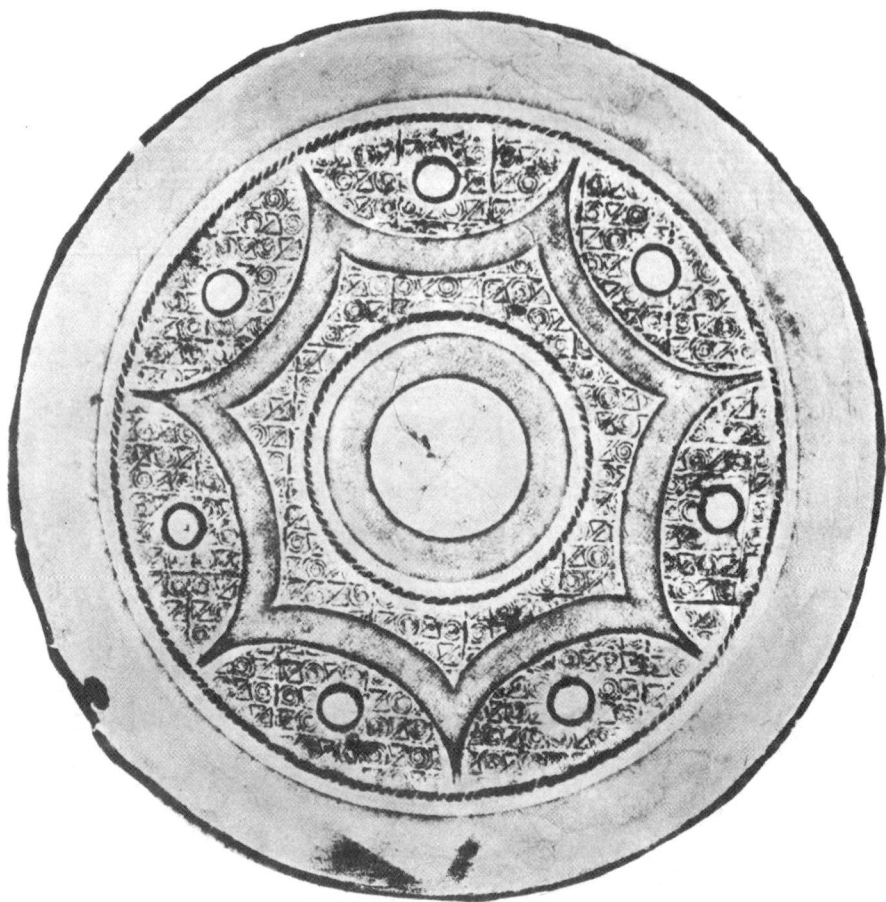

2.130 七连弧纹镜

　　圆形。弦钮，围以凹面圈带。纹饰由地纹与主纹构成。地纹为云雷纹。主纹为内向凹面带构成的七连弧纹，连弧外饰一圆圈。素卷缘。直径 19 厘米。湖南长沙墓葬出土。《铜镜图案》10 页，又见《铜镜图案——湖南出土历代铜镜》43页图 22。

2.131 蟠螭连弧纹镜

　　圆形。钮残，围以凹面圈带。纹饰由地纹与主纹构成。地纹为不规则的涡纹及螺旋纹。主纹为内向八连弧叠压蟠螭纹，连弧内三组半形态相同的蟠螭环绕，连弧外似奔驰的蟠螭与呈 C 形卷曲相连的蟠螭相间环列。素卷缘。直径 12.1 厘米。湖北光化西汉墓出土。《光化五座坟西汉墓》图八 .1（《考古学报》1976 年 2 期 159 页）。

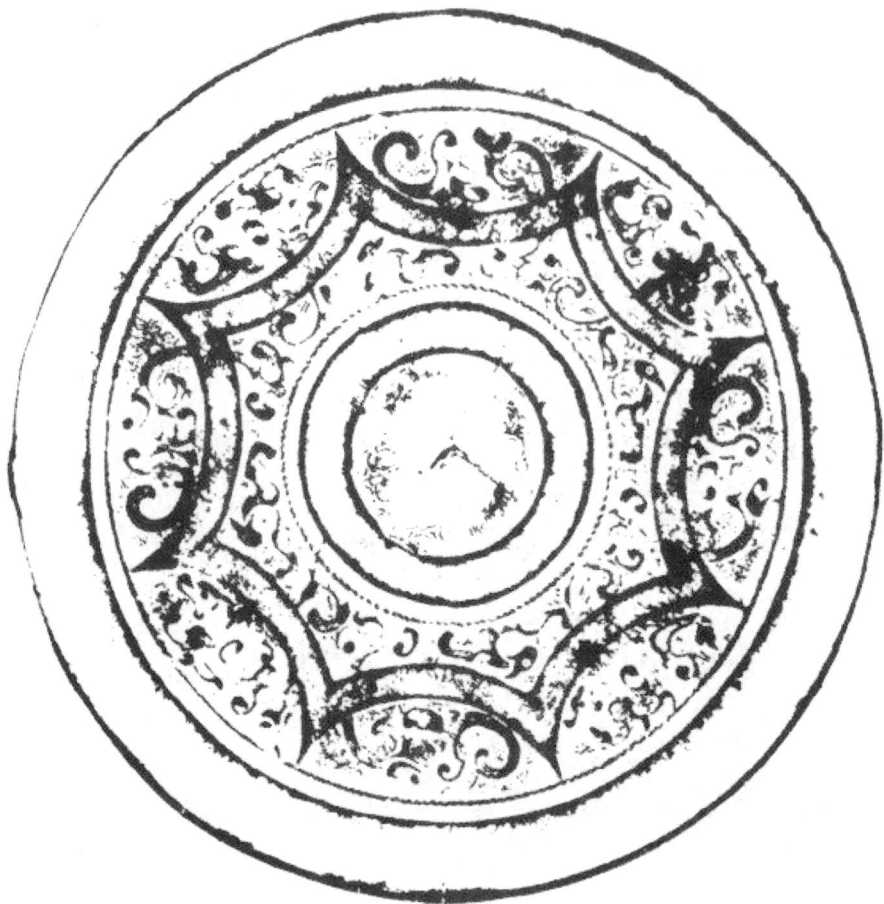

2.132 蟠螭连弧纹镜

　　圆形。弦纹钮，围以凹面圈带。纹饰由地纹与主纹构成。地纹为云纹。主纹为内向八连弧叠压蟠螭纹，连弧纹内四蟠螭环绕，圆眼尖嘴。连弧外两种不同的蟠螭形态各四组，相间环列。素卷缘。湖南长沙西汉墓出土。湖南益阳战国中期墓出土镜纹饰与此镜相同。《湖南长沙纸园冲工地古墓清理小结》图三（《考古通讯》1957 年 5 期 44 页）。

2.133 蟠螭连弧纹镜

　　圆形。三弦钮，围以凹面圈带。纹饰由地纹与主纹构成。地纹为云雷纹。主纹为内向八连弧叠压蟠螭纹。素卷缘。直径 13.5 厘米。山东临沂西汉前期墓出土。《山东临沂西汉墓发现〈孙子兵法〉和〈孙膑兵法〉等竹简的简报》图三九(《文物》1974 年 2 期 26 页)。

2.134 蟠螭连弧纹镜

　　圆形。三弦钮，圆钮座，围以二条龙纹，其外凹面圈带。纹饰由地纹与主纹构成。地纹为云纹。主纹为内向八连弧叠压蟠螭纹，八连弧外均配置一蟠螭，圆眼，张口露齿，身躯呈8字形曲卷。连弧内露出勾卷形和菱形的部分躯体。素卷缘。直径25.6厘米。山东临淄西汉早期墓出土。《山东临淄战国汉代墓葬与出土铜镜研究》144页。

特种工艺镜

2.135 彩绘卷云纹

圆形。小钮，圆钮座。背面饰有红、黑、银灰等彩漆纹饰，以圆钮座为中心，呈十字形伸出四组对称的卷云纹，其四周围以一端弯卷的弧线，构成一朵四瓣花形。窄缘直径14厘米。河南信阳楚墓出土。同类镜子共两件。《信阳楚墓》图版四七.1。

2.136 彩绘 U 形纹镜

圆形。扁钮，其外饰二周弦纹。纹饰用彩漆描绘，灰色地纹，其上用粉红色绘出对称的 U 形纹。U 形一端多层勾卷，另一端呈 3 字形卷曲，填以云纹。直径18.8 厘米。河南信阳楚墓出土。《信阳楚墓》图版一〇二 .2。

2.137 彩绘四龙镜

　　方形。宽鼻环钮。以朱红、粉蓝和白色描绘纹饰，钮外一方形框叠压四龙纹，龙首对向镜缘四角，口吐长舌与盘曲的身躯形成一个8字图形。方框四角处各饰一个四叶圆圈纹，四边外相对的两边伸出不同的图案。镜缘饰菱纹。边长19.4厘米。山东临淄战国墓出土。此墓出土的另一面彩绘四龙方镜与此镜大小相同，纹饰相近。《山东临淄出土战国彩绘铜镜》图一三（《文物》2017年4期66页）。

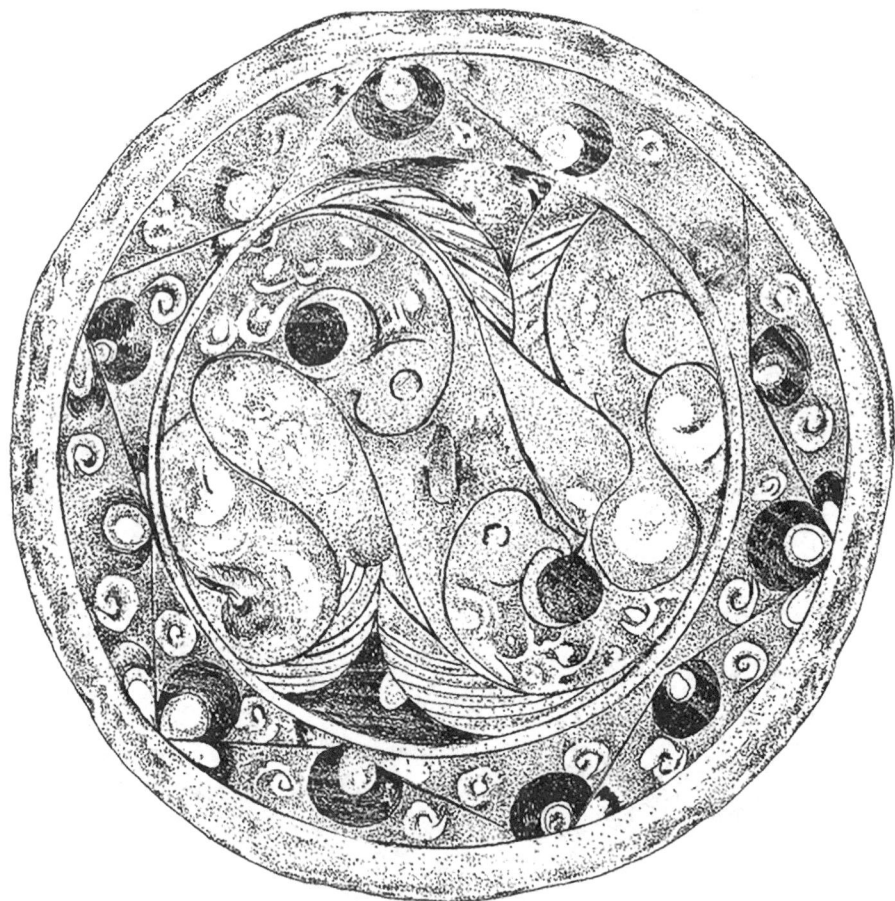

2.138 彩绘双凤镜

　　圆形。桥形钮。以朱红、粉蓝和白色描绘纹饰。钮外圆圈带分镜背为内外二区。内区饰双凤，回首曲身展翅。外区六角星纹内外配置大小不同的涡云纹。素宽缘。直径 12.6 厘米。山东临淄战国墓出土。《山东临淄出土战国彩绘铜镜》图九（《文物》2017 年 4 期 65 页）。

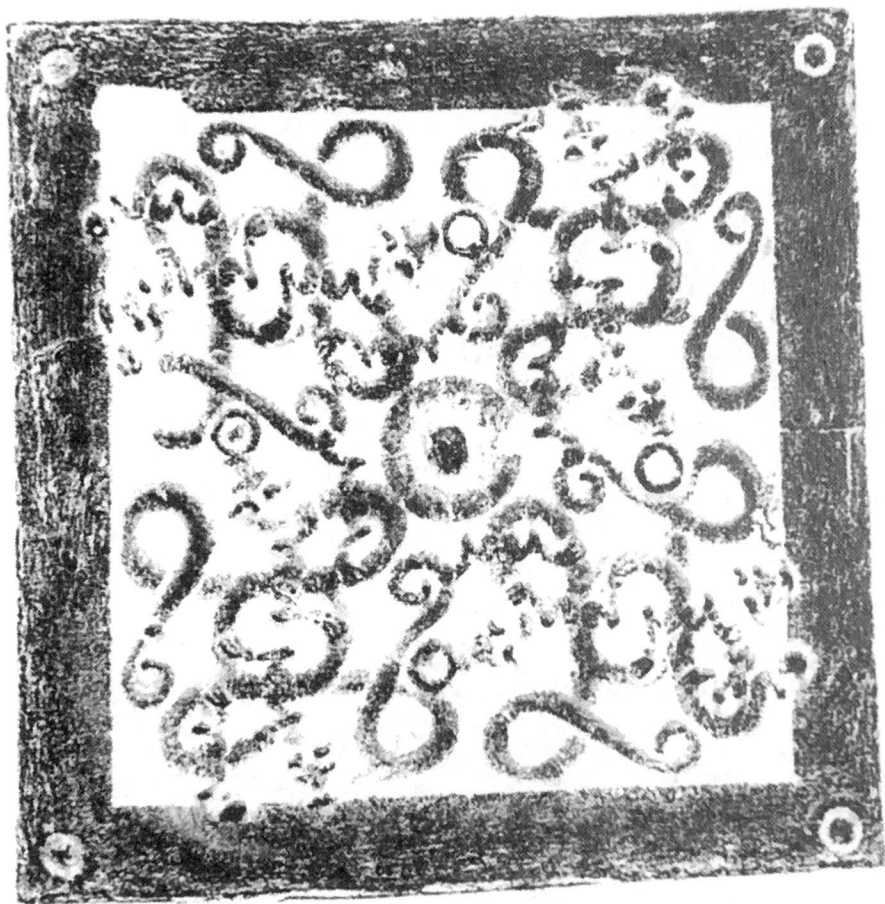

2.139 透雕八螭镜

镜面和镜背分铸后嵌合在一起，形成透空的图形，又有复合镜、夹层镜、镶嵌镜等名称。方形。桥形钮，圆钮座，座外装饰四枚环状乳。纹饰由四组蟠螭组成，每组二螭，四肢伸张，互相对称缠绕，一螭嘴衔环状乳，另一螭嘴衔镜边，相邻二组的蟠螭足、尾相接。素宽平缘，缘之四角有乳状铆钉。边长13.5厘米。山东临淄战国墓出土。《山东临淄战国汉代墓葬与出土铜镜研究》108页。

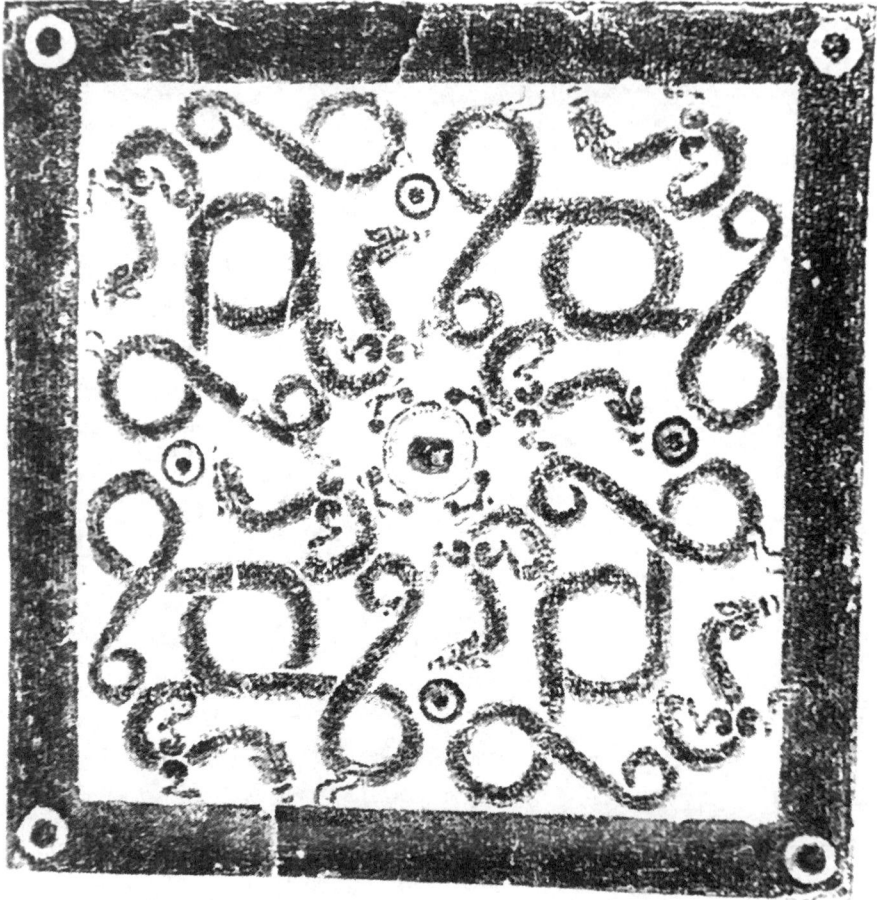

2.140 透雕八螭镜

　　方形。桥形钮，四瓣花钮座。纹饰与上述临淄战国墓出土透雕八螭镜大同小异。直径 13.2 厘米。可知纹饰基本相同的透雕镜在局部也有不同的变化。山东临淄战国墓出土。《山东临淄战国汉代墓葬与出土铜镜研究》111 页。

2.141 透雕四龙镜

　　圆形。桥形钮，四瓣花钮座。多重三角形圈带与重环纹圈带分为内外二区。内区图案化的四龙同向环列，抬首站立，躯体满饰三角纹、圆涡纹和重环纹。外区为相互勾连的菱形纹，在重环纹圈带和蟠螭躯体上分别有大小不同的凹面小圆圈。两周重环纹缘。直径 19.7 厘米。山东临淄战国墓出土。《山东临淄战国汉代墓葬与出土铜镜研究》106 页。

2.142 镶金银透雕四龙镜

　　圆形。小钮，四瓣花钮座。纹饰布局和主体纹饰四龙的形态同前山东临淄战国墓出土透雕四龙镜，但镜缘纹饰不同。此镜最为珍贵的是龙躯体上的五个凹圆圈的装饰物得以保存，其中两个贴饰金箔，三个贴饰银箔，证明这些凹面小圆圈中原来是有装饰物的。直径 14.8 厘米。河南洛阳战国墓出土。《洛阳道北战国墓》图五（《文物》1996 年 7 期 40 页）。

2.143 透雕龙凤镜

　　圆形。小环钮，四瓣花钮座。由重环纹、三角雷纹、平行短线相间排列的两
周圈带分为内外二区。内区四对身躯作 C 形蜷曲的龙纹两两靠背相连，张口吐舌。
四龙外有四对凤呈涡状卷曲，首尾相接，尾端勾卷。龙凤躯体及两周圈带上，排
列 36 枚小圆圈纹。外区为双线条交叉的几何纹宽带。素缘。直径 20.5 厘米。湖
北江陵楚墓出土。《江陵张家山 201 号楚墓清理简报》图四（《江汉考古》1984 年 2
期 16 页）。

2.144 透雕四凤（龙）镜

　　方形。桥形钮，四瓣花钮座。座外四凤（龙）缠绕相连，黑漆为地，纹饰涂以朱色。素平缘。边长 11 厘米。湖北荆门战国中期偏晚墓出土。《荆门郭店一号楚墓》图九（《文物》1997 年 7 期 40 页）。

2.145 透雕四龙镜

　　方形。桥形钮，四瓣花钮座。座外四龙两两靠背相连，张口吐舌，身躯呈 S 形卷曲，其上饰一小圆圈。重环纹缘。边长 11.2 厘米。山东临淄战国陪葬墓出土。《山东淄博市临淄区国家村战国及汉代墓葬》图一六（《考古》2010 年 11 期 15 页）。

2.146 透雕四龙镜

　　方形。桥形钮，四瓣花钮座。座外四龙两两对称排列，回首张口，身躯呈 S
形卷曲，龙头龙身及四瓣花叶上有凹面小圆圈。重环纹缘。边长 10 厘米。山东临
淄战国墓出土。《山东临淄战国汉代墓葬与出土铜镜研究》110 页。

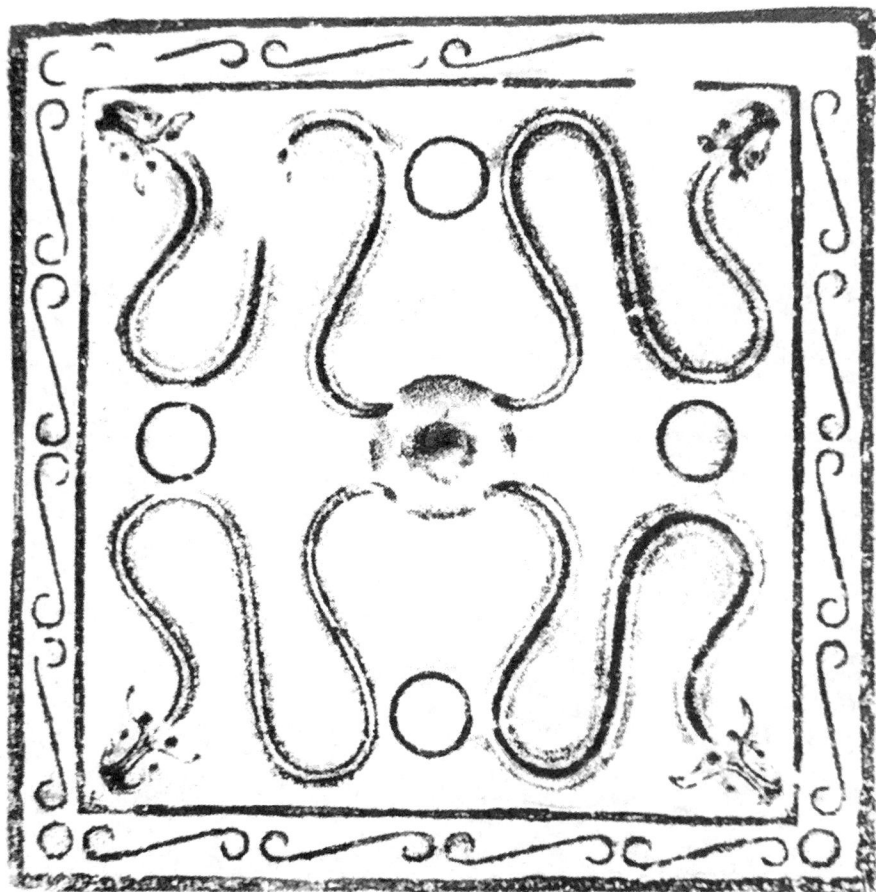

2.147 透雕四龙镜

　　方形。桥形钮，圆钮座。钮外配置四龙，龙头抵接镜缘四内角，身躯呈S形卷曲，尾端与钮座相接，四龙以四凹面圆圈相连。勾卷云纹缘，四角亦有小圆圈纹。边长7.9厘米。山东临淄战国墓出土。《山东临淄战国汉代墓葬与出土铜镜研究》113页。

2.148 透雕四龙镜

    方形。桥形钮，圆钮座。钮外十字形宽带四桃形枝叶把镜背分为四区，每区配置一龙，龙头朝向十字形四角，身躯卷曲呈 8 字形。边缘纹饰为相对排列的三角纹。边长 7.5 厘米。山东临淄战国墓出土。《山东临淄战国汉代墓葬与出土铜镜研究》114 页。

2.149 透雕几何纹镜

方形。桥形钮，圆钮座，围以四瓣花。钮外由宽条带组成的几何纹饰，整体图纹镶嵌绿松石，细线条镶嵌红铜丝，内方四角外各饰一枚错金回纹乳钉。边缘饰错金的卷云纹和镶嵌绿松石的圆圈。边长 18.3 厘米。《练形神冶　莹质良工——上海博物馆藏铜镜精品》72 页。

2.150 透雕花枝镜

　　圆形。兽钮，圆钮座。其外三株二叶一苞纹与三株曲卷的花枝相间环列。镜缘饰重环纹。直径 12 厘米。河南洛阳战国中期墓出土。《洛镜铜华——洛阳铜镜发现与研究》78 页图 30。

2.151 金银错斗兽纹镜

　　圆形。夹层，镜背外缘包嵌镜面而成。小圆钮，圆钮座，围以凹面环带。其外伸出三叶纹。纹饰分为六组，一组为骑士搏虎纹，骑士戴盔穿甲，手持剑正向猛虎刺去。猛虎呈张口露齿回头欲噬之态。一组为两兽相斗纹，另一组为一只展翅的凤鸟，其他三组纹饰相同，均为圆涡状的变形龙纹。此镜整体纹饰采用金银错和鎏金技法。直径 17.5 厘米。传河南洛阳金村战国大墓出土。日本东京永青文库藏。《洛镜铜华——洛阳铜镜发现与研究》69 页图 23。

2.152 嵌琉璃珠六山镜

镜残，圆形。三弦钮，围以凹面圈带。纹饰由地纹与主纹构成。地纹为纤细的羽状纹。主纹为六山纹。圈带外和山字中竖道两侧配置18枚圆圈，圆圈中镶嵌花瓣形琉璃珠。素平缘。直径14.5厘米。河南洛阳战国晚期墓出土。《洛阳市西工区 C1M3943 战国墓》图三二 .5（《文物》1999 年 8 期 12 页）。

2.153 金银错龙纹镜

　　圆形。小圆钮，围以错银圈带。主纹为六条龙绕钮叠压纠结，身躯呈 U 形蟠曲，四肢伸张，其中三条错银龙，头侧视向钮，周身有二排重环纹鳞片。另三条错金龙，头为俯瞰形抵接镜缘，周身布满不同形状的鳞片。边缘环列 9 个乳钉，3 枚错金，6 枚错银，间以较为复杂的金银错勾连云纹。直径 19.3 厘米。传河南洛阳金村战国大墓出土。《洛镜铜华——洛阳铜镜发现与研究》73 页图 24。

2.154 镶嵌玉琉璃镜

　　圆形。蓝色琉璃钮。钮上有俗称蜻蜓眼的目形花纹，外套玉环。其外两周目形和六组花瓣蓝色琉璃装饰相间环列。外缘为绚纹玉环。直径 12.2 厘米。传河南洛阳金村战国大墓出土，现藏美国波士顿哈佛大学福格艺术博物馆。此镜做工精致，色彩艳丽。《洛镜铜华——洛阳铜镜发现与研究》79 页图 31。

斗兽镜

2.155 斗兽纹镜

圆形。三弦钮，外围凹面形方格。纹饰由地纹与主纹构成。地纹为碎点纹、三角纹装饰的双线勾连雷纹。主纹为武士斗兽纹。二武士头戴盔甲，赤膊赤足，左手持盾，右手持剑，与豹进行搏斗。一豹昂首引颈，作前扑之势。一豹下蹲，上身立起，回首反顾。直径 10.4 厘米。湖北云梦秦墓出土。《湖北云梦睡虎地十一座秦墓发掘简报》图版壹 .1（《文物》1976 年 9 期）。

多钮镜

2.156 几何纹多钮镜

　　圆形。三个钮置于近缘处，呈三角形排列。边缘处有两周几何纹饰，几何图纹由曲尺形、长方形、梯形、三角形等纹饰组成。直径 20.4 厘米。辽宁朝阳墓葬出土。墓葬发掘者分析此类墓应属春秋晚期或战国时期。《辽宁朝阳十二台营子青铜短剑墓》图四 .1（《考古学报》1960 年 1 期 67 页）。

2.157 三角勾连雷纹双钮镜

　　圆形。两个桥形钮并列于镜背上部。纹饰由地纹与主纹构成。地纹为斜平行线纹。主纹为宽条三角勾连雷纹。直径 8.8 厘米。此镜制作较粗糙，直径小，但厚达 1 厘米，如此厚的铜镜，在春秋战国中是绝无仅有的。辽宁沈阳墓葬出土。《沈阳郑家洼子的两座青铜时代墓葬》图一〇.5（《考古学报》1975 年 1 期 149 页）。

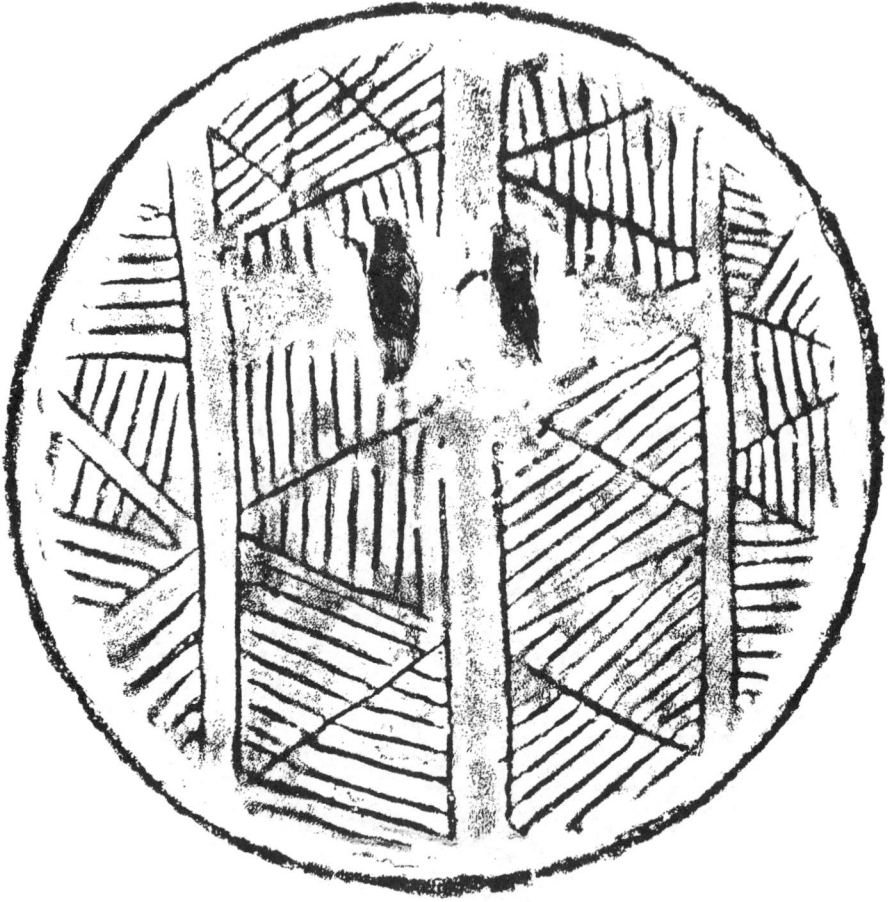

2.158 几何纹多钮镜

圆形。两个半环形钮并列于镜背上部。三条素宽直条带划分的区间内配置三角纹，三角纹大小不同，排列无序，内饰平行线纹。卷缘。直径 10.6 厘米。《净月澄华——辽宁省博物馆藏古代铜镜》6 页。

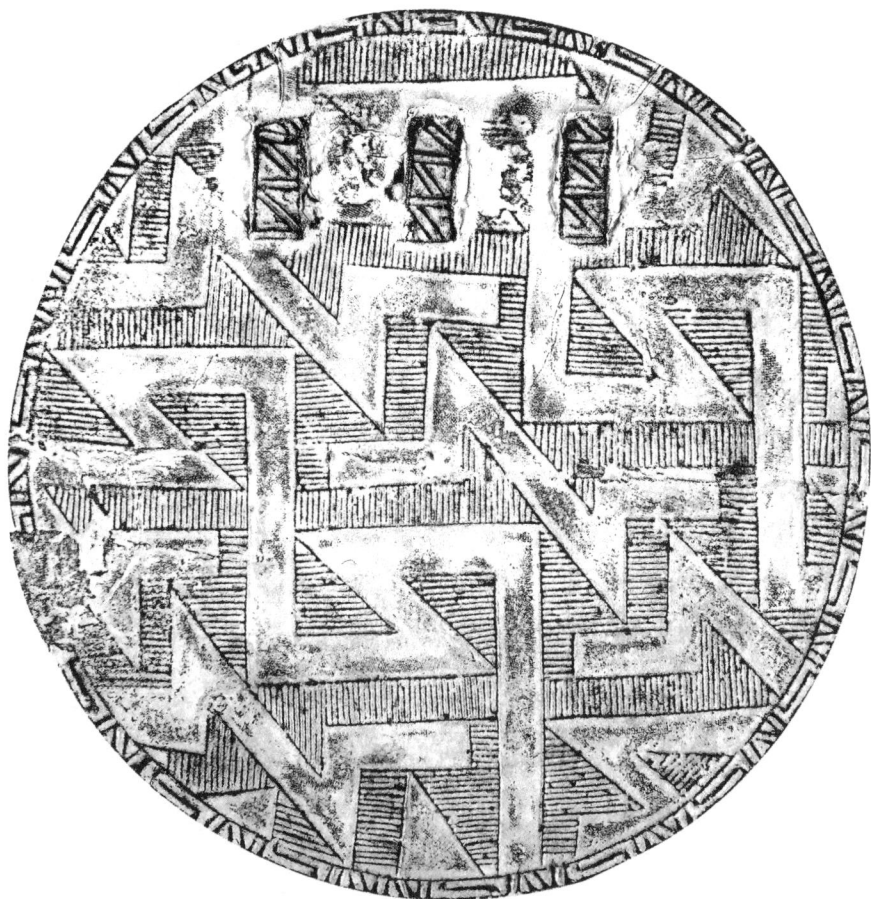

2.159 几何纹多钮镜

圆形。三个桥形钮呈川字形并列于镜背上部，钮上有复线曲折纹。纹饰由地纹与主纹构成。地纹为细密的平行线纹。主纹为宽条三角勾连雷纹。宽条带以45°和90°角曲折勾连，有的学者称之为雷光形纹。边缘为一周由三角形、曲尺形、直线、斜线相间组成的几何形纹饰。直径22.8厘米。辽宁朝阳墓葬出土。《净月澄华——辽宁省博物馆藏古代铜镜》8页。

2.160 三角勾连雷纹双钮镜

圆形。两个桥形钮并列于镜背上部。纹饰由地纹与主纹构成。地纹为平行线纹。主纹为宽条三角勾连雷纹。宽条带以 90° 和 45° 角曲折勾连。边缘为一周由三角形、直线、斜线相间组成的几何形纹饰。直径 12.8 厘米。辽宁本溪墓葬出土。《辽宁本溪发现青铜短剑墓》图三（《考古》1987 年 2 期 182 页）。

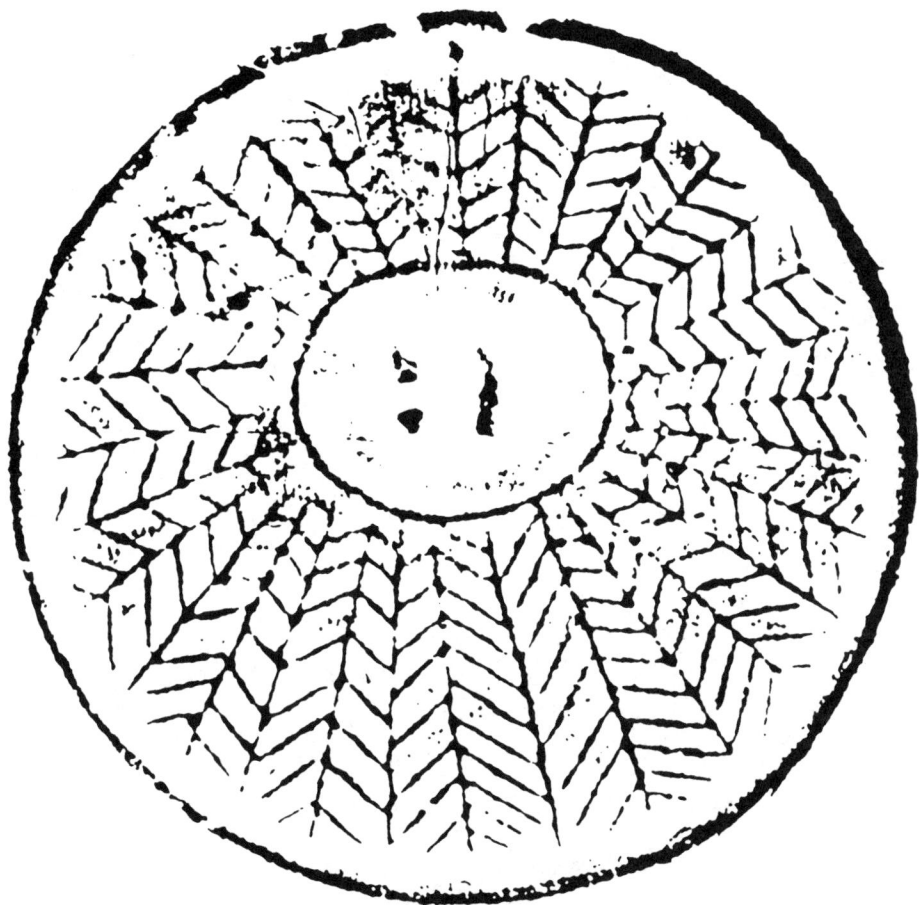

2.161 叶脉纹双钮镜

　　圆形。两个半环钮并列于镜心处，外围椭圆形圈带。以钮为中心向外放射出
32 条射线，16 组叶脉纹夹于射线之间，花纹整齐清晰。外缘凸起。直径 12.3 厘
米。辽宁丹东青铜短剑墓出土。《丹东地区出土的青铜短剑》图二（《考古》1984 年
8 期 713 页）。

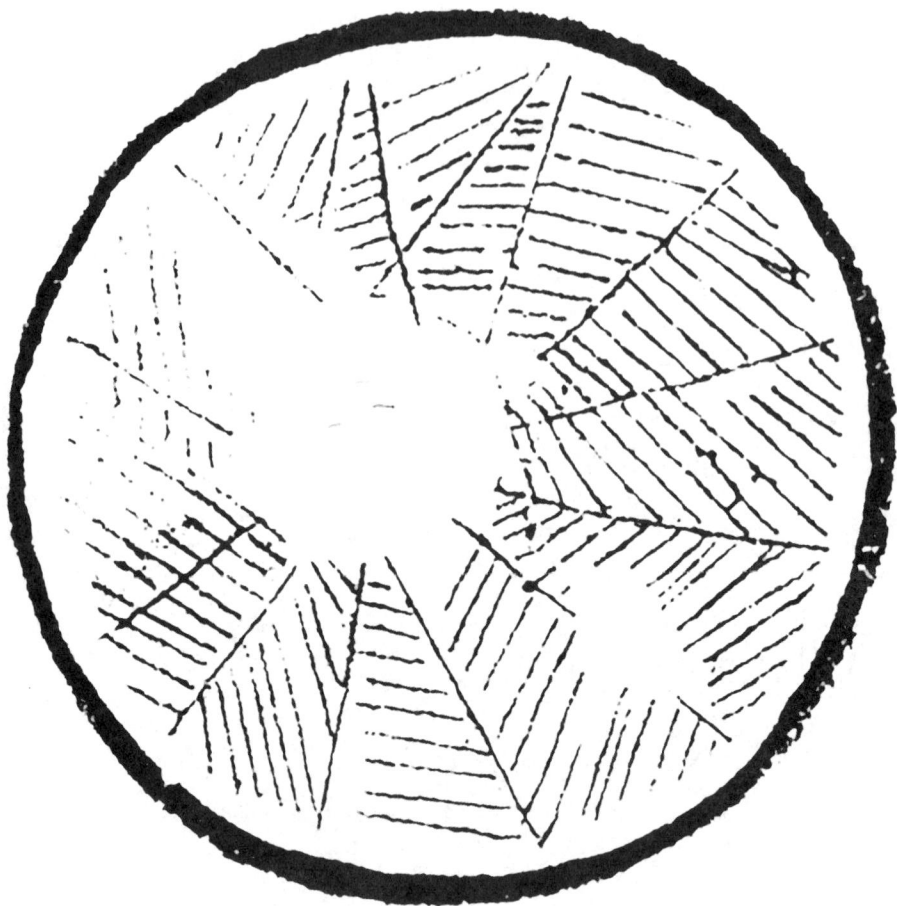

2.162 蛛网纹双钮镜

　　圆形。两个半环钮位于镜心处。以钮为中心，向四周放射出 17 道射线。射线距离不等，其间填以疏密不均、方向不一的斜线。素缘凸起。直径 13.9 厘米。吉林集安青铜短剑墓出土。《吉林出土铜镜》图 4。

花叶禽鸟几何纹镜

2.163 花叶禽鸟几何纹镜

　　圆形。弦钮，围以凹面圈带。由双线组成的 V 形、三角形、四边形等几何图纹布满镜背，图形内填以叶纹、三角纹、卷云纹、涡纹、圆圈纹、散点纹、鸟纹、弧线、平行短线等。纹饰的排列无一定规律。素卷缘。直径 10.8 厘米。湖南郴州楚墓出土。《湖南郴州市马家坪古墓清理》图二 .1（《考古》1961 年 9 期 496 页）。

三

汉魏晋南北朝铜镜

蟠螭纹镜

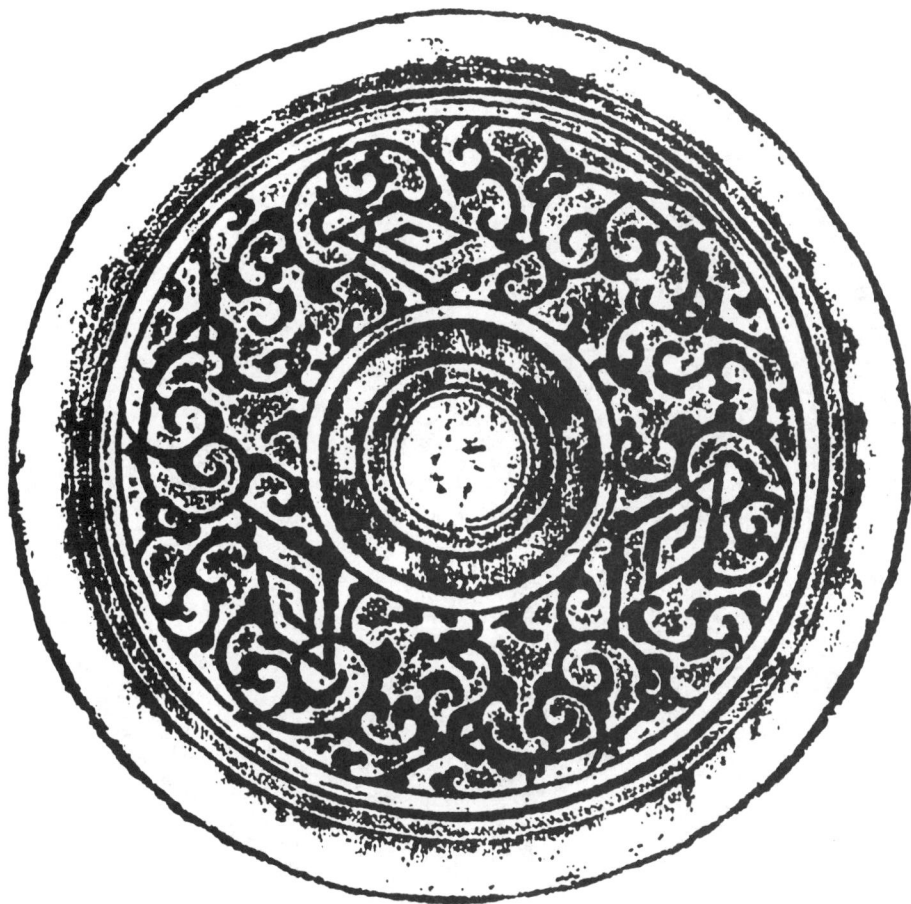

3.1 三菱三蟠螭镜

　　圆形。弦钮，围以凹面圈带。纹饰由地纹与主纹构成。主纹为三龙与三菱相间缠绕，龙头近圈带，身躯曲卷。素卷缘。直径 18.5 厘米。江苏徐州狮子山西汉楚王陵甬道耳室出土。墓葬发掘者分析此墓主应是第二代楚王刘郢客或第三代楚王刘戊，下葬年代为公元前 175 至公元前 154 年。《徐州狮子山西汉楚王陵发掘简报》图三八（《文物》1998 年 8 期 26 页）。

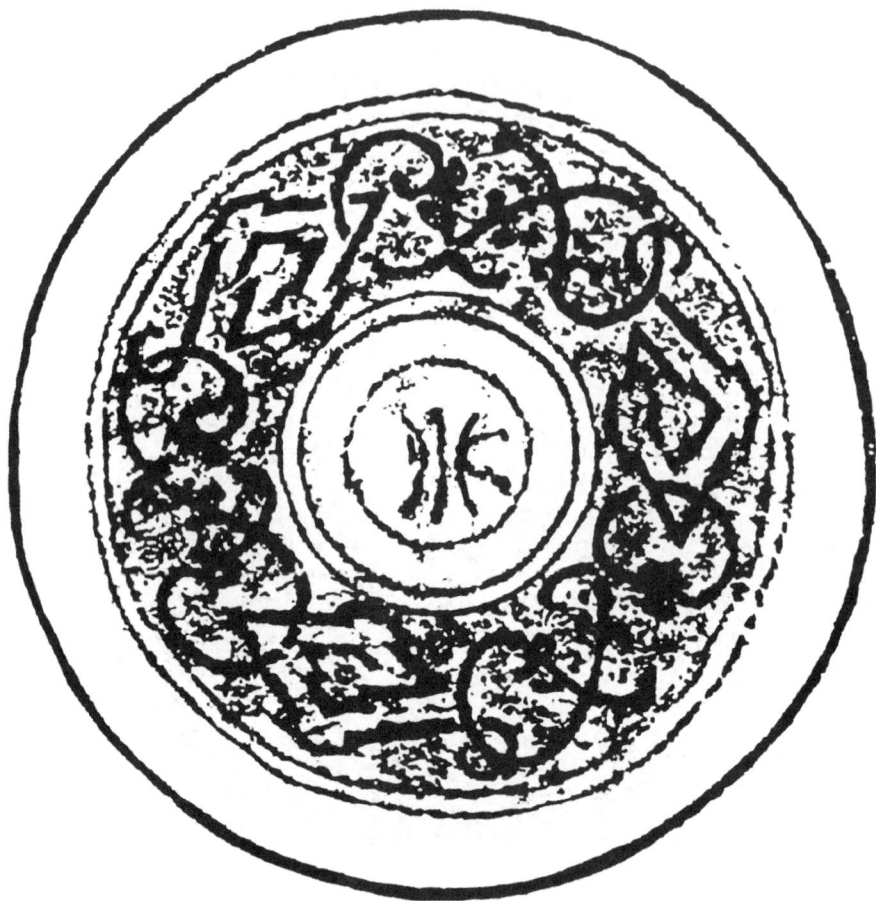

3.2 三菱三蟠螭镜

圆形。三弦钮，围以凹面圈带。纹饰由地纹与主纹构成。地纹为圆涡云纹。主纹为三螭与三菱相间环列，穿插叠压。素卷缘。直径 10.8 厘米。广西贵港罗泊湾汉墓出土。据《广西贵县罗泊湾二号汉墓》发掘报告（《考古》1982 年 4 期）分析，此墓下限应在汉文帝前元时期。《广西铜镜》49 页图 5。

3.3 三菱三蟠螭镜

　　圆形。三弦钮，围以凹面圈带。纹饰由地纹与主纹构成。地纹为圆涡纹及云雷纹，排列较为稀松。主纹三菱与三蟠螭相间环列，蟠螭躯体已图案化，为两个相连接的卷曲圆涡纹。素卷缘。直径 8.25 厘米。陕西长安西汉早期墓出土。《长安汉镜》48 页图六 .2。

3.4 三菱三蟠螭镜

　　圆形。三弦钮，围以凹面圈带。纹饰由地纹与主纹构成。地纹为圆涡云纹。主纹为三螭与三菱相间环列，穿插勾连。蟠螭头近圈带，张口露齿，身躯屈曲。素卷缘。直径18.4厘米。江苏仪征墓葬出土。《仪征馆藏铜镜》24页。

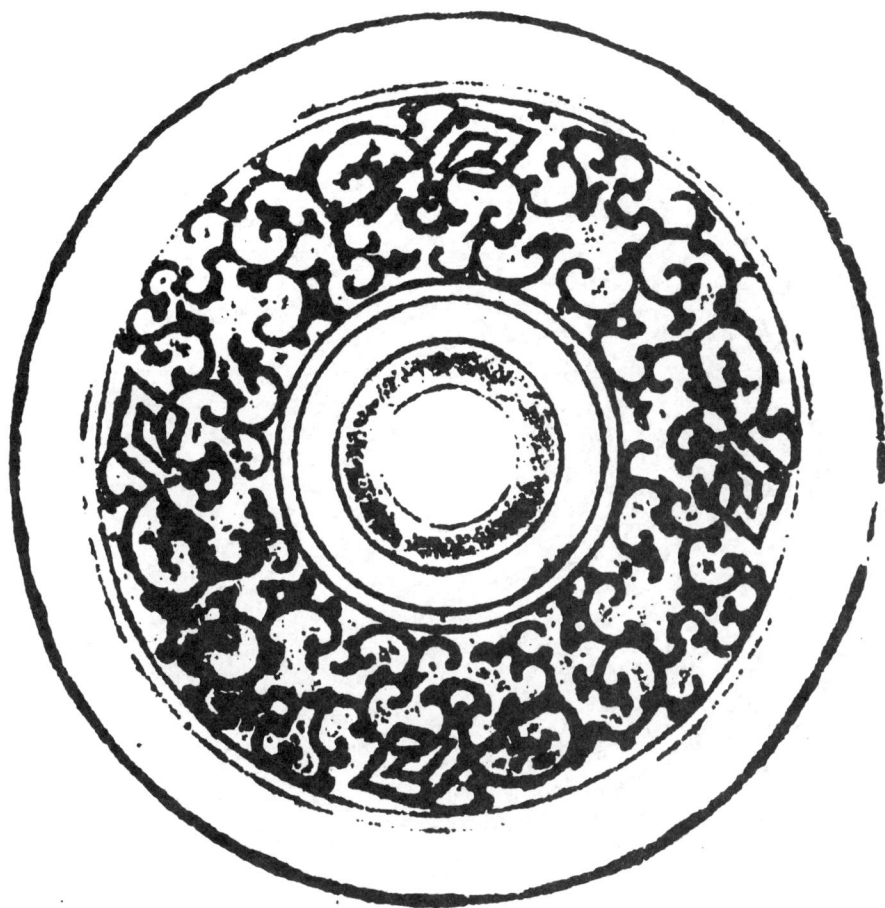

3.5 四菱四蟠螭镜

圆形。三弦钮，围以凹面圈带。纹饰由地纹与主纹构成。地纹为云纹。主纹为四蟠螭与四菱相间环列，螭头扬起，身躯盘曲，分枝转折，粗细变化，方向不一。素卷缘。直径 18.7 厘米。湖南长沙马王堆 3 号汉墓出土。据《长沙马王堆二、三号汉墓发掘简报》(《文物》1974 年 7 期）分析，墓主为西汉长沙丞相軑侯利苍的儿子。墓中出土的木牍上有"十二年二月"纪年，因此死者应葬于汉文帝十二年（前 168）。《铜镜图案——湖南出土历代铜镜》49 页图 28。

3.6 圈带叠压三蟠螭镜

　　圆形。三弦钮，围以凹面圈带。纹饰由主纹与地纹构成。地纹为云雷纹。主纹为弦纹圈带叠压三蟠螭纹，蟠螭身躯作圆弧盘曲，螭头在弦纹圈外侧，肢爪或曲或伸。素卷缘。直径 19.3 厘米。湖南长沙马王堆 1 号汉墓出土。据《长沙马王堆二、三号汉墓发掘简报》(《文物》1974 年 7 期) 分析，此墓墓主为长沙丞相軑侯利苍之妻，死于西汉文帝十二年(前 168)以后数年。《铜镜图案——湖南出土历代铜镜》48 页图 27。

3.7 圈带叠压三蟠螭镜

    圆形。三弦钮，钮外环列三兽。纹饰由地纹与主纹构成。地纹为云雷纹。主纹为弦纹圈带叠压三蟠螭纹，蟠螭形态极为复杂多变，难以区分各部分结构，身躯曲折回环，肢爪尖锐。素卷缘。直径 23.5 厘米。河南南阳西汉早期墓出土。《南阳出土铜镜》30 页图六一。

3.8 三叶三菱蟠螭镜

圆形。三弦钮，围以凹面圈带。纹饰由地纹与主纹构成。地纹为圆涡云纹。主纹为三螭、三叶及三菱相间环列。直径 8.1 厘米。江苏仪征墓葬出土。《仪征馆藏铜镜》25 页。

3.9 四叶蟠螭镜

　　圆形。扁形钮，二螭钮座。围以凹面圈带。纹饰由地纹与主纹构成。地纹为较细密的云纹及斜线纹。主纹为四叶与四螭相间环列。蟠螭头近镜缘，翘角，张嘴，身躯呈 S 形勾卷，肢爪屈伸。四叶为多层式，花苞上起二叠草叶。直径 14.7 厘米。江苏仪征汉墓出土。《仪征馆藏铜镜》29 页。

3.10 昭明清白重圈三叶蟠螭镜

　　圆形。三弦钮，兽形钮座。二周铭文圈带之间配置三叶蟠螭纹。内圈铭文："内请（清）质以昭明，光辉象夫日月，心忽穆而愿忠，然壅塞而不靁。"外圈铭文："絜（洁）精白而事君，窓（怨）污獾（获）之弇明，微玄锡之流泽，恐疏远而日忘，怀糜（厥）美之穷（躬）体，外承骧（欢）之可说（悦），慕窔（窈）佻（窕）之灵景（影），愿九（久）思而毋绝。"素卷缘。直径17.25厘米。陕西长安西汉早期墓出土。《长安汉镜》50页图七.2。

3.11 毋相忘三禽蟠螭镜

　　圆形。三弦钮。圈带铭文为："安乐未央，脩相思，慎毋相忘。"纹饰由地纹与主纹构成。地纹为云雷纹。主纹为三菱三禽三螭相间环列。素卷缘。直径 13.4 厘米。江苏徐州西汉宛朐侯刘埶墓出土。刘埶是西汉楚元王刘交之子，曾参与"七国之乱"，其去世时间当较汉景帝三年（前 154）不远。《徐州西汉宛朐侯刘埶墓》图一七（《文物》1997 年 2 期 11 页）。

3.12 戚思悲四叶蟠螭镜

　　圆形。扁形钮，蟠螭钮座。圈带铭文模糊难辨识，似为："戚思悲，愿见忠，君不说（悦），相思愿毋绝。"纹饰为四叶四螭相间环列，多层式四叶由花苞与草叶纹构成。蟠螭身躯在花叶两侧呈 C 形向内勾卷，以花叶为轴，形成左右对称的规则图形。直径 10.6 厘米。江苏仪征墓葬出土。《仪征馆藏铜镜》31 页。

3.13 大乐贵富四叶蟠螭镜

　　圆形。三弦钮，二螭钮座。圈带铭文为："大乐贵富，千秋万岁，宜酒食。"以鱼纹结句。四株多层式花叶（也有学者称为火焰形纹）与四组蟠螭相间环绕，故称为间隔式布局。蟠螭头小，圆眼尖嘴，两肢爪向左右伸张，身躯蟠旋纠结，曲线流转，细腻繁缛。四组蟠螭隔叶纹两两相对。素卷缘。湖南长沙西汉墓出土。《湖南长沙纸园冲工地古墓清理小结》图二（《考古通讯》1957 年 5 期 44 页）。

3.14 大乐贵富四叶蟠螭镜

  圆形。兽面钮，二螭钮座。圈带铭文为："大乐贵富，千秋万岁，宜酒食。"纹饰由地纹与主纹构成。地纹为云雷纹。主纹为多层式四花叶与四组蟠螭相间环列。四螭分别隔花叶两两相对，张口伸长舌，二前肢左右屈伸，身躯卷曲。四叶尖上各配置一禽鸟。素卷缘。直径 23.2 厘米。此镜蟠螭组合繁缛华美，形神动态运转自如。江苏扬州西汉墓出土。《汉广陵国铜镜》36 页图 6。

3.15 大乐贵富博局蟠螭镜

　　圆形。弦钮，二螭钮座。内方铭文为："大乐贵富得所好，千秋万岁，延年益寿。"鱼纹结尾。内方四边中点处向外伸出一个T形纹，表示内方四正，与外圆四正L纹相对，近镜缘的V纹则表示四隅，与内方四角相对。方格及T、L、V纹构成的图纹，学界习称规矩纹，亦有不少学者称为博局纹，T、L、V即为博局十二道，布局属于十二位类型。博局纹形成的四方八极内各有一组蟠螭，蟠螭身躯多作弧形盘曲，钮结形态不一。直径18.4厘米，河北满城窦绾墓出土。窦绾应葬于武帝太初元年（前104）前。《满城汉墓发掘报告》266页图一七八.2。

3.16 大乐贵富博局蟠螭镜

圆形。三弦钮，伏螭钮座。内方铭文为："大乐贵富得所好，千秋万岁，延年益寿。"博局纹形成的四方八极内各有一组蟠螭，蟠螭各部分结构不明确，勾连缠绕，涡纹关节突出。素卷缘。《楚风汉韵——长沙市博物馆藏镜》59页图43。

3.17 日光博局蟠螭镜

　　圆形。弓钮。内方铭文为："见之光，长若日月之明。"博局纹间配置两种不同的蟠螭各二组，一种蟠螭身躯卷曲于 T、L 纹之间，另一种为二蟠螭分别在 T、L 纹两侧，互不缠绕。十六内向连弧纹缘。直径 13.5 厘米。湖南长沙西汉晚期墓出土。《长沙树木岭战国墓阿弥岭西汉墓》图九 .1（《考古》1984 年 9 期 795 页）。

3.18 昭明昭明重圈四叶蟠螭镜

　　圆形。弦钮，二螭钮座。四叶与四蟠螭相间环列，四螭两两隔一叶相对称，张口吐舌。内圈铭文为"内请（清）质以昭明，光辉象夫日月，心忽"，外圈铭文为"穆而愿忠，然壅塞而不泄。怀粲（厥）美之穷（躬）体，外承骧（欢）之可说（悦），慕窔（窈）佻（窕）之灵景（影），愿九（久）思而毋绝"，内外铭文连读。素卷缘。直径 14 厘米。《故宫藏镜》22 页。

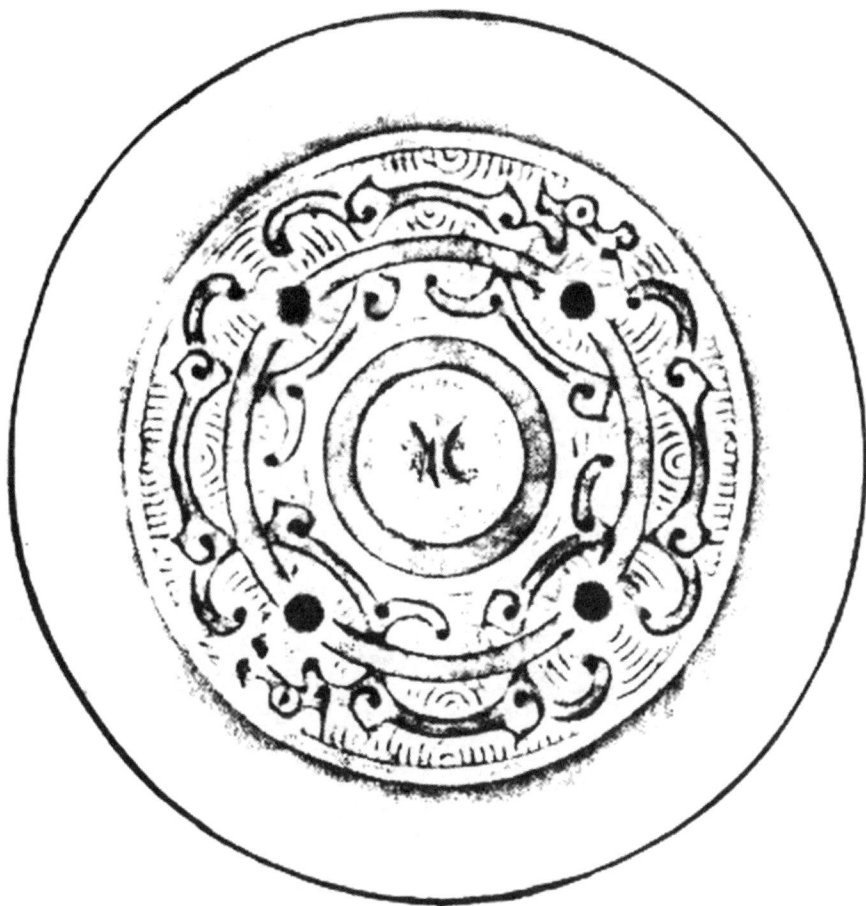

3.19 四乳圈带叠压蟠螭镜

　　圆形。三弦钮，围以凹面圈带。纹饰由地纹与主纹构成。地纹为粗疏的圆涡纹。主纹为四乳圈带叠压蟠螭，二螭同向环列，头近缘，圆眼张嘴。身躯呈圆弧和 C 形卷曲，突出乳钉关节。素卷缘。直径 8.3 厘米。安徽天长西汉墓出土。《汉广陵国铜镜》46 页图 11。

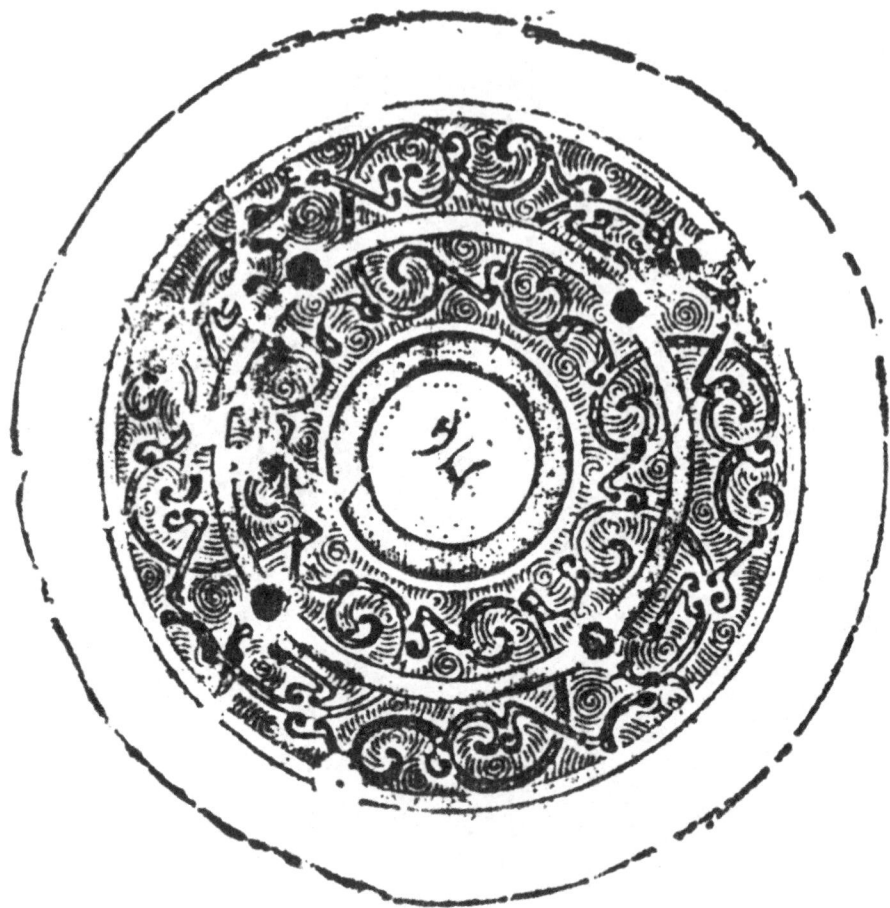

3.20 四乳圈带叠压蟠螭镜

　　圆形。三弦钮，围以凹面圈带。纹饰由地纹与主纹构成。地纹为圆涡纹及并列线纹。主纹为四乳圈带叠压四组缠绕的蟠螭。素缘。直径 14.6 厘米。广东广州西汉前期墓出土。《广州汉墓》152 页图九一 .4。

3.21 四乳圈带叠压蟠螭镜

圆形。三弦钮，围以凹面圈带。纹饰由地纹与主纹构成。地纹为圆涡纹。主纹为四瓣花圈带叠压蟠螭。直径 16.8 厘米。西汉江都国晚期或稍后墓出土。《江苏盱眙县大云山西汉江都王陵北区陪葬墓》图四七.2(《考古》2014 年 3 期 43 页）。

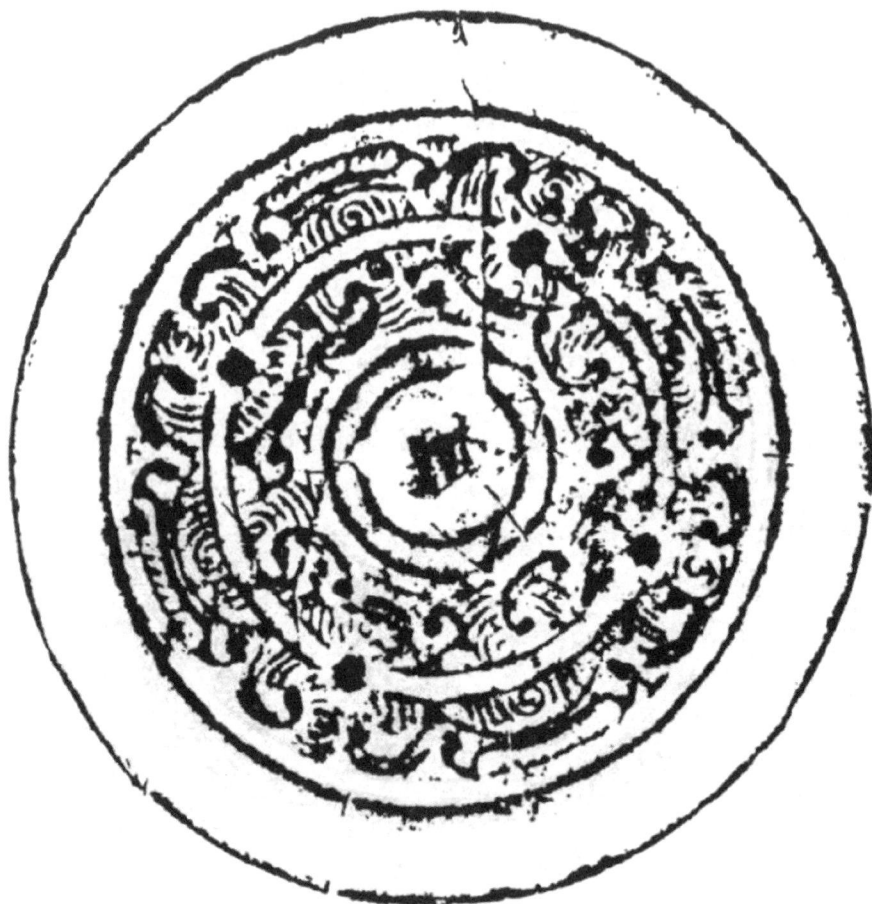

3.22 四乳圈带叠压蟠螭镜

圆形。三弦钮，围以凹面圈带。纹饰由地纹与主纹构成。地纹为同心圆圈纹。主纹为四乳圈带叠压蟠螭，蟠螭身躯呈 C 形卷曲。此种形态的蟠螭，学者也称为虺纹，本书统称为蟠螭纹，不再细分为蟠螭和蟠虺纹。素卷缘。直径 9.4 厘米。四川成都出土。《四川省出土铜镜》21 页图 10。

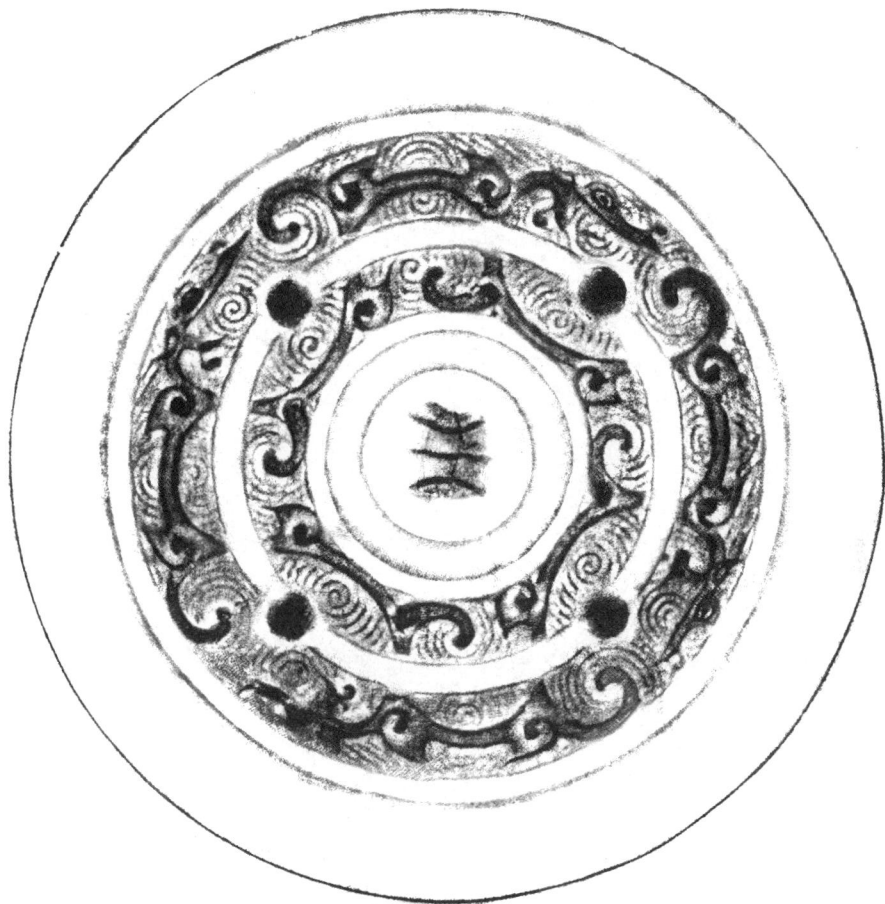

3.23 四乳圈带叠压蟠螭镜

圆形。三弦钮，围以凹面圈带。纹饰由地纹与主纹构成。地纹为圆涡纹。主纹为四乳圈带叠压蟠螭，二螭环列，螭头前伸，圆眼，张嘴。身躯呈 C 形弧线衔接，关节凸显。直径 8.55 厘米。河南南阳西汉早期墓出土。《南阳出土铜镜》39 页图八六。

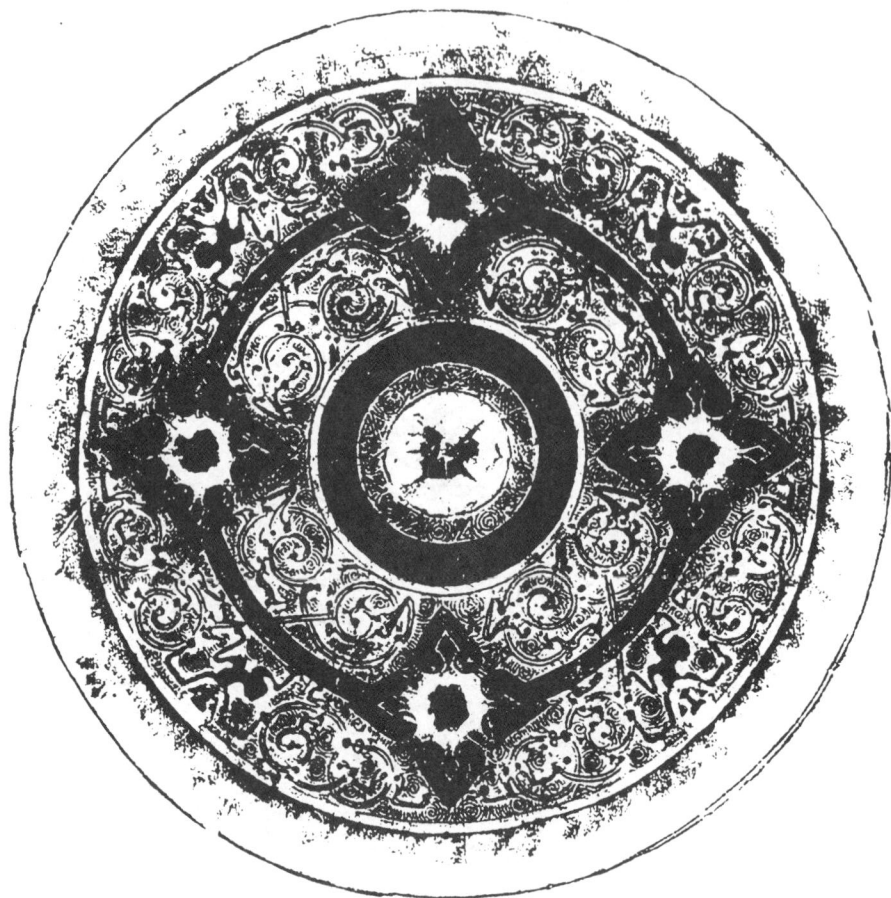

3.24　圈带叠压蟠螭镜

　　圆形。三弦钮，围以凹面圈带。纹饰由地纹与主纹构成。地纹为圆涡纹。主纹为四瓣花四乳圈带叠压蟠螭。圈带外四组蟠螭纹中配置一只猴，猴呈正视形，宽额，高举长臂曲肘下垂，作攀援状，下肢作腾跃姿势。素卷缘。直径25.4厘米。河北满城西汉中山靖王刘胜妻窦绾墓出土。窦绾应葬于武帝太初元年（前104）前。《满城汉墓发掘报告》266页图一七八.1。

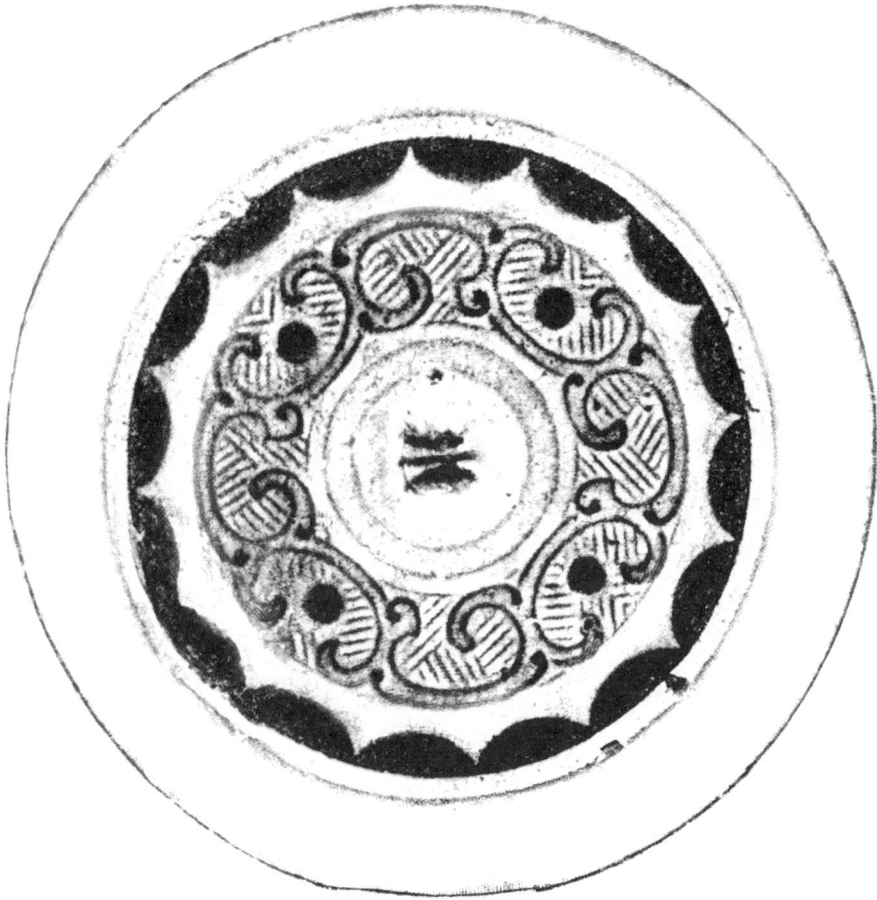

3.25 四乳蟠螭镜

　　圆形。三弦钮，围以凹面圈带。纹饰由地纹与主纹构成。地纹为斜线纹和重叠三角纹。主纹为四乳及S形蟠螭相间环列。其外一周十六内向连弧纹。素卷缘。直径7.6厘米。河南南阳西汉墓出土。《南阳出土铜镜》37页图八〇。

3.26 四乳蟠螭镜

　　圆形。三弦钮，围以凹面圈带。纹饰由地纹与主纹构成。地纹为斜线纹。主纹为四乳与S形蟠螭相间环列。其外一周十六内向连弧纹。素卷缘。直径9.3厘米。河南洛阳西汉早期墓出土。《洛镜铜华——洛阳铜镜发现与研究》84页图35。

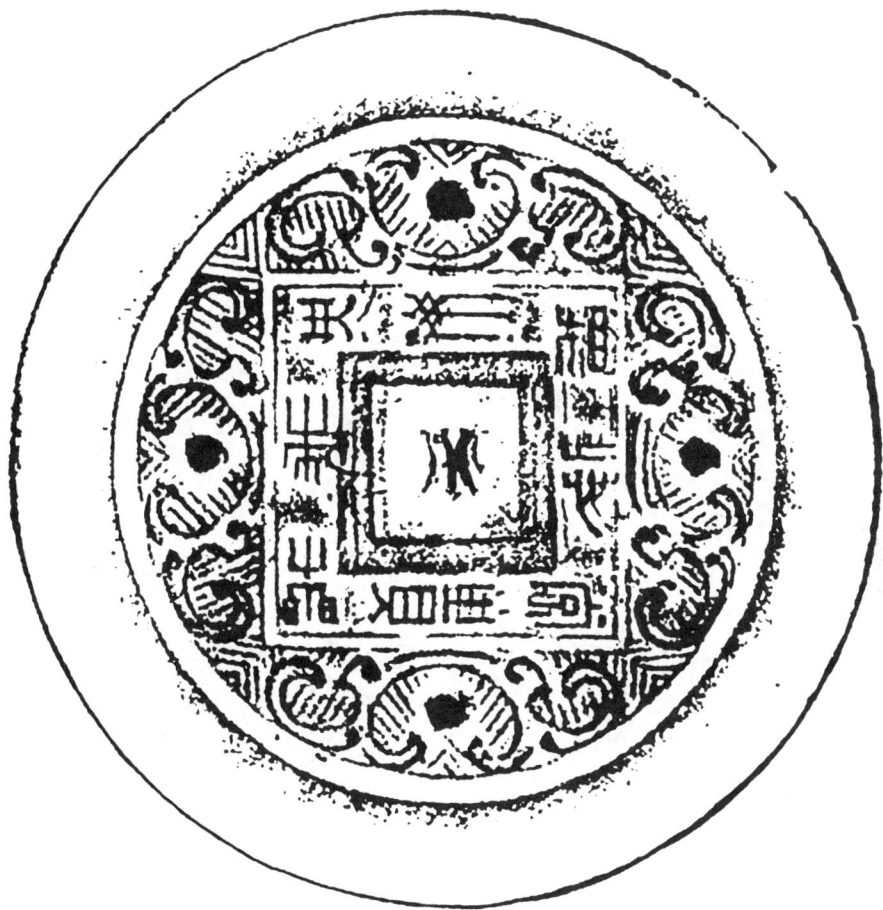

3.27 常贵方格蟠螭镜

　　圆形。三弦钮。方格铭文为："常贵，乐未央，毋相忘。"纹饰由地纹与主纹构成。地纹为斜线纹。主纹为四乳四蟠螭，蟠螭配置在方格四角与重叠三角纹划分的四区内。以乳钉为中心，由一大二小、正反相连的 C 形组成。素卷缘。直径8.6 厘米。江苏扬州出土。《汉广陵国铜镜》48 页图 12。

3.28 毋相忘方格蟠螭镜

圆形。三弦钮。方格铭文为："常与君，相謹（欢）幸，毋相忘，莫远望。"纹饰由地纹与主纹构成。地纹为圆涡纹及斜行短线纹。主纹由一正二反的 C 形蟠螭纹构成。素卷缘。直径 8.8 厘米，广东广州西汉前期墓出土。《广州汉墓》153 页图九二.1。

3.29 日光方格蟠螭镜

　　圆形。三弦钮。方格铭文为："见日之明，天下大明。"纹饰由地纹与主纹构成。地纹为斜线纹及重叠三角纹。主纹为四乳蟠螭，蟠螭身躯呈三个 C 形连接构成，形态简单。直径 7.25 厘米。河南南阳西汉晚期墓出土.《南阳出土铜镜》36 页图七四。

四花瓣纹镜

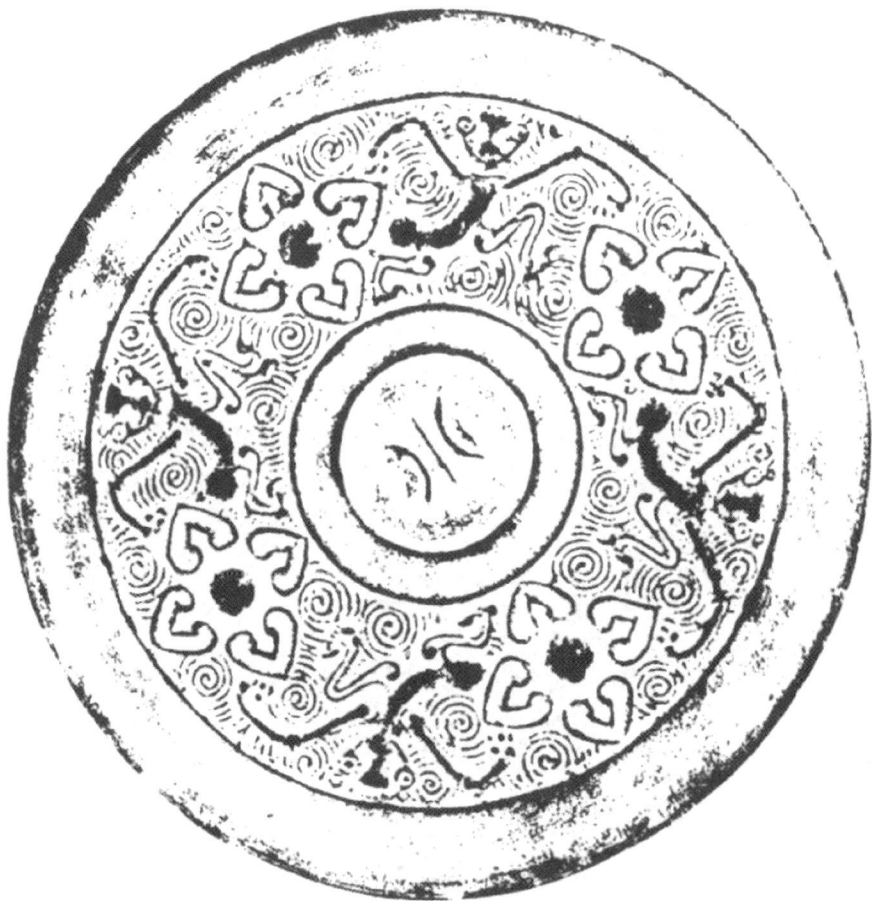

3.30 四瓣花四猴镜

圆形。三弦钮,围以凹面圈带。纹饰由地纹与主纹构成。地纹为粗疏的圆涡纹。主纹为四瓣花间以四猴纹。四瓣花纹由乳钉及其所围的四花瓣构成。猴正面形,额宽大,大长鼻,两侧小眼,前臂细长,舒展下垂,下肢弯曲腾跃。直径10.85厘米。《上海博物馆藏青铜镜》图23。李零《论云纹瓦当——兼论战国秦汉铜镜上的四瓣花》(《上海文博论丛》2004年4期)将战国秦汉铜镜中的"四瓣花"分为A、B两种类型。A型是三角形的所谓桃形瓣,B型是倒T形的所谓并蒂四叶纹。本书中具有此种图形的,采用"四瓣花"名称。

3.31 四瓣花四兽镜

　　圆形。三弦钮，围以凹面圈带。纹饰由地纹与主纹构成。地纹为云雷纹。主纹为四瓣花叠压的圈带分为内外各四区。内四区分别置一条鱼形纹，鱼身两侧有鳍。外四区各置一兽（猴），兽侧身，头部呈正视形，宽额，圆眼，长鼻，两前肢高举分向左右。素卷缘。直径 14.25 厘米。河南南阳西汉晚期墓出土。《南阳出土铜镜》40 页图八九。本书将四花瓣叠压圈带的图纹简称为四瓣花圈带纹。

3.32 四瓣花四龙镜

　　圆形。圆钮，花蕊纹钮座。十六内向连弧外四瓣花和四龙相间环绕，龙回首，身躯呈 C 形卷曲，四肢伸张，细长尾。十六内向连弧纹缘。直径 17.9 厘米，四川成都出土。《四川省出土铜镜》61 页图 30。

3.33 四乳四龙镜

　　圆形。连峰钮。连珠纹及十六内向连弧外四乳与四龙相间环列，四乳围以连珠纹。龙回首居中，张口，身躯呈 C 形卷曲，四肢伸张。十六内向连弧纹缘。直径 13.9 厘米。此镜钮及四乳外均围以连珠纹，内外两周十六内向连弧纹，应是装饰较复杂的四花瓣镜。《洛镜铜华——洛阳铜镜发现与研究》93 页图 44。

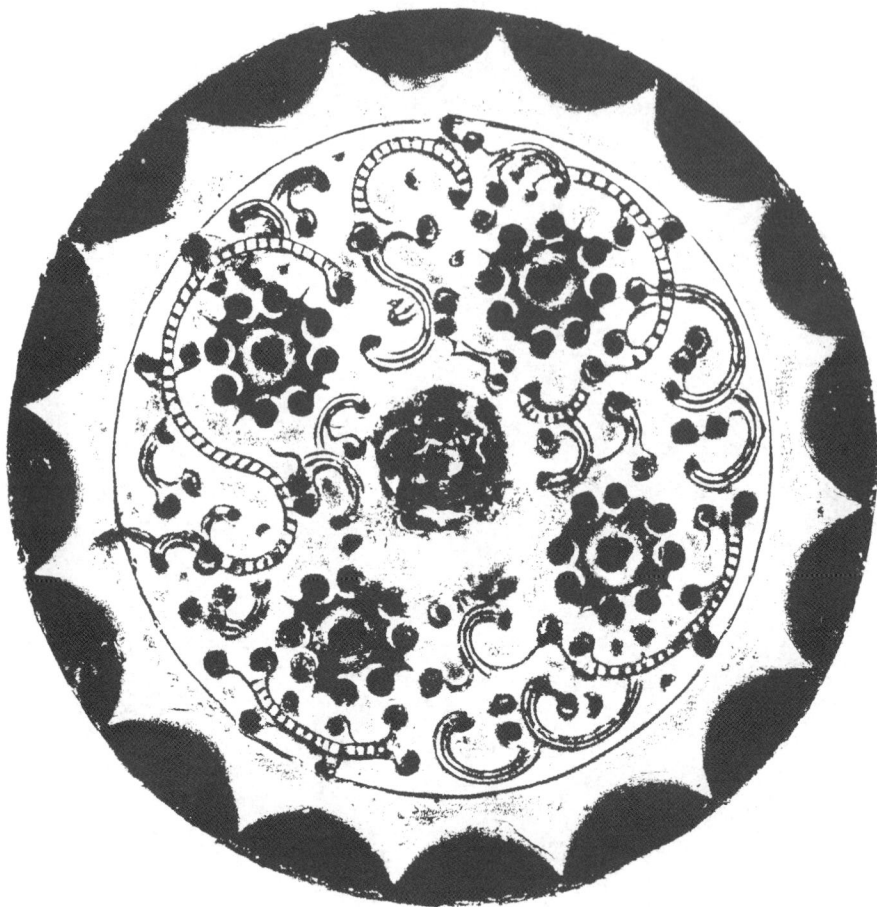

3.34 四瓣花蟠螭镜

　　圆形。连峰钮。钮外四瓣花与蟠螭相间环绕，蟠螭身躯或以短线条装饰，或以双线式呈现，有的屈曲蜿蜒，有的曲折回环，参差错落，顺其自然。十六内向连弧纹缘。直径 13.54 厘米。河南南阳西汉早期墓出土。《南阳出土铜镜》41 页图九二。

3.35 四瓣花四龙镜

　　圆形。钮外凹面圈带。纹饰由地纹与主纹构成。地纹为同心圆纹。主纹为四瓣花与四龙相间环列,龙头昂起前伸,细长的身躯呈两个 C 形相交,两前肢伸张,仅显露一后肢,形象生动有趣。素卷缘。直径 12.3 厘米。《中国古代铜镜》23 页图 12。

3.36 四瓣花圈带镜

圆形。三弦钮，钮外四瓣花叠压圆圈带。十六内向连弧纹缘。直径16厘米。广东广州西汉前期墓出土。此型铜镜较厚重，纹饰简单，较少见。《广州汉墓》153页图九二.2。

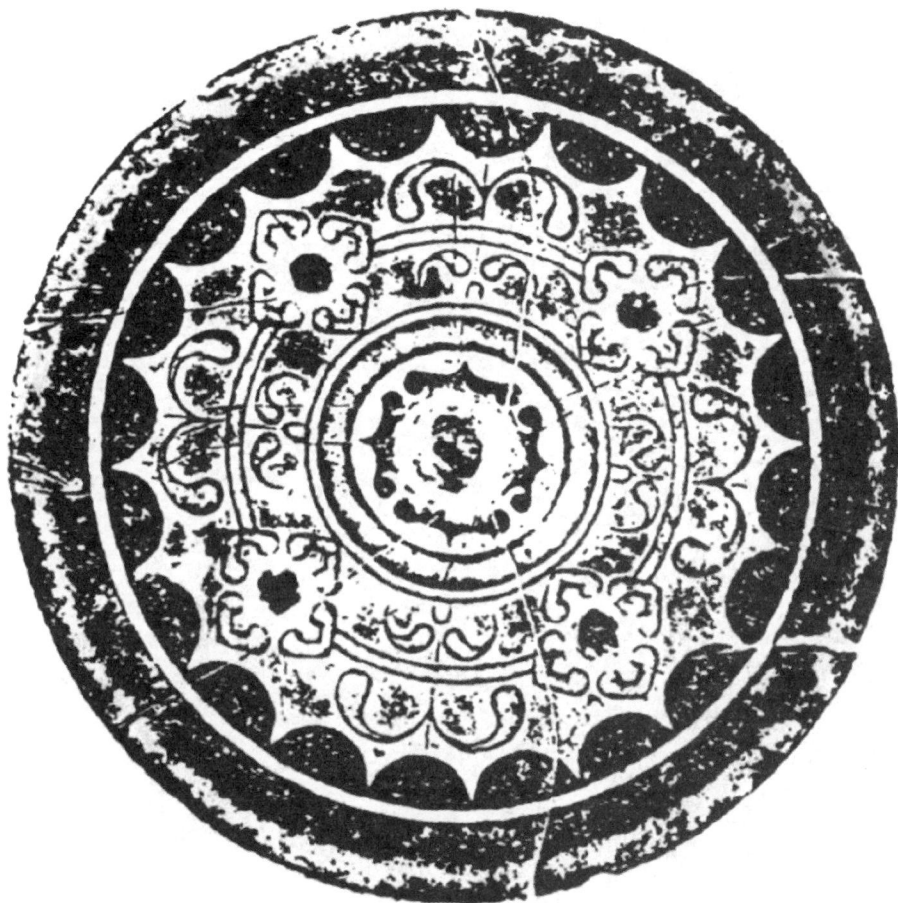

3.37 四瓣花圈带花叶镜

　　圆形。圆钮，四瓣花钮座。四瓣花圈带叠压四株二层双叶纹，圈带内外的二叶纹不仅大小不同，而且卷曲方向相反。其外环绕一周二十内向连弧纹。素卷缘。直径 20.5 厘米。山西太原出土。《太原东太堡出土的汉代铜器》图 16(《文物》1962年 4、5 期 70 页)。

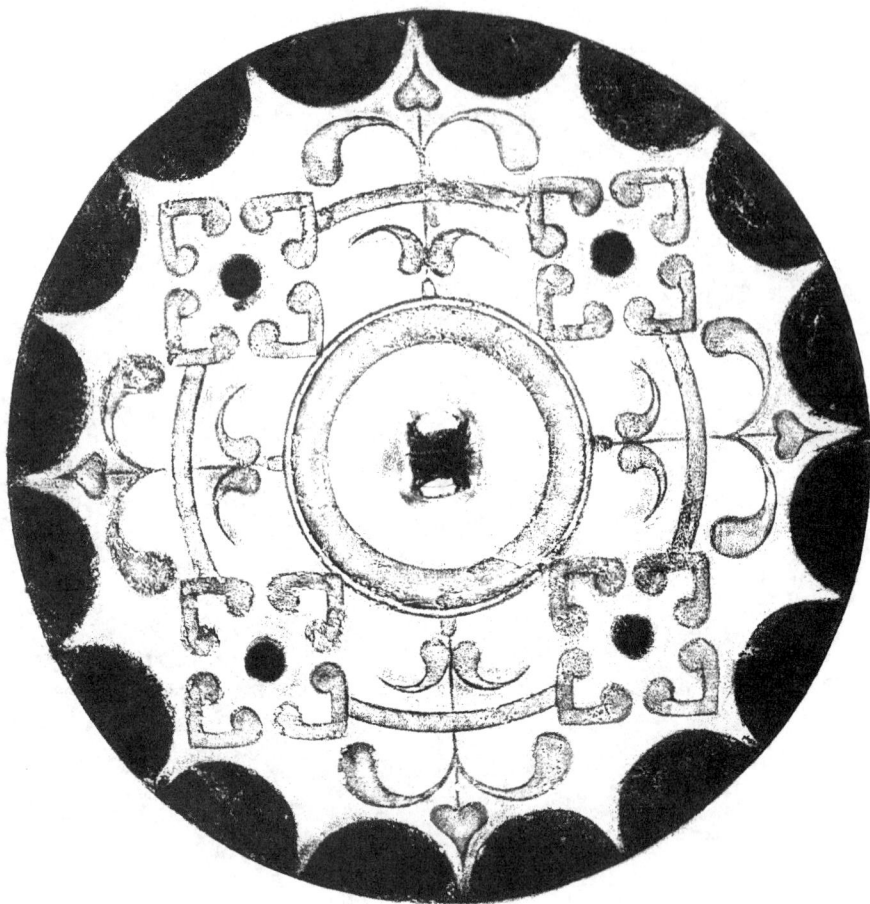

3.38 四瓣花圈带花叶镜

　　圆形。三弦钮。圆钮座，围以凹面圈带。四瓣花圈带叠压四株花叶，花叶形态相同，分为两层，由内向外分别是二叶和二叶一苞。从纹饰构图看，方圆并举融为一体，两两对称简单明了。十六内向连弧纹缘。直径 18.35 厘米。河南南阳西汉早期墓出土。《南阳出土铜镜》40 页图八八。

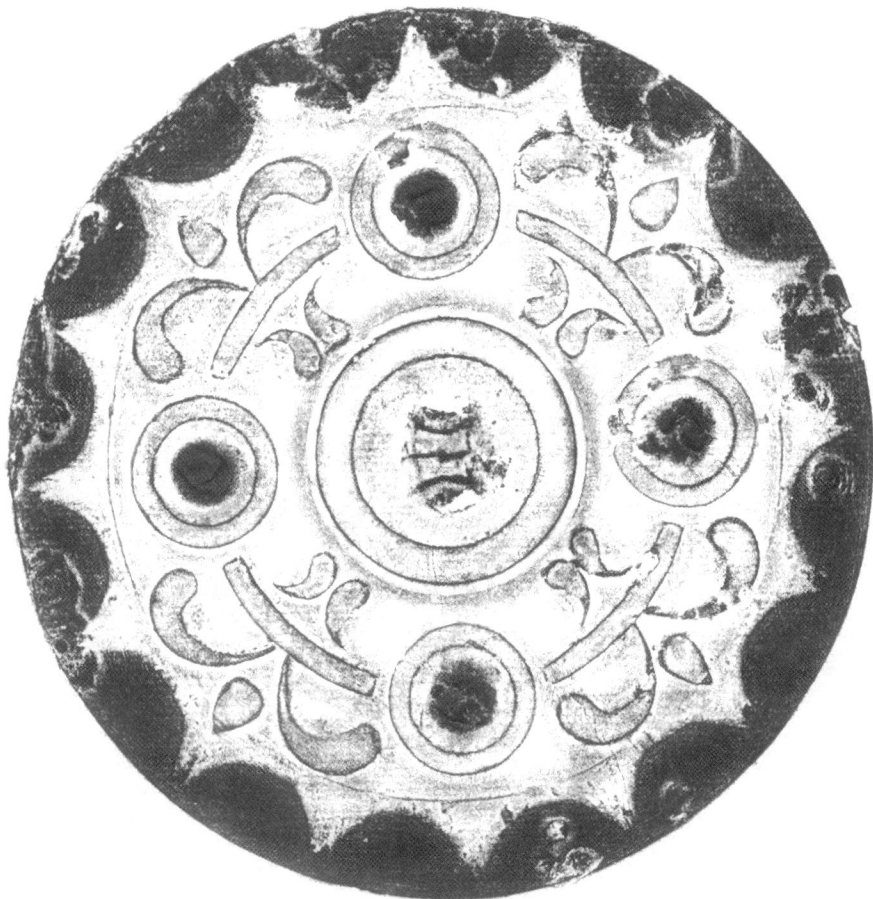

3.39 四乳圈带花叶镜

　　圆形。三弦钮，围以凹面圈带。四环形乳圈带叠压四株花叶，由内向外的二叶和二叶一苞没有枝干串联。此镜可谓前述南阳出土的四花瓣圈带花叶镜的简化版。但由于四乳围以圆圈而不是正方形四瓣花，方圆并举的构图变成了旋转自如的图形。十六内向连弧纹缘。直径 10.65 厘米。河南南阳西汉早期墓出土。《南阳出土铜镜》42 页图九四。

3.40 四瓣花花叶镜

圆形。圆钮，四瓣花钮座。方格外四正位配置四瓣花，四隅位配置一苞二叶纹。十六内向连弧纹缘。直径 13.4 厘米。山东临沂金雀山战国晚期西汉早期墓出土。《山东临沂金雀山九座汉代墓葬》图四九 .2（《文物》1989 年 1 期 43 页）。

3.41 长相思四瓣花四花叶镜

圆形。圆钮，四瓣花钮座。方格铭文为："长相思，毋相忘，常贵富，乐未央。"方格外四正位配置四瓣花，四隅位配置花叶纹，花叶三叠式，两侧二叶下垂，二叶上卷。十六内向连弧纹缘。直径 16 厘米。四川成都出土。《四川省出土铜镜》41 页图 20。

3.42 长相思四瓣花四花叶镜

圆形。伏兽钮。方格铭文为："长相思，毋相忘，常贵富，乐未央。"方格外四正位配置四瓣花，四隅位配置花叶纹，花叶为单层草叶，两侧二叶下垂。十六内向连弧纹缘。直径 13.7 厘米。陕西西安出土。《西安文物精华·铜镜》9 页图 7。

3.43 长相思四瓣花四花叶镜

　　圆形。弦钮。两个方格间铭文为："长相思，毋相忘，常贵富，乐未央。"方格外四正位配置四瓣花，四隅位配置二叶一苞花叶纹。十六内向连弧纹缘。直径13.6 厘米。四川成都出土。《四川省出土铜镜》27 页图 13。

3.44 毋相忘四乳四花叶镜

圆形。圆钮，四瓣花钮座。凹面方格四边外各排列四字铭文，字间有界格，合为："与天无亟（极），与美相长，骡（欢）乐如志，长毋相忘。"外围四乳圈带叠压四株二叶一苞纹。十六内向连弧纹缘。直径 13.75 厘米。陕西长安西汉早期墓出土。《长安汉镜》57 页图十 .2。

3.45 与天相寿四花瓣四花叶镜

　　圆形。伏螭钮。方格铭文为："与天相寿，与地相长。"方格外四正位配置花瓣纹，两侧有对称连叠花叶纹。四隅位配置二叶一苞花枝纹。十六内向连弧纹缘。直径 15.9 厘米。广东广州西汉前期墓出土。《广州汉墓》153 页图九二 .3。

3.46 金华八花叶镜

圆形。圆钮，四瓣花钮座。方格铭文为："请（清）诒（冶）金华以为鉴，昭察衣服观容貌，丝组中身可取信，光宜美人。"方格外四正位配置倒 T 形二叶瓣纹，四隅位配置二叶瓣纹。十六内向连弧纹缘。直径 11.3 厘米。广东广州西汉中期墓出土。此镜方格铭文字数较多，叶纹的形状及排列也有特点，特别是四正位的倒 T 形叶纹。《广州汉墓》236 页图一三九.1。

3.47 君子之方花卉镜

　　圆形。兽钮。方格铭文为："有君子之方，视父如帝，视母如王，爱其弟，敬
其兄，忠信以为常。"方格外四正位配置花卉纹。花卉以不同的图形对称叠压，参
差错落，似断似续，平淡中见奇逸，为汉镜中罕见的花卉构成形态。四隅位配置
围以八角形的乳钉。外围二十四内向连弧纹。直径 18.3 厘米。江苏盱眙大云山江
都王陵 13 号墓出土。据《江苏盱眙县大云山西汉江都王陵北区陪葬墓》(《考古》
2014 年 3 期)分析，此墓主人应为第一代江都王刘非的妃嫔，其下葬年代下限为
公元前 121 年或稍后。《汉广陵国铜镜》66 页图 21。

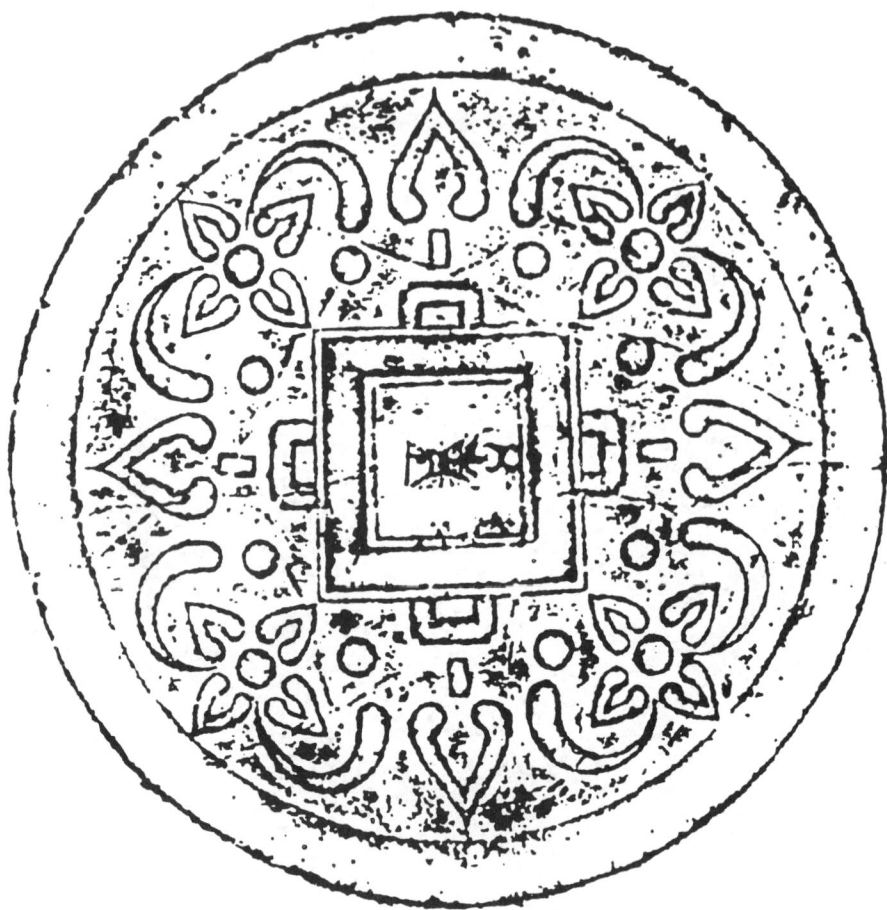

3.48 四花瓣四叶镜

　　圆形。弦钮。方格外四正位配置凹形饰与桃形叶瓣纹，四隅位配置花瓣及二卷叶，八个小圆圈排列其间。素缘。直径 18.5 厘米，湖南长沙西汉曹𡢃墓出土。该墓被认为属于西汉中期武、昭、宣帝时期。《长沙咸家湖西汉曹𡢃墓》图四四（《文物》1979 年 3 期 15 页）。

3.49 日光花叶镜

　　圆形。三弦钮。方格铭文为："见日之光，天下大明。"方格外四正位配置花枝纹，以乳钉为花蕊，两叶一苞。四隅位配置一片叶瓣。十六内向连弧纹缘。直径 8.9 厘米。河南南阳西汉晚期墓出土。《南阳出土铜镜》42 页图九七。

草叶纹镜

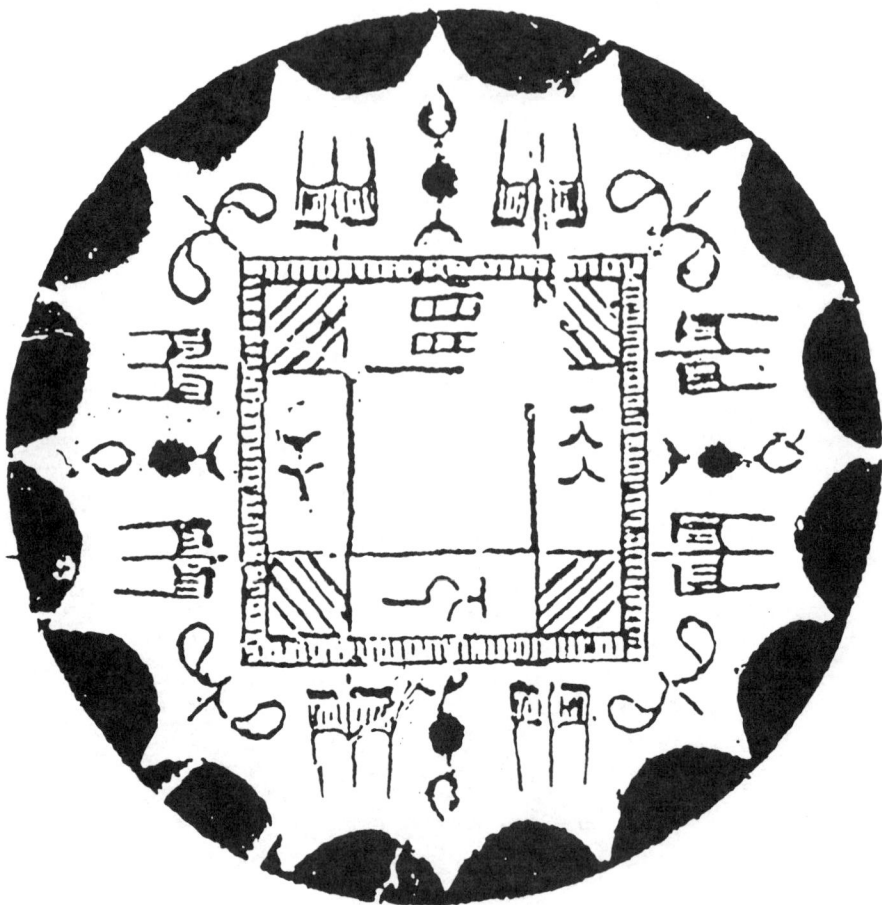

3.50 大明对称草叶镜

　　圆形。弦钮。大方格井字形界格内铭文为："天下大明。"方格外四正位配置乳钉连接花苞纹，两侧各一株草叶，一层两瓣，隔乳呈对称排列，故称对称单层草叶。四隅位配置双瓣花枝纹。有学者认为此镜的构图即"内方四面十二位"布局。十六内向连弧纹缘。直径10.9厘米。四川成都出土。《四川省出土铜镜》29页图14。

3.51 日光对称草叶镜

圆形。圆钮，四瓣花钮座。方格铭文为："见日之光，天下大阳。"方格外四正位配置圆座乳连接一花苞纹，两侧各一株草叶，草叶连叠三层，故称三叠式草叶，形似麦穗，因此有的学者称为麦穗纹。四隅位配置二叶一苞花枝纹。十六内向连弧纹缘。直径14.1厘米。浙江安吉出土。《清质·昭明》24页。

3.52 日有憙对称草叶镜

　　圆形。圆钮，四瓣花钮座。方格铭文为："日有憙，得所喜，长贵富，乐毋事。"方格外四正位配置圆座乳钉及一花苞，两侧二叠式草叶纹，四隅位配置一苞二叶花枝纹。十六内向连弧纹缘。直径13.5厘米。山东临沂金雀山西汉中期或晚期墓出土。此镜草叶两层连叠，故称二叠式草叶。《山东临沂金雀山九座汉代墓葬》图四九.1（《文物》1989年1期43页）。

3.53 日有憙对称草叶镜

　　圆形。圆钮,四瓣花钮座。方格铭文为:"长贵富,乐毋事,日有憙,长得所喜,宜酒食。"方格外四正位配置四瓣花纹,两侧三叠式草叶,四隅位配置二叶一苞花枝纹。十六内向连弧纹缘。直径 23.5 厘米。此镜尺寸较大,铸制精丽。河南洛阳西汉中期墓出土。《洛镜铜华——洛阳铜镜发现与研究》88 页图 39。

3.54 日光对称草叶镜

　　圆形。兽钮。两个双线方格间单层草叶间以铭文，铭文为："见日之光，君毋相忘。"方格外四正位配置圆座乳及一苞，两侧二叠式草叶，四隅位配置二叶一苞花枝纹。十六内向连弧纹缘。直径 13.8 厘米。河南南阳西汉早期墓出土。《南阳出土铜镜》46 页图一〇一。

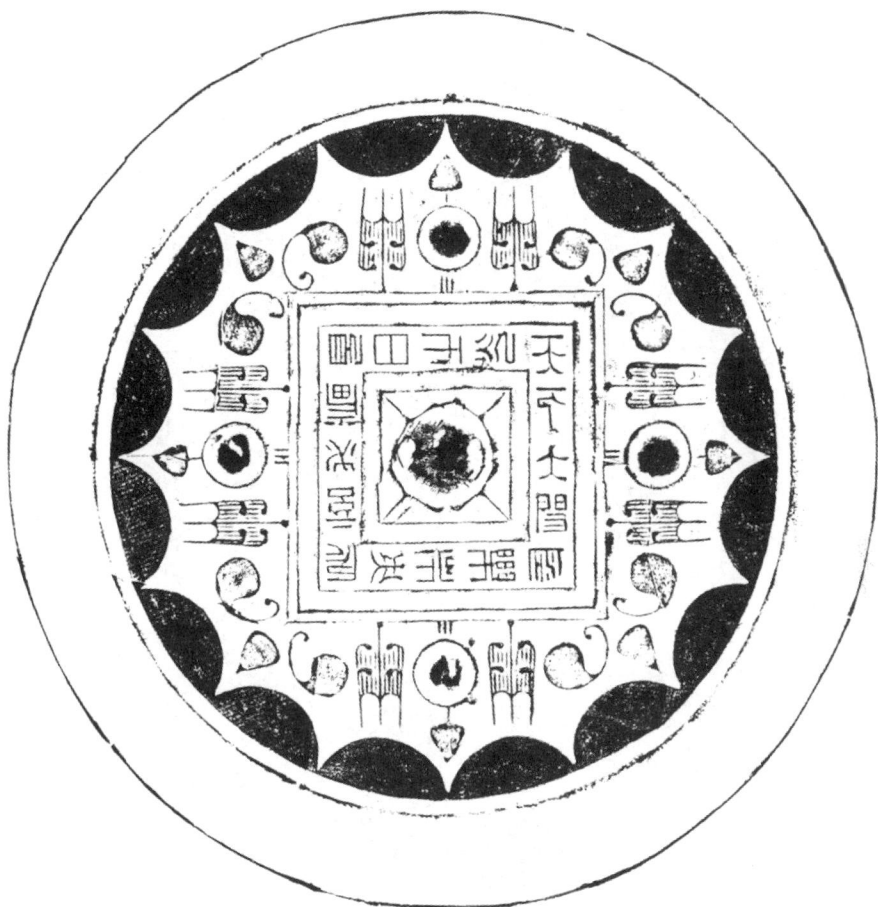

3.55 日光对称草叶镜

圆形。圆钮，四叶钮座。方格铭文为："见日之光，天下大阳，长乐未央，所言必当。"方格外四正位配置圆座乳及一苞，两侧二叠式草叶，四隅位配置二叶一苞花枝纹。外围十六内向连弧纹。素卷缘。直径20.8厘米。江苏盱眙大云山江都王陵1号墓出土。《汉广陵国铜镜》64页图20。据考古发掘报告分析，1号墓主人应为西汉第一代江都王刘非，其下葬年代应在刘非死后的公元前128年或稍后（《江苏盱眙县大云山西汉江都王陵一号墓》，《考古》2013年10期）。

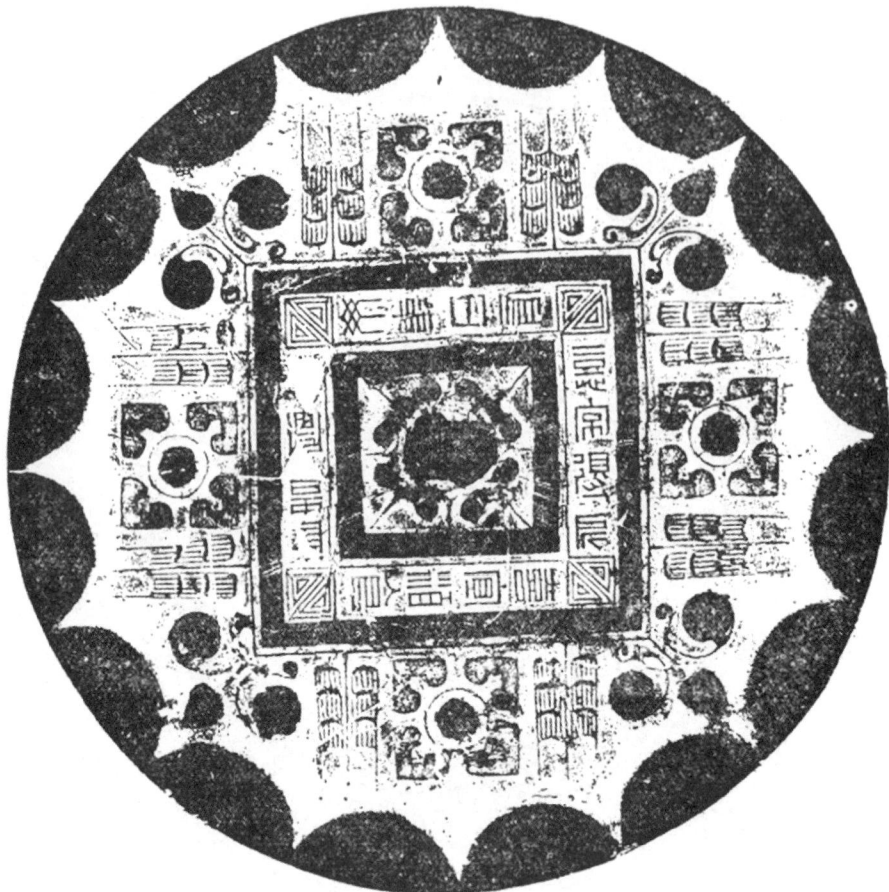

3.56 日有憙对称草叶镜

圆形。圆钮，四瓣花钮座。方格铭文为："长贵富，乐毋事，日有憙，常得所喜，宜酒食。"其中"乐"字残泐。方格外四正位配置四瓣花，两侧为对称三叠草叶，四隅位配置二叶一苞花枝。十六内向连弧纹缘。直径 20.7 厘米。此镜构图庄重，规整，华美。河北满城西汉中山靖王刘胜墓出土。刘胜死于汉武帝元鼎四年（前 113），因此这面镜子是确定草叶纹镜流行年代的重要资料。《满城汉墓发掘报告》81 页图五四。

3.57 日光对称草叶镜

　　圆形。圆钮，四瓣花钮座。方格铭文为："见日之光，天下大阳，若月之明，所言必当。"按第 1、3、2、4 句顺序排列。方格外四正位配置四瓣花，两侧为对称三叠式草叶，四隅位配置二叶一苞花枝。十六内向连弧纹缘。直径 23 厘米。山东临淄西汉中晚期墓出土。《山东临淄战国汉代墓葬与出土铜镜研究》326 页。

3.58 对称草叶镜

圆形。伏兽钮，围以方格。两方格四角分别向外伸出不同形式的花苞装饰。四枚乳钉叠压在大方格四边中心点上，并向外伸出一桃形花苞，两侧为对称二叠式草叶。十六内向连弧纹缘。直径 10.9 厘米。四川广元出土。《四川省出土铜镜》33 页图 16。

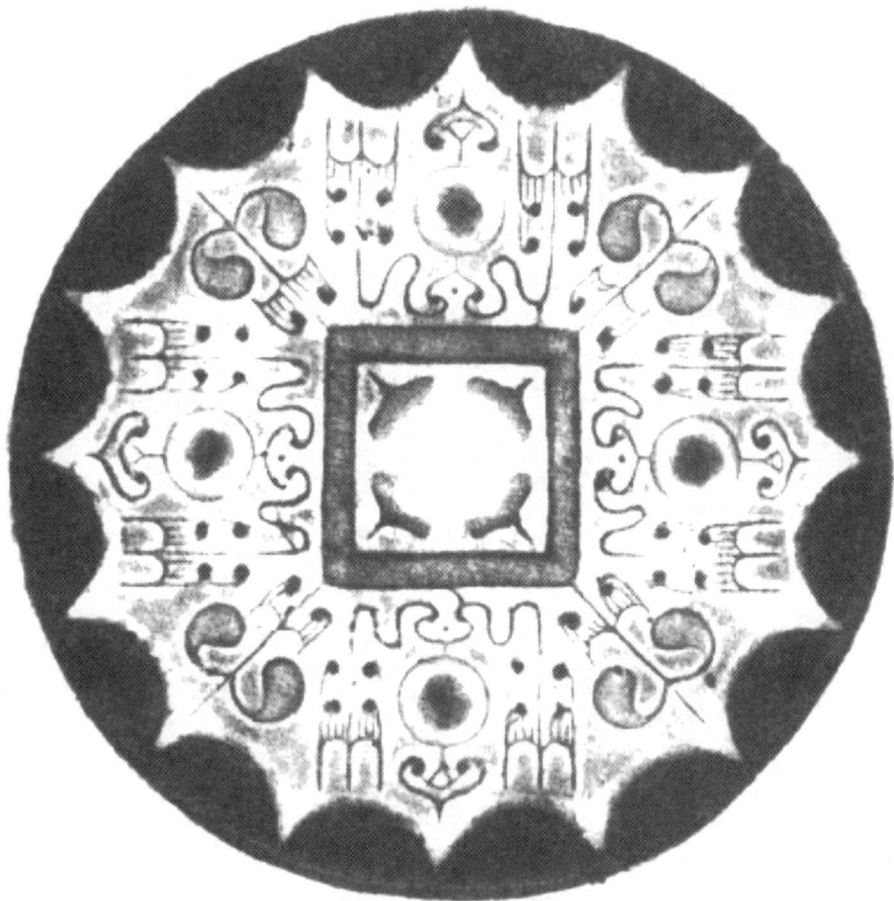

3.59 花瓣对称草叶镜

　　圆形。圆钮，四瓣花钮座。方格外四正位配置乳钉及花苞，两侧为对称二叠式草叶，四隅位配置一株单层草叶延伸出二叶瓣。十六内向连弧纹缘。直径11.5厘米。此镜八株二叠式及四株单层草叶，特别是四隅的纹饰构图较为少见。陕西长安西汉早期墓出土。《长安汉镜》61页图十一.7。

3.60 花叶对称草叶镜

　　圆形。圆钮，四瓣花钮座。圈带外四正位配置乳钉及花苞，两侧对称草叶，草叶为单层连接二叠式形式，少见。四隅位配置二叶一苞。十六内向连弧纹缘。直径 13.7 厘米。草叶纹镜构图多雷同，此镜以内圆为中心，取代内方的布局，别有奇特之处。陕西长安西汉武帝时期墓出土。《长安汉镜》61 页图十一 .8。

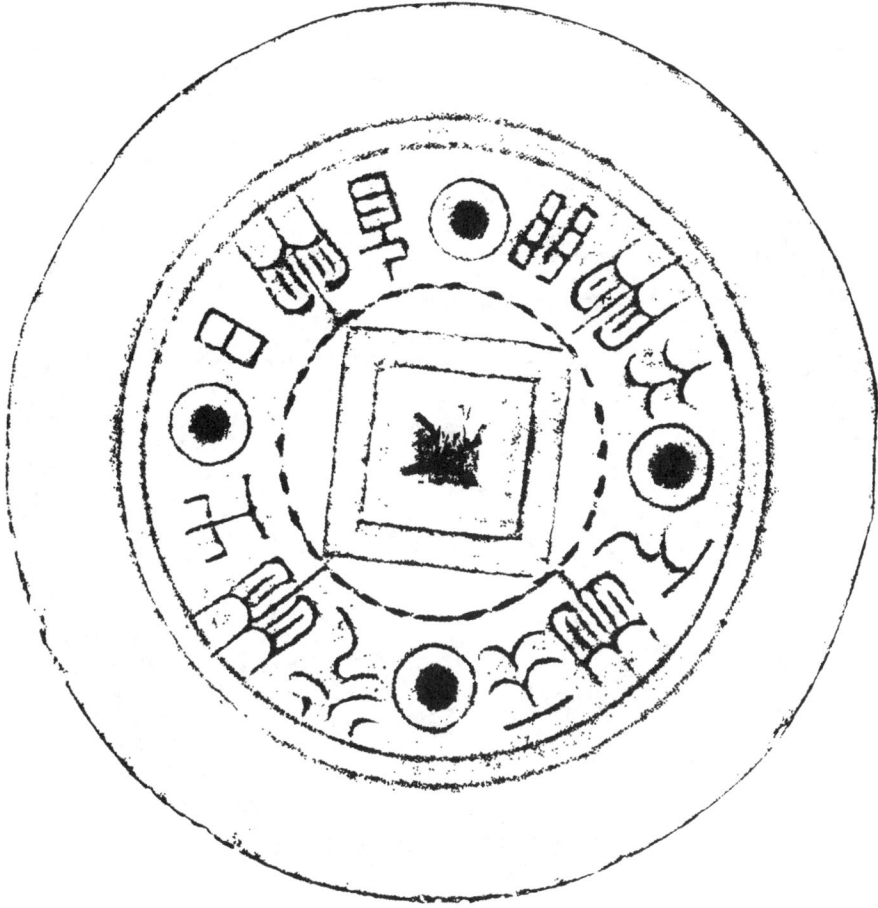

3.61 日光单列草叶镜

　　圆形。弦纹钮，围以凹面方格与绳纹圈带。四乳配置于四正位，四株单层草叶配置于四隅位，四正和四隅间各一字，合为："见日之光，天下大明。"素卷缘。直径 7.8 厘米。此镜构图清新雅致，内方外圆，乳钉、草叶、铭文相间环列，在草叶纹镜中罕见。河南南阳西汉早期墓出土。《南阳出土铜镜》48 页图一一〇。

3.62 日光单列草叶镜

　　圆形。圆钮，四瓣花钮座。方格内四花苞与铭文相间排列，铭文为："见日之光，天下大阳。"方格外四正位配置乳钉连接一苞，两侧为勾卷叶瓣，四隅位配置单层草叶纹。十六内向连弧纹缘。山东临沂银雀山 2 号墓出土。直径 11.6 厘米。此墓还出土了《汉武帝元光元年历谱》，因此这座墓的上限不能超过汉武帝元光元年（前 134）。《山东临沂西汉墓发现〈孙子兵法〉和〈孙膑兵法〉等竹简的简报》图三八（《文物》1974 年 2 期 26 页）。

3.63 日光单列草叶镜

　　圆形。伏兽钮。方格铭文为："见日之光,天下大阳,服者君卿,延年千岁,幸至未央。"方格外四正位配置四花瓣,四隅位配置二叶托起单层草叶。十六内向连弧纹缘。山东临淄西汉中晚期墓出土。《山东临淄战国汉代墓葬与出土铜镜研究》343页。

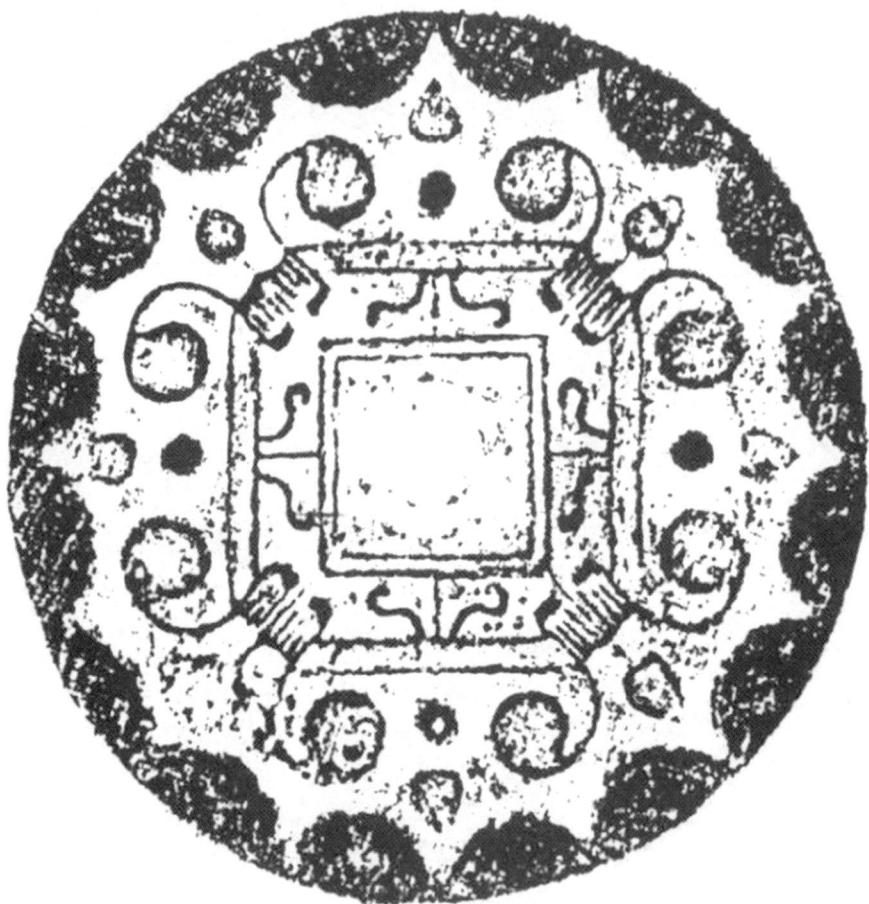

3.64 单列草叶镜

　　圆形。圆钮，圆钮座。方格之间装饰对称的钩纹。四正位配置乳钉及一苞，四隅位配置单层草叶，草叶伸出一苞二卷叶。十六内向连弧纹缘。直径 10 厘米。河南洛阳烧沟西汉中期墓出土。草叶镜是西汉中期十分流行的镜类，但在《洛阳烧沟汉墓》收录的 225 座墓中，只出土了这面草叶纹镜，且构图很少见。《洛阳烧沟汉墓》161 页图六九.2。

3.65 日光单列草叶镜

　　圆形。伏螭钮。方格铭文为："见日光，天下大阳，服者君卿，延年益寿，敬
毋相忘，幸至未央。"方格外四正位配置二叠式草叶，四隅位配置二叶一苞。十六
内向连弧纹缘。直径 13.8 厘米。此镜构图及草叶形态在草叶纹镜类型中少见。河
南南阳西汉晚期墓出土。《南阳出土铜镜》49 页图一一三。

3.66 长毋相忘单列草叶镜

圆形。三弦钮。方格铭文为："长毋相光，长毋相忘。"方格外四正位配置二叠式草叶及花枝，两侧为变形花枝，这种纹饰在前述江苏盱眙江都王陵 13 号陪葬墓铜镜上也有，有的学者称其为蟠螭纹。四隅位配置四乳及叶瓣纹。十六内向连弧纹缘。直径 13.6 厘米。河北唐县出土。此镜草叶形态及变形花卉等纹饰十分少见，铭文的组合也特别。《历代铜镜纹饰》图 21。

3.67 毋相忘蟠龙单列草叶镜

　　圆形。伏兽钮，兽头前伸，突出双眼，宽扁的身躯，四肢伸张，脊椎两侧装饰四排连珠纹，刻画十分细致。方格铭文为："镜以此行，服者君卿，所言必当，千秋万岁，长毋相忘。"方格外四正位配置四瓣花，四隅位配置连叠花叶纹。花叶纹两侧各饰一龙，相互对称，龙回首曲身，口吐长舌。十六内向连弧纹缘。直径20.5厘米。河南南阳西汉中期墓出土。《南阳出土铜镜》41页图九三。

3.68 日光蟠龙单列草叶镜

　　圆形。圆钮，四瓣花钮座。方格铭文为："见日之光，若月之明，所言必当。"方格外四正位配置四瓣花，四隅位配置一株三叠式草叶纹。四正与四隅间饰八龙，两两面向花瓣、背向草叶对称排列。龙两眼正视，侧身张嘴吐长舌，身躯呈 C 形卷曲，四肢伸张，气势雄强。十六内向连弧纹缘。直径 23.1 厘米。江苏盱眙大云山江都王陵 2 号墓出土。据考古发掘报告分析，2 号墓主人当为第一代江都王王后，其下葬年代当在公元前 129 年至前 127 年或稍后（《江苏盱眙大云山江都王陵二号墓发掘简报》，《文物》2013 年 1 期）。《汉广陵国铜镜》62 页图 19。

3.69 叶瓣单列草叶镜

圆形。圆钮,四瓣花钮座。四正位配置的圆座乳叠压外方并伸出一单层草叶,四隅位内方伸出二叠式草叶叠压外方四角,四正与四隅间配置两叶瓣。十六内向连弧纹缘。直径11.5厘米。此镜四株两层草叶和四株单层草叶呈放射式相间环列,较为少见。《汉广陵国铜镜》56页图16。

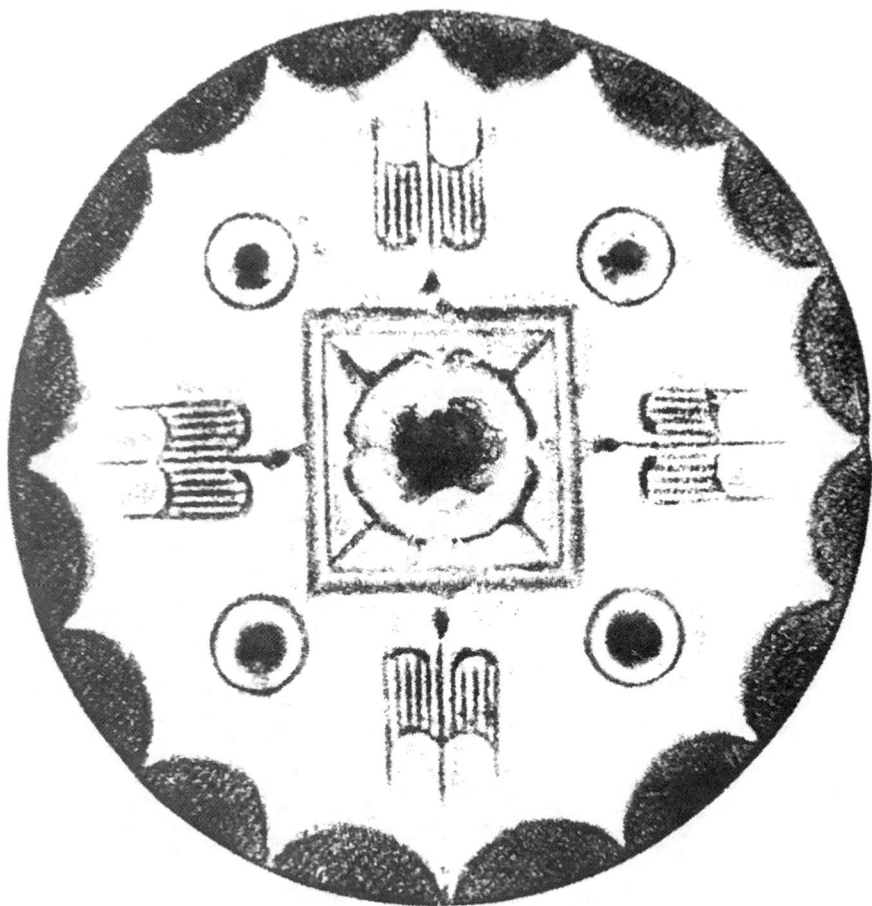

3.70 四乳单列草叶镜

　　圆形。圆钮，四瓣花钮座。方格外四正位配置一株单层草叶，四隅位配置圆座四乳。十六内向连弧纹缘。直径 8.3 厘米。山东临淄西汉中晚期墓出土。此镜仅配置四乳与宽大的草叶，特别突出了草叶纹。《山东临淄战国汉代墓葬与出土铜镜研究》410 页。

3.71 唯愿见花枝单列草叶镜

　　圆形。圆钮，四瓣花钮座。内方四正位配置二叠式草叶，四隅位配置二叶一苞。其外一周二十内向连弧纹。圈带铭文为："唯愿见其不可得兮，气崦（喘）吸而增鸼（伤），发委（透）拖（迤）其不胜风兮，悔妢妢而俞妨，思日掮而不衰兮，尚（常）相见其能（态）容。"十六内向连弧纹缘。直径18.2厘米。此镜的纹饰布局及铭文内容十分少见。山东临淄西汉中晚期墓出土。《山东临淄战国汉代墓葬与出土铜镜研究》330页。

3.72 君王单列四叶镜

圆形。三弦钮。方格铭文为："服者君王，幸至未央。"外方格四正位配置一单层草叶及两叶瓣。二方格角与角的连线配置四乳。外围一周十六内向连弧纹。素卷缘。直径9.8厘米。此镜不仅纹饰简单，镜缘为素卷缘而不是内向连弧纹缘，形制少见。河南南阳西汉晚期墓出土。《南阳出土铜镜》49页图一一四。

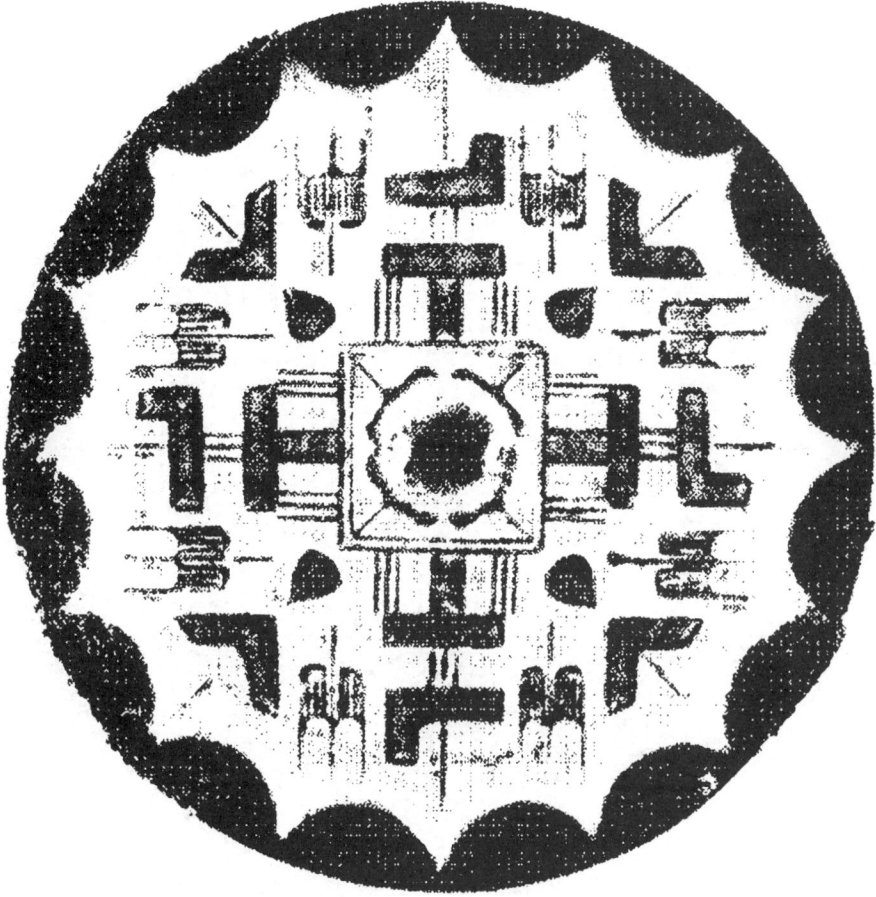

3.73 博局草叶镜

　　圆形。圆钮，四瓣花钮座。博局十二道划分的四方八极内配置单层草叶，内方与四隅的连线配置一花苞。十六内向连弧纹缘。直径 11.5 厘米。山东临沂汉墓出土。《山东临淄出土汉代铜镜》图二〇（《文物》2017 年 4 期 72 页）。

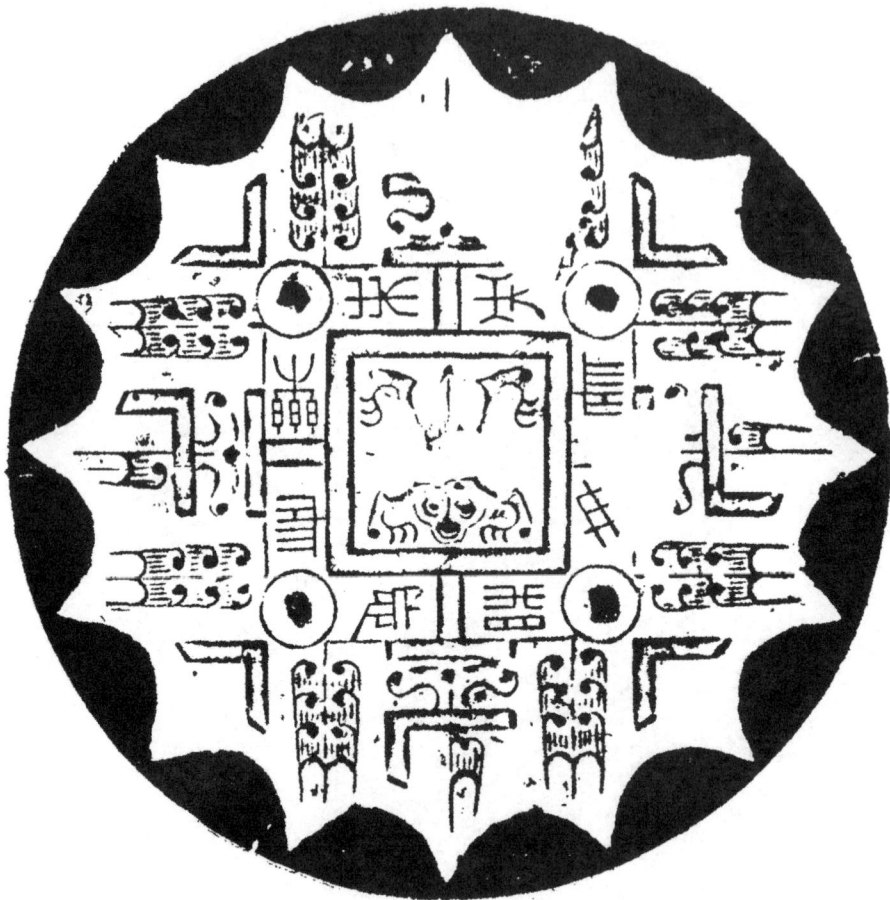

3.74 毋忘博局对称草叶镜

　　圆形。伏螭钮。方格四角与V纹间各置一乳，T纹两侧各一铭文，合为："长乐未央，长毋相忘。"T纹横道两端折枝伸出的三叠草叶纹，对称于L纹两侧。L纹叠压半片草叶。十六内向连弧纹缘。直径15.9厘米。四川成都出土。《四川省出土铜镜》43页图21。

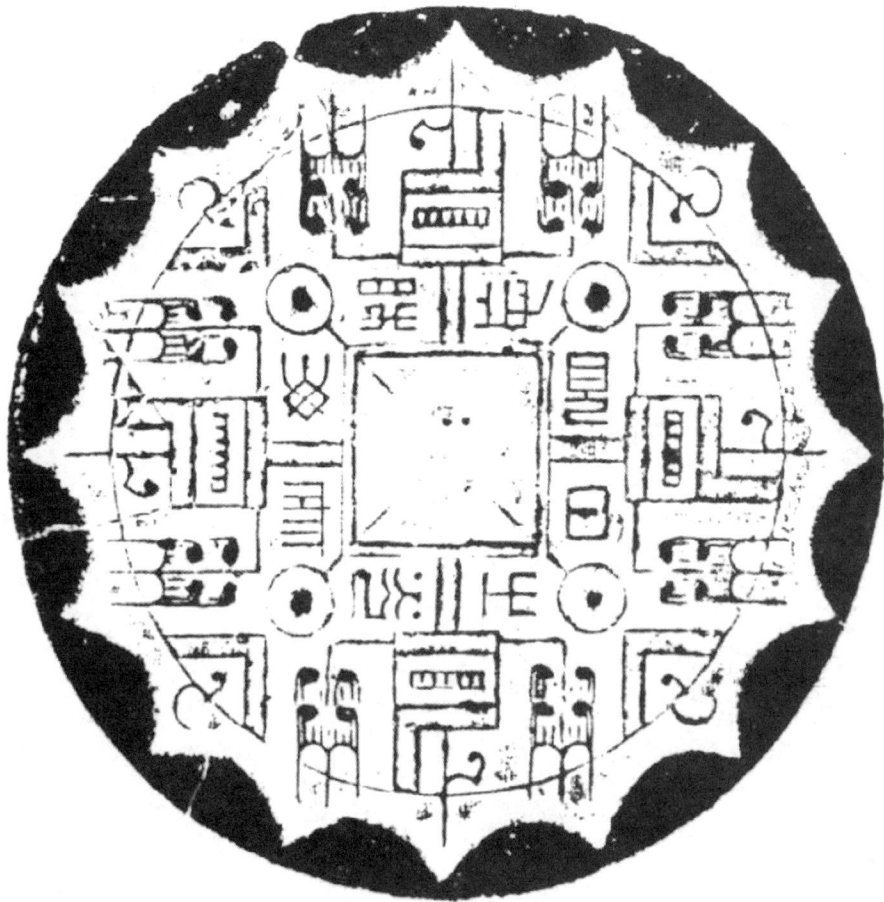

3.75 日光博局对称草叶镜

　　圆形。连峰钮。方格四角与V纹间各置一乳。T纹两侧各一铭文,合为:"见日之光,长毋相忘。"T、L纹之间配置长方形格状纹,由T纹横道两端折枝伸出的二叠草叶,对称于L纹两侧,叶尖与细弦纹圆圈相交。十六内向连弧纹缘。直径13厘米。陕西长安西汉中叶墓出土。《陕西长安洪庆村秦汉墓第二次发掘简记》图二.2(《考古》1959年12期665页)。

3.76 日光博局对称草叶镜

    圆形。伏螭钮。四乳和博局纹划分的四方八极内配置铭文及草叶纹。四T两侧各一字，合为："见日之光，长毋相忘。"由T纹横道两端折枝伸出的二叠草叶，对称于T、L纹两侧。T、L之间饰连峰纹，L和V内分别点缀花枝和变形草叶纹。十六内向连弧纹缘。直径15.9厘米。河南南阳西汉中期墓出土。《南阳出土铜镜》51页图——九。

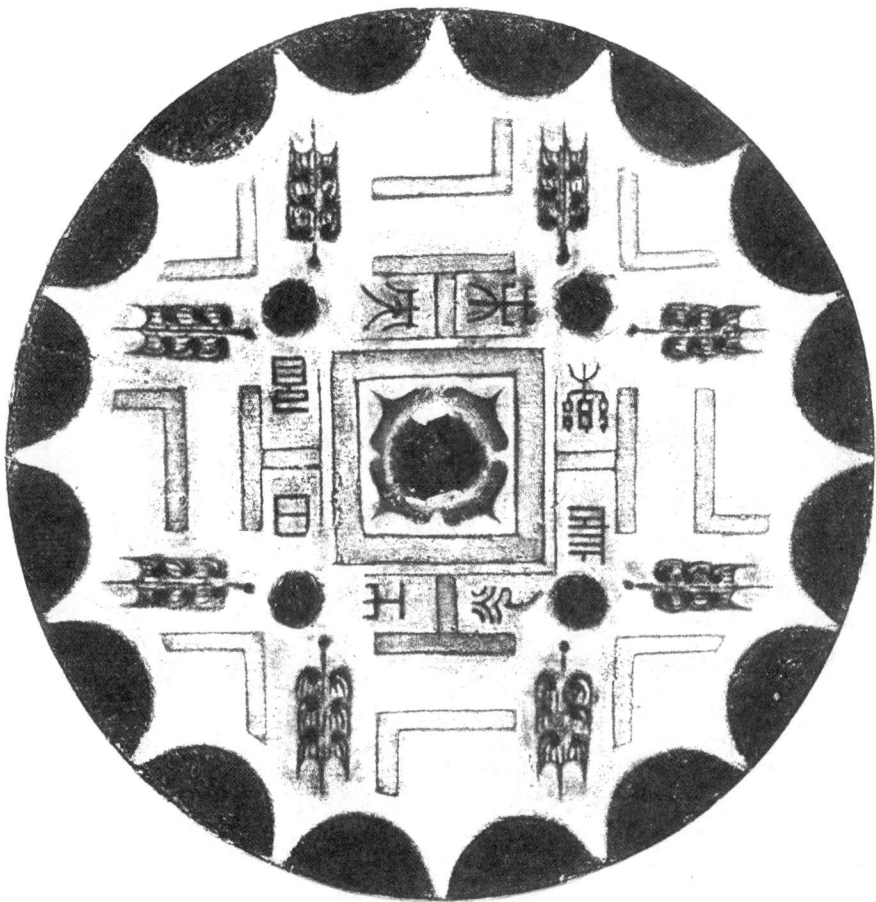

3.77 日光博局对称草叶镜

　　圆形。圆钮，四瓣花钮座。方格四角与 V 纹间各置一枚乳钉，T 纹两侧各一铭文，合为："见日之光，长乐未央。" L、V 纹之间由乳钉向外伸出三叠式草叶纹，对称于 T、V 两侧。十六内向连弧纹缘。直径 13.9 厘米。此镜博局十二道之间除了四乳、铭文外，不加其他装饰，应是最为简洁淡雅的博局草叶纹镜。河南南阳西汉早期墓出土。《南阳出土铜镜》50 页图一一八。

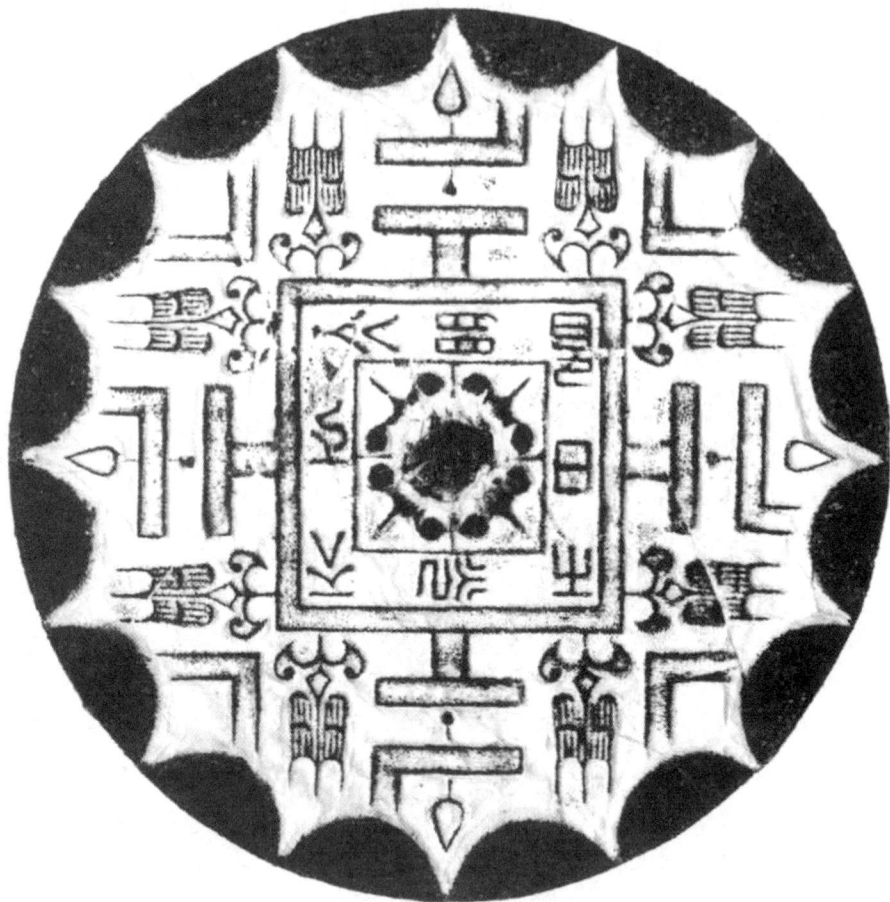

3.78 日光博局单层草叶镜

　　圆形。圆钮，四瓣花钮座。方格铭文为："见日之光，天下大明。"博局十二道划分的四方八极内配置连叠式草叶，草叶在二叶一苞上伸出二叠式草叶，图形少见。十六内向连弧纹缘。直径 13.7 厘米。河南洛阳西汉墓出土。《洛镜铜华——洛阳铜镜发现与研究》91 页图 41。

3.79 毋忘博局蟠龙草叶镜

　　圆形。圆钮，四瓣花钮座。方格四角与 V 纹间各置一乳，T 纹两侧各一铭文，合为："心思美人，毋忘大王。"T 纹横道两端折枝伸出的三叠草叶纹，对称于蟠龙纹两侧。龙头有角，回首张嘴，吐出长舌，身躯蟠曲。V 形纹内角伸出一枝叶瓣纹。十六内向连弧纹缘。直径 18.1 厘米。四川成都出土。此镜蟠龙形象生动，整个镜子纹饰绮丽，构思新奇。《四川省出土铜镜》45 页图 22。

3.80 蟠龙博局草叶镜

　　圆形。伏兽钮，围以凹面方格。方格四角与 V 间配置一株二层连叠草叶。博局十二道四方八极内各配置一龙。蟠龙隔 T、L 两两相对，口吐长卷舌于 T、L 之间。身躯呈 S 形曲转于头部上方，四肢以不同的姿势巧妙地伸张于 T、L、V 分割的空间里。尾部弯曲抵接草叶底端，于是，八蟠螭与四草叶形成了飘逸灵动的 W 形图纹。十六内向连弧纹缘。直径 21.4 厘米。江苏盱眙大云山江都王陵 1 号墓出土。《汉广陵国铜镜》52 页图 14。

3.81 蟠龙单列草叶镜

　　圆形。圆钮，四瓣花钮座。方格四边各伸出一株草叶纹与四龙相间环列。草叶由单层叶瓣与二叠叶瓣相接组成。四龙两两对称，形态相同，回首曲身，张嘴吐出卷曲的长舌，四肢伸张。十六内向连弧纹缘。直径 13.5 厘米。河南南阳西汉中期墓出土。《南阳出土铜镜》52 页图一二三。

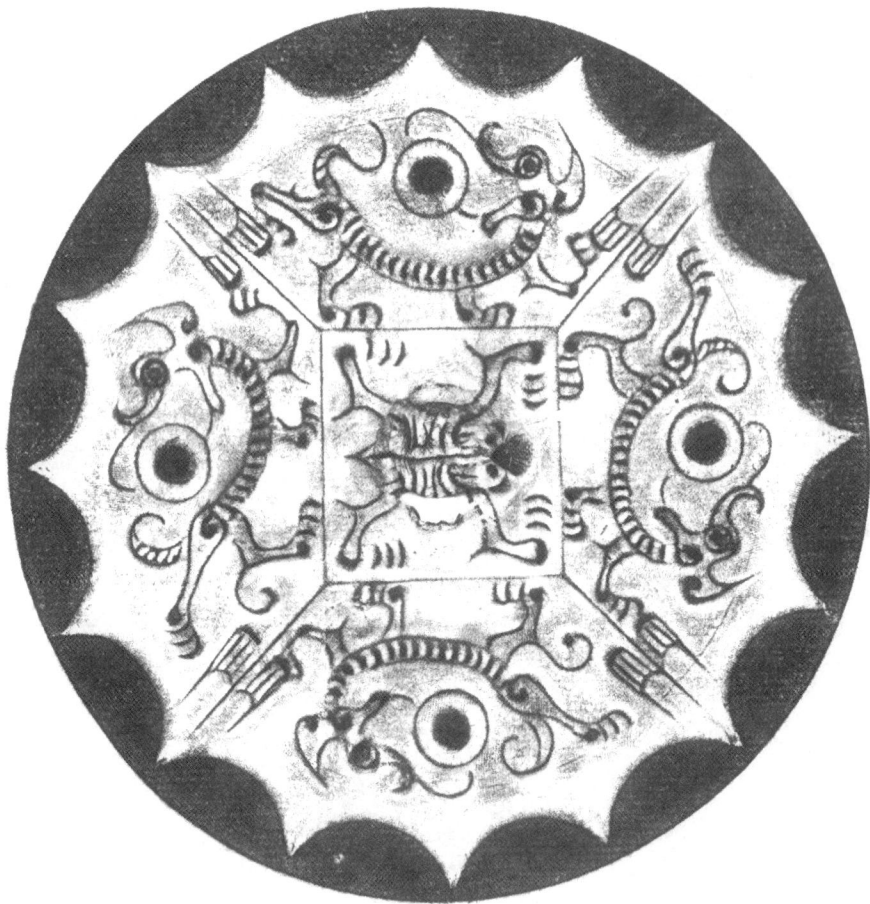

3.82 蟠龙单列草叶镜

　　圆形。伏兽钮。兽四肢伸张于内方内角处，形象和位置均十分突出。内方四角各伸出一单层草叶分为四区，每区配置四乳与四龙。龙形态相同，同向站立，回首对钮，张嘴吐长舌，呈吞珠之形。两腿立于方格边，另两腿则翘起抵接草叶，气势凌厉。十六内向连弧纹缘。直径 11.25 厘米。河南南阳西汉晚期墓出土。《南阳出土铜镜》52 页图一二四。

3.83 蟠龙对称草叶镜

　　圆形。连峰钮。内圆周与四 V 间各置一乳，八株二层连叠草叶隔蟠龙两两对称。十六内向连弧纹缘。直径 13.75 厘米。陕西长安西汉中期墓出土。《长安汉镜》65 页图十二.5。

星云镜

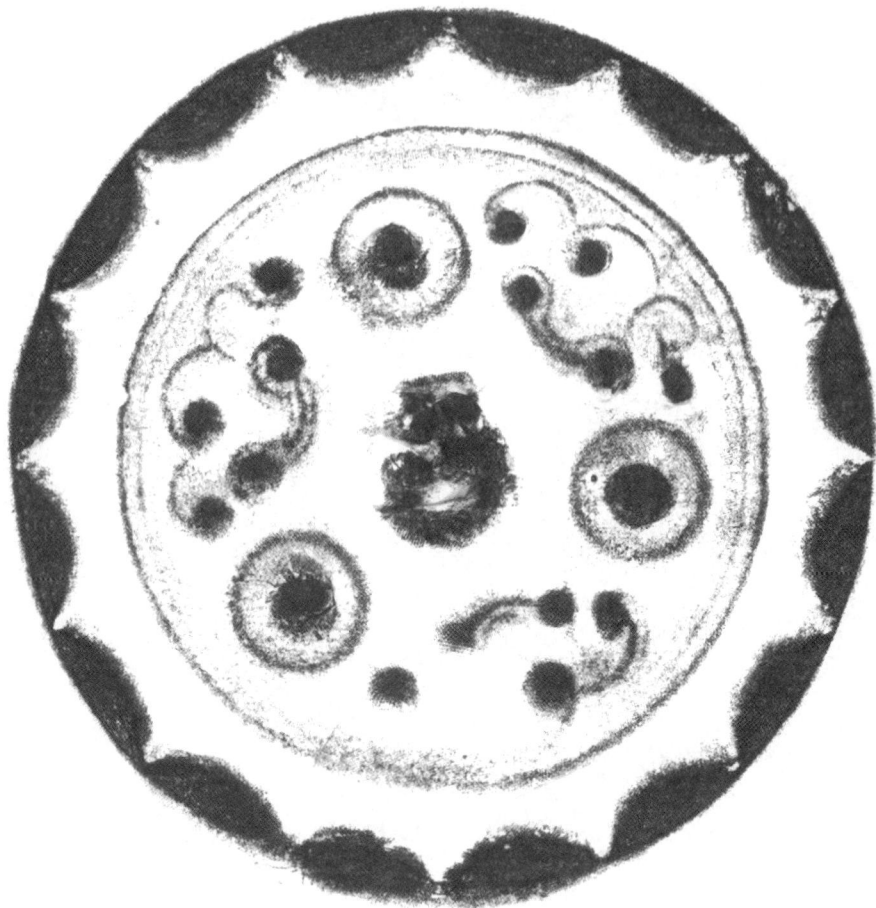

3.84 三乳星云镜

　　圆形。连峰钮。钮外三圆座乳与弧线相连的五枚小乳相间环列。小乳及连接它们的曲线，似星象图形，习称为星云纹。十六内向连弧纹缘。直径 6.05 厘米。河南南阳西汉中期墓出土。由三枚乳钉相间星云纹的图形十分少见。《南阳出土铜镜》58 页图一四三。

3.85 星云镜

　　圆形。连峰钮，围以星云纹。十六内向连弧纹外，四瓣花乳与四组星云纹相间环列，星云由十三枚小乳钉及连接它们的弧线构成。花瓣均有一瓣向外伸出尖枝叠压外圆圈。可以明显看出，四乳呈十字形布局，表示四方。十六内向连弧纹缘。直径 18 厘米。《上海博物馆藏青铜镜》图 26。

3.86 星云镜

　　圆形。连峰钮。十六内向连弧纹外，四瓣花乳与四组星云纹相间环列。星云小乳繁多，曲线细密复杂。十六内向连弧纹缘。直径 15.5 厘米。此镜是星云镜中纹饰繁丽的镜型之一，因此有的学者认为所谓星云应是由蟠螭渐次演变而成。陕西淳化汉墓出土。《陕西淳化县出土汉代铜镜》图二.1（《考古》1983 年 9 期 852 页）。

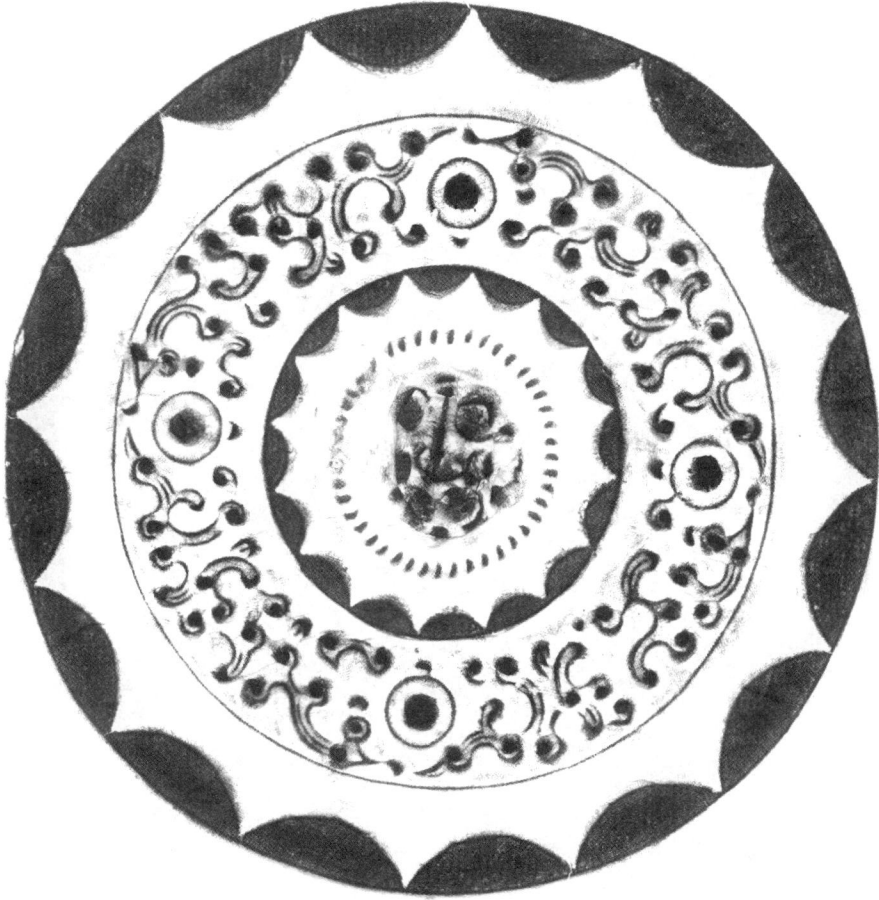

3.87 星云镜

圆形。连峰钮。十六内向连弧纹外，四圆座乳与四组星云纹相间环列。星云小乳众多，曲线形式多变，各组不同。十六内向连弧纹缘。直径 11.15 厘米。河南南阳西汉晚期墓出土。《南阳出土铜镜》57 页图一四二。

3.88 星云镜

圆形。连峰钮。十六内向连弧纹外，四圆座乳与四组星云纹相间环列。星云曲线两端乳钉伸出的尖嘴酷似螭头。十六内向连弧纹缘。直径 13.6 厘米。湖南长沙西汉中期墓出土。《楚风汉韵——长沙市博物馆藏镜》93 页图 70。

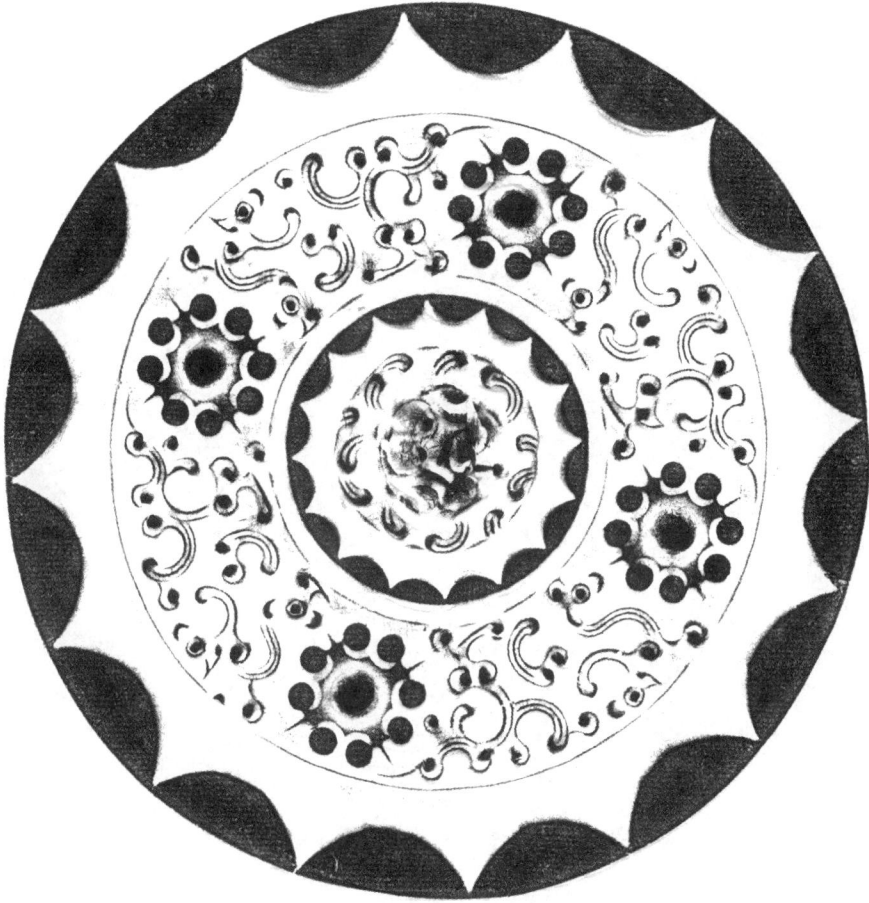

3.89 星云镜

　　圆形。连峰钮。十六内向连弧纹外，四瓣花乳与星云纹相间环列。星云看似复杂，但形态基本相同，结构更似蟠螭纠结。十六内向连弧纹缘。直径 13.65 厘米。河南南阳西汉晚期墓出土。《南阳出土铜镜》54 页图一二九。

3.90 星云镜

　　圆形。圆钮，圆钮座。凸圈带内装饰简单的线条和半圆形图案。两周短斜线圈带间四圆座乳分为四区，每区饰三枚小乳，中间小乳以曲线相连似花瓣。十六内向连弧纹缘。直径10厘米。此镜以回环蜿蜒的线条分割空间，图纹简单却新颖。河南洛阳西汉中期墓出土。《洛镜铜华——洛阳铜镜发现与研究》96页图47。

3.91 星云镜

　　圆形。连峰钮。十六内向连弧纹外，四圆座乳与四组星云相间环列，四星式小乳以 S 形曲线相连。十六内向连弧纹缘。直径 10.2 厘米。湖南长沙西汉中晚期墓出土。《楚风汉韵——长沙市博物馆藏镜》91 页图 69。

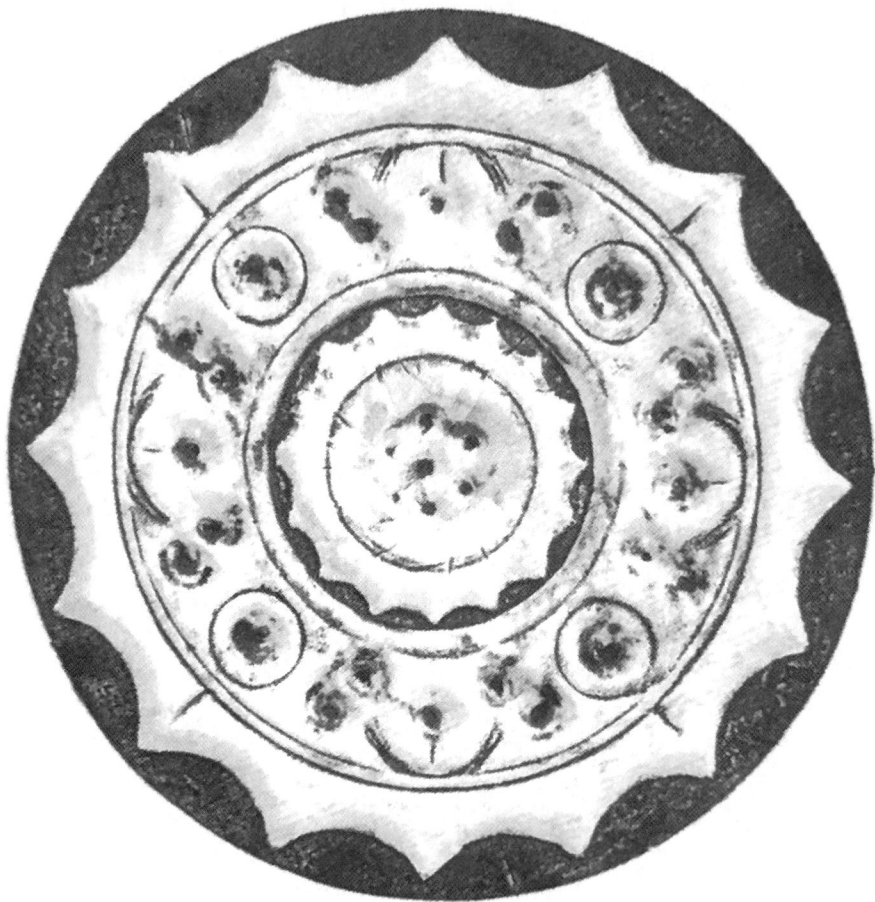

3.92 星云镜

  圆形。连峰钮。十六内向连弧纹外，四圆座乳与四组星云相间环列，五星式星云排列整齐。十六内向连弧纹缘。直径 10 厘米。山东临淄西汉中晚期墓出土。《山东临淄战国汉代墓葬与出土铜镜研究》309 页。

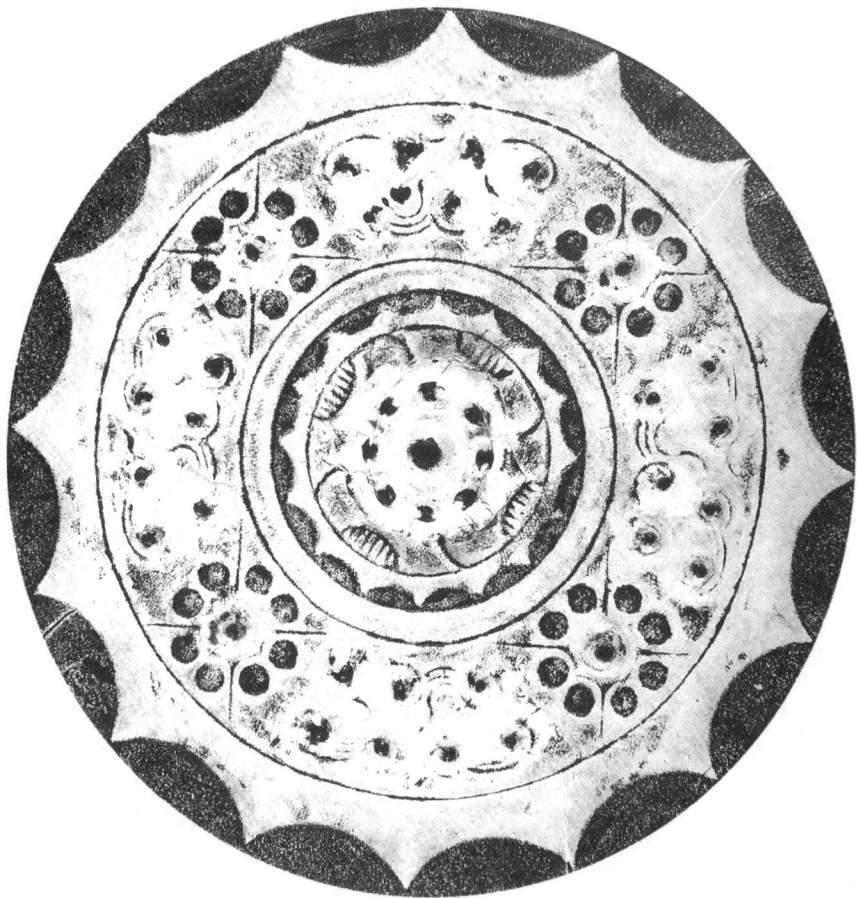

3.93 星云镜

　　圆形。连峰钮，十六内向连弧纹。外四瓣花与四组星云相间环列。七星式星云规矩整齐。十六内向连弧纹缘。直径 10.5 厘米。辽宁西丰西汉墓出土。《净月澄华——辽宁省博物馆藏古代铜镜》12 页。

3.94 星云镜

　　圆形。连峰钮，十六内向连弧纹外，四瓣花与四组星云纹相间环列。八星式星云排列有序，弧线也呈相应对称的图形。十六内向连弧纹缘。直径 13.3 厘米。河南南阳西汉中期墓出土。《南阳出土铜镜》53 页图一二五。

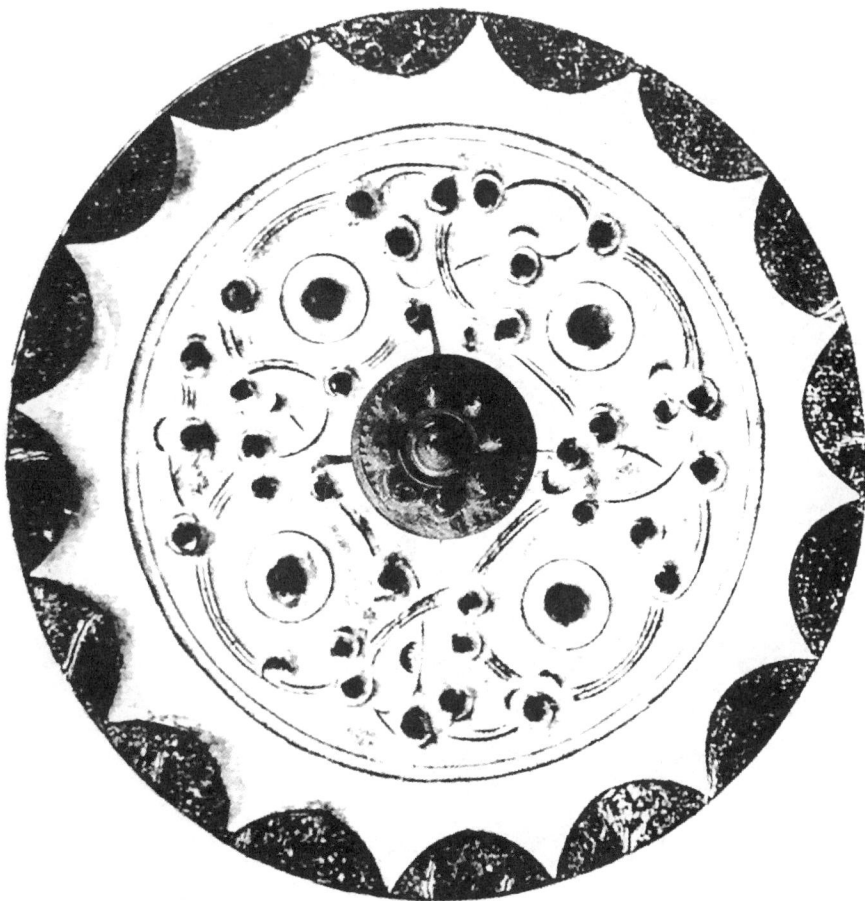

3.95 星云镜

　　圆形。连峰钮。四圆座乳环绕于星云纹中，多星式星云曲线流转，繁而不乱，增加了画面的灵动性。十六内向连弧纹缘。直径 11.1 厘米。陕西西安出土。《西安文物精华·铜镜》23 页图 19。

3.96 星云镜

　　圆形。连峰钮。四圆座乳环绕于星云纹，八星式星云由井字形曲线连接。内向十六连弧纹缘。直径 11 厘米。此镜是星云镜中少见的构图形式。陕西淳化汉墓出土。《陕西淳化县出土汉代铜镜》图二 .6（《考古》1983 年 9 期 852 页）。

3.97 星云镜

　　圆形。连峰钮。内方外四圆座乳与四组星云纹相间环列。多星式星云似蟠
螭纹，但图形结构与常见的星云纹相同，在星云镜中极少见到内方配置的图形。
十六内向连弧纹缘。直径 11.3 厘米。山西朔县西汉墓出土。这面镜子的纹饰也
证明，所谓星云纹实际上是蟠螭纹的变形。《山西朔县西汉并穴木椁墓》图一二 .1
(《文物》1987 年 6 期 59 页)。

四乳铭文镜

3.98 长毋相忘四乳铭文镜

　　圆形。弦钮。方格外四正位配置一枚圆座乳，四隅位配置一叶瓣。四正与四隅间各一铭文，合为："长毋相忘，君来何伤。"素卷缘。直径 7 厘米。陕西长安西汉中叶墓出土。《陕西长安洪庆村秦汉墓第二次发掘简记》图三 .1（《考古》1959年 12 期 667 页）。

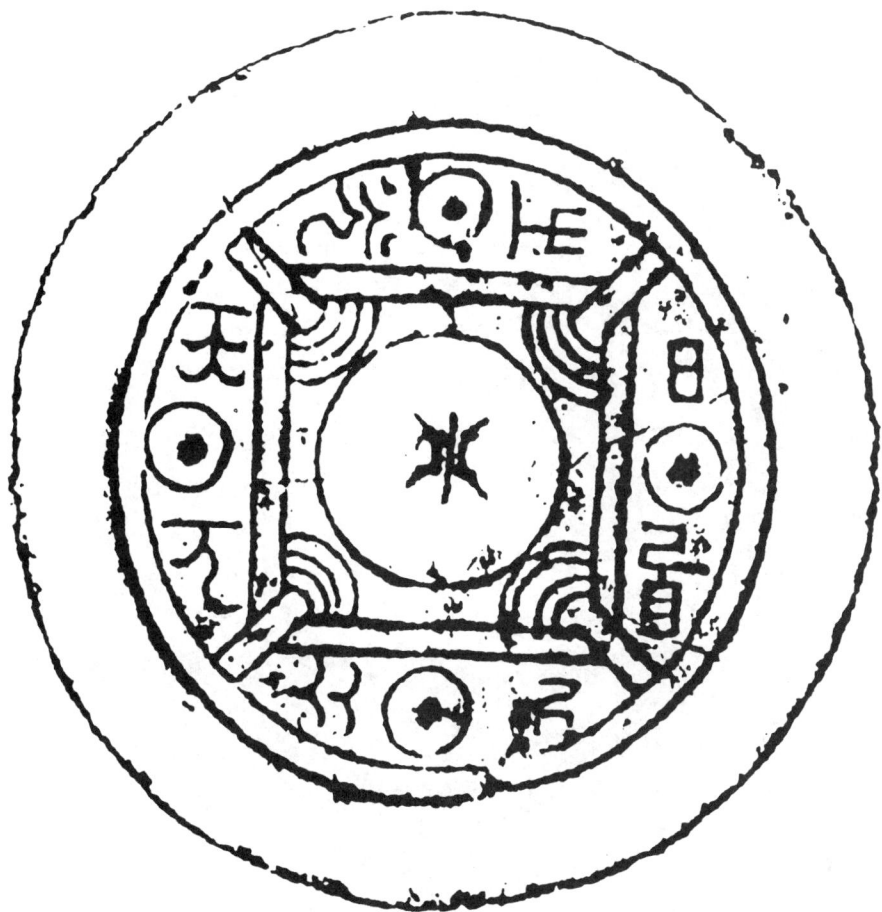

3.99 日光四乳铭文镜

　　圆形。三弦钮。方格外四正位配置一枚圆座乳，四隅位配置一棒形饰。四正与四隅间各一铭文，合为："见日之光，天下大明。"素卷缘。直径7.7厘米。陕西淳化出土。《陕西淳化县出土汉代铜镜》图一.3(《考古》1983年9期851页)。

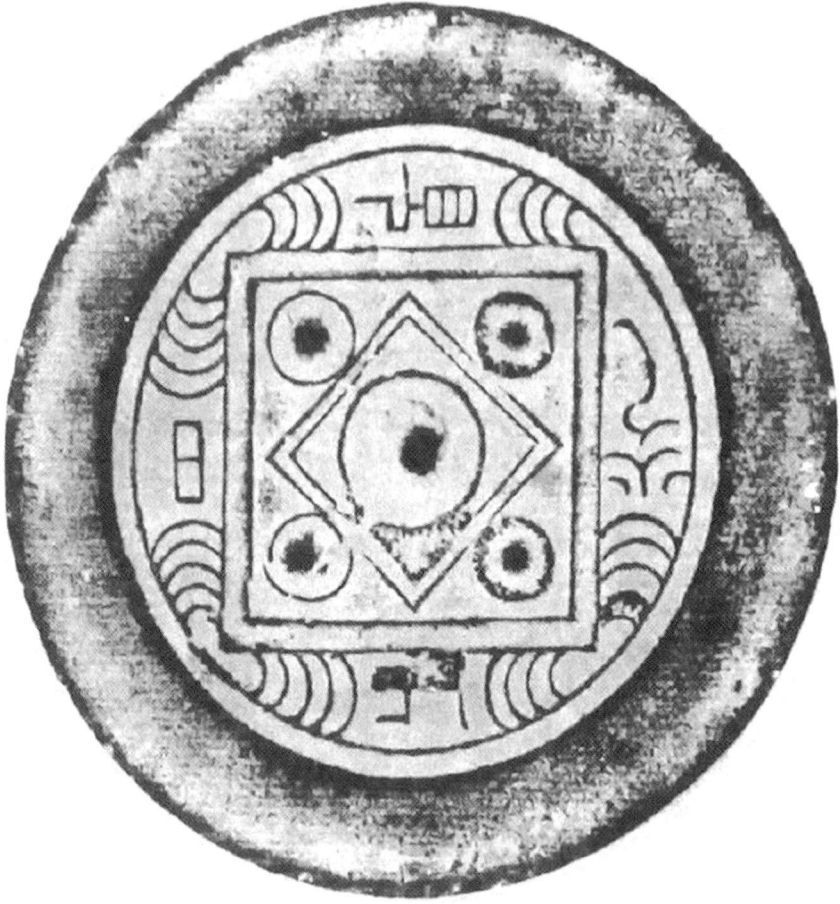

3.100 日光四乳铭文镜

　　圆形。圆钮。钮外内圆外方，两个方格错位配置，形成的三角区内各饰一乳。外方格外角装饰羽翼纹，间以"见日之光"铭文。此镜图形较为少见。素卷缘。《古镜图录》卷下十一 A 上。

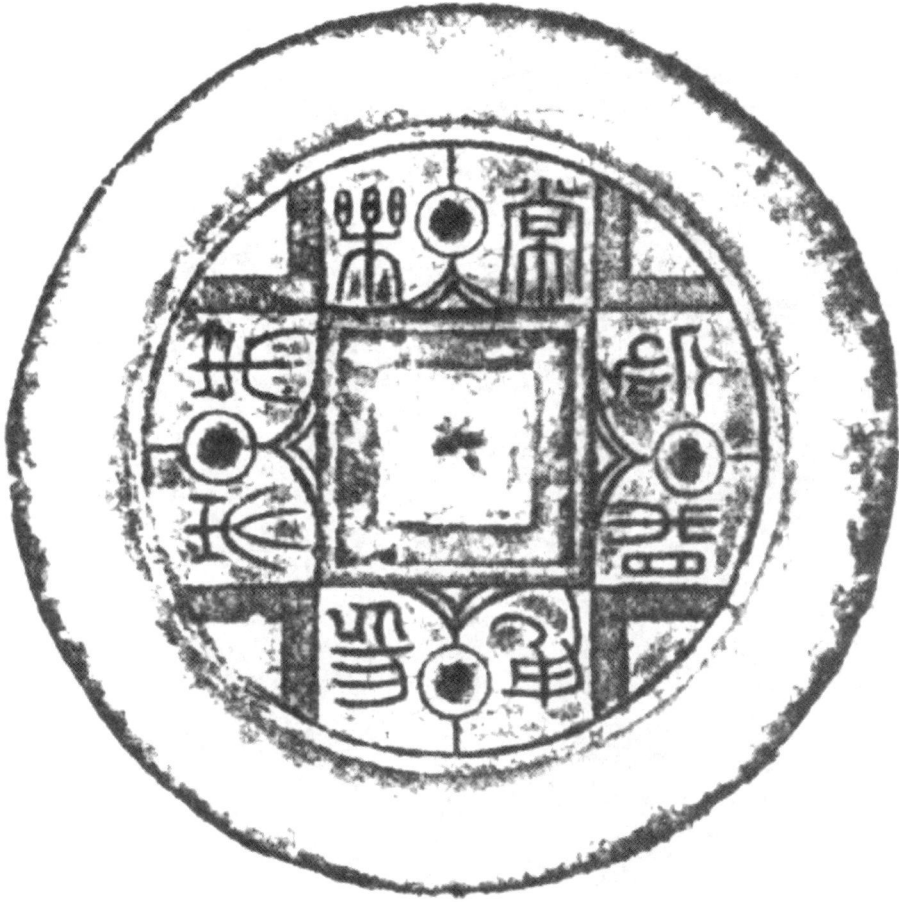

3.101 长乐未央四乳铭文镜

圆形。三弦钮，围以凹面方格。四正位配置圆座乳，四隅位配置 V 形，四正与四隅之间各一铭文，合为："常乐未央，长毋相忘。"素缘。直径 8.8 厘米。陕西长安西汉早期墓出土。《长安汉镜》78 页图十七 .2。

3.102 长毋相忘四乳铭文镜

    圆形。三弦钮。方格四角外乳钉划分的四区内，各配置四格长方形，每格一铭文。铭文字体较大，合为："与天毋亟（极），与地相长，骥（欢）乐如意，长毋相忘。"素卷缘。直径9.6厘米。四川成都出土。《四川省出土铜镜》19页图9。

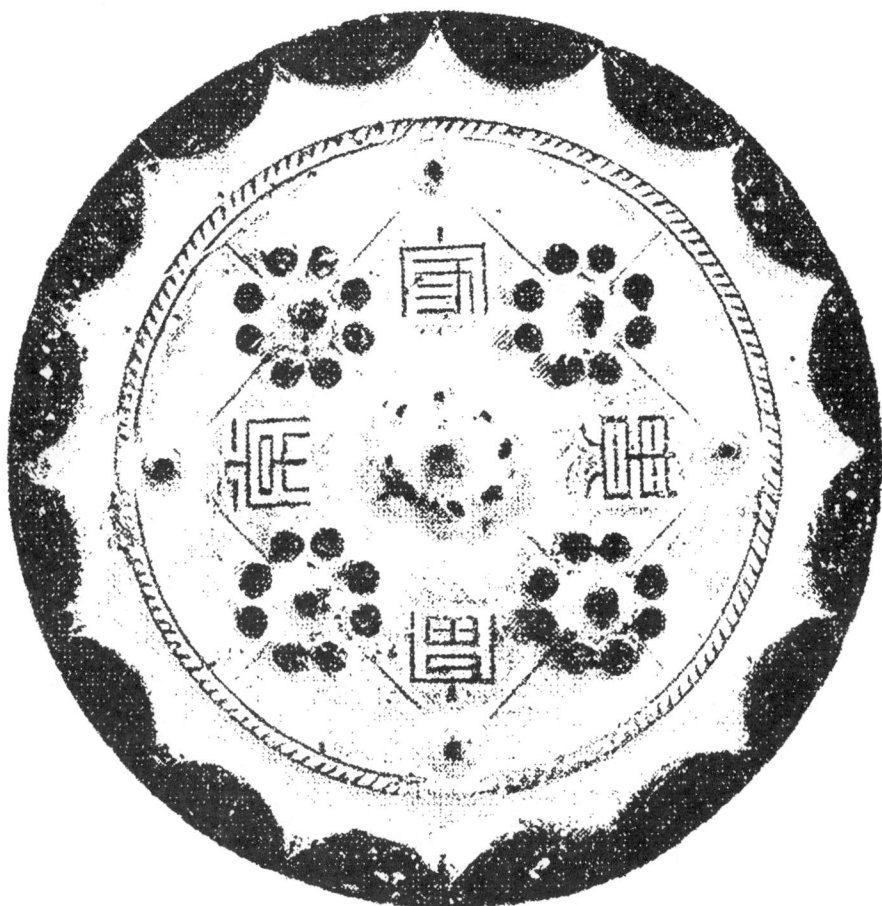

3.103 家常富贵四乳铭文镜

　　圆形。连峰钮。钮外内方与外圆相接，四乳置于方格四角，四瓣花叠压在方格四边中心点上，连珠乳与"家常富贵"铭文相间环列。十六内向连弧纹缘。直径10.5厘米。此镜构图巧富变化。山东临淄汉墓出土。《山东临淄出土汉代铜镜》图三〇（《文物》2017 年 4 期 73 页）。

3.104 家常贵富四乳铭文镜

　　圆形。圆钮，圆钮座。十六内向连弧纹外，四瓣花与"家常贵富"铭文相间环列。十六内向连弧纹缘。直径 11 厘米。河南南阳西汉中期墓出土。《南阳出土铜镜》59 页图一四五。

3.105 见日之光四乳铭文镜

　　圆形。连峰钮。十六内向连弧纹外，四圆座乳与铭文相间环列，铭文为："见日之光，长毋相忘。"十六内向连弧纹缘。直径10.6厘米。云南昭通出土。此镜的特征正好介于四乳铭文镜与连弧带镜之间。《云南昭通茨泥巴出土两面汉镜》图一.2(《考古》1982年3期332页)。

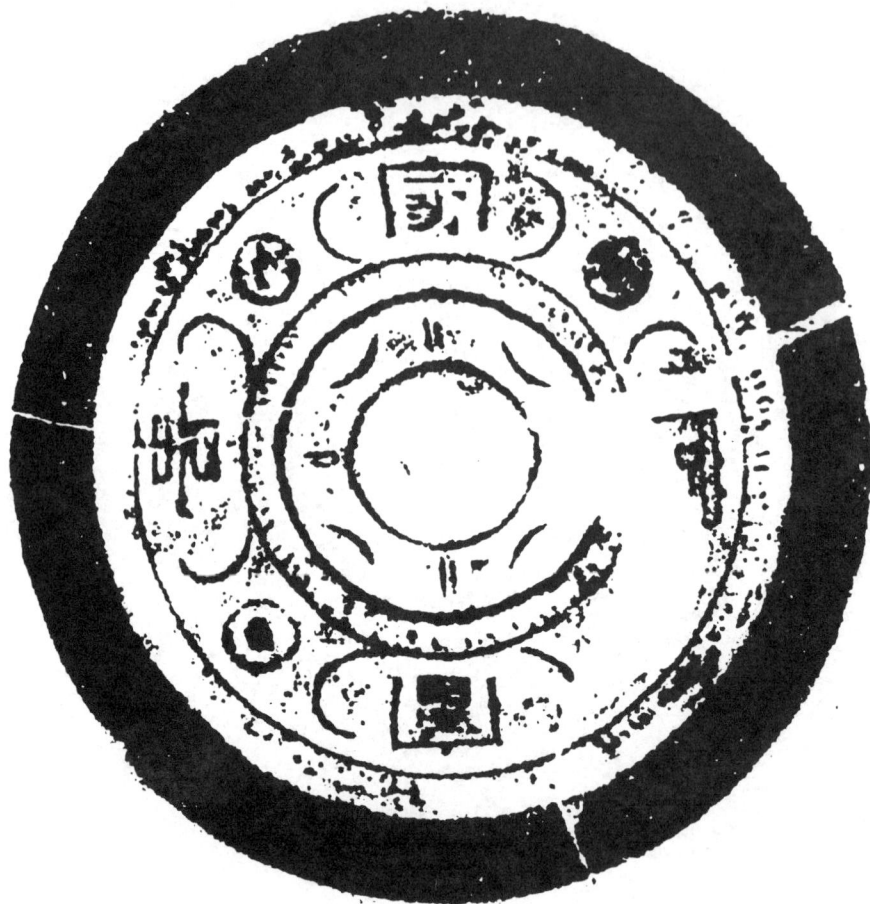

3.106 家常富贵四乳铭文镜

　　圆形。圆钮，圆钮座。圈带外四乳与"家常富贵"铭文相间环列，每字两侧有半圆弧纹。素平缘。直径9厘米。河南洛阳烧沟西汉末期汉墓出土。《洛阳烧沟汉墓》168页图七四乙.1。

3.107 家常贵富四乳铭文镜

　　圆形。圆钮，圆钮座。四乳及"家常贵富"铭文相间环列。与一般家常富贵镜不同，此镜每个字两侧有一禽鸟，二禽夹字相对、双歧冠、覆翼、尾卷曲，形体简单。素宽缘。直径 10 厘米。吉林洮南出土。《吉林出土铜镜》图 11。

3.108 富贵四乳铭文镜

　　圆形。圆钮，圆钮座。方格四边外配置乳钉及铭文，铭文为："长宜子孙，富贵昌兮。"锯齿纹缘。直径 9.4 厘米。此镜是富贵四乳镜比较少见的一种形式。河南禹县汉墓出土。《河南禹县白沙汉墓发掘报告》图十.6(《考古学报》1959 年 1 期 75 页)。

连弧（圈带）铭带镜

3.109 日光连弧铭带镜

　　圆形。圆钮，圆钮座。八内向连弧纹。圈带铭文为："见日之光，天下大明。"
字间隔以圆涡形和菱形符号，字体较为特别，有学者认为是篆隶式变体。素缘。
直径 7.6 厘米。河南禹县汉墓出土。《河南禹县白沙汉墓发掘报告》图十.4（《考古
学报》1959 年 1 期 75 页）。本书将钮外装饰有连弧纹的铭文镜称为"连弧铭带镜"。

3.110 日光连弧铭带镜

　　圆形。圆钮，圆钮座。八内向连弧纹。圈带铭文为："见日之光，长不相忘。"每二字之间隔一圆涡形符号。素缘。直径 6.5 厘米。四川成都出土。《四川省出土铜镜》51 页图 25。

3.111 日光连弧铭带镜

圆形。圆钮，圆钮座。八内向连弧纹外，四个 8 字形双乳与铭文相间环列，铭文为："见日之光，长毋相忘。"素缘。直径 7.8 厘米。此镜四乳的图形少见。湖南长沙西汉墓出土。《楚风汉韵——长沙市博物馆藏镜》62 页图 46。

3.112 日光圈带铭带镜

　　圆形。圆钮，圆钮座。座外凸圈带，圈带铭文为："见日之光，长毋相忘。"字间填圆涡形符号。素缘。直径 7.6 厘米。河南洛阳西汉中期墓出土。《洛阳西郊汉墓发掘报告》图二〇 .5(《考古学报》1963 年 2 期 23 页)。本书将钮外只有凸圈带而无连弧纹的铭文镜称为"圈带铭带镜"。

3.113 昭明连弧铭带镜

　　圆形。圆钮，并蒂十二连珠纹钮座。凸圈带及八内向连弧纹，圈带铭文为：
"内清质以昭明，光而象夫日月，心忽穆而愿忠，然而不泄乎。"昭明镜一般完整
的铭文为："内清质以昭明，光辉象夫日月，心忽穆而愿忠，然壅塞而不泄（或
'彻'）。"本镜有简省变化。素缘。直径12.9厘米。江苏扬州西汉晚期墓出土。《汉
广陵国铜镜》98页图39。从此镜钮座十字形划分的四方看，所谓并蒂四叶钮座也
是四瓣花的变形，只是在花瓣间加饰一乳，称为并蒂十二连珠纹。

3.114 昭明连弧铭带镜

　　圆形。圆钮，圆钮座。凸圈带及八内向连弧纹。圈带铭文为："内清以召（昭）明，光夫日月，不世（泄）。"铭文中间衬以"而"字。字体比较方整。素宽缘。直径 11 厘米。广东广州西汉后期墓出土。《广州汉墓》287 页图一七〇.3。

3.115 昭明连弧铭带镜

　　圆形。圆钮，圆钮座。十二内向连弧外，圈带铭文为："内清以昭日月明光日。"铭文中间衬以"而"字。素宽缘。直径10.1厘米。浙江安吉出土。《清质·昭明》46页。

3.116 昭明圈带镜

　　圆形。圆钮，并蒂十二连珠纹钮座。圈带铭文为："内清质以昭明，光辉象夫日月，心忽而忠，壅塞不泄。"素宽缘。直径 10.2 厘米。四川成都出土。《四川省出土铜镜》49 页图 24。在连弧或圈带铭带镜中，不少钮座为并蒂十二连珠纹，成为此类镜的一个标志。为了与一般的并蒂四叶（四瓣花的一种）钮座相区别，本书均称为"并蒂十二连珠纹钮座"。

3.117 铜华连弧铭带镜

圆形。圆钮，四瓣花钮座。凸圈带及八内向连弧纹。圈带铭文为："涷（炼）冶铜华清而明，以之为镜因宜文章，延年益寿而去不羊（祥），与天毋极而日月之光，乐央未。"素宽缘。直径 18.7 厘米。江苏扬州新莽东汉初墓出土。《扬州东风砖瓦厂汉代木椁墓群》图八.1（《考古》1980 年 5 期 424 页）。

3.118 铜华连弧铭带镜

　　圆形。圆钮，并蒂十二连珠纹钮座。凸圈带及八内向连弧纹。圈带铭文为："湅（炼）冶铜华清而明，以之为镜宜文章，延年益寿辟不羊（祥），与天无极如日光，千秋万岁乐未央。"属此类铜华镜中铭文较为完整者，个别的会加上"善哉乎"结尾。素宽缘。直径 18.5 厘米。江苏扬州西汉晚期墓出土。《汉广陵国铜镜》122页图 51。

3.119 铜华连弧铭带镜

　　圆形。圆钮，四瓣花钮座。花瓣旁有四字铭文："长宜子孙。"凸圈带及八内向连弧纹，连弧间及顶部，均有装饰纹样。圈带铭文为："涑（炼）冶铜华清而明，以之为镜宜文章，延年益寿去不羊（祥），与天毋极而日光，长乐未央。"素宽缘。直径 16.2 厘米。《楚风汉韵——长沙市博物馆藏镜》68 页图 50。

3.120 铜华云雷铭带镜

　　圆形。圆钮，四瓣花钮座。凸圈带外一周云雷纹。圈带铭文为："清冶铜华以为镜，昭察衣服观容貌，丝组杂沓以为信，成（诚）宜佳人。""丝"省作"纟"。素缘。直径10厘米。《西安文物精华·铜镜》30页图27。

3.121 铜华圈带铭文镜

　　圆形。圆钮，并蒂十二连珠纹钮座。其外多重圈带环列。圈带铭文为："清冶铜华以为镜，昭察衣服观容貌，丝组杂沓以为信，清光乎宜佳人。""丝"省作"纟"。属此类铜华镜中铭文较为完整者。素缘。直径10.1厘米。陕西长安西汉晚期墓出土。《长安汉镜》120页图32。

3.122 铜华连弧铭带镜

　　圆形。圆钮，圆钮座。凸圈带及八内向连弧圈带。圈带铭文为："涷（炼）冶同（铜）华清而明，以之为竟（镜）宜文章，长年益寿去不羊（祥），与天无呕（极）。"云气纹缘。在连弧铭文镜中，云气纹缘是非常少见的镜缘形式。《小校经阁金文拓本》卷十五 97A。

3.123 铜华圈带云雷纹镜

　　圆形。圆钮，并蒂十二连珠纹钮座。圈带铭文为："清冶铜华以为镜，昭察衣服观容貌，丝组杂沓以为信，清光宜佳人。"外区为规整的云雷纹。云雷纹由两个重三角形对置，以四个圆涡纹分成四组，每组两两相对。素缘。直径 17.9 厘米。河南洛阳西汉中期墓出土。《洛阳西郊汉墓发掘报告》图二一 .1（《考古学报》1963 年 2 期 25 页）。

3.124 清白连弧铭带镜

圆形。圆钮，并蒂十二连珠纹钮座。内向八连弧纹间有简单图纹。圈带铭文为："絜（洁）清而事君，志之合（弇）明，微玄锡之泽，恐疏远日忘，怀美之穷（躬）澧（体），承骥（欢）之可说（悦），莫（慕）突（窈）之灵景（影），愿毋绝。"素宽缘。直径17.5厘米。江苏连云港出土。《江苏连云港市海州网疃庄汉木椁墓》图四.1（《考古》1963年6期289页）。"清白"有的镜作"精白"，因此又有称其为精白镜的。罗振玉《古镜图录》、钱坫《浣花拜石轩镜铭集录》均收录有外圈四十八字的清白镜铭："絜（洁）精白而事君，怨骥（欢）之弇明，微玄锡之流泽，恐疏远而日忘，怀㦖（厥）美之穷（躬）体，外丞（承）骥（欢）之可说（悦），慕突（窈）佻（窕）之灵景（影），愿永思而毋绝。"陈剑对此类镜有非常好的释读意见，可参考。

3.125 清白连弧铭带镜

　　圆形。圆钮，并蒂十二连珠纹钮座。八内向连弧间有简单图纹。圈带铭文为："絜（洁）清白而事君，志污之弇明，而微玄兮（锡）之流泽，恐疏窓（怨）而日忘，美人，外可兑（悦），永思而毋绝。"素缘。直径 16.3 厘米。浙江安吉出土。《清质·昭明》44 页。

3.126 清白连弧铭带镜

　　圆形。圆钮，并蒂十二连珠纹钮座。八内向连弧纹间有简单图纹。圈带铭文为："絜（洁）清白而事君，窹（怨）污之合（弇）明光，玄锡流泽，而日忘，美，而不泄。"其中"锡"错铸为"穆"，"泄"简省作"世"，铭文中衬以多个"而"字。素宽缘。直径18.9厘米。江苏扬州西汉中晚期墓出土。《汉广陵国铜镜》128页图54。

3.127 君忘忘连弧铭带镜

　　圆形。圆钮，并蒂十二连珠纹钮座。内向八连弧纹间装饰三种不同的图纹。圈带铭文为："君忘（茫）忘（茫）而失志兮，爱使心臾（欲）耆（嗜），臾（欲）不可尽行，心污（纡）结而独愁，明知非不可处，志所骥（欢）不能已。"这类镜铭较难解，蒋文、陈剑等有很好的考释意见，今参考其说。素宽缘。直径17.4厘米。江苏扬州西汉晚期墓出土。《汉广陵国铜镜》130页图55。

3.128 日有喜连弧铭带镜

　　圆形。并蒂十二连珠纹钮座。凸圈带与八内向连弧间四乳与似兽面、兽、鱼形等纹饰相间环列。圈带铭文为："日有憙，月有富，乐毋事，常得意，美人会，芋（竽）瑟侍，贾市口，万物平，老复丁，得复生，醉知醒。"锈蚀严重处当为"呈"或"程"字，读为"盈"。此镜属此类镜铭文较为完整者。有的镜铭或作"死复生，醉不知醒"。素宽缘。直径 18.2 厘米。此镜连弧间装饰纹样十分少见。浙江安吉出土。《清质·昭明》42 页。

3.129 日有憙连弧铭带镜

　　圆形。圆钮，并蒂十二连珠纹钮座。凸圈带及八内向连弧纹。圈带铭文为："日有憙，月有富，乐毋有事，宜酒食，居而必安，毋忧患，美人会，芋（竽）瑟侍兮，心志驩（欢），乐已哉乎，固常然。"素宽缘。直径 17.65 厘米。陕西长安西汉晚期墓出土。《长安汉镜》122 页图三十三。

3.130 日有熹瑞兽连弧铭带镜

圆形。圆钮，圆钮座。座外四瑞兽与玉兔环列一周。瑞兽两两相对，形态不同，躯体装饰有异，或屈蹲半立，或低头曲身，或抬头奔走。玉兔昂首，身后点缀一飞禽。八内向连弧纹。外圈带铭文为："日日有熹，月有富，乐毋有事，宜酒食，居而必安，毋忧患，美人会，芋（竽）瑟侍，心志蘬（欢），乐已哉，固常然。"素宽缘。直径18厘米。此镜在钮座与连弧之间配置瑞兽纹，形式与内容都很少见。江苏仪征墓葬出土。《仪征馆藏铜镜》55页。

3.131 居摄元年连弧铭带镜

　　圆形。圆钮，四瓣花钮座。凸圈带及八内向连弧纹。圈带铭文为："居摄元年自有真，家当大富羅常有陈，昭（照）之治吏为贵人，夫妻相喜日益亲善。"斜短线栉齿纹圈带及锯齿纹圈带各一周，双线三角波状纹缘。此镜字体方整，制作良好。居摄为西汉孺子婴年号，元年即公元 6 年，对于确定此类铜镜的流行年代有重要作用。《汉三国六朝纪年镜图说》图版一。

3.132 日光日光重圈铭文镜

　　圆形。圆钮，圆钮座，座外伸出十字形线条。内圈铭文："见日之光，长毋忘尹（君）。"外圈铭文："见日之光，长毋忘尹（君），见日之光，长忘尹（君）之。"铭文间有C形和田形符号相隔，"君"省作"尹"。内外铭文内容如此重复较为少见。素缘。直径10厘米。河南南阳西汉晚期墓出土。《南阳出土铜镜》74页图一八一。本书将内外圆圈带均配置铭文者称为"重圈铭文镜"，铜镜名称则主要按内外圈铭文的首句排列。

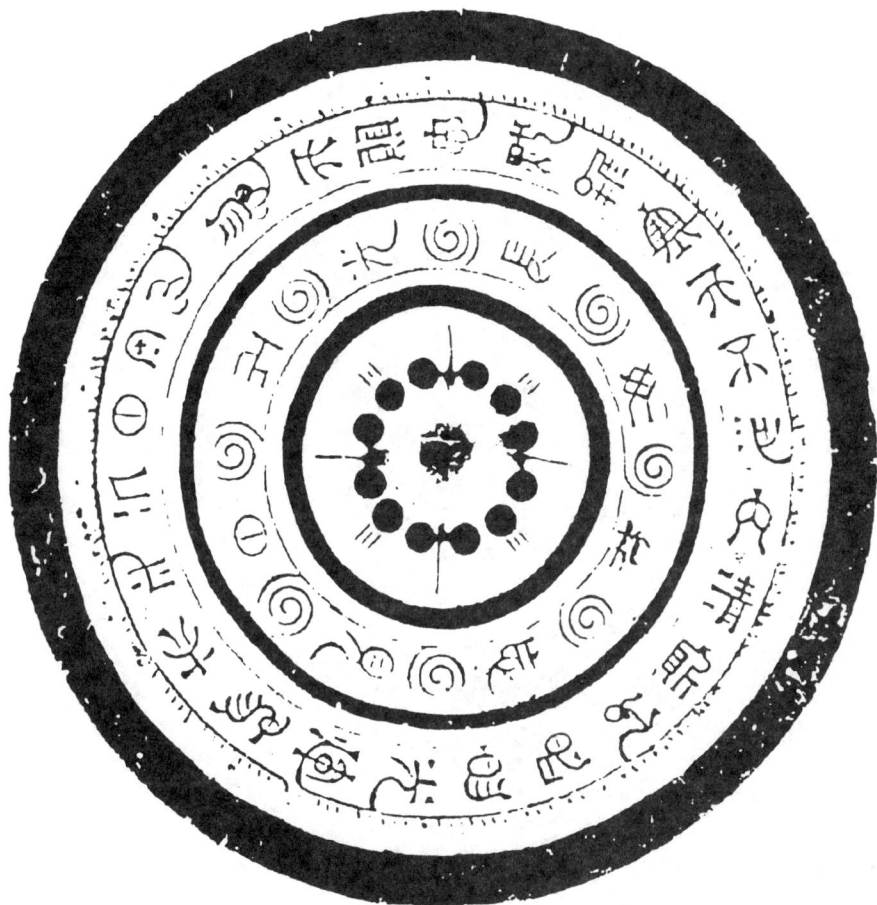

3.133 日光昭明重圈铭文镜

　　圆形。圆钮，并蒂十二连珠纹钮座。内圈铭文为："见日之光，长毋相忘。"字间夹以圆涡形。外圈铭文为："内清质以昭明，光辉象夫乎兮日月，心忽而愿忠，然壅塞而不泄。"素缘。直径 15.5 厘米。陕西长安汉墓出土。此型镜内区的日光铭，绝大多数是"见日之光，长毋相忘"，少数为"见日之光，天下大明"，外区多为昭明铭。但是也有一些其他内容的铭文排列组合。《陕西长安洪庆村秦汉墓第二次发掘简记》图二 .5（《考古》1959 年 12 期 665 页）。

3.134 日光昭明重圈铭文镜

　　圆形。圆钮，并蒂十六连珠纹钮座。内圈铭文为："见日之光，长毋相忘。"字间有◎形符号相隔。外圈铭文为："内清质以昭，光辉象夫日月，心忽忠愿，日塞而不。"素缘。直径10.8厘米。此镜并蒂十六连珠纹钮座极少见。河南南阳西汉墓出土。《南阳出土铜镜》74页图一八〇。

3.135 日光铜华重圈铭文镜

　　圆形。圆钮，四瓣花钮座。内圈铭文为："见日之光，长毋相忘。"字间有C形符号相隔。外圈铭文为："清冶铜华以为镜，昭察衣服观容貌，清光乎宜佳人。"素缘。直径11厘米。河南南阳西汉晚期墓出土。《南阳出土铜镜》75页图一八二。此镜钮座习称并蒂四叶钮座，本书按照李零的观点，将倒T形枝连接二乳钉的并蒂四叶纹也称为四瓣花。

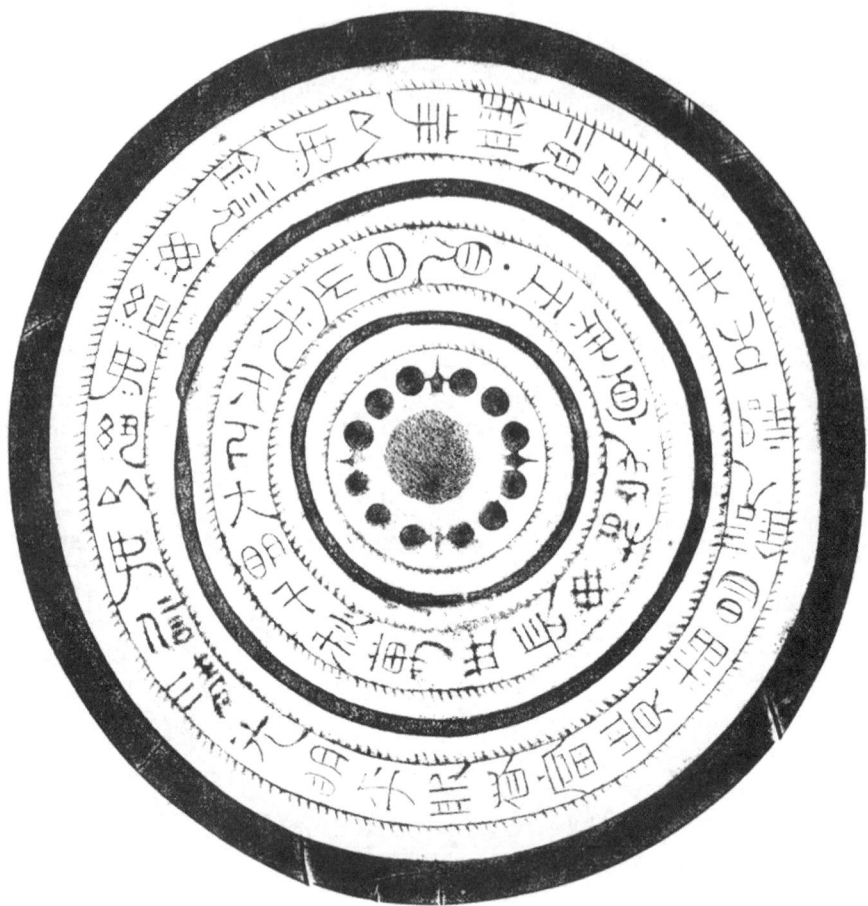

3.136 日光铜华重圈铭文镜

　　圆形。圆钮，并蒂十二连珠纹钮座。内圈铭文为："见日之光，天下大明，千秋万世，长毋相忘，宜侯王。"外圈铭文为："清冶铜华以为镜，丝组为纽以为信，清光明乎，服者富贵番（蕃）昌，镜辟不羊（祥）。"素缘。直径 10.8 厘米。江苏扬州汉墓出土。《汉广陵国铜镜》140 页图 59。

3.137 日光皎光重圈铭文镜

圆形。圆钮，并蒂十二连珠纹钮座。内圈铭文为："见日之光，长毋相忘。"字间装饰圆涡纹。外圈铭文为："姚皎光而耀美，挟佳都而闲，怀骥（欢）察而恚（窥）予，爱存神而不迁，得并执（设）而不衰，精昭折（晢）而侍君。"素缘。直径15.6 厘米。陕西西安出土。《西安文物精华·铜镜》33 页图 29。

3.138 昭明清白重圈铭文镜

　　圆形。圆钮，并蒂十二连珠纹钮座。内圈铭文为："内清质以昭明，光象夫日月，心忽穆而愿忠，然壅塞而不泄。"外圈铭文为："絜（洁）清白事君，志之合（弇）明，微玄锡之泽，恐疏远日忘，怀美之穷（躬）体，承骦（欢）之可说（悦），莫（慕）窔（窃）之灵景（影），绝而。"素缘。直径18厘米。江苏盱眙西汉中晚期墓出土。《江苏盱眙东阳汉墓》图一四.1（《考古》1979年5期423页）。

3.139 昭明精白重圈铭文镜

　　圆形。圆钮，并蒂十二连珠纹钮座。内圈铭文为："内清质以昭明，光辉象而日月，心忽穆而愿，然壅塞而不泄。"外圈铭文为："絜（洁）精白而事君，愁（怨）骓（获）之弇明，微玄锡之流泽，恐疏远而日忘，怀廮（厥）美之穷（躬）体，外丞（承）骓（欢）之可说（悦），慕突（窈）佻（窕）之灵景（影），愿永思而毋绝。"素缘。直径15.6厘米。河南南阳西汉晚期墓出土。《南阳出土铜镜》75页图一八三。

3.140 昭明铜华重圈铭文镜

圆形。圆钮，四瓣花钮座。内圈铭文为："内清质以召（昭）明，光象夫日月，心不泄忠。"铭文之间以"而（？）"字间隔。外圈铭文为："涷（炼）冶铜华清而明，以之为镜因宜文章，延年益寿去不羊（祥），与天毋极而日月之光，长乐未央兮。"素宽缘。直径 19 厘米。陕西长安西汉晚期墓出土。《长安汉镜》124 页图 34。

3.141 昭明皎光重圈铭文镜

　　圆形。圆钮，并蒂十二连珠纹钮座。内区铭文为："内清质以昭明，光辉象夫日月，心忽穆而愿忠，然壅塞而不泄。"外区铭文为："姚皎光而耀美，挟佳都而丞（承）闲，怀骧（欢）察而恚（窥）予，爱存神而不迁，得并埶（设）而不衰，精昭折（晢）而侍君。"素缘。直径19.3厘米。山西朔县西汉晚期墓出土。《山西朔县秦汉墓发掘简报》图六三.5（《文物》1987年6期30页）。陕西西安出土一镜，形制、纹饰相近，直径15.5厘米。（镜铭释文参考陈剑《几种汉代镜铭补说》，台湾政大中文系主办：第十届汉代文学与思想国际学术研讨会论文集，2016年。）

3.142 昭明皎光重圈铭文镜

　　圆形。圆钮，并蒂十二连珠纹钮座。内圈铭文为："内清质以昭明，光辉象夫日月，心忽穆而愿忠，然壅塞而不泄。"外圈铭文为："姚皎光而耀美，挟佳都而顾闲。怀骧（欢）察而悲（窥），挟佳都，存神而不迁。得并埶（设）而不衰，精昭折（哲）而侍君。"镜铭铸造时有倾轧。素缘。直径18厘米。浙江安吉出土。《清质·昭明》50页。

3.143 铜华清白重圈铭文镜

圆形。圆钮，并蒂十二连珠纹钮座。内圈铭文为："清冶铜华以为镜，昭察衣服观容貌，丝组杂以为信，宜佳人。""丝"省作"纟"。外圈铭文为："絜（洁）精（清）白而事君，愬（怨）污骧（获）之弇明。微玄锡之流泽，恐疏远而日忘。怀愻（厥）美之穷（躬）体，外丞（承）骧（欢）之可说（悦）。慕窔（窈）佻（窕）之灵景（影），愿永思毋绝。"素缘。直径 15.8 厘米。《中国古代铜镜》48 页图 57。

3.144 行清白重圈铭文镜

　　圆形。圆钮，圆钮座。二十内向连弧纹。外圈铭文为："恐浮云兮蔽（蔽）白日，复请（清）美兮实素质。行精（清）白兮。"内圈铭文为："光辉明，谤言众兮有何伤。"内圈铭文紧承外圈铭文连缀成文。二十四内向连弧纹缘。直径 10.7 厘米。吉林东辽乌桓墓出土。《吉林出土铜镜》图 6。

四乳龙纹镜

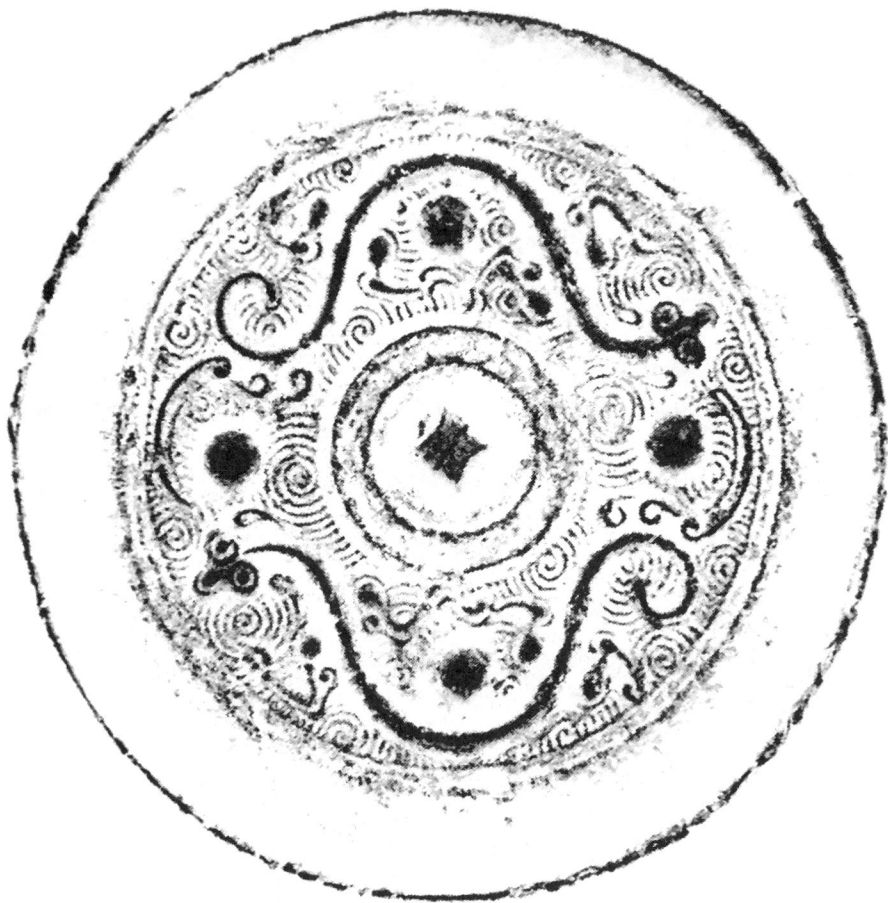

3.145 四乳双龙镜

　　圆形。三弦钮。纹饰由地纹与主纹构成。地纹为圆涡纹。主纹为二龙曲卷于四乳之间，龙头二圆眼，嘴前伸，四肢屈伸，尾端勾卷。素卷缘。直径 10.5 厘米。山东临淄西汉早期墓出土。《山东临淄战国汉代墓葬与出土铜镜研究》150 页图 41。

3.146 四乳四龙镜

　　圆形。圆钮，四瓣花钮座。内方四角外十字形排列一圆圈小乳。四龙只显露头部及前半身二前肢，回首相对，并以 U 形相连，形成 M 形曲卷于四圆圈间，与另二龙则背向对称。十六内向连弧纹缘。直径 13.7 厘米。此镜设计巧妙，图形罕见。陕西西安出土。《西安文物精华·铜镜》16 页图 13。

3.147 四乳四龙镜

　　圆形。圆钮，四瓣花钮座。四圆座乳与四龙相间环列，形态相同，龙口大张，身躯卷曲，四肢屈伸。十六内向连弧纹缘。直径13.1厘米。江苏扬州出土。《汉广陵国铜镜》76页图28。

3.148 四乳四龙镜

　　圆形。兽钮。十六内向连弧纹。四圆座乳与四龙相间环列。四龙的布局和形态与上述扬州出土铜镜类似，但更为浑厚遒劲。龙躯体上散布的小乳钉以及四乳装饰的曲线和小乳钉，使此镜纹饰显得较为复杂一些。十六内向连弧纹缘。直径13.5厘米。江苏扬州出土。《汉广陵国铜镜》74页图27。

3.149 四乳四龙镜

　　圆形。圆钮，四瓣花钮座。方格外四圆座乳与四龙相间环列。龙翘起双角，张口吐花枝状舌，身躯呈 S 形曲卷，四肢屈伸。时代当属西汉。直径 13.7 厘米。从上列不同地区出土四乳四龙镜看，此类镜龙的造型大致相同，但曲卷的形态则多有变化，显得十分生动活泼。《故宫藏镜》27 页。

四乳禽兽镜

3.150 四乳四螭四神镜

　　圆形。圆钮，四瓣花钮座。四圆座乳与四螭相间环列，四螭一端分别伸出青龙、白虎、朱雀、玄武四神的头部，另一端和腹侧分别配置禽鸟。素宽缘。直径18.7厘米。江苏仪征出土。《仪征馆藏铜镜》62页。

3.151 四乳四螭龙虎镜

　　圆形。圆钮，四瓣花钮座。四圆座乳与四螭相间环列，二螭一端分别伸出白
虎头部，另二螭外侧各配置一龙。四螭腹侧分别装饰不同形态的禽鸟。素宽缘。
直径 19.1 厘米。江苏扬州新莽墓出土。此镜二螭旁出的龙纹构思新颖。《汉广陵国
铜镜》154 页图 66。

3.152 四乳四螭镜

　　圆形。圆钮，圆钮座。四圆座乳与四螭相间环列。四螭躯体勾卷，两端同形，身躯外侧各一只竖冠立鸟，内侧分别为立鸟、飞鸟，奔兔。素宽缘。直径11.5厘米。河南洛阳烧沟东汉初年墓出土。《洛阳烧沟汉墓》162页图七一.4。

3.153 内清四乳四神镜

　　圆形。圆钮，并蒂十二连珠纹钮座。圈带铭文为："内青（清）以召（昭）明，光象夫日月，世（泄）召不。"每两字之间隔一"而"字。其外为四花瓣乳与四神羽人禽兽纹相间环列。青龙与白虎曲颈回首相对，白虎前持芝草羽人及瑞兽，朱雀与禽鸟曲颈回首相对，玄武前持芝草羽人及奔兽。此镜不仅图案复杂，还有一圈铭文，为同类铜镜中少见的形式。《上海博物馆藏青铜镜》图 36。

3.154 昭明四乳四神镜

　　圆形。圆钮，四瓣花钮座。圈带铭文为："内青（清）以召（昭）明，光辉象夫日之月，夫忽心，不。"中间多间隔一"而"字。四瓣花与四神相间环列。羽人青龙相对，羽人追玄武，白虎与兽相对，朱雀与禽鸟。几何纹缘。直径 18.5 厘米。陕西淳化出土。《陕西淳化县出土汉代铜镜》图二 .5（《考古》1983 年 9 期 852 页）。

3.155 四乳四神镜

　　圆形。圆钮,四瓣花钮座。四圆座乳与四神相间环列,分别为羽人导龙、白虎与羊、朱雀与鸟、玄武与蟾蜍。双线波折纹缘。直径 13 厘米。江苏仪征西汉墓出土。《仪征馆藏铜镜》72 页。

3.156 四乳四神镜

　　圆形。圆钮，四瓣花钮座间以"长宜子孙"铭文。四瓣花乳与四神相间环列，分别为羽人导青龙，白虎逐羊，朱雀与禽鸟，龟蛇纠缠相对凝视。素宽缘。直径16厘米。江苏扬州新莽墓出土。《汉广陵国铜镜》198 页图 86。

3.157 四乳四神镜

  圆形。圆钮，圆钮座。四圆座乳与四神相间环列。四神刻画细微，朱雀的尾羽十分醒目，相交的龟蛇首尾设计得均衡和谐。素宽缘。直径 10.1 厘米。广东广州东汉前期墓出土。《广州汉墓》342 页图二〇八 .3。

3.158 四乳四神镜

　　圆形。圆钮，圆钮座。四圆座乳与四神相间环列。与汉代流行的许多四神纹相比，此镜别具特色，不仅形体多变，青龙麟片、白虎皮毛、朱雀羽翼和玄武龟背都具有较强的装饰意味。素宽缘。直径 11.9 厘米。江苏仪征出土。《仪征馆藏铜镜》70 页。

3.159 四乳四神镜

　　圆形。圆钮，并蒂十二连珠纹钮座。四圆座乳及四神相间环列。四神形态别具风采，龙头结构简单，身躯呈 S 形卷曲，细长无粗细变化。白虎躯体上的圆斑纹更似豹纹，十分突出。朱雀花冠长尾羽。玄武极度简化，只露出龟首及蛇身，腹侧小鹿站立。素缘。《铜镜图案》18 页左上。

3.160 四乳禽兽镜

　　圆形。圆钮，四瓣花钮座间以"长宜子孙"铭。四圆座乳与禽兽、羽人相间环列。一组为羽人导龙，羽人跪蹲抬手向前，龙昂首翘尾。一组为白虎追逐逃窜的独角羊。一组为鸟兽相对，鸟振翅翘尾，兽昂首卷尾。一组为二雏鸡相对，或低首觅食，或抬首观望。素宽缘。直径12.9厘米。广东广州东汉前期墓出土。《广州汉墓》342页图二○八 .2。

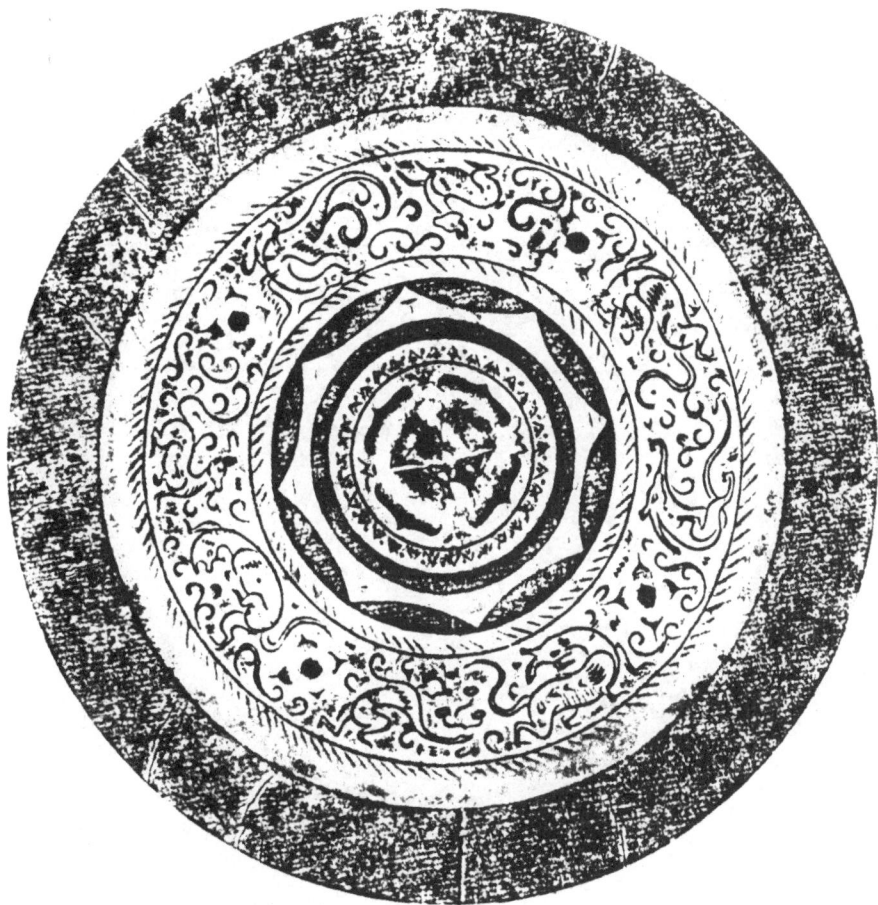

3.161 四乳羽人禽兽镜

圆形。圆钮,四瓣花钮座。八内向连弧圈带外,四乳与四组羽人禽兽相间环列。一组为羽人导兽,羽人半蹲,右手举三花草前伸,兽仰首向后,张嘴。一组为虎与鹿,一组朱雀与鹿,一组怪熊与兽。此三组禽兽形态各异,头部不论作出何种姿势,但每组间二者相互呼应。素宽缘。直径15.5厘米。湖南省出土。《铜镜图案》14页。

3.162 四羽人龙虎镜

圆形。圆钮,四瓣花钮座。四圆座乳与羽人、瑞兽相间环列,依次为羽人导虎、青龙与鹿、虎与瑞兽、龙与瑞兽。素宽缘。直径16.4厘米。江苏仪征出土。《仪征馆藏铜镜》68页。

3.163 四乳八兽镜

　　圆形。圆钮，四瓣花钮座，瓣间有"长宜子孙"铭文，四瓣花乳与羽人瑞兽相间环列。瑞兽两两相对，一组为羽人导龙。素宽缘。直径17.7厘米。《净月澄华——辽宁省博物馆藏古代铜镜》140页。

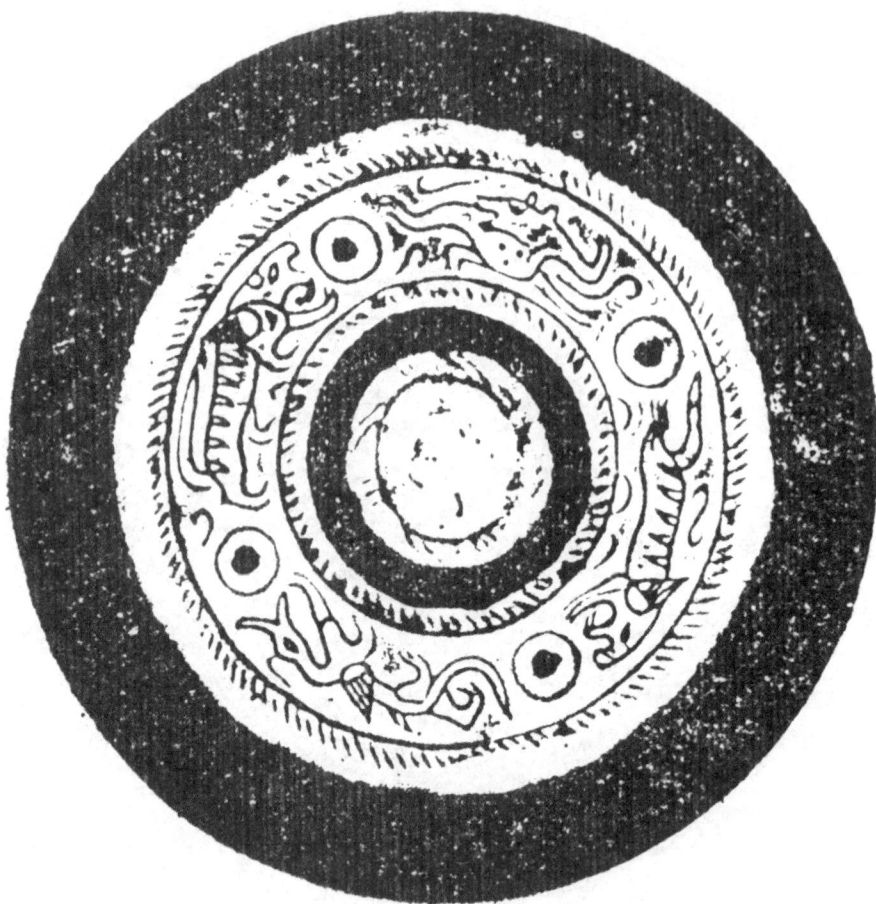

3.164 四乳四兽镜

　　圆形。圆钮，圆钮座。四圆座乳与四兽相间环列。四兽均作行走态，一龙一兽二虎。与其他镜子的禽兽纹相比，此镜四兽夸张变形，形象粗拙。素宽缘。直径 10.1 厘米，广东广州西汉后期墓出土。《广州汉墓》287 页图一七〇 .5。

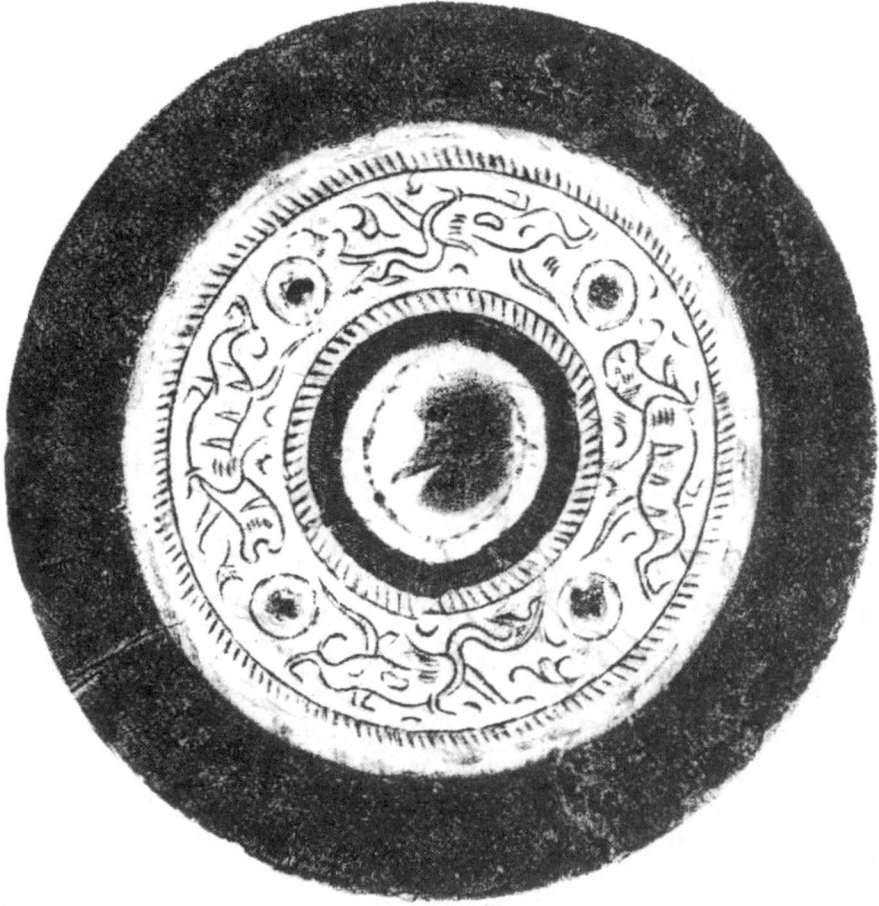

3.165 四乳龙虎镜

圆形。圆钮，圆钮座。四圆座乳与二龙二虎相间环列。素宽缘。直径 10.9
厘米。河南洛阳东汉墓出土。《洛镜铜华——洛阳铜镜发现与研究》132 页图 83。

3.166 四乳龙虎镜

　　圆形。圆钮，四瓣花钮座。四瓣花与羽人龙虎相间环列。两组为羽人导龙，两个羽人姿态不同，形象生动；两组为白虎逐羊。几何纹缘。直径 16.5 厘米。江苏仪征出土。《汉广陵国铜镜》194 页图 85。

3.167 四乳禽兽镜

　　圆形。圆钮，四瓣花钮座，花瓣间有"长宜子孙"铭文。四圆座乳与禽兽相间环列。禽兽为龙、虎、二朱雀。双线波折纹缘。直径 12.8 厘米。河南洛阳西汉晚期墓出土。《洛阳西郊汉墓发掘报告》图二〇.2（《考古学报》1963 年 2 期 23 页）。

3.168 四乳禽兽镜

　　圆形。圆钮，四瓣花钮座。凸圈带外四乳与二虎、二禽鸟相间环列。双线波折纹缘。直径 13 厘米。广东广州西汉后期墓出土。《广州汉墓》287 页图一七〇.6。

3.169 四乳禽兽镜

　　圆形。圆钮，圆钮座。四圆座乳与四禽兽相间环列，禽兽为龙、虎、朱雀及瑞兽，均作奔驰或行走状。锯齿纹缘。直径 12.7 厘米。湖北鄂城出土。《鄂城汉三国六朝铜镜》图 22。

3.170 四乳四鸟镜

　　圆形。圆钮，圆钮座。四圆座乳与四鸟相间环列。二鸟张开羽翼飞翔，二鸟站立，拖着长尾羽。双线波折纹缘。直径 10.5 厘米。湖南长沙西汉墓出土。《铜镜图案——湖南出土历代铜镜》64 页图 44。

3.171. 四乳四鸟镜

　　圆形。圆钮，圆钮座。四圆座乳与四鸟相间环列。小鸟两两隔乳相对。斜线纹缘。河南洛阳东汉墓出土。《一九五五年洛阳涧西区小型汉墓发掘报告》图十七 .5（《考古学报》1959 年 2 期 88 页）。

3.172 四乳八鸟镜

　　圆形。圆钮，圆钮座。四圆座乳与八鸟相间环列。二鸟相对，图形简单，只表现出鸟的轮廓，二歧冠、覆羽翼、翘尾。素宽缘。直径 9.7 厘米。吉林榆树出土。《吉林出土铜镜》图 13。

3.173 方格四乳八鸟镜

圆形。圆钮，四瓣花钮座。方格四边中心点外各一圆座乳，四乳两侧各一鸟，两只鸟隔乳相背，圈带铭文为"尚方□竟（镜）真大好，上有仙人不□老，渴。"两周锯齿纹缘。直径 10 厘米。湖南资兴东汉中期墓出土。《湖南资兴东汉墓》图四四 .1（《考古学报》1984 年 1 期 99 页）。

博局镜

3.174 永始二年四神博局镜

　　圆形。圆钮，四瓣花钮座。博局纹分为四方八极，分别配置四乳、四神及卷云纹。此镜四神形象及布局十分特别，青龙仅显现头及部分身躯，白虎伸出头部至 T、L 之间，朱雀曲颈展翅甩尾占据一区，玄武整个身躯都位于 T、L 之间。卷云纹满饰镜背，绮丽多姿。镜缘铭文为："永始二年五月丙午扇（漏）上五工丰造，景公之象兮吴娃之兑（悦），作□明镜兮好如日月，长相思兮世不绝，见珠（朱）颜，心中骦（欢），常宜子孙。"素缘。直径 18.5 厘米。西汉成帝永始二年为公元前 15 年。河南洛阳新莽墓出土。《洛阳五女冢 267 号新莽墓发掘简报》图二七（《文物》1996 年 7 期 52 页）。此镜是目前中国考古出土的最早纪年镜。

3.175 始建国天凤二年四神博局镜

　　圆形。圆钮。内方内十二乳与十二地支铭相间布列。博局纹将内区分为四方八极，青龙、白虎、朱雀、玄武位居四方一区内，另一区分别配置鹿、禽鸟、羽人及蟾蜍。但从排列方向看，四神均隔 V 纹与相邻方位的羽人禽兽两两相对。分别是：青龙对持三花草的羽人，寓意导引青龙。白虎对玄武，朱雀对禽鸟。本书仍按各方位二区纹饰排列。外区铭文为："始建国天凤二年作好镜，常乐富贵庄君上，长保二亲及妻子，为吏高迁位公卿，世 ＝（世）封传于毋穷。"缠枝叶纹缘，叶纹婉转华美。直径 16.6 厘米。新莽始建国天凤二年为公元 15 年。《上海博物馆藏青铜镜》图 38。

3.176 善铜四神博局镜

　　圆形。圆钮，圆钮座。内方内十二乳与十二地支铭相间布列。博局纹将内区分为四方八极，配置八乳、四神等纹饰。分别为：青龙配鸟，白虎、朱雀、玄武各配一兽。外区铭文为："新有善铜出丹阳，和以银锡清且明，左龙右虎掌四彭（方），朱爵（雀）玄武顺阴阳，八子九孙治中央，刻娄（镂）博局去不羊（祥），家常大富宜君王。"云气纹缘。直径20.5厘米。此镜拓片藏中国国家博物馆。铭文中出现"刻娄博局"内容，为铜镜纹饰的定名提供了重要实物资料。王莽代汉，国号"新"，因此这面镜应属王莽时期。《"规矩镜"应改称"博局镜"》图一（《考古》1987年12期1117页）。

3.177 善铜四神博局镜

　　圆形。圆钮，四瓣花钮座。内方内十二乳与十二地支铭相间布列。博局纹将内区分为四方八极，配置八乳、四神等纹饰。分别为：龙配凤鸟，虎配独角兽，朱雀配禽兽，玄武配禽鸟及蟾蜍。各方位空间还填以小禽之类。外区铭文为："新有善铜出丹阳，涷。尚方佳竟真大好，上有仙人不知老，渴饮玉泉饥食枣，浮游天下敖（遨）四。"云气纹缘。湖南省出土。《铜镜图案》27。

3.178 善铜棘言四神镜

　　圆形。圆钮，圆钮座。内方内十二乳与十二地支相间布列。铭文为："棘言之纪从镜，苍右左白虎，甫（博）局，君宜官，长宝（保）二亲大孙子，竟（镜）。"博局纹将内区分为四方八极，配置八乳、四神等纹饰。分别为：朱雀配羽人，青龙、白虎、玄武各配瑞兽。外区铭文为："汉有善铜出丹阳，和用锡清且明，左龙右虎主三彭（方），八子九孙治中央，朱爵（雀）武顺阴阳，千万岁，长乐未央。棘言之纪。"云气纹缘。直径20.6厘米。河南南阳新莽墓出土。《南阳出土铜镜》81页图一九六。

3.179 尚方四神博局镜

　　圆形。圆钮，四叶钮座。内方内十二乳与十二地支相间布列。博局纹将内区分为四方八极，配置八乳、四神等纹饰。分别为：青龙配禽鸟，白虎配瑞兽，朱雀配羊，玄武配羽人，羽人作导引形态，三个方位 T、L 之间或其他空白处均填一小禽。外区铭文为："尚方作竟（镜）真大巧，上有仙人不知老，渴饮玉泉饥食枣，浮由（游）天下游四海，宜子孙。"云气纹缘。直径 19.8 厘米。河南洛阳东汉墓出土。《洛镜铜华——洛阳铜镜发现与研究》148 页图 101。

3.180 尚方四神博局镜

　　圆形。圆钮，四瓣花钮座。内方内十二乳钉与十二地支相间布列。博局纹将内区分为四方八极，配置八乳、四神等纹饰。分别为：青龙配人头鸟，白虎配独角兽，朱雀配羊，玄武配羽人，羽人作导引形态，三个方位T、L之间或其他空白处均填一小鸟。外区铭文为："尚方作竟（镜）真大巧，上有仙人不知老，渴饮玉泉饥食枣，寿而今（金）石天之保兮。"从其他出土的类似铜镜看，此镜的主题内容和构图布局，当是四神博局镜四神与其他羽人、禽兽组合的重要形式。直径20厘米。河南洛阳东汉早期墓出土。《洛阳烧沟汉墓》166页图七三.2。

3.181 尚方四神博局镜

　　圆形。圆钮，四瓣花钮座。内方内十二乳及十二地支相间布列。博局纹将内区分为四方八极，配置八乳、四神等纹饰。分别为：青龙配人头鸟，龙头前日中饰金乌；白虎配独角兽，虎头前月中饰蟾蜍；朱雀配骑鹿羽人；玄武对捧杯立羊。空白处点缀众多体态较小的羽人及鸟，羽人姿势不同，有抚琴、相对游戏、趴伏、躬身持芝草等，形象生动。外区铭文为："尚方作竟（镜）真大巧，上有仙人不知老，渴饮玉泉饥食枣，寿而今（金）石天之保，长乐未央如侯王，〔八〕子九孙居中央，富贵昌，安四疆兮。"云气纹缘。直径23.2厘米。河南洛阳东汉中期墓出土。《洛阳西郊汉墓发掘报告》图二一.3（《考古学报》1963年2期25页）。

3.182 王氏四神博局镜

　　圆形。圆钮，四瓣花钮座。内方内十二乳及十二地支铭相间布列。博局纹将内区分为四方八极，配置八乳、四神等纹饰。分别为：青龙配鸟，龙头前日中饰金乌；白虎配独角兽，虎头前月中饰蟾蜍；朱雀配骑鹿羽人；玄武配捧杯立羊。除青龙方位饰一羽人外，其他空白处点缀十多只小鸟及瑞兽。外区铭文为："王氏作竟（镜）三夷服，多贺新家民息，胡虏殄灭天下复，风雨时节五谷孰（熟），长保二亲子孙力，官位尊显蒙禄食，传告后世乐毋亟（极），大利兮。"云气纹缘。《古镜图录》卷中二十三 A。

3.183 铜华四神博局镜

　　圆形。圆钮，圆钮座。内方内十二乳与十二地支相间布列。博局纹将内区分为四方八极，配置四乳、四神禽兽纹。分别为：青龙配禽鸟，白虎配瑞兽，朱雀配羊，玄武配羽人。外区铭文为："涷（炼）冶铜华清而明，以之为镜宜文章，延年益寿辟去羊（祥），与天毋极，如日月之光，长乐未央。"云气纹缘。直径 18.7 厘米。江苏扬州出土。《汉广陵国铜镜》248 页图 108。

3.184 尚方四神博局镜

　　圆形。圆钮，四瓣花钮座。内方内十二乳与十二地支相间布列。博局纹将内区分为四方八极，配置八乳、四神等纹饰。分别为：青龙配凤鸟，白虎配蟾蜍，朱雀配禽鸟，玄武配羽人。外区铭文为："尚方作竟（镜）真大巧，上有山（仙）人不知老，渴饮玉泉。"双线波折纹缘。直径 17.2 厘米。湖北鄂城出土。洛阳西郊汉墓收录的 13 面具铭的四神博局镜中，"尚方"铭占了 8 面，而且都是"真大巧"系列。有十二地支铭的 7 面镜中，6 面为"尚方作竟真大巧"铭文。可见这是四神博局纹镜中使用最多的铭文，特别在有十二地支铭的镜子中使用更为广泛。《鄂城汉三国六朝铜镜》图 5。

3.185 尚方四神博局镜

　　圆形。圆钮，四瓣花钮座。内方内十二乳与十二地支相间布列。博局纹将内区分为四方八极，配置八乳、四神等纹饰。分别为：青龙配禽鸟，白虎配羊，朱雀与瑞兽，玄武与羽人。羽人四神等均隔V纹两两相对，其中一组即为羽人导龙。外区铭文为："尚方作竟（镜）真大巧，上有山（仙）人不知老，渴饮玉泉饥食枣，浮由（游）天下兮。"双线波折纹缘。直径18.2厘米。浙江安吉出土。《清质·昭明》72页。

3.186 尚方四神博局镜

　　圆形。圆钮，四瓣花钮座。内方内十二乳与十二地支相间布列。博局纹将内区分为四方八极，配置四乳、四神禽兽。分别为：青龙配羽人，龙头前日中饰金乌；白虎配瑞兽，虎头前月中饰蟾蜍；朱雀配骑鹿羽人；玄武配捧物瑞兽。T、L纹之间和L纹两侧分别点缀形体较小的禽兽。外区铭文为："尚方作竟（镜）真大好，上有仙人不知老，渴饮玉泉饥食枣，俳（徘）回（徊）名山采芝草，浮游天下敖（遨）四海，寿如今（金）石之国保。"两周锯齿纹夹双线波折纹缘。直径20.9厘米。江苏扬州出土。此镜若从隔V纹两两相对的图像观察，四神禽兽及羽人彼此呼应，寓意更为明确。《汉广陵国铜镜》256页图112。

3.187 福禄四神博局镜

　　圆形。圆钮，圆钮座。内方内十二乳与十二地支相间布列。博局纹将内区分为四方八极，配置八乳、四神禽兽。分别为：青龙配兽，白虎配兽，朱雀配禽鸟，玄武配羽人。外区铭文为："福禄进兮日以前，天道得物自然，参(骖)驾蜚(飞)龙乘浮云，白虎先，上太(泰)山，凤皇(凰)下，见神人。"两周锯齿纹夹双线波折纹。直径18厘米。河南洛阳东汉早期墓出土。《洛阳烧沟汉墓》166页图七三.1。

3.188 新兴四神博局镜

圆形。圆钮。博局纹将内区分为四方八极，配置八乳、四神禽兽。分别为：青龙配羽人，白虎配独角兽，朱雀配一鸟，玄武方位是龟蛇分离各占一区。外区铭文为："新兴辟雍建明堂，然于举土列侯王，子孙复（备）具治中央。"两周锯齿纹夹双线波折纹缘。铭文反映了王莽时建辟雍明堂之事。《古镜图录》卷中六 B。

3.189　尚方四神博局镜

　　圆形。圆钮，四瓣花钮座。博局纹将内区划分为四方八极，配置八乳、四神禽兽。分别为：青龙配凤鸟，白虎配独角兽，朱雀配独角兽，玄武配羽人及一禽鸟。外区铭文为："尚方佳竟（镜）真大好，上有仙人不知老，渴饮玉泉饥食枣，浮游天下敖（遨）三海，寿如今（金）石之保。"两周锯齿夹一周双线波折纹。直径13.6厘米。陕西西安出土。《西安市文管会所藏的四件汉代文物》（《考古与文物》1981 年 4 期封三 .2）。

3.190 善铜四神博局镜

　　圆形。圆钮，四瓣花钮座。博局纹将内区划分为四方八极，配置八乳、四神禽兽。分别为：青龙配兽，白虎配禽鸟，朱雀配兽，玄武配羊。外区铭文为："新有善铜出丹阳，和以银锡清且明，左龙右虎三彭（方）。"几何形云纹缘。直径 14.2 厘米。湖南零陵新莽墓出土。《湖南零陵李家园发现新莽墓》图三（《考古》1964 年 9 期 478 页）。

3.191 善铜四神博局镜

　　圆形。圆钮，圆钮座。座外圈带内八乳与八只小鸟相间环列，极为少见。博局纹将内区划分为四方八极，配置八乳、四神禽兽。分别为：青龙配持芝草羽人，白虎配瑞兽，朱雀与玄武，瑞兽与人头兽。外区铭文为："汉有善铜出丹阳，青（清）且明，左龙右虎主三彭（旁），八子□中央，朱爵（雀）玄武顺。"画纹带缘，为一圈连珠纹及平雕式羽人、四神禽兽纹。直径18厘米。湖南省出土。此镜边缘纹饰华丽，为同时期铜镜中少见，在湖南出土的数面"汉有善铜"铭以及浙江所出一面"黍言"铭的博局镜中，也有类似的边缘纹饰。《铜镜图案》31页。

3.192 日有憙四神博局镜

圆形。圆钮,四瓣花钮座。内方内铭文为:"日有憙,月有富,乐毋事,宜酒食,居必安,毋忧患,芉(竽)瑟侍,心。"博局纹划分的四方八极内布列四神纹。四神位于T、L之间各据一方,空白处满饰云纹及羽人禽兽,其中青龙、白虎、朱雀等前方均有羽人持三花草,作导引状,玄武前后方分别有禽鸟和灵龟。方格四角外各置一乳钉。双线波折纹及珠点纹缘。直径18.4厘米。江苏扬州汉墓出土。《汉广陵国铜镜》216页图93。

3.193 金之青四神博局镜

　　圆形。圆钮，四瓣花钮座。博局纹划分四方八极，配置四乳、四神禽兽。分别为：青龙配一兽，各据一区，图形较小的羽人在 T、L 纹之间作导引状。白虎、朱雀、玄武位于本方位 T、L 纹之间，其两侧二区配置禽兽；白虎配二兽，朱雀配二鸟，玄武配一龟一蟾蜍。空白处填以云气纹。镜缘中菱形纹与铭文相间环列，铭文为："金之菁，视吾形，见至亲，长思君，时来游，宜子孙，乐无忧兮。"直径 18.6 厘米。江苏盱眙西汉晚期至新莽时期墓出土。此镜不仅铭文内容与排列形式少见，而且整个镜子云气纹华美细致，是博局镜中突破一般规范的最佳作品。《江苏盱眙东阳汉墓》图一四 .4（《考古》1979 年 5 期 423 页）。

3.194 铜华四神博局镜

　　圆形。圆钮，四瓣花钮座。内方内铭文为："涑（炼）冶铜华青（清）而明，以之为而宜文章，延年不（而）去不羊（祥）。"博局纹划分的四方八极内，除朱雀配一鸟外，青龙、白虎、玄武均配一兽。素宽缘。直径19厘米。山东梁山东汉墓出土。《山东梁山柏木山的一座东汉墓》图四（《考古》1964年9期480页）。

3.195 铜华四神博局镜

圆形。圆钮，四瓣花钮座。内方内铭文为："涷（炼）冶铜华清而明，以之为镜因宜文章，延年益寿去不羊（祥），与天。"博局纹划分的四方八极内，青龙、白虎、朱雀、玄武各据一方，四神左右配置体态较小的羽人禽兽，隙间装饰云纹。分别为：青龙配持三花草羽人及飞鸟，白虎配羊及立鸟，朱雀配羽人，玄武配九尾狐及龟。素宽缘。直径 18.5 厘米。河北邯郸墓葬出土。《历代铜镜纹饰》49 页。

3.196 日有喜四神博局镜

圆形。圆钮，四瓣花钮座。内方内铭文为："日有憙，月有富，乐毋事，宜酒食，居必安，毋忧患，芋（竽）瑟侍，心志骦（欢），乐已哉，固常然。"博局纹划分的四方八极内，青龙、白虎、朱雀、玄武各据一方，配置在 T、L 纹之间。青龙、白虎和朱雀头前方均有手持三花草的羽人，玄武则配一龟，青龙与玄武之间的 V 纹叠上压一只大龟，龟身分别在青龙和玄武方位一区内，布局十分特别。素宽缘。《古镜图录》卷中八 B。

3.197 孔子铭四神博局镜

圆形。圆钮。方格内十二乳与十二地支相间布列。博局纹将内区划分为四方八极，配置八乳、四神禽兽。分别为：青龙配羽人，白虎、朱雀、玄武均配一兽。外区铭文为："大哉，孔子志也。美哉，厨为食也。乐哉，居无事也。好哉，与人异也。□哉，□□□也。贤哉，掾掌吏也。意哉，贫人得也。善哉，保七字（子）也。"云气纹缘。直径 20.3 厘米。河南洛阳西汉晚期墓出土。《洛阳道北西汉墓出土一件博局纹铜镜》图一（《文物》1999 年 9 期 89 页）。

3.198 四神博局镜

　　圆形。圆钮，四瓣花钮座。博局纹划分的四方八极内，青龙、白虎、朱雀、玄武各据一方，各区间配以体型较小的羽人禽兽。分别为：青龙配瑞兽、羽人与羊及飞鸟，白虎配二兽，朱雀配持芝草羽人及三鸟，玄武配龟及禽兽。素宽缘。直径 16.3 厘米。河南洛阳新莽墓出土。《洛阳五女冢 267 号新莽墓发掘简报》图二九（《文物》1996 年 7 期 53 页）。

3.199 四神博局镜

　　圆形。圆钮，四瓣花钮座。博局纹划分的四方八极内，青龙、白虎、朱雀、玄武各据一方，各区间配以体型较小的羽人禽兽及不同形式的云纹。分别为：青龙配羊头部及飞鸟，白虎配立兽，玄武配奔鹿。素宽缘。直径13.4厘米。此镜四神造型追求装饰意味，古朴雅致。《中国古代铜镜》66页图87。

3.200 上华山多圈四神博局镜

　　圆形。圆钮，圆钮座。圆圈带将纹饰分为内外二区，内区 T 形两侧有云气纹。外区四神、羽人及禽兽与 L、V 纹相间环列一周，隔 V 纹两两相对。圈带铭文为："上华山，见神人，宜官秩，葆（保）子孙，食玉英，饮礼（醴）泉，驾非（飞）龙，乘浮云。"素宽缘。此镜无乳，以圆圈带分割内外、布置图纹，是罕见的博局镜构图形式。《小校经阁金文拓本》卷十五 93A 上。

3.201 四神博局镜

　　圆形。圆钮，圆钮座，座外圈带内环列九乳。内方四内角各一字，合为："长宜子孙。"四方八区的纹饰配置为：青龙、白虎、玄武各配一兽，朱雀配一鸟。凹圈带双线波折纹缘。直径 16 厘米。河南洛阳新莽或其稍后墓出土。《洛阳烧沟汉墓》165 页图七二 .1。

3.202 四神羽人博局镜

　　圆形。圆钮，四瓣花钮座。博局纹划分的四方八极内，配置四乳、四神禽兽。分别为：羽人导引青龙，二白虎顾盼，羽人导引朱雀，二玄武相随。双线波折纹缘。直径 11.5 厘米。湖南资兴东汉早期墓出土。《湖南资兴东汉墓》图四二 .4（《考古学报》1984 年 1 期 96 页）。广东广州东汉前期墓出土一镜。直径 13 厘米。纹饰、形制与此镜基本相同。博局镜四方位中，两个方位分别配置同形二虎和二玄武，另两个方位则为羽人导龙和羽人导朱雀，是比较少见的构图。广东与湖南都有出土，应是南方地区流行的一种类型。

3.203 四神博局镜

　　圆形。圆钮，四瓣花钮座。博局纹划分为四方八极内，配置四乳、四神禽兽。
分别为：青龙配乳人，白虎配怪熊，朱雀配人首鸟身鸟，玄武配人首鸟身兽，T、
L 纹之间点缀一小鸟。双线波折纹缘。直径 12.9 厘米。湖南资兴东汉早期墓出土。
《湖南资兴东汉墓》图四二 .3（《考古学报》1984 年 1 期 96 页）。

3.204 四神博局镜

　　圆形。圆钮，圆钮座，座外九乳与云纹相间环列。博局纹划分的四方八极内
排列四神、羽人等。四神虽位于各自的方位，但均隔 V 纹与羽人及瑞兽相望。变
形云纹缘。直径 18.7 厘米。相对于概念化的四神题材与线条式的表现方式，此镜
图案化的云纹充满装饰趣味。江苏扬州汉墓出土。《汉广陵国铜镜》250 页图 109。

3.205 四神禽兽博局镜

　　圆形。圆钮,圆钮座,座外八乳与卷草纹相间环列。博局纹划分的四方八极内,配置八乳、四神禽兽。分别为:青龙配羽人,白虎配鹿,朱雀配禽鸟,玄武配羊。青龙、白虎、朱雀、蛇都将长尾延伸到 T、L 纹间,既生动又使布局协调。云藻纹缘。直径 15.8 厘米。东汉时期。河南洛阳出土。《洛阳出土铜镜》图 40。

3.206 四神博局镜

圆形。圆钮，四瓣花钮座。博局纹划分的四方八极内，青龙与玄武各一，二朱雀相对，二白虎相望，以及瑞兽禽鸟。S形云纹缘。《铜镜图案》44页右下。

3.207 二组四神博局镜

　　圆形。圆钮，圆钮座。博局纹划分的四方八极内，青龙，白虎各据一方位，身躯穿越 T、L 纹之间；同形二朱雀各占一区隔 T、L 纹相对；玄武龟、蛇分离，也各占一区。圈带铭文为："昭（照）匈（胸）脅，身万全，象衣服，好可观，宜街（佳）人，心意骥（欢），长虞（娱）志。"边缘纹饰为四神与几何云纹相间环绕。直径11.6厘米。广东广州东汉前期墓出土。此镜主题纹饰和边缘纹饰均为四神题材，是博局镜中比较少见的类型。另外，平雕式四神比内区线条式四神更逼真生动。可见线条式四神已模式化、简单化，更注重边缘纹饰的装饰效果。《广州汉墓》343页图二〇九.3。

3.208 二组四神博局镜

　　圆形。圆钮，圆钮座。博局纹划分的四方八极内，青龙配羽人，白虎配兽，朱雀配禽鸟，玄武配禽鸟。画纹带缘中亦配置青龙、白虎、朱雀、玄武及一羽人，图案化的四神，伸曲自如，柔美自然。直径 16.3 厘米。湖南省出土。《铜镜图案——湖南出土历代铜镜》84 页图 62。

3.209 福喜四神博局镜

　　圆形。圆钮，四瓣花钮座。瓣间有"长宜子孙"铭文，方格内排列十二乳。博局纹划分的四方八极内，羽人配青龙，白虎配蟾蜍，朱雀配小鸟，玄武配蟾蜍。青龙、白虎、朱雀、玄武各占一方。镜缘铭文为："福憙进兮日以前，食玉英兮饮澧（醴）泉，驾蜚（飞）龙兮乘浮云，白虎引兮上泰山，凤皇（凰）集兮见神鲜（仙），保长命兮寿万年，周复始兮八子十二孙。"直径 16.7 厘米。河南洛阳东汉早期墓出土。《洛阳西郊汉墓发掘报告》图二一 .1（《考古学报》1963 年 2 期 25 页）。

3.210 四神博局镜

圆形。圆钮，四瓣花钮座，四瓣间及尖顶又装饰叶瓣纹。博局纹划分的四方位内，四神各据一方，身躯穿越 T、L 纹之间，青龙、白虎、朱雀头前方均有一持芝草羽人，作导引状。唯玄武前后分别置鸟和龟。双线波折圆点纹缘。直径 14.1 厘米。江苏扬州西汉晚期墓出土。《汉广陵国铜镜》232 页图 101。

3.211 四神博局镜

　　圆形。圆钮，四瓣花钮座。博局纹划分的四方位内，青龙、白虎、朱雀、玄武各据一方，身躯穿越 T、L 纹之间。双线波折纹缘。直径 13.5 厘米。湖南资兴东汉早期墓出土。《湖南资兴东汉墓》图四二 .2（《考古学报》1984 年 1 期 96 页）。

3.212 四神博局镜

　　圆形。圆钮，四瓣花钮座。博局纹划分的四方八极内，青龙、白虎、玄武各据一方，身躯穿越 T、L 纹之间；同形二朱雀则在一方，各占一区。双线波折纹缘。直径 11.3 厘米。新莽时期。河南洛阳出土。此镜的构图比较特殊，朱雀方位与其他三个方位图形布局不对称。另外，内方格外又饰以双线三角纹组成的方格，增加了装饰性。《洛阳出土铜镜》图 31。

3.213 四神博局镜

　　圆形。圆钮，四瓣花钮座。博局纹划分的四方八极内，青龙、白虎、朱雀、
玄武各据一方，身躯穿越 T、L 纹之间。青龙、白虎区位分别伸出一尾端和一虎
头，朱雀区位有一鸟。素宽缘。直径 13.8 厘米。河南南阳东汉早期墓出土。《南阳
出土铜镜》81 页图一九八。

3.214 禽兽博局镜

  圆形。圆钮，四瓣花钮座，圆圈内九乳与变形云纹相间环绕。博局纹划分的四方八极内，配置八连弧座乳及禽兽。几何形云纹缘。直径 15.7 厘米。此镜禽兽夸张变形，灵气充盈，特别是头部造型变化丰富。广西贵港墓葬出土。《广西铜镜》63 页图 19。

3.215 善铜禽兽博局镜

　　圆形。圆钮，圆钮座。博局纹将内区划分的四方八极内，青龙配羽人，白虎配兽，朱雀配兽，以及兽与兽。T纹两侧饰四瓣花乳。外区铭文为："汉有善铜出丹阳，取之为镜清如明，左龙右虎备三旁（方），朱爵（雀）玄武顺阴。"画纹带缘有羽人导龙，九尾狐与有翼长角兽及飞鸟、羽人与蛇缠鱼、回首曲身螺壳纹兽、龙等，各组纹饰由变形云纹分隔。边缘纹饰内容丰富生动，还有一些较为少见的图像。直径23厘米。湖南长沙东汉墓出土。《湖南长沙砚瓦池古墓的清理》图一（《考古通讯》1957年5期72页），《铜镜图案》30。

3.216 善铜羽人禽兽博局镜

　　圆形。圆钮，八瓣花钮座。九乳与禽兽相间环绕。博局纹将内区划分的四方八极内，配置八乳及羽人禽兽纹。圈带内饰几何形云纹。外区铭文为："汉有善铜出丹阳，卒（淬）以银锡清而明，刻治六博中榘方，左龙右虎治四彭（方），朱爵（雀）玄武顺阴阳，八子九孙治中英（央），常葆（保）父母利弟兄，应随四时合五行，法象天地日月光，昭神明镜相侯王，众妻美好如玉英，千秋万世长乐未央兮。"禽兽画纹带缘。直径27.5厘米。此镜铭文80余字，其中"刻治六博"内容，再次证明了镜中纹饰在当时的称呼。江苏东海新莽或稍晚墓出土。《江苏东海县尹湾汉墓群发掘简报》图一三（《文物》1996年8期8页）。

3.217 善铜禽兽博局镜

　　圆形。圆钮，四瓣花钮座。博局纹将内区划分的四方八极内，分别配置羽人和禽兽。圈带铭文为："汉有善铜出丹阳，取□□竟（镜）清如明，左龙右。"鱼纹结句。画纹带缘中禽鸟、瑞兽及蛇缠鱼纹等与变形S形云纹相间环列。《楚风汉韵——长沙市博物馆藏镜》109页图81。

3.218 善铜禽兽博局镜

　　圆形。圆钮，圆钮座。八乳、云纹和三角纹相间环列。博局纹将内区划分的四方八极内，青龙配兽，白虎配兽，二鸟相对，羽人与兽。T纹两侧各一乳。外圈铭文为："汉有善铜出丹阳，取之为镜清如明，左龙右虎备三旁（方），朱爵（雀）玄武顺阴阳。"瑞兽画纹带缘，锈蚀较甚。直径16.3厘米。江苏扬州东汉墓出土。《汉广陵国铜镜》260页图114。

3.219 上太山禽兽博局镜

　　圆形。圆钮，圆钮座。八乳与云气纹相间环列。博局纹将内区分为四方八极，配置八连弧座乳、禽兽。分别为：青龙配兽，白虎配兽，朱雀配羽人，兽与兽。外区铭文为："上太（泰）山，见神人，食玉英，饮礼（醴）全（泉），宜官秩，葆（保）子孙，长乐未央，富贵昌，予（与）天毋极，驾非（飞）龙，乘浮云。"云气纹缘。直径 18.8 厘米。湖南长沙出土。《铜镜图案》29 页。

3.220 夶言禽兽博局镜

圆形。圆钮，圆钮座。九乳与"君宜子孙"铭相间环列。博局纹将内区划分的四方八极内配置八乳、禽兽。分别为：青龙配兽，白虎配兽，朱雀配羽人，兽与兽。外区铭文为："夶言之纪镜囗始，仓（苍）龙在左，白虎在右，辟去不阳（祥）宜古（贾）市，长宜式亲利孙子。"锯齿纹及双线波状纹缘。直径18.4厘米。广东广州东汉后期墓出土。《广州汉墓》442页图二七六.4。

3.221 佳镜禽兽博局镜

　　圆形。圆钮，四瓣花钮座。内方内铭文为："此有佳镜成独好，上有山人不知老，渴饮澧泉饥。"博局纹将内区划分的四方八极内，配置八乳、青龙、白虎、朱雀及其他禽鸟。外区铭文为："此有佳镜成（诚）独好，上有山（仙）人不知老，渴饮澧（醴）泉饥啖枣，游天下敖（遨）三海，寿如金石为国。"两周三角纹间以双线三角纹缘。直径18.6厘米。湖南长沙东汉墓出土。此镜方格铭与圈带铭内容相同，是比较少见的镜铭组合。《长沙金塘坡东汉墓发掘简报》图六.1（《考古》1979年5期431页）。

3.222 佳镜禽兽博局镜

　　圆形。圆钮，圆钮座。十二乳钉与十二地支相间排列。博局纹将内区划分的四方八极内，配置八乳瑞兽。青龙、白虎、朱雀等。瑞兽或回首顾盼，或正面凝视，或抬头眺望，生趣昂然。外区铭文为："作佳镜哉真大好，上有仙人不知老，渴饮澧（醴）泉饥食枣，浮游天。"画纹带缘中的图纹以不同方式呈现，如平雕式羽人，线条式几何形云纹，平雕与线条式相结合的白虎、禽鸟，意态纷然。直径18.7厘米。河南南阳新莽时期墓出土。《南阳出土铜镜》82页图二〇一。

3.223 尚方八鸟博局镜

　　圆形。圆钮，四瓣花钮座。博局纹划分的四方八极内，配置八乳及八禽，禽鸟隔 V 纹两两相对。外圈铭文为："尚方作竟（镜）真大巧，上有山（仙）人不知老，渴饮玉泉饥食。"两周锯齿夹双线波折纹缘。直径 15.6 厘米。浙江安吉出土。《清质·昭明》78 页。

3.224 尚方八鸟博局镜

圆形。圆钮，四瓣花钮座。博局纹将内区分为四方八极，各方位两区内，禽鸟隔 V 纹相背而立。外区铭文为："尚方作竟（镜）真大巧，上有山（仙）人不知老兮。"直径 13 厘米。湖南出土。《铜镜图案》44 页左下图。

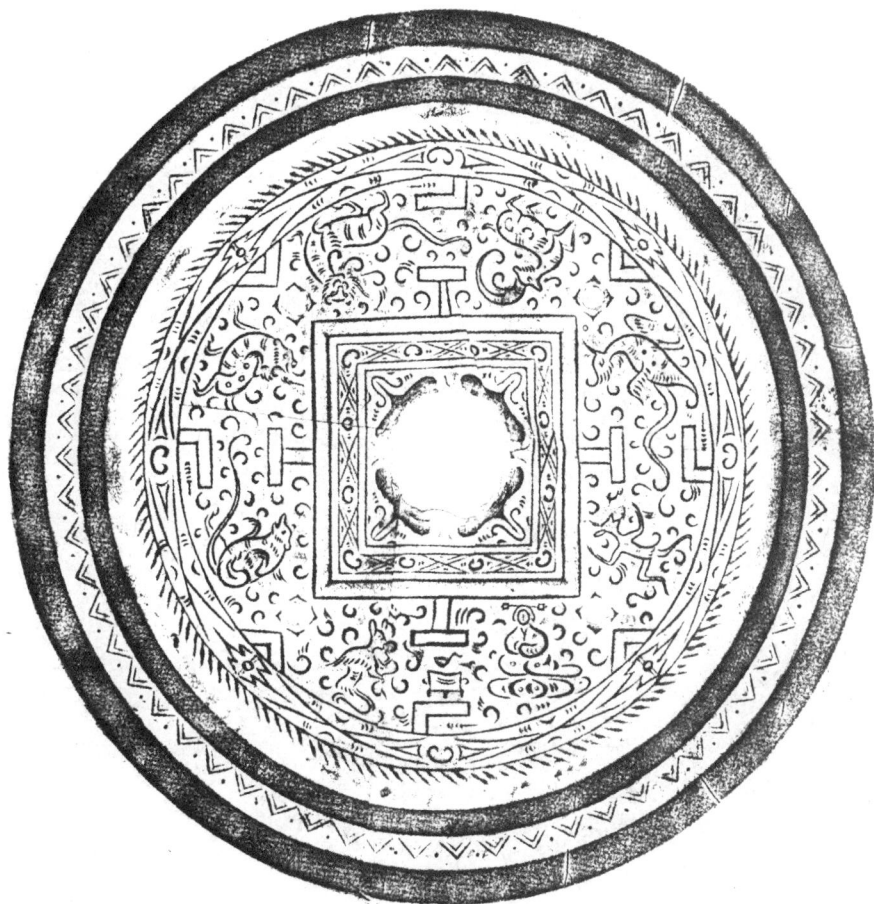

3.225 西王母禽兽博局镜

　　圆形。圆钮，四瓣花钮座。内方饰卷云纹和几何纹。博局纹划分的四方八极内分别为：西王母与羽人，两瑞兽，两瑞兽，朱雀及羽人。西王母端坐，头戴胜，为博局镜中少见的图纹。外区饰卷云纹和菱形纹。双线波折及连珠纹缘。直径18.5厘米。江苏扬州新莽时期墓出土。《扬州市郊发现两座新莽时期墓》图一（《考古》1986 年 11 期 987 页）。

3.226 西王母禽兽博局镜

　　圆形。圆钮，四瓣花钮座。博局纹划分的四方八极内，配置四乳青龙与瑞兽，白虎与瑞兽，玄武与瑞兽，羽人与蛇。玄武方位 T、L 之间西王母端坐，头戴胜，玄武上方一羽人，持三花草面向王母。素宽缘。直径 17.8 厘米。镜有鎏金的痕迹。此镜羽人弄蛇的图纹极为少见。江苏扬州东风砖瓦厂 7 号墓出土。据考古发掘报告分析，此墓应属新莽或东汉初年。《扬州东风砖瓦厂汉代木椁墓群》图八.2（《考古》1980 年 5 期 424 页）。又见《汉广陵国铜镜》212 页图 92。

3.227 西王母禽兽博局镜

　　圆形。圆钮，四瓣花钮座。博局纹划分的四方八极内，配置四乳及神人禽兽。一方位为西王母与玉兔捣药，西王母侧身端坐，头戴胜。其他三方位分别为二鸟、二鸟和羽人瑞兽。素宽缘。直径11.6厘米。江苏仪征汉墓出土。《仪征馆藏铜镜》81页。仪征出土另一面西王母禽兽博局镜的四组内容与此镜相似，直径8厘米。见《仪征馆藏铜镜》79页。在扬州地区出土的禽兽博局镜中，有多面出现西王母与羽人或玉兔捣药组合的图纹值得探讨。

3.228 长宜子孙禽兽博局镜

圆形。圆钮，四瓣花钮座。内方四角有"长宜子孙"铭文。博局纹划分的四方八极内，配置八乳及四神纹等。分别为：青龙配持芝草羽人，白虎配瑞兽，朱雀配禽鸟，人头鸟配瑞兽。双线波折纹缘。直径14.4厘米。浙江安吉出土。《清质·昭明》79页。

3.229 永和元年二龙二虎博局镜

　　圆形。圆钮。博局纹划分的四方八极内，配置二龙二虎，龙虎同向环列。圈带铭文为："永和元年正月广武造，宜君王，长未央。"双线波折纹缘。直径9.7厘米。中国历史上不同时期有五个"永和"年号，《故宫藏镜》作者认为此镜应是东汉顺帝永和年号，元年即公元136年。《汉三国六朝纪年镜图说》第七〇.2与此镜相同，但该书作者认为是赝品。《故宫藏镜》62页。

3.230 四兽博局镜

　　圆形。圆钮，四瓣花钮座。博局纹划分的四方八极内配置四兽。双线三角圆点纹缘。直径 10 厘米。与一般青龙、白虎、朱雀、玄武四神各据一方位不同，此镜四兽身躯跨越 V 纹，位于相邻二方位各一区内，布局方式少见。浙江安吉出土。《清质·昭明》80 页。

3.231 禽兽博局镜

　　圆形。圆钮，圆钮座，座外环列九枚乳钉。博局划分四方八极内，配置八乳及龙虎禽兽，布局方式却别有新意。青龙位于两个方位的各一区，头部与另一区的羽人相对，寓意羽人导龙。白虎则位于一方的两个区内。朱雀亦跨方位配置，位于两个方位的各一区，另一区尾随瑞兽。双线波折纹缘。直径 11.5 厘米。江苏仪征汉墓出土。《仪征馆藏铜镜》94 页。

3.232 多圈带禽兽博局镜

　　圆形。圆钮，四瓣花钮座。弦纹圈带分为二区，内区四乳与四组连山纹相间环绕，三个T形外各配置禽兽，另一个T形外配置云气火焰状纹。外区L、V纹之间各一禽兽，有龙、虎、朱雀等。博局纹外圈带内装饰交叉菱形纹。双线波纹和圆点纹缘。直径16厘米。新莽时期。河南洛阳出土。《洛阳出土铜镜》图30。

3.233 秦言几何纹博局镜

　　圆形。圆钮，四瓣花钮座。博局纹划分的四方八极内，配置八乳及钩纹和短线条纹。圈带铭文为："秦言之始自有纪，涑（炼）冶锡铜去其宰（滓），长葆（保）二亲利孙子。"三角锯齿及 S 形云纹。直径 14.2 厘米。此类纹饰有的称为规矩涡纹镜、方格规矩八乳镜。《小校阁金文拓本》卷十五65A下。《中国古镜拓影》图一.41。

3.234 柰言几何纹博局镜

　　圆形。圆钮，四瓣花钮座。内区博局纹划分的四方八极内，配置八乳及钩纹和短线条纹。外区铭文为："柰言之始自有纪，涷（炼）冶铜锡去其宰（滓），辟除不详（祥）宜古（贾）市。"双线波折圆点纹缘。直径13.8厘米。江苏扬州出土。《汉广陵国铜镜》258页图113。

3.235 几何纹博局镜

　　圆形。圆钮，四瓣花钮座。内方外围以二重弦纹方格。博局纹划分的四方八极内，装饰菱形几何纹。三角锯齿纹缘（内含小圆点）。直径 17.5 厘米。河南洛阳新莽或稍后时期墓出土。《洛镜铜华——洛阳铜镜发现与研究》158 页图 111。

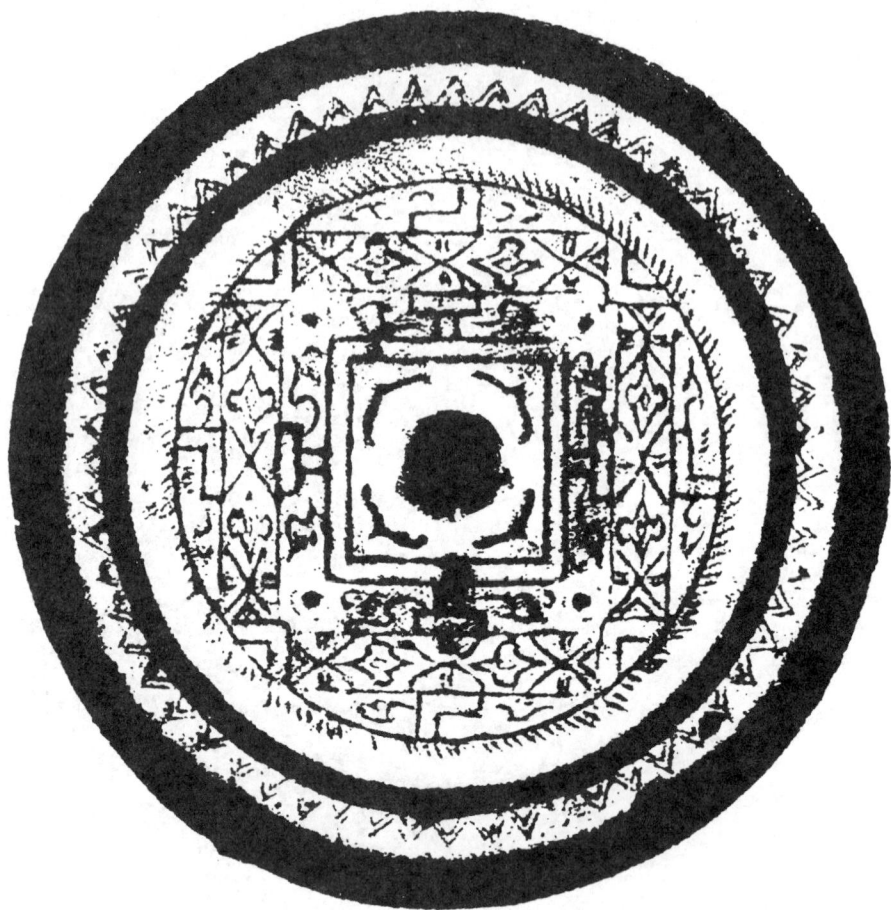

3.236 几何纹博局镜

　　圆形。圆钮，四瓣花钮座。内方外围以二重弦纹方格。博局纹划分的四方八极内，装饰翼纹及菱形几何纹。三角锯齿纹缘。直径 9.7 厘米。河南洛阳西汉至新莽墓出土。《洛镜铜华——洛阳铜镜发现与研究》157 页图 110。

3.237 几何纹博局镜

圆形。圆钮，四瓣花钮座。博局纹划分的四方八极内，配置八乳及短线、圆涡纹。双线波折纹与锯齿纹缘。直径 11.3 厘米。广东广州东汉后期墓出土。《广州汉墓》442 页图二七六 .5。

3.238 几何纹博局镜

圆形。圆钮，四瓣花钮座。博局纹划分的四方八极内，配置八乳及钩纹。双线波折纹缘。直径 11.1 厘米。河南南阳西汉晚期墓出土。《南阳出土铜镜》83 页图二〇五。

3.239 几何纹博局镜

圆形。圆钮，四瓣花钮座。博局纹划分的四方八极内，配置钩纹及线条纹。锯齿纹缘。直径 10 厘米。江西南昌东汉墓出土。《江西南昌东汉、东吴墓》图六 .1（《考古》1978 年 3 期 161 页）。

3.240 几何纹博局镜

　　圆形。圆钮，圆钮座。博局纹划分的四方八极内，配置连弧座八乳及钩纹和
S纹。此镜中连弧座的乳钉已成为主要的图形，几何纹则成为填补空白的装饰。
画纹带缘中两种不同飞翔姿态的鸟纹相间环绕，是少见的镜缘纹样。直径11厘
米。河南禹县汉墓出土。《河南禹县白沙汉墓发掘报告》图十.2(《考古学报》1959
年1期75页)。

3.241 几何纹博局镜

　　圆形。圆钮，圆钮座。T、L、V 纹配置在圆圈带内外，T 形两侧有圆钩纹，L
与 V 形间各夹三个双线三角纹。双线三角纹缘。直径 10.1 厘米。湖北宜城出土。
此镜多圈带布置纹饰和博局纹间的三角纹都是比较少见的图纹。《湖北宜城"楚皇
城"遗址调查》图六 .1(《考古》1965 年 8 期 380 页)。

3.242 始建国二年禽兽简化博局镜

圆形。圆钮。七乳与"宜子孙"铭文相间环绕。T、V纹划分的四方八极内，分别为：西王母与玉兔持杵，骑羊羽人与瑞兽，骑兽羽人与骑兽羽人，瑞兽与禽鸟。镜缘铭文为："唯始建国二年新家尊，诏书数下大多恩，贾人事市不躬啬田，更作辟雍治校官，五谷成孰（熟）天下安，有知之士得蒙恩，宜官秩，葆（保）子＝（子子）孙。"S形云纹缘。直径16.1厘米。此镜无大方格，缺L形纹。新莽始建国二年即公元10年。《尊古斋古镜集景》第1页。中国国家博物馆收藏一镜与此镜相同，原为上海市文物保管委员会收藏，见《上海市文物保管委员会所藏的几面古镜介绍》（《文物参考资料》1957年8期35页）。

3.243 禽兽简化博局纹镜

　　圆形。圆钮，圆钮座。圆圈内九乳间以山形及云气纹。内方铭文为："朱爵（雀）玄武顺阴阳，八子九孙治中央，照面目，身万全，象衣服，好可观，君宜官秩，葆（保）子。"T、L划分的四方八极内，配置八乳、龙、鸟、羽人搏兽及独角兽纹，T及L形纹间配置双鸟、单鸟。画纹带缘内三枚"大钱五十"钱纹与三组纹饰相间环列。一组是鹤、豹、鹿、鸟，一组是羽人搏兽、怪兽、兽，一组是兽与怪神，各组中均有缠绕的龙纹。此镜禽兽羽人形态各异，线条流畅生动。《古镜图录》卷中六 A。

3.244 四神钱纹简化博局镜

　　圆形。圆钮，圆钮座。内区 T、L 纹划分的四方八极内，青龙与白虎各配一枚"大泉五十"钱纹，朱雀配怪兽，玄武龟蛇分离各据一区。外区铭文为："汉有善铜出丹阳，取之为镜清如明，左龙右虎备三旁（方）。"画纹带缘内六组龙纹间以禽兽纹。直径 13.7 厘米。《小檀栾室镜影》卷二 23A。

3.245 上太山简化博局镜

　　圆形。圆钮，圆钮座。内区 T、L 划分的四方八极内配置四神，但四神未按东南西北方位排列。依次为：羽人导龙，白虎与瑞兽，朱雀与瑞兽，玄武为龟蛇各分列一区。外区铭文为："上太（泰）山，见神人，食玉英，驾非（飞）龙，乘浮云。"泰山，写作太山。S 形云纹缘。直径 14.3 厘米。江苏仪征出土。《汉广陵国铜镜》266 页图 117。

3.246 四神禽兽简化博局镜

　　圆形。圆钮，圆钮座。座外环列八乳及云气纹。四乳与 T、V 纹划分的四方八极内，分别配置羽人戏鹿，兽与鸟，兽与人面兽，兽与鸟。画纹带缘为羽人、四神、一兽及长短不一的几何形云纹，形象比主纹更为生动。直径 13.6 厘米。广东广州东汉后期墓出土。《广州汉墓》443 页图二七七 .3。

3.247 禽兽简化博局纹镜

圆钮。圆钮座。四个 V 纹以井字形排列，其划分的四方位内分别配置青龙、白虎、朱雀、蟾蜍。双线波折纹缘。直径 11.1 厘米。河南洛阳西汉晚期墓出土。《洛阳西郊汉墓发掘报告》图二〇 .3（《考古学报》1963 年 2 期 23 页）。

3.248 四鸟简化博局镜

圆形。圆钮,圆钮座。四个 T 形纹及四乳划分的四方内,配置同形飞鸟。双线波折纹缘。直径 10 厘米。湖南资兴东汉中期墓出土。《湖南资兴东汉墓》图四三 .4(《考古学报》1984 年 1 期 98 页)。

3.249 四鸟简化博局镜

　　圆形。圆钮，四瓣花钮座。四个 T、V 纹与四乳划分的四方内各置一鸟。双线波折纹缘。直径 11.8 厘米。广州东汉后期墓出土。《广州汉墓》443 页图二七七 .5。

3.250 八鸟简化博局镜

　　圆形。圆钮，四瓣花钮座。内区 L 纹和 T 纹的横道与四乳划分的四方八极内，配置同形禽鸟纹。八鸟两两相对。外区铭文为："尚方作竟（镜）真大巧，上有山（仙）人不知［老］。"两周锯齿纹缘。直径 12.6 厘米。此镜禽鸟为正面展翅站立形，侧首相望，较为少见。湖南资兴东汉中期墓出土。《湖南资兴东汉汉墓》图四二.6（《考古学报》1984 年 1 期 96 页）。

3.251 八鸟简化博局镜

　　圆形。圆钮，变形四叶钮座。四 V 纹与四乳划分的四方八极内，配置同形禽鸟纹。二禽隔乳相背，隔 V 纹与相邻二区禽鸟相对。二周锯齿纹缘。直径 10.5 厘米。广州东汉后期墓出土。《广州汉墓》443 页图二七七 .4。

3.252 八鸟简化博局镜

  圆形。圆钮，圆钮座。内区四 L、四 V 及 T 纹的横道划分的四方八极内，配置八乳及同形禽鸟，各方位二禽相背，与相邻二区的禽鸟隔 V 纹相对。外区铭文为："尚方乍（作）竟（镜）真大巧，上有山（仙）人。"两周锯齿纹缘。直径 14.5 厘米。湖南衡阳南朝墓出土。《湖南衡阳茶山坳东汉至南朝墓的发掘》图一九（《考古》1986 年 12 期 1091 页）。

3.253 新兴几何简化博局镜

　　圆形。圆钮，变形四瓣花钮座。内区四 T 纹划分的四方八极内配置八乳及涡云纹。外区铭文为："新兴辟雍建明堂，然于举土列侯王，将军令尹民户行，诸生万舍在北方，乐未央。"几何形云纹缘。直径 13.5 厘米。此镜纹饰简单，但突出了四瓣花及边缘纹饰，仍然十分华美。《上海博物馆藏青铜镜》图 39。

3.254 几何纹简化博局镜

　　圆形。圆钮，圆钮座。四 T 纹的横道及四 L 纹划分的四方八极内，配置 C 形云纹。锯齿纹缘。直径 7.8 厘米。湖南资兴东汉中期墓出土。《湖南资兴东汉墓》图四三 .7（《考古学报》1984 年 1 期 98 页）。

3.255 几何纹简化博局镜

圆形。圆钮。圆圈外 V 纹与四乳相间环列，两侧有勾卷纹及短线条纹。双线波折纹缘。直径 8.1 厘米。此镜只有四 V 纹而无 T、L 纹，已很难视为博局纹了。《拓影》二.162。

3.256 几何纹简化博局镜

圆形。圆钮。圆圈外四 T 纹与四乳相间环列，两侧有断续并列的短线条纹。锯齿纹缘。直径 8 厘米。河南洛阳东汉早期墓出土。《洛阳烧沟汉墓》167 页图七四.甲 5。

3.257 几何纹简化博局镜

圆形。圆钮。四 T 间配置钩纹和短线条纹。三角锯齿纹缘。河南南阳东汉早期墓出土。《南阳出土铜镜》83 页图二〇六。

3.258 云纹简化博局镜

　　圆形。圆钮，圆钮座。四 T 纹的横道、四乳及叠云纹相间环绕。其外三角锯齿纹圈带。素缘。直径 7 厘米。此类镜的图纹与博局纹已相差甚远，但可以看出博局纹的简化趋势。湖南长沙东汉中期墓出土。《长沙金塘坡东汉墓发掘简报》图六 .3（《考古》1979 年 5 期 431 页）。

多乳禽兽镜

3.259 鎏金尚方五乳四神镜

　　圆形。圆钮，圆钮座。五乳与青龙、白虎、朱雀、玄武、羽人相间环列。外圈铭文为："尚方作竟（镜）真大巧，上有山（仙）人不知老，渴饮玉泉饥食。"几何形云纹缘。镜背鎏金。直径 14 厘米。浙江义乌出土。《浙江出土铜镜》黑白版图 23。

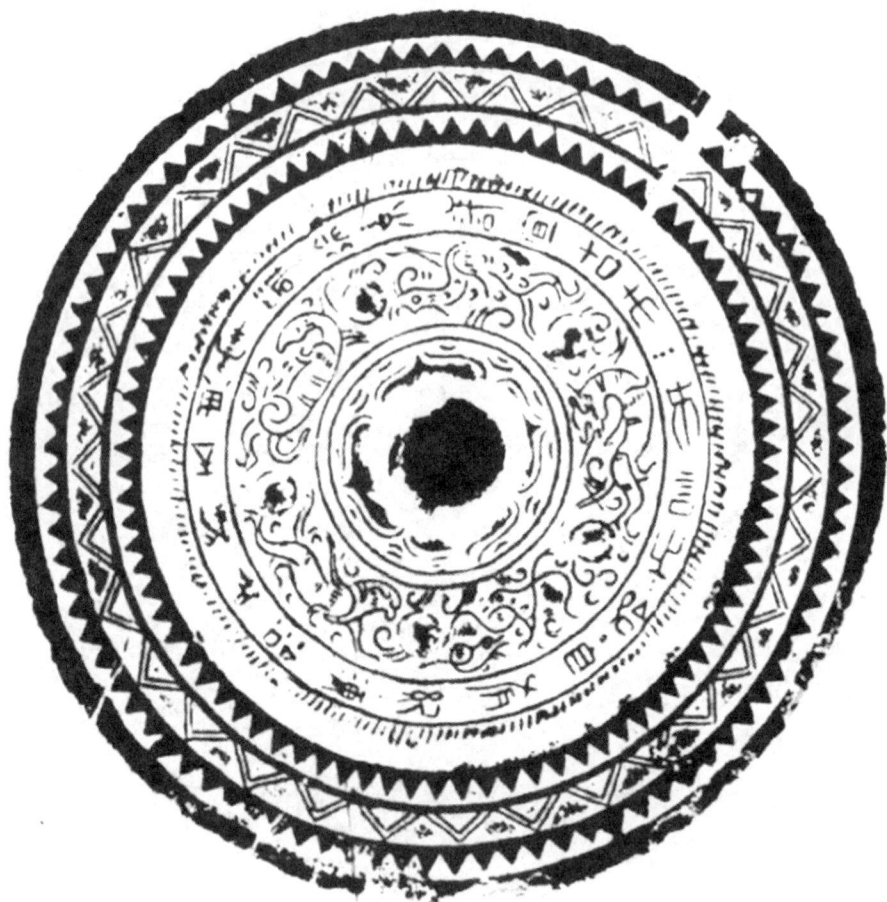

3.260 桼言五乳禽兽镜

圆形。圆钮，四瓣花钮座。内区五乳与龙、虎、瑞兽及禽鸟相间环列。外区铭文为："桼言之始自有纪，涑（炼）冶铜锡去其宰（滓），辟除不详（祥）宜古（贾）市。"两周锯齿夹双线波折纹缘。直径13.5厘米。《小檀栾室镜影》卷二22A。

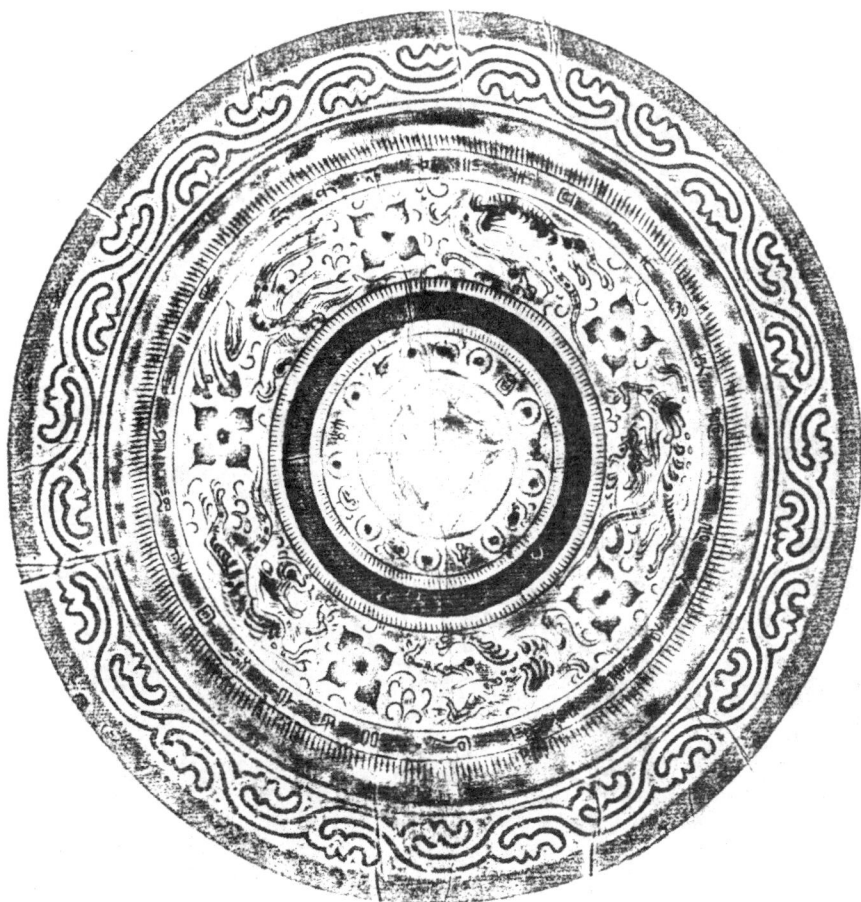

3.261 吕氏五乳羽人龙虎镜

　　圆形。圆钮。钮外九乳间以"宜子孙"铭。内区四瓣花五乳与羽人、龙虎相间环列，二龙、二虎分别隔乳相对视。外区铭文为："吕氏乍（作）镜自有纪，长保二亲□孙子，辟去不羊（祥）宜古（贾）市，为吏高升居人右，寿如金石。"云气纹缘。直径 17.4 厘米。湖南长沙东汉墓出土。《长沙北郊东汉墓中出土的铜尺》图一（《考古》1959 年 12 期 688 页）。

3.262 张氏五乳禽兽镜

　　圆形。圆钮，圆钮座。内区五乳相间浮雕式禽兽纹。外区铭文为："张氏作竟
（镜）大毋伤，长保二亲乐未央，八子九孙居高堂兮。"锯齿及波折纹缘。湖南长
沙东汉中期墓出土。《湖南出土汉代铜镜文字研究》图八九（《古文字研究》第 14 辑
147 页）。

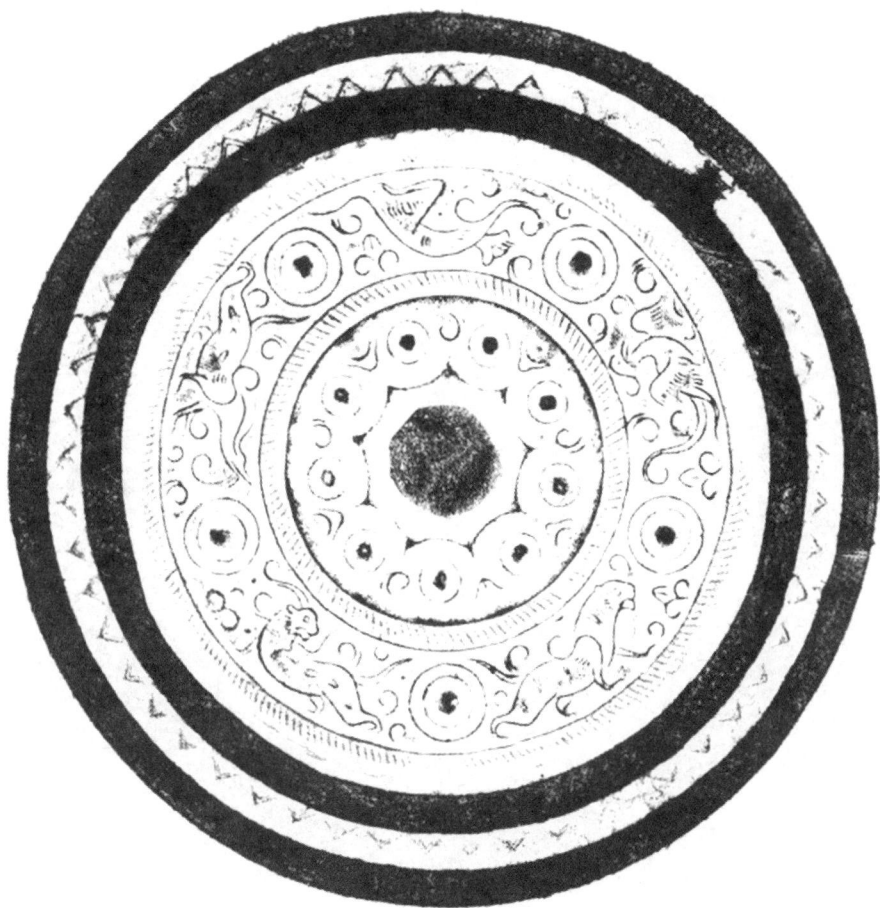

3.263 五乳羽人禽兽镜

圆形。圆钮，九连弧形钮座，外围九小乳。五乳与羽人禽兽相间环列，依次为青龙、长角兽、白虎、朱雀及羽人。双线波折纹缘。直径11.6厘米。江苏仪征汉墓出土。此墓出土的简牍"先令券书"中有"元始五年"纪年，即西汉平帝元始五年（5）。《汉广陵国铜镜》288页图127。

3.264 长宜子孙五乳羽人禽兽镜

　　圆形。圆钮，圆钮座。钮外八乳、四鸟与"长宜子孙"铭文相间环列。连弧座五乳与羽人、禽兽相间环列，分别为：青龙，头前有日；白虎，头前有月；羽人持弩对兽，兽仅显露前半身；二羽人相对，一抚琴，一吹笙；羽人驾舟，舟前后有水鸟等。画纹带缘中有二羽人相对作投壶游戏、象、九尾狐及其他禽兽。直径14厘米。此镜纹饰丰富，特别是形象如此生动的舟船画面在中国古代铜镜中难得一见。《故宫藏镜》42页。

3.265 五乳蟠螭镜

　　圆形。圆钮，圆钮座。钮外环列山形纹和并列弧线纹，较为少见。五乳与五蟠螭相间环绕一周。蟠螭呈 S 形，两端勾卷，周围点缀一些简洁的装饰。三重水波纹缘。直径 15.9 厘米。此镜在多乳禽兽带镜中构图别有新意，简约而不单调。江苏扬州汉墓出土。《汉广陵国铜镜》286 页图 126。

3.266 侯氏五乳五鸟镜

圆形。圆钮。五乳与五鸟相间环列，五鸟同形。外圈铭文为："侯氏作竟（镜）自有纪，□大得，宜古（贾）市，出入居官在人右，长保二亲及孙子。"锯齿双线波折纹缘。湖南长沙东汉中期墓出土。《铜镜图案》45 页右下。

3.267 六乳四神镜

圆形。圆钮，圆钮座，外围九乳。圆环座六乳与四神禽兽相间环列，分别为
羽人、青龙、白虎、朱雀、玄武和瑞兽。双线三角纹缘。直径 14.3 厘米。江苏仪
征汉墓出土。《仪征馆藏铜镜》111 页。

3.268 尚方六乳禽兽镜

　　圆形。圆钮，钮外环列八乳。圈带铭文为："尚方乍（作）竟（镜）真大巧，□□。"其外六乳与六禽兽相间环列。云气纹缘。《小校经阁金文拓本》卷十五27B下。

3.269 善铜六乳禽兽镜

圆形。圆钮。六乳与禽兽相间环列。外圈铭文为："新家右（有）善铜出阳，
□之为镜清明，少□□。"画纹带缘中配置 S 形云纹及青龙、白虎、朱雀和蟾蜍，
但四神与云纹不是相间环列形式。新莽时期。湖南省出土。《湖南出土汉代铜镜文
字研究》图五三（《古文字研究》第 14 辑 125 页）。

3.270 鲁氏六乳仙人兽纹镜

圆形。圆钮。六乳与仙人、青龙、白虎、独角兽、玄武等相间环列。外圈铭文为："鲁氏作竟（镜）大毋伤，浮云连结围（卫）四方，六子大吉。"忍冬花纹缘。东汉中期。湖南长沙出土。《湖南出土汉代铜镜文字研究》图九九（《古文字研究》第 14 辑 153 页）。

3.271 青盖六乳禽兽

　　圆形。圆钮，圆钮座。座外一龙三虎两两相对环列，正视形的龙头别有风趣。四瓣花六乳与龙、虎、朱雀相间环列。圈带铭文为："青盖作竟（镜）四夷服，多贺国家人民息，胡虏堪（戡）威（灭）天下复，风雨时节五谷孰（熟），长保二亲得天力。"画纹带缘中饰青龙、白虎、朱雀、玄武及鱼纹、钱纹等。直径 18.8 厘米。河北石家庄出土。《历代铜镜纹饰》65 页。

3.272 杜氏六乳禽兽镜

圆形。圆钮。四瓣花六乳与禽兽纹相间环列。外圈铭文为："杜氏作竟（镜）大毋伤，亲（新）有善铜出丹羊（阳），涷（炼）冶银锡清如明，左龙右虎辟不阳（祥），长富乐未央。"画纹带缘中环列投壶、弄丸、弄斧等百戏以及比目鱼、九尾狐、三足乌等奇禽瑞兽。湖南长沙东汉中期墓出土。直径 13.3 厘米。此镜不仅边缘纹饰丰富新颖，在铭文格式上也有变化，"杜氏作竟大毋伤"后连接"善铜"铭内容。湖南出土的东汉中晚期具杜氏铭的一些多乳禽兽镜、龙虎镜中，也发现多面此种组合的铭文，应是杜氏铭的特点。《铜镜图案——湖南出土历代铜镜》92 页图71，又见《湖南出土汉代铜镜文字研究》图八〇（《古文字研究》第 14 辑 143 页）。

3.273 杜氏六乳人物镜

圆形。圆钮，圆钮座。五乳与五禽鸟相间环绕。内区四瓣花六乳与姿态各异
的人物相间环列，这些人物故事还需要进行探讨。外区铭文为："杜氏作竟（镜）
大无伤，汉有善同（铜）出丹阳，家当大富乐未央，子孙备具居中央，长保二亲
世＝（世）昌，为吏高迁，上有奇［兽］辟不羊（祥），长宜此镜□二。"双线波折纹
缘。直径 19.2 厘米。多乳禽兽镜类型中，乳间描绘的都是人物活动的画面，不仅
展现了丰富的生活场景，也强化了此镜独特的艺术风格。湖南长沙出土。《楚风汉
韵——长沙市博物馆藏镜》141 页图 108。

3.274 陈氏六乳禽兽镜

　　圆形。圆钮。六乳与浮雕式青龙、白虎、朱雀、玄武和异兽等相间环列。外圈铭文为："陈氏作竟（镜）日有憙，令人阳遂贵复富，□□细守（兽）各自治，左有青龙来福右（佑），白虎居前宜白事，风□□□□□，□□□□造工□。"其外一周短斜纹，画纹带缘中为线条式的四神、鸟兽、日中金乌、月中蟾蜍及五铢钱纹。直径15厘米。东汉时期。河南洛阳出土。《洛阳出土铜镜》图36。

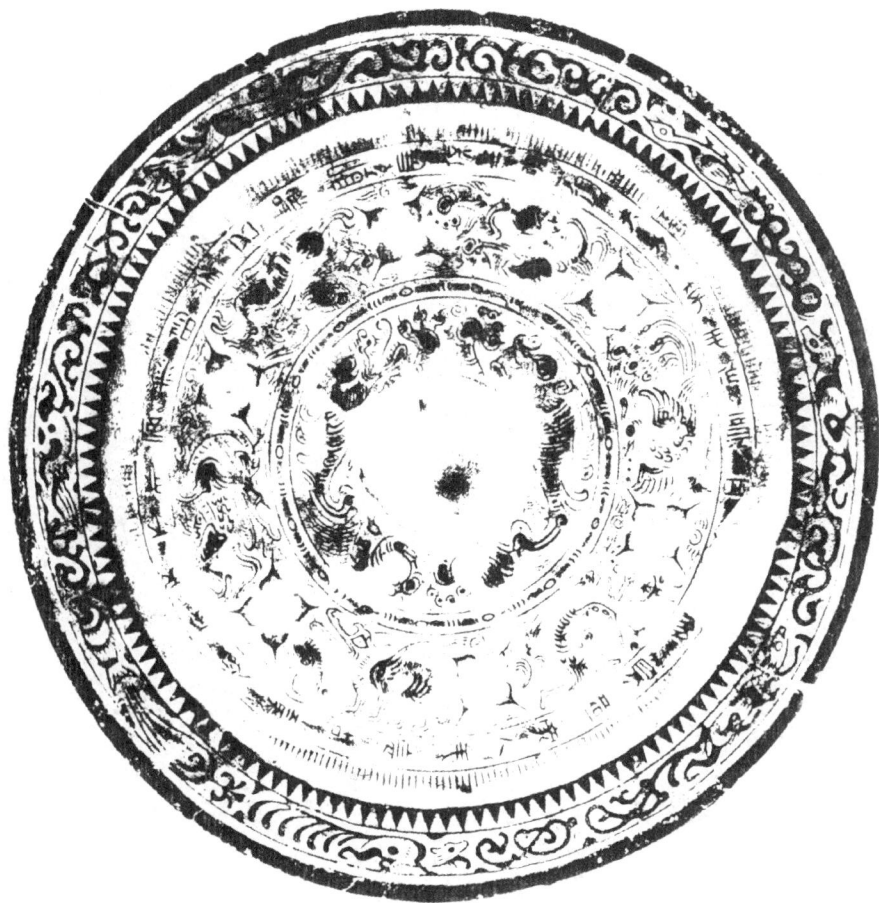

3.275 李氏六乳禽兽镜

　　圆形。圆钮，圆钮座。浮雕式龙虎夹钮对峙。其外四瓣花六乳与龙、虎、凤、鸟、羽人等相间环列。外圈铭文为："李氏作竟（镜）四［夷服］，多贺国家人民息，胡虏殄灭天下服（复），风雨时节五谷孰（熟），长保二亲得天力。"画纹带缘中云纹间以九尾孤、鸟、兽、鱼纹等，纹饰华丽。直径 17.8 厘米。东汉时期。湖北鄂城出土。《鄂城汉三国六朝铜镜》图 23。

3.276 李氏六乳禽兽镜

　　圆形。圆钮，圆钮座，座外二虎对峙。四瓣花六乳与羽人、朱雀，瑞兽相间环列。其中羽人单腿跪地，弯腰从炉中取丸的图纹极少见。外圈铭文为："李氏作竟（镜）四夷服，多贺国家人民息，胡虏殄威（灭）天下服（复），风雨时节五谷孰（熟），长保二亲得天力。"画纹带缘中有九尾狐、鸟、鱼等禽兽纹及云纹。直径 18 厘米。广西贵港东汉晚期墓出土。《广西铜镜》91 页图 47。

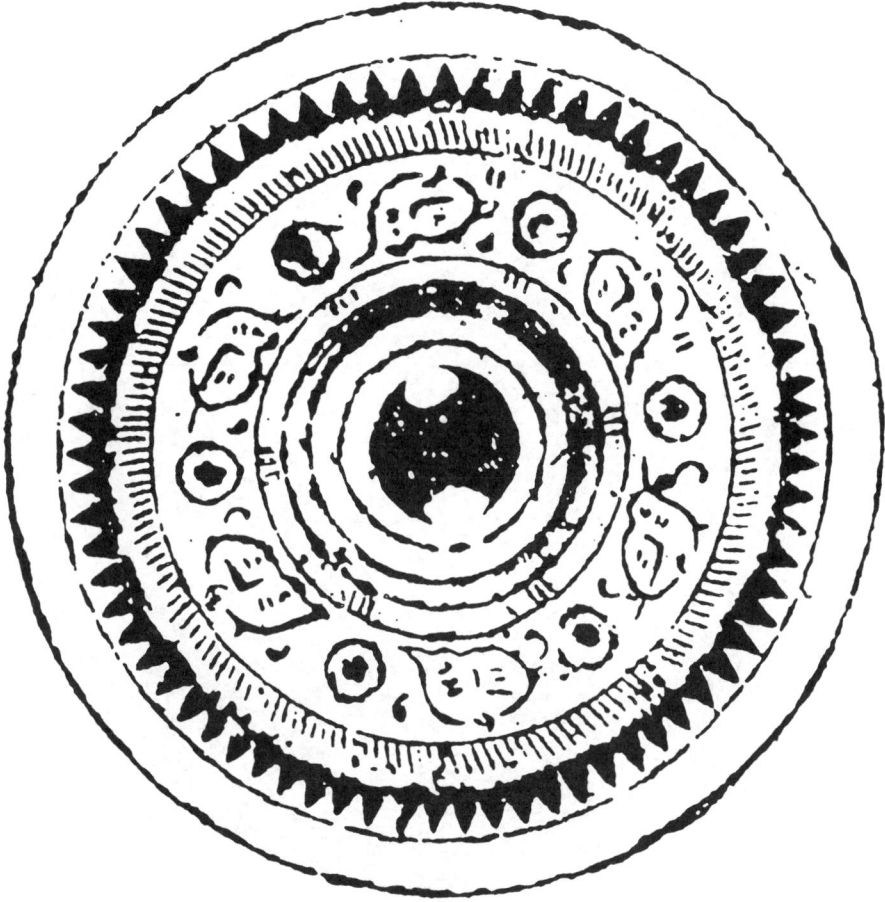

3.277 六乳六鸟镜

　　圆形。圆钮。钮外六圆座乳相间六鸟，分为三组隔乳相对。锯齿纹缘。湖南耒阳东汉墓出土。《湖南耒阳东汉墓清理简报》图四左（《考古通讯》1956 年 4 期 30 页）。

3.278 尚方七乳四神镜

　　圆形。圆钮，圆钮座。S形云纹圈带。内区七乳与青龙、白虎、朱雀、玄武与禽兽纹相间环列。外区铭文为："□方佳竟（镜）大毋伤，□□（残损处疑为'青龙'）白虎辟不羊（祥），朱鸟玄武顺阴阳，子孙备具居中央，长保二亲乐富昌，寿敝今（金）石如……（以下文字残损）。"云气纹缘。直径18.2厘米。广东广州东汉前期墓出土。《广州汉墓》342页图二〇八.5。

3.279 泰山七乳四神镜

圆形。圆钮，钮外九乳间以"宜子孙"铭及云纹。S形云纹圈带。内区七乳与青龙、朱雀、羽人逐鹿、白虎、独角兽、玄武、独角兽相间环列，青龙白虎头前各有一个象征日月的圆形。灵异瑞兽作奔驰状，除朱雀外，其余均两两相对。外区铭文为："泰山作竟（镜）真大巧，上有山（仙）人不知老，渴饮玉泉饥食枣，浮游天下敖（遨）三海兮。"云气纹缘。《小校经阁金文拓本》卷十五57A。

3.280 尚方七乳禽兽镜

圆形。圆钮，圆钮座，座外九乳间以"长宜子孙"铭及云纹。S形云纹圈带。内区七乳与羽人导龙、玄武、神人吹排箫、羽人、羽人、神人抚琴和朱雀相间环列，其中两羽人相向对舞。外区铭文为："尚方佳竟（镜）真大巧，上有仙人不知老，渴饮玉泉饥食枣，浮游天下。"云气纹缘。直径20.3厘米。此镜不仅纹饰华丽，而且内容甚为特别，四神组合中缺白虎，羽人居多，除羽人导龙外，还有抚琴、吹箫和舞蹈的羽人。《上海博物馆藏青铜镜》图40。

3.281 尚方七乳四神镜

圆形。圆钮，圆钮座。其外九乳间以山形纹。内区七乳与青龙、白虎、朱雀、玄武及羽人禽兽等相间环列，禽兽颈部细长并伸向尾部，别有风趣。其中一区内还有铭文，未能辨识。外区铭文为："尚方作竟（镜）大毋伤，巧工刻之成文章，左龙右虎除不祥（祥），朱鸟玄武顺阴阳，寿敝金石乐未央，长保二亲富贵昌，子孙备具居中央，女为夫人男为郎。"两周锯齿夹一周双线波纹缘。东汉中期。湖南省出土。《铜镜图案》36页，又见《湖南出土汉代铜镜文字研究》图七八（《古文字研究》第14辑142页）。

3.282　尚方七乳四神镜

　　圆形。圆钮，圆钮座。九枚小乳间以八禽及一"宜"字铭。内区圆环座七乳与青龙、白虎、朱雀、玄武及禽兽相间环列。外区铭文为："尚方作竟（镜）真大巧，上有山（仙）人不知老，渴饮玉泉饥食枣，浮游天下为国菜（保），□□□。"双线三角纹缘。直径19.2厘米。湖南长沙东汉墓出土。《楚风汉韵——长沙市博物馆藏镜》139页图107。

3.283 侯氏七乳禽兽镜

　　圆形。圆钮，钮外九乳间以"富贵昌，宜侯王，乐未央"铭。内区四花瓣七乳与七瑞兽纹相间环列，瑞兽形体夸张。外区铭文为："侯氏作竟（镜）大毋伤，巧工刻之成文章，左龙右虎辟不阳（祥），七子九孙居中央，夫妻相保如威（鸳）央（鸯）兮。"画纹带缘由二枚"五金"钱纹和两个玉壁纹分成四组，分别配置玉兔、九尾弧、三足鸟、龙和熊等。直径 19.6 厘米。湖南长沙东汉中期墓出土。《铜镜图案》37 页，又见《湖南出土汉代铜镜文字研究》图八五（《古文字研究》第 14 辑 146 页）。

3.284 柏师七乳神兽镜

　　圆形。圆钮，圆钮座。九乳与"富贵长寿，宜子孙，大吉"铭相间环列。S形云纹圈带外，四花瓣七乳与神人瑞兽相间环列，分别为：回首后顾龙，榜题"柏师作"；回首后顾虎，榜题"辟邪"；熊形兽及立柱，榜题"铜柱"；一兽；俯首进食马，榜题"赤诵马"；二羽人陆博；俯首进食马，榜题"王乔马"。画纹带缘中有青龙、白虎、朱雀、玄武间以鱼、羊、鹿、马及羽人。此镜题材独特，榜题别具一格。直径20.2厘米。浙江绍兴出土。《浙江出土铜镜》黑白版图24。

3.285 七乳四神禽兽镜

　　圆形。圆钮,圆钮座。座外环列九乳及花蕾纹。S形云纹圈带外,七乳与青龙、白虎、朱雀、玄武、鸟、羊、兽相间环列,鸟纹上方有一钱纹。云气纹缘。直径 14.5 厘米。河南洛阳新莽或稍后时期墓出土。《洛阳西郊汉墓发掘报告》图二一.6(《考古学报》1963 年 2 期 25 页)。

3.286 七乳四神镜

　　圆形。圆钮，圆钮座。座外九小乳间以花苞纹。连弧座七乳与青龙、白虎、朱雀、玄武、羽人、羊、瑞兽相间环列。云气纹缘。直径16.2厘米。广西贵港东汉墓出土。《广西铜镜》98页图54。

3.287 七乳羽人四神镜

圆形。圆钮，钮外环列九乳。S形云纹圈带外四瓣花七乳及七组纹饰相间环列，分别为：二羽人相对跪坐，抬手向前，膝前有方形物，应是六博图像；玄武；朱雀；羽人导龙；二羽人相对，一抚琴，一侧身跪坐；瑞兽、羽人及虎，均作跪坐形，羽人持物，膝前地上一环形物。画纹带缘中有青龙、白虎、朱雀、玄武及龟、九尾狐，羽人、鱼、鸟、兽纹。《小校经阁金文拓本》卷十六 55B。

3.288 七乳四神镜

　　圆形。圆钮，圆钮座。钮座外八乳间以花蕾纹。图案化的鸟纹和杵形纹圈带外，圆环座七乳与青龙、羽人、玄武、怪熊、白虎、朱雀、鸟相间环列。画纹带缘中有平雕式白虎、朱雀、熊罴、羽人及蟹形纹。直径 14.4 厘米。新莽时期。河南洛阳出土。《洛阳出土铜镜》图 26。

3.289 善铜七乳神人禽兽纹镜

　　圆形。圆钮，钮外九乳间以"宜子孙"铭及云纹。内区铭文为："角王巨虚日得薏，延年益寿去恶事，长乐万世宜酒食，子孙具，家大富。"中区四瓣花七乳与青龙、白虎、朱雀、玄武、神人鼓琴、羽人及禽兽相间环列。外区铭文为："汉有善铜出丹阳，涷（炼）冶银锡清而明，巧工刻之成文章，左龙右虎辟不羊（祥），朱鸟玄武顺阴阳，子孙服（备）具居中央，长保二亲乐［富］昌，寿如金石之侯王。"锯齿纹及连续云气纹缘。直径 20.4 厘米。此镜铭文分为三重，是铭文比较多的形式。《中国古镜拓影》44 页图 21。

3.290 湅石华七乳四神禽兽镜

　　圆形。圆钮，钮外环列九乳及圆涡纹。内区铭文为："湅（炼）石华，下（获）之菁，见弓（躬）己，知人清（情），心志得，乐长生兮。"外区连弧座七乳与青龙、白虎、朱雀、玄武及山羊、羽人、鸟相间环列。云气纹缘。《小校经阁金文拓本》卷十五93A下。

3.291 善铜七乳神兽镜

　　圆形。圆钮，圆钮座，座外环列九乳。内区铭文为："汉有善铜出丹山，刻者
□巧镜师神，左龙右虎拜鲜（仙）人，法天而地传子孙，葆（保）长命，寿万年。"
外区连弧座七乳与神兽纹相间环列，分别是回首衔蛇的龙、兽、卧虎、兽、兽、
羊及持芝草羽人。兽的体态丰圆，形态各异。画纹带缘中纹饰为持三花草的羽人
及五条身躯修长交结的蟠龙纹。《小校经阁金文拓本》卷十五21A。

3.292 宜酒食七乳四神镜

　　圆形。圆钮，圆钮座。座外九小乳间以"凡九子，乐毋事，宜酒食"铭文。连弧座七乳与四神等相间环列，分别为：羽人导龙，龙头前日中饰金乌；羽人骑白虎，虎头前月中饰蟾蜍，虎尾后一禽鸟；乘鸟羽人导引朱雀、乘鸟羽人导引玄武，玄武呈正面立式与呈环状形蛇纠结；二羽人骑鹿相对；二独角兽相对；二兽相对；画纹带缘中三个持芝草的羽人分别导引青龙、白虎、玄武，还有朱雀、九尾狐和鱼纹。直径21厘米。此镜主题纹饰与镜缘纹饰内容丰富，表现形式也多姿多彩。《故宫藏镜》45页。

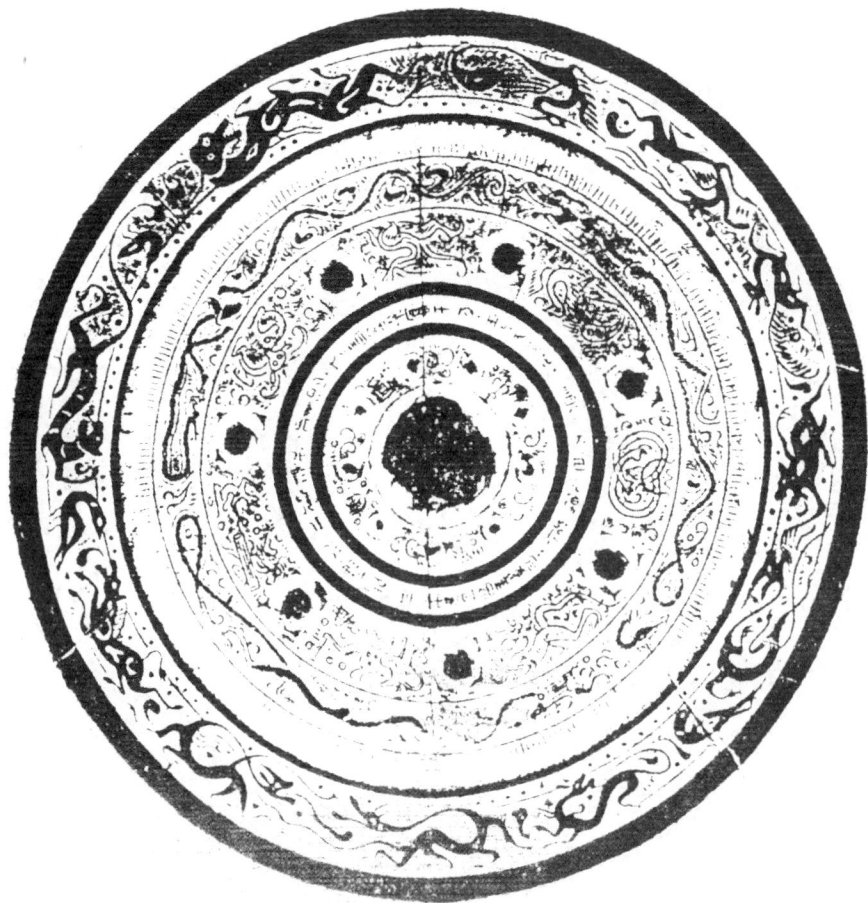

3.293 田氏七乳四神人物禽兽镜

圆形。圆钮，圆钮座。座外九乳间以"长宜子孙"铭。内区铭文为："田氏作竟（镜）大毋伤，新有善同（铜）出丹阳，湅（炼）冶铜锡清如明，得此竟（镜）□□千万。"细弦纹圈带将纹饰分为内外两区，中区四瓣花七乳与青龙、朱雀、玄武、白虎、羽人、二羽人及羊相间环列。其中一区羽人右手似执铎，左手举一锤。另一区二羽人，一人弹琴，一个舞盘弄丸。外区纹饰为浅浮雕，有青龙、白虎、玄武、羽人、三足乌等，龙、虎、蛇尾卷曲细长，画纹带缘中有龙、虎、朱雀、九尾狐、两只三足乌及形态各异的瑞兽。直径 22.6 厘米。河南南阳出土。《河南南阳百里奚村汉墓的调查》图一（《考古通讯》1957 年 6 期 42 页）。

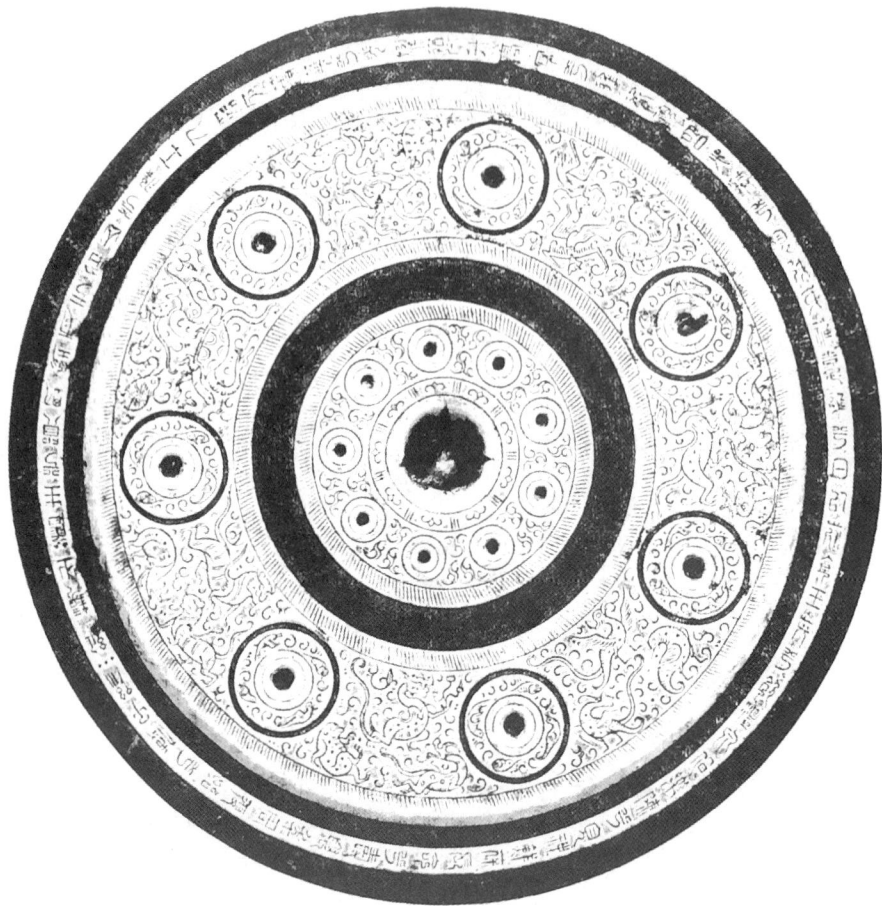

3.294 光耀七乳四神镜

圆形。圆钮，圆钮座。座外九乳间以云纹。七乳与四神、羽人、相间环列。七乳围以圆圈，圈内禽鸟环绕。七组纹饰均为一大二小三个图像，分别为：青龙配两只独角兽，白虎配虎和鼠面兽，朱雀配人首凤鸟和鸟，玄武配长尾兽和鸟，瑞兽配蟾蜍和人面兽，瑞兽配蟾蜍和独角兽，羽人配持芝草羽人和长角羊。镜缘铭文为："维镜之旧生兮质刚坚，处于名山兮俟工人，涑（炼）取菁华兮光燿遵（焞），升高宜兮进近亲，昭（照）兆朕兮见躬身，福熹进兮日以前，食玉英兮饮澧（醴）泉，倡乐陈兮见神鲜（仙），葆（保）长命兮寿万年，周复始兮传子孙。"直径25.4厘米。陕西西安出土。《西安文物精华·铜镜》41页图35。

3.295 七乳四神镜

圆形。圆钮，圆钮座。座外九乳环列。S形云纹圈带外七枚连弧座乳与四神禽兽相间环列。画纹带缘中有变形四神纹。直径 18.8 厘米。此镜主题纹饰部分细密光亮，间隙处则毛涩暗淡，反差十分明显。细密光亮的纹饰被认为是进行了抛光处理。陕西西安出土。《西安文物精华·铜镜》51 页图 44。

3.296 七乳瑞兽镜

　　圆形。圆钮，圆钮座。座外九乳间以花草纹。钩纹圈带外，七乳与羽人、龙、虎、鹿及其他瑞兽相间环列。画纹带缘中四羽人分别导引青龙、白虎、朱雀、玄武。直径 18.7 厘米。此镜曲线流转的镜缘纹饰比模式化的主题纹饰更有清新雅致之趣。陕西西安出土。《西安文物精华·铜镜》50 页图 43。

3.297 七乳禽兽镜

　　圆形。圆钮，圆钮座，座外环列九乳。七乳与禽兽纹相间环列。圆座七乳围以圈带，圈带内两只禽鸟身姿舒展，同向环列，匠心奇特。线条式的龙虎等禽兽写形传神，率意天真，极富自然妙处。双线波折纹缘。直径20.5厘米。江苏仪征出土。《仪征馆藏铜镜》113页。

3.298 宜子孙七乳禽兽镜

　　圆形。圆钮，圆钮座。座外九乳间以"宜子孙"铭文。虚实相连的S形云纹圈带外，连弧座九乳与羽人禽兽相间环列。禽兽有龙、虎、禽鸟、蟾蜍、独角兽等。云气纹缘。直径16.2厘米。江苏仪征出土。《仪征馆藏铜镜》115页。

3.299 七乳羽人禽兽镜

　　圆形。圆钮，四瓣花钮座。七乳与举芝草羽人、青龙、朱雀、鸟、白虎、羊、蟾蜍相间环列。双线波折纹缘。直径 16 厘米。江苏盱眙西汉晚至新莽时期墓出土。《江苏盱眙东阳汉墓》图一四 .3(《考古》1979 年 5 期 423 页)。

3.300 七乳禽兽镜

圆形。圆钮，圆钮座。座外七乳间以羽人、瑞兽及不同形态的五只鸟。锯齿纹缘。直径 11 厘米。东汉时期。湖北鄂城出土。《鄂城汉三国六朝铜镜》17 页。

3.301 青盖七乳四神镜

　　圆形。圆钮，钮外二龙一虎。内区七乳与青龙、羽人、白虎、玄武、独角兽、羽人和羊、朱雀相间环列。外区铭文为："青盖作竟（镜）大毋伤，左龙右虎辟不羊（祥），朱鸟玄武顺阴阳，长保二亲乐富昌，寿敝金石如侯王。"双线波折纹缘。《小校经阁金文拓本》卷十五 58B 上。

3.302 张氏七乳禽兽镜

　　圆形。圆钮，钮外一龙二虎。内区四瓣花七乳与龙、虎、鸟等禽兽相间环列。
外区铭文为："张氏作竟（镜）宜侯王，家当大富乐未央，子孙备具居中央，长
保二亲世世昌，为吏高迁带青黄。"画纹带缘为图案化的鸟兽纹，有龙、虎、鸟、
鱼、兽等。直径 18.5 厘米。广东韶关东汉前期墓出土。《广东韶关市郊古墓发掘报
告》图四（《考古》1961 年 8 期 436 页）。

3.303 合好七乳禽兽镜

　　圆形。圆钮，钮外龙虎对峙。内区七乳与青龙、白虎、朱雀、双角兽与鸟、二羽人射猎、羽人射猎、虎头与鸟相间环列。外区铭文为："二姓合好，□如□□女贞男圣，子孙充实，姐妹百人……夫妇相随……月吉日，造此信物。"画纹带缘中日、月和二枚五珠钱纹将纹饰分为四组，有大象、蛇缠绕鱼、羽人乘舟、人物斗兽、羽人与马等。直径 19.5 厘米。江西南昌东汉墓出土。此镜铭文内容少见，纹饰新颖丰富。《江西南昌东汉、东吴墓》图五.1（《考古》1978 年 3 期 161 页）。

连弧镜

3.304 永平七年八连弧云雷镜

　　圆形。圆钮，四瓣花钮座，瓣间有"竟（镜）直（值）三百"铭。八内向连弧纹外为六组云雷纹及两组铭文，云雷纹由圆涡纹及对称的双重三角纹组成。铭文分别为"永平七年正月作"、"公孙家作竟（镜）"。素宽缘。永平为东汉明帝年号，七年为公元 64 年。以铭文取代部分云雷纹是非常特殊的形式，也是一面重要的纪年连弧镜。《古镜》图版三一.62。

3.305 长宜子孙八连弧云雷镜

　　圆形。圆钮，四瓣花钮座，瓣间有"长宜子孙"铭。八内向连弧纹外为八组云雷纹，云雷纹为圆圈涡纹与对置的双重三角纹组成。素宽缘。直径 15.8 厘米。河南洛阳东汉中期墓出土。《洛阳西郊汉墓发掘报告》图二一 .5（《考古学报》1963 年 2 期 25 页）。

3.306 长宜子孙八连弧云雷镜

圆形。圆钮，四瓣花钮座，瓣间有"长宜子孙"铭。八内向连弧纹外为八组云雷纹，云雷纹由八个涡纹及并行弧线组成。素宽缘。直径 17.5 厘米。河南陕县东汉后期墓出土。《河南陕县刘家渠汉墓》图三五.4（《考古学报》1965 年 1 期 148 页）。

3.307 长宜子孙八连弧云雷镜

　　圆形。圆钮，四瓣花钮座，瓣间有"长宜子孙"铭。八内向连弧外一周云雷纹。直径 18.3 厘米。《净月澄华——辽宁省博物馆藏古代铜镜》138 页。

3.308 长宜子孙八连弧凹面圈带镜

　　圆形。圆钮，变形四瓣花钮座，瓣间有"长宜子孙"铭。八内向连弧纹外围以凹面圈带。素宽缘。直径 15.8 厘米。陕西长安东汉墓出土。所谓凹面圈带是为了与上述八连弧云雷纹镜类型相区别。此类镜中多见"长宜子孙"铭，故有"长宜子孙"镜之称。《长安县秦沟村清理一座东汉墓》图四（《文博》1988 年 6 期 25 页）。

3.309 长宜子孙连弧凹面圈带镜

圆形。圆钮，变形四瓣花钮座，瓣间有"长宜子孙"铭，篆体字形作刀锋与蚊脚状，注重装饰性。八内向连弧纹外围以凹面圈带。素宽缘。此型镜似蝙蝠形的四瓣花与四字铭十分突出，亦可称为变形四叶铭文镜。《古镜图录》卷下十A。

3.310 长宜高官八连弧凹面圈带镜

圆形。圆钮，变形四瓣花钮座，瓣间有"长宜高官"铭，篆体字形作刀锋和虾脚状。八内向连弧纹外围以凹面圈带。素宽缘。直径13厘米。此类镜中"君宜高官"铭也较多。河南洛阳东汉墓出土，此墓随葬有东汉献帝初平元年（190）朱书陶罐。《洛阳烧沟汉墓》172页图七七.1。

3.311 君长宜官八连弧凹面圈带镜

　　圆形。圆钮，四瓣花钮座。瓣间有"君长宜官"铭文，字形长方，笔画方析，粗细一致。八内向连弧纹外围以凹面圈带。素宽缘。湖南常德晋元康四年（294）墓出土。《湖南出土汉代铜镜文字研究》图一三八（《古文字研究》第 14 辑 175 页）。

3.312 七连弧凹面圈带镜

　　圆形。圆钮，圆钮座。七内向连弧纹外围以凹面圈带。素宽缘。直径 9.4 厘米。河南陕县东汉后期墓出土。连弧纹镜中多为八连弧，七连弧的形式极少见。《河南陕县刘家渠汉墓》图三五 .5（《考古学报》1965 年 1 期 148 页）。

变形四叶镜

3.313 元兴元年变形四瓣花兽首镜

　　圆形。圆钮，圆钮座。内区变形四瓣花角内各有三字铭文，合为："乐未央，宜侯王，富且昌，师命长。"四瓣间各一正视形兽首纹。外区铭文为："元兴元年五月丙午日，天大赦，广汉西蜀造作尚方明竟（镜），幽涑（炼）三商，长乐未，宜侯王，富且昌，位至三公，师命长。"其外为二十四内向连弧纹。几何纹缘。直径 15.8 厘米。东汉和帝元兴元年即公元 105 年。"广汉西蜀"，即今四川地区。《南阳市博物馆馆藏纪年铜镜》（《中原文物》1982 年 1 期封二图 1）。蝙蝠形、宝珠形、桃形等变形四叶纹其实也是四瓣花的变化形式，变形四叶纹已成约定成俗的称呼，也有学者称为"四峰纹"。本书采用李零的观点，称为变形四瓣花纹。

3.314 永康元年变形四瓣花兽首镜

　　圆形。圆钮，圆钮座。内区变形四瓣花角内有"长□高官"铭。四瓣间各一正视形兽首纹（"兽首纹"，也有学者称为"兽面纹"、"狮头纹"，本书称为"兽首纹"）。外区铭文为："永康元年六月八日庚申，天下大赦，吾造作尚方明竟（镜），合湅（炼）白黄，周兮。"二十一内向连弧纹。菱形连珠纹缘。直径 14.7 厘米。东汉桓帝永康元年为公元 167 年。湖北鄂城出土。《鄂城汉三国六朝铜镜》33 页。

3.315 建宁元年变形四瓣花兽首镜

　　圆形。圆钮，圆钮座。内区变形四瓣花内外各一正视形兽首纹，形体大致相同。外区铭文为："建宁元年九月九日丙午，造作尚方明镜，幽湅（炼）三商，上有东王父，西王母，生如山石，长宜子孙，八千万里，富且昌，乐未央，宜侯王，师命长，买者大吉羊（祥），宜古（贾）市，君宜高官，位至三公，长乐央兮。"二十八内向连弧纹。菱形连珠纹缘。直径21.5厘米。东汉灵帝建宁元年为公元168年。《南阳市博物馆馆藏纪年铜镜》（《中原文物》1982年1期封二图2）。

3.316 熹平三年变形四瓣花兽首镜

　　圆形。兽钮，圆钮座。内区变形四瓣花内外各一正视形兽首纹，形体大致相同。外区铭文为："熹平三年正月丙午，吾造作尚方明竟（镜），广汉西蜀，合柬（炼）白黄，舟（周）刻无极，世得光明，买人大富，长子孙，延年益受（寿），长乐未央兮。"二十三内向连弧纹。菱形涡纹缘。东汉灵帝熹平三年为公元 174 年。《汉三国六朝纪年镜图说》图版十四。

3.317 光和四年变形四瓣花兽首镜

圆形。圆钮，上有二龙装饰。内区变形四瓣花内外各一正视形兽首纹。外区铭文为："光和四年正月十三日丙午，广汉西蜀造作尚方明竟（镜），幽涑（炼）三商，周刻无亟（极），世得光明，天王日月，位至三公，长乐未英（央），富且昌，君宜侯王，生如金石，大吉。"二十三内向连弧圈带外菱形纹缘。直径 17.5 厘米。东汉灵帝光和四年为公元 181 年。《湖北十堰市发现一枚汉代铜镜》图二（《考古》2004 年 7 期 71 页）。

3.318 位至三公变形四瓣花兽首镜

　　圆形。圆钮，圆钮座。变形四瓣花内角有"位至三公"铭。四瓣间各一正视形兽首纹。其外为二十内向连弧纹。菱纹缘。直径 10.8 厘米。东晋时期。广东连县出土。《广东出土晋至唐文物》120 页图 6。

3.319 君宜高官变形四瓣花兽首镜

　　圆形。圆钮，圆钮座。变形四瓣花内角有"君宜高官"铭。四瓣间各一正视形兽首纹。十六内向连弧纹。菱纹缘。直径15.2厘米。河南洛阳西晋中晚期墓出土。《洛镜铜华——洛阳铜镜发现与研究》201页图159。

3.320 变形四瓣花变异兽首镜

　　圆形。大扁钮。变形四瓣花内四角各有两片似兽首双目的图案。四瓣间配置三叶瓣纹。二十四内向连弧纹。菱形涡纹缘。直径 10.6 厘米。此镜虽然具有变形四叶兽首镜的一些特征，但图纹内容还是有不少区别，因此被称为变异兽首镜。湖北鄂城孙吴墓出土。《鄂城六朝墓》图 194.3。

3.321 长宜子孙变形四瓣花四凤镜

圆形。圆钮，圆钮座。蝙蝠形四瓣花内角有"长宜子孙"铭。四瓣间配置四凤纹，凤曲颈回首，身躯变形夸张。十二内向连弧纹，连弧平缓。素宽缘。《小校经阁金文拓本》卷十六 23A。河南洛阳东汉晚期墓出土一面残镜，还能看到变形四瓣花内外"明"与"生"两字，凤形亦是身躯卷曲相连，内向连弧纹纹。素缘。直径16.5 厘米。《洛阳烧沟汉墓》172 页图七七 .4。

3.322 长生宜子变形四瓣花夔凤镜

圆形。圆钮，圆钮座。蝙蝠形四瓣花内角有"长生宜子"铭。其外二龙二凤环绕，龙凤除头部显示差别外，身躯形态相同。其外十二内向连弧纹。素宽缘。《小校经阁金文拓本》卷十六 13B。

3.323 位至三公变形四瓣花夔凤镜

圆形。圆钮。蝙蝠形四瓣花尖伸出桃形瓣，间以"位至三公"铭。四组夔凤相连，构成了一个四尖出和四凹弧的方形图形。其外十二内向连弧纹。素缘。直径11.5厘米。《中国古代铜镜》96页图138。

3.324 君长宜官变形四瓣花四凤镜

圆形。圆钮，圆钮座。蝙蝠形四瓣花内角有"君长宜官"铭。四瓣间各一凤纹，凤曲颈回首，尖喙张开，四凤相连接。其外十二内向连弧纹。素宽缘。《古镜图录》卷下七 B。

3.325 位至三公变形四瓣花夔凤镜

圆形。圆钮。蝙蝠形四瓣花内角有"位至三公"铭。四瓣间各一夔凤纹，夔凤形态趋于图案化。其外十六内向连弧纹。素宽缘。直径 17 厘米。湖南郴州东汉墓出土。《铜镜图案》41 页，又见《铜镜图案——湖南出土历代铜镜》103 页图 83。

3.326 位至三公变形四瓣花夔龙镜

　　圆形。圆钮，圆钮座。蝙蝠形四瓣花内角有"位至三公"铭。四瓣间各一夔纹。其外十八内向连弧纹。云纹缘。直径9厘米。河南洛阳东汉墓出土。《一九五五年洛阳涧西区小型汉墓发掘报告》图十七 .2(《考古学报》1959 年 2 期 88 页)。

3.327 变形四瓣花夔龙镜

圆形。圆钮，圆钮座。蝙蝠形四瓣花间各一夔纹。其外十六内向连弧纹。连续涡云纹缘。直径10.3厘米。陕西长安东汉晚期墓出土。《陕西长安县206基地汉、晋墓清理简报》图二．3（《考古与文物》1989年5期40页）。

3.328 变形四瓣花夔龙镜

　　圆形。圆钮，圆钮座。蝙蝠形四瓣花间各一简化夔纹。素宽缘。直径 8 厘米。河南洛阳东汉墓出土。此类型无论蝙蝠形四叶和夔纹已极为简化，亦无内向连弧纹圈带。《一九五五年洛阳涧西区小型汉墓发掘报告》图十七 .6（《考古学报》1959 年 2 期 88 页）。

3.329 立□三公变形四瓣花夔龙镜

圆形。圆钮。蝙蝠形四瓣花内各一字铭,合为"立(位)□三公"。四瓣间各一夔纹,形态简化。其外环列一周似禽鸟飞翔的图形,窄缘。直径9.4厘米。河南南阳东汉中期墓出土。《南阳出土铜镜》86页图二一二。

3.330 变形四瓣花夔凤镜

　　圆形。圆钮。蝙蝠形四瓣花间各置一简化夔纹，夔身躯作 C 形卷曲，首尾形状相同。其外十二内向连弧纹。素宽缘。直径 9.3 厘米。陕西西安东汉末年墓出土。《西安十里铺东汉墓清理简报》图四(《考古通讯》1957 年 4 期 41 页)。

3.331 位至三公变形四瓣花铭文镜

圆形。圆钮，圆钮座。蝙蝠形四瓣花与"位至三公"四字铭相间环列。其外八内向连弧纹。素缘。直径 8.2 厘米。浙江安吉出土。《清质·昭明》98 页。

3.332 长宜子孙变形四瓣花对凤镜

　　圆形。圆钮，圆钮座。宝珠形四瓣花委角内有"长宜子孙"铭。四瓣间配置对凤，凤立冠垂尾，相互抵接，墨拓效果类似剪纸，别有风趣。十六内向连弧纹缘。直径 13.9 厘米。河南洛阳东汉墓出土。《洛阳出土铜镜》图 50。

3.333 位至三公变形四瓣花对凤镜

　　圆形。盘龙钮。宝珠形四瓣花委角内有"位至三公"铭，四瓣间配置对凤。十六内向连弧缘，其中四个圆弧中各有二字铭文。安徽霍邱汉末六朝初年墓出土。《霍邱张家岗古墓发掘简报》(《文物参考资料》1958 年 1 期 55 页)。

3.334 长宜高官变形四瓣花对凤镜

圆形。盘龙钮。宝珠形四瓣花内有"长宜高官"铭，四瓣间配置对凤。其外十六内向连弧纹，其中四个长方格中分别有铭文"富昌"、"日宜君"、"王乐未央"、"其师命长"。窄缘。直径 13.4 厘米。河南南阳东汉中期墓出土。《南阳出土铜镜》86 页图二一三。

3.335 长宜高官变形四瓣花对凤镜

　　圆形。圆钮，圆钮座。宝珠形四瓣花委角内有"长宜高官"铭，弧边外为"士（仕）至三公"铭。四瓣间配置对凤。十六内向连弧纹缘，圆弧内饰圆涡纹。《古镜图录》卷下七 A。

3.336 君宜高官变形四瓣花对凤镜

　　圆形。圆钮，圆钮座。宝珠形四瓣花内角有"君宜高官"铭。四瓣间配置对凤。其外十六内向连弧纹，其中四个圆弧内长方格中各有三字铭文，合为"君命长，大吉羊（祥），乐未央，宜侯王"。直径12.9厘米。陕西长安东汉中期墓出土。《长安汉镜》149页图四十五.1。

3.337 大宜天子变形四瓣花对凤镜

　　圆形。圆钮，圆钮座。宝珠形四瓣花委角内有"位爵明公"铭。四瓣间配置
对凤，对凤头上方各有一铭，合为"大宜天子"，其外十六内向连弧纹内有奇禽异
兽。简易云纹缘。直径 17 厘米。六朝时期。湖北鄂城出土。《鄂城汉三国六朝铜
镜》图 76。

3.338 变形四瓣花对凤镜

　　圆形。圆钮，圆钮座。宝珠形四瓣花间配置对凤。十六内向连弧禽兽纹缘。直径 20 厘米。江西瑞昌西晋前期墓出土。《江西瑞昌马头西晋墓》图六 .1（《考古》1974 年 1 期 32 页）。

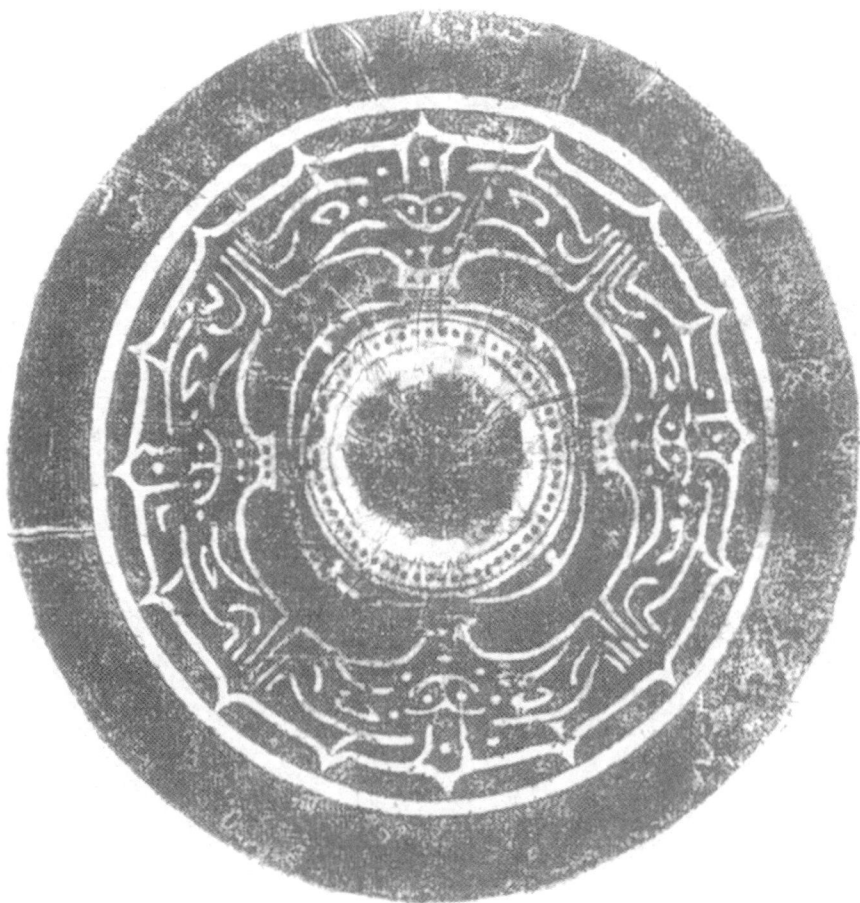

3.339 变形四瓣花四凤镜

　　圆形。圆钮，圆钮座。座外围以连珠纹、宝珠形四瓣花纹，瓣间配置对凤纹。其外十二内向连弧纹。平素缘。直径 11 厘米。河南偃师唐墓出土。《河南偃师三座唐墓发掘简报》图二十五（《中原文物》2009 年 5 期 13 页）。

3.340 位至三公变形四瓣花对凤镜

圆形。圆钮，圆钮座。宝珠形四瓣花内有"位至三公"铭。四瓣间配置对凤，其外十六内向连弧纹。平素缘。直径 14.1 厘米。六朝时期。湖北鄂城出土。《鄂城汉三国六朝铜镜》图 72。

3.341 变形四瓣花对凤镜

　　圆形。圆钮，圆钮座。桃形四瓣花间配置对凤。其外十六内向连弧纹。素缘。
直径 11.4 厘米。河南洛阳西晋墓出土。《洛镜铜华——洛阳铜镜发现与研究》203
页图 161。

3.342 变形四瓣花瑞兽对凤镜

圆形。圆钮。桃形四瓣花间配置对凤，瓣中各一兽，兽的形态不同。内向十六连弧纹弧内分别为龙、虎、鸟、兔、蟾蜍等，还有一个"出"字形图案。素缘。直径14.9厘米。安徽马鞍山朱然墓出土。史载朱然死于东吴赤乌十二年（249），为此镜流行时间提供了重要资料。《安徽马鞍山东吴朱然墓发掘简报》图二四（《文物》1986年3期13页）。

3.343 变形四瓣花瑞兽对凤镜

圆形。圆钮，圆钮座。桃形四瓣花间配置对凤，双凤中间有三裂叶瓣形柱状
物。瓣中各一兽。十六内向连弧纹弧内饰涡云纹。素缘。直径 17 厘米。江苏扬州
东吴墓出土。《扬州胥浦六朝墓》图一〇.1（《考古学报》1988 年 2 期 244 页）。

3.344 变形四瓣花瑞兽对凤镜

　　圆形。扁圆钮。桃形四瓣花间配置对凤,双凤中间有针叶形柱状物。瓣内各一兽。十六内向连弧纹弧内有涡卷纹。素缘。直径 14.5 厘米。广东始兴县东晋墓出土。该墓出有"咸和四年"纪年砖。东晋成帝咸和四年为公元 329 年。《广东出土晋至唐文物》118 页图 5。

3.345 变形四瓣花佛像对凤镜

圆形。圆钮。桃形四瓣花间配置对凤，双凤之间有针叶形柱状物。四瓣中配置佛像，三瓣各为佛龛内华盖下一尊坐佛，都有圆形项光，正坐于两端附龙首的莲花座上。另一瓣中为三尊像，主尊头上有项光，侧坐于莲花座上，作半跏思维态。两侧二像一跪一立，头上均无项光。十六内向连弧纹弧内分别有龙、虎或凤鸟等。素宽缘。直径 16.3 厘米。六朝时期。湖北鄂城出土。此镜莲座两端二龙，有学者认为即"八部护法"之一的天龙，对凤之间柱状物应为仪仗，三尊像中，呈跪姿的应是礼佛的供养人。《论吴晋时期的佛像夔凤镜——为纪念夏鼐先生考古五十年而作》图一（《考古》1985 年 7 期 638 页）。

3.346 变形四瓣花瑞兽对凤镜

圆形。圆钮，圆钮座。桃形四瓣花间配置对凤，三组对凤间有针叶形柱状物，另一对凤间似小禽纹。瓣内各一兽。十六内向连弧纹内饰涡云纹。禽兽纹缘。直径 15 厘米。江苏扬州东吴至西晋初年墓出土。《扬州胥辅六朝墓》图一〇.2（《考古学报》1988 年 2 期 244 页）。

3.347 变形四瓣花瑞兽对凤镜

　　圆形。圆钮。桃形四瓣花间配置对凤，三组对凤下各有一兽，一对凤下饰三裂叶纹。瓣内各一兽。十六内向连弧纹弧内饰云纹。鸟兽纹缘。直径 16 厘米。六朝时期。湖北鄂城出土。《鄂城汉三国六朝铜镜》78 页。

3.348 变形四瓣花瑞兽对凤镜

圆形。圆钮。桃形四瓣花间配置对凤，三组对凤下各饰一龟，另一对凤下为圆锥体图案。瓣内各一兽。十六内向连弧纹弧内各有一兽，有龙、兔、麒麟等，均作同向奔驰形态。边缘为曲转的蔓草内外配置十六只禽兽。全镜共有鸟兽47只，图纹布局疏密相间，华美自然。直径18.5厘米。六朝时期。湖北鄂城出土。《鄂城汉三国六朝铜镜》79页。

3.349 变形四瓣花瑞兽对凤镜

　　圆形。圆钮，圆钮座。桃形四瓣花间配置对凤。瓣内各一兽，十六内向连弧纹内有禽兽纹，边缘缠枝内外亦有禽兽纹。直径 16.8 厘米。江苏扬州西晋元康七年（297）墓出土。《扬州胥浦六朝墓》图一○.4（《考古学报》1988 年 2 期 244 页）。

3.350 变形四瓣花瑞兽对凤镜

　　圆形。圆钮。桃形四瓣花间配置对凤。瓣内二凤夹蟾蜍对称配置，是较少见的图纹。十六内向连弧纹各圆弧内配置奇禽瑞兽，数量不一，其中两头一身鸟、两头一身兽也是少见的图纹。边缘纹饰为曲折的蔓草间交错配置二十二组禽兽纹。直径 20.5 厘米。此镜是最为复杂的变形四叶纹镜，大小禽兽近八十只。江西新干晋墓出土。《江西新干县西晋墓》图四（《考古》1983 年 12 期 1124 页）。

3.351 变形四瓣花瑞兽对凤镜

圆形。圆钮，圆钮座。桃形四瓣花间配置对凤，对凤共衔一饰物，脚下有一
兽。瓣内各置一兽。十六内向连弧弧内各一瑞兽或禽鸟。禽兽纹缘。直径19厘
米。江苏镇江东吴西晋墓出土。《镇江东吴西晋墓》图九上（《考古》1984年6期
536页）。

3.352 变形四瓣花瑞兽四凤镜

　　圆形。扁圆钮，圆钮座。桃形四瓣花间各置一凤，凤两侧饰一鸟一兽。瓣内配置一瑞兽。素宽缘。直径 12.6 厘米。江西九江西晋太康六年（285）墓出土。《九江出土铜镜》图 30。

3.353 变形四瓣花人物对凤镜

圆形。圆钮。桃形四瓣花间配置对凤。四瓣内各置一人，站立，双手高举，衣裙较长，其下似有莲瓣纹。每人两侧各有二字铭文，分别为"弟子仲由"、"弟子颜渊"、"弟子子贡"及"圣人孔子"。外围较平缓的内向连弧纹。外圈十二地支铭。锯齿纹缘。直径 16.1 厘米。浙江金华西晋墓出土。此镜从内容到形式皆为此类镜中较罕见者。有学者认为人像虽非佛像，但具有佛像夔凤镜相似的特征。《论吴晋时期的佛像夔凤镜——为纪念夏鼐先生考古五十年而作》图二（《考古》1985 年 7 期 639 页）。

3.354 变形四瓣花神人佛兽镜

圆形。圆钮，圆钮座。桃形四瓣花间配置神人佛兽。两组分别为东王公和西王母，隔钮对置。西王母戴胜，东王公戴三山冠，均端坐于龙虎座上。二神两侧各一羽人共举华盖，羽人身后各一鸟。另两组为基本相同的佛像图纹，立侍举华盖，一佛坐于覆莲瓣座上，作思维姿态，前有跪侍菩萨，佛、菩萨均有头光，两侧亦有凤鸟。四瓣内各一兽。素宽缘。直径 13 厘米。此镜道、佛人物同置镜中，是一种研究宗教纹饰的重要资料。浙江安吉出土。《清质·昭明》104 页。

3.355 长生宜子变形四瓣花龙虎镜

　　圆形。圆钮。蝙蝠形四瓣花间配置龙、虎及两只同形凤鸟。禽兽均作 C 形曲转，尾端叠压在圆圈上，形成了协调一致的构图，但统一中又有变化。十二内向连弧间均匀分布"长生宜子"铭。素宽缘。《小校经阁金文拓本》卷十六 13A。

3.356 变形四瓣花龙虎镜

　　圆形。圆钮。锚形四瓣花间配置三龙一虎和"长宜子孙"铭文。龙双角，曲颈回首至尾部；虎亦作曲颈回首状。素宽缘。直径 20.3 厘米。湖南东汉墓出土。此镜龙虎形象生动，三龙一虎的组合是比较少见的构图。《铜镜图案——湖南出土历代铜镜》102 页图 82，又见《铜镜图案》33 页。

3.357 长宜子孙变形四瓣花四凤镜

　　圆形。圆钮，圆钮座。蝙蝠形四瓣花内角有"长宜子孙"铭。瓣间配置四凤，图案化的凤鸟曲颈回首，展翅相连，神采斐然。十二内向连弧纹。素缘。直径17.7厘米。《故宫藏镜》37页。

3.358 变形四瓣花四龙镜

　　圆形。圆钮。锚形四瓣花间各一龙纹，龙张嘴露齿，曲颈伸肢，同向环列。素宽缘。直径 14.8 厘米。湖南长沙东汉墓出土。《铜镜图案——湖南出土历代铜镜》101 页图 81，又见《铜镜图案》44 页左上图。

3.359 变形四瓣花四龙镜

圆形。圆钮。锚形四瓣花间各一龙，龙同向侧身作趴伏姿态，背部拱起，头部正视，竖起长长的双角，两眼圆瞪。素宽缘。直径 12.1 厘米。河南洛阳东汉墓出土。此镜龙的形态较为少见。《洛阳出土铜镜》图 53。

3.360 长宜子孙变形四瓣花四龙镜

圆形。圆钮，圆钮座。变形四瓣花内角有"长宜子孙"铭。瓣之间配置四龙，四龙两两相对，昂首翘角张口，身躯呈二弧形交叠，恣肆变化。其外十六内向连弧。画纹带缘中纹饰方折曲卷，繁简任意。直径 14 厘米。湖南长沙东汉墓出土。《楚风汉韵——长沙市博物馆藏镜》147 页图 112。

3.361 简式四叶四龙镜

圆形。圆钮，圆钮座。Z形图纹间各一变异龙纹，四龙身躯呈C形曲卷，其中二龙为正视形，口衔Z形，另二龙为侧视形。其外八半圆中分别装饰兔、鸟、花卉、凤、虎头、马、鸟头、花卉。素宽缘。直径14.3厘米。湖南长沙东汉墓出土。《楚风汉韵——长沙市博物馆藏镜》137页图105。

3.362 简式四叶四龙镜

　　圆形。圆钮。简化四叶间配置四龙，龙双角，两圆眼，张口吐舌，身躯呈 C 形曲卷，是较为少见的图形。素宽缘。《铜镜图案》45 页左下图。

神兽镜

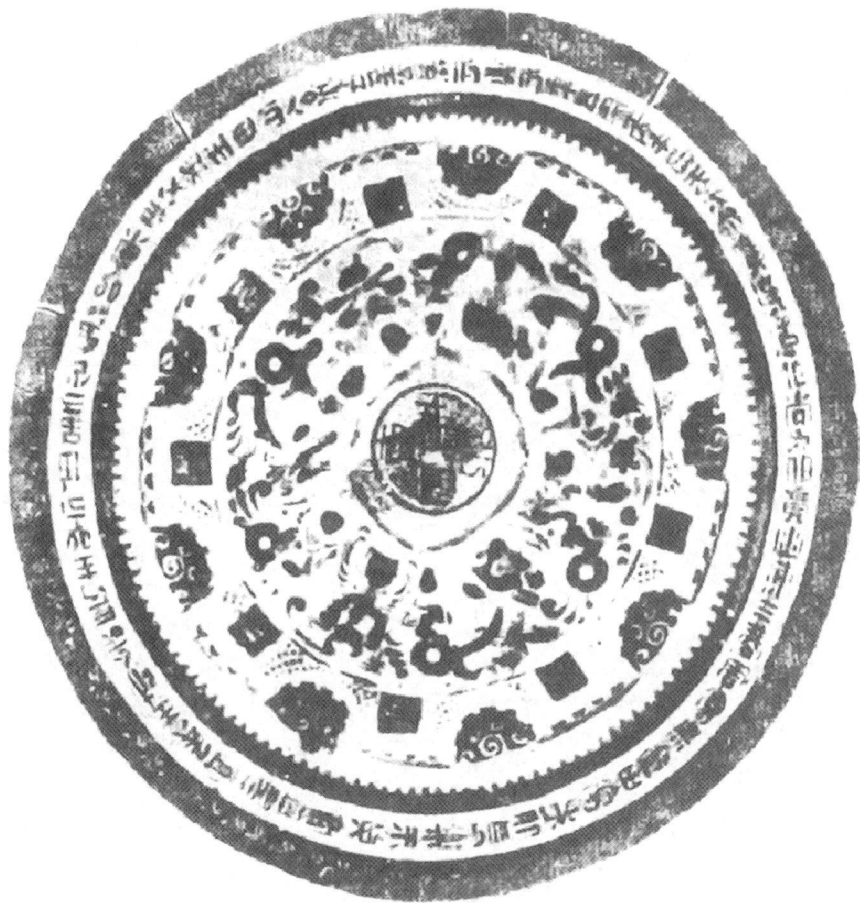

3.363 元兴元年环状乳神兽镜

　　圆形。圆钮，圆钮座。内区八环状乳与三组神人、三兽相间环列，神正面端坐，帔帛飘举。兽同向，躯体上有凹面形环状乳。外区半圆方枚，半圆中饰圆涡纹，方枚中各一字，合为："吾作明竟，幽涷三商兮。"镜缘铭文为："元兴元年五月丙午日，天大赦，广汉造作尚方明竟（镜），幽涷（炼）三商，周刻无极，世得光明，长乐未英（央），富且昌，宜侯王，师命长生如石，位至三公，寿如东王父、西王母，仙人子，位至公侯。"素缘。直径 9.1 厘米。日本五岛美术馆藏。东汉和帝元兴元年为公元 105 年。《古镜图录》卷上一 A。本书神兽镜类型划分和名称，有的并不科学，有待进一步探讨。

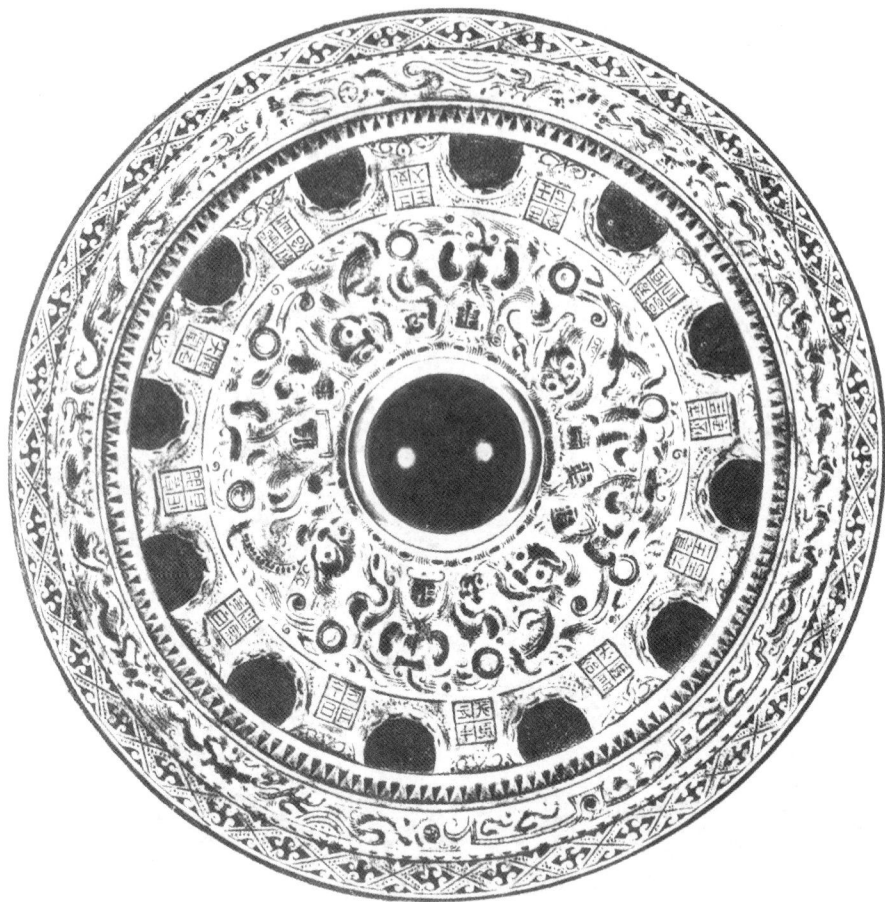

3.364 永康元年环状乳神兽镜

　　圆形。圆钮，连珠钮座。内区八环状乳与四组神人、四兽相间环列。其中两组神人端坐，左右两侧环状乳上各一龙（神鸟）或一虎。另一组三神人，中间一人抚琴。第四组中间坐者头上有冕旒，左右侧有神鸟。四兽均同向环绕。外区半圆、方枚，方枚内各有四字，合为："永康元年，正月午日，幽湅（炼）黄白，早（造）作明竟（镜），买者大富，延寿命长，上如王父、西王母兮，君宜高位，立（位）至公侯，长生大吉，太师命长。"字多反书。镜缘内圈为画纹带，有一神捧日、一神捧月、六龙驾舟车，六羽人分别为乘鸟骑兽、驾鼋、人面鸟身神等。外圈菱纹。直径 10.3 厘米。根据纹饰特征分析，此镜"永康"应是东汉桓帝年号，元年为公元167 年。《上海博物馆藏青铜镜》图 54。

3.365 熹平二年环状乳神兽镜

　　圆形。圆钮。内区六环状乳与三组神人、三兽相间环列，神戴冠着袍，帔巾飘举，正面端坐；兽同向，口衔巨。外区半圆方枚，方枚内各一字，合为："吾作明竟（镜）自有方，白同（铜）清明分。"镜缘铭文为："熹平二年正月丙午，吾造作尚方明竟（镜）兮，幽涑（炼）三商，州（周）刻无极，世得光明，买人大富贵，长宜子孙，延年兮。"小涡纹缘。直径 10.6 厘米。日本五岛美术馆藏。东汉灵帝熹平二年为公元 173 年。《汉三国六朝纪年镜图说》图版第十三上。铭文配置在镜缘位置的，亦有称其为"镜缘铭"，本书称为镜缘铭文。

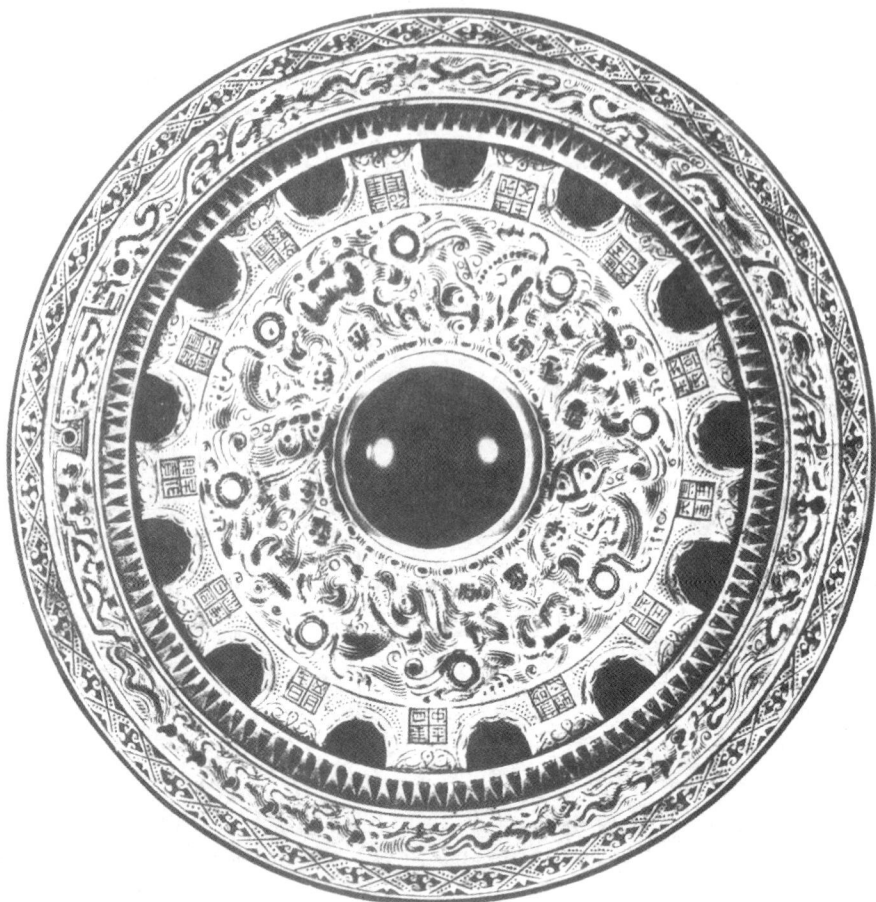

3.366 中平四年环状乳神兽镜

　　圆形。圆钮。内区八环状乳与四组神人、四兽相间环列。一组东王公，两侧为玉女与神兽；一组西王母，两侧有青鸟、神兽；一组黄帝，两侧为鸟及侍者；一组伯牙奏琴，旁有两人。兽的身躯上有环状乳。外区半圆方枚，方枚中各有四字，合为："中平四年，五月午日，幽湅（炼）白同（铜），早（造）作明竟（镜），买者大富，长宜子孙，延年命长，上如王父，西王母兮，大乐未央，长生大吉，天王日月，太师命长。"字多反书。镜缘内圈画纹带中有神人捧日、六龙驾车、羽人骑龙、羽人乘鸟、羽人坐鼋、神人捧月，外圈菱形纹。直径 19.2 厘米。东汉灵帝中平四年为公元 187 年。《上海博物馆藏青铜镜》图 55。

3.367 天王日月环状乳神兽镜

　　圆形。圆钮。内区八环状乳与四组神人、四兽相间环列，其中两组主神为正面端坐形态，帔帛飘举，两侧环状乳上各一侍者；另两组神人为侧坐态，两侧环状乳上各一侍者侧身向着神人。四兽突出头部，高浮雕的兽头比主神还要明显。二主神当为东王公与西王母。外区半圆方枚，半圆内两组不同形式的动物相间排列。方枚内均有"天王日月"四字铭。镜缘内圈画纹带中，有六龙驾舟车，车上有羽人、神人，还有羽人跨青鸟等纹饰；外圈菱形纹。直径17.4厘米。《上海博物馆藏青铜镜》图65。

3.368 吾作环状乳神兽镜

圆形。圆钮。内区六环状乳与三组神人、三兽相间环列，兽的环状乳上有形体较小的侍者和禽鸟。外区半圆方枚，方枚中各一字，合为："吾作明竟（镜），幽柬（炼）三商，周（雕）刻无。"半圆内饰涡状云纹。圈带铭文为："吾作明竟（镜），幽湅（炼）三商，周（雕）刻容象，万畺（疆）。白（伯）牙陈众藥（乐）神见容，天禽并存，福禄氏（是）[从]，富贵字〈安〉雕〈宁〉，曾（增）年益寿，长宜子孙。"铭文铸造时稍有错乱，应为"伯牙陈乐，众神见容"。云纹缘。《古镜图录》卷中二十五 B。

3.369 吾作环状乳神兽镜

　　圆形。圆钮。内区八环状乳与四组神人相间环列，分别为西王母、东王公、伯牙鼓琴、神人。禽兽中有二兽衔巨。外区半圆方枚，方枚中各四字铭文，合为"吾作明竟（镜），幽涷三刚"、"统德序首（道），敬奉贤良"等语。镜缘内圈画纹带中，有六龙驾舟车等神人瑞兽纹，外圈云纹。直径 15.4 厘米。江苏扬州出土。《汉广陵国铜镜》330 页图 146。所谓画纹带缘，指的是镜缘上配置有神人禽兽图纹，其外镜边缘处往往还有其他图纹。

3.370 吾作环状乳神兽镜

　　圆形。圆钮。内区八环状乳与四组神人、四兽相间环列。其外半圆方枚，方枚中各一字，合为："吾作明竟（镜），幽湅（炼）三商，周刻容象。"镜缘内圈画纹带中，有六龙驾舟车等神人禽兽，外圈圆涡云纹。浙江安吉六朝初期墓出土。《浙江安吉三官乡的一座六朝初期墓》图一（《考古通讯》1958 年 6 期 14 页）。

3.371 环状乳神兽镜

　　圆形。圆钮。内区八乳与四组神人、四兽相间环列。外区半圆方枚，半圆中有涡纹，十三个方枚中各有四字，铭文难以尽识。镜缘内圈画纹带中，有神人捧日月、六龙驾舟车、羽人乘禽兽等，外圈菱形纹。直径 15 厘米。河南洛阳晋墓出土。《洛阳晋墓的发掘》图十 .4（《考古学报》1957 年 1 期 179 页）。

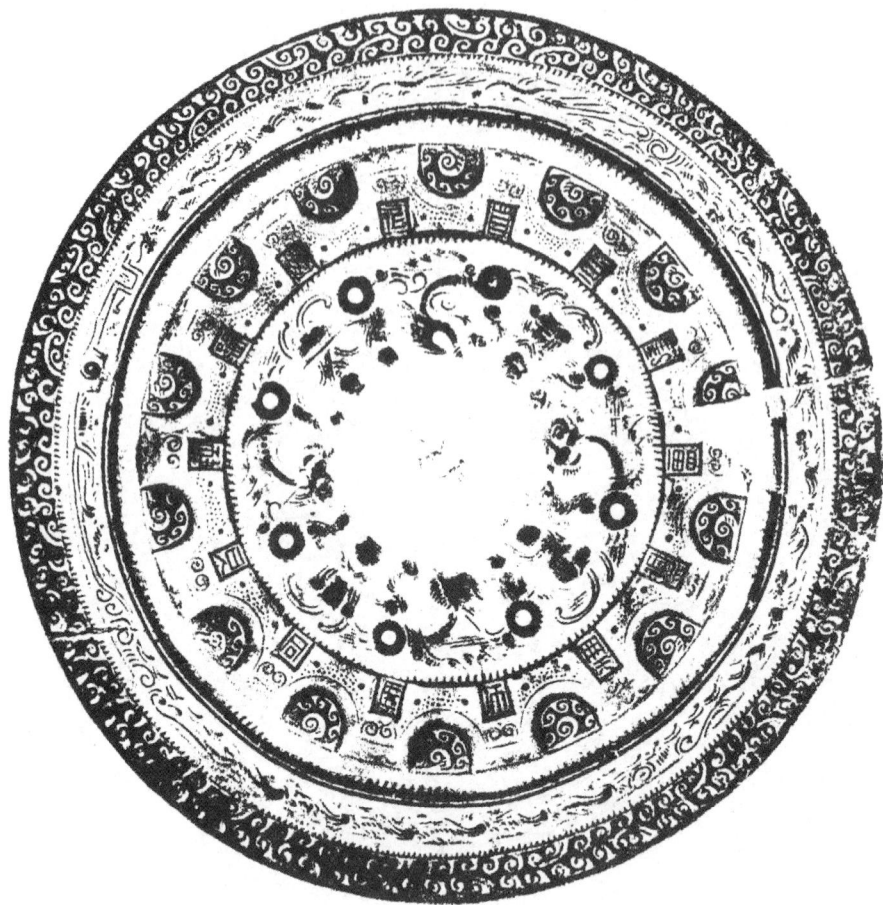

3.372 环状乳神兽镜

　　圆形。圆钮，连珠纹钮座。内区八环状乳与四组神人、四兽相间环列，神人为西王母、东王公、伯牙抚琴等。外区半圆方枚，方枚中各一字，铭文难以尽识。镜缘内圈画纹带中，有神人捧日月、六龙驾舟车、羽人禽兽等。外圈云纹。直径16.3厘米。湖北鄂城三国吴前期墓出土。《鄂城六朝墓》279 页图 201，又见《鄂州铜镜》47 页图 114。

3.373 吾作对置式神兽镜

　　圆形。圆钮。内区两组一神二兽，隔钮对置，神人为东王公、西王母。另两组各有一神人。外区半圆方枚，方枚中各有四字，合为："吾作明竟（镜），幽涑（炼）三阳，周（雕）刻无极，配像万畺（疆），帛（伯）牙作乐，众神见容，天禽四首（兽），东王父西王母仙人，三月三日，三公九君，延年益寿，其师久长。"画纹带缘中，有二神人捧日月、六龙驾车等。直径14.3厘米。湖南长沙东汉墓出土。《湖南长沙砚瓦池古墓的清理》图二（《考古通讯》1957年5期73页）。所谓"对置式"，是指两组一神二兽组合隔钮相对，着眼于纹饰构图方式。"环状乳"则以一种纹饰为标志，划分类型的标准明显不同。

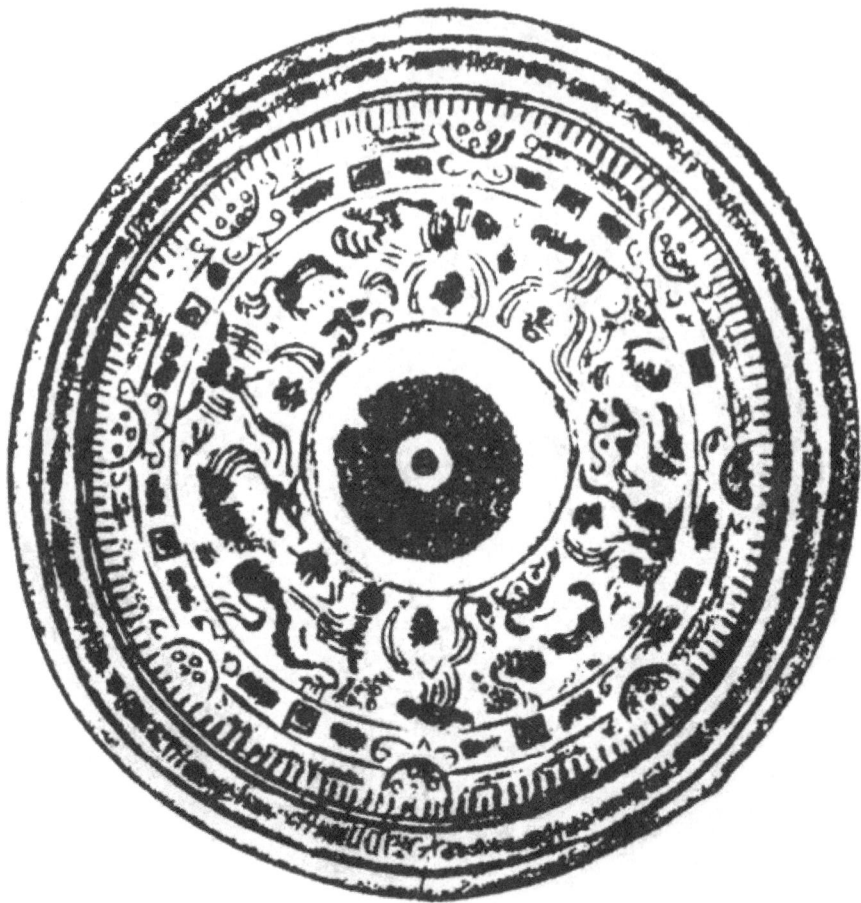

3.374 对置式神兽镜

　　圆形。圆钮。内区两组一神二兽，隔钮对置，神人为东王公、西王母。另两组各有二神人。外区半圆方枚。镜缘铭文难以尽识。此镜一神二兽组合的纹饰中，有一组瑞兽回首后顾，与一般的对置式神兽镜不同。直径12.5厘米。安徽马鞍山东吴朱然墓出土。朱然为东吴左大司马右军师，卒于东吴赤乌十二年（249），为此镜流行时代提供了重要资料。《安徽马鞍山东吴朱然墓发掘简报》图二三（《文物》1986年3期13页）。

3.375 吴郡对置式神兽镜

　　圆形。圆钮。内区两组一神二兽，隔钮对置，神人为东王父、西王母。另二组各为一神一禽。外区半圆方枚，方枚中各一字，合为："吴郡赵忠敬作众圣。"方枚之间穿插青龙、白虎、朱雀、玄武纹。镜缘内圈画纹带中，有奇禽异兽，外圈卷草纹。镜铭中的"吴郡"应为郡治吴县，即今江苏省苏州市，说明吴郡也制作画纹带对置式神兽镜。《古镜图录》卷中二十八 B。

3.376 太康三年对置式神兽镜

　　圆形。圆钮。内区二组一神二兽，隔钮对置，神人为东王公、西王母，两侧有小鸟。另两组为一举手站立神人和一昂首振翅立鸟。外区半圆方枚。镜缘铭文为："太康三年十二月八日，□贺□侯为杨州平士，三公、九卿、十二大夫，宜吏人，訾（赀）财千万，子孙富。"直径 13.6 厘米。此镜除对置的两组神兽外，另两组一为高举两手的神人和一朱鸟，图像较为特殊。西晋武帝太康三年为公元 282 年。《汉三国六朝纪年镜图说》图版第六一下。

3.377 太康三年对置式神兽镜

　　圆形。圆钮。内区二组一神二兽，隔钮对置，神人为东王公、西王母，两侧有小鸟。另两组为玄武和振翅站立的朱雀。外区半圆方枚，方枚内各一字，合为："吾作明竟（镜）三商。"镜缘铭文为："太康三年岁壬寅二月廿日，吾作竟（镜），幽涑（炼）三商四夷服，多贺国家人民息，胡虏殄威（灭）天下复，风雨时节五谷孰（熟），太平长乐。"直径 16.7 厘米。日本五岛美术馆藏。此镜二组图纹中有朱雀和玄武，没有神人。有学者认为它们与另二组神人两侧的龙虎兽组合在一起，表现出四神图纹，是对置神兽镜中比较珍奇的。《汉三国六朝纪年镜图说》图版第六一上。

3.378 建安廿一年对置式神兽镜

　　圆形。扁圆钮，连珠纹座。内区两组一神二兽，隔钮对置，神人为东王公、西王母、伯牙抚琴和二神人。外区半圆方枚，方枚中各一字，铭文模糊难以释读。镜缘铭文为："□（建）安廿一年四戊午朔十九日，□□日也，□其者，会稽所作，中有六寸一千也，人者服之千万年长仙，作史宜官，吉羊（祥），宜侯王，家有五马千头羊，一羊死六子见，……"勾连纹缘。直径 13.3 厘米。湖北鄂城征集。东汉献帝建安廿一年即公元 216 年。《鄂城六朝墓》286 页图 206.1，又见《鄂城汉三国六朝铜镜》图 44、《鄂州铜镜》62 页图 144。

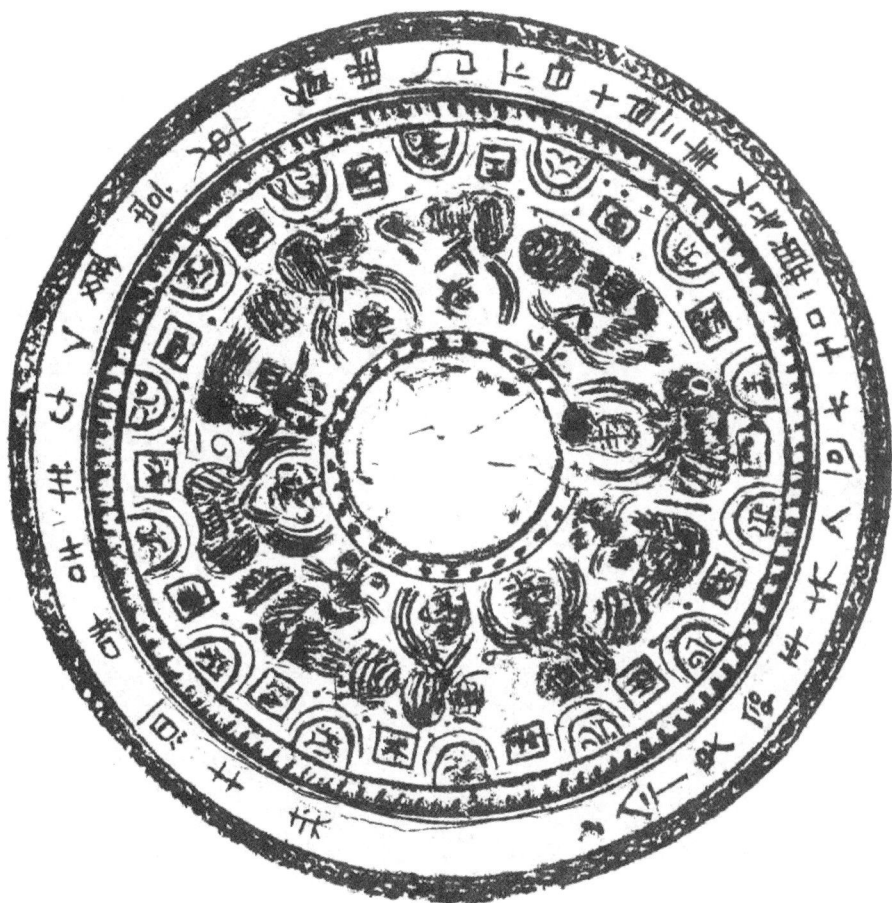

3.379 黄武六年对置式神兽镜

圆形。大圆钮，连珠纹钮座。内区两组一神二兽，隔钮对置，神人为东王公、西王母，二神左右各一兽。另二组均为二神人。外环半圆方枚，方枚中各一字，铭文模糊难以释读。镜缘铭文为："黄武六年三月十日壬巳朔，长吏高迁……"变异云纹缘。直径 11.6 厘米。湖北鄂城工地采集。吴孙权黄武六年即公元 227 年。《鄂城六朝墓》286 页图 206.2，又见《鄂州铜镜》80 页图 182。

3.380 正月午日对置式神兽镜

　　圆形。圆钮，圆钮座。内区两组一神二兽，隔钮对置，神人为东王公、西王母，兽均衔巨。另二组分别为伯牙抚琴和一神一侍。外区半圆方枚，方枚中各一字，合为："正月午日作此竟（镜），上人守（兽）皆食太仓。"镜缘内圈画纹带中，有六龙驾舟车等神人禽兽，外圈为菱形几何纹。直径20.1厘米。《楚风汉韵——长沙市博物馆藏镜》149页图113。

3.381 吾作对置式神兽镜

　　圆形。扁圆钮。内区两组一神二兽，隔钮对置，神人为东王公、西王母，两侧有小兽。另两组为二神人侧身对坐。外区半圆方枚，方枚中各一字，为"吾作明竟"等铭文。画纹带缘中有龙、蛇、龟等。直径15厘米，厚0.4厘米。广东韶关东晋墓出土。该墓有"咸康八年八月作寝"纪年砖。东晋成帝咸康八年为公元342年。《广东出土晋至唐文物》118页图7。

3.382 三羊作竟单列式环绕神兽镜

　　圆形。圆钮。内区四神人四兽相间环列，四神人均侧身踞坐，双手拱于胸前；兽躯体丰腴，均作奔驰形态，或回首，或昂首。外区半圆方枚，半圆中饰花叶纹，方枚中各一字，合为："三羊作竟（镜），宜官，立（位）至三公□兮。"圆涡纹缘。直径11厘米。广东广州东汉后期墓出土。《广州汉墓》445页图二七八.9。

3.383 建安六年重列式神兽镜

　　圆形。大圆钮。钮上下直行铭文分别为"君高里"、"高官"。纹饰分为五段，从上至下，第一段一神左右侧各一凤，外侧一凤一侍；第二段四神一侍一凤；第三段四神；第四段二神，左侧人头凤鸟，右侧一兽；第五段一神。镜缘铭文为："建安六年君宜高官，五月廿四日氏作竟，幽涷（炼）宫商，周刻容象，五帝天皇，白（伯）牙单（弹）琴，黄帝吉羊（祥），三公。"直径13.6厘米。湖北鄂城采集。东汉献帝建安六年为公元201年。《鄂城六朝墓》281页图203.3。重列式神兽镜改变了铜镜以钮为中心环绕的构图方式，采取自上而下排列。关于此类镜神人禽兽名称及其所在位置，学者尚有不同的看法，但均按照铭文中出现的名称加以分析。

3.384 建安十年重列式神兽镜

圆形。圆钮。钮上下直行铭文均为"君宜"。纹饰分为五段，从上至下，第一段中间为正面端坐神仙，两侧各一背向而立的禽鸟；第二段，铭文两侧各一端坐神仙；第三段钮两侧神仙各一，第二、三段神仙两侧，左为龙，右为虎；第四段，铭文两侧神仙端坐，神仙两侧左为二人头鸟身禽鸟，右侧为虎形兽；第五段中间一神仙端坐，朝向左侧，其左右分别为一人和龟。镜缘铭文为："吾作明竟（镜），幽涑（炼）宫商，周刻容象，五帝天皇，白（伯）牙单（弹）琴，黄帝除凶，朱鸟玄武，白虎青龙，君宜高官，子孙番（蕃）昌，建安十年造大吉。"建安十年为公元205 年。《古镜图录》卷上三 A。学者认为第二段为伯牙弹琴，第三段钮两侧分别为东王公与西王母。

3.385 建安十年重列式神兽镜

圆形。扁圆钮，圆钮座。钮上下各有直行铭文"君宜官"。纹饰分为五段，从上至下，第一段一神二兽，两侧有禽鸟或羽人；第二段直行铭文两侧各二神人，其一为伯牙抚琴，神人外侧分别为龙与凤；第三段钮两侧各二神人；第四段直行铭文两侧各一神人，二神外侧分别有虎和双头鸟；第五段一神人和玄武。镜缘铭文为："建安十年，吾作明竟（镜），幽涑（炼）宫商，周刻容象，五帝天皇，白（伯）牙单（弹）琴，黄帝除凶，朱鸟玄武，白虎青龙，君高官，位至王公，子孙番（蕃）昌。"湖北鄂城西晋墓出土。《鄂城六朝墓》281页图203.2。又见《鄂州铜镜》60页图141。

3.386 黄龙元年重列式神兽镜

　　圆形。圆钮。纹饰分为五段，阶段线明确。从上至下，第一段中为神人，两侧有朱雀和龙；第二段四个神人；第三段钮两侧为东王公和西王母。二、三段两侧有青龙和白虎。第四段一神四兽；第五段一神，左右侧朱雀、玄武。镜缘铭文为："黄龙元年太岁在丁酉七月壬子[朔]十三日甲子,[师]陈世口[造]作三涑（炼）明镜，其有[服]者，命久富贵。"小矩形几何纹缘。直径 12 厘米。广西贵港市出土。三国吴大帝孙权黄龙元年为公元 229 年。《吴镜师陈世所作神兽镜论考》图一（《考古》1986 年 11 期 1018 页）。

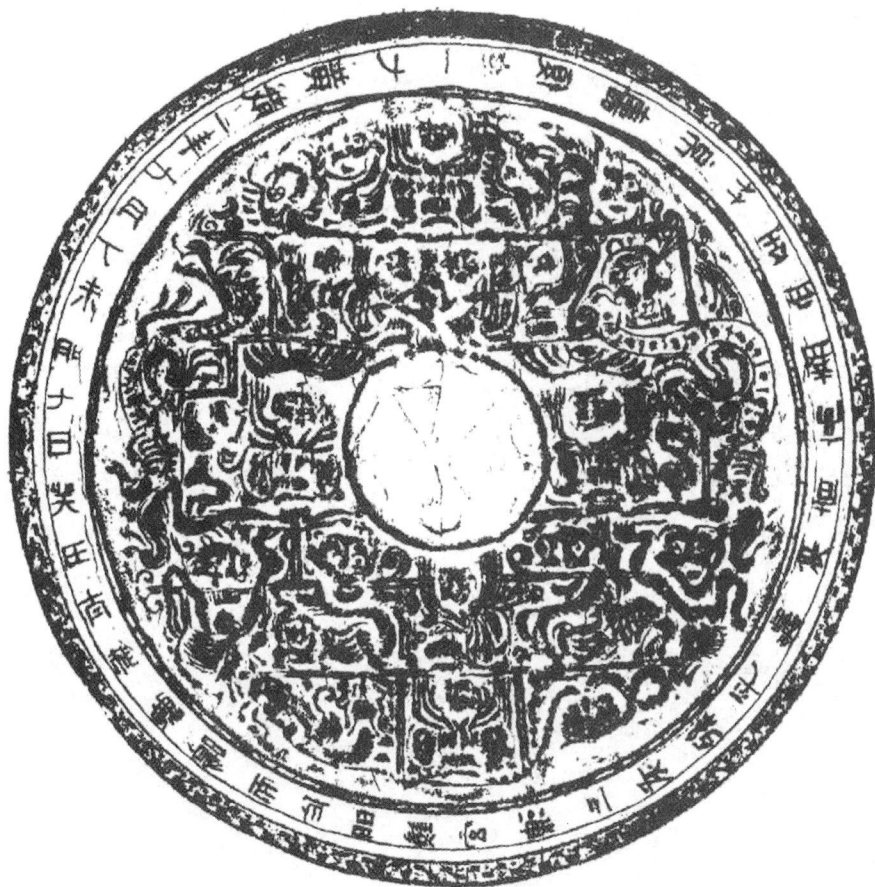

3.387 黄龙二年重列式神兽镜

　　圆形。圆钮，圆钮座。纹饰分为五段，从上至下重列于六层格栏中，第一段一神一兽二鸟；第二段二神二侍；第三段钮左右各一神，此两段最外侧分别为一龙一虎；第四段一神居中，两侧各二兽；第五段一神，左右侧朱雀、玄武。镜缘铭文为："黄龙二年七月丁未朔七日癸丑，太师鲍豫而作明镜，玄涑（炼）三，灭绝乎（孚）秽，服者高迁，位至竹帛，寿复金石也。"湖北鄂城孙吴中期墓出土。《鄂城六朝墓》284 页图 205.1。

3.388 嘉禾五年重列式神兽镜

　　圆形。扁圆钮，圆钮座。纹饰分为五段，从上至下，第一段神人居中，一侧为龙和兽头，一侧为鸟与兽；第二段为伯牙抚琴与二神人及一侍一羽人；第三段钮两侧分别为西王母和东王公，第二、三段外侧分别为龙与虎；第四段一神一侍居中，两侧各二兽；第五段神人两侧分别为玄武与双头兽。镜缘铭文为："嘉禾五年五月壬寅朔五日丙午，太师鲍豫造作五帝明镜，玄涑（炼）章文，光耀昭明，服者宜官，迁至侯王，女为皇厚（后），老复丁。"直径13.2厘米。三国吴孙权嘉禾五年即公元236年。湖北鄂城吴晋之际墓出土。《鄂城六朝墓》282页图204.2，又见《鄂州铜镜》83页图188。

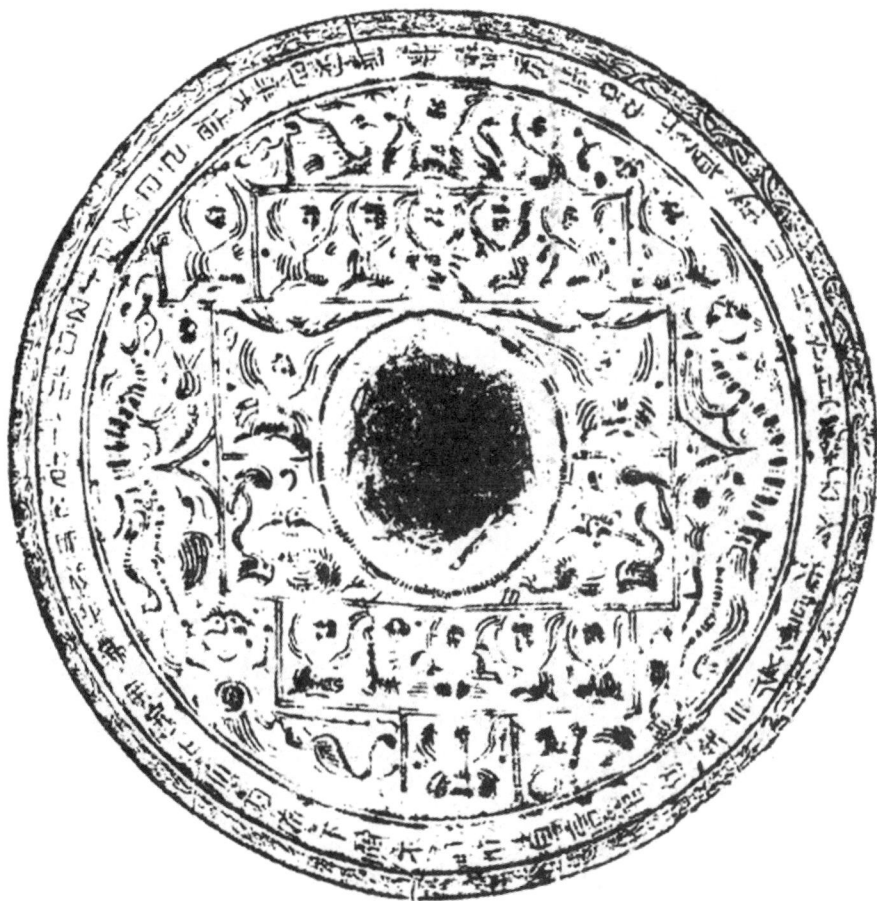

3.389 永安四年重列式神兽镜

圆形。大圆钮。纹饰分为六段，阶段线比较清晰，从上至下，第一段一神一侍及禽兽；第二段区段线内五神人，边缘另有二神人；第三段钮左右侧各一神人；第四段钮两侧为二兽及二小禽；第五段五神人；第六段中为神人，两侧为玄武与兽。由第三段至第六段的边缘区，左有青龙、神人、禽兽；右为白虎、神人及禽鸟。镜缘铭文为："永安四年太岁已巳，五月十五日庚午，造作明竟（镜），幽涑（炼）三商，上应列宿，下辟不祥，服者高官，位至三公，女宜夫人，子孙满堂，行有遮道，六畜潘（蕃）伤（昌），乐未。"连环纹缘。三国吴景帝永安四年为公元261年。《小校经阁金文拓本》卷十六 76A 下。

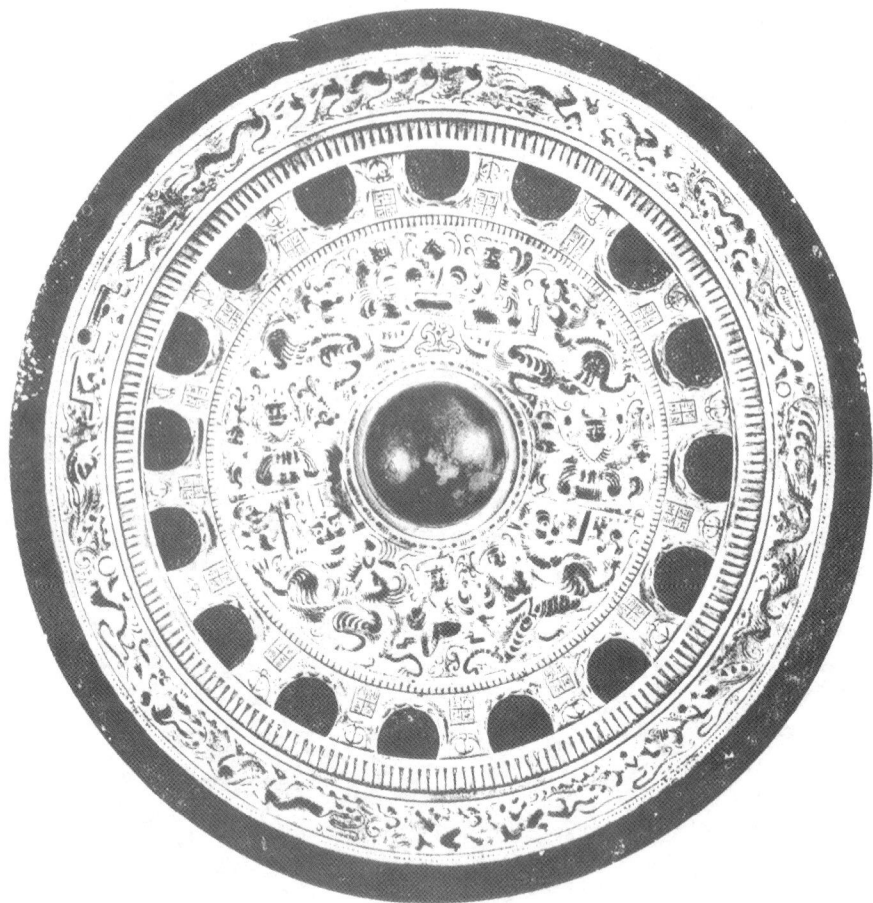

3.390 吾作三段重列式神兽镜

　　圆形。圆钮，外围连珠纹。内区分为三段，阶段并不明确。上段二兽衔座，座中三人，中为伯牙弹琴；中段二神，左为东王公及二兽，右为西王母及青鸟和人面鸟身神；下段一神二兽，头戴冕旒，当为黄帝。青龙、白虎身上各骑一羽人或神。外区半圆方枚，方枚中各有四字，合为："吾作明竟（镜），幽涑（炼）三商，周（雕）刻无极，配象万方，四气像元，六合设长（张），贤良敬奉，通距虚空，统德序道，祇灵是兴，白（伯）牙陈乐，众神见容，天禽衔持维刚，大吉，服者公卿，其师命长。"镜缘内圈画纹带中，有神人捧日月、六龙驾舟车、三龙飞腾、飞龙青鸟、二仙骑兽、二羽人腾云、二羽人驾鸟等。直径 17.7 厘米。传浙江绍兴出土。《上海博物馆藏青铜镜》图 61。

3.391 君宜三段式神人镜

　　圆形。圆钮。内区两条夹钮的平行线条分为三段。一段中部为龟座华盖，华盖右侧一神二侍，胁侍一坐龟背上，一跪立，左侧四侍，手均执物，面向主神，诸神头部均向镜缘；一段二神夹钮对置，头部向钮；一段似二龙环绕相交，二神相对端坐于环钮两侧。从神像排列看，仍然可视为环绕式构图。外区半圆方枚，方枚内各一字，合为："君宜高官，位至三公，大吉利。"缠枝纹带外素缘。《古镜图录》卷下五 A。

3.392 八子三段式神兽镜

　　圆形。圆钮。内区两条夹钮的平行线条分为三段。一段中部为龟座华盖,左侧一神四侍,右侧为五侍,神侍头部均朝镜缘;一段二兽,结构不明确;一段二龙相交呈8字形环,二神二侍位于环两侧,头向亦朝镜缘。外区方枚间以禽兽纹,方枚内各有二字,合为:"八子明竟(镜),幽涑(炼)三冈,巧工刻之□文,上有四守(兽)吉昌。"缠枝纹缘。直径16.7厘米。《上海博物馆藏青铜镜》图64。

3.393 余造明镜三段式神兽镜

　　圆形。圆钮，圆钮座。内区两条夹钮的平行线条分为上中下三段。上段中部为龟座华盖，华盖右侧一神二侍，胁侍一坐龟背上，一跪立。左侧三侍，手均执物，面向主神；中段二兽夹钮对置；下段似二龙环绕相交，二神相对端坐于环钮两侧，神人前分别有一侍或一鸟。外区铭文为："余造明镜，三王作容，翠羽秘盖，灵鸠（龟）台杠，仓颉作书，以教后生，遂（燧）人造火，五味。"菱形纹缘。直径 16.6 厘米。陕西西安出土。《西安文物精华·铜镜》71 页图 61。

3.394 惟汉始兴三段式神兽镜

　　圆形。半圆钮，圆钮座。内区两条夹钮的平行线条分为上中下三段。上段为伯牙弹琴，两瑞兽分列两边；中段钮座两侧为东王公与西王母，身边各有一侍者；下段为持节神人与一羽人，两旁各一瑞兽。外区铭文为："惟汉始兴，世代久长，东父西母，九子显章，幽涑（炼）银锡同金精，保守福禄，便（？）父宜兄，男尊女贵，外内璜璜。"镜缘饰双线三角纹、卷云纹及小连珠纹。直径15.7厘米。《郑乾意夫妇墓发掘简报》，《文博》2014年4期9页图一〇.1，又见《隋至清中国纪年铜镜图典》152页。

3.395 吾作三段式神兽镜

　　圆形。圆钮，圆钮座。内区两条夹钮的平行线条分为上中下三段。上段中部为龟负华盖，华盖左侧四人依次站立，尾随一鹤，右侧一神二侍，外侧一蟾蜍；中段二兽，作正视形，姿态生动；下段绶带呈8字形纽结相交，一神一侍位于环钮两侧。外区半圆方枚，方枚内各有二字，合为："吾作明竟（镜），幽涷（炼）三冈，巧工刻之成文章，上有四守（兽）辟不羊（祥），宜王。""明"简省作"目"，"辟"简省到只剩左部。菱形涡纹缘，图纹精美。直径17.1厘米。《故宫藏镜》55页。

3.396 清而明三段式神兽镜

　　圆形。圆钮，连珠纹钮座。内区两条夹钮的平行线条分为上中下三段。上段中部为龟座华盖，华盖两侧各有五人，右侧一神人体型稍大，端坐，其余当为侍者；中段二兽夹钮对置，兽的造型少见；下段绦带呈8字形纽结相交，环钮两侧各一神一侍。外区半圆方枚，方枚内各一字，合为："九子竟（镜），清而明，利父母，便弟兄。"变异云纹缘，少见。陕西西安出土。《西安文物精华·铜镜》69页图60。

3.397 三段式神人镜

　　圆形。圆钮。两条夹钮平行线分为上中下三段。上段三像，中间像向左站立，手持杖，右边像向右端坐，左边像向左站立，三像间有榜题"先人"、"太君"铭；中段二像，头朝钮对置，均为侧身坐姿，左边像肩扛三叉，榜题"太王"，右边像榜题"胡考"；下段三像，中间像亦站立持杖，左右侧像榜题分别为"神女"、"王吏"。三角锯齿纹缘。此镜除了三段格式外，神人形态及标明人物身份的榜题极为少见。《小校经阁金文拓本》卷十六48A下。

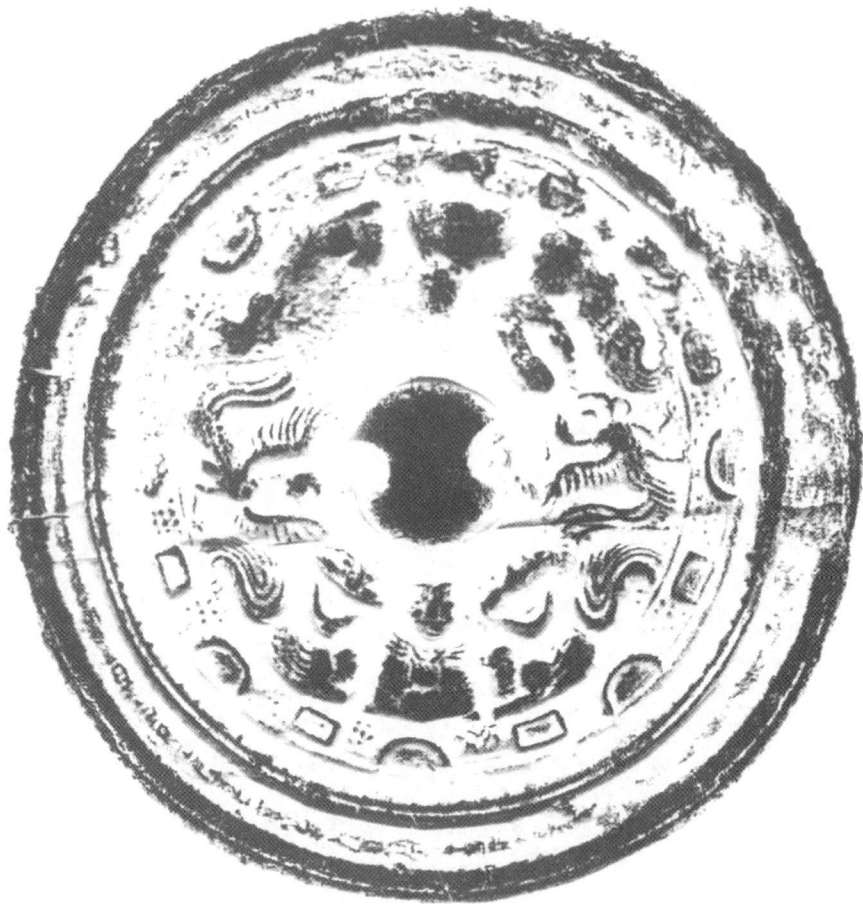

3.398 君宜高官对置神兽镜

　　圆形。圆钮，圆钮座。内区两组一神二兽组合隔钮对置，间以二鸟，布局形
式近于三段式。外区半圆方枚。镜缘铭文可辨识"君宜高官，三公九卿"等。直
径 11.6 厘米。河南洛阳西晋中晚期墓出土。《洛镜铜华——洛阳铜镜发现与研究》
198 页图 155。

3.399 泰始八年神人镜

圆形。圆钮，圆钮座。四组纹饰中两组为神人端坐，一组居中神人抚琴，两侧为侍者。镜缘铭文为："晋泰始八年五月一日，王君位至三公，受（寿）。"素缘。直径9.9厘米。西晋武帝泰始八年为公元272年。河南洛阳墓葬出土。《洛镜铜华——洛阳铜镜发现与研究》197页图154。

画像镜

3.400 蔡氏车马神兽画像镜

圆形。圆钮，连珠纹钮座。内区四乳与四组神兽车马相间环列，两组为一神二侍，居中端坐神人，面部正视，头着冠，榜题分别为"王公"、"王母"。二侍或跪或立；一组为车马，马昂首翘尾，奋蹄前奔；另一组为龙虎并行，顾盼相望。外区铭文为："蔡氏作竟（镜）佳且好，明而月世少有，刻治今（禽）守（兽）悉皆在，令人富贵宜孙子，寿而金石不知老兮，乐无亟（极）。"连续云纹缘。直径19.2厘米。河南洛阳东汉墓出土。《洛镜铜华——洛阳铜镜发现与研究》186页图143，又见《洛阳出土铜镜》图57。

3.401 张氏神人车马画像镜

　　圆形。圆钮。内区四乳与四组神人车马相间环列。一组车马，一马驾车，车有华盖；二组均为一神二侍，居中神人端坐，榜题"东王公"、"西王母"；二侍站立于两侧，面向主神；另一组中间一人双手举起，作跳跃状，两侧人物一端坐抚琴，一端坐。外区铭文为："张氏作竟（镜）四夷服，多贺君家人民息，胡虏殄威（灭）天下复，风雨时节五谷孰（熟），宦至功（公）卿蒙禄食，子孙力，传告后世乐无亟（极）兮。""卿"简省作"卩"。镜缘内圈锯齿纹，外圈画纹带中，有龙、虎等七瑞兽及凤鸟、四小禽和一怪神。《古镜图录》卷中十七 B。

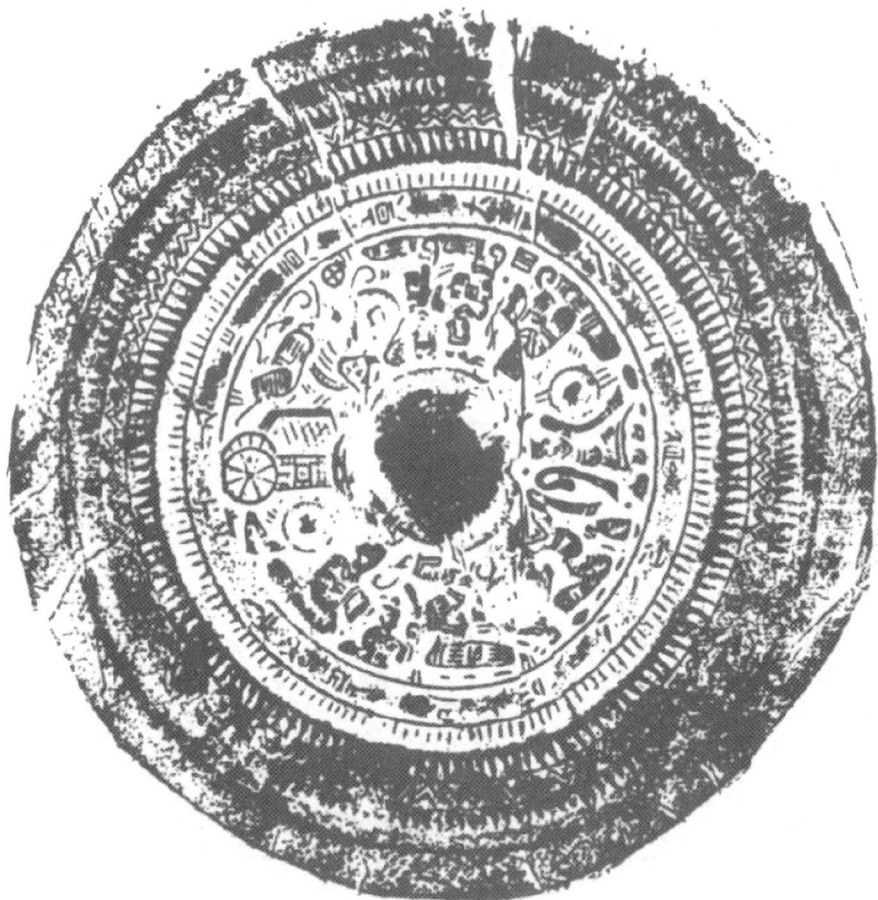

3.402 尚方神人车马画像镜

　　圆形。圆钮。内区四乳与四组神人车马相间环列。一组为一马驾车，车有盖，车舆两侧有屏蔽；一组三人踞坐，其中两人相对，地下一器皿。有学者认为这是古代一种名为"射覆"即猜测覆盖之物的游戏，器皿即为覆器，其下置物；一组二人甩长袖起舞，地下似有盘，应与盘舞有关；另一组亦为三人踞坐，中间一人身躯特小，应是取材于东方朔欺侏儒的故事。外区铭文为："尚方作竟（镜）真大巧，上有仙人不知老兮。"波状纹及锯齿纹缘。直径 19 厘米。河南淇县出土。《河南淇县发现一面东汉画像铜镜》（《文物》1980 年 7 期 41 页）。

3.403 田氏神人车马画像镜

圆形。圆钮。内区四乳与四组神人车马相间环列。一组为一神人舞蹈，榜题"东王母"，两侧有侍者；一组为四马驾车；一组中间神人端坐，两侧有侍者和羽人；第四组亦是一神人端坐，旁有站立的侍者和羽人。外区铭文为："田氏作四服，多贺国家人民息，胡虏殄威（灭）天下复，风雨时五谷孰（熟），长保二亲得天力，传告后世乐无极。"双线波纹与锯齿纹缘。此镜榜题"东王母"应是"西王母"之误。直径22厘米。浙江绍兴出土。东汉时期。《浙江出土铜镜》黑白版图36。又见《谈谈我国古代的铜镜》图一（《考古通讯》1955年6期59页）。

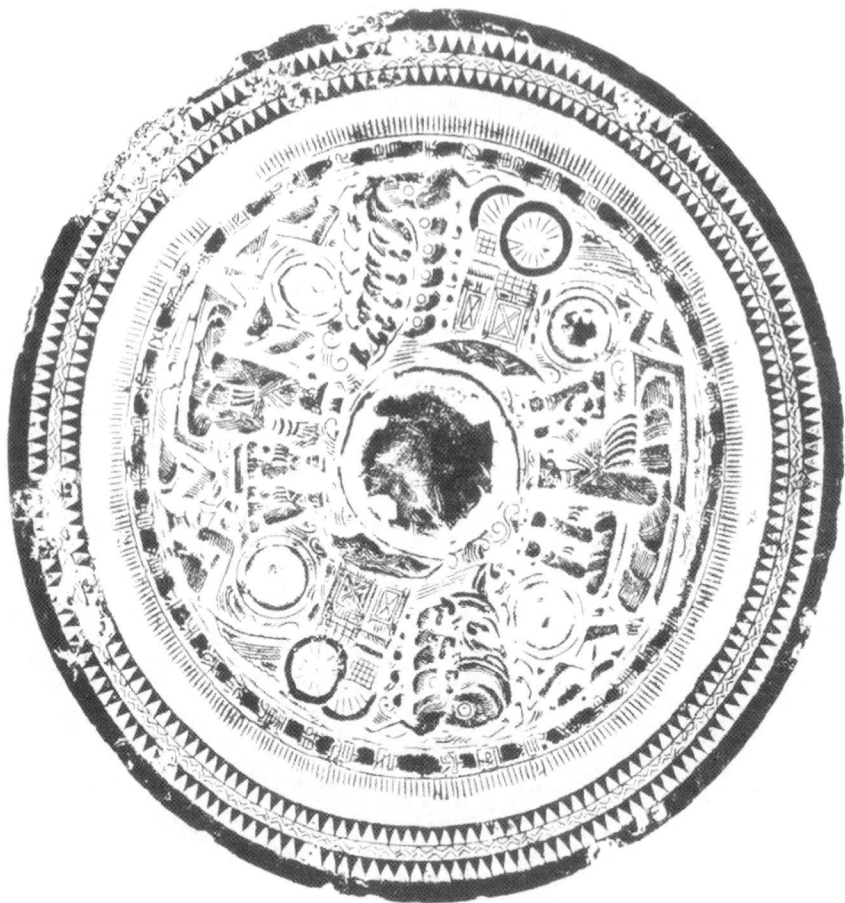

3.404 周是神人车马画像镜

圆形。半圆钮。内区四乳与四组神人车马相间环列。一组六马驾车，一组五马驾车，两车形式相同，幔盖，方形车舆，舆两侧及前面有屏蔽，其上开窗，舆后站立一人；一组一神三侍及一羽人，神人端坐；一组一神二侍，神人端坐。另有二羽人持长剑对舞，一羽人戏丸。神当是西王母、东王公。外区铭文为："吴向阳周是作竟（镜）四夷服，多贺国家人民息，胡虏殄威（灭）天下复，风雨时节五谷孰（熟），长保二亲得天力，传告后世乐无极。"两周锯齿纹夹一周双线波纹缘。直径22.1厘米。浙江绍兴出土。铭文中的"吴"为吴郡吴县。"向阳"，里名。"周是"疑为"周氏"，铸镜工师。《浙江出土铜镜》彩版图2。

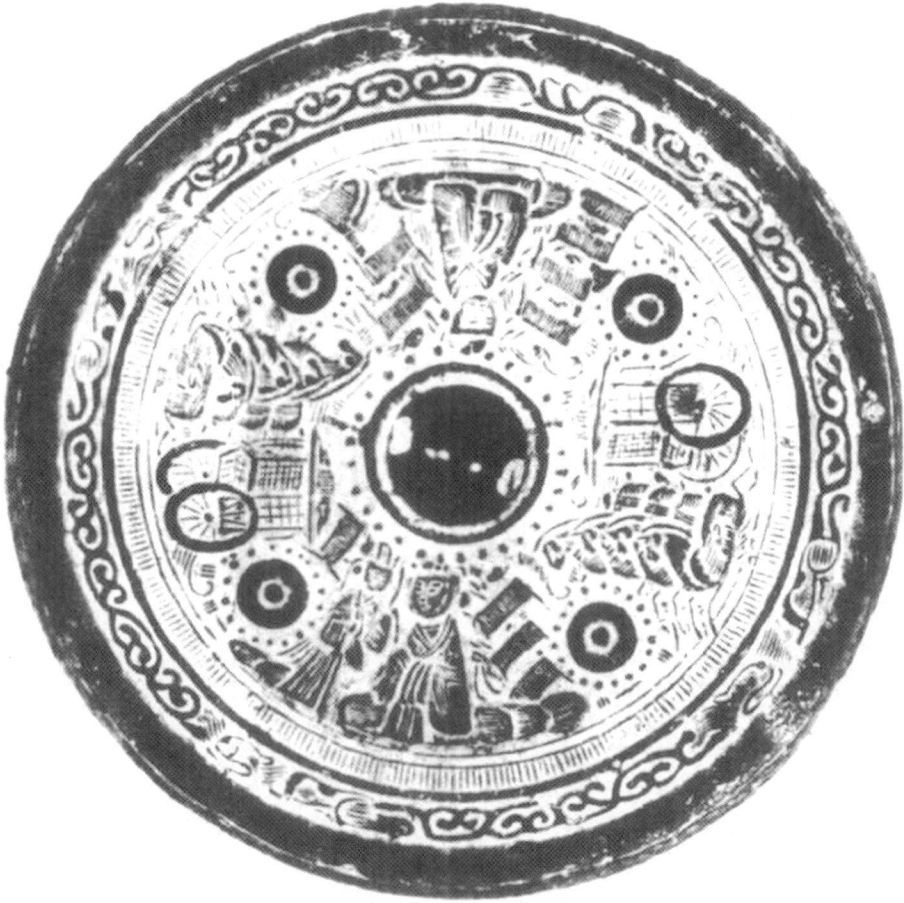

3.405 神人车马画像镜

圆形。圆钮。内区四乳与四组神人车马相间环列。二组车马，均为四马驾辎车；一组东王公及左右侧羽人；另一组西王母，左侧立侍，右侧羽人。禽兽纹缘。直径21厘米。东汉时期。传浙江绍兴出土。《浙江出土铜镜》黑白版图27。

3.406 神人车马画像镜

　　圆形。圆钮，圆钮座，围以连珠纹。四乳与四组神人车马相间环列。两组为西王母与东王公隔钮对置，王母端坐，前侧有二侍一羽人，后侧一人端坐。王公端坐，两侧三侍者；一组为五马驾车；另一组为十马奔驰，场面壮观。瑞兽几何纹缘。直径21厘米。《净月澄华——辽宁省博物馆藏古代铜镜》162页。

3.407 神人车马画像镜

　　圆形。圆钮，圆钮座，围以连珠纹。四枚连珠座乳与四组神兽车马相间环列。一组为西王母与两侧五羽人；一组为东王公与六羽人，榜题"东王公"。一组为二马驾车，另一组为虎。镜缘内圈画纹带缘中，有羽人及禽鸟。直径20厘米。浙江安吉出土。《清质·昭明》96页。

3.408 神人车马画像镜

　　圆形。圆钮，圆钮座，外围连珠纹。四乳与四组神兽车马相间环列。两组为西王母与东王公隔钮对置，王母两侧各二羽人，王公一侧有二羽人；一组为三马驾车，方舆、幔盖及车窗纹饰刻画精细；另一组为羽人御虎。三角锯齿纹缘。直径 19.5 厘米。《净月澄华——辽宁省博物馆藏古代铜镜》164 页。

3.409 龙氏神人龙虎画像镜

圆形。圆钮。内区四乳与四组神人龙虎相间环列。两组均为一神二侍,居中神人当是东王公和西王母;另两组分别为龙虎。外区铭文为:"龙氏作竟(镜)自有道,东王公,西王母,青龙在左,白虎居右,刻治今(禽)守(兽)悉皆在,大吉。"三角锯齿纹和云气纹缘。直径21.2厘米。《上海博物馆藏青铜镜》图49。传世的龙氏所作之镜,多在浙江绍兴出土。

3.410 刻治铜镜神人龙虎画像镜

　　圆形。圆钮，圆钮座，外围连珠纹。四乳与四组神人龙虎相间环列，两组分别为西王母、东王公及二侍；另两组分别为龙与虎，龙虎前均跪一羽人。外区铭文为："刻治同（铜）竟（镜）佳且好，明而日月世少有，刻治同（铜）竟（镜）佳且好，明而日月世少有兮。"双线波折纹缘。直径 18.2 厘米。安徽潜山东汉墓出土。《潜山县博物馆藏战国两汉铜镜》图 20（《文物》2013 年 2 期 92 页）。

3.411 袁氏神人龙虎画像镜

　　圆形。圆钮。内区四乳与四组神人龙虎，两组分别为一龙一虎；另两组各为
一神二侍。神端坐，冠饰不同，二侍为羽人，侧身向着神仙。外圈铭文为："袁氏
作竟（镜）兮真，上有东王父、西王母，山（仙）人子侨（乔）侍左右，辟邪喜怒毋
央（殃）咎，长保二亲生久。"连续云纹缘。《古镜图录》卷中十九 A。

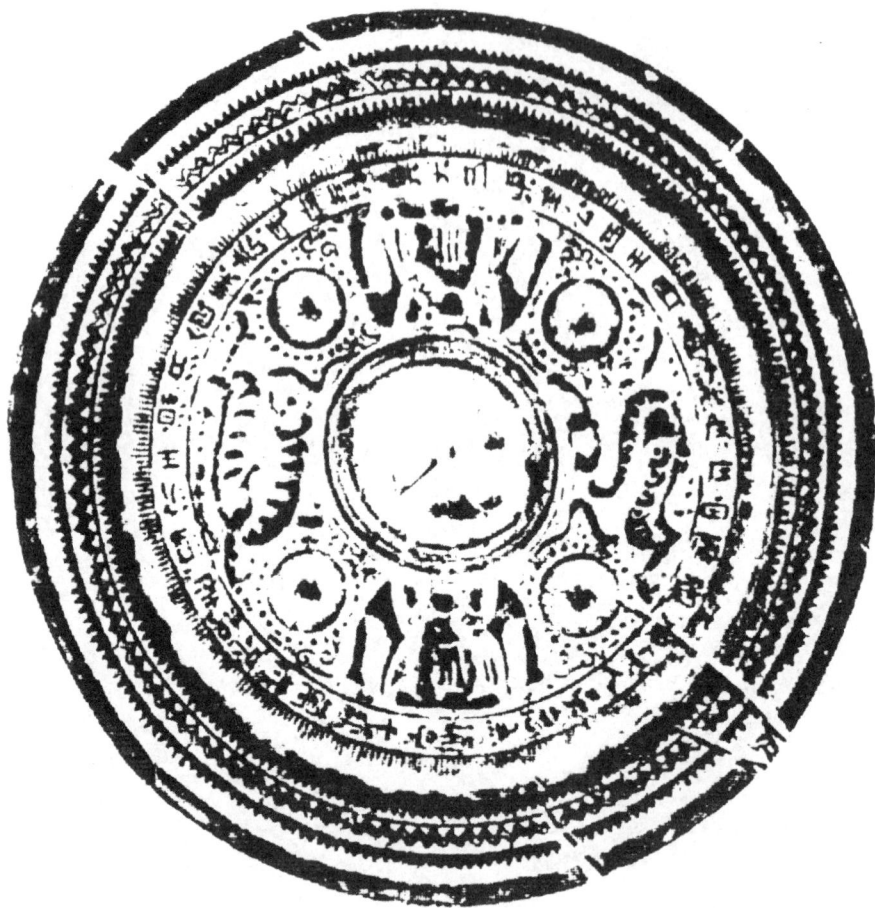

3.412 袁氏神人龙虎画像镜

　　圆形。圆钮。内区四乳与四组神人龙虎相间环列。两组分别为一龙一虎；另二组为一神二侍，神端坐，两侧二羽人站立。外区铭文为："袁氏乍（作）竟（镜）真大巧，东王公、西王母，青龙在左，白虎居右，山（仙）人子乔赤诵子，千秋万岁不知老，渴饮玉湶（泉）饥食枣。"两周锯齿纹夹一周双线波状纹缘。直径 18.6 厘米。湖北荆门出土。《鄂城汉三国六朝铜镜》插图二。

3.413 袁氏神人瑞兽画像镜

　　圆形。圆钮，圆钮座外围连珠纹。四枚四瓣花座乳与四组神人瑞兽相间环列。两组为西王母与东王公隔钮对置，两侧分别有四羽人和三羽人；一组居中为"神树"，两侧各二羽人；另一组为一虎。外区铭文为："袁氏作竟（镜）世少有，东王公，西王母，辟去不羊（祥）利孙子，白虎山（仙）人居左右，长保二亲子孙力，五。"云纹缘。直径 18.4 厘米。陕西西安出土。《西安文物精华·铜镜》55 页图 47。

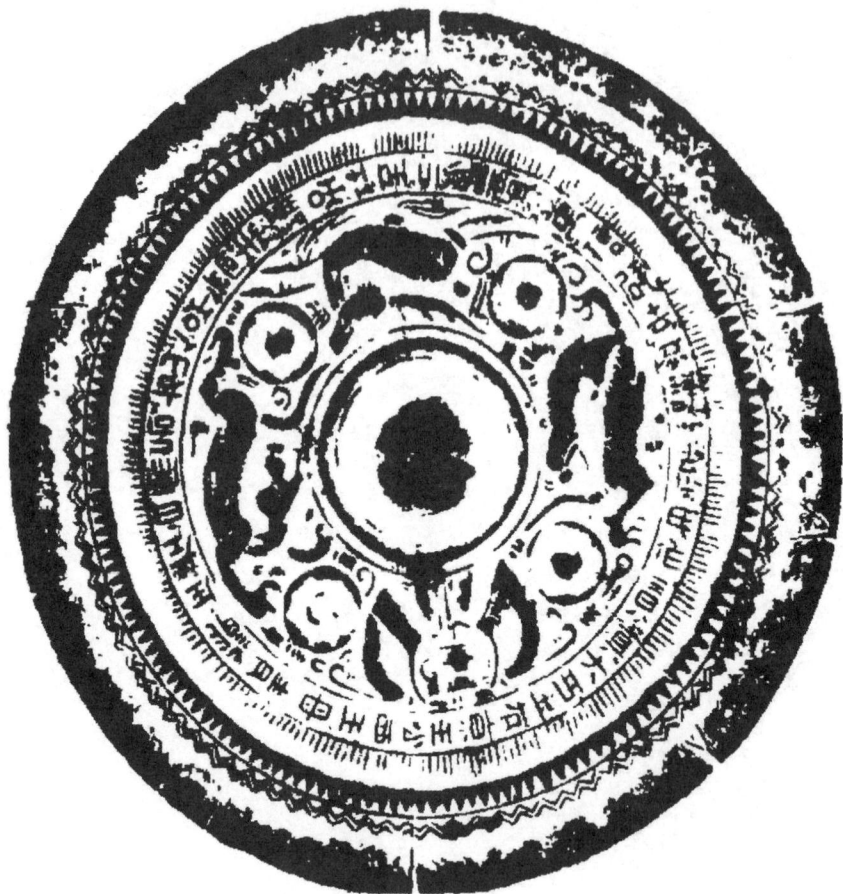

3.414 袁氏羽人龙虎镜

　　圆形。圆钮。内区四乳与羽人瑞兽相间环列。三组分别为龙、虎、鹿；另一组二羽人相对，持杵，居中为石臼。外区铭文为："袁氏作竟（镜）真大巧，上有东王公、西王母，青龙在左，白虎居右，山（仙）人子乔赤诵子，仕至三公贾万倍，辟去不详（祥）。"波折纹缘。直径 15.5 厘米。山东邹城出土。《山东邹城古代铜镜选粹》图 5（《文物》1997 年 7 期 66 页）。

3.415 吾作羽人龙虎画像镜

　　圆形。圆钮。内区四乳与四组神人龙虎相间环列。一组一龙；一组一羽人骑虎；一组二羽人握杵踞坐，作杵状；一组为羽人和兔共握一杵，亦作杵状。外区铭文为："吾作明，世少有，明如日月，君宜子孙，其师命长，长乐未英（央）兮。"边缘为锯齿纹及云纹。此镜纹饰以羽人为主，比较少见。《古镜图录》卷中二十五 A。

3.416 宋氏神人龙虎画像镜

　　圆形。圆钮。内区四枚四瓣花座乳与四组神人龙虎相间环列。两组分别为一龙一虎；一组神人端坐，一女子舞蹈；一组一神一侍及一女子起舞。外区铭文为："宋氏作竟（镜）四夷服，多贺君家人民息，胡虏除威（灭）天下复，风雨时节五。"锯齿纹及 C 形连续云纹。直径 19.4 厘米。《小校经阁金文拓本》卷十五 55B 下。

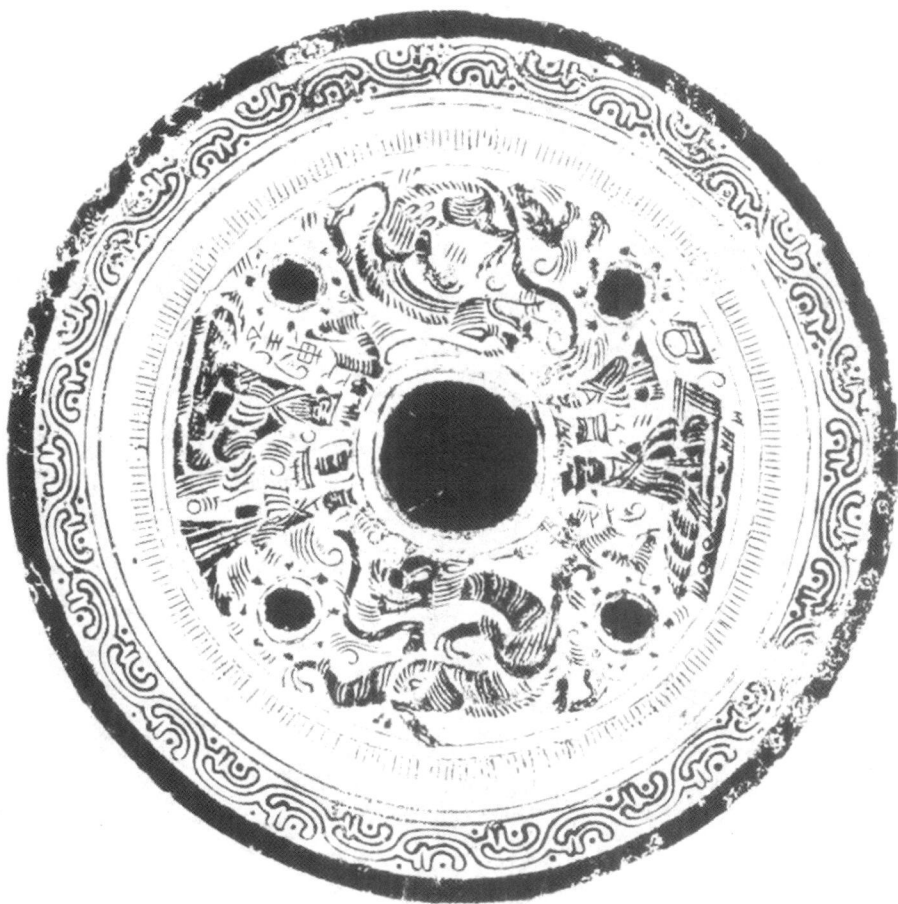

3.417 神人龙虎画像镜

　　圆形。圆钮。四连珠座乳与四组神人龙虎相间环列。二组分别为龙、虎；一组神人端坐，旁立一侍，后侧一羽人，榜题"东王公"。另一组神人端坐，当为西王母，前跪一侍，后亦有一羽人。云气纹缘。直径19厘米。东汉时期。浙江绍兴出土。《浙江出土铜镜》彩版3。

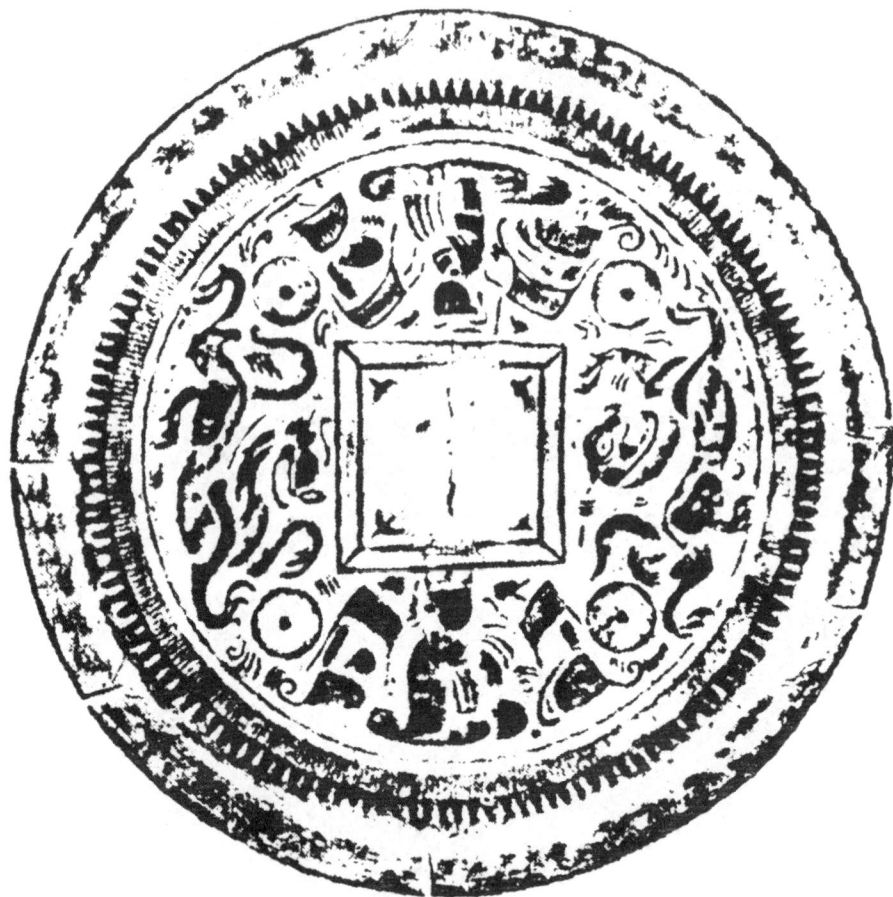

3.418 神人龙虎画像镜

圆形。圆钮。四乳与四组神人龙虎相间环列。二组分别为一龙一虎，另二组均为一神二羽人。锯齿纹缘。直径 16 厘米。湖北荆门出土。《鄂城汉三国六朝铜镜》4 页插图一。

3.419 神人瑞兽镜

　　圆形。圆钮。内区四乳与四组神人瑞兽相间环列，分别为东王公、西王母、白虎及瑞兽。外区铭文为："尚方作竟（镜）大毋伤，辛（新）有善同（铜）出丹羊（阳），和已（以）银锡。"画纹带缘上环列羽人禽兽，禽兽的身躯多为线条式，并以平雕式展现禽兽的四肢和尾部，反差鲜明，更具神韵。直径 16 厘米。河南南阳东汉晚期墓出土。《南阳出土铜镜》90 页图二二一。

3.420 奚氏神人瑞兽画像镜

圆形。圆钮，圆钮座。内区四乳与四组神人瑞兽相间环列。两组分别是西王母、东王公与侍者；另两组为瑞兽。外区铭文为："奚氏作竟（镜）四夷明〈服〉，多贺君家人民息，胡羌威（灭）尽天下复，风雨时。"三角锯齿纹缘。直径13.5厘米。安徽潜山东汉墓出土。《潜山县博物馆藏战国两汉铜镜》图19（《文物》2013年2期91页）。

3.421 荣氏神人禽兽画像镜

　　圆形。圆钮。内区四乳与四组神人瑞兽相间环列。二组均为一神一侍，神人正面端坐，侍者侧身跪地。另两组一组为羽人戏鹿，一组为鸟兽相对。外区铭文为："荣氏竟（镜）佳且好，明而日月世少有，宜子孙兮。"镜缘内圈为龙虎鸟兽，外圈有刻铭"番琚镜伺二尺一寸"、"米"。直径16.3厘米。湖北鄂州出土。刻铭"伺"意即周长，"二尺一寸"合今50.6厘米，而此镜实际周长为51.18厘米，相差0.58厘米。《鄂城汉三国六朝铜镜》图120。

3.422 三羊神人禽兽画像镜

　　圆形。圆钮。内区五乳与神人禽兽相间环列，分别为：两神人对坐，一兽，一兽，两神人对坐，一禽。外区铭文为："三羊作竟（镜）自有纪，除去不宜古（贾）市，上有东王父西王母。"铭文间有后来镌刻的字，内容为"价人竟六寸半"。双线波纹缘。直径 16.1 厘米。六朝时期。湖北鄂城出土。"六寸半"合今 15.9 厘米，与此镜的尺寸极接近。《鄂城汉三国六朝铜镜》图 119。

3.423 三羊神人禽兽画像镜

圆形。圆钮。钮外圆圈内四虎两两相对。内区六乳间分别配置二神、一熊、二兽、二神、一虎、二鸟，二神相对而坐，面前装饰数个珠丸。外区铭文为："三羊作竟（镜）自有纪，除去不羊（祥）宜古（贾）市，上有东王父西王母，君宜子。"画纹带缘由四个装饰不同的圆形分为四组，分别配置龙虎禽鸟纹。直径20.2厘米。六朝时期。湖北鄂城出土。《鄂城汉三国六朝铜镜》图118。

3.424 吴王伍子胥画像镜

　　圆形。圆钮。四乳与四组人物相间环列。一组一人须眉怒竖，头颈歪侧，右手持长剑置于颈下，榜题"忠臣伍子胥"；一组一人头戴冠，身着宽袖长服，端坐于帷幕之中，榜题"吴王"；一组为两女子并立，双手拱于胸前；一组为二人相对，均戴冠着交领宽袖长服，右侧一人持杖，榜题"绒（越）王"，左侧一人侧身而跪，榜题"范蠡"。二周锯齿纹间以波状纹缘。直径19.5米。传浙江绍兴出土。《上海博物馆藏青铜镜》图52。

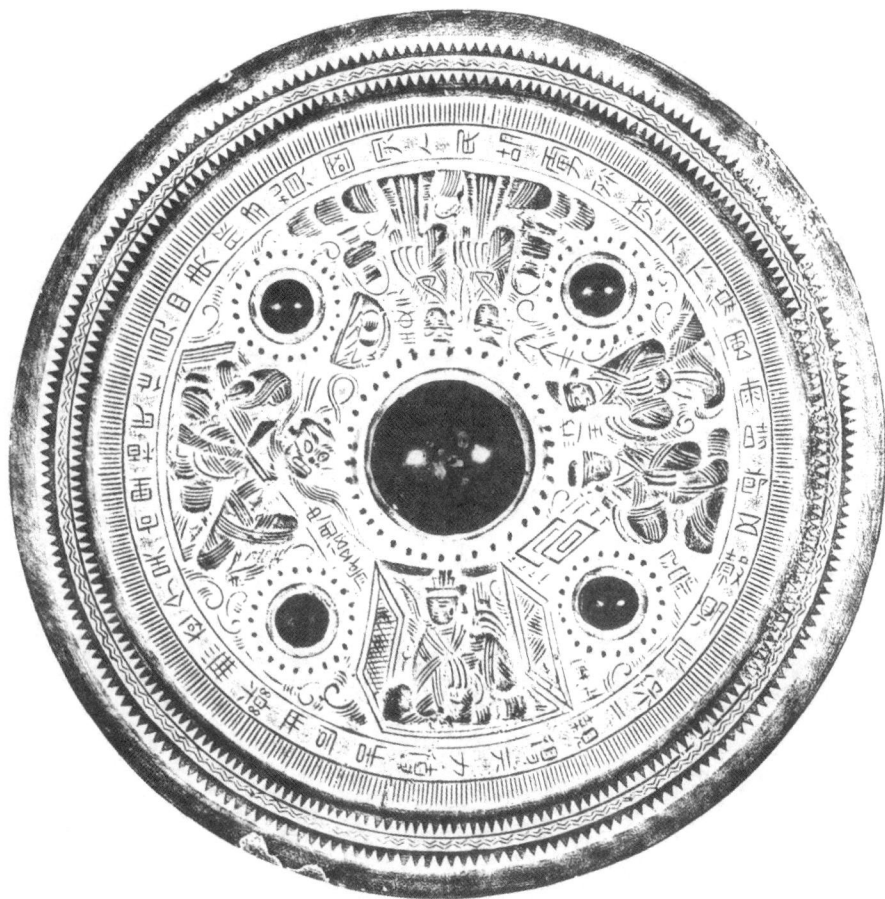

3.425 柏氏吴王伍子胥画像镜

　　圆形。圆钮。四乳与四组人物相间环列。纹饰与前列《上海博物馆藏青铜镜》图 52 基本相同。此镜多了"玉女二人"榜题。外区铭文为："吴向里柏氏作竟（镜）四夷服，多贺国家人民，胡虏殄威（灭）天下复，风雨时节五谷孰（熟），长保二亲得天力，传告后世乐无亟（极）兮。"直径 20.7 厘米。传浙江绍兴出土。"向里"里名，"柏氏"匠师名。《上海博物馆藏青铜镜》图 51。

3.426 骀氏吴王伍子胥画像镜

　　圆形。圆钮。纹饰布局基本同《上海博物馆藏青铜镜》图 52 "柏氏吴王伍子胥画像镜"，但站立二女的榜题为"越王二女"。外区铭文为："骀氏作竟（镜）四夷服，多贺国家人民息，胡虏殄威（灭）天下复，风雨时节五谷孰（熟），长保二亲得天力，传告后世乐无极。"直径 21 厘米。江苏邗江县出土。有的学者认为此镜与柏氏作吴王伍子胥画像镜十分相似，邗江与吴县相近，无疑也是吴县产品。《扬州地区出土的铜镜》图 15（《文物参考资料》1957 年 8 期 34 页）

3.427 蔡氏神人骑马画像镜

　　圆形。圆钮。内区四乳与四组神人相间环列。一组中间端坐一神，左侧一人舞蹈，右侧一侍；一组一神三侍；一组一人端坐抚琴，身前一倒立者，左侧二侍；一组两人骑马。外区铭文："蔡氏作竟（镜）自有意，良时日家大富，七子九孙各有喜，官至三公中尚（常）侍，上有东王父，西王母，与天相保兮。"云气纹缘。此镜纹饰中有一组为两骑马者，比较少见。《小校经阁金文拓本》卷十五 56B 上。

3.428 人物画像镜

　　圆形。圆钮。四乳与四组神人相间环列。一组为一人端坐，一侍跪地，两人间有一炉，轻烟飘起；一组为一人抚琴，一人跪地；一组为一人端坐，一人立舞；一组为一人倒立，一人跪舞，一侧有壶。双线波纹及三角锯齿纹缘。直径 13 厘米。此镜各组两人均为侧向形象，两组中端坐的人物体态并不突出，不似一般画像镜中西王母、东王公体态高大于侍者。《济宁市博物馆近年拣选的古代铜镜》图四（《文物》1990 年 1 期 32 页）。

3.429 神人杂技画像镜

　　圆形。圆钮，外围连珠纹。四乳与四组神人相间环列。一组为西王母与侍者，榜题"西王母"；一组神人端坐，面前羽人持芝草；一组一人长袖起舞，身下有壶及鸟；另一组一人戏丸，一人倒立。波折纹缘。直径12.5厘米。山东邹城出土。《山东邹城发现两件汉代铜镜》图二（《文物》1996年4期87页）。

3.430 郑氏神人画像镜

　　圆形。圆钮，花瓣钮座。五乳与五组神人瑞兽相间环列。两组为神人端坐，身前分别有持戟跪地的侍者和羽人，当是西王母和东王公；两组分别为马戏、跳丸和盘舞；另一组为龙、鱼和蟾蜍，应是象征鱼龙戏。外区铭文为："郑氏作竟（镜）自有纪，上有东王父、西王母，令君阳遂宜孙子，长保二亲不知老。"画纹带缘中，以日月和"五朱"钱纹分为四区，日中有金乌，月中有蟾蜍，四区纹饰为青龙、白虎、朱雀、玄武、蟾蜍、九尾狐、双鱼、禽鸟等。直径18.6厘米。此镜内外纹饰内容丰富，一些图纹少见。湖南长沙出土。《楚风汉韵——长沙市博物馆藏镜》151页图114。

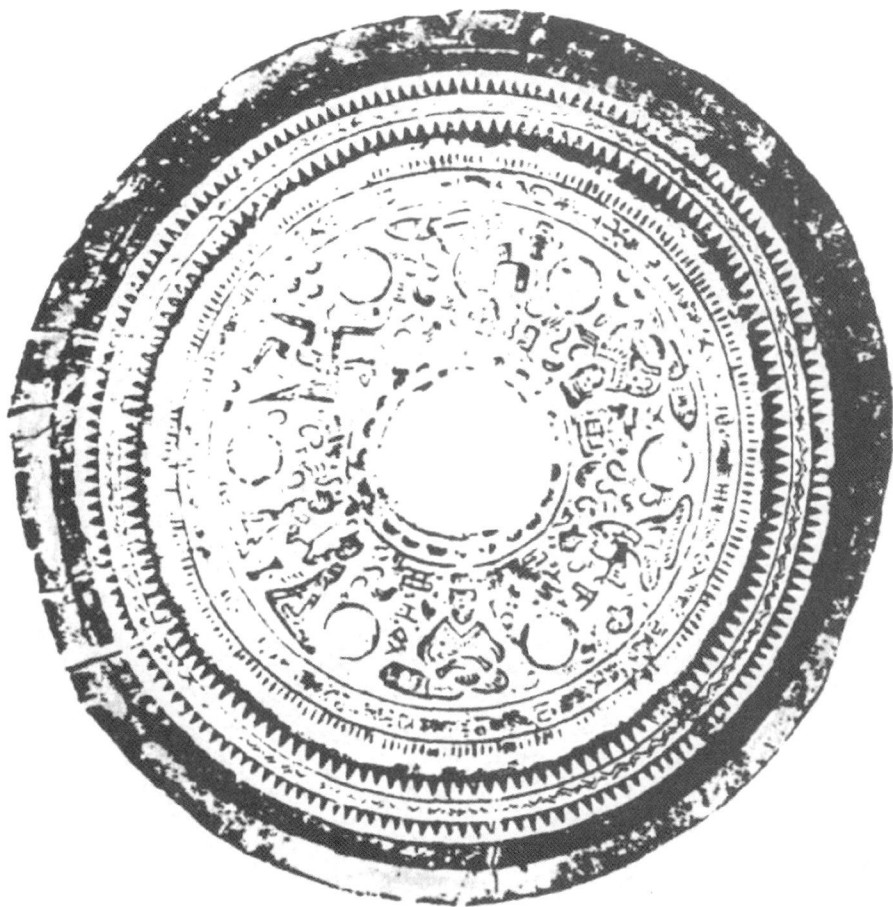

3.431 神仙羽人画像镜

　　圆形。圆钮。内区六乳与六组神人相间环列，分别为：一人端坐，榜题"西王母"；一侍女手持一物，向着王母；一人端坐，榜题"东王父"；一侍手持一物向着东王父；一羽人抬手躬身；两女侍相对，共握一筑。外区铭文为："尚方作竟（镜）真大巧，上有东王父、西王母，□□□□不知老。"双线波折纹缘。直径 16.1 厘米。河南固始县出土。《固始县发现东汉画像镜》（《文物》1986 年 5 期 30 页）。

3.432 人物画像镜

圆形。龙首龟身钮，四瓣花钮座，外环四龙。纹饰由地纹与主纹组成。地纹为横竖斜交线条和圆点纹，排列规整。主纹为四座山形纹之间配置四组人物，纹饰内容与构图完全相同，每组分为内外（上下）两排，并以起伏的山形和树木分成五个区块。上排三区，中区居中一人抚琴，左右各一人，右区二人相对，拱手站立，左区一人驯兽。下排二区，右区一人骑兽，左区一人驯兽。素卷缘。直径18.5厘米。此镜画面物象众多，层次分明。江苏徐州西汉宛朐侯刘埶墓出土。《徐州西汉宛朐侯刘埶墓》图一八（《文物》1997年2期12页图18）。

3.433 龙虎瑞兽画像镜

　　圆形。圆钮。四乳与人物瑞兽相间环列，分别为龙、虎、双角兽和骑马人物。
云气纹缘。直径 17.8 厘米。东汉时期。浙江绍兴出土。《浙江出土铜镜》黑白版
图 46。

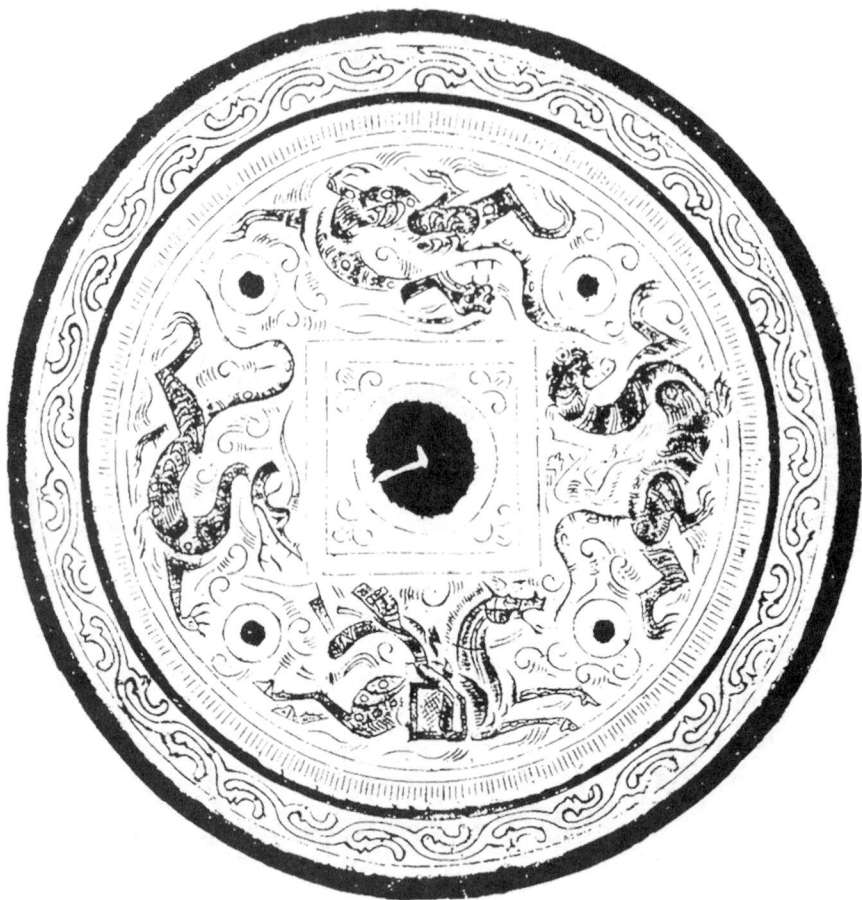

3.434 龙虎瑞兽画像镜

    圆形。圆钮。方格及四乳划分的四区内：一组为骑马人物，骏马疾驶，骑者戴冠，手持缰绳；一组为龙；一组为虎，虎背上坐一羽人；一组为双角兽。人与兽的形态刻画生动，气势自生。云气纹缘。直径 18.3 厘米。东汉时期。浙江绍兴出土。《浙江出土铜镜》彩版图 4。

3.435 龙虎瑞兽画像镜

圆形。圆钮。方格及四乳划分的四区内共有三龙一虎，龙虎均有一羽人乘骑，其中一龙前还有羽人导龙。画纹带缘中，两人相对击鼓，两人分别持盾、持矛作相斗状，还有飞禽、走兽和双鱼纹。直径 21.4 厘米。《上海博物馆藏青铜镜》图 53。

3.436 龙虎瑞兽画像镜

圆形。圆钮。方格及四乳划分的四区内，分别配置龙、虎、鹿、羊，各兽的空间填以禽兽纹，鹿形一侧有一羽人戏鹿。画纹带缘中有龙、虎等，龙虎身躯细长、高低起伏。直径20.7厘米。《上海博物馆藏青铜镜》图48。

3.437 禽兽画像镜

圆形。圆钮。方格及四乳划分的四区内，分别配置青龙、白虎、朱雀及瑞兽。青龙、白虎、瑞兽姿态相同，背上都有一羽人，双手前举作驾驭状，三兽前还各有一羽人。朱雀振翅而立，尾羽后垂，上方有一羽人。画纹带缘中有一龙、一虎、一兽、鱼纹及两两相对的禽兽；另有二神人相对，手执杵。直径20.8厘米。东汉时期。浙江绍兴漓渚出土。《浙江出土铜镜》黑白版图51。

3.438 禽兽画像镜

　　圆形。圆钮，圆钮座。方格及四乳划分的四区内，分别配置青龙、白虎、朱雀及瑞兽。云纹缘。直径 15.1 厘米。浙江安吉出土。《清质·昭明》84 页。

3.439 龙虎瑞兽镜

圆形。圆钮。方格及四乳划分的四区内，分别配置青龙、白虎及瑞兽。云纹缘。直径 17.5 厘米。《清质·昭明》100 页。

3.440 瑞兽画像镜

　　圆形。圆钮。四乳与四瑞兽相间环列，分别是垂卷长鼻站立的象，趴伏于地的虎、鹿、兽。外圈铭文为："王氏作竟（镜）真大工，上有山（仙）人不知老，渴饮玉泉饥食枣兮。"云气纹缘。直径 18.3 厘米。江苏扬州出土。《扬州出土的汉代铭文铜镜》图二三（《文物》1985 年 10 期 95 页）。

夔凤镜

3.441 君宜高官直行铭文双夔镜

圆形。圆钮。以钮的轴线方向，隔钮对置直行铭文"君宜高官"、"长宜子孙"。两侧各一条互为倒置对称夔龙纹，均一身两首，身躯呈 S 形盘曲，一端独角龙首，一端双角龙首，圆眼，张口吐舌露齿，对峙相望。十二内向连弧纹。素缘。《古镜图录》卷下九 B。

3.442 君宜高官直行铭文双夔镜

　　圆形。圆钮。以钮的轴线方向，隔钮对置直行铭文"君宜高官"、"长宜子孙"。两侧各有一条倒置式相对夔龙纹，夔龙两端有首（有学者认为是一身三首），身躯呈 S 形盘曲，形象生动。十二内向连弧纹。素缘。直径 15.2 厘米。河南洛阳烧沟东汉晚期墓出土。《洛阳烧沟汉墓》171 页图七六 .2。

3.443 夔凤镜

　　圆形。圆钮。二夔凤与二方格相间环列，方格内各一字铭，合为"长富"。夔凤呈 S 形，一端龙头，一端凤头。十二内向连弧纹。素宽缘。直径 9.3 厘米。河南南阳东汉晚期墓出土。《南阳出土铜镜》87 页图二一六。

3.444 夔凤镜

　　圆形。圆钮，圆钮座。两只同形夔凤作 S 形卷曲，一身二首。身躯几乎是一条不加修饰的曲线，一端为龙头、有角张嘴，一端为凤头，圆眼尖喙。素缘。直径 9.3 厘米。河南洛阳烧沟东汉中期墓出土。《洛阳烧沟汉墓》172 页图七七 .2。

3.445 君宜王直行铭文双夔镜

　　圆形。圆钮。以钮的轴线方向，隔钮对置直行铭文"君宜"、"王至"。两侧各一夔，一身二首，身躯作S形卷曲，两端龙头，长角。十二内向连弧纹。素缘。直径10.3厘米。湖南郴州六朝墓出土。《湖南郴州市马家坪古墓清理》图二.2（《考古》1961年9期496页）。

3.446 保二亲直行铭文双凤镜

圆形。圆钮。以钮的轴线方向，隔钮对置直行铭文"保二亲"、"宜子孙"。两侧各一凤。十二内向连弧纹。素缘。直径12厘米。陕西淳化出土。《陕西淳化县出土汉代铜镜》图二.9(《考古》1983年9期852页)。

3.447 君宜高官直行铭文夔凤镜

　　圆形。圆钮，圆钮座。钮上下直行铭文合为"君宜高官"。两侧各一夔凤。素
缘。直径 7.7 厘米。河南洛阳西晋中晚期墓出土。《洛阳谷水晋墓（FM6）发掘简报》
图一三（《文物》1997 年 9 期 53 页）。

3.448 位至三公直行铭文双凤镜

　　圆形。圆钮。钮上下直行铭文合为"位至三公"。两侧各一呈 S 形曲卷的抽象化的凤纹。素宽缘。直径 9.2 厘米。河南洛阳晋墓出土。《洛阳晋墓的发掘》图十 .12（《考古学报》1957 年 1 期 179 页）。

3.449 高官直行铭文双凤镜

　　圆形。圆钮。钮上下两道竖线内分别有直行铭文"君宜"、"高官"，两侧各一凤纹。素宽缘。直径 11.5 厘米。河南陕县东汉墓出土。《河南陕县刘家渠汉墓》图三六 .1（《考古学报》1965 年 1 期 149 页）。

3.450 高官直行铭文双凤镜

　　圆形。圆钮。钮上下两道竖线内分别有直行铭文，合为"高官"。两侧各一凤
纹。素宽缘。《小檀栾室镜影》卷三 14A。

龙虎镜

3.451 尚方盘龙镜

　　圆形。圆钮。内区一龙盘曲，身躯部分压在钮下，特别突出了四肢下的三尖爪。外区铭文为："尚方乍（作）竟（镜）真大巧，上有山（仙）人不知老，渴饮玉泉饥食枣，寿万年。"画纹带缘中有青龙、白虎、朱雀、玄武等禽兽纹。直径16.2厘米。东汉时期。湖南省出土。《铜镜图案》32页。

3.452 盘龙镜

　　圆形。圆钮。一龙身躯部分叠压在钮下，躯体及四肢间有五枚乳钉纹环绕。四鱼纹间以几何纹缘。直径11.5厘米，湖南东汉墓出土。《铜镜图案》45页左上图。

3.453 小鸟盘龙镜

　　圆形。圆钮。一龙身躯部分叠压在钮下，张口吐舌，曲颈，四肢作奔驰状，尾端有一小鸟。画纹带缘有龙、虎、鱼、鸟等纹饰。直径 11.8 厘米。广东广州东汉后期墓出土。《广州汉墓》445 页图二七八.7。

3.454 宜子孙盘龙镜

　　圆形。圆钮。一龙身躯叠压于钮下，显露头尾与四肢。肢体四周空白处，分散排列铭文"作此竟（镜）宜子孙"。双线波折纹缘。直径10厘米。河南南阳东汉晚期墓出土。《南阳出土铜镜》89页图二二〇。

3.455 五铢小鸟盘龙镜

圆形。圆钮。一龙身躯部分叠压在钮下，四肢间填以五铢钱纹和禽鸟。三角锯齿纹缘。直径 11.3 厘米。广东广州东汉后期墓出土。《广州汉墓》445 页图二七八 .8。

3.456 盘虎镜

　　圆形。圆钮。一虎身躯部分叠压在钮下，昂头曲颈翘尾，四肢张开，整个形态与盘龙纹相似。锯齿纹缘。直径9.8厘米。东汉时期。湖南长沙出土。《铜镜图案》45页右上图。

3.457 尚方二龙一虎镜

　　圆形。圆钮，圆钮座。内区二龙一虎间以"宜子孙"铭文。其中一龙一虎对峙，另一龙尾随龙后，身躯均叠压于钮下。外区铭文为："尚方乍（作）竟（镜）四夷服，多贺官家人民息，与天相保无□极，风雨时节五谷孰（熟），长保二亲子孙力兮，寿。"双线波折纹缘。直径 12.6 厘米。《楚风汉韵——长沙市博物馆藏镜》127 页图 96。

3.458 李氏龙虎对峙镜

　　圆形。圆钮。内区一龙一虎夹钮对峙，身躯部分压在钮下。下端有一鸟、一兽和一人持叉。外区铭文为："李氏作竟（镜）四夷服，多贺国家人民息，胡虏殄威（灭）天下复，风雨时节五谷孰（熟），长保二亲得天力，传告后世乐无。"两圈锯齿纹间以波折纹缘。直径 13.1 厘米。六朝时期。湖北鄂城出土。《鄂城汉三国六朝铜镜》图 59。

3.459 青盖陈氏龙虎镜

圆形。圆钮，圆钮座。内区一龙一虎夹钮对峙。外区铭文为："青盖陈氏作竟（镜）四夷服，多贺国家人民息，胡虏殄威（灭）天下服，风雨时节五谷孰（熟），长保二亲得天力分。"双线波折纹缘。直径 13 厘米。湖南长沙墓葬出土。《楚风汉韵——长沙市博物馆藏镜》125 页图 95。

3.460 青盖龙虎对峙镜

　　圆形。大圆钮。内区一龙一虎夹钮对峙，张口吐舌，身躯弯曲，龙身鳞片突出。外区铭文为："青盖作竟（镜）四夷服，多贺国家人民息，胡虏殄威（灭）天下复，风雨时节五谷孰（熟），长保二亲得天力。"此镜中"复"写作"腹"，较为少见。画纹带缘中有龙、虎、鱼、羽人，曲线流转，形态生动。直径 12.9 厘米。四川资阳出土。《四川省出土铜镜》63 页图 31。

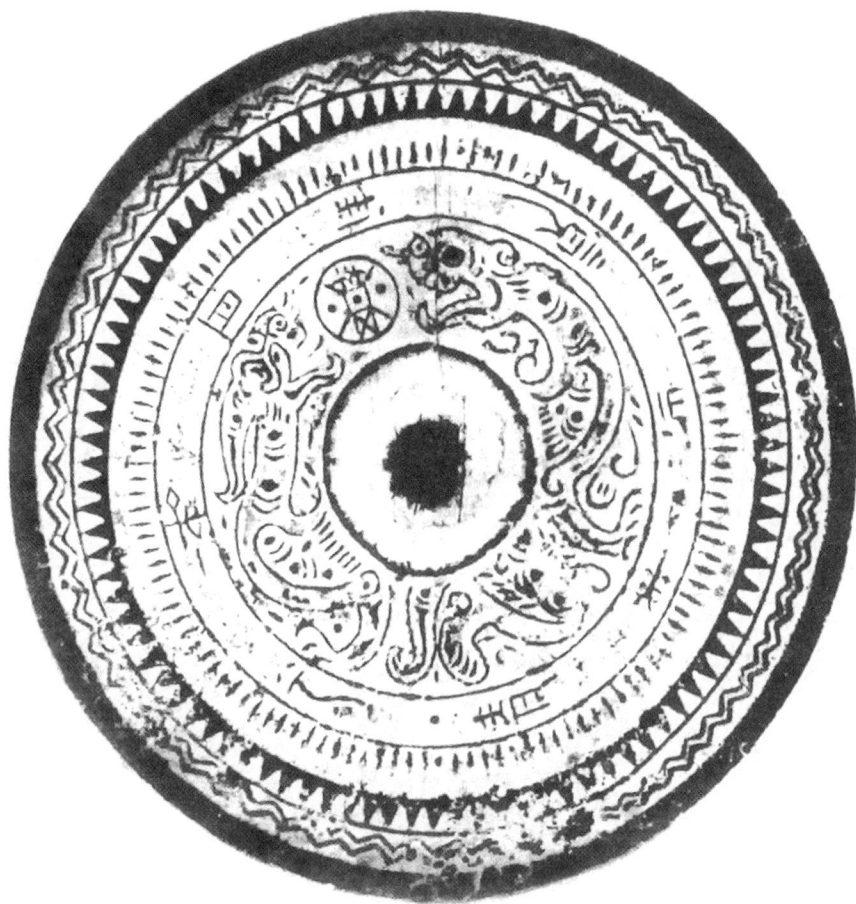

3.461 青羊龙虎对峙镜

　　圆形。圆钮。内区一龙一虎夹钮对峙，龙与虎头部间置一枚五珠钱纹。外圈铭文为："青羊作竟（镜）佳且好兮。"双线波折纹缘。有学者认为"青羊"为汉末、吴和西晋吴郡吴县（今江苏苏州）的镜工。到了吴的中后期，特别是到了西晋，在吴县制作盘龙镜的许多工匠中，青羊已占重要地位。《古镜图录》卷中十二 A。

3.462 吏氏二虎对峙镜

圆形。圆钮。内区三只同形虎绕钮，其中二虎对峙，一虎尾随。外区铭文为："吏氏作竟（镜）自有纪，明而月日世少有。"锯齿纹及双线波折纹缘。直径 10.7 厘米。湖南资兴东汉晚期墓出土。《湖南资兴东汉墓》图四四.8（《考古学报》1984 年 1 期 99 页）。

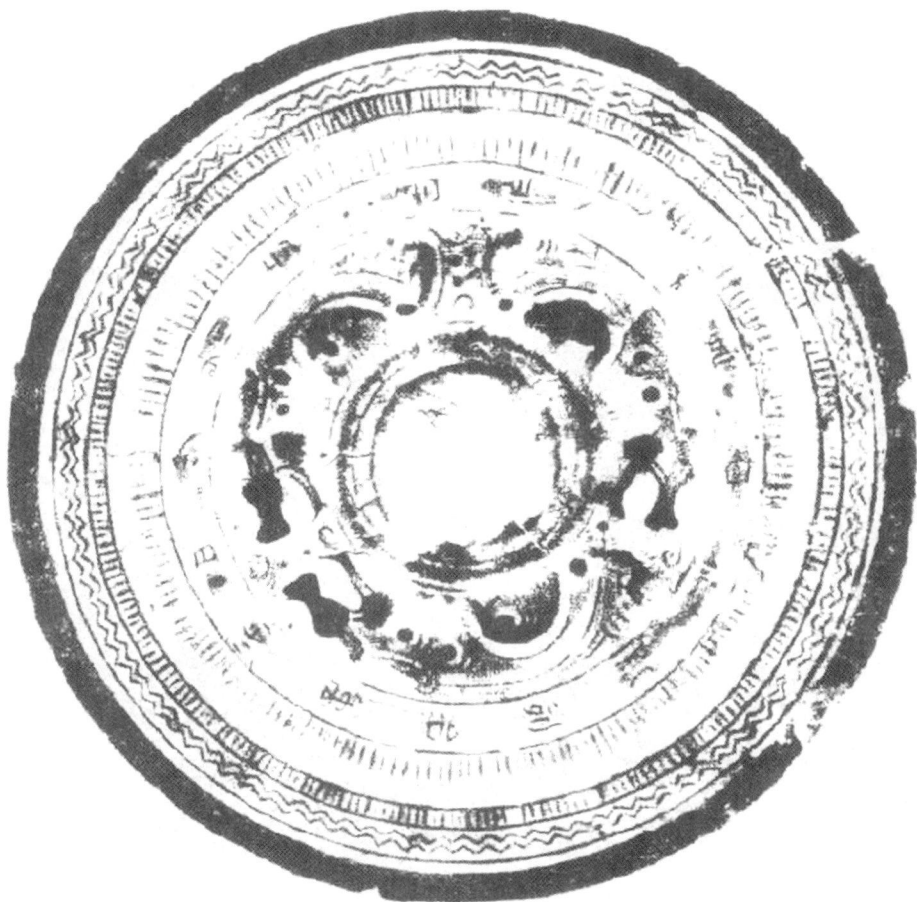

3.463 吾作双龙对峙镜

　　圆形。圆钮。内区三条同形龙绕钮，其中二龙对峙，一龙尾随。外区铭文为："吾作明竟自有纪，刻治禽守（兽）世少有，吉。"双线波折纹缘。直径 11.3 厘米。湖北鄂城采集。《鄂城汉三国六朝铜镜》图 62。

3.464 黄羊龙虎对峙镜

　　圆形。圆钮。一龙一虎夹钮对峙，龙虎身躯部分压在钮下，龙躯体下方有
"黄羊作竟（镜）"四字铭文。缠枝花叶纹缘，两片变形花叶正反相间，比较少见。
直径 11 厘米。湖南出土。《铜镜图案——湖南出土历代铜镜》98 页图 77。

3.465 巧工龙虎对峙镜

　　圆形。圆钮，圆钮座。内区二组龙虎相对，龙显露头部、颈部及上身一前肢，虎仅显露头部。如此形态的二组龙虎对峙的形式较为少见。外区铭文为："巧工作竟（镜）大毋伤，浮云连出违（卫）四方，白虎辟邪居中央，长保二亲富贵昌。"缠枝花叶纹缘。直径 12.9 厘米。河南南阳东汉晚期墓出土。《南阳出土铜镜》89 页图二一九。

3.466 美女贞男龙虎镜

　　圆形。圆钮，圆钮座。内区一龙一虎夹钮对峙，龙身叠压于钮下，虎仅露头颈部分。龙胯下有一兽抚琴，一兽舞蹈。外区铭文模糊，仅可辨識出"美汝（女）贞男宜子孙"等字。画纹带缘中日月及五铢钱纹划分为四区，纹饰分别为玉兔、玉兔捣药及兽，二鸟及比目鱼，二羽人投壶游戏及大象，三兽追逐。直径 14.1 厘米。《故宫藏镜》44 页。

3.467 龙虎对峙镜

　　圆形。圆钮。一龙一虎夹钮对峙，龙虎头部间饰一枚"五朱"钱纹。单线波折纹缘。直径9.9厘米。河南陕县东汉后期墓出土。《河南陕县刘家渠汉墓》图三六.6（《考古学报》1965年1期149页）。

3.468 龙虎对峙镜

圆形。圆钮。一龙一虎夹钮对峙，龙的身躯部分压在钮座下。单线波折纹缘。直径 9.3 厘米。湖南资兴东汉晚期墓出土。《湖南资兴东汉墓》图四三 .10（《考古学报》1984 年 1 期 98 页）。

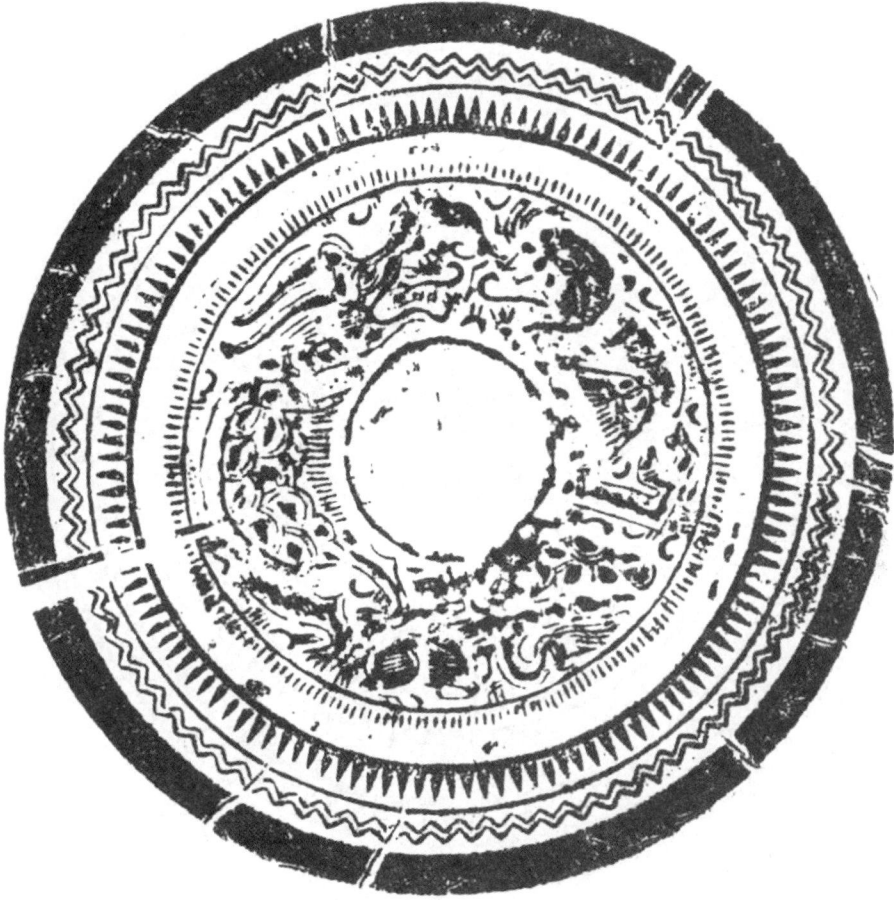

3.469 龙虎对峙镜

　　圆形。圆钮。一龙一虎夹钮对峙，龙与虎躯体下方有禽鸟和瑞兽。双线波折纹缘。直径 10.6 厘米。四川宜宾出土。《四川省出土铜镜》75 页图 37。

3.470 龙虎对峙镜

　　圆形。圆钮，圆钮座。一龙一虎夹钮对峙，其间饰一鸟。三角锯齿纹缘。直
径 10 厘米。广西贵港墓葬出土。《广西铜镜》134 页图 90。

3.471 尚方二龙二虎对峙镜

　　圆形。圆钮，圆钮座。内区两组同形龙虎对峙。外区铭文为："尚方作竟（镜）大毋伤，商周连出违（卫）四方，交（蛟）龙辟邪居中央，子孙烦（蕃）息富贵昌，寿如金石。"缠枝花叶纹缘。直径 15.1 厘米。《故宫藏镜》41 页。

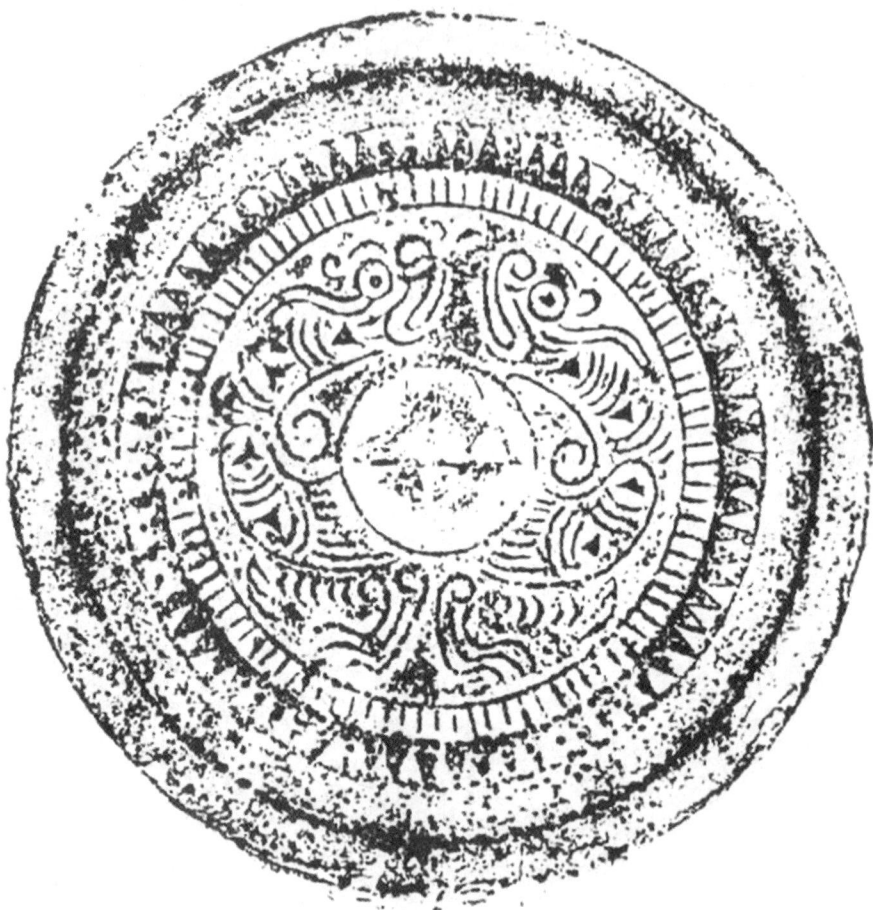

3.472 二虎对峙镜

　　圆形。圆钮。二虎夹钮对峙。素缘。直径 9.2 厘米。河南陕县东汉后期墓出土。《河南陕县刘家渠汉墓》图三六 .5（《考古学报》1965 年 1 期 149 页）。

3.473 三虎镜

　　圆形。圆钮。三虎同向绕钮。素缘。直径 9.5 厘米。山东藤县东汉晚期墓出土。《山东藤县柴胡店汉墓》图五 .4（《考古》1963 年 8 期 427 页）。

3.474 三虎镜

圆形。圆钮，圆钮座。三虎同向环列。素缘。直径 8.9 厘米。河南洛阳西晋墓出土。《洛镜铜华——洛阳铜镜发现与研究》195 页图 152。

禽兽镜

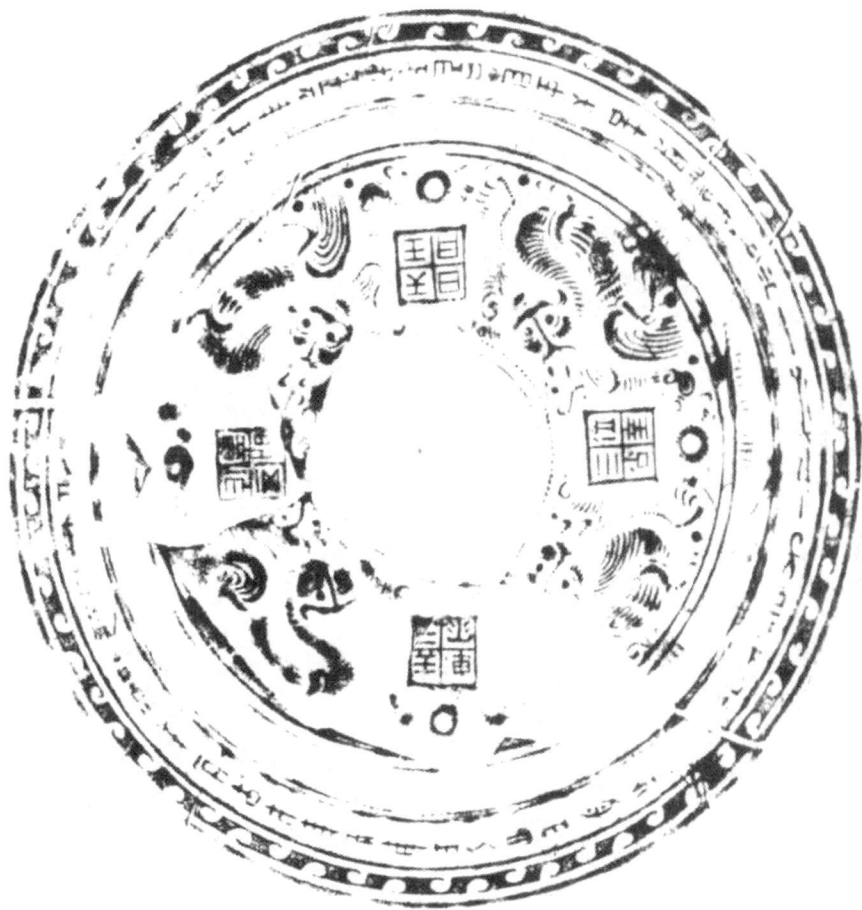

3.475 初平元年四兽镜

　　圆形。七乳花瓣形圆钮。内区四兽与四方枚相间环列，方枚内各有四字，合为："吾作明竟（镜），幽湅（炼）三羊，位至三公，天王日月。"镜缘内圈铭文为："初平元年正月午日，吾作明竟（镜）自有已（纪），除去不羊（祥）宜古（贾）市，上有东王父西王母，山（仙）人子乔赤诵子，千秋万年不失志，买者大贵昌。"外缘云纹一周。直径16厘米。湖北沔阳出土。汉献帝初平元年为公元190年。因此此镜是一件重要的纪年瑞兽镜。《湖北沔阳出土的汉代铜镜》图九（《文物》1989年5期88页）。

3.476 尚方四兽镜

　　圆形。圆钮，圆钮座，围以花瓣纹。四方格与四兽相间环列，方枚内各有四字铭文，合为："尚方作竟（镜），富贵益昌，其师命长，买者侯王。"变形夔纹缘。直径 12.4 厘米。《馆藏铜镜选辑（三）》图 142（《中国历史博物馆馆刊》1993 年 1 期 131 页）。

3.477 尚方四兽镜

　　圆形。圆钮。钮外四方格与四兽相间环列，兽作坐姿，举起前肢，后肢伸张。方枚内各四字，合为："尚方明镜，服者富昌，长宜侯王，其师命长。"变形夔纹缘。直径 11.5 厘米。陕西西安出土。《西安十里铺东汉墓清理简报》图二(《考古通讯》1957 年 4 期 40 页)。

3.478 吾作四兽纹镜

圆形。圆钮，圆钮座，围以花瓣纹。四方格与四兽相间环列，方枚内各四字，合为："吾作明竟（镜），幽湅（炼）三冈，巧工刻之，成文文章。"变形夔纹缘。直径 12.6 厘米。《镜鉴千秋——扶风县博物馆藏铜镜集萃》66 页图 71。

3.479 青盖龙虎五兽镜

　　圆形。圆钮。圆圈内龙虎对峙，圈外五方格羽人瑞兽相间环列，方枚内各四字，合为"青盖作镜，服者君卿"等二十字。变形夔纹缘。直径 14 厘米。《中国古代铜镜》104 页图 151。

3.480 三王龙虎禽兽镜

　　圆形。圆钮。钮外圆圈内龙虎夹钮对峙。圈外六方枚与禽兽、羽人相间环绕。方枚内各四字,合为:"三王作竟(镜),调(周)刻容貌,左右龙虎,除漆(尽)不羊(祥),服者长生,其师万福。"变形夔纹缘。《古镜图录》卷中二十七 B。

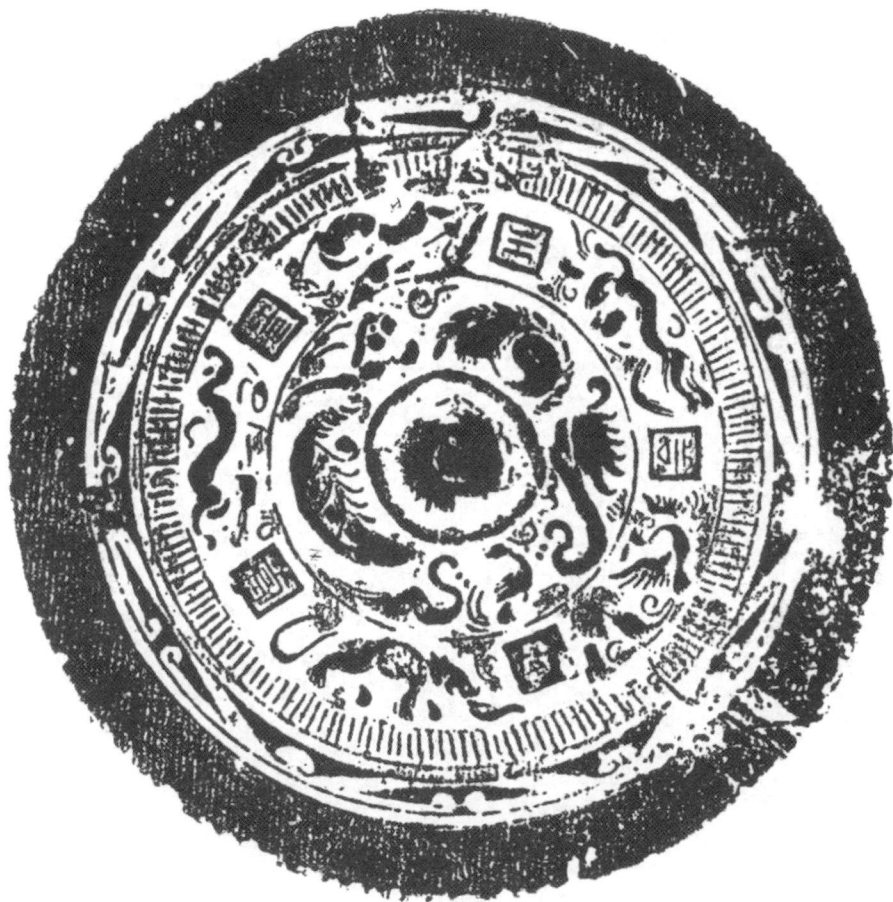

3.481 宜侯王龙虎禽兽镜

　　圆形。圆钮。钮外圆圈内龙虎对峙。圈外五方枚与四兽一禽相间环列。方枚内各一字，合为："君当宜侯王。"菱形纹缘。直径 12 厘米。南北朝时期。四川昭化出土。《四川省出土铜镜》81 页图 40。

3.482 长乐禽兽镜

　　圆形。圆钮。座外环绕龙、凤及象纹等。并排的两个方枚内分别有"长"、"乐"二字。变形夔纹缘。直径10.4厘米。四川三台东汉墓出土。《四川三台县发现东汉墓》图二(《考古》1976年6期395页)。

禽鸟镜

3.483 飞鸟镜

　　圆形。圆钮。钮下叠压一飞鸟。波折纹缘。直径 8.9 厘米。六朝时期。湖北鄂城出土。《鄂城汉三国六朝铜镜》图 67。

3.484 鸳鸯四叶镜

圆形。圆钮。钮外四鸳鸯与四菱形叶相间环绕，鸳鸯两两相对，纹饰间点缀短线纹。素缘。直径7厘米。六朝时期。湖南长沙出土。《铜镜图案——湖南出土历代铜镜》124页图102。《铜镜图案》47页左上图。

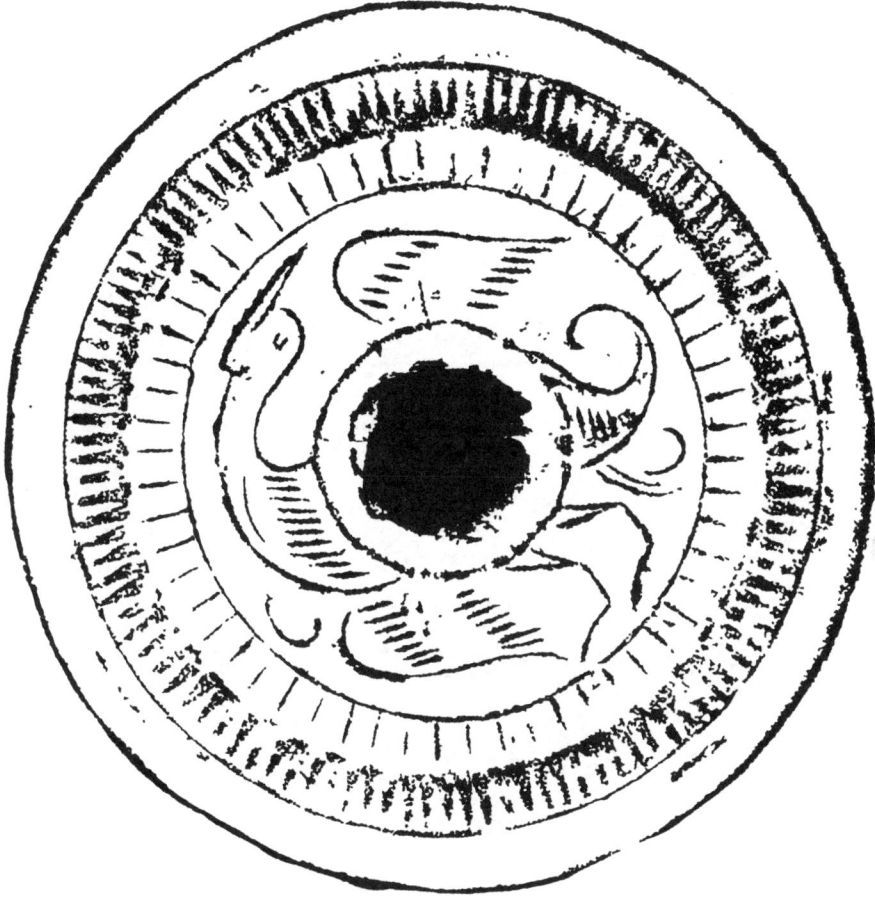

3.485 飞鸟镜

　　圆形。圆钮，圆钮座。一鸟展翅飞翔，身躯部分叠压于钮下。素缘。直径 8.4 厘米。《洛镜铜华——洛阳铜镜发现与研究》191 页图 147。

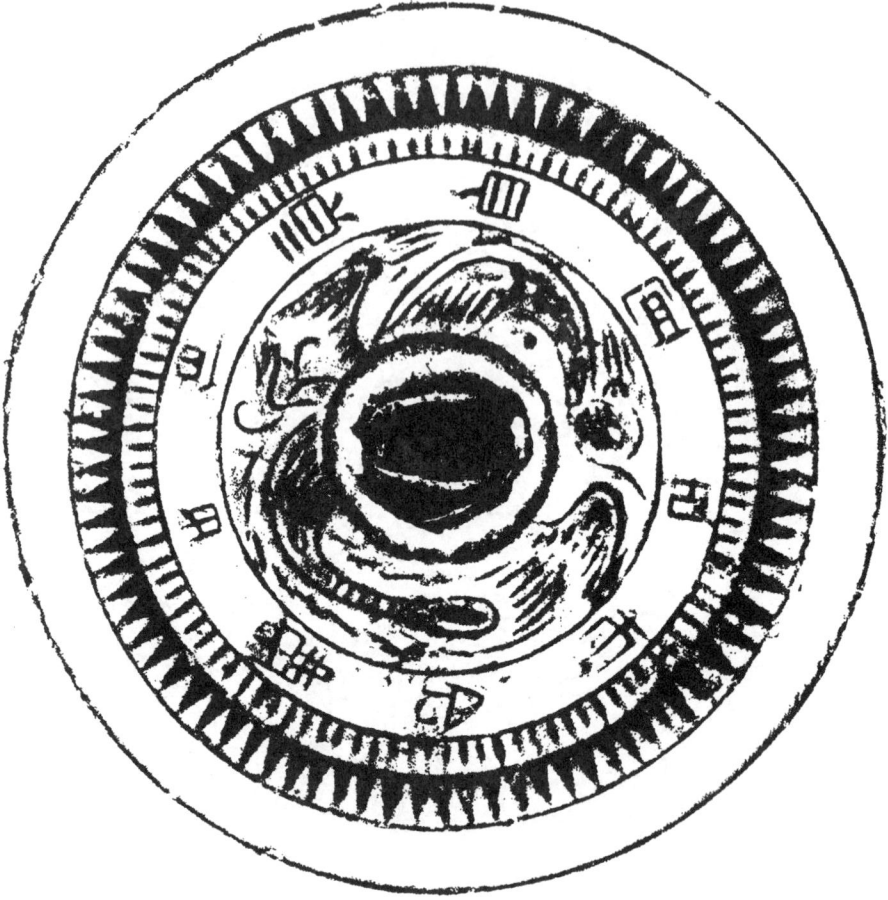

3.486 鹿氏团凤镜

　　圆形。圆钮。一凤曲颈，展翅，翘尾，身躯叠压于钮下。其外环列铭文为："鹿氏作竟（镜）自宜古（贾）市分。"素卷缘。直径8.9厘米。河南南阳东汉中期墓出土。《南阳出土铜镜》88页图二一七。

中国铜镜图典

（修订本）

孔祥星　刘一曼　鹏宇　编著

下

上海古籍出版社

四

隋唐铜镜

四神十二生肖镜

4.1 花枝十二生肖

　　圆形。圆钮，圆钮座，外围珠点纹。内区缠枝花，外区双线格中分别配置
十二生肖各一。素缘。直径 13.65 厘米。《故宫藏镜》75 页。

4.2 光正缠枝十二生肖镜

　　圆形。圆钮，圆钮座。其外铭文"光正随人，长命宜新"。内区一周缠枝卷叶花纹。外区双线格中分别配置十二生肖各一。素缘。直径 15.7 厘米。《旅顺博物馆藏铜镜》94 页图 82。陕西西安隋炀帝大业四年（608）墓出土镜与此镜相同。直径 16 厘米，缘厚 0.7 厘米。

4.3 淮南神人四神十二生肖镜

　　圆形。圆钮。八角形内有方枚铭文，内容模糊不可尽识。内区梯形格中配置东王公、西王母、四神及瑞兽。外环半圆、方枚、玄武与花瓣，二方枚铭文合为："君宜大吉。"中区铭文为："淮南起照，仁寿传名。琢玉斯表，熔金勒成。时雍炎晋，节茂朱明。爰模鉴徹，用拟流清。光无亏满，叶不枯荣。图形览质，千载为贞。"外区十二生肖。近缘一周禽鸟。素缘。直径 33.2 厘米。《洛镜铜华——洛阳铜镜发现与研究》219 页图 178。

4.4 光正四神十二生肖

　　圆形，圆钮。其外铭文"光正随人，宜新长命"。内区青龙、白虎、朱雀、玄武与羽人等相间环列。外区双线格中分别配置十二生肖各一。素缘。直径21厘米。此镜四神之间又配置其他纹饰较为少见。《中国古代铜镜》111页图163。

4.5 四神十二生肖镜

　　圆形。圆钮，圆钮座。内区青龙、白虎、朱雀、玄武四神绕钮环列。外区双
线格内分别配置十二生肖各一。素缘。直径16.9厘米。河南洛阳出土。《洛阳出土
铜镜》图69，著者定为北朝时期。四川成都唐墓（《四川省出土铜镜》86页图43）、
河南焦作唐高宗咸亨二年（671）墓（《河南焦作博爱聂村唐墓发掘报告》，《文博》
2008年3期）也出土了此类铜镜。

4.6 仙山四神十二生肖镜

　　圆形。伏兽钮座。内区方格与 V 纹分割的四区内分别配置青龙、白虎、朱雀、玄武。外区铭文为："仙山并照，智水齐名。花朝艳采，月夜流明。龙盘五瑞，鸾舞双情。传闻仁寿，始验销兵。"外环十二生肖。几何形流云纹缘。直径 22 厘米。湖南长沙墓葬出土。《铜镜图案》51 页。又见《湖南出土铜镜图录》116 页图 90。

4.7 魏宫四神十二生肖镜

　　圆形。圆钮，四瓣花钮座。内区青龙、白虎、朱雀、玄武绕钮环列。中区铭文为："魏宫知本姓，秦楼识旧名。凤从台上出，龙就匣中生。无波菱自动，不夜月恒明。非唯照佳丽，复得厌山精。"文辞又见于《初学记》卷二十五器物部上之隋李巨仁《赋得镜诗》。外区花卉纹划分的格内配置十二生肖。卷云纹缘。直径24.4厘米。河南偃师唐贞观二十一年（647）崔大义夫妇合葬墓出土。《洛镜铜华——洛阳铜镜发现与研究》220页图179。

4.8 四神十二生肖镜

　　圆形。圆钮，圆钮座。内区青龙、白虎、朱雀、玄武绕钮环列，外区十二生肖。花草纹缘。直径 15 厘米。陕西西安唐高宗乾封二年（667）墓出土。《唐代故济州司马郝君夫人达奚令婉墓发掘简报》图十一 .1（《文博》2013 年 4 期 16 页）。

4.9 美哉四神镜

圆形。圆钮，双龙钮座。双龙作直立式，各伸出一前肢交叉于钮上。内区双线方格四角与 V 纹相对，V 纹内有兽面。方格与 V 纹划分的四区内分别配置青龙、白虎、朱雀、玄武。中区铭文为："美哉圆鉴，览物称奇。雕镌合矩，镕铣应规。仙人累莹，玉女时窥。恒娥是垺，服御攸宜。"外区有鸟、兽、龙、羽人等纹饰。变形卷云纹缘。直径 24.6 厘米。陕西西安隋初唐墓出土。《西安郊区隋唐墓》73 页图三八。

4.10 团团四神镜

  圆形。圆钮，四叶钮座。方框四外角与四 V 纹划分的四区内分别配置青龙、白虎、朱雀、玄武。圈带铭文为："团团宝镜，皎皎升台。鸾窥自舞，照日花开。临池似月，睹貌娇来。"素缘。直径 14 厘米。湖南长沙隋墓出土。《长沙两晋南朝隋墓发掘报告》图十五（《考古学报》1959 年 3 期 98 页）。

4.11 仙山四神镜

　　圆形。圆钮，伏兽钮座。内区方格与四 V 纹划分的四区内，分别配置青龙、白虎、朱雀、玄武。外区铭文为："仙山并照，智水齐名。花朝艳彩，月夜流明。龙盘五瑞，鸾舞双情。传闻仁寿，始验销兵。"花草纹缘。直径 19.6 厘米。《净月澄华——辽宁省博物馆藏古代铜镜》180 页。

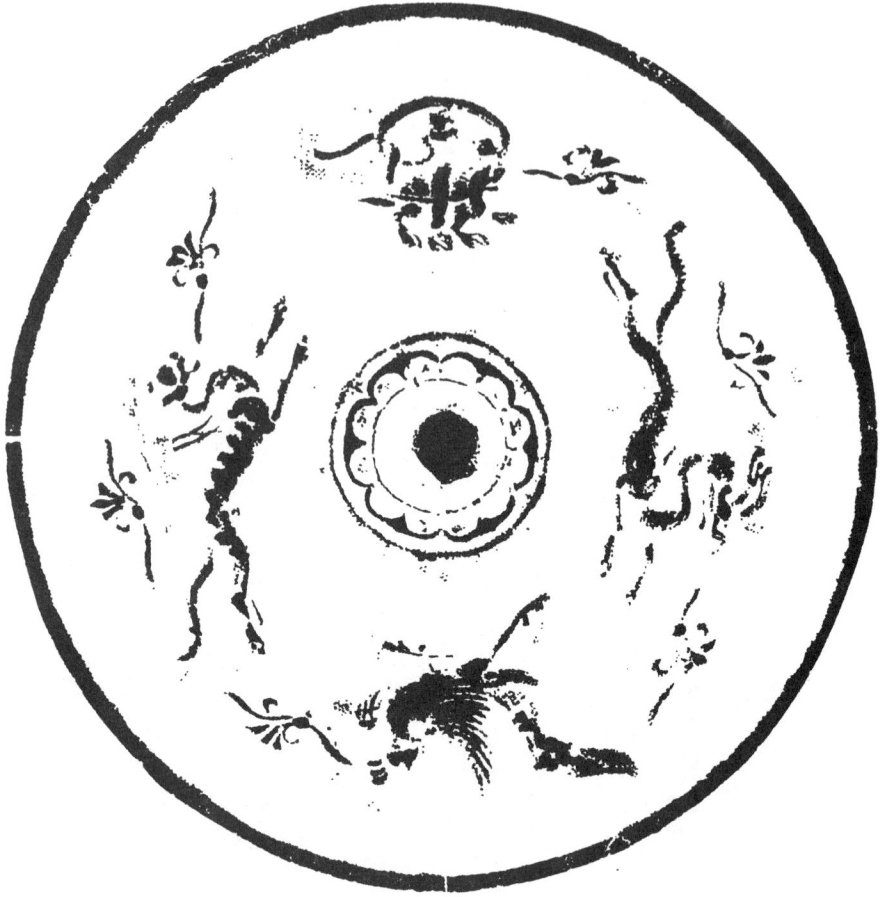

4.12 四神镜

圆形。圆钮，花瓣钮座。青龙、白虎、朱雀、玄武绕钮环列，其间装饰六朵花枝纹。素窄缘。直径 16 厘米。《洛镜铜华——洛阳铜镜发现与研究》221 页图 180，又见《洛阳博物馆馆藏的几件铜镜》图四（《中原文物》1991 年 1 期 112 页）。

4.13 四神花枝镜

　　圆形。圆钮，圆钮座，外环连珠纹。内区青龙、白虎、朱雀、玄武绕钮环列，外区卷草纹。素缘。直径 16.2 厘米。陕西长安隋文帝开皇九年（589）墓出土，为此类镜的流行时代提供了重要的考古资料。《陕西长安隋宋忻夫妇合葬墓清理简报》图四（《考古与文物》1994 年 1 期 35 页）。

4.14 永和元年四神镜

　　方形。圆钮，四瓣花钮座。内外两个方格间，四V纹分成的四区内配置青龙、白虎、朱雀、玄武。V纹内各饰一乳。镜缘铭文据发掘报告释读为："永和元年三月壬午，敕勒尚方擅造时监□传庚（？）后师匠十有一人，即以其年五月五日铸之。"边长13.2厘米。陕西西安隋文帝仁寿元年（601）墓出土。中国历史上东汉顺帝、东晋穆帝和后秦姚泓都使用过"永和"年号。《隋元威夫妇墓发掘简报》图一五（《考古与文物》2012年1期31页）。

瑞兽镜

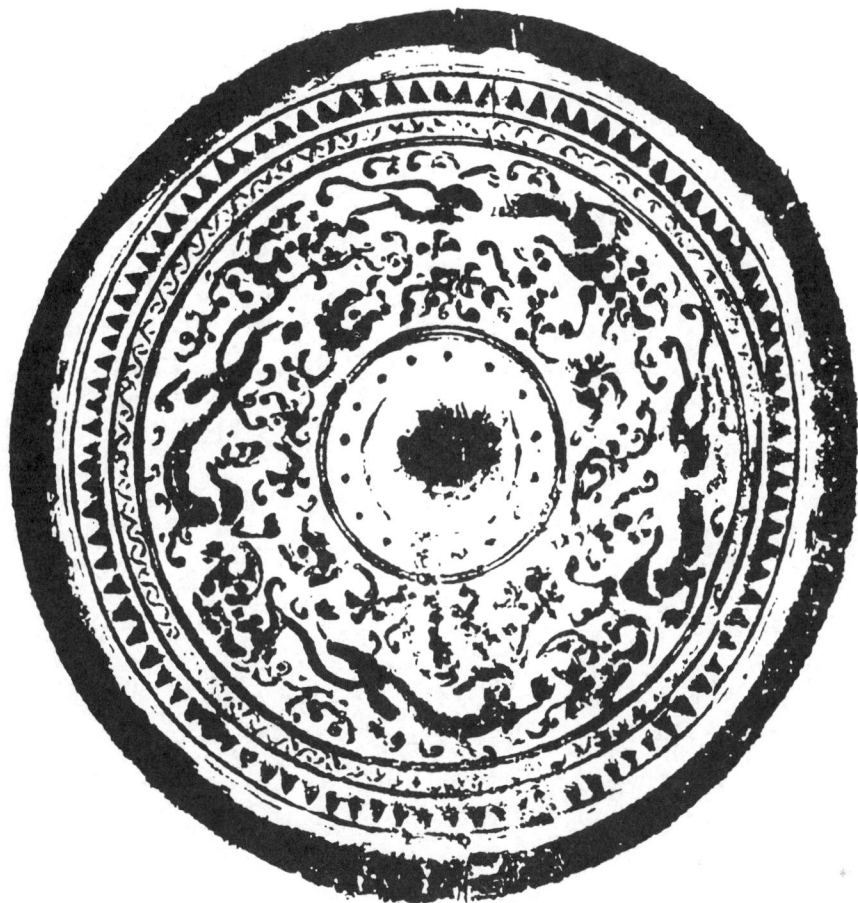

4.15 四兽镜

　　圆形。圆钮，圆钮座，围以连珠纹。龙虎等四兽绕钮环列。素缘。直径 15.1 厘米。《旅顺博物馆藏铜镜》96 页图 84。陕西西安隋炀帝大业四年（608）墓（《西安南郊隋苏统师墓发掘简报》，《考古与文物》2010 年 3 期）、陕西西安唐高宗永徽三年（652）墓（《唐董僧利墓清理简报》，《考古与文物》1991 年 4 期）、河南郑州唐高宗上元三年（676）墓（《郑州唐丁彻墓发掘简报》，《华夏考古》2000 年 4 期）出土镜与此镜相同，为此类镜的流行时代提供了考古资料。

4.16 绝照四兽十二生肖镜

圆形。圆钮，伏兽钮座。内区方格与 V 形划分的四区内分别配置一瑞兽，四兽形态各异。中区铭文为："绝照览心，圆辉属面，藏宝匣而光掩，挂玉台而影见，鉴罗绮于后庭，写衣簪乎殿前。"外区十二区内各配置一生肖。花叶纹缘。直径 21.4 厘米。《故宫藏镜》77 页。

4.17 四兽十二生肖镜

圆形。圆钮，伏兽钮座。内区方格及 V 形划分的四区内各配置一瑞兽，外区
兽首形格界分为六区，每区安排两个生肖。几何形纹缘。直径 18.7 厘米。1985 年
安徽望江出土。《安徽望江县发现汉代规矩镜》图一（《考古》1987 年 10 期 888 页）。

4.18 四兽十二生肖镜

　　圆形。圆钮,内区似狐似狼四兽绕钮奔驰。外区十二格内分别配置十二生肖各一。短斜线纹缘。直径 12.8 厘米。《小檀栾室镜影》卷五 8A。

4.19 仙山六瑞兽十二生肖镜

　　圆形。圆钮，龙纹钮座。内区六边形外角放射线与六半圆分为六区，每区一兽，兽或行或立。中区铭文为："仙山并照，智水齐名。花朝艳彩，月夜流明。龙盘五瑞，鸾舞双情。传闻仁寿，始验销兵。"外区以莲瓣装饰分为十二格，每格内置一生肖。缠枝纹缘。直径 20.4 厘米。江苏扬州出土。《扬州出土的唐代铜镜》图五（《文物》1979 年 7 期 55 页）。河南洛阳唐高宗上元三年（676）墓出土镜，纹饰构图与此镜近似，中区为"淮南起照"铭文（《洛阳出土铜镜》图 71）。

4.20 玉匣二瑞兽铭带镜

　　圆形。圆钮。内区二兽绕钮，均作行走态。外区铭文为："玉闸聊开镜，轻灰拭故尘。光如一片水，影似两边人，吉。"锯齿纹缘。唐代二瑞兽绕钮纹饰的铜镜少见。此镜铭与一般"玉匣"铭文稍有不同，特别是最后一"吉"字补空在唐镜铭中也少见。《古镜图录》卷中三十三 B。

4.21 美哉四瑞兽铭带镜

　　圆形。圆钮，四瓣花钮座。内区方格及四 V 纹分成的四区内，各置一只形态不同的瑞兽。外区铭文为："美哉灵鉴，妙极神工。明疑积水，净若澄空。光金晋殿，影照秦宫。防奸集祉，应物无穷。悬书玉篆，永镂青铜。"点线纹缘。《小校经阁金文拓本》卷十六 96B。

4.22 玉匣四瑞兽

    圆形。圆钮，四瓣花钮座。内区方格四角与 V 纹划分的四区内各置一瑞兽。四兽两两相对，似虎似狮，有的回首顾盼，或奔驰或站立，尾部均上翘。外区铭文为："玉匣聊开盖，轻灰拭夜尘，光如一片水，影照两边人。"圆点断句。锯齿纹缘。直径 16 厘米。《中国古代铜镜》109 页图 160。陕西西安隋大业七年（611）墓出土镜与此镜相似，铭文属"窥庄益态"系列（《西安郭家滩隋墓清理简报》，《文物》1957 年 8 期）。

4.23 暎华四兽镜

圆形。圆钮，圆钮座。内区四兽绕钮环列，两两相对。外区铭文为："暎（映）花偷面，对咲（笑）分娇，怜心虽密，照罢非遥。"素缘。直径 12.2 厘米。陕西长安唐太宗贞观十四年（640）墓出土。《郑乾意夫妇墓发掘简报》图一〇 .2（《文博》2014 年 4 期 9 页）。

4.24 仙山四瑞兽铭带镜

　　圆形。圆钮，圆钮座。内区四瑞兽或行或立，三兽同向，兽间加饰变形禽兽纹。外区铭文为："仙山并照，智水齐名。花朝艳采，月夜流明。龙盘五瑞，鸾舞双情。传闻仁寿，始验销兵。"这类铭辞又称"仁寿"铭。卷云纹缘。直径 18.6 厘米。陕西西安隋初唐墓出土。《西安郊区隋唐墓》72 页图三七 .1。

4.25 兰闺四瑞兽铭带镜

　　圆形。圆钮。内区四瑞兽间以变形鸟纹。四兽两两相对，两兽俯身低首，另两兽曲颈回首，身躯卷曲。变形鸟纹形状相同，呈飞舞状。外区铭文为："兰闺腕＝（腕），宝镜团＝（团）。曾双比目，经舞孤鸾。光流粉黛，采散罗纨。可怜无尽，娇羞自看。"花蕊纹断句。三角锯齿纹缘。《古镜图录》卷中三十二 B。

4.26 团团四瑞兽铭带镜

圆形。圆钮，圆座。内区环列四兽，两两相对，三兽昂首，一兽回首，均翘尾作行走态。外区饰细线波浪纹。镜缘铭文为："团团宝镜，皎皎升台。鸾窥自舞，照日花开。临池似月，睹貌娇来。"直径14.2厘米。广东英德出土。《广东英德浛洸镇南朝隋唐墓发掘》图一三（《考古》1963年9期491页）。陕西西安唐高宗麟德二年（665）薛元嘏夫妇合葬墓出土镜，四兽同向绕钮奔驰，铭文属"暎华"系列（《唐薛元嘏夫妇墓发掘简报》，《考古与文物》2009年6期）。

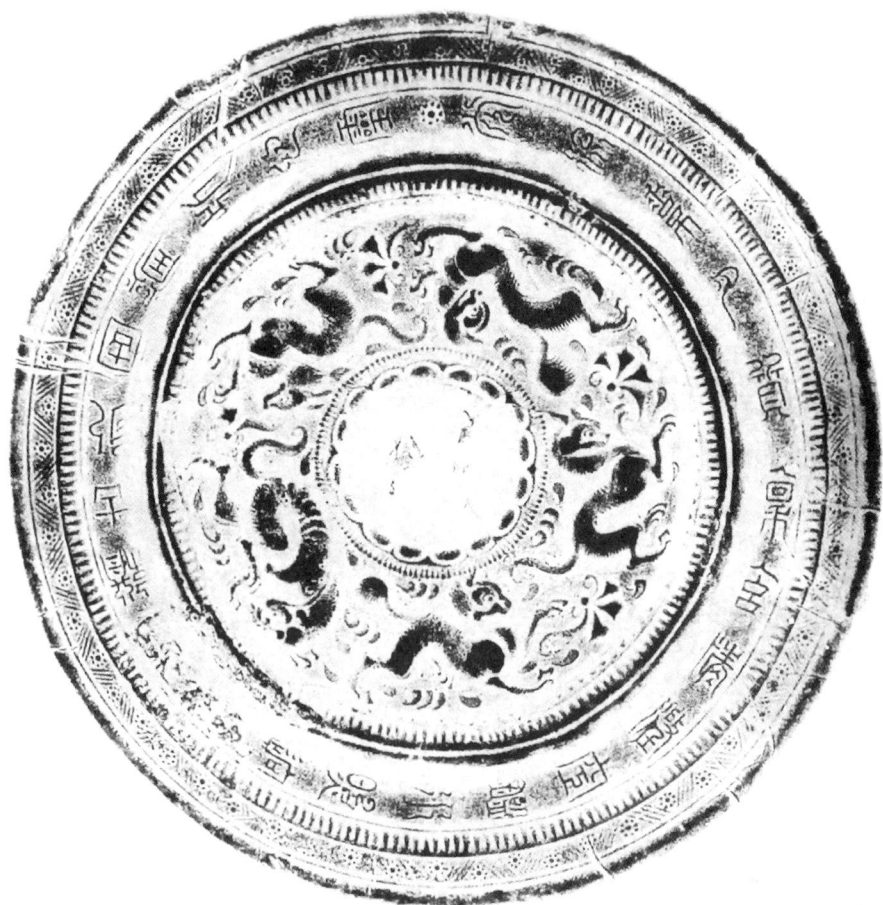

4.27 光流五瑞兽铭带镜

　　圆形。圆钮，花瓣钮座。内区五兽同向绕钮奔驰，似狐似狼，有的俯身低首，有的回首顾盼，兽间饰花叶纹。外区铭文为："光流素月，质禀玄精。澄空鉴水，照迥凝清。终古永固，莹此心灵。"四斜短线及花蕊纹缘。《古镜图录》卷中三十A。

4.28 练形六瑞兽铭带镜

　　圆形。圆钮，连珠纹钮座。内区六兽环钮，六兽两两相对作相戏情状。兽似狐似狼，丰腴柔健，除一兽头部作顾盼状外，其他五兽均昂头，尾部上卷。中区铭文为："涑（炼）形神冶，莹质良工，如珠出匣，似月停空。当眉写翠，对脸傅红。绮窗绣幌，俱含影中。"点线纹缘。直径 17.3 厘米。陕西西安隋初唐墓出土。《西安郊区隋唐墓》72 页图三七 .4。

4.29 盘龙六瑞兽铭带镜

圆形。圆钮，花瓣钮座。内区六边形角端放射的双线把镜背分为六区，每区配置一瑞兽，似狼似犬，两两相对。外区铭文为："盘龙丽匣，舞凤新台。鸾惊影见，日曜花开。团疑璧转，月似轮回。端形鉴远，胆照光来。"点线纹缘。直径18.6 厘米。《介绍馆藏铜镜》图一（《文博》1989 年 2 期 88 页）。

4.30 明齐禽兽镜

圆形。圆钮，外围连珠纹。内区三鸟三兽相间绕钮环列，两两相对。外区铭文为："明齐满月，光类圆珠。铭镌几杖，字刻盘于（盂）。并存箴诫，匪为欢娱。"点线纹缘。直径 14.4 厘米。《中国古代铜镜》108 页图 158。

4.31 练形禽兽团花镜

　　圆形。圆钮，外围连珠纹。内区二鸟、二兽与二朵团花绕钮相间环列。外区铭文为："涑（炼）形神冶，莹质良工。如珠出匣，似月停空。当眉写翠，对脸傅红。绮窗绣幌，俱含影中。"云气纹缘。直径 16.9 厘米。河南洛阳唐墓出土。《洛镜铜华——洛阳铜镜发现与研究》268 页图 238。

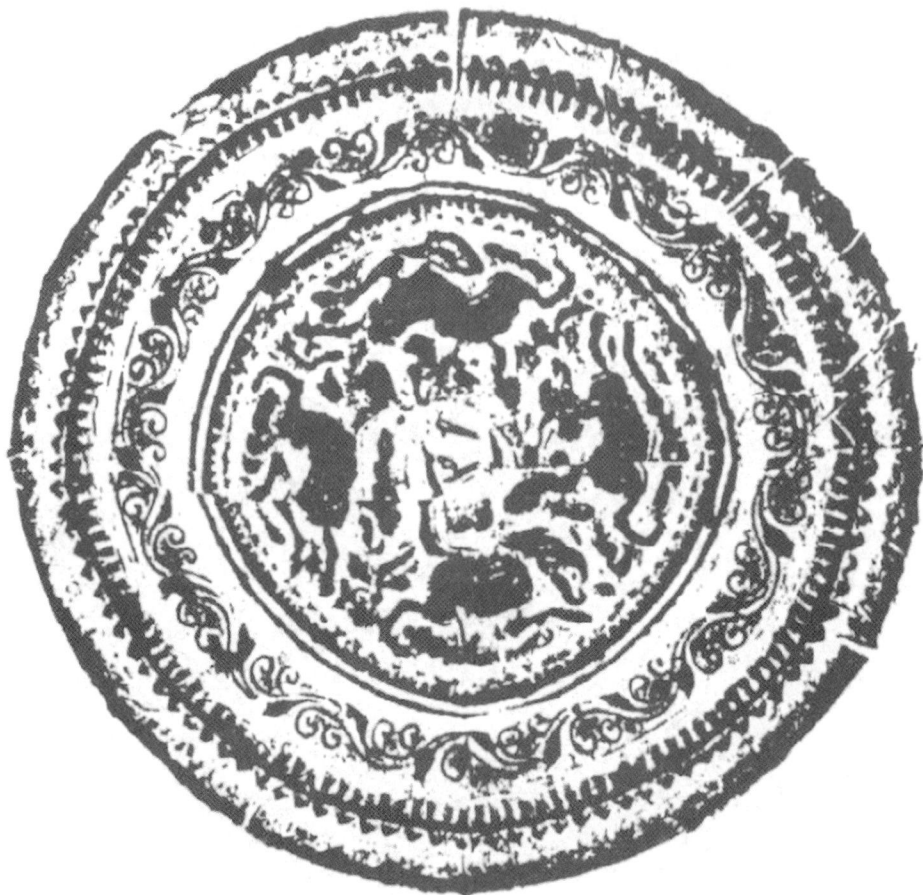

4.32 四瑞兽花草镜

　　圆形。圆钮，圆钮座。内区四兽似狐似狼，同向奔驰。高浮雕的四兽更为丰腴浑圆。外区卷草纹。锯齿纹缘。直径 10.5 厘米。陕西西安隋初唐墓出土。《西安郊区隋唐墓》72 页图三七.3。

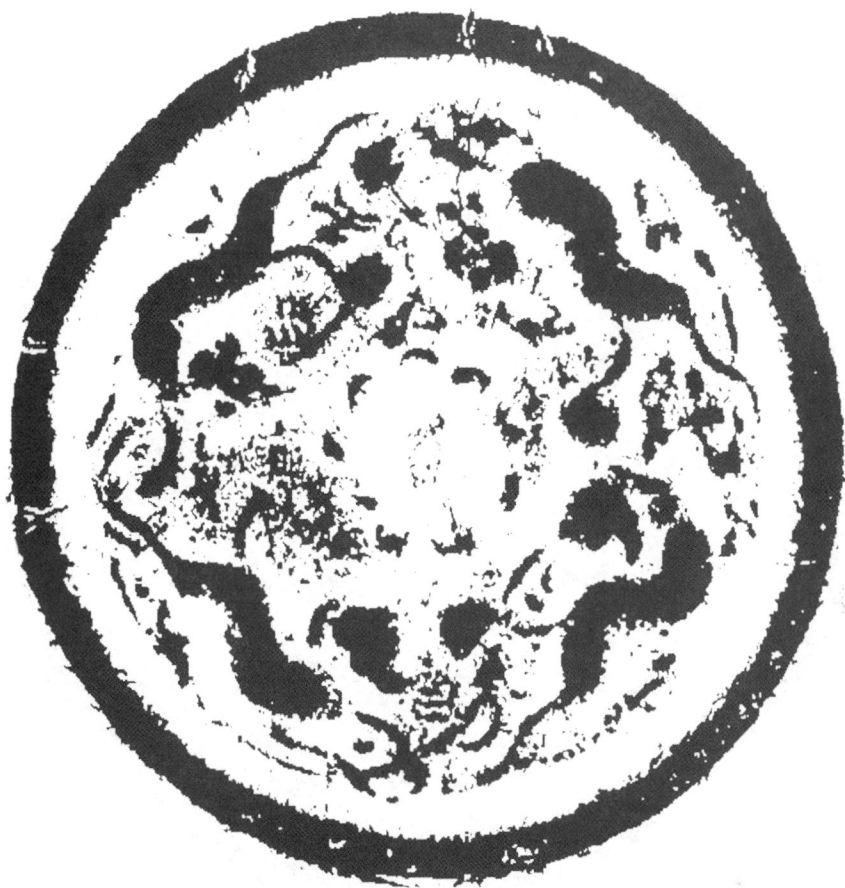

4.33 四瑞兽

圆形。圆钮，花瓣钮座。四兽绕钮奔驰，纹饰模糊。素缘。直径 7.1 厘米。河南偃师唐懿宗咸通十年（869）墓出土。《偃师杏园唐墓》218 页图 209。

4.34 四瑞兽花枝镜

　　八瓣菱花形。圆钮。四瑞兽同向绕钮奔驰，体态丰腴。兽间各一朵折枝花。边缘八瓣内折枝花与蜂蝶纹相间环列。《小檀栾室镜影》卷五29A。

4.35 四瑞兽花枝镜

　　八瓣菱花形。圆钮。钮周环列四朵折枝花，其外四瑞兽同向绕钮奔驰，体态丰腴，有的似马，四兽间有飞翔的蛱蝶。边缘八瓣内各一株折枝花。《小檀栾室镜影》卷五 29B。

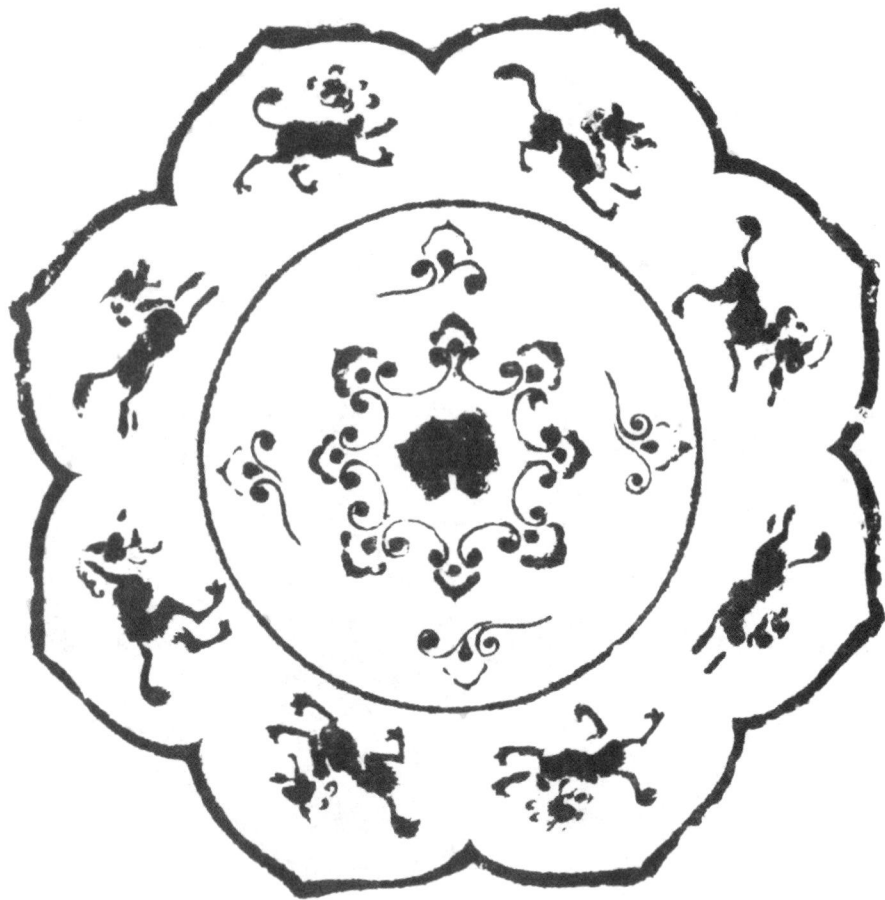

4.36 宝相花八瑞兽镜

　　八瓣菱花形。圆钮。宝相花外环绕四朵流云。边缘八瓣各饰一瑞兽，瑞兽各有意态，或回首顾盼，或昂首张口，多作奔驰状。直径 14.2 厘米。《小檀栾室镜影》卷五 28A。

4.37 双犀花枝镜

八出葵花形。圆钮。双犀隔钮相向而立，额顶及鼻上各生一角，耳后竖，垂长尾，全身满布圆圈状的皱斑纹，四蹄足。双犀头部结构似犀，但身躯形态更似鹿。钮上雕花篱栏，竹林丛生，两侧饰花枝、小鸟和蜂蝶。钮下水波荡漾，花枝摇曳，蜂蝶飞舞。直径 21.3 厘米。《介绍馆藏铜镜》图五（《文博》1989 年 2 期 89页）。甘肃平凉唐宣宗大中五年（851）墓出土镜与此镜同，直径 22.6 厘米（《考古》1997 年 7 期 79 页）。

4.38 双犀花枝镜

　　八出葵花形。圆钮。双犀隔钮相向而立，体态丰腴。钮上修竹两侧各一株折枝花。钮下水波荡漾，山峰重叠，树木丛生，两侧装饰折枝花和流云。素缘。直径 24.9 厘米。《上海博物馆藏青铜镜》图 78。

瑞兽葡萄镜

4.39 光流五瑞兽葡萄镜

  圆形。圆钮，圆钮座。内区五兽绕钮环列，奔驰于葡萄枝蔓间，俏逸灵动，其形态与唐瑞兽镜中的瑞兽相似。外区铭文为："光流素月，质禀玄精。澄空鉴水，照迥疑（凝）清。终古永固，莹此心灵。"两周锯齿纹缘。直径 14 厘米。此类镜宋代伊始就有不同的名称，学界多称为海兽葡萄镜，但对"海兽"的解释则多有歧义，本书基于考古出土资料，根据此种纹饰出现与流行时期，称为瑞兽葡萄镜。瑞兽作奔跑式的，应是瑞兽葡萄镜的早期类型。《故宫藏镜》82 页。

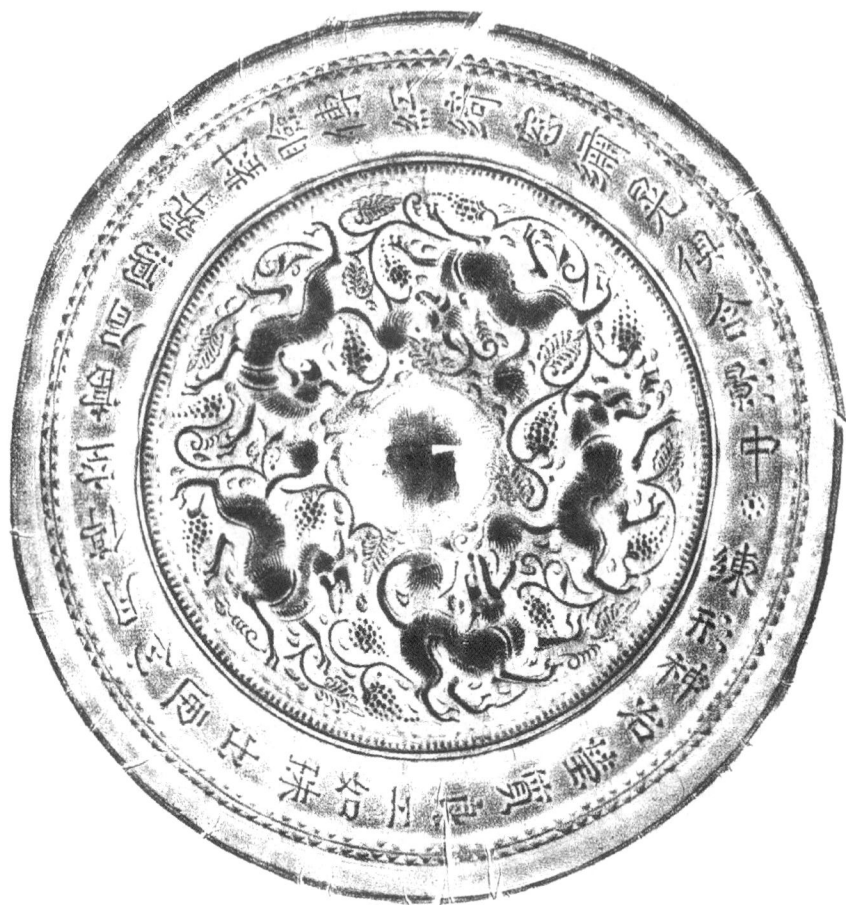

4.40 练形五瑞兽葡萄镜

　　圆形。圆钮，圆钮座。内区五兽环列于葡萄枝蔓间，或奔驰，或站立，形态各异，俯仰有神。外区铭文为："练（炼）形神冶，莹质良工。如珠出匣，似月停空。当眉写翠，对脸傅红。绮窗绣幌，俱含影中。"两周锯齿纹缘。此镜内区瑞兽、外区铭文的布局与隋和唐初流行的瑞兽镜相同，只是在瑞兽间出现了葡萄枝蔓。《尊古斋古镜集景》143 页。

4.41 四瑞兽葡萄镜

圆形。伏兽钮。内区四瑞兽同向奔驰于葡萄蔓枝间，外葡萄蔓枝回旋缠连，五只禽鸟飞翔或栖息其间。直径 15 厘米。《郑州市博物馆收藏的几面古代铜镜》图五(《中原文物》1987 年 1 期 96 页)。唐代纪年墓中，唐高宗永徽五年(654)墓(《四川万县唐墓》,《考古学校》1980 年 4 期)、麟德元年(664)墓(《唐郑仁泰墓发掘简报》,《文物》1972 年 7 期)都报告出土有"海马葡萄镜"，但图像不明。陕西西安麟德二年(665)墓出土镜，内区残存二奔兽和葡萄枝叶，外区禽鸟葡萄，为此类镜提供了考古出土资料(《西安郊区隋唐墓》图版肆壹 .3)，证明在唐高宗时期已出现瑞兽葡萄镜。

4.42 六瑞兽葡萄镜

　　圆形。圆钮，花瓣钮座。内区六兽绕钮环列于葡萄枝蔓间，气势劲挺，自由适意。外区三兽三鸟与葡萄枝蔓相间环绕。点线纹缘。直径 18.9 厘米。《净月澄华——辽宁省博物馆藏古代铜镜》190 页。

4.43 四瑞兽葡萄镜

圆形。伏兽钮。内区四兽攀援葡萄枝蔓，曲身抬头，间以四鸟。枝蔓漫过凸圈带伸向外区，枝蔓内外相连的圈带形式被称为"过梁枝蔓圈带"。外区禽鸟与蛱蝶相间环列。叠云纹缘。直径 11.65 厘米。本书以"瑞兽攀援"词语概括典型瑞兽葡萄镜的瑞兽姿势。《净月澄华——辽宁省博物馆藏古代铜镜》188 页。

4.44 四瑞兽葡萄镜

圆形。伏兽钮。内区四兽攀援葡萄枝蔓，外区禽鸟葡萄枝蔓相间环列。叠云纹缘。直径 10.9 厘米。《楚风汉韵——长沙市博物馆藏镜》182 页图 139。唐武则天垂拱元年（685）墓（《洛阳出土铜镜》图 98）、武则天证圣元年（695）墓（《偃师杏园唐墓》图版 31.2）、武则天万岁通天二年（697）墓（《洛阳出土铜镜》图 99）、武则天长安三年（703）墓（《河南偃师县隋唐墓发掘简报》图八 .2,《考古》1986 年 11期）、中宗景龙三年（709）墓（《中原文物》1983 年 9 期图版七 .1）、唐玄宗开元十年（722）墓（《偃师杏园唐墓》图版 31.3）均有此类型镜出土。

4.45 四瑞兽葡萄镜

　　圆形。伏兽钮。内区四瑞兽攀援葡萄枝蔓，间以禽鸟。一串串葡萄环绕在高圈内侧。外区内侧禽鸟、外侧葡萄枝叶。直径 13.1 厘米，河南偃师武则天长寿三年（694）墓出土。《河南偃师杏园村的六座纪年唐墓》图四（《考古》1986 年 5 期 431 页）。武则天天授二年（691）墓（《文物》1989 年 6 期 55 页图 24）、唐玄宗开元六年（718）墓（《偃师杏园唐墓》图版 31.4）、唐宣宗大中元年（847）墓（《偃师杏园唐墓》图版 31.5）都出土了此类型铜镜。

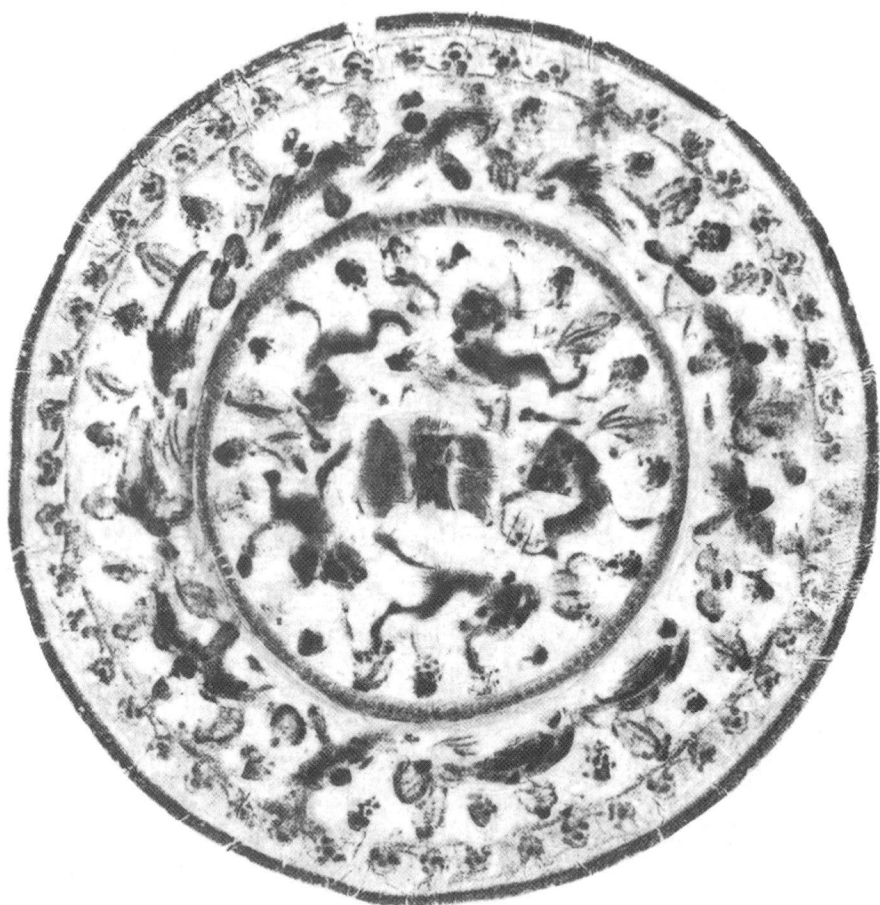

4.46 五瑞兽葡萄镜

　　圆形。伏兽钮。内区五兽攀援葡萄枝蔓，外区不同姿态的禽鸟、蛱蝶环列于葡萄枝蔓间。叠云纹缘。直径 11.9 厘米。河北易县出土。《历代铜镜纹饰》103 页。

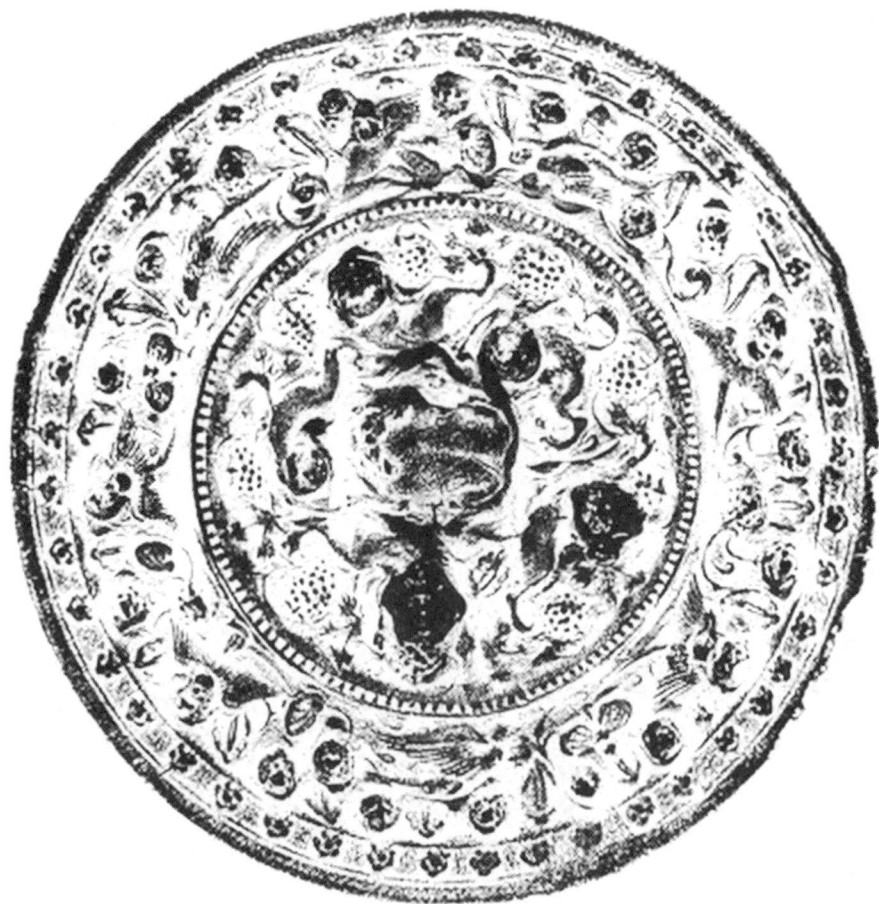

4.47 五瑞兽葡萄镜

　　圆形。伏兽钮。内区五兽攀援葡萄枝蔓，外区禽鸟、蛱蝶穿插于葡萄枝蔓间。
叠云纹缘。直径 12.5 厘米。湖南长沙出土。《楚风汉韵——长沙市博物馆藏镜》185
页图 141。

4.48 六瑞兽葡萄镜

　　圆形。伏兽钮。内区六兽攀援葡萄枝蔓，九串葡萄沿着圈带配置。外区葡萄
串交错排列，不同形态的瑞兽禽鸟环绕其中。云纹缘。直径 16.85 厘米，重 1210
克。陕西西安武则天神功二年（698）墓出土。《唐长安城郊隋唐墓》图版六〇 .1。
1972 年日本奈良县高市郡明日香村高松古坟出土镜，有学者认为与此镜为同范
镜，直径 16.8 厘米，重 1220 克。

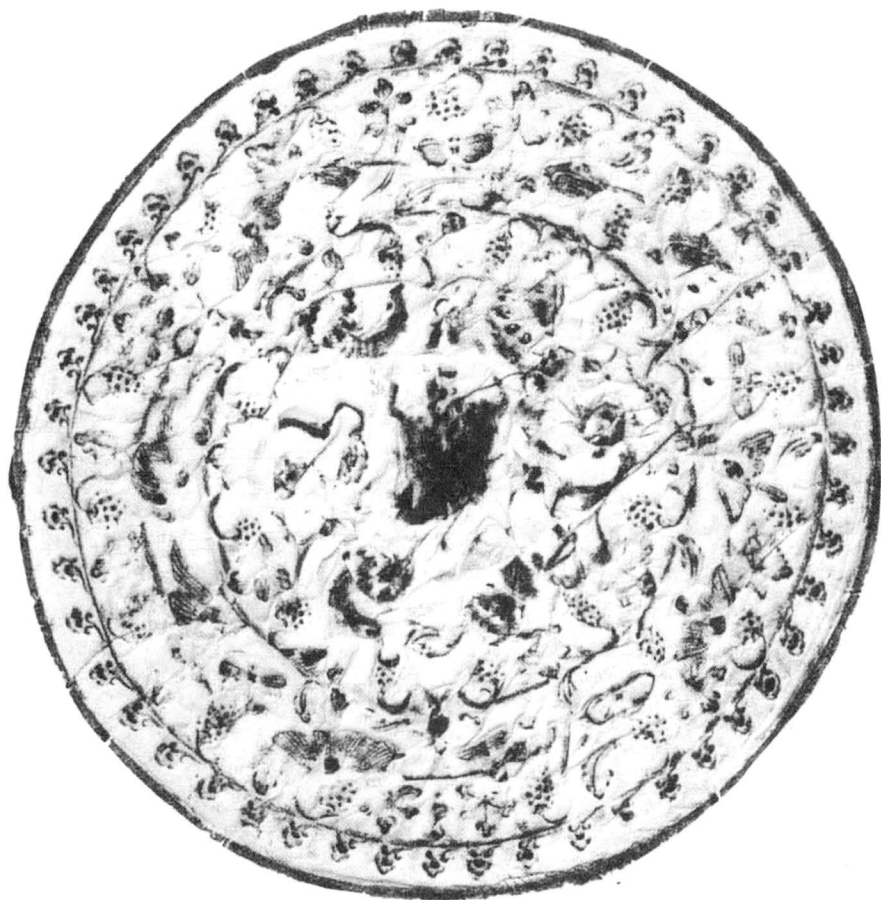

4.49 六瑞兽葡萄镜

　　圆形。伏兽钮。内区六瑞兽攀援葡萄枝蔓，外区禽鸟、蛱蝶环列于葡萄枝蔓间。云纹缘。直径 14 厘米。河南洛阳唐墓出土。《洛镜铜华——洛阳铜镜发现与研究》231 页图 194。

4.50 六瑞兽葡萄镜

　　圆形。伏兽钮。内区六兽攀援葡萄枝蔓，外区禽鸟环绕于葡萄枝蔓间。变形云纹缘。直径 13 厘米。河北赤城县出土。《历代铜镜纹饰》104 页。

4.51 六瑞兽葡萄镜

圆形。伏兽钮。内区葡萄枝蔓盘曲环绕呈三个 S 形，S 形六个环形圈内各配置一瑞兽。瑞兽丰腴柔健，或俯或仰，或昂头或回首，形态与瑞兽镜中似狐似狼的瑞兽相似。外区八只或飞翔或栖立的禽鸟与蜂蝶掩映在环绕成圈的葡萄枝蔓叶实中。小朵花纹缘。直径 19.8 厘米。《故宫藏镜》83 页。

4.52 六瑞兽葡萄镜

　　方形。伏兽钮。内区六兽，兽抬头曲身，朝向不同。方形四角与四只展翅飞翔的禽鸟相对，将外区分成四区，每区有缠连的枝蔓花叶及三串葡萄，不同姿势的禽鸟及蜂蝶点缀其中。缠枝花纹缘。边长17.1厘米。日本奈良正仓院藏。从出土和传世资料看，较大形的方形瑞兽葡萄镜数量很少。[日] 小窪和博《海兽葡萄镜》154页图117。

4.53 八瑞兽葡萄镜

　　圆形。伏兽钮。内区八兽作俯、仰、蹲、跃等不同形态攀援葡萄枝蔓，外区七鸟与六兽穿插于葡萄枝蔓叶实之间。重瓣花纹缘。直径 23.9 厘米。《上海博物馆藏青铜镜》图 85。

4.54 八瑞兽葡萄镜

圆形。伏兽钮。内区八兽攀援葡萄枝蔓,外区禽鸟瑞兽相间环列于葡萄枝蔓间。花纹缘。直径 24 厘米。《上海博物馆藏青铜镜》图 84。

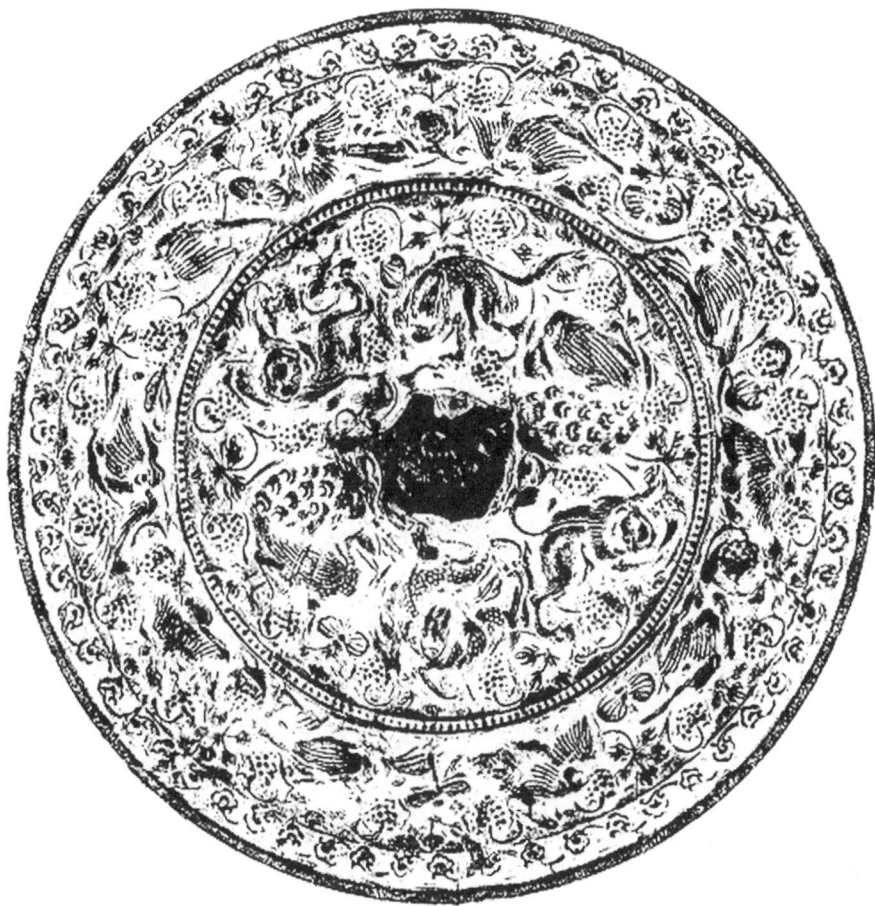

4.55 孔雀瑞兽葡萄镜

　　圆形。伏兽钮。内区四兽与二孔雀配置于葡萄枝蔓中，外区禽鸟、蛱蝶和葡萄枝蔓环列一周。花云纹缘。直径 17.9 厘米。湖南长沙墓葬出土。《楚风汉韵——长沙市博物馆藏镜》187 页图 142。

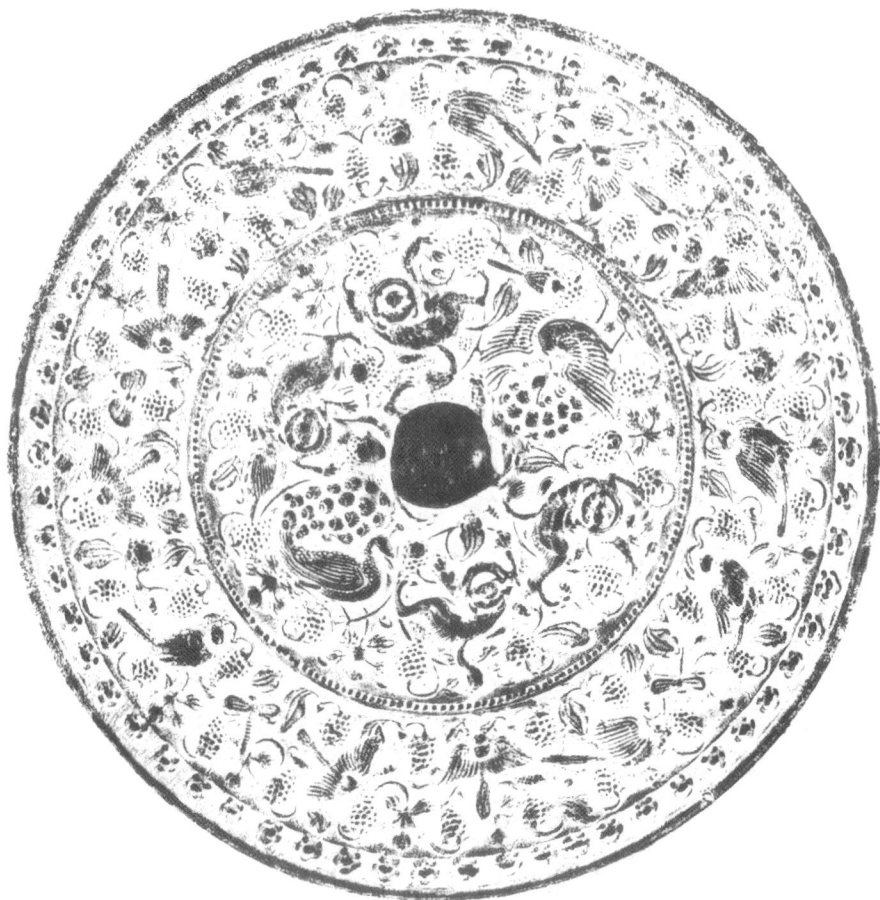

4.56 孔雀瑞兽葡萄镜

　　圆形。蟠龙钮。内区二孔雀间以四瑞兽，杂以葡萄枝蔓。外区不同姿态的禽鸟十二只及蜻蜓、蜂蝶，其间有四十三串葡萄蔓枝。花云纹缘。直径20厘米。《上海博物馆藏青铜镜》图82。

4.57 双龙葡萄镜

    圆形。伏兽钮。内区双龙夹钮相对，昂首曲颈，各伸一前肢于圈带边，呈共举一物姿态，一后肢与尾部纠结。外区不同姿态的禽鸟，或飞翔，或栖息于葡萄枝蔓果实中。花枝纹缘。具有葡萄蔓枝纹饰的镜子中，内区仅为双龙纹的实属罕见。双龙的形态与布局与唐代双龙镜类相同，因此双龙葡萄纹镜应是唐镜的一种形式。《小校经阁金文拓本》卷十六 83A 下。

瑞兽鸾鸟镜

4.58 双兽双鸟绕花枝镜

　　八出葵花形。钮外二兽，四花枝，二鸟相间环绕。边缘八瓣中两种纹饰各四组，一种为蜂蝶与折枝花，另一种为有叶有瓣的花枝，四组纹饰相间排列。《唐宋铜镜》附录 50。

4.59 双兽双鸾缠枝花镜

　　八瓣菱花形。圆钮。钮外二兽、二鸾鸟与四花枝相间环绕。兽奔跑跳跃，后腿微抬，显露小孔，即习称的"透腿"技艺。边缘八瓣中两种纹饰各四组，一种为蜂蝶与折枝花，另一种为流云纹，四组纹饰相间排列。直径 16.2 厘米。河南偃师唐玄宗开元十七年（729）墓出土。《偃师杏园唐墓》72 页图 67。

4.60 双兽双鹊绕花枝镜

　　八瓣菱花形。圆钮。钮外双鹊、二兽与四花枝相间环列。双鹊口衔绶带。一兽直立，一兽奔驰。花枝两种，形态稍异。边缘八瓣中两种形态不同的折枝花相间配置。《小檀栾室镜影》卷五 14A。

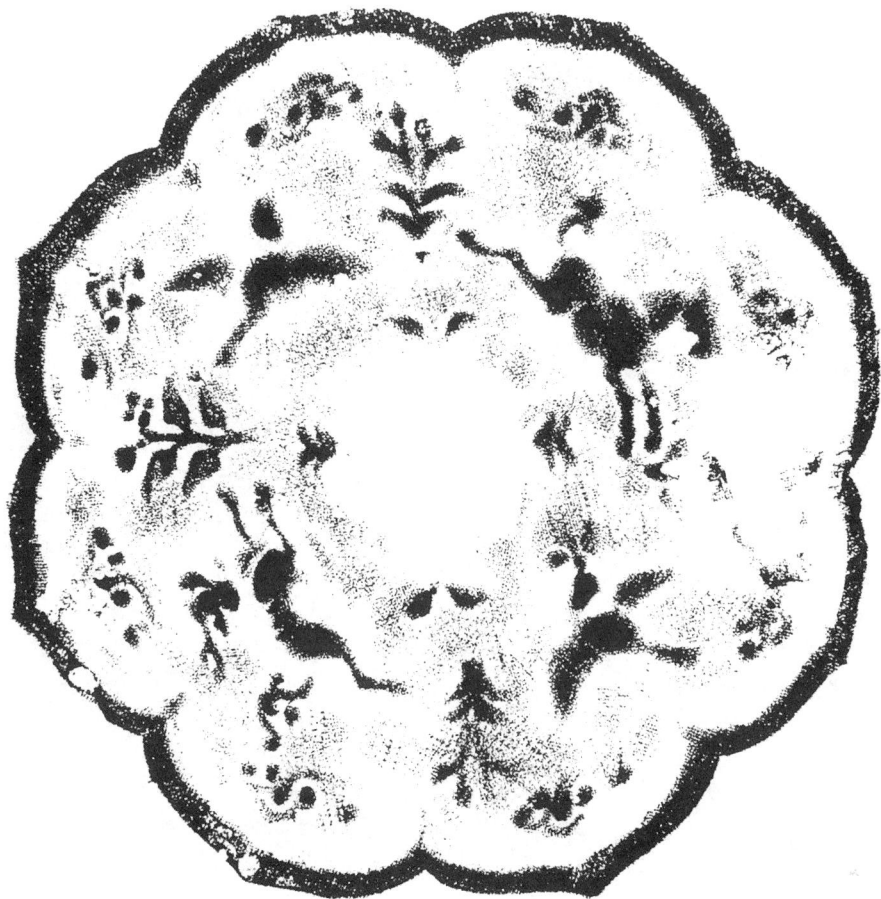

4.61 双兽双雀花枝镜

八瓣菱花形。圆钮。钮外二兽、二飞鸟与四花枝相间环列。二兽一似奔马。边缘八瓣中饰如意云纹。直径 11 厘米。湖南长沙墓葬出土。《楚风汉韵——长沙市博物馆藏镜》170 页图 128。

4.62 瑞兽鸾鸟仙山镜

　　八瓣菱花形。圆钮。钮外饰四折枝花，二兽、一鸾一鹊与四仙山相间环列。边缘八瓣内飞雀祥云、崇山峻岭、飞雀折枝花及花枝环绕。直径 26.3 厘米。河北定州静志寺塔基地宫出土。《历代铜镜纹饰》112 页。

4.63 双兽双鸾绕花枝镜

　　八瓣菱花形。圆钮。双兽双鸾相间绕钮环列。瑞兽昂首翘尾，张腿奔驰。双鸾回首翘尾，践踏花枝。鸾兽间有四株花枝纹。边缘八瓣中为流云及蜂蝶纹。直径 12 厘米。河南偃师唐中宗神龙二年（706）墓出土。《河南偃师杏园村的六座纪年唐墓》图八（《考古》1986 年 5 期 432 页）。

4.64 双兽双鸾绕花枝镜

　　八瓣菱花形。圆钮。钮外二兽二鸾相间环列。瑞兽昂首翘尾，双鸾形态不同，禽兽之间配置花枝和卷叶纹。流云纹和蛱蝶纹缘。直径 10 厘米。河南偃师唐中宗景龙三年（709）墓出土。《河南偃师杏园村的六座纪年唐墓》图二〇（《考古》1986年 5 期 440 页）。

4.65 双兽双鸾绕花枝镜

　　八瓣菱花形。圆钮。钮外二瑞兽和二鸾鸟与四株折枝花相间环列。边缘二种纹饰各四组，一是蛱蝶与二折枝花，二是花草纹。此镜高浮雕的鸾兽形态逼真，边缘纹饰秀美。直径 23.6 厘米。1954 年陕西西安唐中宗神龙三年（707）墓出土。《西安郭家滩唐墓清理简报》图二（《考古通讯》1956 年 6 期 53 页）。

4.66 双鸾双龙镜

　　八瓣菱花形。圆钮。钮外双鸾、双龙与流云纹相间环列。双鸾曲颈回首，振翅翘尾，双龙昂首曲颈，拱身翘尾，张开四肢作奔驰状。边缘四组流云、四组蜂蝶及折枝花相间环绕。直径15.5厘米。《广西铜镜》164页图120。

4.67 双兽双鸾花枝镜

　　八瓣菱花形。圆钮。钮外双兽双鸾花枝相间。花枝枝蔓曲转，妍丽纤巧。边缘八瓣中飞鸟、折枝花和蛱蝶花枝各四组相间环列。直径 23 厘米。河北邯郸拣选。《历代铜镜纹饰》116 页。

4.68 双兽双鸾镜

　　圆形。圆钮。钮外双兽、双鸾与四花枝相间环列。一兽似奔马。流云纹缘。直径 14.2 厘米。《馆藏铜镜选辑（四）·隋唐铜镜》图 45（《中国历史博物馆馆刊》1993 年 2 期 124 页）。

4.69 双兽双鸟镜

　　八瓣菱花形。龟钮。钮外双兽、双鸟与四花枝相间环列。兽似奔马，一鸟衔折枝花。四花枝二株枝叶曲卷，二株枝叶相交。边缘八瓣内饰蛱蝶、花枝、团花纹。直径 20 厘米。河北盐山县出土。《历代铜镜纹饰》120 页。

4.70 二马双雁荷花镜

　　八出葵花形。圆钮。两马夹钮相对，马鬃上飘，张口嘶鸣，两足各践踏于两朵莲花上，凌空而舞。钮上两雁共衔一株莲枝的两个枝干，向上飞翔。钮下一株大莲花，中心叶片上长出莲苞，二侧各蔓生莲苞于莲瓣上。边缘八瓣中莲枝及云朵相间环列。直径24厘米。陕西西安出土。《西安文物精华·铜镜》94页图81。

雀绕花枝镜

4.71 四鸟花草镜

　　圆形。圆钮，圆钮座。内区四鸟及四变形鸟纹相间绕钮，外区 S 形缠枝花草环绕一周。三角锯齿缘。《铜镜图案》48 页。

4.72 雀绕花枝镜

　　八瓣菱花形。圆钮。内外区均为四雀同向飞绕花枝，外区大花枝枝条两端卷曲。边缘八瓣中各一组花叶纹。直径9.8厘米。《小檀栾室镜影》卷五21A。

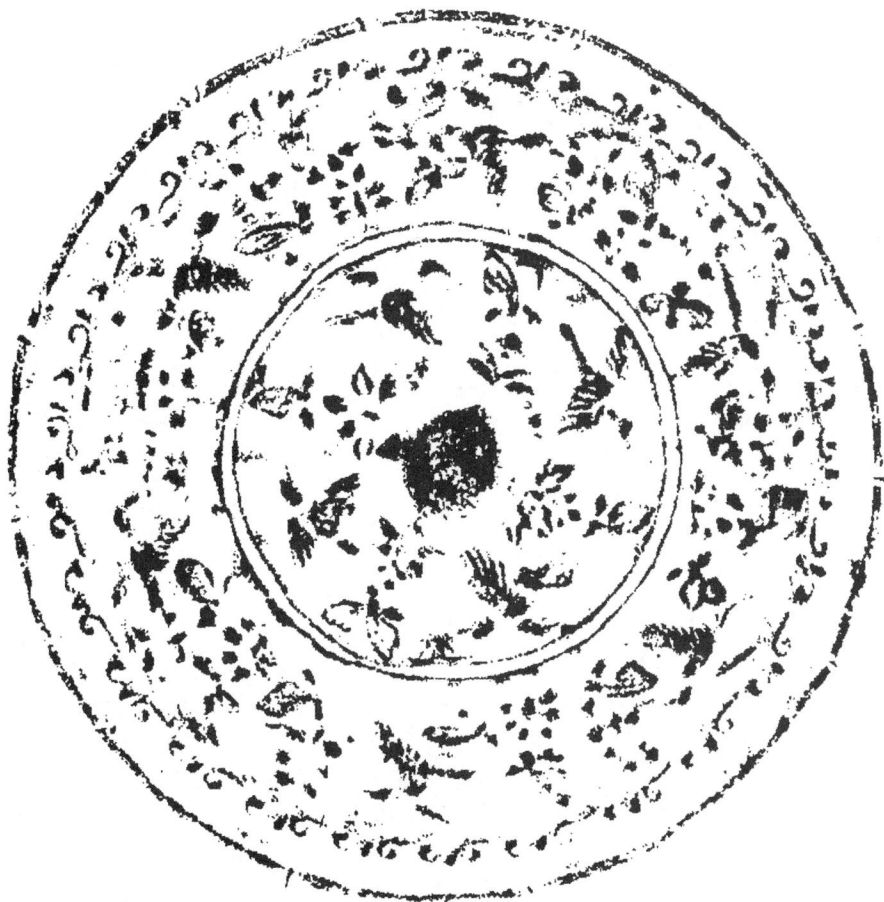

4.73 雀绕花枝镜

　　圆形。圆钮。双线圈带分为内外区，内区四鸟间以花枝蛱蝶，外区六鸟间以并蒂花卉及蛱蝶。流云纹缘。直径 9.2 厘米。河南洛阳唐中宗神龙二年（706）墓出土。《偃师杏园唐墓》69 页图 63。

4.74 雀绕花枝山水纹镜

八出葵花形。圆钮，花瓣钮座。内区环列四山岳与海水，水鸟出没于海涛之中。外区四鸟与花枝蛱蝶相间环绕。流云纹缘。直径 10.3 厘米。《馆藏铜镜选辑（四）》图 53（《中国历史博物馆馆刊》1993 年 2 期 125 页）。

4.75 三鸟花枝镜

八瓣菱花形。三鸟同向环绕，均栖立，或回首顾盼，或低头觅食，配以卷曲自然的同形花枝。边缘八瓣内蜂蝶、折枝花及流云相间环列。直径 10.9 厘米。唐花鸟镜中三鸟环绕是比较罕见的形式。《铜镜图案——湖南出土历代铜镜》142 页图 120。

4.76 四鸟云纹镜

　　八瓣菱花形。圆钮。钮外四鸟与四朵流云纹相间环绕，四鸟同向栖立，其中两只嘴衔蛱蝶。边缘八瓣中朵云与折枝花相间环列。直径 10.1 厘米。湖南长沙出土。《楚风汉韵——长沙市博物馆藏镜》168 页图 126。

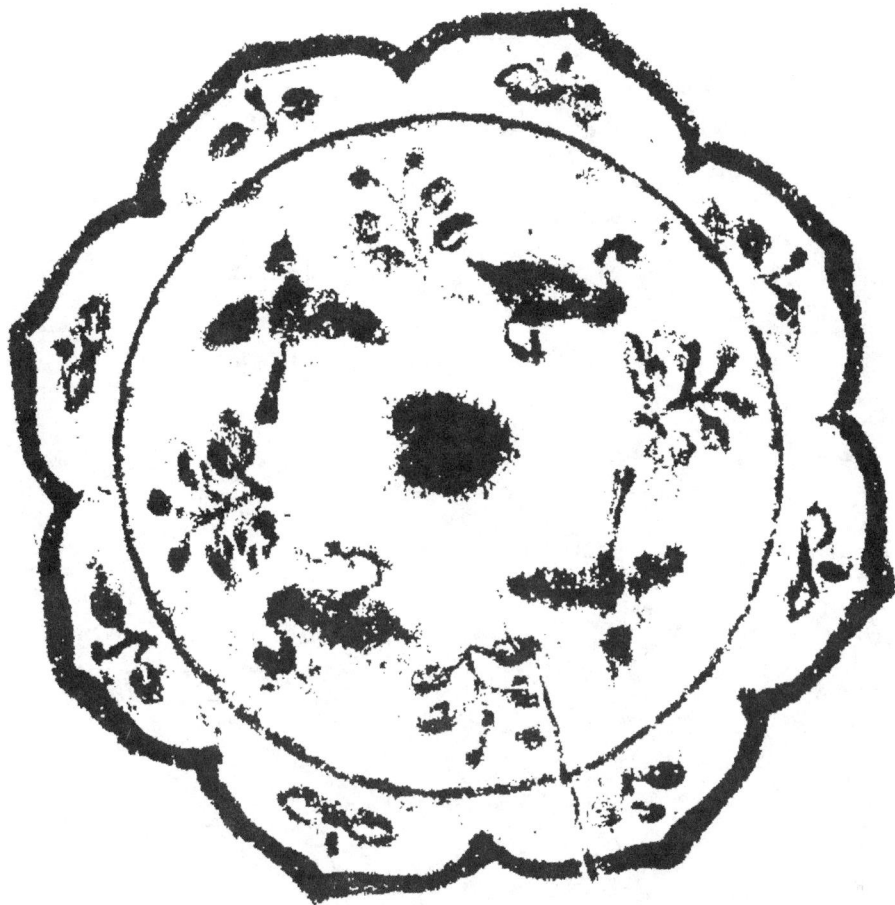

4.77 四鸟花枝镜

　　一般称为雀绕花枝镜，八瓣菱花形。圆钮。钮外四鸟与四折枝花相间环绕，两鹊展翅飞翔，两雁栖立，两组折枝花形态稍异。边缘八瓣内四蛱蝶与四折枝花相间排列。直径 9.8 厘米。河南偃师唐玄宗天宝九年墓（750）出土。《偃师杏园唐墓》139 页图 129.2。

4.78 四鸟花枝镜

　　八瓣菱花形。圆钮。四鸟绕钮同向飞翔，间以四株折枝花。边缘八瓣中花叶与蛱蝶相间环绕。直径 11.3 厘米。湖北谷城县唐墓出土。《湖北谷城县肖家营墓地》图二三（《考古》2006 年 11 期 31 页）。

4.79 四雀花枝镜

八瓣菱花形。伏兽钮。四鸟绕钮同向飞翔，间以四花枝。边缘八瓣中流云、花枝相间环绕。直径 13.3 厘米。河南偃师杏园唐墓出土。《偃师杏园唐墓》73 页图 68。

4.80 四鸟花枝镜

　　八瓣菱花形。圆钮。四鸟同向环绕花枝，均振翅立于花枝端上，二鸟形态相同，另二鸟其一展翅欲飞。边缘八瓣中四组云纹与四只蛱蝶相间环列。直径20厘米。《镜鉴千秋——扶风县博物馆馆藏铜镜集萃》88页图97。

4.81 雀绕花枝镜

　　八瓣菱花形。圆钮。以钮为中心配置一朵八瓣宝相花，四只鸟栖立在小花苞上。边缘八瓣中流云与蛱蝶相间环列。直径 16.8 厘米。河北盐山县出土。此镜布局在雀绕花枝镜中是很少见的形式。《历代铜镜纹饰》131 页。

4.82 四鸾绕花枝镜

　　八瓣菱花形。圆钮。钮外雀绕花枝。四鸾凤形态各异，或振翅而立，或展翅飞翔。边缘八瓣中饰流云纹。直径 13.5 厘米。1977 年广东高州出土,《广东出土晋至唐文物》194 页图 27。

4.83 双鸾双鹊绕花枝镜

　　圆形。圆钮。双鸾双鹊及四花枝相间环列，双鸾振翅站立，一鹊栖立，一鹊展翅飞翔，点缀两朵流云。折枝花分为两种，其中一种两只蜂蝶在吸吮花蜜，另一种两只蜂蝶飞向花瓣。八朵如意头纹缘。直径 15.9 厘米。《小檀栾室镜影》卷五 20A。

4.84 四鸟绕花枝镜

八瓣菱花形。圆钮。钮外四鸟同向绕四花枝，两只展翅飞翔，两只栖立。边缘八瓣蛱蝶和如意云头纹相间环列。直径 14.5 厘米。《镜鉴千秋——扶风县博物馆馆藏铜镜集萃》87 页图 96。

4.85 四鸟绕花枝镜

　　八出葵花形。圆钮。四鸟口衔绶带，飞翔于四花枝间。素缘。直径 11.4 厘米。河南偃师唐玄宗天宝四年（745）墓出土。《偃师杏园唐墓》142 页图 132.2。

4.86 四鸾衔绶镜

　　八出葵花形。圆钮。钮外四鸾同向飞翔，口衔绶带。边缘八瓣中荷叶与蜂蝶相间环列，其中一瓣中有一"上"字。直径 13.3 厘米。湖南武冈出土。《铜镜图案——湖南出土历代铜镜》137 页图 115，又见《铜镜图案》61 页。

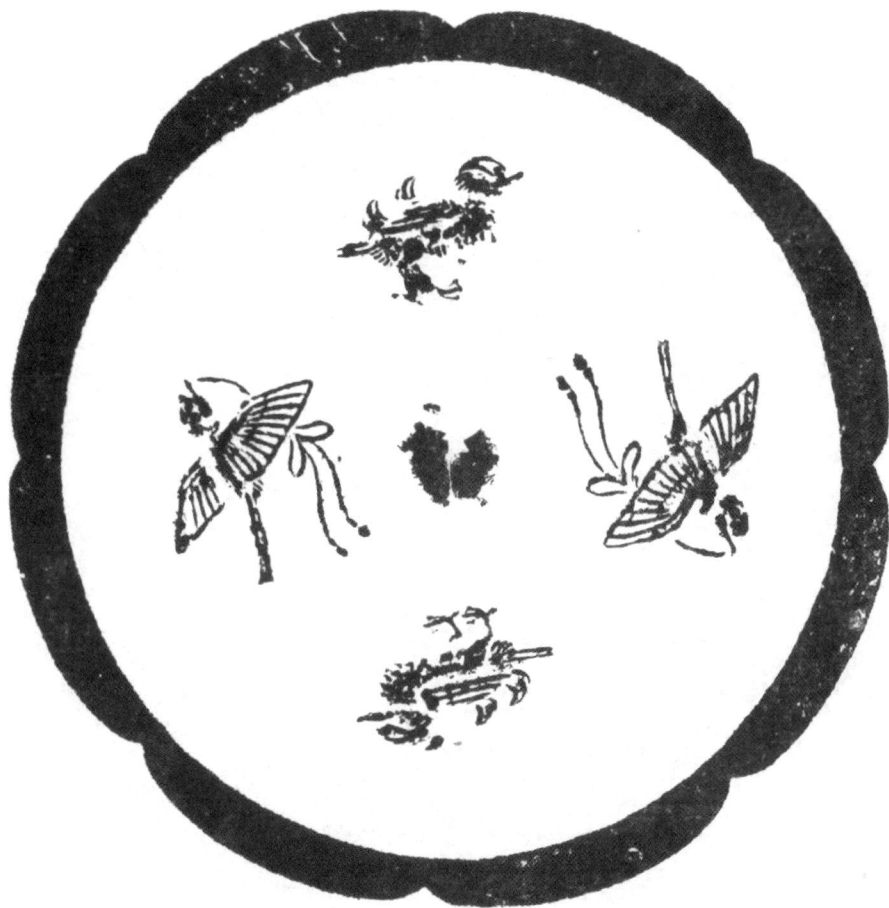

4.87 双鹊鸳鸯镜

八出葵花形。圆钮。二鹊及鸳鸯相间同向环绕，双鹊口衔绶带，展翅飞翔，鸳鸯站立。素缘。直径 13.7 厘米。《小檀栾室镜影》卷五 18A。

4.88 四鸾宝相花镜

　　八瓣菱花形。圆钮。钮外蔓枝缠绕，组成一朵八瓣宝相花。外四瓣呈石榴形，尖顶和果实内花瓣重叠，内四瓣伸出一朵盛开的莲花。一鸾鸟展翅翘尾，单腿践踏于花蕊上，此腿铸成透孔的"透腿"形式。流云纹缘。直径21.3厘米。此镜纹饰组合繁缛华美。《镜花水月——铜镜鉴赏与辨伪》104页上图。

4.89 四鸾二鸟镜

　　八瓣菱花形。伏兽钮。钮外鸾鸟间以四株花枝，两组为双鸾相对，共衔宝相花，两组为一只飞雀衔绶带。两组花枝形态不同。边缘八瓣中为蜂蝶采花与飞鸟衔蛱蝶。直径 25.10 厘米。陕西西安唐玄宗天宝十四年（755）墓出土。《唐代辅君夫人米氏墓清理简报》图九（《文博》2015 年 4 期 22 页）。

对鸟镜

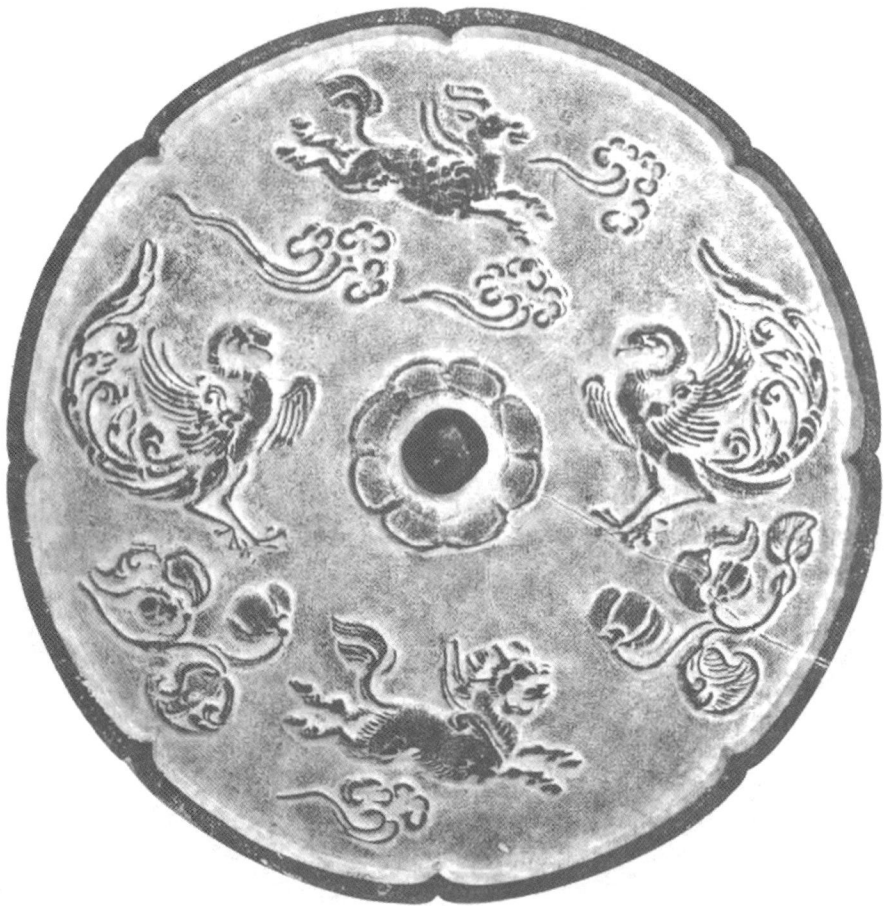

4.90 双鸾双兽镜

　　八出葵花形。圆钮，花瓣钮座。钮左右各一只鸾鸟相对，曲颈振翅而立，尾羽后翘，尾部覆羽卷起，腿下花枝曲卷。钮上下各一兽于流云上同向奔驰，一兽双角有翼。窄缘。直径 22 厘米。《清质·昭明》112 页。两只鸟隔钮左右相对，钮上下配置其他纹饰的铜镜，根据其构图持证，也称为对鸟镜类型。

4.91 双鸾瑞兽云纹镜

　　八出葵花形。圆钮。钮左右各一鸾鸟曲颈相对，花冠，振翅翘尾。钮上一朵双翅云头纹，钮下一奔马，颈上系一株荷花瓣。边缘八瓣内折枝花、流云、蜻蜓与蜂蝶相间环列。直径 18 厘米。《中国古代铜镜》129 页图 192。

4.92 双鸾瑞兽花鸟镜

　　八出葵花形。圆钮。双鸾隔钮而立，振翅翘尾起舞。钮上一奔驰的瑞兽，体态似马有角，备鞍，口衔葡萄蔓枝。钮下一株葡萄枝蔓果实，一鹦鹉展翅于葡萄串上觅食。边缘八瓣内"千"、"秋"铭葵瓣、如意云头纹、折枝花、方胜相间环列。直径 22.5 厘米。陕西商洛出土。《陕西商洛地区出土一件唐代双鸾奔马镜》（《文物》1988 年 7 期 55 页图）。

4.93 双鸾瑞兽花鸟镜

　　八出葵花形。二鸾夹钮相对，脚踏花枝。钮上瑞兽奔驰，口衔葡萄枝蔓，钮下即双鸾栖立的花苞二叶纹，长尾鸟展翅吸吮花蜜。边缘八瓣中四鸟四云相间环列。《小校经阁金文拓本》卷十七 20A。

4.94 双鸟双龙镜

　　八出葵花形。圆钮。钮左右二鸟相对，栖立于花瓣之上。钮上一龙身躯盘曲，后肢伸于头部上方，龙尾缠绕后肢，两侧有流云各一朵。钮下一龙，昂首曲颈，作奔驰状。边缘八瓣中四蜂蝶四流云相间环绕。直径14厘米。《旅顺博物馆藏铜镜》116页图104。

4.95 双鹊鸳鸯镜

八出葵花形。圆钮。双鹊隔钮相向于莲蓬上，振翅舒尾鸣舞。钮上下各有一枝莲花，莲叶两侧延伸，中心托出盛开的花瓣和莲蓬。莲蓬上各立一短尾鸟，均昂头栖立。边缘八瓣内四叶及四蜂蝶相间环绕。直径 16.5 厘米。《铜镜图案——湖南出土历代铜镜》144 页图 123，又见《铜镜图案》63 页。

4.96 双鸾双鸟镜

　　八出葵花形。圆钮。钮两侧各一只系绶鸾鸟，曲颈相对，振翅栖立，一脚踏在盛开的莲蓬上，另一脚向后翘起。钮上鸟羽翼向上振起，口衔一片花叶。钮下鸟双翼平展，口衔长绶带。边缘八瓣内四朵折枝花与蛱蝶蝶相间环绕。直径17.8厘米。河南郑州唐德宗贞元十二年（796）墓出土。《郑州市区西北部两座唐墓发掘简报》图五（《中原文物》2011年4期21页）。

4.97 双鸾四鸟镜

　　八瓣菱花形。圆钮。双鸾隔钮相向，颈系绶带，立于花瓣上。钮上鸳鸯相向立于莲叶上，共衔流苏。钮下花瓣重重，两只鹦鹉亦相向立于莲蓬上，口衔绶带，两侧有飞向折枝花的蜂蝶。边缘八瓣内，口衔绶带的飞鹊、云中飞翔的双雀、花枝及花叶纹各两组相间环列。直径 29.3 厘米。此镜可谓唐代最美的花鸟镜。《上海博物馆藏青铜镜》图 72。

4.98 双鸾四鸟镜

　　八出葵瓣形。圆钮，花瓣钮座。钮两侧双鸾相向踏在荷叶枝上，振翅翘尾。钮上二飞雁共衔绶带。钮下一鸟低头觅食，另一鸟口衔枝叶，回首与觅食的禽鸟呼应。素缘。直径 20.5 厘米。《介绍馆藏铜镜》图四（《文博》1989 年 2 期 89 页）。

4.99 双鸾四鸟镜

圆形。圆钮。双鸾衔绶夹钮相对，脚下花枝。钮上二鹊共衔流苏，钮下二鹊栖立，一鹊口衔绶带。素缘。直径 17.7 厘米，江西九江出土。《九江出土铜镜》59 页。

4.100 双鸾花鸟镜

　　八出葵花形。圆钮。双鸾夹钮相对，脚踏花枝，钮上下各一只鸟栖立衔绶。边缘八瓣内蛱蝶与花枝相间环列。直径 19.6 厘米。《旅顺博物馆藏镜》119页图 107。

4.101 双鸾四鸟镜

　　八出葵花形。圆钮。双鸾夹钮相对，口衔绶带，脚踩花枝。钮上二雀相望，一只口衔绶带，钮下二雀共衔绶带，四雀均踩踏花枝。边缘八瓣内，飞雀流云与蜂蝶恋花相间环列。直径31.5厘米。河南洛阳唐墓出土。《洛阳涧西区唐代墓葬发掘简报》图二六（《文物》2011年6期19页）。

4.102 双鸾鸳鸯镜

　　八出葵花形。圆钮。双鸾夹钮相对，脚踏花枝。钮上一鸟俯身啄覆莲，钮莲蓬上一对鸳鸯。边缘四株折枝花与四鹤相间环列。直径 18.1 厘米。河南三门峡唐宪宗元和四年（809）墓出土。《河南三门峡市印染厂唐墓清理简报》图二 .2（《华夏考古》2002 年 1 期 13 页）。

4.103 双鹊衔绶鹦鹉镜

八出葵花形。圆钮。以钮为中心，四片重叠花瓣与四荷叶瓣相间环绕构成大花瓣。双鹊夹花瓣相对，曲颈振翅，口衔装饰方胜和多种花形的绶带。钮上一株花瓣盛开的折枝花，钮下二鹦鹉立于花枝上，一只口衔片叶，一只振翅翘尾，低头啄食。素缘。《小校经阁金文拓本》卷十七 26A。

4.104 双鸾花鸟云山镜

　　八出葵花形。圆钮。钮左右各一鸾鸟振翅站立，颈系绶带。钮上仙山流云，钮下一鸟栖立在花枝上，口衔一串葡萄。边缘八瓣中折枝花与流云相间环列。直径 12.3 厘米。湖南长沙唐墓出土。《楚风汉韵——长沙市博物馆藏镜》173 页图 130。

4.105 双鸾花鸟镜

　　八出葵花形。圆钮。钮两侧各一鸾鸟，曲颈展翅，共衔一株花枝，花枝向钮
上展开，叶瓣垂向左右，花托托起盛开的花瓣。钮下一雀立于枝叶上，低头啄叶。
边缘八瓣内四花枝与四蛱蝶相间环绕。直径 13.2 厘米。河南洛阳唐墓出土。《洛镜
铜华——洛阳铜镜发现与研究》253 页图 221。

4.106 双鸾飞鹊花枝镜

　　八出葵花形。圆钮。钮两侧各一鸾鸟踏在云纹上，振翅翘尾。钮上一鹊衔绶飞翔，钮下二叶托起一朵盛开的花瓣。素缘。《小校经阁金文拓本》卷十七 27B 上。

4.107 双鸾飞鹊仙山镜

八出葵花形。圆钮。二鸾夹钮相对，钮上一飞鹊口衔绶带，钮下仙山飘浮祥云二朵。边缘八瓣中折枝花与蜂蝶相间环列。《馆藏铜镜选辑（五）》图69（《中国历史博物馆馆刊》1994年1期121页）。

4.108 双鸾云山镜

　　八出葵花形。弧边微曲，圆钮。双鸾夹钮相对，振翅起舞，尾羽上翘。钮上方一朵四头云纹，下方仙山叠嶂，山峰树林茂密。素缘。直径 15.8 厘米。湖南省出土。《铜镜图案——湖南出土历代铜镜》140 页图 118，又见《铜镜图案》56 页。

4.109 千秋双鸾花叶镜

　　八出葵花形。圆钮。钮左右各一站立鸾鸟，振翅翘尾，一脚踏于云头上。钮上两片团扇形叶托着花瓣，瓣下垂着方胜，中有"千"字。钮下荷叶花瓣下垂方胜，中有"秋"字，连起来为"千秋"。边缘八瓣内四方胜与四禽鸟相间环列。《小校经阁金文拓本》卷十七 19A。台北故宫博物院藏品与此镜相同，直径 22.9 厘米。

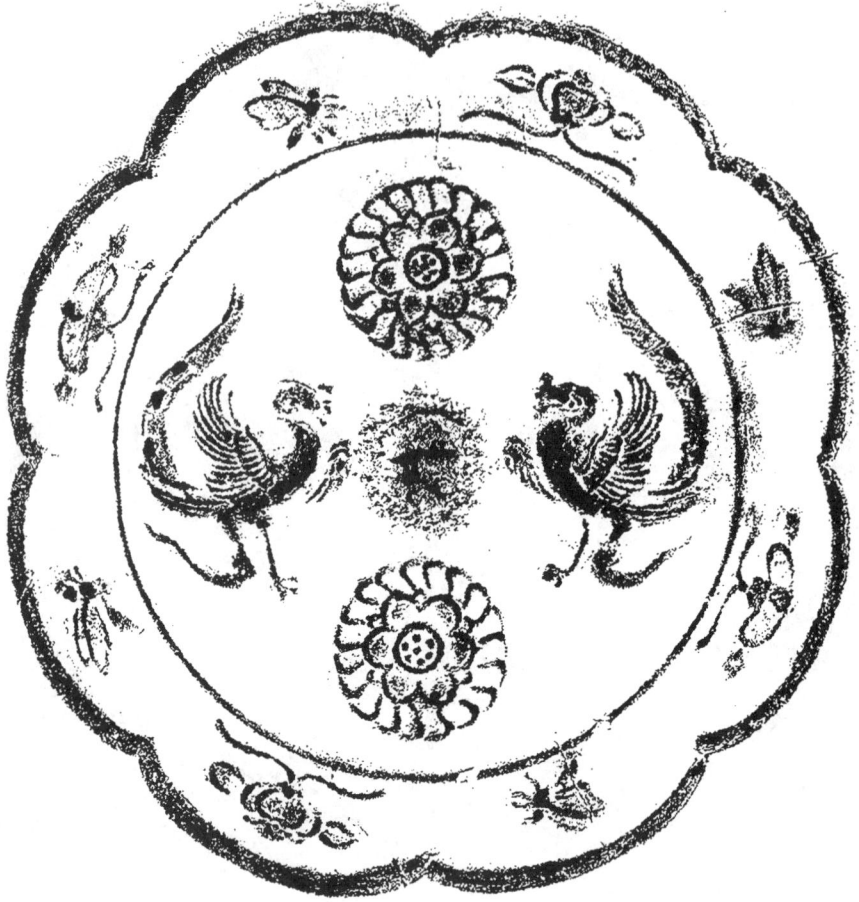

4.110 双鸾宝相花镜

　　八出葵花形。圆钮。双鸾夹钮相对，钮上下各一朵圆形宝相花。边缘八瓣内花枝与蛱蝶相间环列。直径 17.7 厘米。山西大同五代十国燕时期（911—913 年）墓出土。《山西大同西北郊五代墓发掘简报》图五（《文物》2016 年 4 期 28 页）。

4.111 双鸾花枝镜

八出葵花形。圆钮。钮两侧鸾鸟夹钮相对。钮上下均为一株折枝花。边缘八瓣中四朵叠云与四片朵云相间环列。《铜镜图案》67页。

4.112 双鸾花枝镜

　　八出葵花形。圆钮。钮两侧鸾鸟夹钮相对，钮上花枝一株，宽叶大花瓣。钮下一株已近图案化的宝相花，对称二叶上托出一花瓣。《铜镜图案》64页。

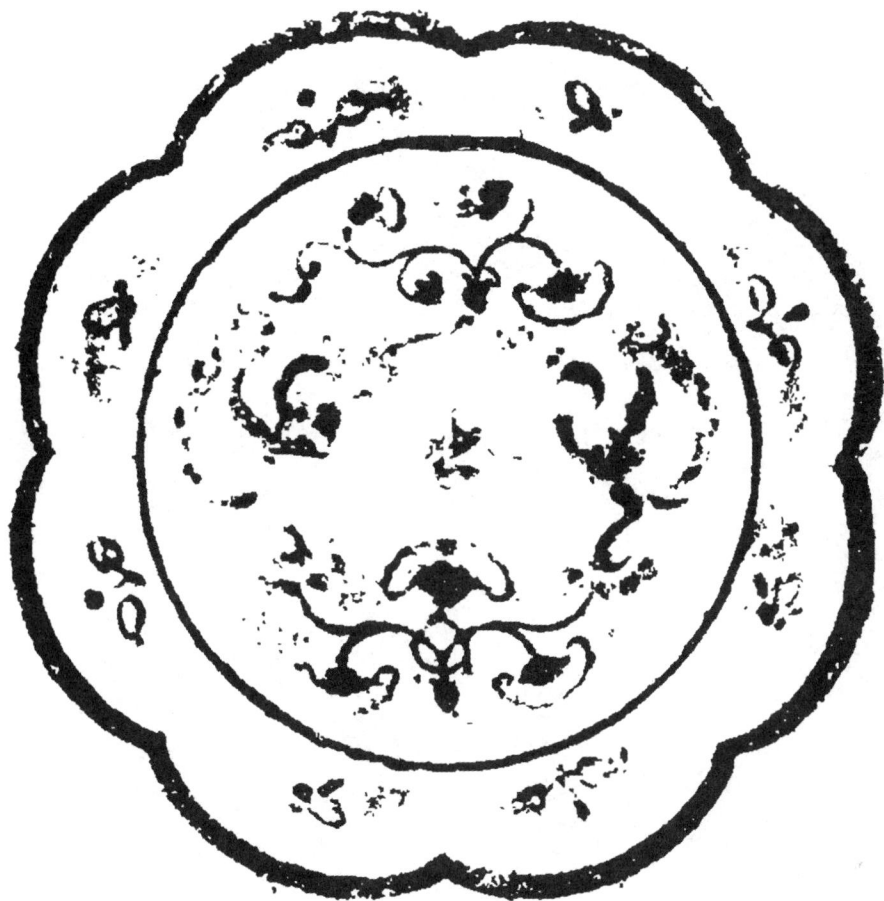

4.113 双鸾花卉镜

八出葵花形。圆钮。钮左右各一鸾鸟，钮上下饰不同形态的花枝。边缘八瓣
中应为花枝蛱蝶相间环列。直径 12.3 厘米。河南三门峡唐玄宗天宝元年（742）墓
出土。《三门峡市两座唐墓发掘简报》图二三（《华夏考古》1989 年 3 期 108 页）。

4.114 孔雀莲花镜

八出葵花形。圆钮。两只孔雀夹钮相对，立于莲荷上，花冠飘垂，振翅翔尾，开屏。钮上下各有一株花枝，形态各异，但均为两片花叶托起一朵盛开的重叠花瓣，绽露花蕊。八瓣中各一株花叶纹。直径 23.3 厘米。《上海博物馆藏青铜镜》图 75。

4.115 孔雀花卉镜

　　八出葵花形。圆钮。二孔雀栖立，夹钮相对。钮上花枝中心一"卍"字符，钮下花枝花瓣盛开。陕西西安唐玄宗开元二十一年（733）墓出土，为此类镜的流行时代提供了考古出土资料。《西安南郊唐代张夫人墓发掘简报》图六（《文博》2013年1期15页）。

4.116 双鸾二花镜

　　八出葵花形。圆钮。双鸾夹钮相对，足踏花枝，口衔绶带。钮上下一株花枝，形态不同。边缘八瓣内花枝环列。直径 24.4 厘米。《馆藏铜镜选辑（五）》图 70（《中国历史博物馆馆刊》1994 年 1 期 121 页）。

4.117 千秋双鸾屋宇镜

八出葵花形。圆钮。双鸾夹钮相对，口衔花叶，脚踏花枝。钮上屋宇树木，钮下一汪池水，二人泛舟。边缘八瓣中流云方胜相间环列，方胜中分别有"千"、"秋"铭。直径25厘米。河南洛阳出土。此镜纹饰组合极少见。《洛镜铜华——洛阳铜镜发现与研究》252页图220。

4.118 双鸾禽鸟花枝镜

　　八出葵花形。圆钮。双鸾夹钮相对，脚踏花枝。钮上二飞雀相对，口衔绶带，两条绶带合为一体，方胜顶端立一花瓣。钮下花枝流云。直径 25.1 厘米。《中国古代铜镜》128 页图 190。

4.119 双雀衔绶荷花镜

　　八出葵花形。圆钮。二鸟夹钮相对，展翅飞翔，各衔一绶带，两绶带从钮上伸展并纽结成菱形，顶角饰圆坠。钮下花枝一朵，叶片托起喇叭形花瓣。边缘八瓣内四折枝花与四蜂蝶相间环列。直径13.6厘米。《铜镜图案——湖南出土历代铜镜》132页图110，又见《铜镜图案》60页。

4.120 双鸾莲荷镜

　　八出葵花形。圆钮。双鸾夹钮相对栖立，曲颈展翅，绶带系颈。钮下一朵带叶荷花，叶上托举一朵盛开的莲蓬。飘拂的绶带及莲叶配置适宜。直径13.5厘米。唐玄宗开元十年（722）墓出土。《偃师杏园唐墓》75页图70。

4.121 双鸾衔绶镜

　　八瓣菱花形。圆钮。钮下双鸾夹钮相对，曲颈振翅、尾部长覆羽向上翘起，共衔一长绶带。绶带双翼结，桃形环套小圆环，小环下系有链坠。两股绶带与鸾尾一样向上飘举。钮上配置折枝花、仙山流云。边缘八瓣内四只蛱蝶及四朵流云相间环列。直径 15 厘米。《旅顺博物馆藏铜镜》114 页图 102。此类镜浙江义乌、江苏扬州、河南南阳均有出土，尺寸也差不多。此类镜讲究对称，但不拘泥于均匀，双鸾尾部夸张并不觉造作。

4.122 双鹊月宫盘龙镜

　　八出葵花形。圆钮。钮左右各一鹊相对，展翅长尾，口衔长绶带，向着钮上方月宫飞翔。月宫中一株桂树，两侧分别为跳跃的蟾蜍和玉兔杵臼捣药。钮下一盘龙腾飞于波涛汹涌的海面上。盘龙曲颈盘身，前肢伸张，一后肢微曲，一后肢与尾部相交结，龙两侧各有一朵云纹。素缘。《旅顺博物馆藏铜镜》117 页图 105。陕西西安唐墓出土一面铜镜，与此镜形制、纹饰相同。直径 15 厘米。

4.123 双鹤月宫盘龙镜

八出葵花形。圆钮。钮两侧各一飞鹤衔绶，钮上二朵浮云托月，月中有桂树及玉兔臼、蟾蜍。钮下一龙跃出海面，腾飞于两云朵之间。素缘。直径 17 厘米。唐德宗兴元元年（784）夫妇合葬墓出土。《洛阳 16 工区 76 号唐墓清理简报》图二（《文物参考资料》1956 年 5 期 42 页）。又见《洛阳出土铜镜》图 120。

4.124 双鹊月宫盘龙镜

　　八出葵花形。圆钮。钮两侧各一飞鹤衔绶,钮上月宫中有桂树、玉兔杵臼、蟾蜍跳跃。钮下一龙跃出海面,腾飞于两云朵之间。素缘。直径 20 厘米。《中国古代铜镜》131 页图 194。

4.125 双鸾镜

　　六出葵花形。圆钮。双鸾同向绕钮，双翅扇起，拖着细长的尾羽，羽翅挺劲。各衔一长绶带，绶带中间打成花结，两端有链珠。素缘。直径 13.5 厘米。河南偃师唐代宗大历十三年（778）墓出土。《偃师杏园唐墓》143 页图 134.2。1956 年陕西西安唐天宝四年（745）墓出土镜，直径 14.1 厘米（《陕西省出土铜镜》141 页图 131），为此类镜的流行年代提供了较多的考古出土资料。

4.126 双鸾镜

圆形。圆钮。双鸾同向绕钮，振翅飞舞，回首顾盼，尾羽回环蜿蜒，舒展大方。素缘。直径 22 厘米。此镜鸾鸟造型是唐代鸾鸟镜中最为高雅端庄、清丽非凡的，镜的形制亦非此类镜中流行的菱花形、葵花形而采用圆形。河南洛阳唐武宗会昌三年（843）墓出土。《偃师杏园唐墓》215 页图 206。

4.127 双鸾镜

　　亚字形。圆钮，花瓣钮座。双鸾同向绕钮环列，展翅起舞，尾后伸出飘拂飞动的枝叶，造型少见。素缘。直径 16.9 厘米。河南洛阳唐墓出土。《洛镜铜华——洛阳铜镜发现与研究》257 页图 226。

4.128 双鸾镜

　　圆形。圆钮。双鸾同向环钮相望，展翅飞舞，尾羽呈枝叶形。连珠纹圈带外素缘。直径 8.8 厘米。河南偃师唐武宗会昌五年（845）墓出土。《河南偃师唐墓发掘报告》图二〇（《华夏考古》1995 年 1 期 27 页）。

4.129 双鸾镜

　　圆形。圆钮。双鸾同向环钮，展翅飞舞，尾羽呈针叶形枝叶纹。素缘。直径25 厘米。湖南长沙唐墓出土。《楚风汉韵——长沙市博物馆藏镜》166 页图 124。

花枝镜

4.130 灵山簇六团花镜

　　圆形。圆钮。连珠纹钮座。内区环绕六朵团花，六瓣喇叭形花瓣及卷叶纹，规矩整齐，精美细腻，团花之间衬以卷草及图案化的花卉纹，此类花卉又称为"簇六宝相花"。外区铭文为："灵山孕宝，神使观炉。形圆晓月，光清夜珠。玉台□世，红妆应图。千娇集影，百福来扶。"两圈连珠纹缘。直径 17.6 厘米。河南洛阳出土。《洛阳出土铜镜》图 94。

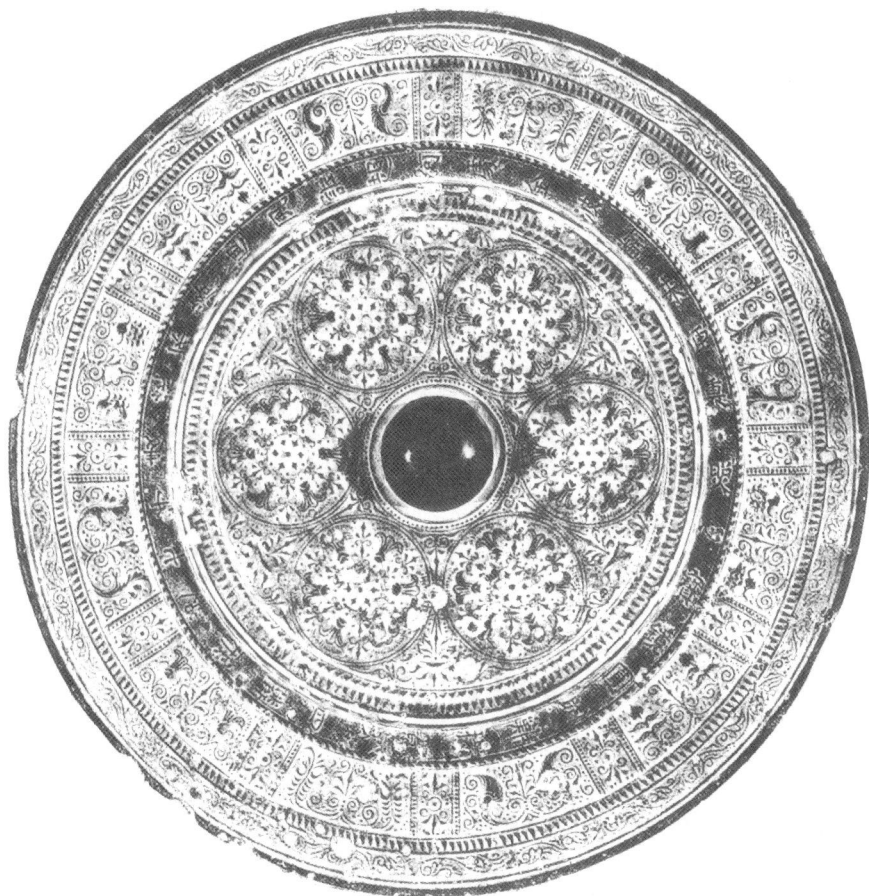

4.131 照心簇六团花镜

圆形。圆钮，连珠纹钮座。内区六朵团花绕钮环列，花蕊外饰六花瓣组成的图案，团花间以小花卉。中区铭文为："照心宝镜，圆明难拟。影入四邻，形超七子。凌花不落，回风诇起。何处金波，翻来匣里。"外区划分为大小十二格，小格内纹饰相同，大格图案两种各六组相间环列。忍冬纹缘。直径 23.7 厘米。此镜精纤雅致，工整清丽。《上海博物馆藏青铜镜》图 68。

4.132 四花四鹊镜

　　六出葵花形，弧度小。圆钮。四蛱蝶绕钮，其外四丛花枝及四喜鹊相间环列。此类纹饰习称"四喜穿花"或"鹊蝶穿花"。四花各两组，一组长宽条叶、一组叶片较小，叶上均托出盛开的花瓣，属写实性花卉。蜂蝶、喜鹊、朵花，一派祥和的氛围。素缘。直径 18.7 厘米。《扬州新出土的几面唐镜》图五（《文物》1986 年 4 期 92 页）。

4.133 四花四鸟镜

　　八出葵花形。圆钮。四株小折枝花绕钮配置，其外两种不同的花枝及四鸟相间环列。直径 18 厘米。《馆藏铜镜选辑（五）》图 65（《中国历史博物馆馆刊》1994 年 1 期 120 页）。

4.134 四花四鸟镜

　　八出葵花形。钮外四株花枝，二株叶片较多，另二株上端花瓣繁盛。花间二飞鸟、二蛱蝶。素缘。直径 19 厘米。《铜镜图案——湖南出土历代铜镜》135 页图 113，又见《铜镜图案》70 页。

4.135 四花镜

　　八出葵花形。弧度较平，圆钮。内区四株折枝花绕钮，其外四株叶茂花盛的大花枝，分为两种不同的形态，间以四组蝶恋花。外区四花枝与四蜂蝶相间环列。此镜多层花枝而且富于变化，整个图纹更近于写生花卉，自然真切，是唐代最繁盛的花枝镜型。直径21.5厘米。《铜镜图案——湖南出土历代铜镜》136页图114，又见《铜镜图案》71页。

4.136 四花镜

圆形。圆钮,花瓣钮座。以钮为中心配置两种不同形态的花枝四株,点缀蝶恋花。素缘。直径 23.1 厘米。河南洛阳唐墓出土。《洛镜铜华——洛阳铜镜发现与研究》275 页图 246。

4.137 四花镜

　　圆形。圆钮，花瓣钮座。以钮为中心配置两种不同形态的花枝四株，花叶宽大。素缘。直径 20.3 厘米。河南洛阳唐墓出土。《洛镜铜华——洛阳铜镜发现与研究》274 页图 245。

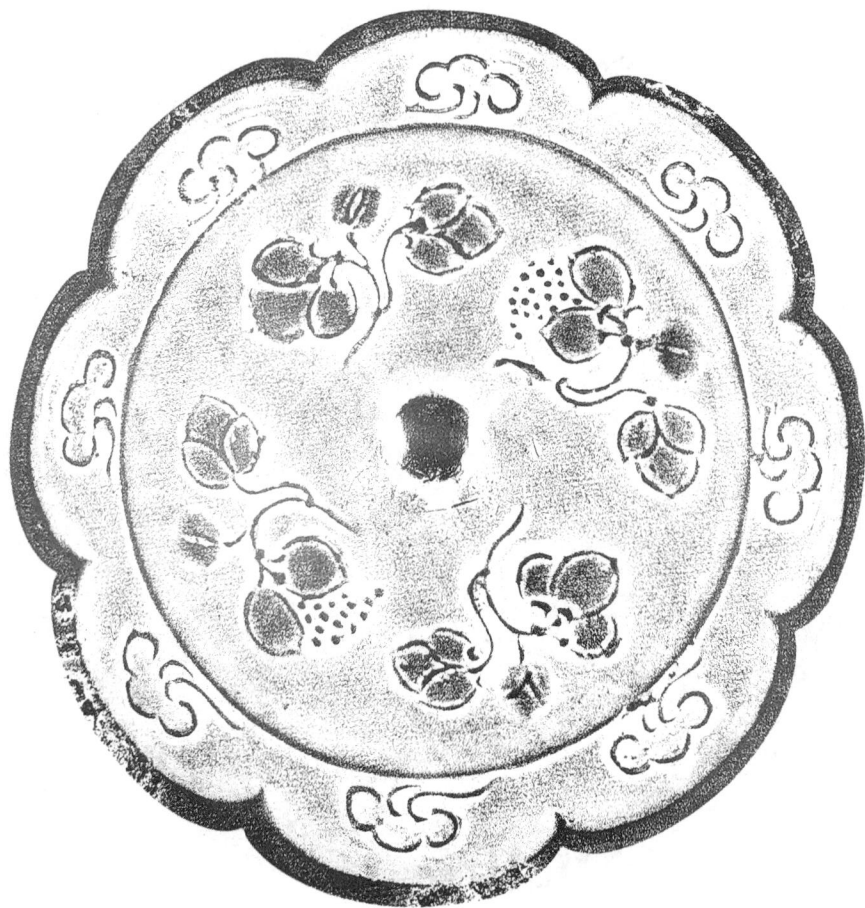

4.138 四花镜

　　八出葵花形。圆钮。四株花卉均匀配置在钮四周，其中两株花苞绽裂露出花蕊。边缘八瓣中饰八朵流云纹。直径 13.2 厘米。《净月澄华——辽宁省博物馆藏古代铜镜》204 页。河南洛阳出土镜与此镜相同，直径 12.7 厘米（《洛阳出土铜镜》图150）。

4.139 四花镜

　　八出葵花形。圆钮。钮外四种不同的大花枝，均并蒂分为叶瓣和花苞，叶瓣中亦有小花苞。大小四花苞或含苞未放，或蓓蕾绽开。此类花卉又称为"交枝四花"，花繁艳丽，雍容大度。素缘。直径 18.6 厘米。河北平山出土。《历代铜镜纹饰》145 页。陕西西安唐墓出土镜与此相同，直径 18.6 厘米（《陕西省出土铜镜》161 页）。

4.140 六花镜

　　圆形。圆钮。钮外三鸟三小花枝相间环绕。其外六株大花枝，分为两种各三组，一种枝顶绽葩吐芬，花头向荣，另一种鲜花展瓣，错纵掩映。花枝间蜂蝶蹁跹，一派繁盛艳丽的景象。流云、蜂蝶纹缘。直径 25.8 厘米。湖南华容出土。《唐代花枝铜镜》(《文物》1986 年 9 期 41 页)。

4.141 六花镜

　　圆形。花瓣座。座外三鸟与三株花枝环列，其外六株花枝，分为两种不同的
形态。花形基本上同前湖南华容出土镜。素缘。浙江淳安唐墓出土。《浙江淳安古
墓发掘》图七（《考古》1959 年 9 期 468 页）。

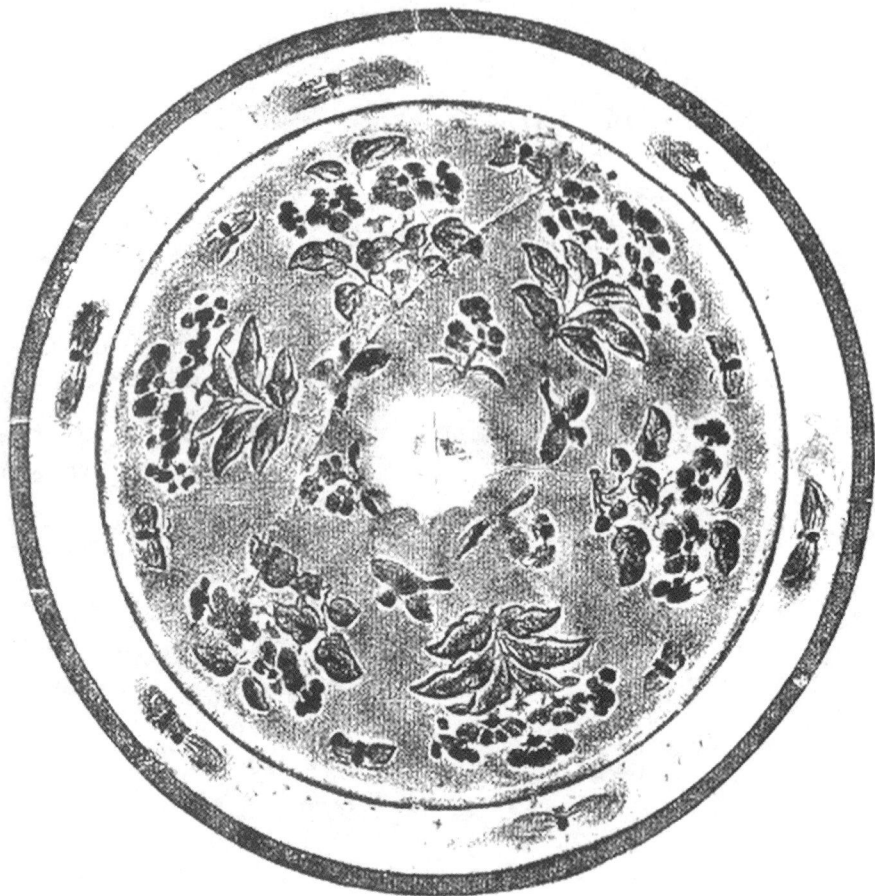

4.142 六花禽鸟镜

圆形。圆钮。内区三鸟与三株折枝花相间绕钮，其外两种不同形态的花枝六株相间环列，其间装饰蝶恋花。外区环绕六只蛱蝶。直径 25 厘米。湖南望城唐墓出土。《楚风汉韵——长沙市博物馆藏镜》163 页图 121。

4.143 六花镜

　　圆形。圆钮。钮外小花枝围绕成圈，圈外一周连珠纹。其外环绕六株交枝花，花繁叶茂，顶端花瓣盛开，其中四株枝花形态较一致，花枝间有蛱蝶纹。直径22厘米。《小校经阁金文拓本》卷十七 10A。

4.144 六花镜

　　圆形。圆钮。圆钮座向外伸出六朵花苞，围以连珠纹圈带。其外两种不同形态的花枝相间环列。素缘。直径 18.4 厘米。《净月澄华——辽宁省博物馆藏古代铜镜》208 页。河南郑州唐德宗贞元十三年（797）墓出土镜与此镜相同（《郑州地区发现的几座唐墓》图一一，《文物》1995 年 5 期 27 页）。

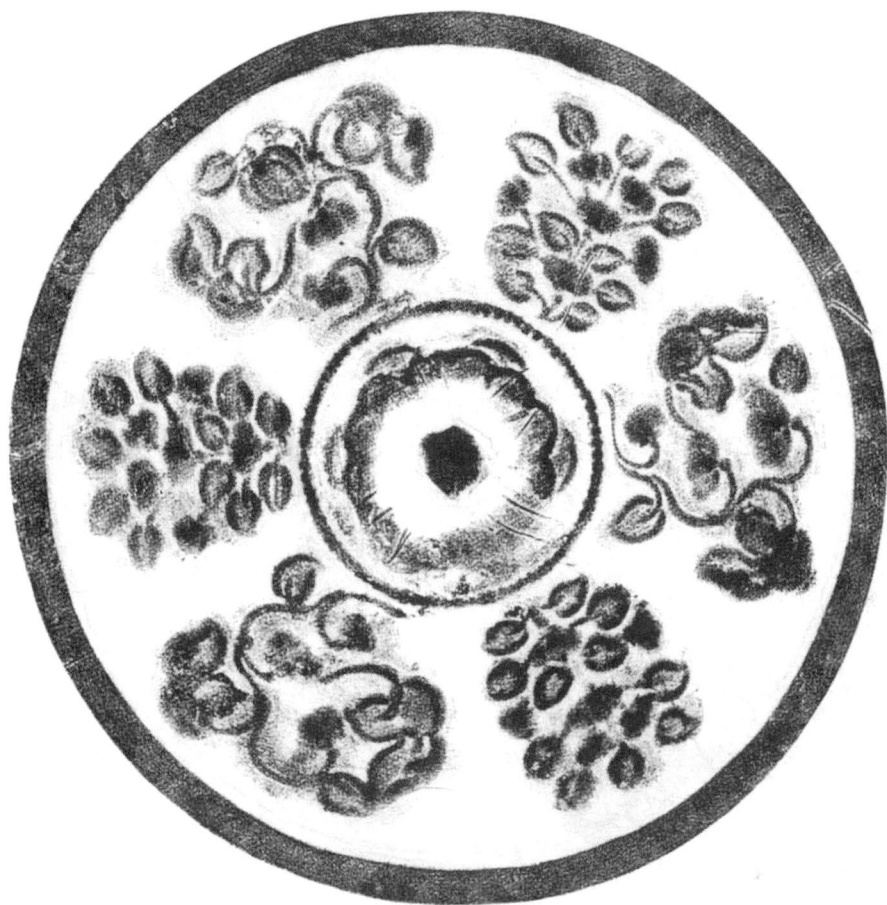

4.145 六花镜

圆形。圆钮，围以花瓣纹。圈带外两种不同形态的六株花枝相间环绕。素缘。直径 19 厘米。河南洛阳唐墓出土。《洛镜铜华——洛阳铜镜发现与研究》276页图 247。

4.146 六花镜

　　六出葵花形，钮外连珠纹圈带。其外环绕不同形态的六株花枝，其中一株叶片为披针形，与其他五株宽叶不同，突破了唐代六花镜两种花形各三株的配置。素缘。直径 15.2 厘米。湖南长沙出土。《铜镜图案——湖南出土历代铜镜》134 页图 112。

4.147 八花镜

    八出葵花形。圆钮,两种不同形状的花蕾各四朵相间绕钮。连珠纹圈带两种不同形状的花枝八株相间环列。一种花叶丛中花瓣重叠,枝头三朵花;一种花朵开在枝叶中。此类花卉又称"草花纹"。素缘。直径 22.8 厘米。《清质·昭明》114页。河南平顶山唐玄宗天宝十三年(754)墓出土镜与此镜类似(《河南平顶山苗候唐墓发掘简报》图二,《考古与文物》1982 年 3 期 28 页)

4.148 八花镜

　　八出葵花形。圆钮。两种不同形状的花蕾各四朵相间绕钮。连珠纹圈带外两种不同形状的花枝八株相间环列，一种花叶丛中花瓣重叠，枝头三朵花；一种花朵开在枝叶中。素缘。直径21.5厘米。河北邢台唐文宗大（太）和五年（831）墓出土。《河北邢台市唐墓的清理》图三〇（《考古》2004年5期52页）。

4.149 缠枝莲花镜

八出葵花形。圆钮，八瓣莲花钮座，围以连珠纹圈带。其外蔓枝相连，蔓枝上生出花叶、花苞及花瓣，四朵盛开的莲花瓣间以四片宽大的叶纹，雍容华丽。此类纹样又称"缠枝宝相花"。素缘。直径 22 厘米。《介绍馆藏铜镜》图三(《文博》1989 年 2 期 89 页)。

4.150 缠枝莲花镜

　　八出葵花形。圆钮，八瓣莲花钮座，围以连珠纹圈带。其外蔓枝相连，蔓枝上生出花叶、花苞及花瓣，四朵盛开的莲花瓣间以四片宽大的叶纹。素缘。直径26.5 厘米。《清质·昭明》116 页。

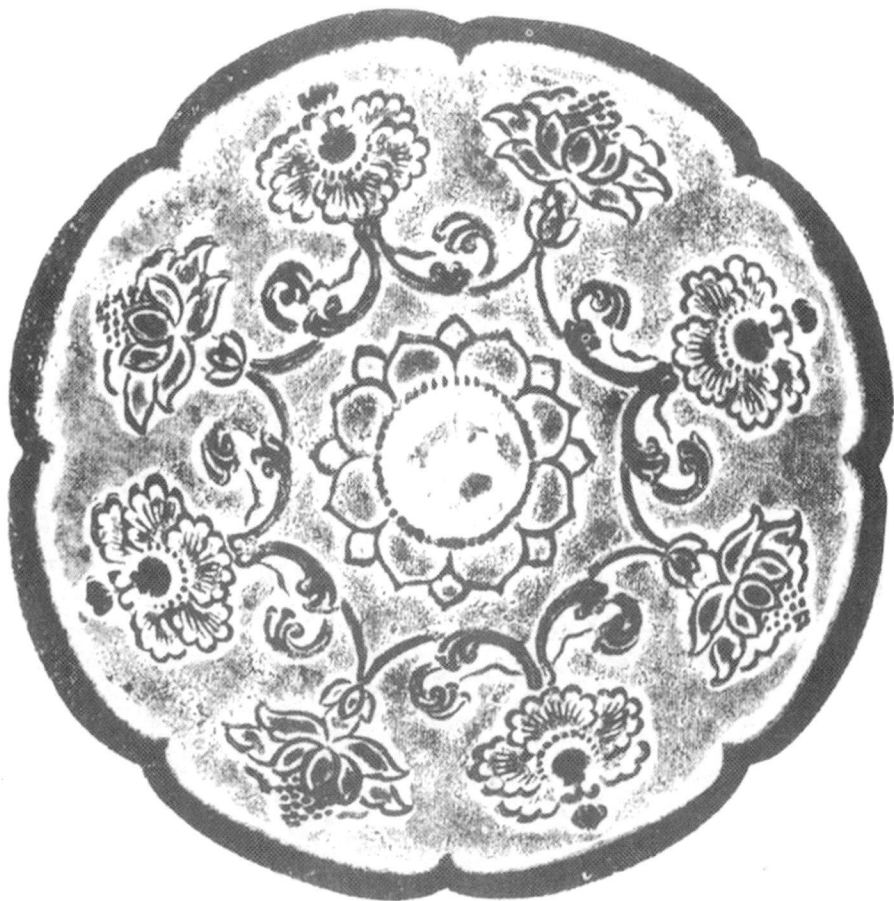

4.151 缠枝宝相花镜

    八出葵花形。圆钮，花瓣钮座。以花瓣为中心，花枝连接的八连弧顶端，两种不同的花卉相间环绕，构成了一朵高雅端庄的宝相花。直径 18.8 厘米。《中国古代铜镜》143 页图 213。

4.152 缠枝葡萄镜

圆形。圆钮，八花瓣钮座。内区环绕五串葡萄枝蔓，外区一周缠枝花。点线纹缘。直径 9.4 厘米。江苏扬州唐墓出土。《扬州近年发现唐墓》图八（《考古》1990年 9 期 836 页）。

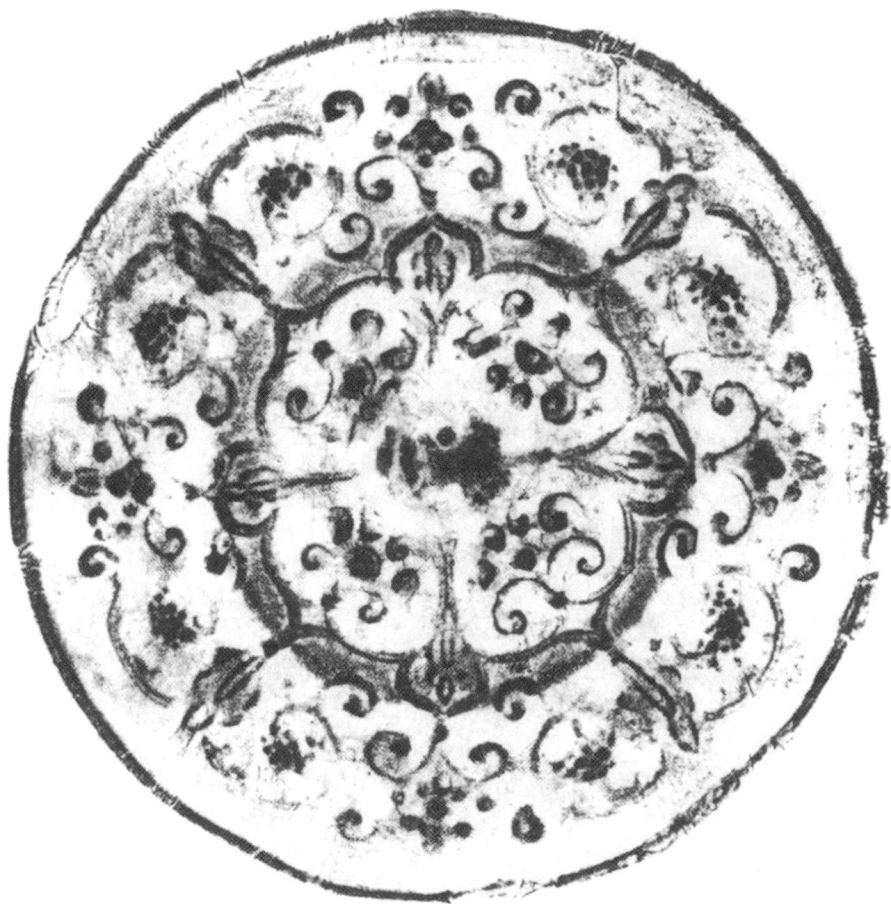

4.153 缠枝宝相花镜

    圆形。兽钮。菱花形枝蔓分为内外二区，内区十字形区划间各配置一花枝。外区由菱花形角端伸出的四组花枝和四叶相间环列，又构成了米字形八区，每区饰一串葡萄枝蔓。一朵充满异域风格的宝相花，疏密协调，错落自然。素缘。直径 7 厘米。河北定县出土。《历代铜镜纹饰》109 页。

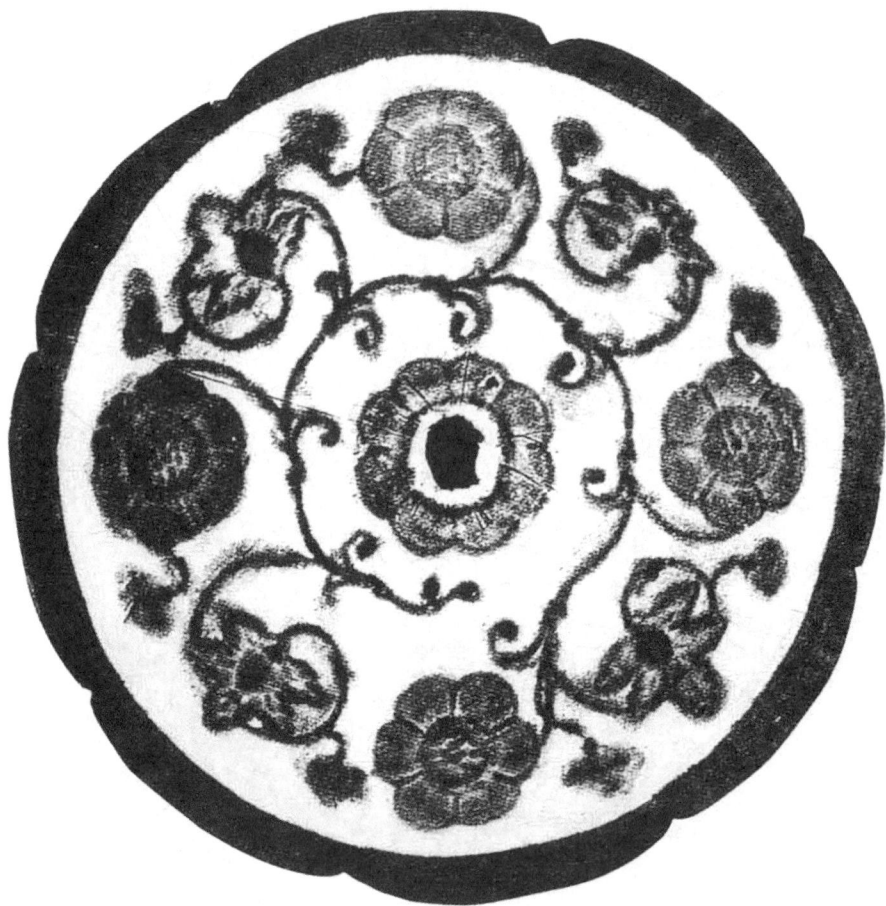

4.154 缠枝宝相花镜

　　八出葵花形。圆钮，花瓣钮座。缠枝串联的两种不同花卉相间回旋，轻逸灵动。素缘。直径 23.5 厘米。河南洛阳唐墓出土。《洛镜铜华——洛阳铜镜发现与研究》270 页图 239。

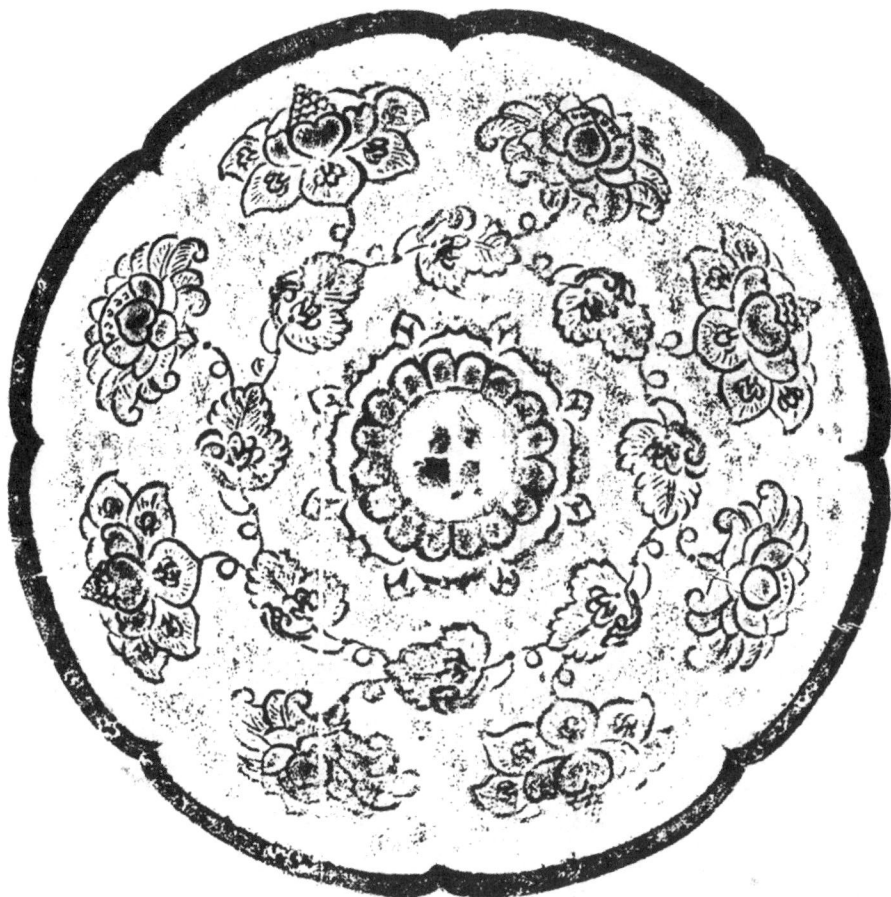

4.155 缠绕宝相花镜

八出葵花形。圆钮，莲瓣钮座，座外围以八菱花形并伸出八叶片。其外枝叶连接环绕成圈，并向外放射出两种不同的大花八朵，相间环列。素缘。《小校经阁金文拓本》卷十七 11A。

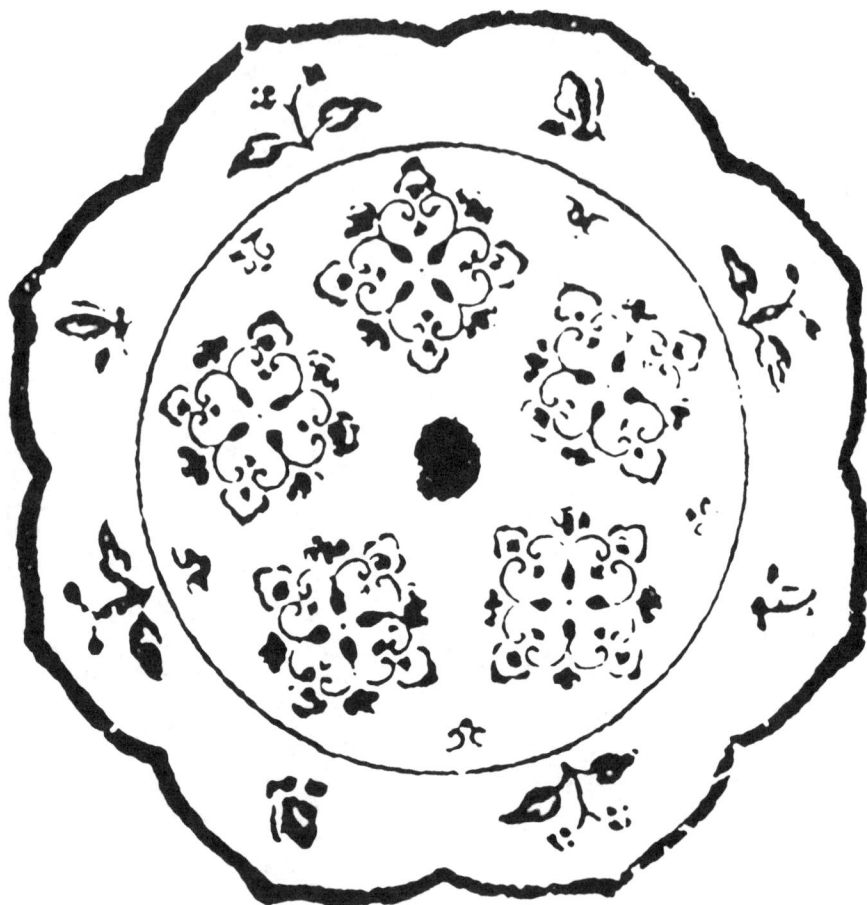

4.156 散点式宝相花镜

　　八瓣菱花形。圆钮。钮外环列五朵菱形宝相花，花心对生四片花瓣，由此形成对称的重瓣，间以五朵小花。边缘八瓣内飞蝶及四折枝花相间环绕。《小檀栾室镜影》卷六 19A。

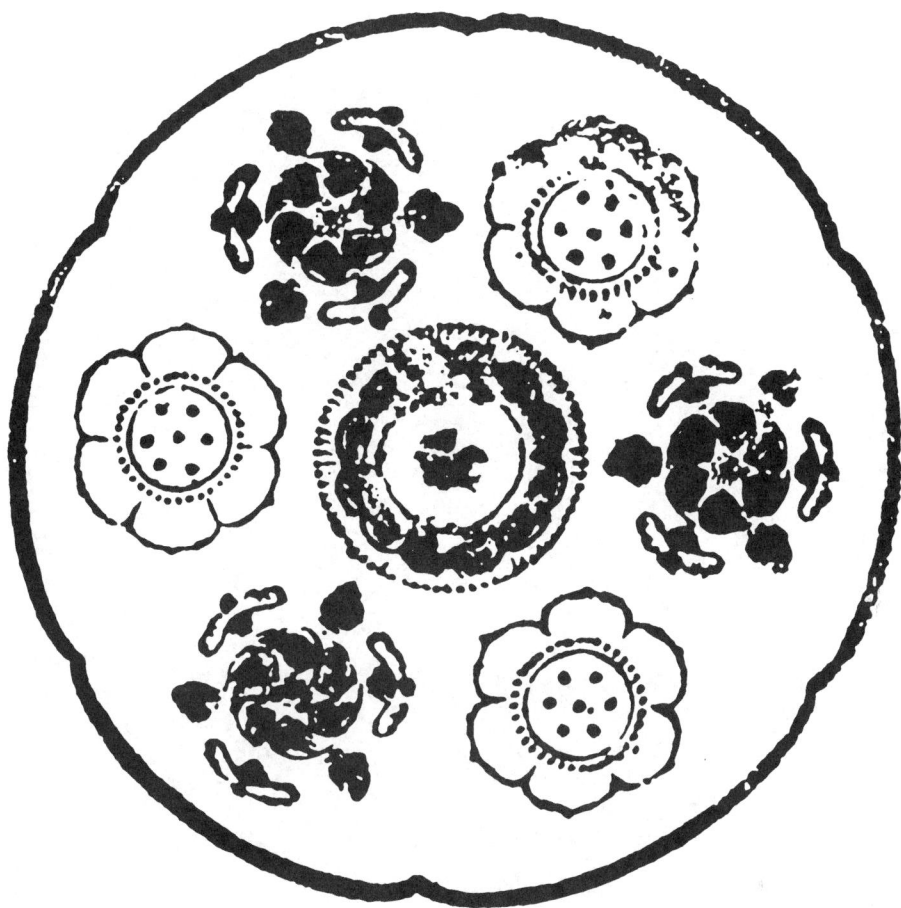

4.157 散点式宝相花镜

　　六出葵花形。圆钮，围以圆花瓣。其外两种不同纹饰的花卉各三朵相间环绕。一种为六瓣莲花，一种为旋转式六叶组成的花瓣，外围三叶片及三弧形瓣，似一朵绽葩吐芬的花卉。素缘。直径 17.3 厘米。《小檀栾室镜影》卷六 18A。

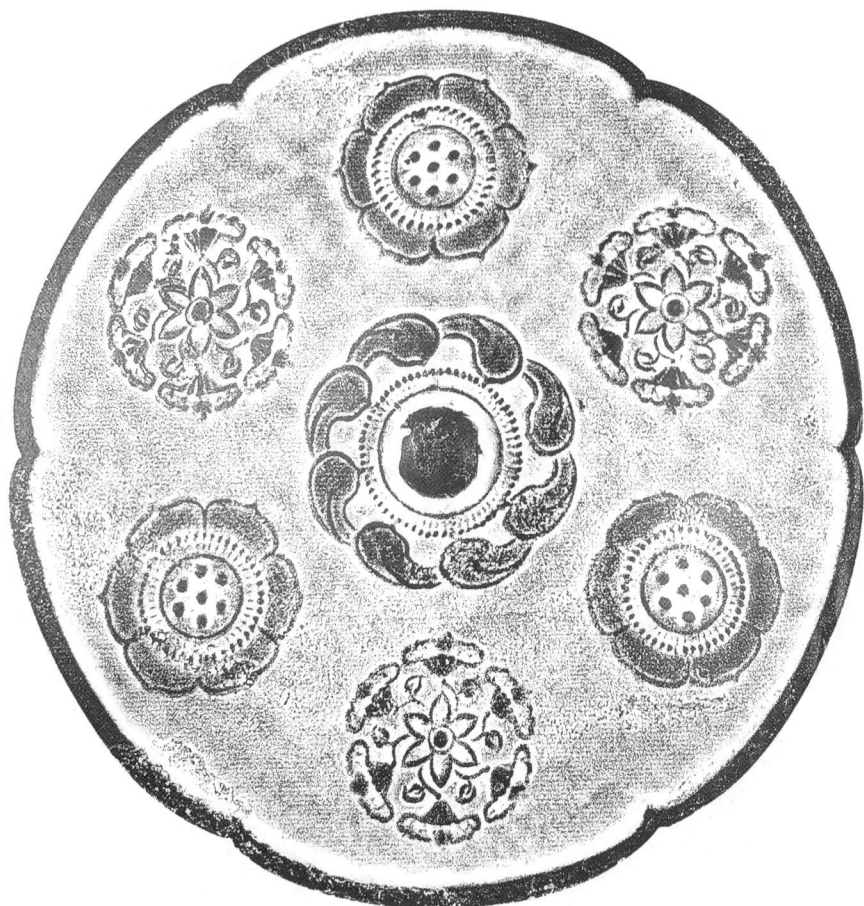

4.158 六簇宝相花镜

　　六出葵花形。圆钮，围以花蕊及旋绕花瓣组成的花朵。其外两种不同形态的宝相花相间环列，一种似莲花，另一种以钮瓣花为中心放射出六朵小荷。六簇宝相堂皇妍丽，镜心花瓣旋转自如。直径21厘米。《净月澄华——辽宁省博物馆藏古代铜镜》214页。

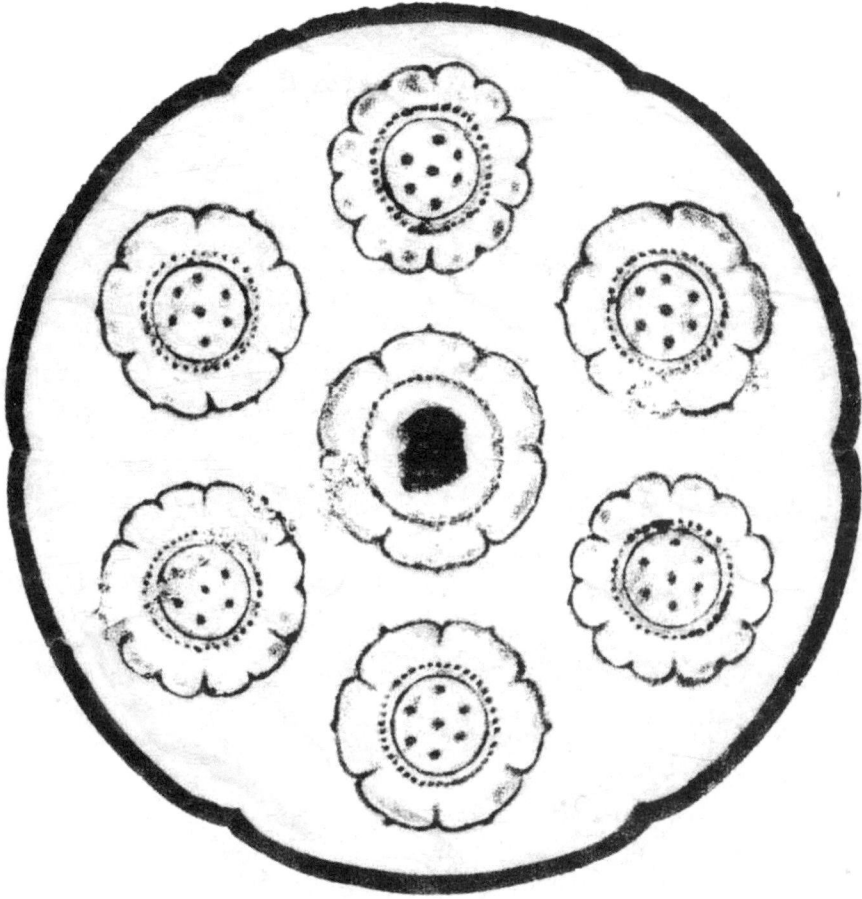

4.159 六簇宝相花镜

六出葵花形。圆钮，花瓣钮座。两种形态稍异的六簇宝相花相间环绕。素缘。
直径19厘米。河南洛阳伊川墓葬出土。《洛镜铜华——洛阳铜镜发现与研究》273
页图244。

4.160 宝相花镜

　　八瓣菱花形。圆钮，围以内向八连弧花瓣。其外八朵宝相花环列，四瓣花蕊，围以八花瓣，其间有"田青"铭文。小花叶纹缘。直径15厘米。《馆藏铜镜选辑（五）》图90（《中国历史博物馆馆刊》1994年1期124页）。

4.161 放射式宝相花镜

　　八瓣菱花形。圆钮。八个两端卷曲的 C 形花苞绕钮一周，形成一个内向八连弧形枝蔓。C 形瓣与外围的八个桃形瓣交错配置，环列一周，共同构成一朵盛开的宝相花。镜缘八瓣中折枝花与蜂蝶相间环绕。直径 12.1 厘米。《郑州市博物馆收藏的几面古代铜镜》图六（《中原文物》1987 年 1 期 96 页）。

4.162 宝相花镜

　　圆形。圆钮。以钮为中心，八株花枝相连构成一朵八瓣菱花形宝相花，花朵边与镜边同形，内外契合，整个镜背成为两重瓣的八棱宝相花形。直径 9.3 厘米。《旅顺博物馆藏铜镜》125 页图 113。

神仙人物故事镜

4.163 二飞仙镜

    八出葵花形。圆钮。钮两侧云彩上各一飞仙，头戴宝冠，披帛下垂，天衣飘举，各抬一手共持一物。镜上方四道横线中崇山峻岭，祥云缭绕，铜镜中如此细密地刻画出山峰还是很少有的。钮下亦有重岩叠嶂的山峰，峰顶上有一株枝叶繁茂的大树。直径 24.3 厘米。河南洛阳出土。《洛镜铜华——洛阳铜镜发现与研究》261 页图 230。

4.164 二飞仙镜

　　形制、纹饰同前河南洛阳出土镜，直径 25.3 厘米。陕西西安唐玄宗天宝四年（745）墓出土，为此类镜流行时代提供了考古出土资料。《西安韩森寨唐墓清理记》图三（《考古通讯》1957 年 5 期 61 页）。

4.165 二仙二鸾镜

八瓣菱花形。钮外二飞仙、二鸾凤与流云、花枝相间环列。飞仙披帛飘起，手捧花盘或花枝。边缘八瓣内花叶与蝶恋花相间配置。直径 14 厘米。《中国古代铜镜》148 页图 220。

4.166 二仙骑山岳镜

　　八瓣菱花形。圆钮。二仙各骑一兽，同向绕钮。瑞兽张开四肢凌空飞翔，仙人背后飘带舒卷，神情怡然，间以重岩叠嶂的山峰，峰两侧飘浮着流云，表示仙山祥云。八瓣边缘中仅有两处饰以流云纹，其他为素面。直径 11.8 厘米。《旅顺博物馆藏铜镜》134 页图 122。

4.167 四仙骑镜

　　八出葵花形。圆钮。四仙人骑兽跨鹤，同向绕钮，腾空飞翔。仙人头戴冠，披帛飘拂。花枝蜂蝶纹缘。直径 11.8 厘米。河南南阳唐墓出土。此类镜是唐代流行的铜镜，出土和传世品不少。《南阳出土铜镜》92 页图二二五。

4.168 四仙骑镜

　　八瓣菱花形。圆钮。钮外四仙乘鸟骑兽同向绕钮，一仙人乘仙鹤，一仙人乘
鸾凤，另二仙人骑兽，其间有四朵流云。边缘八瓣中四只蜂蝶和四株折枝花相间
环列。直径 11 厘米。湖北郧县唐玄宗开元十二年（724）墓出土。《湖北郧县唐李
徽、阎婉墓发掘简报》图十四（《文物》1987 年 8 期 38 页）。

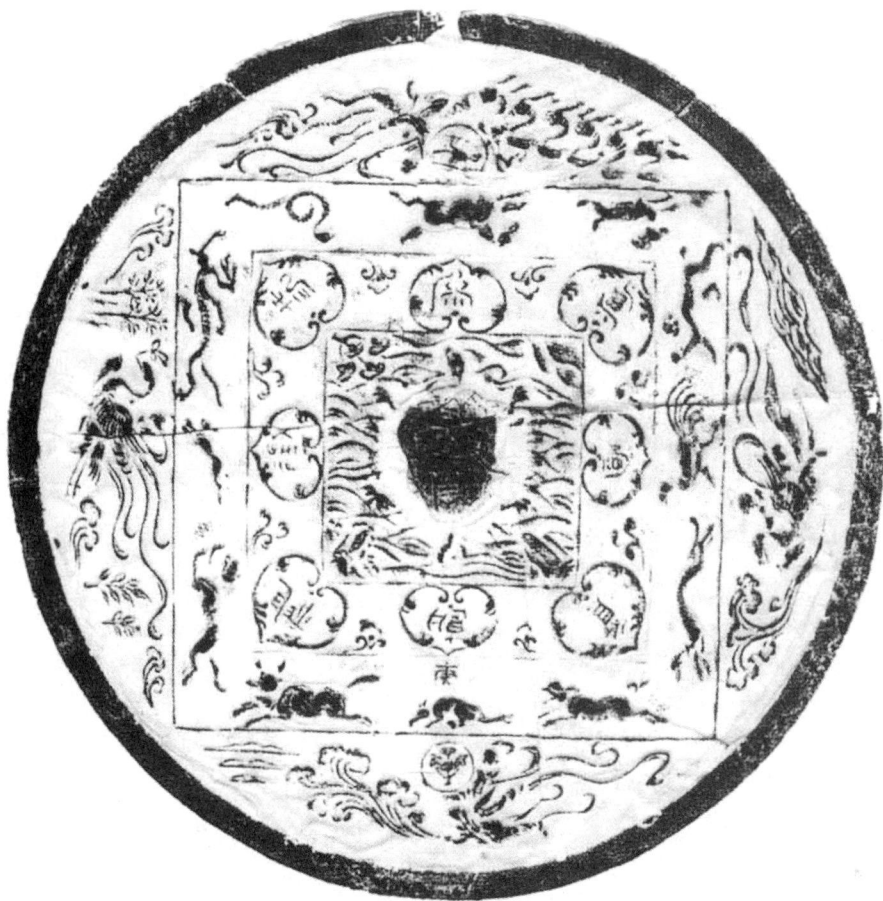

4.169 十二生肖飞仙镜

圆形。龟钮。钮外三重方格环绕，内方格有水波纹，四角装饰山岳和花枝。中方格内八桃形纹与流云纹相间配置，桃形瓣内各一字，合为："物为真澄，质朗神徵。"外方格间环列十二生肖。方格外四区内各配置一飞仙，四飞仙腾云驾雾，披帛飘举。一飞仙驾六龙，手举圆日，日中金乌；一飞仙手捧圆月，月中蟾蜍；另二飞仙乘禽鸟上。素缘。直径 17.7 厘米。《洛镜铜华——洛阳铜镜发现与研究》262 页图 231。

4.170 十二生肖飞仙镜

　　八出葵花形。圆钮。钮外二方格，内方格水波涟漪，外方格环列十二生肖。其外四区内各一乘云的飞仙，飞仙帔巾飘起，其中二飞仙持有圆状物，象征日和月。窄素缘。直径 14.6 厘米。湖南沅江出土。《铜镜图案——湖南出土历代铜镜》155 页图 134。

4.171 月宫镜

　　圆形。枝干钮。镜中部一株大树，曲干枝干，三裂叶片。右侧仙女飞舞，戴冠，衣带卷曲飘拂。双手高举，左手托盘，盘内有桂子桂叶，身下方蟾蜍跳跃。树左侧白兔直立，往容器中筑杵，身后一朵流云。纹饰当是表现月宫中嫦娥振袖起舞，白兔筑杵捣药，蟾蜍跳跃，桂花盛开的内容。直径 13.9 厘米。浙江江山县出土。《浙江出土铜镜》120 页。

4.172 月宫镜

　　圆形。枝干钮。主题纹饰基本上同前浙江江山出土镜。大树枝疏叶稀，嫦娥
在树一侧飞舞，另一侧为白兔与蟾蜍。《善斋吉金录》卷三。

4.173 月官镜

八瓣菱花形。龟钮。钮左上方为凌空升腾的嫦娥，舞态蹁跹，帔带飘举，左手擎有"大吉"铭文的方牌。右手托一果盘，盘内盛桂子桂叶。钮右上方有桂树。钮下正中水池，榜题"水"字，两侧分别为白兔杵臼捣药、蟾蜍跳跃和两朵流云。边缘八瓣中四朵流云及四组蜂蝶采花相间环列。直径19厘米。《上海博物馆藏青铜镜》图91。

4.174 月宫镜

　　菱花形。桂树树干中部盘曲成镜钮，上端各分枝大叶茂盛。树一侧仙女腾空飞舞，双手上举，一手捧物，披帛飘起。另一侧白兔杵臼捣药，其下蟾蜍跳跃。边缘八瓣内各饰一朵流云。直径 14.8 厘米。《上海博物馆藏青铜镜》图 90。

4.175 真子飞霜镜

　　八出葵花形。圆钮。钮左高士披衣坐狱，置琴于膝前。身后有四竹三笋，身前有几，几上放置笔、笔插、多足圆砚及书卷等物。钮右凤鸟振翅翘尾舞于石上，其上有二棵树。钮上田字格中有"真子飞霜"铭文。其上为山云衔半月，亦称为云山日（月）出。下方为石山水池，水波涟漪，伸出一截弯曲的荷柄。素缘。直径18.5厘米。《上海博物馆藏青铜镜》图88。

4.176 真子飞霜镜

八出葵花形。龟钮。纹饰布局与一般真子飞霜镜不同，高士抚琴于钮右，凤鸟起舞于钮左。钮上"真子飞霜"田字格铭文及云山日（月）出。钮下石山水池，生长的荷叶上趴伏灵龟，即龟钮。素缘。直径 23.5 厘米。浙江宁海文管会藏镜与此镜相同，直径 24 厘米（《浙江出土铜镜》修订本彩版 64）。湖北武汉唐墓出土（《武汉晚报》2009 年 7 月 31 日）。张清文《真子飞霜镜研究》附图 10.1，陕西师范大学 2013 年硕士学位论文。

4.177 真子飞霜镜

　　八出葵花形。龟钮。钮左高士抚琴，右为鸾鸟起舞，上为飞鹊及云山日（月）出，下为池水山石及荷叶，叶中灵龟。素缘。直径 16.3 厘米。江西德安出土。《九江出土铜镜》69 页下图。

4.178 真子飞霜铭带镜

　　八出葵花形。主题纹饰基本上同前列《上海博物馆藏青铜镜》图88。钮上方有"真子飞霜"田格铭，镜缘铭文为："凤凰双镜南金装，阴阳各为配，日月恒相会，白玉芙蓉匣，翠羽琼瑶带，同心人心相亲，照心照胆保千春。"素缘。直径24厘米。《浙江出土铜镜》修订本彩版图65。

4.179 真子飞霜铭带镜

八出葵花形。主题纹饰和镜缘铭文基本上同前列《浙江出土铜镜》修订本彩版图 65，但钮上方无"真子飞霜"铭，而与江西德安出土镜相似，饰一只飞鹊。直径 18.3 厘米。湖南衡阳墓葬出土。《湖南衡阳市发现唐代凤凰双镜》图一(《考古》1992 年 11 期 1054 页)。

4.180 真子飞霜铭带镜

　　八出葵花形。主题纹饰和镜缘铭文基本上同前列浙江和湖南衡阳出土镜，但钮上方既没有"真子飞霜"铭，也无飞鹊，多了几朵流云。直径21.7厘米。《上海博物馆藏青铜镜》图87。湖南常德出土镜与此镜相同，直径21.4厘米（《常德地区收集的孙吴和唐代铜镜》图四，《文物》1986年4期91页）。可见，真子飞霜镜主题纹饰内容虽然相同，但布局、纹饰和铭文则多有变化。

4.181 真子飞霜镜

弧线四边形。荷叶钮座。主题纹饰和构图与前列真子飞霜镜基本相同，但田格中"真子飞霜"铭不像其他镜字体规整，镜形也不同，边缘较宽。直径 17 厘米。陕西西安出土。《西安市文管会收藏的几件珍贵文物》图三（《考古与文物》1984 年 4 期）。

4.182 王子乔吹笙引凤镜

八弧葵花形。圆钮。钮上修竹一丛，下为山峦重叠，钮左一人头戴冠，着长衫，端坐吹笙，钮右一凤展翅翘尾，闻声而至。直径12.9厘米。河南洛阳出土。据《列仙传》卷上记载："王子乔者，周灵王太子晋也，好吹笙作凤凰鸣。"此镜吹笙引凤者当为王子乔。《洛镜铜华——洛阳铜镜发现与研究》260页图229。

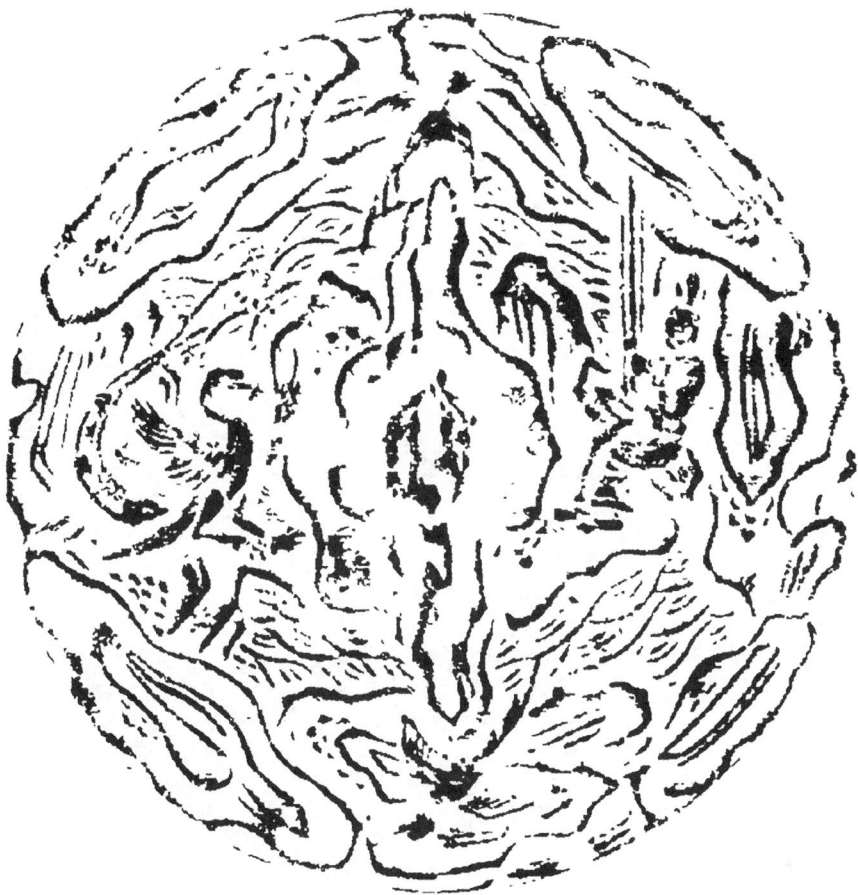

4.183 王子乔吹笙引凤镜

　　圆形。山形钮。整个镜背以钮为中心刻画五岳山峦，海浪翻腾。钮右一人坐在礁石上吹笙，戴冠，着窄袖长衣，钮左一鸾凤展翅起舞，头向吹笙者。钮上下还有一只展翅飞翔的禽鸟。直径 12.2 厘米。《馆藏铜镜选辑（五）》图 98（《中国历史博物馆馆刊》1994 年 1 期 126 页）。

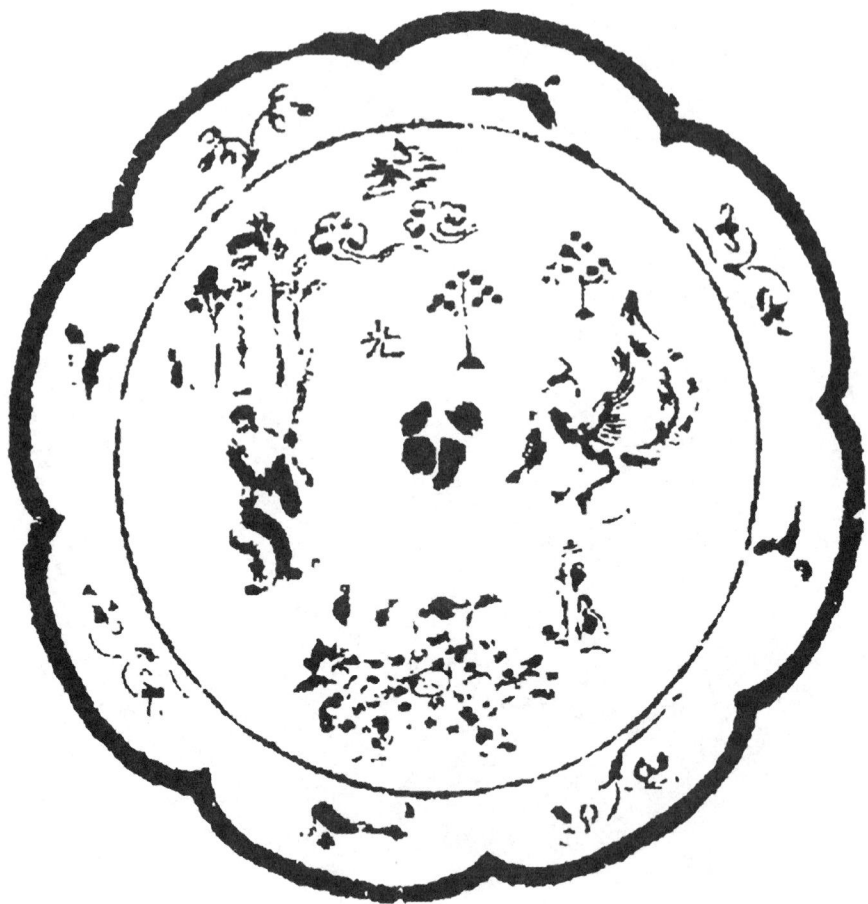

4.184 王子乔吹笙引凤镜

八出葵花形。圆钮。镜背上方分布着流云、树木及"光"字铭文。钮两侧一人吹笙，一鸾起舞，下方饰仙山池水荷花。边缘八瓣内飞鸟花叶相间环列。直径18厘米。《山东邹城古代铜镜选粹》图六（《文物》1997 年 7 期 66 页）。

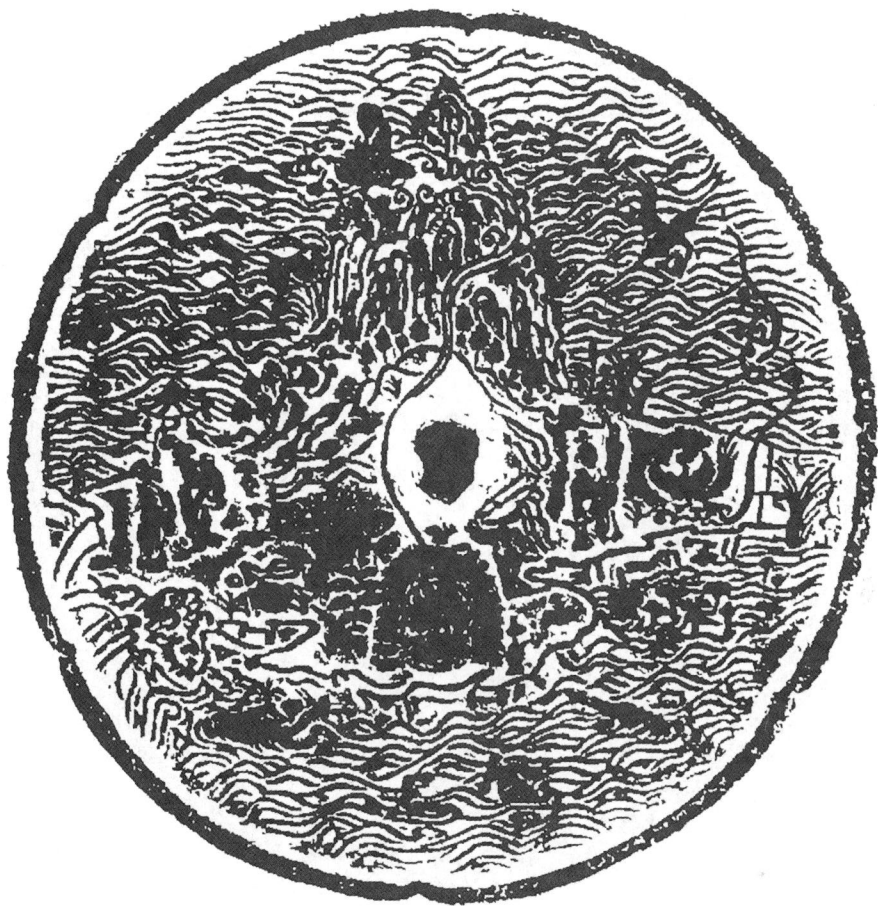

4.185 王子乔吹笙引凤镜

　　六出葵花形。山形钮。以钮为中心，镜背满饰山水纹，山水间配置多组图纹，描述了不同的传说故事。其中钮左为王子乔吹笙引凤纹，王子乔站立吹笙，鸾凤展翅起舞。直径22厘米。河南三门峡唐宪宗元和四年（809）墓出土。《河南三门峡市印染厂唐墓清理简报》图二.1（《华夏考古》2002年1期13页）。

4.186 三乐镜

八出葵花形，圆钮。钮上方有一长方框，内有铭文九字，分三行书，自左至右为："孔夫子问曰答荣启奇。"钮左侧一人头戴冠，着宽袖长袍，左手抬起前指，右手持杖。为儒者形象，应为孔子。钮右侧一人戴冠着裘，左手执琴，头部微侧。似隐士形象，当为荣启奇。钮下一棵柳树，枝叶下垂。素缘。直径 18.5 厘米。陕西西安盛唐时期墓出土。《西安郊区隋唐墓》72 页图三七 .2。《列子·天瑞》："孔子问曰：'先生所以乐，何也？'（荣启期）对曰：'吾乐甚多：天生万物，唯人为贵。而吾得为人，是一乐也。男女之别，男尊女卑，故以男为贵。吾既得为男矣，是二乐也。人生有不见日月、不免襁褓者，吾既已行年九十矣，是三乐也。'"这应是"三乐"名称的来源。

4.187 马毬镜

　　八瓣菱花形。圆钮。钮外为骑马打毬。马上四名骑士作出不同的姿势，有的高举鞠杖，奋力抢球；有的俯身向前，鞠杖向下；有的策马回身，鞠杖击球。骏马或腾或止，均生机勃勃，再现了当时打马球的紧张激烈场面。四马之间间以折枝花，马侧有小山。边缘为四株折枝花和四只蜂蝶。直径 18.5 厘米。江苏扬州邗江出土。《扬州出土的唐代铜镜》图九(《文物》1979 年 7 期 56 页)。又见《中国古代体育文物图集》136 页图 86。

4.188 马毬镜

　　形制纹饰同前扬州邗江出土镜，直径 18.8 厘米。河南洛阳伊川唐墓出土。《洛阳伊川大庄唐墓（M3）发掘简报》图一三（《文物》2005 年 8 期 51 页）。

4.189 二骑狩猎镜

　　八瓣菱花形。圆钮。钮外二人骑马狩猎，马背的鞍鞯饰物清晰可辨。二猎者一持长矛、一持弓箭追逐二兽，一兽似奔鹿，一兽直立，空间点缀流云、花叶。边缘八瓣内折枝花与蛱蝶相间环绕。直径 12.5 厘米。河南偃师唐墓出土。《偃师杏园唐墓》74 页图 69。

4.190 二骑狩猎镜

　　八瓣菱花形。圆钮。钮外二骑马猎手与二山、二兽相间环绕。一猎人挥绳索欲套奔兔,另一猎人持弓箭欲射杀奔鹿,空间点缀二朵流云。边缘八瓣内花枝纹。直径 11.8 厘米。《故宫藏镜》90 页。

4.191 四骑狩猎镜

　　八瓣菱花形。圆钮。以镜钮为中心,四株大树及四座山峰相间环绕。其外四猎人骑在马上,同向奔驰,猎人形态各异:或手持长矛,逼向直立的怪兽;或左手持弓,右手作取箭姿势;或回首向后,满弓待发,瞄准奔跑的兔子;或勒缰持物,马前后有奔逃的鹿及野猪。蜻蜓、蜂蝶及折枝花草补空。镜缘八瓣中折枝花和蝶恋花各八组相间环列。直径29厘米。河南扶沟出土。《唐代图案集》48页。又见《中国青铜器全集》第16卷160页图一五七。

4.192 四骑狩猎镜

　　八瓣菱花形。伏兽钮。钮外围以四小山和花草。四骑手猎装紧身，其中二骑一执矛、一执弓，合猎一熊，弓手马前有一鹿逃奔。另二骑，一执弯钩逐兔，一满弓射鹿。其间点缀花草。边缘八瓣内朵云、蜂蝶、花枝环绕。《上海博物馆藏青铜镜》图 93。

4.193 许由巢父故事镜

　　亚字形。圆钮。钮右一人坐地，两手摊开，一手前指，榜题"许由洗耳"；钮左一人一手前指，一手牵牛，榜题"巢父饮牛"，两人似在对话。榜题间一丛树冠，牛下方河水流淌。素缘。边长 18.6 厘米。湖南长沙晚唐墓出土。此镜纹饰形象地展现了中国历史上许由洗耳、曹父饮牛的传说。《楚风汉韵——长沙市博物馆藏镜》193 页图 146。

龙纹镜

4.194 云龙镜

　　八出葵花形。圆钮。一龙呈 C 形绕钮盘曲，张口吐舌向钮作夺珠状，背鳍、腹甲、鳞片、肘毛均刻画细密，二前肢伸张，一后肢与尾纠结。龙身四周环绕四朵如意云头纹。素缘。陕西西安唐墓出土镜与此镜纹饰基本相同。直径 15.8 厘米（《陕西省出土铜镜》图 147）。《小校经阁金文拓本》卷十七 36B 上。

4.195 云龙镜

　　八出葵花形。圆钮。一龙绕钮盘曲，头向钮，四肢伸张，一后肢与尾纠结。多朵流云环列于近缘部。灵秀美妙的多朵流云连成一片是此镜最大的特点。直径31.2厘米。《馆藏铜镜选辑（五）》图104（《中国历史博物馆馆刊》1994年1期127页）。

4.196 云龙镜

　　八出葵花形。圆钮。一龙绕钮盘曲于四朵流云间，龙头向钮，侧于龙颈，张开的口中还现出扭曲的龙颈，更显示盘龙气韵生动。边缘八瓣内，有四种不同纹饰各二组：长尾鹊、短尾鸟、蜂蝶、蜻蜓均飞向折枝花。《小校经阁金文拓本》卷十七 36A。

4.197 千秋云龙镜

八出葵花形。圆钮。龙身躯呈 C 形绕钮盘曲，飞腾于三朵流云间。龙头背向
镜钮，结构清晰，张口吐舌，背鳍、腹甲、鳞片、肘毛刻画精细。二前肢伸张，
一后肢与尾部纠结。边缘八瓣内流云、方胜、荷叶、菊花各两组相间环列，菊花
瓣花心中各一字，合为"千秋"。直径 26.1 厘米。陕西西安唐墓出土。《中国古代
铜镜》135 页图 200，又见《陕西省出土铜镜》156 页。

4.198 盘龙镜

圆形。圆钮。龙绕钮盘曲，头向钮，一前肢与后肢及尾紧贴镜缘环绕成圆圈。素缘。直径 15.6 厘米。湖南长沙墓葬出土。此镜盘龙是唐代龙纹镜中少见的龙的形态。《楚风汉韵——长沙市博物馆藏镜》165 页图 123。

4.199 云龙镜

八出菱花形。圆钮。一龙绕钮盘旋，飞腾于流云间，头向镜缘，四肢伸张，卷尾。边缘八瓣内流云、蛱蝶、花枝相间环列。直径 20.8 厘米。河南洛阳出土。《洛镜铜华——洛阳铜镜发现与研究》265 页图 234。

4.200 云龙镜

　　八出葵花形。圆钮。龙的身躯在钮下盘曲于五朵流云间，龙首近镜缘，曲颈回首向着镜钮。四肢伸张，后肢不与龙尾纠结，此种造型避免龙身倾斜一方的态势。直径24厘米。河南偃师唐玄宗开元二十六年（738）夫妇合葬墓出土。为云龙镜流行时代提供了重要的考古出土资料。《偃师杏园唐墓》141页图131。

4.201 唐双龙镜

　　八出葵花形。圆钮。双龙隔钮相向，直立于流云间，曲颈，龙口微张，各举一前肢，共托一物，一后肢与尾相纠结。双龙虽缺乏单龙那种昂扬飞腾的气概，但从龙的形态看，应属唐代纹饰，唐龙纹镜中极少有以双龙为主题纹饰的。《铜镜图案》55 页。

4.202 四夔龙镜

  八出葵花形。圆钮。钮外以十字方式配置的锚状图形分割的四区内，各饰一夔龙，四龙曲颈回首，两两相望，口含圆珠。近缘一周连珠纹圈带。素缘。直径10.3厘米。河南偃师唐墓出土。《偃师杏园唐墓》143页图134.1。

4.203 交龙镜

圆形。圆钮。两周凸圈带分为三区，内区绚索纹绕钮，中区蟠虺纹，外区蟠龙纹。十二条龙龙头两两相对，躯体相交，正反相间环列。素缘。直径17.1厘米。河南洛阳出土。《洛镜铜华——洛阳铜镜发现与研究》266页图235。

特种工艺镜

4.204 金银平脱衔花镜

　　圆形。圆钮。双鸾同向绕钮，口衔花叶，展翅飞翔，尾羽扇开，鸾鸟头尾装饰二对石榴花枝。近缘一周连珠纹。直径 21 厘米。河南偃师唐大历十三年（778）墓出土。此镜的鸾鸟刻画细微，花叶及串珠用银箔、石榴用金箔制成，银箔片一般厚度 0.2～0.3 毫米。《偃师杏园唐墓》138 页图 127。

4.205 金银平脱三雁镜

　　圆形。圆钮。三只禽鸟绕钮，口衔花枝，同向飞翔，周围环列六只蛱蝶。缘内一周连珠纹。直径 16 厘米。河南偃师唐代宗大历十年（775）墓出土。《偃师杏园唐墓》136 页图 125.2。

4.206 金银平脱鸾凤花鸟镜

　　八出葵花形。圆钮。套环形圈带分为内外区。内区八花瓣与八朵花组成宝相花。外区四只鸾凤同向环绕，口衔长绶带，绶带结曲多变，大小环形并垂着套环。鸾凤间饰以成组枝叶纹，枝蔓上伸出花苞及花瓣。此镜充分利用了金银片的毛雕手法，图纹刻画精细形象，隽秀雅丽。直径 30.5 厘米。河南洛阳唐玄宗天宝九年（750）墓出土。《洛阳关林唐墓》图四（《考古》1980 年 4 期 383 页）。

4.207 金银平脱鸾鸟衔绶镜

　　圆形。圆钮。同心结纹圈带分为内外二区。内区三片莲叶纹及三朵花卉环列。外区饰四只鸾鸟，展翅飞翔，衔长绶带，间以菊花瓣。近缘处又饰一周同心结纹。鸾鸟绶带和同心结均用金箔制作，花叶纹都用银箔制作。直径 22.7 厘米。陕西西安出土。《千秋金鉴——陕西历史博物馆藏铜镜集成》449 页。

4.208 金银平脱羽人花鸟镜

八出葵花形。圆钮。围以重瓣花朵与四出石榴花叶，间以飞翔的禽鸟和蛱蝶。外环四种纹饰八组，两两相对。一为羽人，人首鸟身，有翼，花叶形尾，右手托盘，左手扬起，颈上有连珠项链，体态丰满，富丽典雅。一为鸾鸟，振翅飞翔，花叶形尾。另两种为形态稍有不同的花卉。此镜纹饰以金银箔交错制成，银光闪闪，金光熠熠，景象盈目。直径 36.2 厘米。河南郑州出土。《上海市文物保管委员会所藏的几面古镜介绍》(《文物参考资料》1957 年 8 期彩色插页)。

4.209 金银平脱天马鸾凤镜

　　圆形。圆钮，围以连枝花瓣。其外两只鸾凤和两匹天马相间环绕于缠枝花间，天马奋蹄疾驰，鸾凤展翅而立。花枝自由舒展，并生发出不同形状的花卉。鸾凤间又有四只姿态不同的禽鸟。连叶纹缘。直径30.1厘米。此镜鸾凤羽毛、天马皮毛细针密缕，风韵天成。《唐金银平脱天马鸾凤镜》图二（《文物》1966年1期50页）。

4.210 金银平脱花鸟镜

　　八出葵花形。花饰圆钮。镜心宝相花极为繁细，十个瓣两两对称，各伸出一个花蕾。其外十余只大小不同的禽鸟绕花飞翔，四只禽鸟口衔花枝，其他的禽鸟尾随飞行。八瓣弧中四鸾凤和四花枝相间环列，鸾凤口衔花叶，展翅翘尾，间以形态不同的小花枝。此镜花色妍丽，禽鸟生动，充分显示了金银平脱刻画细微、多姿多彩的特点。直径 28.5 厘米。日本奈良正仓院藏。《正仓院的宝物》58。

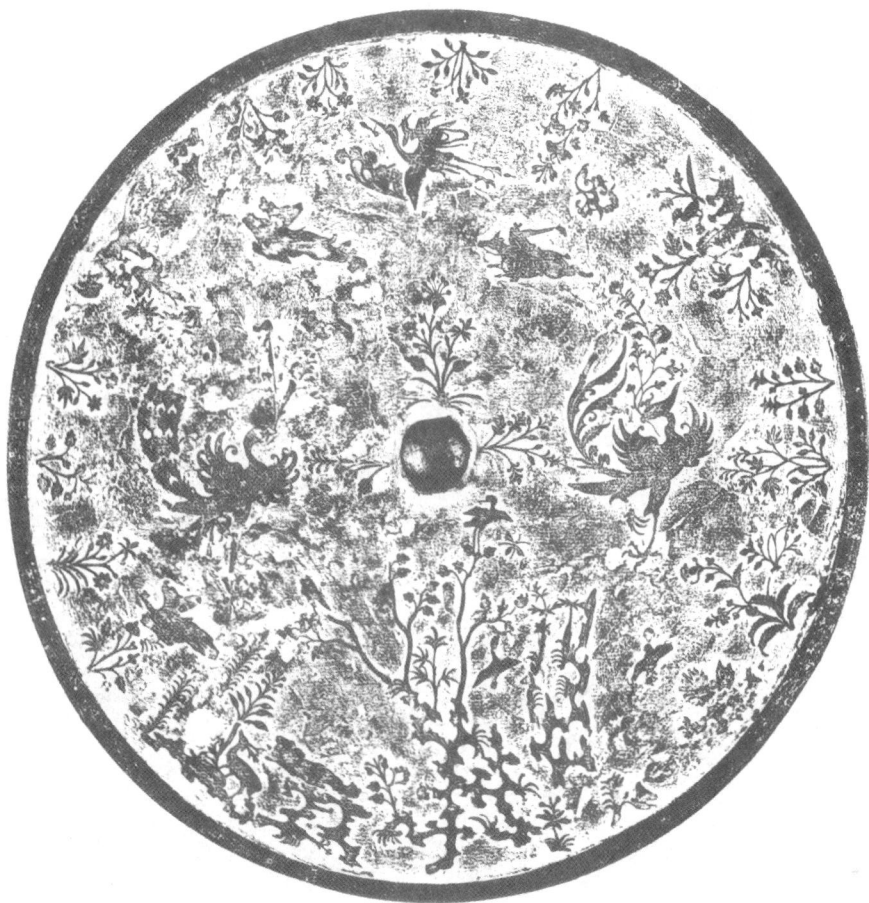

4.211 银平脱花鸟狩猎纹镜

圆形。圆钮。钮外配置三株不同形状的折枝花。一鸾鸟、一孔雀隔钮相向而立，均口衔花枝。钮上一兽逃窜，猎手策马急追，其上一仙人跨鹤飞翔于云中。钮下山石树木，禽鸟或栖或翔。近缘处环绕姿态各异的花枝十余种。直径 20.4 厘米。此镜整个纹饰茂密华丽，银花镂刻技巧高超。《上海博物馆藏青铜镜》图 79。

4.212 银壳鎏金鸾兽镜

　　六瓣菱花形。伏兽钮。镜背为银壳鎏金技艺，二兽二鸟相间环列于缠枝花叶间。素缘。直径 6.28 厘米。河南南阳唐墓出土。《南阳出土铜镜》93 页图二二六。河南偃师唐中宗神龙二年（706）墓（《偃师杏园唐墓》图版 34.3）、陕西西安唐玄宗开元六年（718）墓、开元二十年（732）墓（《隋至清中国纪年铜镜图典》1、191页）、开元二十一年（733）墓（《西安东郊唐韦美美墓发掘记》，《考古与文物》1992年 5 期）、开元二十四年（736）墓（《唐李倕墓发掘简报》，《考古与文物》2015 年 6期）、河南偃师开元二十六年（738）墓（《偃师杏园唐墓》139 页图 128.2）、河南洛阳唐文宗太和三年（829）墓（《洛阳市东明小区 C5M1542 唐墓》，《文物》2004 年 7期）都出土了与此镜相似的铜镜。

4.213 螺钿人物花鸟镜

　　圆形。圆钮。钮上方一花瓣盛开的花树，树梢一轮明月，树下蹲一猫，两侧各一鹦鹉。二人隔钮相向端坐，一人手持阮咸，一人手持酒盅，面前一鼎一壶，背后立一女侍，双手捧盒。钮下仙鹤、水池，水池旁和池内有嬉戏的鹦鹉。画面空间，错落地飞满了花瓣。直径 24 厘米。此镜人物刻画细致入微，构图满而不塞。河南洛阳唐德宗兴元元年（784）合葬墓出土。《洛阳 16 工区 76 号唐墓清理简报》彩图（《文物参考资料》1956 年 5 期 42 页）。

4.214 螺钿宝相花镜

　　八出葵花形。圆钮。连珠纹钮座。一周连珠纹圈分为内外二区，内区四花苞及四莲叶相间环绕。外区四朵大莲枝，中间为盛开的花瓣，两侧伸出花苞及繁茂的叶片。直径 27.4 厘米。日本正仓院藏。此镜整个镜背由玉石、青金石、贝壳、琥珀等组成花叶纹，不像金银平脱镜柔枝曲卷，而是叶片满铺。不同质地显示出的鲜艳色彩，令人眼花缭乱，充分发挥了螺钿技法善于表现装饰性、规整性的特点。《正仓院宝物》59。

宗教图纹镜

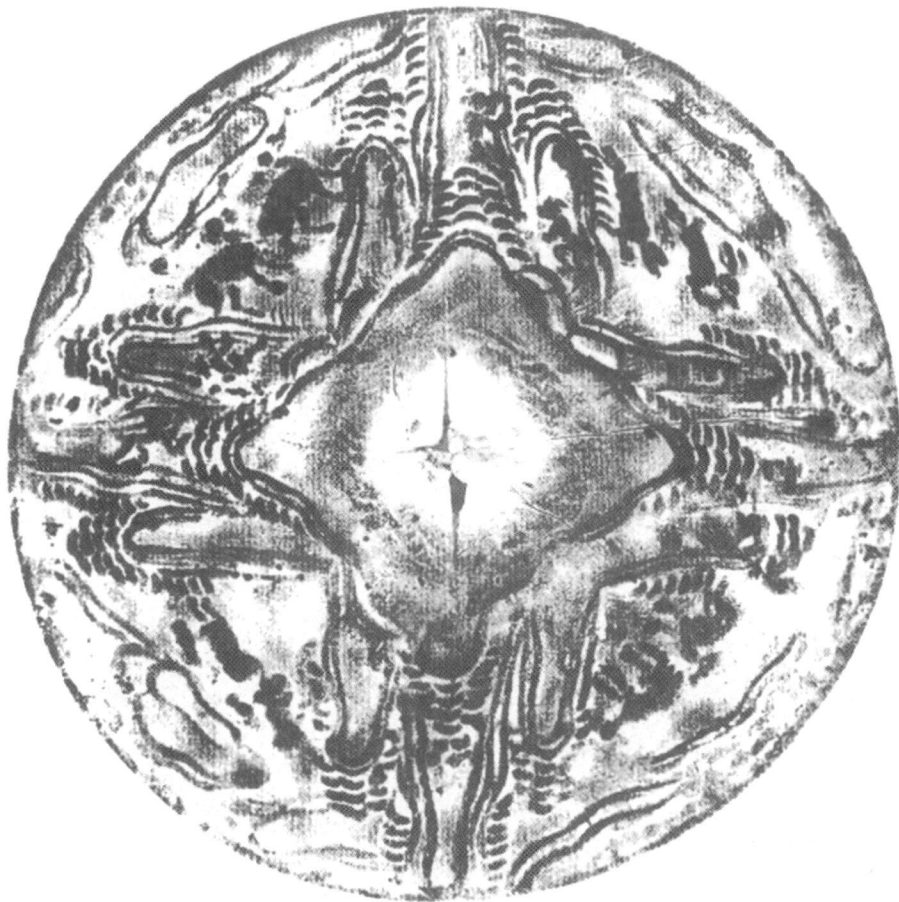

4.215 五岳真形图镜

　　圆形。圆钮，山形钮座。以钮为中心，五岳耸立，层峦叠嶂，树木葱茏，山岳划分的四区内各配置二兽。镜缘环绕水波纹。直径 17 厘米。《中国古代铜镜》156 页图 232。

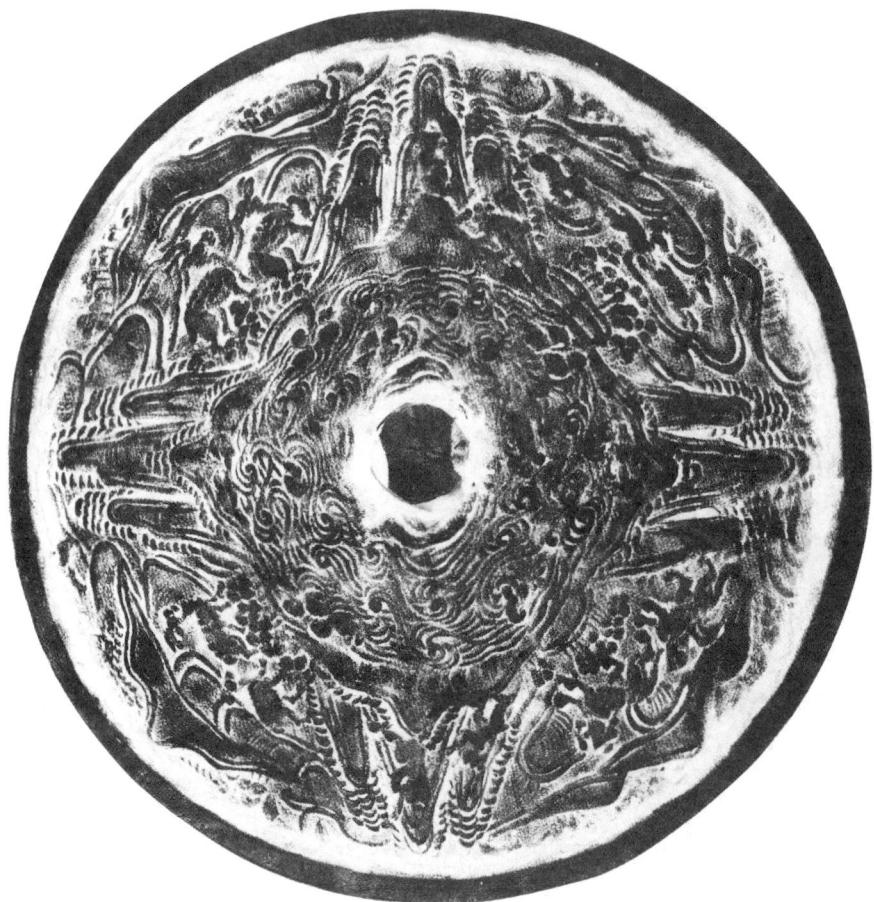

4.216 五岳真形图镜

　　圆形。圆钮，山形钮座，围以水波纹。其外耸立四座山岳与山形钮座象征五岳，山下饰不同形态的瑞兽。直径 24.8 厘米。河南洛阳唐墓出土。《洛镜铜华——洛阳铜镜发现与研究》282 页图 254。

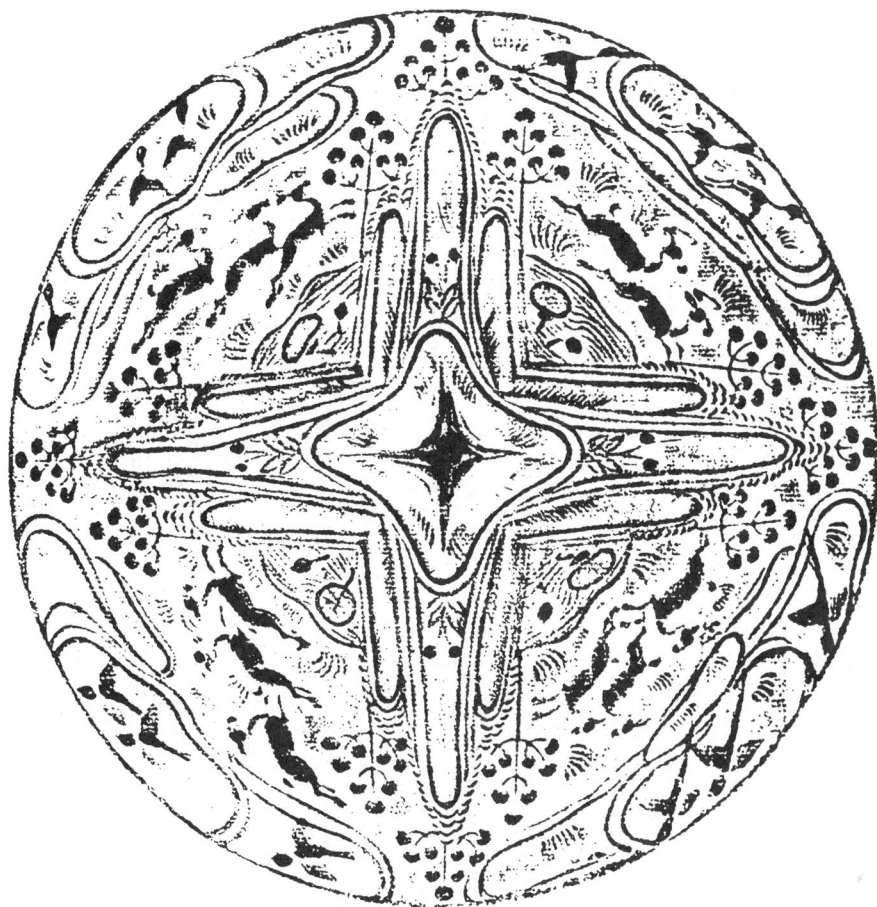

4.217 五岳真形图镜

　　纹饰布局基本同前《中国古代铜镜》图 232。山岳划分的四区内配置奔鹿，三区均为三只，另一区两只。四组水波纹上各有三只飞鸟。直径 20.2 厘米。此镜布局疏朗，纹饰更为精细。《中国古代铜镜》155 页图 231。

4.218 五岳真形图镜

　　方形。龟钮。纹饰基本同前《中国古代铜镜》图 231 山水纹镜，布局有所差别。四岳伸向方形四角，气势恢宏，四组水纹则配置在四岳之间，四只鸟或飞翔或栖立。边长 12.3 厘米。河南宜阳北宋瓷窑遗址出土。《洛镜铜华——洛阳出土铜镜发现与研究》284 页图 255。

4.219 八卦镜

　　四方委角形。小圆钮。钮外方折列八卦像，其外四边各四字篆体铭文，合为："水银阴精，辟邪卫灵。形神日照，保护长生。"素缘。直径 14 厘米。湖南长沙出土。《长沙容园两汉、六朝、隋、唐、宋墓清理简报》图十（《考古通讯》1958 年 5 期 16 页）。

4.220 四神十二生肖八卦镜

　　方形。圆钮。内区四神绕钮列四方，依方陈布，四方外设八卦卦象。中区环列十二生肖。外区二十四字铭文，周绕轮廓。边长 15.2 厘米。陕西西安唐墓出土。《西安东郊发现一座唐墓》图三（《考古》1991 年 3 期 288 页）。

4.221 十二生肖八卦镜

　　八瓣菱花形。伏兽钮，荷叶钮座。其外依次环列八卦和十二生肖。素缘。直径 15.2 厘米。《楚风汉韵——长沙市博物馆藏镜》188 页图 143。

4.222 上清含象镜

　　圆形。方钮。方形排列的八卦卦象划分为内外二区。内区连山纹及四方格，方格内铭文合为："天地含象，日月贞明，写规万物，洞鉴百灵。"卦象外三层水波纹。外区饰日、月、星辰及八朵流云，日中金乌，月中桂树。两圈细线纹缘。直径 16.5 厘米。此镜铭文、纹饰及布局与唐代著名高道司马承祯《上清含象剑鉴图》所述基本相符，如"外圆内方，取象天地"、"云分八卦"、"内置连山，以旌五岳"、"中列爻卦"、"其方周流为水，以泄四渎"等。《故宫藏镜》121 页。

4.223 上清含象镜

　　圆形。方钮。以钮为中心划分九格，四出田字格中各有四字铭文，合为："天地含象，日月贞明，写规万物，洞鉴百灵。"另四个格中各配置相同的山岳，与山岳钮表示五岳。方格外依次环列水波纹和八卦，最外为日月、星辰及八朵流云。弦纹缘。直径25厘米。《洛阳出土铜镜》图81。

4.224 上清含象镜

    八出葵花形。圆钮。钮外双鸾相向而立,展翅起舞。钮上三道弦纹圆圈内,中心一"镇"字,上下左右为日月星辰,外环八卦卦象。钮下方形格中内饰四连山,中心小方格中排列五个小方点,外环水波纹。外圈铭文为:"上圆下方,象于天地,中列八卦,备著阴阳,辰星镇定,日月贞明,周流为水,以名四渎,内置连山,以旌五岳。"直径 21.4 厘米。《旅顺博物馆藏铜镜》129 页图 117。

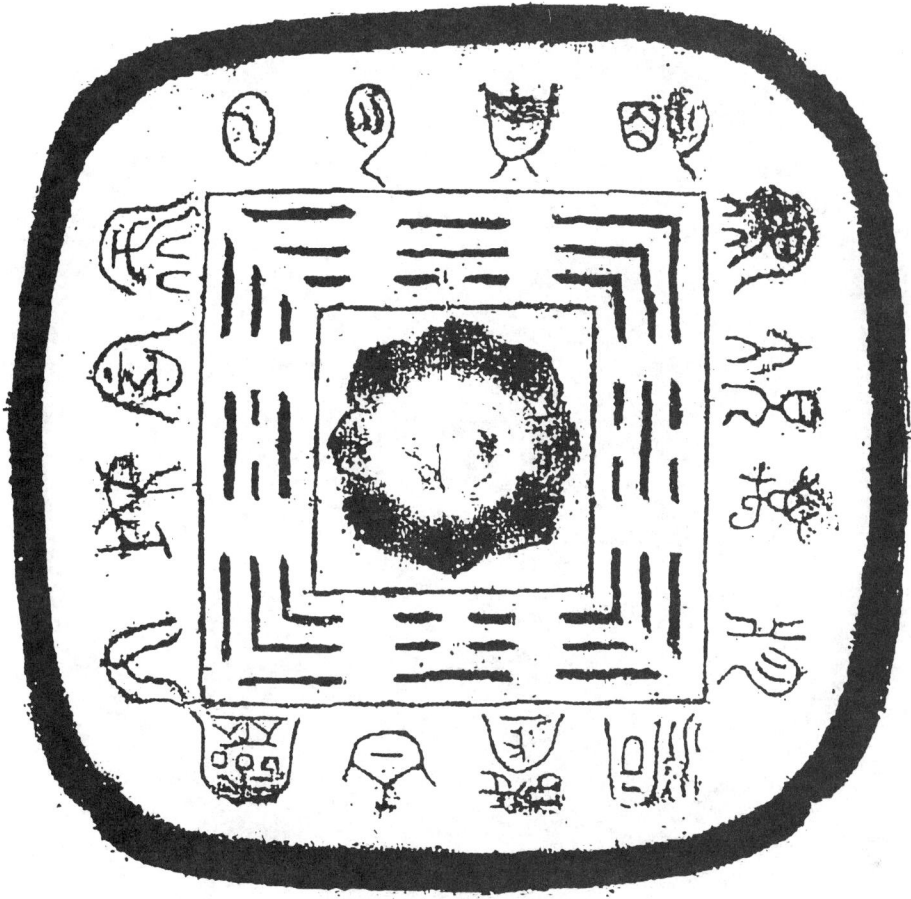

4.225 上清含象镜

　　四弧边形。圆钮，菱花形钮座。大小二方格间八卦卦象方折环列。方格四边外各四字铭文，合为："天地含象，日月贞明，写规万物，洞鉴百灵。"素缘。边长 17.8 厘米。安徽合肥出土。《合肥出土、征集的部分古代铜镜》图八（《文物》1998 年 10 期 84 页）。

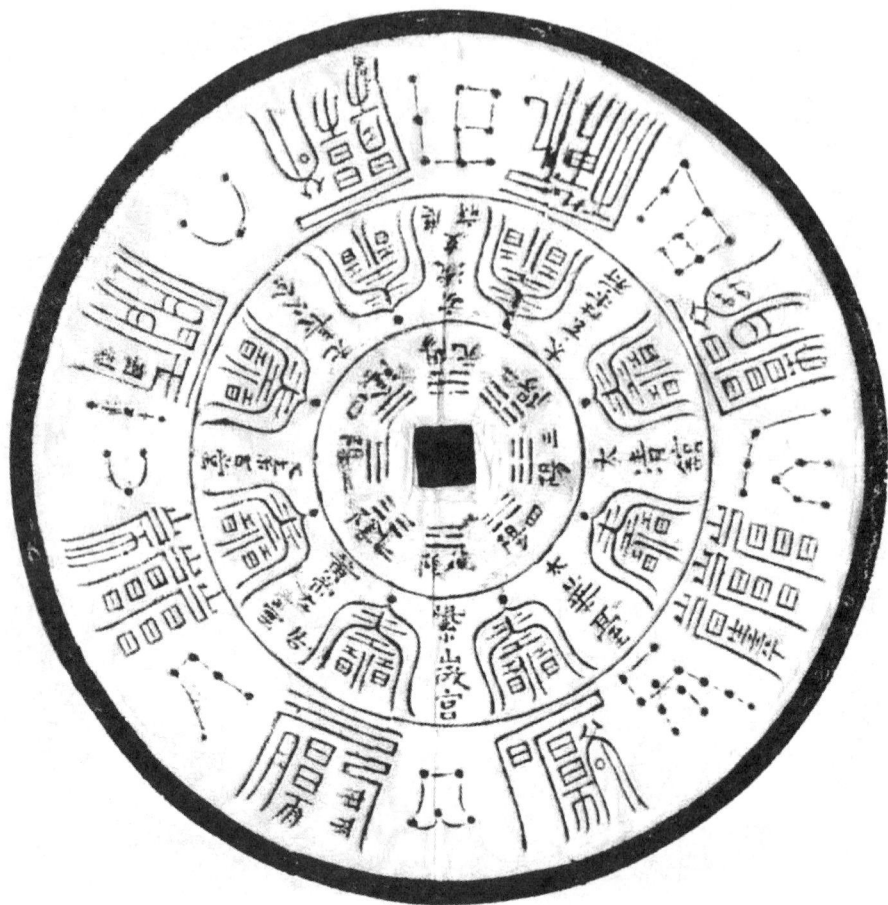

4.226 八卦符箓星纹镜

　　圆形。方钮。两周圈带分为三区，内区八卦卦象，与卦象相对应，外环铭文为"元阳、二阳、三阳、四阳、兆阴、二阴、三阴、四阴"。中区环列八个相同的道教符箓，间以"紫微宫、黄帝左居堂、太素右堂、元长父舍、玄凌交度府、太玄禁府、太清馆、太华台"铭文。外区八组符箓与星象相间环绕。素缘。直径22厘米。河南孟县出土。《洛镜铜华——洛阳铜镜发现与研究》291页图117。

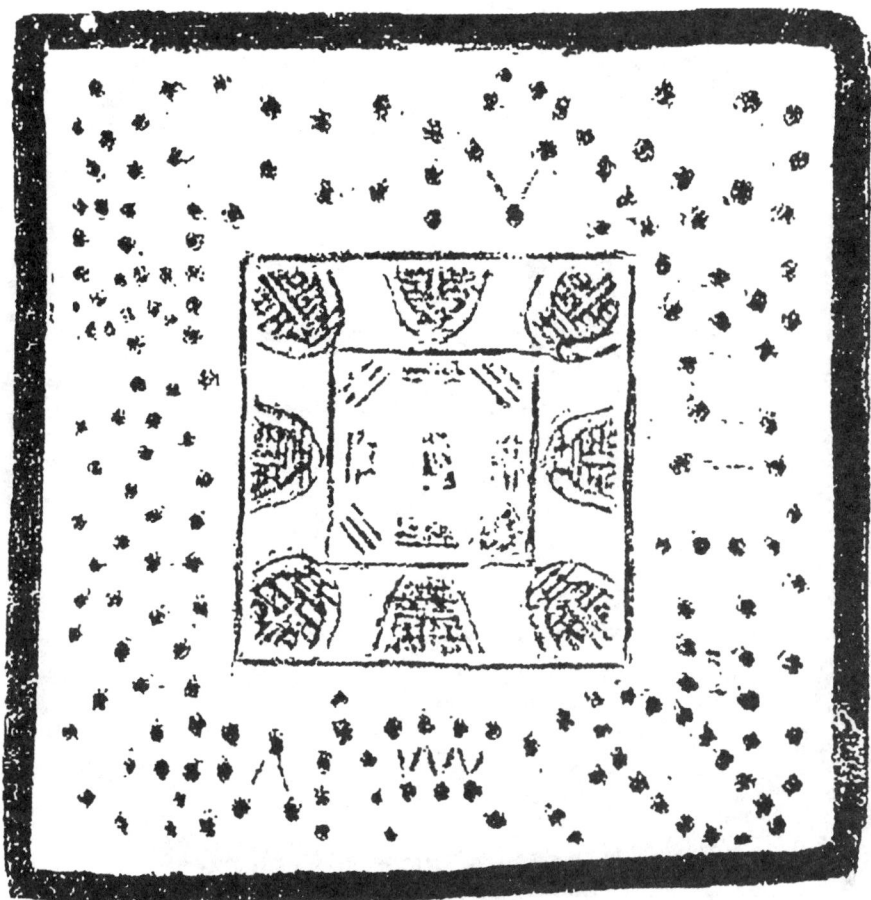

4.227 八卦星宿镜

　　方形。方钮。内区排列八卦卦象，中区八个符篆，外区为星宿图，其形状与二十八星宿基本一致。边长 24 厘米。湖南长沙墓葬出土。《楚风汉韵——长沙市博物馆藏镜》191 页图 145。

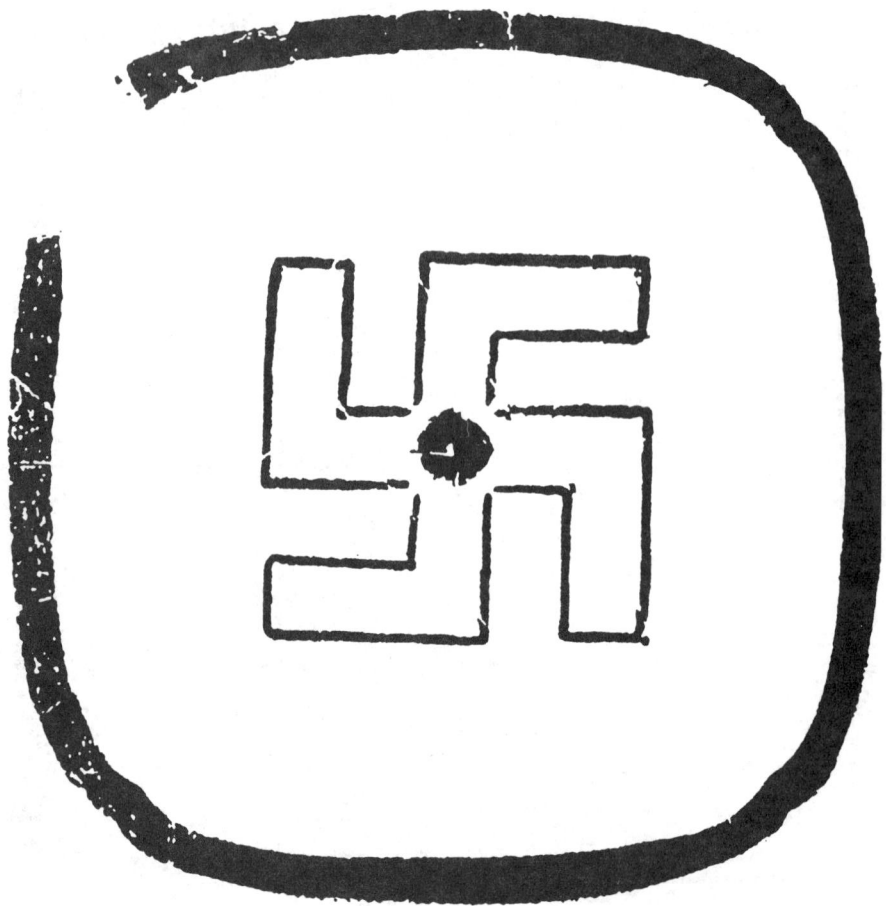

4.228 万字镜

　　四方委角形。圆钮。以钮为中心，饰一双线卍字纹。素缘。直径 19.5 厘米。四川成都出土。河南偃师唐德宗贞元十年（794）墓出土两面铜镜，纹饰与此镜相同（《偃师杏园唐墓》143 页图 135.2）。"卍"字在梵文中有"吉祥万德之所集"的含义。佛教认为它是释迦牟尼胸部所现的"瑞相"，用作"万德"吉祥的标志。武则天长寿二年（693）制定此字，读为"万"字。《四川省出土铜镜》89 页图 44。

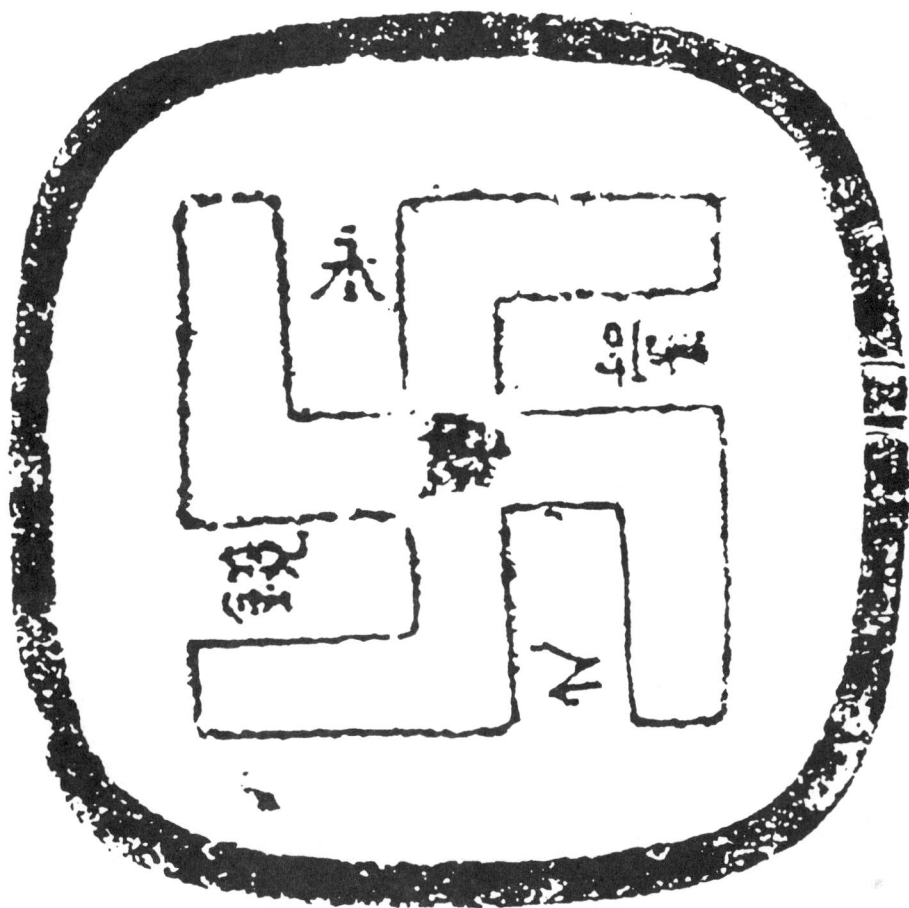

4.229 永寿万字镜

　　四方委角形。圆钮。以钮为中心，饰一双线卍字纹。转折处空间各填一字，合为"永寿之镜"。素缘。河南陕县唐文宗开成三年（838）墓出土。《一九五六年河南陕县刘家渠汉唐墓葬发掘简报》图四（《考古通讯》1957 年 4 期 17 页）。有的铜镜在万字两侧配置"受岁"二字。

五

五代宋铜镜

花卉镜

5.1 咸平三年缠枝四花镜

亚字形。小圆钮，内区亦为一细线亚字形。四朵菊花缠枝相连，两两对称。外区环列一周铭文："咸平弍年庚子东京铸铁监铸造。"字为篆体。素缘。直径22厘米。咸平为北宋真宗年号，咸平三年为公元1000年。《小校经阁金文拓本》卷十七41A。

5.2 缠枝花镜

　　圆形。圆钮，花瓣钮座。连珠纹圈带外缠枝花相连，花繁叶茂，丝丝缕缕，俏逸清雅，围以一周连珠纹。素缘。直径32厘米。湖北麻城出土。《湖北麻城北宋石室墓清理简报》图四（《考古》1965年1期23页）。

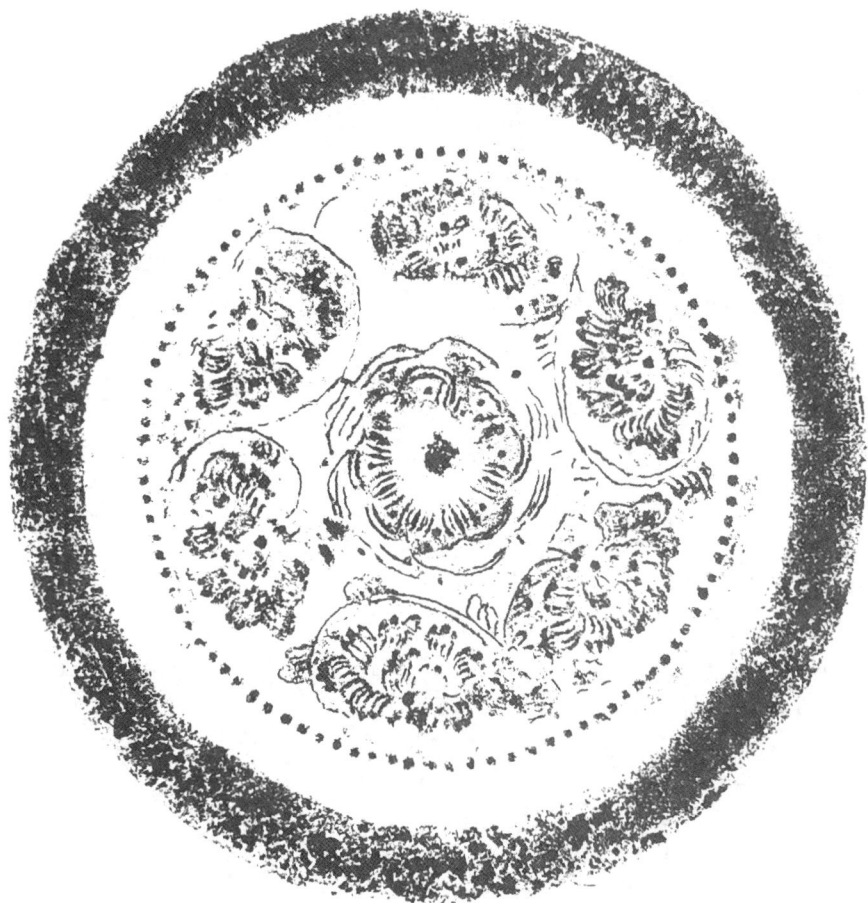

5.3 缠枝三花镜

　　圆形。小圆钮。花瓣外环绕缠枝花卉，外围连珠纹圈带。素宽缘。直径 16 厘米。河南安阳宋徽宗宣和元年（1119）韩粹彦墓出土（墓志为政和九年）。《安阳韩琦家族墓地》52 页拓片十三。

5.4 缠枝三花镜

　　圆形。小圆钮，花瓣钮座。其外三株缠枝花环绕，枝蔓简洁，花开叶舒。素宽缘。直径 11 厘米。河南商州出土。《商州市城区宋代墓葬发掘简报》图五（《考古与文物》2002 年 2 期 96 页）。

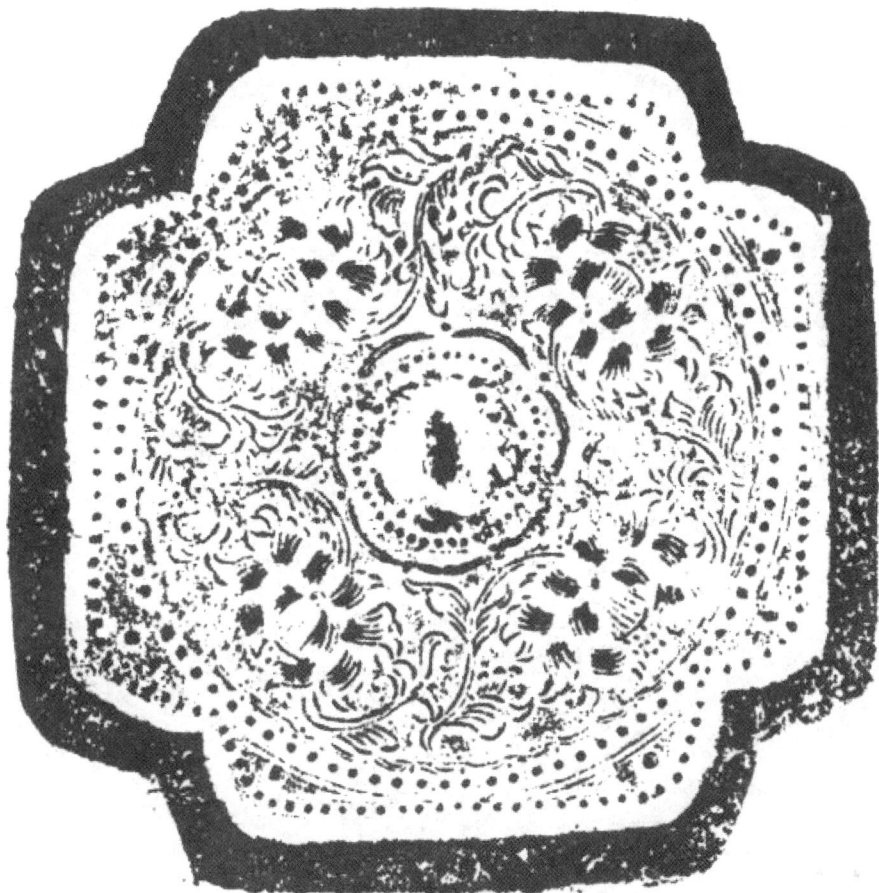

5.5 缠枝四花镜

亚字形。小钮，花瓣纹钮座。座外环绕四朵折枝菊花，花头对着亚字形的内角。其外一周绳纹和一周连珠纹。柔枝细叶，刻画细密。素缘。直径 15.6 厘米。河南淇县征集。《河南淇县征集的一批宋元铜镜》图一.1(《考古》1987 年 3 期 283 页)。

5.6 缠枝菊花镜

圆形。圆钮,花瓣钮座。钮外枝蔓卷曲,从每一根枝蔓上生发出两朵菊花,形成内四朵、外四朵的交错环列,从不同方向看,三朵菊花作品字形配置,纹饰淡雅清秀。边缘散点环列两种不同的简单花叶纹八组。《小校经阁金文拓本》卷十七 14B。

5.7 缠枝四花镜

八瓣菱花形。圆钮。以钮为中心，一根枝蔓分枝回卷，三枝向左旋，一枝向右旋，悠长而圆曲的枝蔓上茎叶穿插交叠，葩萼飘逸；枝顶花瓣纤细秀丽，对称排列。素缘。直径 26 厘米。湖南征集。《铜镜图案——湖南出土历代铜镜》168 页图 145，又见《铜镜图案》85 页。

5.8 缠枝四花镜

　　形制纹饰基本同前《铜镜图案——湖南出土历代铜镜》图 145 铜镜，缠枝花外一周弦纹圈带，二重菱花形边缘，更显端庄华美。《净月澄华——辽宁省博物馆藏古代铜镜》56 页。

5.9 缠枝四花镜

　　八瓣菱花形。小圆钮。钮外枝蔓呈 S 形曲卷，将四朵花配置在圆形枝蔓之中，纤细的枝条，伸出一片大叶，顶端一朵大花，花纹精细，舒展自然。花叶外一圈连珠纹，连珠带与菱瓣之间有叠云纹。素缘，缘上有官府检验刻记及花押。但从整个镜子的形制与纹饰看，应为宋镜。《小檀栾室镜影》卷六 21A。

5.10 缠枝四花镜

       方形。小圆钮。四瓣花钮座。四株缠枝花绕钮环列，枝茎交合，花瓣绽放，围以双线连珠纹，构图隽美。素缘。边长14.5厘米。《练形神冶　莹质良工——上海博物馆藏铜镜精品》294页图108。

5.11 四花镜

　　圆形。鼻钮。钮外四株花枝，花瓣盛开，花蕊细密挺直，花叶斜侧，围以一周连珠纹圈带。素宽缘。直径 14.5 厘米。《洛镜铜华——洛阳铜镜发现与研究》316页图 283。

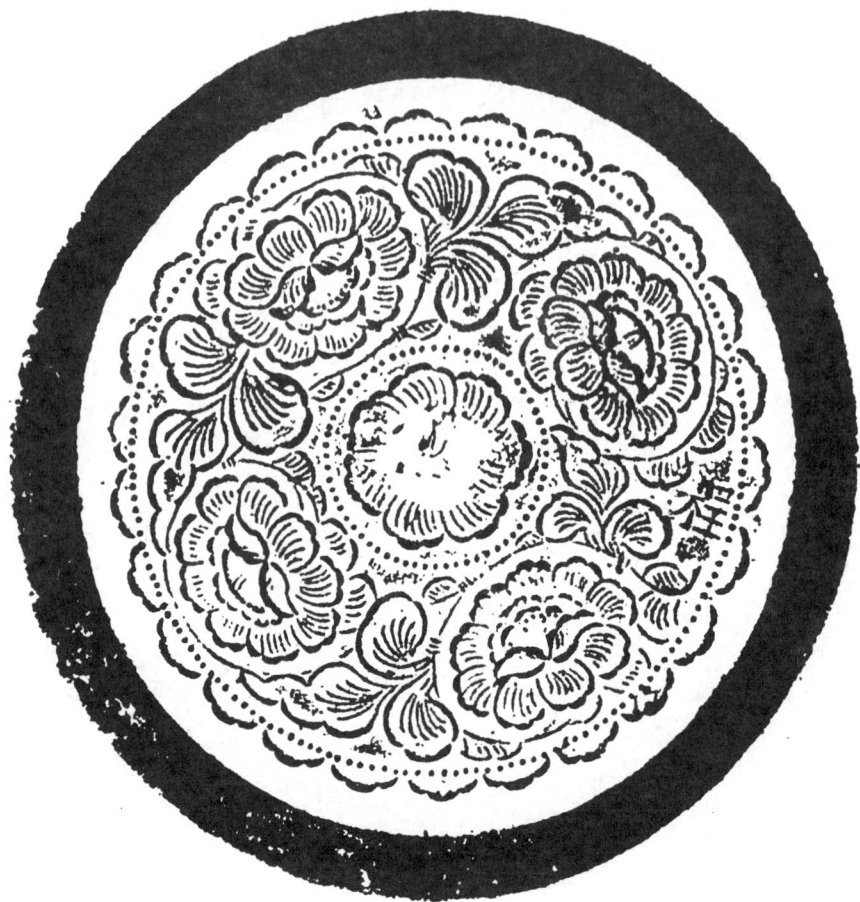

5.12 四花镜

　　圆形。圆钮，花瓣钮座。两周连珠纹圈带间，四株花枝环列，片片花瓣开张有势，花叶硕大，情致益然。素宽缘。北宋徽宗政和四年（1114）墓出土，为此类铜镜流行年代提供了重要资料。《山西忻县北宋墓清理简报》图九（《文物参考资料》1958 年 5 期 50 页）。

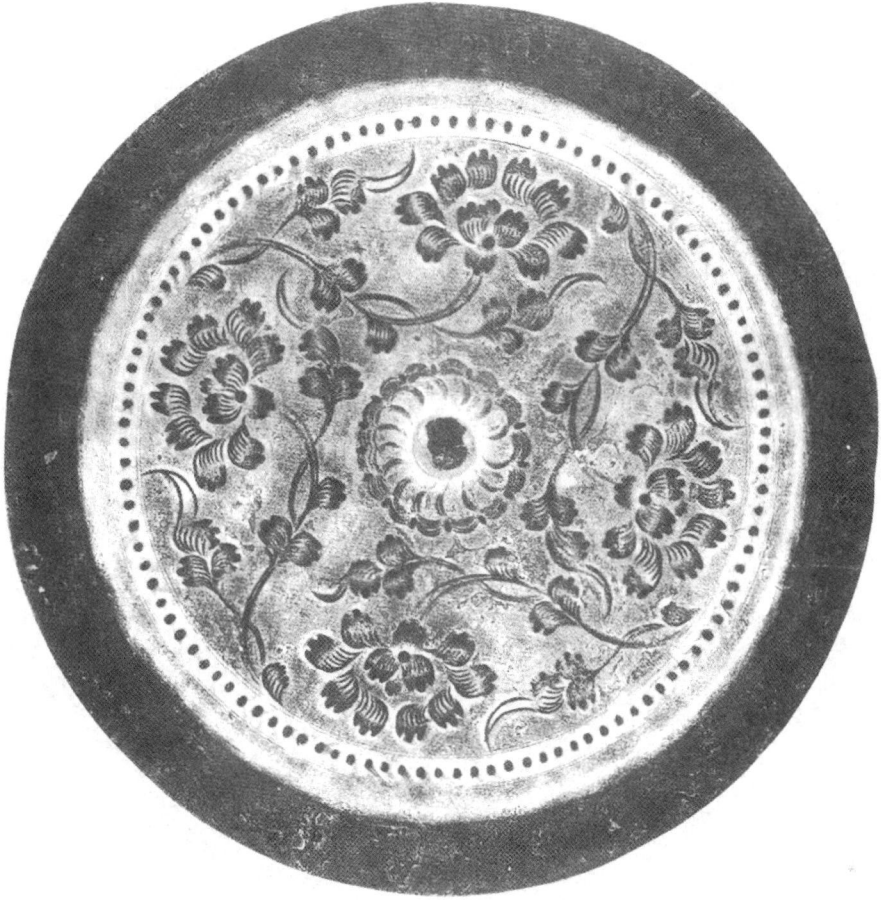

5.13 交枝四花镜

　　圆形。小圆钮，葵花形钮座。座外四株交枝花环列一周。花枝交叠，枝头一朵盛开的花瓣。叶瓣与花瓣形状相同。花枝外一周连珠纹及极为纤细的弦纹圈带。素宽缘。直径 16.8 厘米。河南洛阳宋墓出土。《洛阳出土铜镜》图 174。

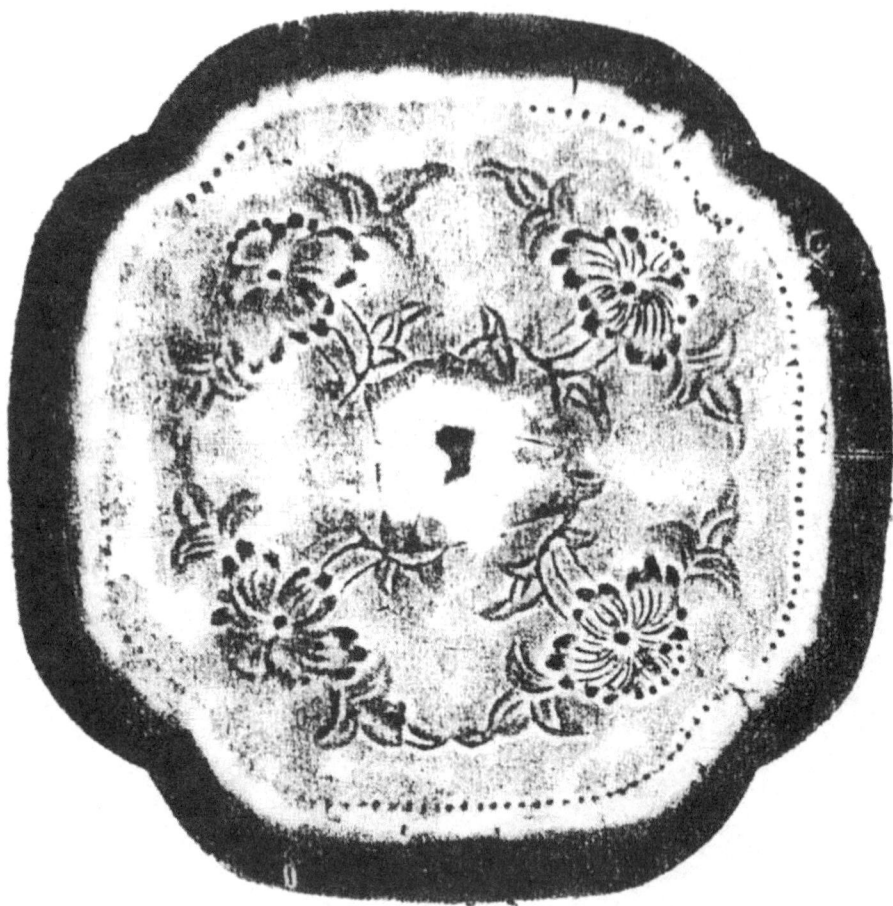

5.14 四花镜

亚字形。小鼻钮。四株花枝绕钮环列，细枝托起花瓣，葳蕤纤柔，叶片纷披两侧，围以一周亚字形连珠纹。直径 13.5 厘米。河南巩县北宋墓出土。《洛镜铜华——洛阳铜镜发现与研究》317 页图 284。

5.15 四花镜

圆形。鼻钮。钮外四株花枝环列，围以一周连珠纹圈带。素宽缘。边长 12.7 厘米。河南洛阳北宋墓出土。《洛镜铜华——洛阳铜镜发现与研究》322 页图 280。

5.16 四花瓣镜

　　亚字形。圆钮，八重瓣花瓣钮座，瓣间伸出花蕊。座外配置四花瓣，十字形
花瓣叠压在带圆点的花瓣上，向镜缘委角尖伸出花蕊。素宽缘。《铜镜图案》94页。

5.17 四花镜

圆形。圆钮，花瓣钮座。钮外环绕四朵大花，肥硕的花瓣上花蕊挺立，花瓣两侧对生二叶。素缘。直径 21.8 厘米。湖南出土。《铜镜图案——湖南出土历代铜镜》160 页图 138，又见《铜镜图案》84 页。

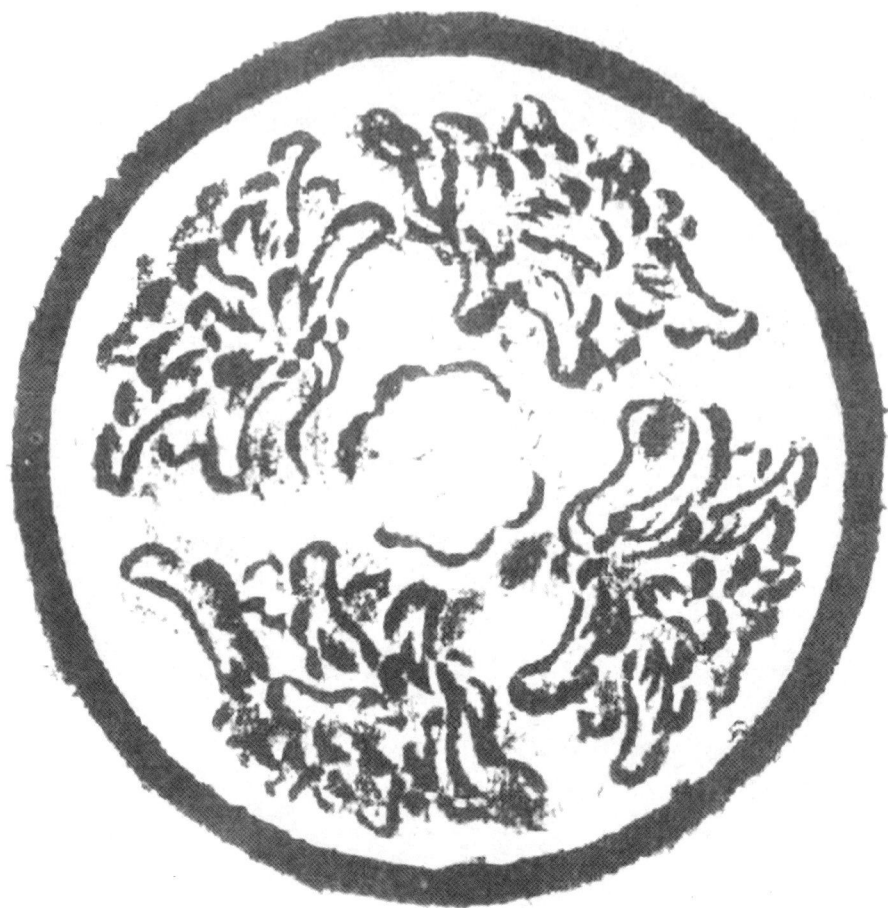

5.18 四花镜

圆形。圆钮，花瓣钮座。钮外环列四株花卉，叶茂花大，簇簇肥厚。素缘。直径 11.3 厘米。《山东沂水县征集的古代铜镜》图二四（《文物》1991 年 7 期 92 页）。

5.19 四花镜

　　亚字形。小圆钮。围以大花瓣，花蕊绕钮，散布花叶。其外为八内向连弧和八连珠连弧。四个大 V 纹角端与镜四边缺口相对，形成一个正方菱形。四株花枝由内向外开放，方形内花叶随着连弧和 V 形图形舒展，方形外花苞绽开，外围亚字形连珠纹及水波纹和花瓣纹。素缘。边长 14.5 厘米。此镜是最为纷华盛丽的宋代花卉镜。《清质·昭明》124 页。

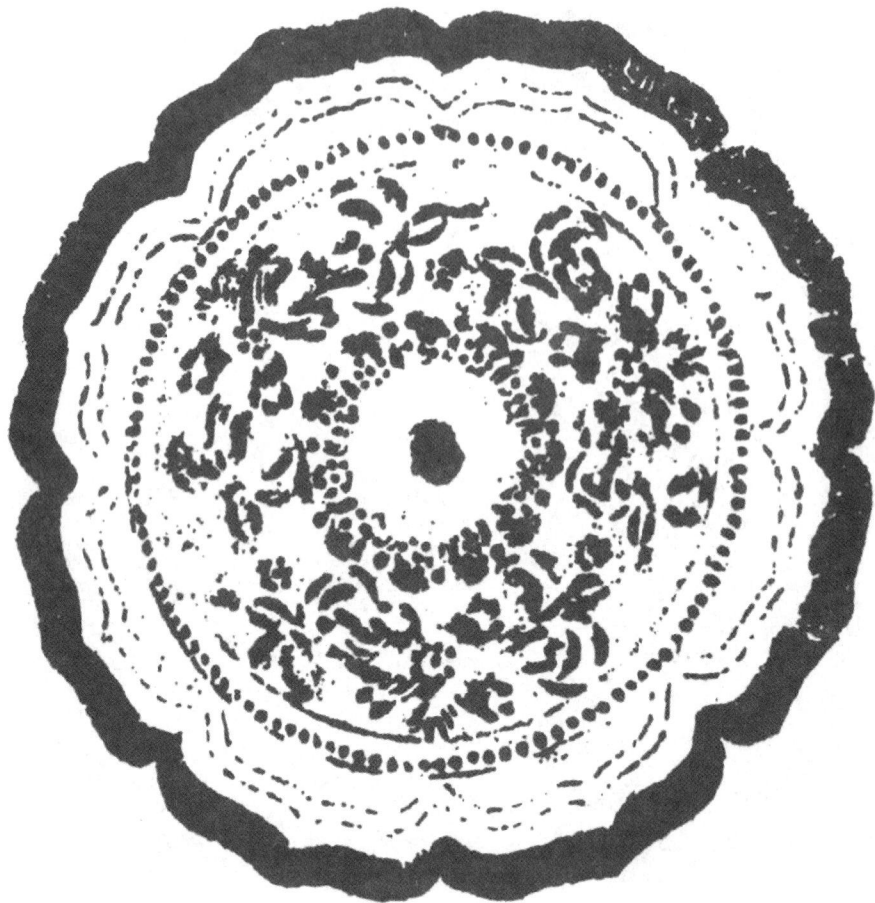

5.20 三花镜

　　八瓣菱花形。小圆钮，花瓣钮座。座外三株花枝相间环绕，其外一周弦纹和一周连珠纹。近缘处又有双线菱花形凸棱。素缘，其上有刻铭若干，字迹已不清晰。直径 11.8 厘米。《山东聊城地区出土的铜镜》图一○（《文物》1986 年 6 期 89 页）。

5.21 三花镜

　　八出葵花形。圆钮。钮外三株同形花枝环绕，每株花枝上一片繁茂的叶纹并开出一朵大花，花枝外饰单线连弧纹。素缘，其上刻有"官"字及花押。直径 11.8 厘米。《山东聊城地区出土的铜镜》图八（《文物》1986 年 6 期 89 页）。

5.22 二花镜

六出葵花形。小钮。钮两侧各饰一株折枝花，枝头花瓣盛开。其外一周连珠纹。素缘，其上刻有"官"字及花押。直径 13.4 厘米。《山东聊城地区出土的铜镜》图九（《文物》1986 年 6 期 89 页）。

5.23 二花镜

　　亚字形。小钮。二株花枝环绕，枝叶斜逸旁出，轻柔飘然。花瓣挺劲秀健，托起丝丝花蕊，围以连珠纹圈带，图纹清丽素雅。直径 11.7 厘米。河北保定出土。《历代铜镜纹饰》图 168。

5.24 春蚕二花镜

圆形。圆钮。钮外配置二株花枝，花瓣肥厚，圈点花蕊，旁出的枝叶上趴伏着一只春蚕，别有新意。素宽缘。直径 12.3 厘米。河南洛阳北宋墓出土。《洛镜铜华——洛阳铜镜发现与研究》323 页图 290。

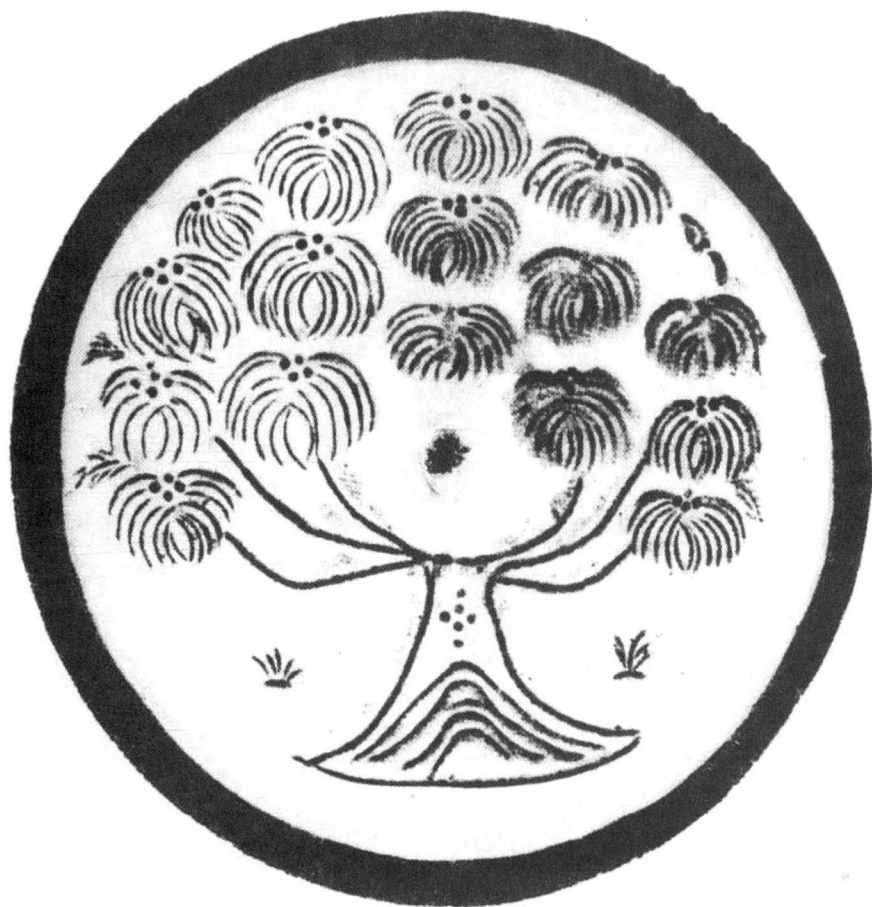

5.25 花树镜

花树又称为莎罗树。圆形。小圆钮。一棵大树挺立，粗干劲健，分枝纤细，其上簇簇花叶呈扇形排列，中心点珠，花叶丝丝倒垂，树下点缀两株小草，图纹怡适清雅。素缘。直径 14.2 厘米。河南洛阳北宋墓出土。《洛镜铜华——洛阳铜镜发现与研究》325 页图 292。

5.26 花树镜

　　圆形。鼻钮。花树挺立，树干上装饰密集的乳点纹，凸显老干苍古。分枝左右斜逸旁出，枝桠横排，其上花叶攒簇。树干两侧饰云纹，点缀花瓣圆芯纹。素宽缘。直径 11.5 厘米。河南洛阳北宋墓出土。《洛镜铜华——洛阳铜镜发现与研究》326 页图 293。

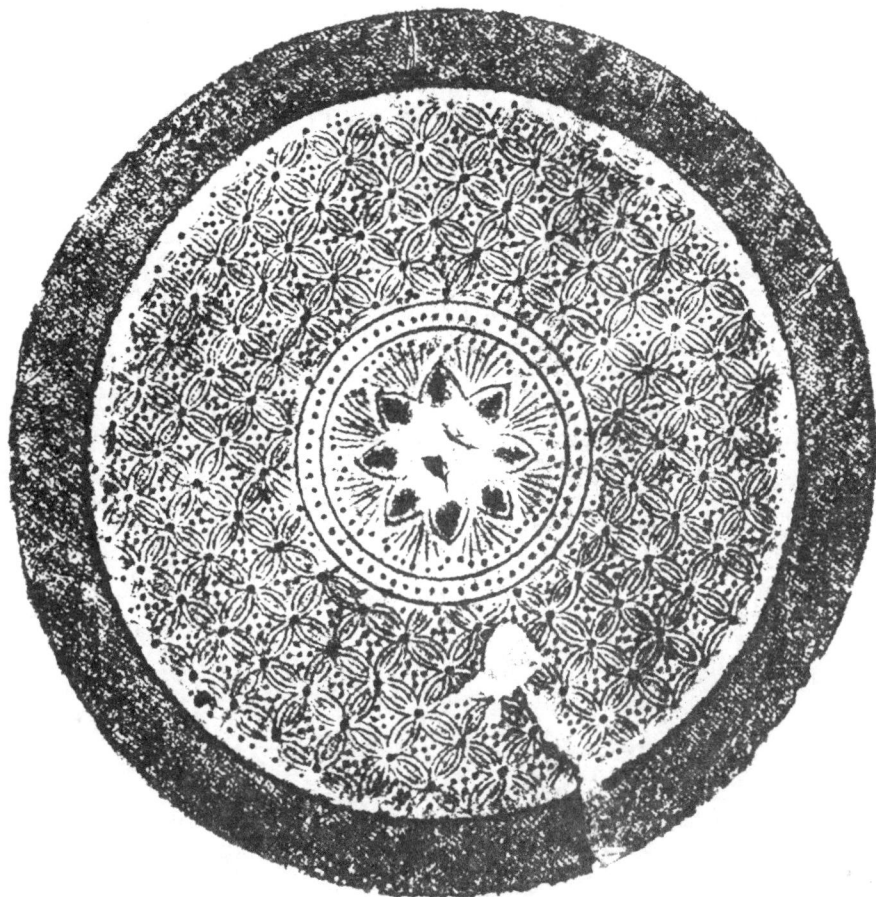

5.27 毬路纹镜

毬路纹亦称重毬纹、连钱纹、织锦纹。圆形。花瓣钮座,瓣间生出花蕊,外围夹以连珠纹的圆圈带。镜背满饰填花毬纹。素宽缘。《铜镜图案》图82。

5.28 毬路纹镜

　　圆形。小钮。钮外满饰填花毬路纹，纹样的组织格式有鲜明的特色。素缘。直径 10.8 厘米。江苏连云港五代末北宋初年墓出土。《江苏连云港市清理四座五代、北宋墓葬》图九 .2(《考古》1987 年 1 期 51 页)。

5.29 毯路纹镜

亚字形。圆钮，花瓣钮座。其外满饰联排圆点毯路纹。素缘。边长 14 厘米。江西九江北宋徽宗崇宁三年（1104）墓出土。《九江出土铜镜》图 80。此外，九江北宋哲宗元祐七年（1092）墓还出土一面方形毯路纹镜（《九江出土铜镜》图 79）。

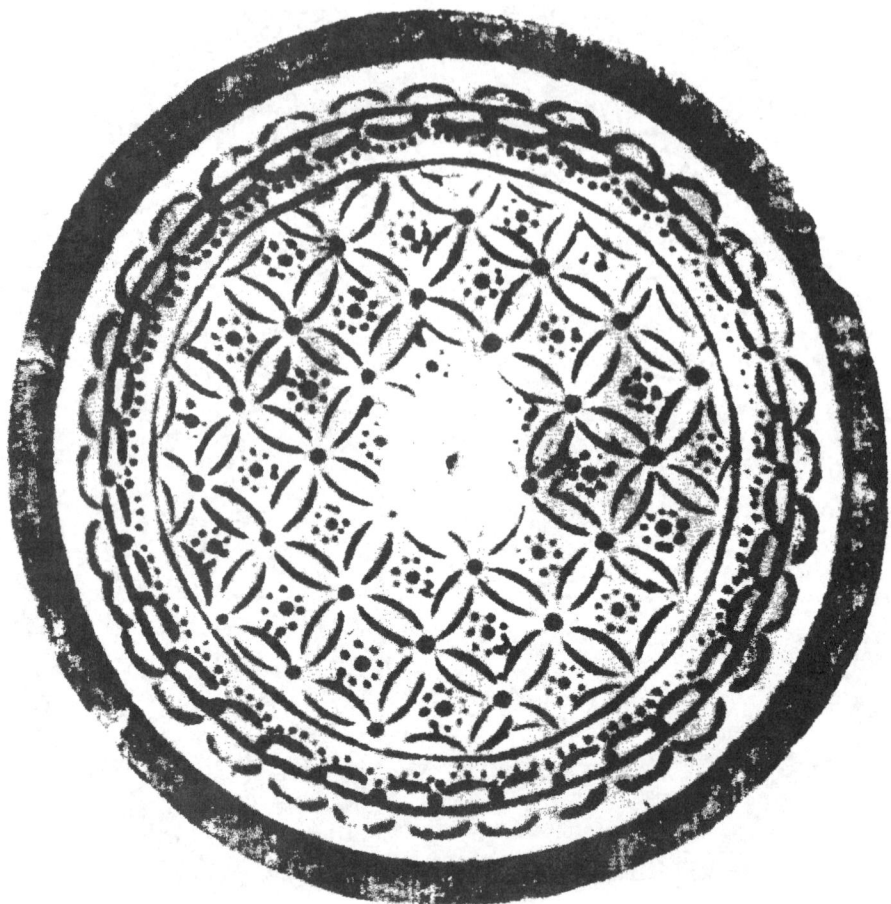

5.30 毯路纹镜

　　圆形。圆钮座。弦纹圈带分为内外区。内区满饰填花毯路纹，单元图形较大，四叶展瓣形成的花卉更为明显。外区小圆点纹圈带外饰一周弦纹圈带，圈带两侧各有一周不甚规整的连弧纹。素缘。直径 11.2 厘米。湖南出土。《铜镜图案——湖南出土历代铜镜》163 页图 141。

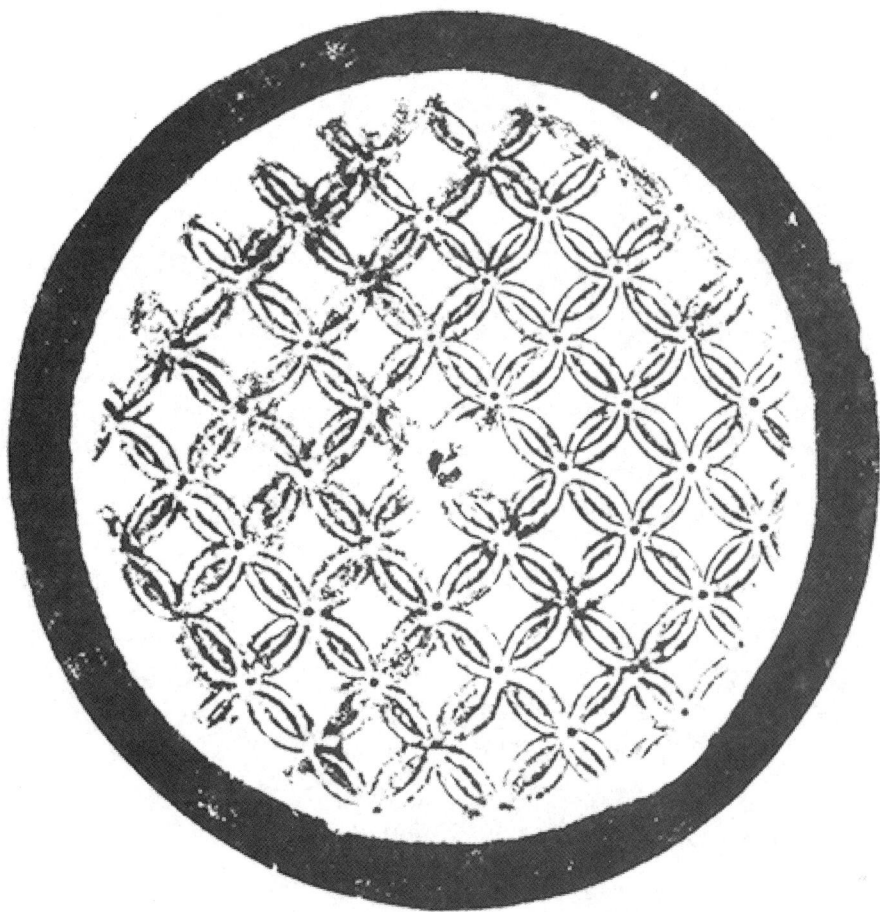

5.31 毬路纹镜

　　圆形。小圆钮。钮外满饰连钱纹。素缘。四川三台县发现的宋镜(《考古》1984 年 7 期 669 页图一 .4)与此镜相似，直径 10 厘米。有的学者认为毬路纹只有四圆相交面中为方眼者，应称为连钱纹。《小檀栾室镜影》卷六 25A。

5.32 毯路纹镜

　　圆形。圆钮。钮外满饰毯路纹，图纹粗率，展开的四叶瓣宽窄长短不一，以圆点为中心伸出十字线，四弧形置于方格内，显现的是不规则的方格和四叶纹。直径 9.9 厘米。四川成都出土。《四川省出土铜镜》135 页图 67。

双龙镜

5.33 双龙镜

亚字形。双蝉纹钮。二龙在对角处曲颈相对，头部结构略有不同，曲卷的姿式也不一样，但都张牙舞爪，一后肢与尾叠压，其间点缀流云纹。素宽缘。边长16.1厘米。《铜镜鉴赏》图版68。

5.34 双龙香炉镜

　　六出棱边形。圆钮。钮两侧各一龙，昂首曲颈，身躯蜿蜒于龙头上方，一后肢与尾相交，形成一环形。二龙头部形态不同，身躯装饰，一为鳞状纹，一为皮毛状纹，因此有学者认为应是龙虎相对。镜下方有一条起伏不平的海岸，岸下波涛汹涌，灵龟浮起。岸上香炉中轻烟飘拂。素缘，棱边较直。《铜镜图案》图98。

5.35 双龙香炉镜

　　六出棱边形。圆钮。图纹同前《铜镜图案》图 98 镜。直径 15 厘米。本书收录的此类铜镜中，由于各种因素，有的纹饰不明晰，我们均采用双龙名称。江西高安南宋理宗宝祐三年（1255）墓出土，为此类镜流行时代提供了重要资料。《高安、清江发现两座宋墓》(《文物》1959 年 10 期 86 页)。

5.36 双龙香炉镜

　　六瓣菱花形。圆钮。图纹内容同流行的双龙香炉镜。直径 21 厘米。湖南安仁墓葬出土。据发掘报告，此墓西室墓顶发现刻有五代后梁龙德元年（921）的纪年砖。《湖南安仁发现一座五代墓》图一（《考古》1992 年 10 期 957 页）。

5.37 嘉熙二年双龙香炉镜

　　八出葵花形。圆钮。龙的形态、点缀的云纹及岸边、海水、香炉等形式与布局均同前江西高安南宋宝祐三年墓出土镜，只是圆形外每一弧形瓣内各一字铭，字体较大，合为："嘉熙戊戌吴氏淑静。"此镜应是南宋理宗嘉熙二年（1238）铸造。《铜镜图案——湖南出土历代铜镜》181 页图 159。又见《铜镜图案》99 页。

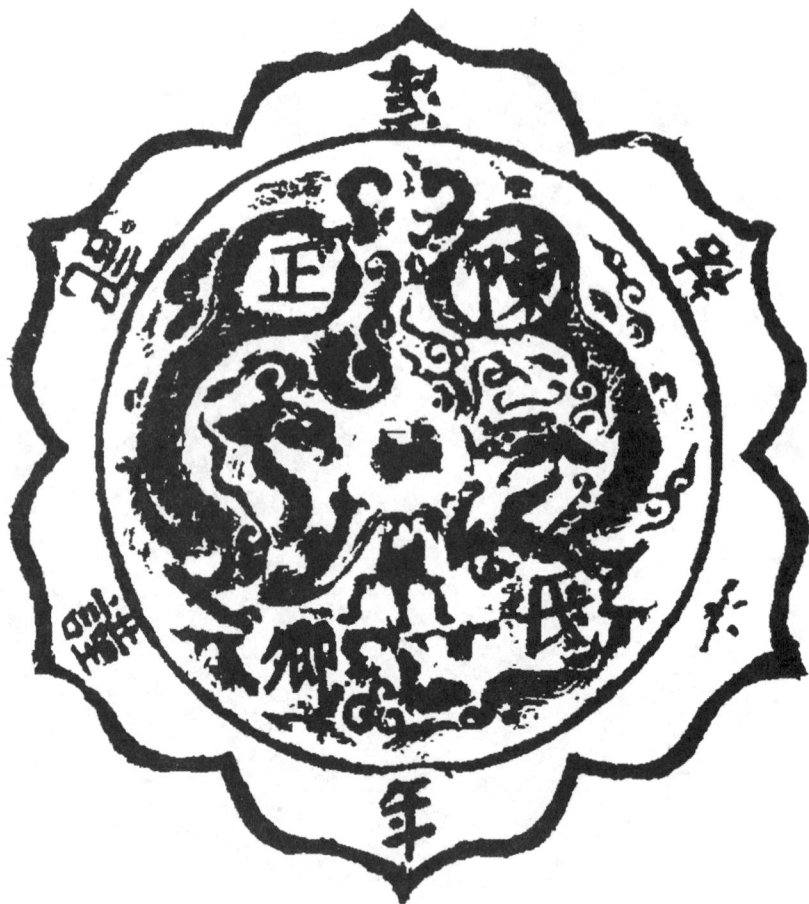

5.38 淳祐六年双龙香炉镜

　　六瓣菱花形。小钮。纹饰与前嘉熙二年双龙镜等相同。双龙后肢与尾纠结形成的圆圈内及前肢下部分别有一字，合为"陈氏正卿"。边缘八瓣内亦配置一字，合为："淳祐六年谨记。"此镜应是南宋理宗淳祐六年（1246）铸制。嘉熙、淳祐纪年镜及宝祐三年墓出土镜，表明这类双龙镜在南宋理宗时期颇为流行。《江西新余市草溪村出土南宋铜镜》图一（《考古》1998 年 5 期 79 页）。

5.39 双龙香炉镜

　　八瓣菱花形。弓钮。龙纹及布局构图同流行的双龙香炉纹镜。镜缘上有两处刻记，仅辨识"相州"、"官"等字。直径 13.8 厘米。河南安阳出土。边缘上有类似刻记的铜镜，从目前发现的资料看，多为金王朝统治区，可知此类双龙镜在金时期仍然使用。《安阳市博物馆藏铜镜选介》图七（《中原文物》1986 年 3 期 124 页）。

5.40 双龙香炉镜

　　圆形。圆钮。内区双龙夹钮相对，图纹内容与流行的双龙香炉镜相同，但龙身躯体修长，均饰鳞纹。右龙奔腾于水波中，左龙则飞腾于流云纹里。外区饰一周流云纹。素缘。直径 19.3 厘米。河北张家口拣选。此镜是最为精美的双龙香炉纹镜，尽管两龙的头型有所不同，但明显看出不是一龙一虎配置。《历代铜镜纹饰》图 190。

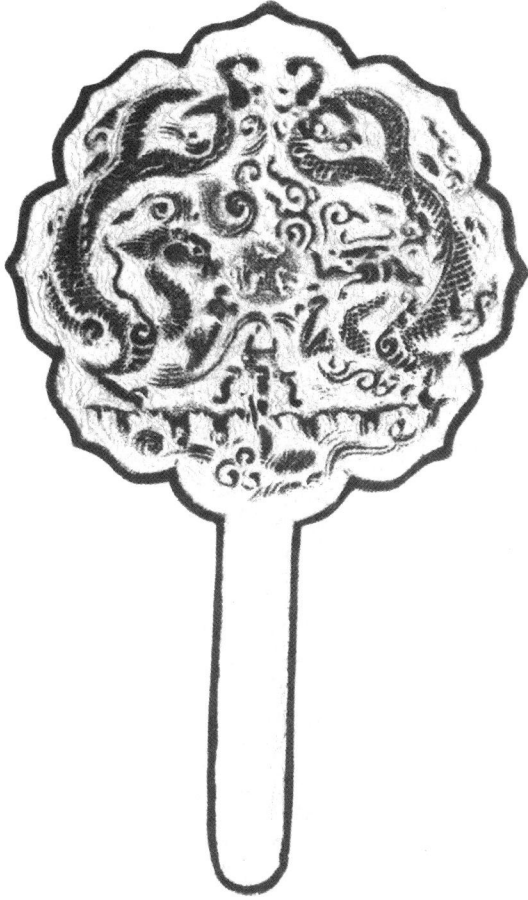

5.41 双龙香炉镜

　　八出菱花形，带柄。花瓣状钮。图纹内容同流行的双龙香炉镜。素长柄。直径 12.9 厘米，柄长 9.4 厘米。《铜镜鉴赏》图版 70。

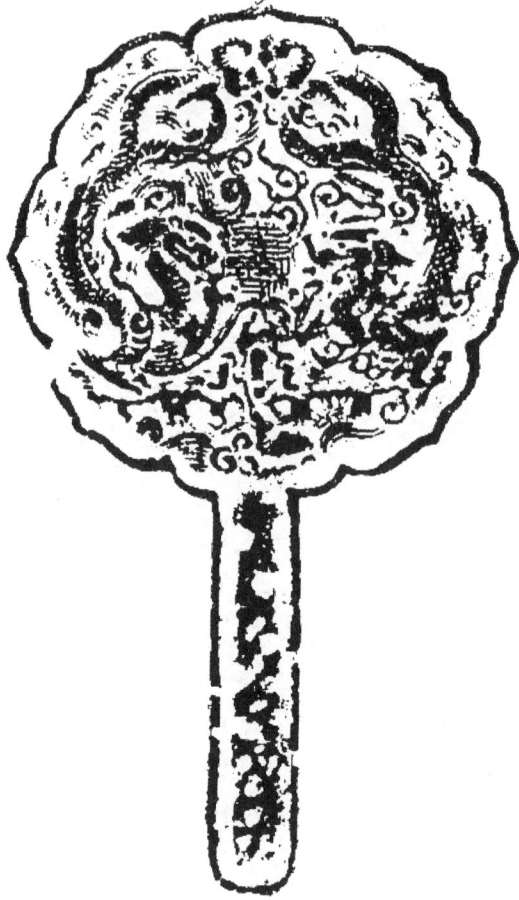

5.42 双龙香炉镜

　　八出菱花形，带柄。镜形与图纹内容同前《铜镜鉴赏》图版 70 镜。镜心饰一方形印章式图纹。镜柄上有花叶纹。通长 21.5 厘米。湖南出土。《铜镜图案——湖南出土历代铜镜》183 页图 161。

5.43 双龙香炉镜

　　炉形，或有称为鼎形的。镂空耳，圆腹，蹄足，中心圆钮。图纹内容同流行
的双龙香炉镜。香炉的三足被錾平，较为特别。圆径 12.2 厘米，通高 17.2 厘米。
《铜镜鉴赏》图版 69。

5.44 双龙镜

　　炉形。炉颈、口、足与前《铜镜鉴赏》图版69镜略微不同。镜心方形内有四字铭。没有香炉及飘浮的轻烟。通高16.6厘米。湖南出土。炉形双龙镜中，有的为无足香炉，有的已无香炉，大概是此类镜本身已是一个炉形，以它来代表岸上的香炉了。《铜镜图案——湖南出土历代铜镜》180页图158。

5.45 双龙镜

八瓣菱花形。图纹与流行的双龙香炉镜相比有所变化，龙头对着香炉，没有常见的水陆之分，缭绕的香烟更为突出。双龙外环列一周花叶纹。直径18.4厘米。湖南衡阳出土。《铜镜图案——湖南出土历代铜镜》179页图157。

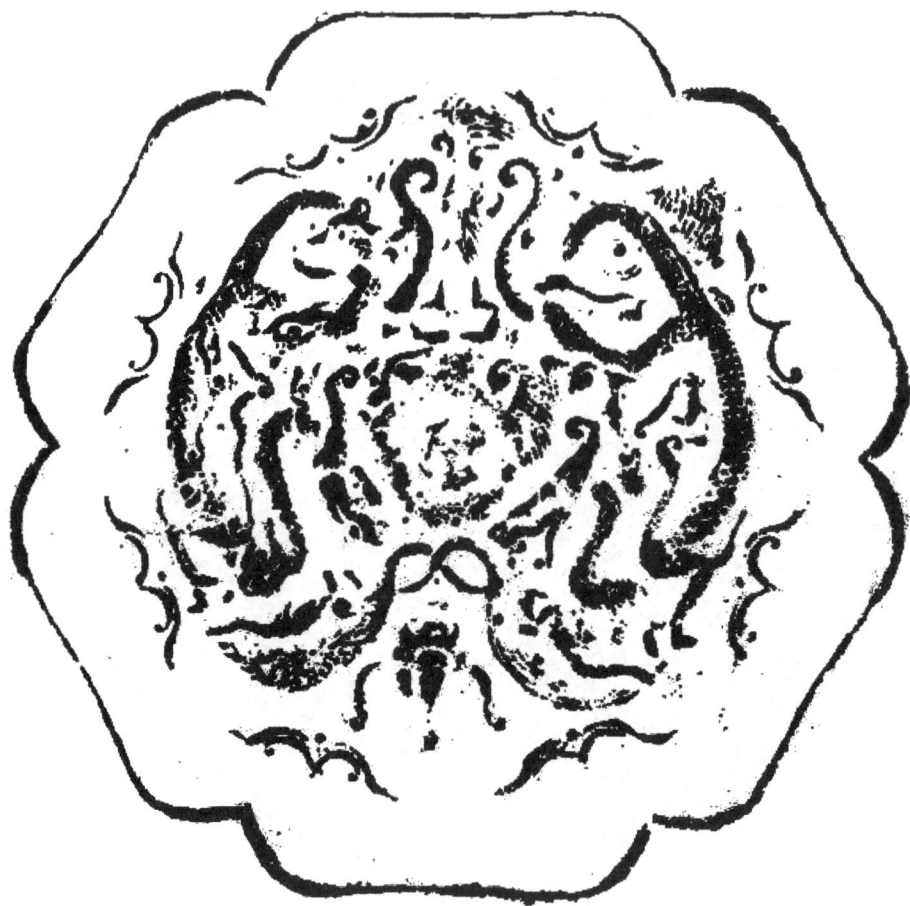

5.46 双龙镜

　　六出棱边形。圆钮。双龙的布局与形态、周边的纹样均同前湖南衡阳出土的双龙镜，只是镜的外形不同。直径 19 厘米。湖南临湘南宋末年墓出土。《湖南临湘陆城宋元墓清理简报》图二（《考古》1988 年 1 期 64 页）。

凤鸟镜

5.47 双凤镜

　　圆形。圆钮。双凤同向绕钮，飞翔姿势相同，形态有所变化。头顶有矮冠羽，嘴衔花枝，双翅伸展，羽毛丰满。一凤缠枝式长尾羽勾连回环，一凤三根蔓藤式长尾羽缓缓舒展。此镜采用剪纸式的表现手法，双凤华贵典雅，长尾羽轻巧浪漫，是宋代双凤镜的杰出之作。直径13厘米。湖南出土。《铜镜图案——湖南出土历代铜镜》176页图154，又见《铜镜图案》87页。

5.48 双凤镜

　　圆形。圆钮。双凤绕钮环列，双翅展开，后曳长尾，一凤为蔓藤式尾羽，一凤呈卷云纹尾羽。直径 10.8 厘米。此镜双凤飞舞，爽劲雄健。《山东沂水县征集的古代铜镜》图二八（《文物》1991 年 7 期 93 页）。

5.49 双鸟衔花镜

圆形。圆钮，花瓣钮座。二鹦鹉绕钮同向飞翔，尖嘴圆眼，振起双翅，长长的尾羽，尾端细尖。鹦鹉口衔花枝，柔长的枝条向后飘舞；枝头鲜花展瓣，恰到好处地填补了鹦鹉长尾羽露出的空间，形成了花鸟穿插、枝蔓缭绕、流动回旋的画面。素缘。《铜镜图案》89页。

5.50 双凤花卉镜

六棱边形。内区双凤同向环列，双翅展开，长尾羽交错勾连。外区为一周图案式花卉，花朵与花枝相间环列，外围凹面圆圈带。素缘。直径 16.9 厘米。《九江出土铜镜》图 94。

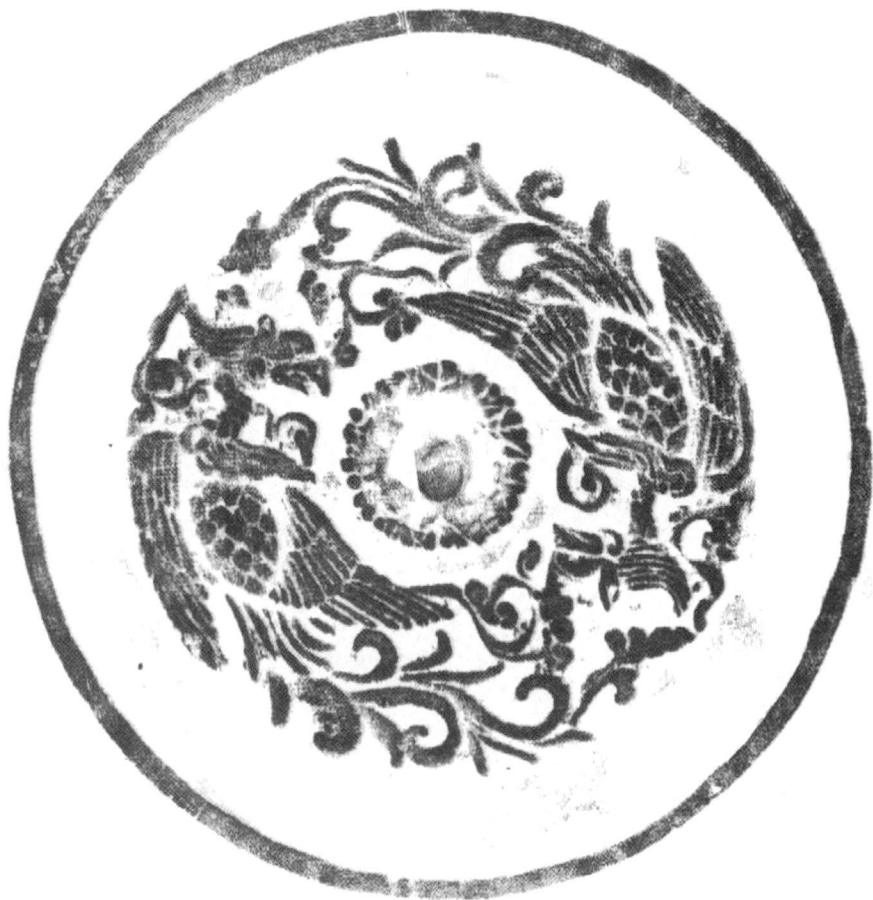

5.51 双凤镜

　　圆形。圆钮,连珠纹钮座。钮外双凤同向环绕。双翅微张,花枝形尾羽。双凤与镜缘间留白。素窄缘。边缘上原有刻记,锈蚀不清。直径 14.8 厘米。《铜镜鉴赏》图版 73。

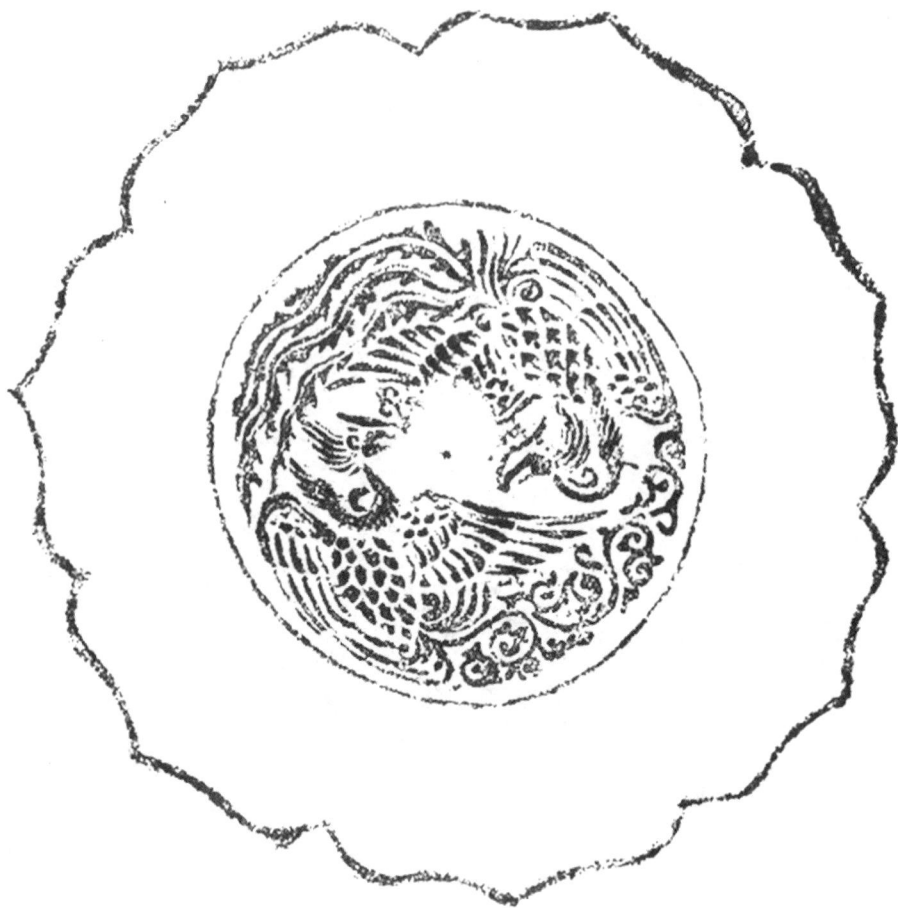

5.52 双凤镜

　　七出菱花形。小圆钮。双凤绕钮环列，展翅，长尾羽，一凤为蔓藤式尾羽，一凤呈 S 形卷旋，围以一周圆圈带。圈带与镜缘间空疏无纹。素窄缘。直径 19 厘米。《九江出土铜镜》图 93。

5.53 双凤镜

　　圆形。圆钮。钮外二凤同向环绕，双翅张开，三枝形尾羽曲曲弯弯似水波纹。素缘。直径 11.5 厘米。《铜镜鉴赏》图版 75。

5.54 双凤镜

　　圆形。圆钮，圆钮座。二凤绕钮同向环列，头似鸡头，三叠冠，尖嘴，丹凤眼，两翼及羽毛呈叠瓣式错落排列，笋状尾羽。此镜与宋代同类镜相比，双凤失去了神采风貌，却更接近传说凤凰的一些特征："鸡头、蛇颈、燕颔、龟身、鱼尾。"围以三角锯齿及连珠纹圈带。卷缘。直径16.2厘米。《山东沂水县征集的古代铜镜》图二七（《文物》1991年7期93页）。

5.55 双凤镜

　　圆形。花瓣钮座。钮外二凤同向环绕，细颈弯膺，张开一翼，笋状羽尾。素缘。《小校经阁金文拓本》卷十七 23B。

5.56 双凤镜

　　圆形。圆钮。双凤隔钮作对称式，展翅飞翔，双翅展开较宽，尾羽像一片叶纹，舒展自然。素宽缘。直径 14.7 厘米。《河南淇县征集的一批宋元铜镜》图二.1（《考古》1987 年 3 期 284 页）。

5.57 双凤镜

圆形，带柄。双凤作相对式排列，展开双翅，羽膈呈半圆形，再伸出双羽。一凤尾羽作蔓草形卷曲，一凤尾羽呈多根细长的齿状纹。素缘。通长 19.6 厘米。四川成都出土。《四川省出土铜镜》121 页图 60。

5.58 双凤镜

圆形，带柄。双凤作相对式排列，凤头部结构比较复杂，羽翅刻画细致。凤尾呈卷草纹。浙江东阳南宋理宗宝祐六年（1258）墓亦出土了类似的双凤带柄镜（《考古》1996 年 9 期 90 页图五 .1）。《试谈中国铜镜纹饰的发展》图十一（《文物参考资料》1957 年 8 期 31 页）。

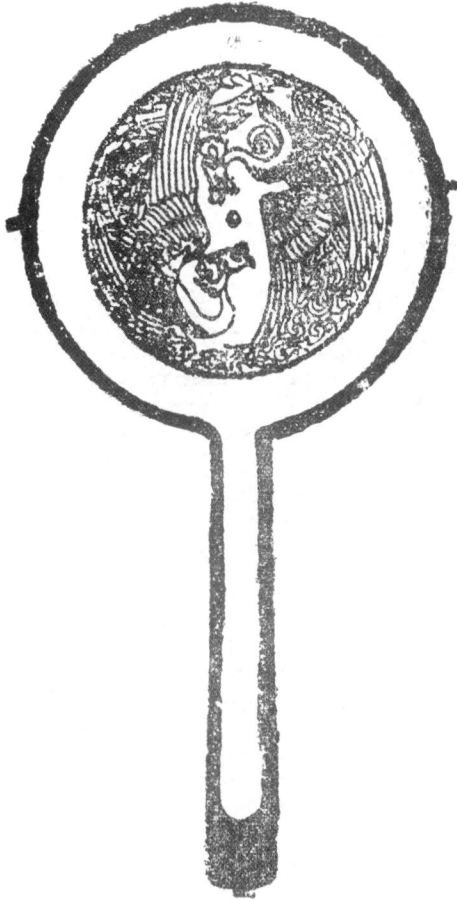

5.59 双凤镜

　　圆形，带柄，镜心有小圆点。双凤同向环列，双翅与尾羽沿着内圈舒展延伸，
自然随意。圆径 10 厘米。《郑州市博物馆收藏的几面古代铜镜》图七（《中原文物》
1987 年 1 期 96 页）。

5.60 双凤镜

　　圆形，带柄，柄残。中心圆圈带内以云纹为地，双凤同向环列，展翅，尾羽
形态不同，一凤呈枝蔓形，一凤为勾卷花叶形。直径 14 厘米。浙江金华南宋宁宗
嘉泰元年（1201）墓出土。《金华南宋郑继道家族墓清理简报》图十五（《东方博物》28
辑 60 页，2008 年）。

5.61 双凤镜

八菱花形，带柄。圆圈带内双凤相对飞翔，二凤尾羽有别。边缘八瓣内各饰一朵小花瓣。长柄上有"湖州石家造"铭文。圆径 12.9 厘米，柄长 10.1 厘米。双凤镜中出现商标类铭文极为少见。《净月澄华——辽宁省博物馆藏古代铜镜》272 页。

5.62 双凤镜

　　八瓣菱花形，无钮。中心圆圈带内双凤环列，细颈弯曲，双翅羽翼尖长。一凤尾羽为卷草纹，一凤尾羽呈花叶纹。素缘。直径 11.5 厘米，缘厚 0.3 厘米。《铜镜鉴赏》图版 76。

5.63 双凤镜

　　八瓣菱花形。圆钮。双凤隔钮相对，圆眼钩嘴，冠羽竖起，振起双翅。二凤尾羽形式不同。素缘。直径 12 厘米，湖南出土。《铜镜图案——湖南出土历代铜镜》175 页图 153，又见《铜镜图案》90 页。

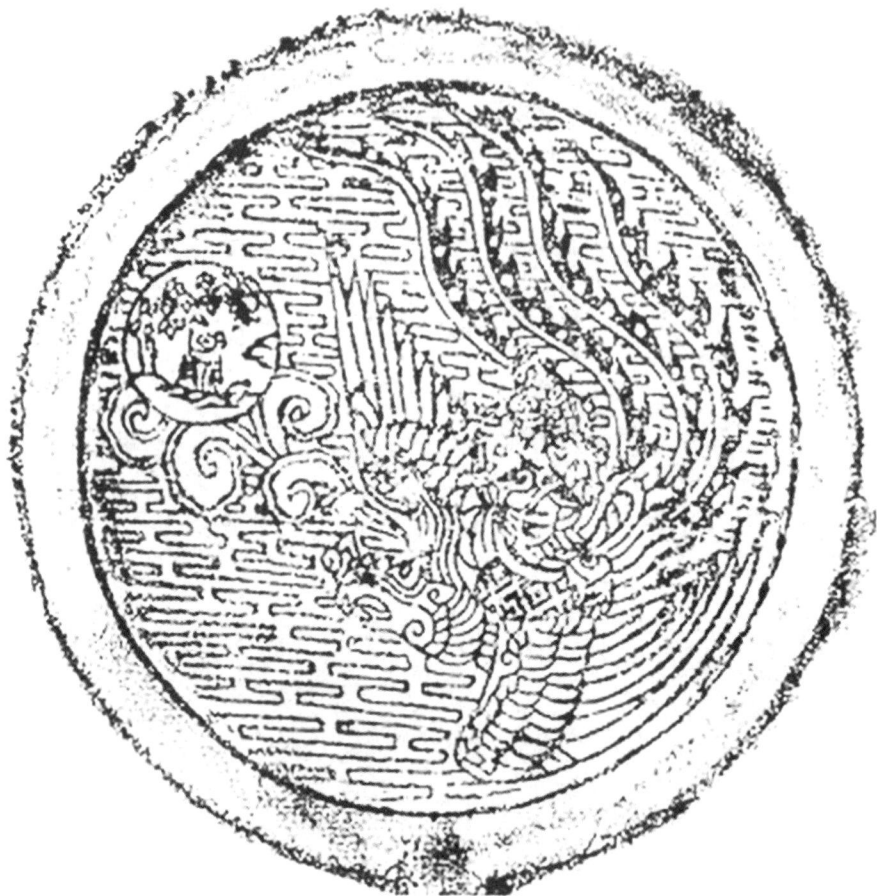

5.64 月宫单凤镜

圆形，带柄。地纹为条形云纹，其上一凤展翅飞翔，刻画精细，彩带状的尾羽飘逸向上。流云托起圆月，月中桂树横生，玉兔捣药。凸缘。直径 12.2 厘米。《楚风汉韵——长沙市博物馆藏镜》203 页图 153。

5.65 孔雀衔绶镜

　　方形切角。圆钮。二孔雀斜角对称配置，头部结构简单，颈部细长弯曲，口衔绶带，双翅振起，张开的尾屏如花团锦簇。整个画面繁简相映，柔美自然。边长 15 厘米。湖南出土。《铜镜图案——湖南出土历代铜镜》161 页图 139。又见《铜镜图案》79 页。

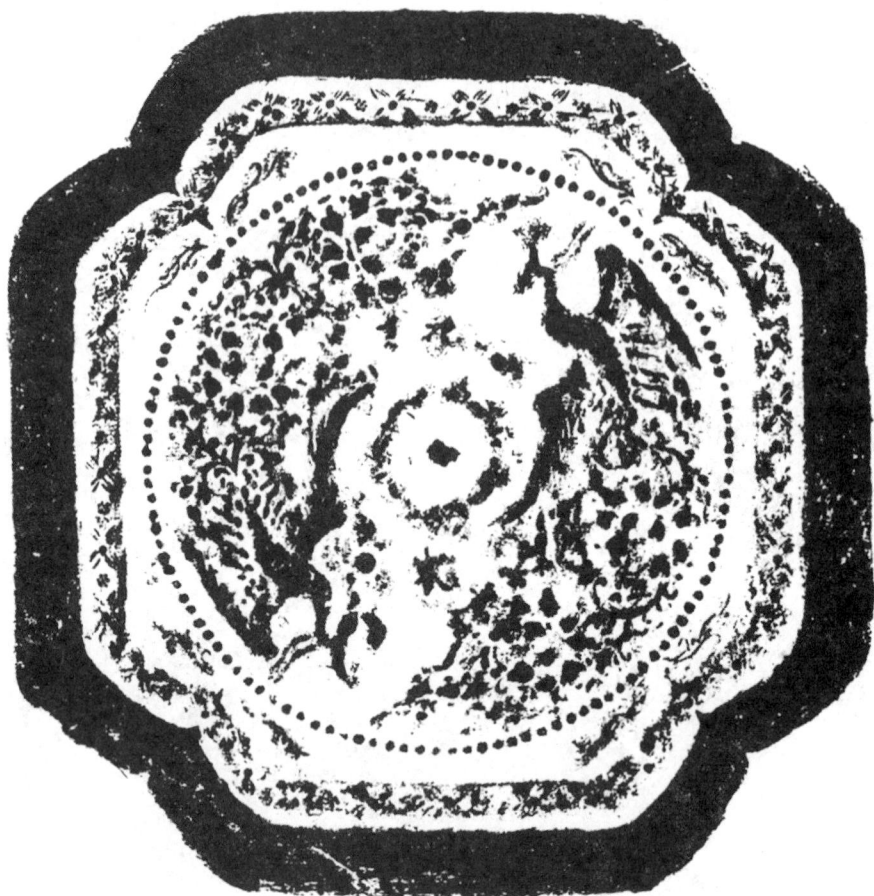

5.66 双孔雀镜

亚字形。小圆钮。座外二孔雀首尾对置，双翼平展微微下合，开屏。其外一圈连珠纹，沿亚字形内缘环绕小花瓣纹。连珠纹圈与花瓣纹带之间，均匀分布四组小花枝纹。素缘。《小校经阁金文拓本》卷十七24A下。

5.67 双鸾花卉镜

　　圆形。圆钮，八瓣花钮座。座外二鸾二花枝相间环绕。二鸾鸟延颈展翅，圆眼，嘴微张，脖颈细长，羽翼平展，两脚向一侧微曲。二花枝形状各异，一花为宽厚的重瓣，瓣上密生花蕊；一花为两叠状花瓣，扇形散布十余组花蕊。素缘。直径22厘米。《小檀栾室镜影》卷五26。

5.68 四凤穿花镜

圆形。圆钮，花瓣钮座，四瑞兽绕钮奔驰。弦纹带外为四凤穿花，鸾凤展翅飞翔，飘荡条带式尾羽。四花为盛开的两朵牡丹及一片花叶组合。近缘处呈八瓣菱花形，是比较特殊的形式。素缘。《小校经阁金文拓本》卷十七 22B。

5.69 四凫镜

方形。圆钮。四凫曲颈侧向飞翔，羽翼作扇面形展开，构图配置巧妙，从不同方向看则有不同的飞翔方向。素缘。边长 13.1 厘米。湖南出土。《铜镜图案——湖南出土历代铜镜》173 页图 151，又见《铜镜图案》80 页。

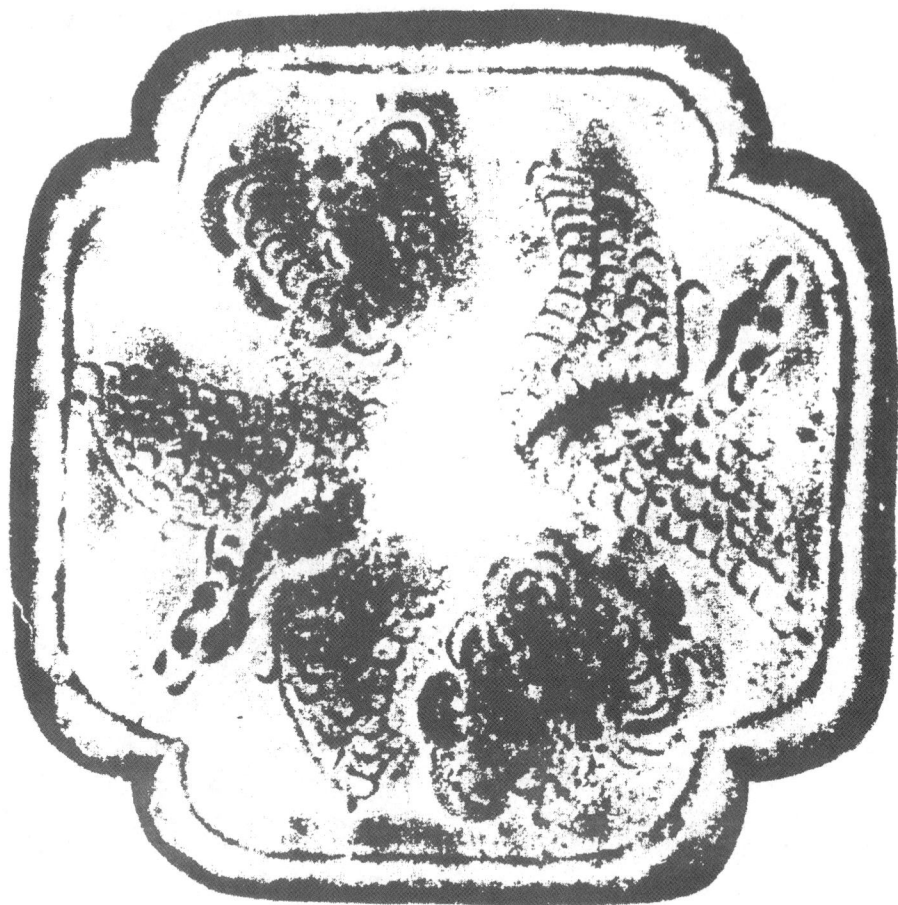

5.70 双凫双蝶镜

亚字形。钮外双凫双蝶相间环列，均展开双翅向内角方向飞翔。素缘。直径
12.3 厘米。湖南出土。《铜镜图案——湖南出土历代铜镜》174 页图 152，又见《铜
镜图案》92 页。

5.71 六蝶镜

圆形。鼻形钮。外围花瓣，六只蜂蝶环绕一周，飞向花瓣。素缘。直径12厘米。河南洛阳五代后唐明宗长兴二年（931）墓出土，为此类铜镜的流行年代提供了重要资料。《河南洛阳市苗北村五代、宋金墓葬发掘简报》图一五 .1（《考古》2013年4期48页）。

5.72 六蝶镜

　　圆形。桥形钮。镜心一朵盛开的大花瓣，环绕六只蝴蝶。飞蝶寻花，别有意景情趣。素缘。直径 9.4 厘米。《楚风汉韵——长沙市博物馆藏镜》214 页图 164。

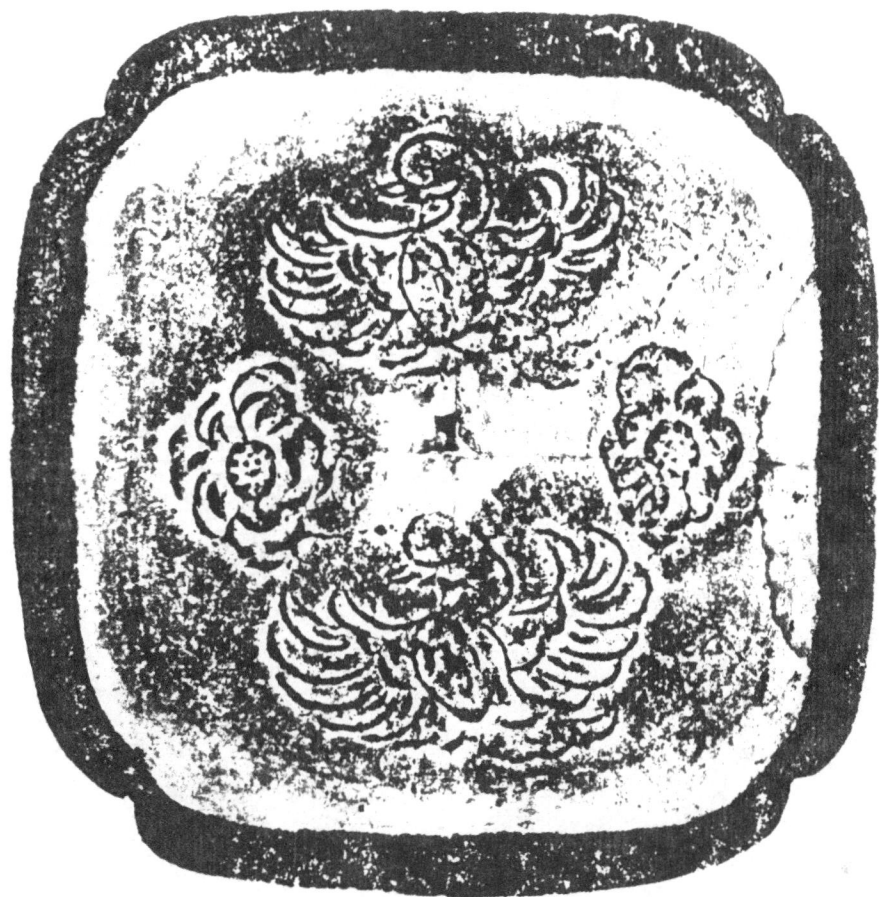

5.73 鸳鸯莲花镜

亚字形。小钮。钮外二鸳鸯二莲花相间排列，鸳鸯展翅直立，莲花盛开。素缘。《铜镜图案》96 页。

双鱼镜

5.74 湖州双鱼镜

七菱花形。弓形钮。钮上方长方牌内有"湖州徐家"铭文，方牌两头饰花瓣纹。钮两侧各一鱼纹，两鱼首尾方向相反排列。素缘。直径18.5厘米。浙江嘉兴出土。《浙江出土铜镜》图166。

5.75 双鱼镜

　　七菱花形。弓形钮。钮两侧各一鱼，两鱼首尾方向相反排列。边缘窄细。直径 13.7 厘米，缘厚 0.4 厘米，缘宽 0.45 厘米。安阳市博物馆藏品。《安阳市博物馆藏铜镜选介》图八（《中原文物》1986 年 3 期 124 页）。

瑞兽镜

5.76 双兽镜

方形。小鼻钮。点珠纹地,二兽隔钮相对,侧首张口,四肢伸张,腾跃奋起。素缘。边长 9.5 厘米。河南洛阳北宋墓出土。《洛镜铜华——洛阳铜镜发现与研究》327 页图 294。

5.77 四兽镜

　　圆形。圆钮,围以连珠纹圈带。其外环绕葡萄枝蔓,四兽同向环列,作攀爬枝蔓形态,躯体有散点纹饰。素缘。直径 35.5 厘米。此镜尺寸大,图纹少见。湖南常德北宋中晚期墓出土。《湖南常德市郊出土宋代大型铜镜》(《文物》1987 年 10 期 81 页)。

神仙人物故事镜

5.78 二飞仙镜

六瓣菱花形。圆钮。钮外二飞仙同向环绕，飞仙身姿轻瘦，帔巾凌风飘舞，举手折腰，纤纤细手托起一盘，盘中有花卉等物。菱瓣内各一朵云纹。《铜镜图案》102 页。

5.79　二飞仙镜

　　八出葵花形。圆钮。二飞仙同向环绕，头戴花冠，侧首曲身，帔巾后扬。一飞仙右手屈肘托盘，盘中有物，另一飞仙双手托大盘捧至胸前，盘中盛满什物。素缘。故宫博物院藏镜图纹与此镜同，直径 16.65 厘米（《故宫藏镜》图 154）。《古镜图录》卷下 22B。

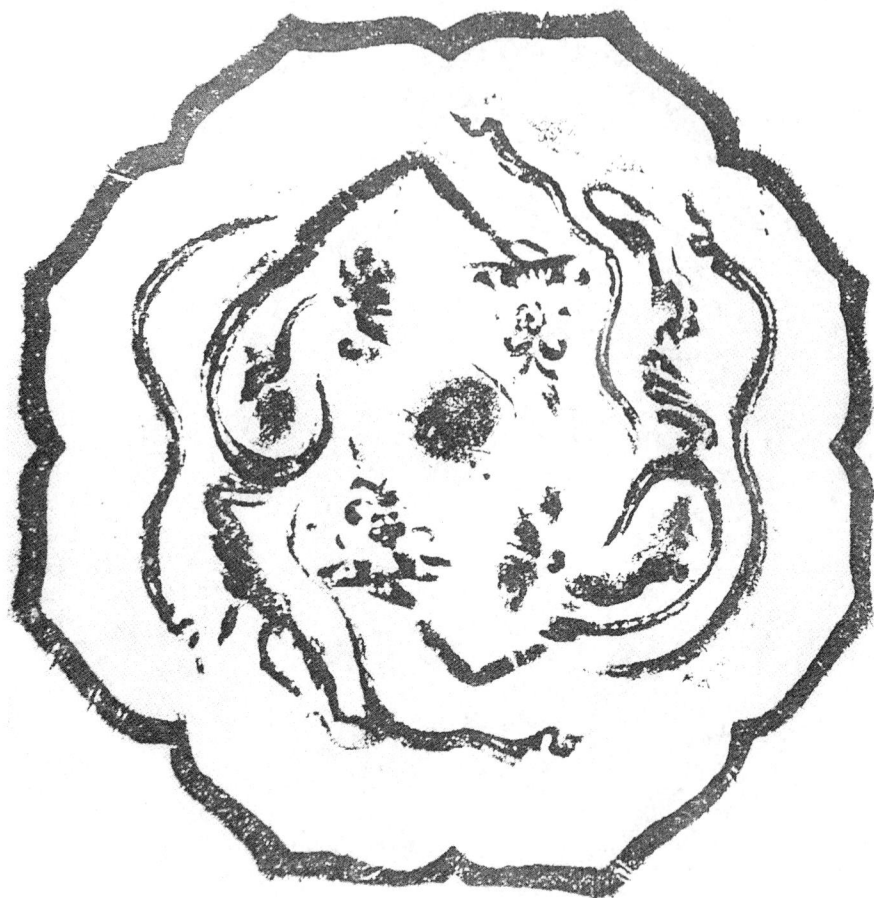

5.80 二飞仙镜

八菱花形。圆钮。二飞仙同向环列，昂头向前，身姿舒展自然，披帛飞动飘逸，一手前伸，曲肘举花盆，盆中有花卉。素缘。直径 12.3 厘米。《旅顺博物馆藏铜镜》152 页图 140。

5.81 二飞仙花卉镜

  六出葵花形。小圆钮，花瓣钮座。二飞仙与二株花卉相间环列，侧首后顾，飘然飞升，两手张开捧物，风度娴雅。折枝花枝叶柔婉，花大姿韵丰盈。缘内侧一处有"子善"铭文。素窄缘。直径 10.4 厘米。《楚风汉韵——长沙市博物馆藏镜》213 页图 163。

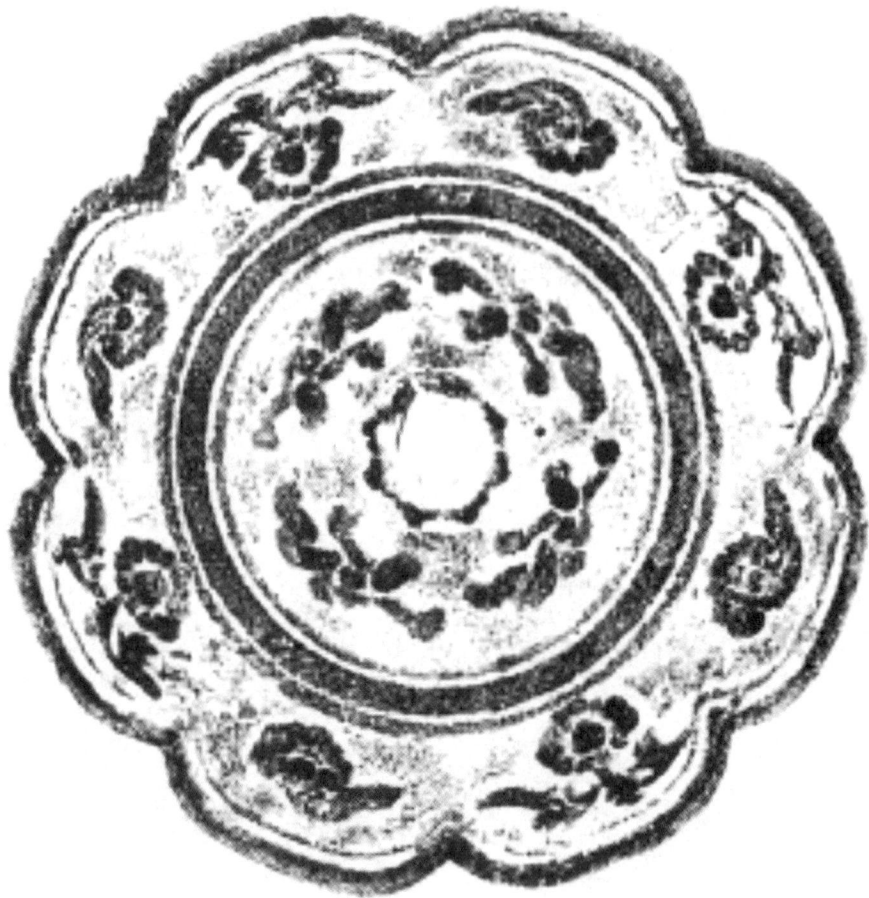

5.82 四飞仙花卉镜

　　八出葵花形。小圆钮，花瓣形钮座。重圈带分为内外二区，内区四飞仙同向绕钮环列，双手张开捧物。外区两种不同的花卉各四株相间环列。素缘。直径15.4厘米。《楚风汉韵——长沙市博物馆藏镜》211页图161。

5.83 四飞仙花卉镜

　　圆形。花瓣钮座。圆圈带将镜背分为内外二区，内区环绕一周铭文："伴安
楚姬，永不分离，初改靖康元年月日铸。"外区四飞仙与四株花卉相间环列，其中
二飞仙身侧分别有"老彭"、"真鉴"铭文。《湖南出土宋镜选记》图一（《南方文物》
1994 年 3 期 87 页）。

5.84 六飞仙镜

　　八出葵花形。桥形钮，花瓣钮座。圆圈带将镜背分为内外二区，内区二飞仙二祥云相间环绕，外区四飞仙、四花枝相间环绕。内外区飞仙姿势相同，回首侧身，作升腾之势。花枝形态相同，卷曲的叶瓣，茎端承托着一朵盛开的花瓣。直径14.4厘米。湖南出土。《铜镜图案——湖南出土历代铜镜》200页图180。又见《铜镜图案》103页、《楚风汉韵——长沙市博物馆藏镜》210页图160。

5.85 仙人乘凤镜

圆形，带柄，镜边与柄边棱相连。镜上部中央长方牌中有"临安王家"铭文。其下一仙人戴冠，着长衫，乘风飞翔于云层之上，帔巾飘起。凤高冠羽，尾羽作卷曲的花叶纹。外区一周缠枝花草。通长 20.9 厘米。四川大邑出土。《四川省出土铜镜》133 页图 66。

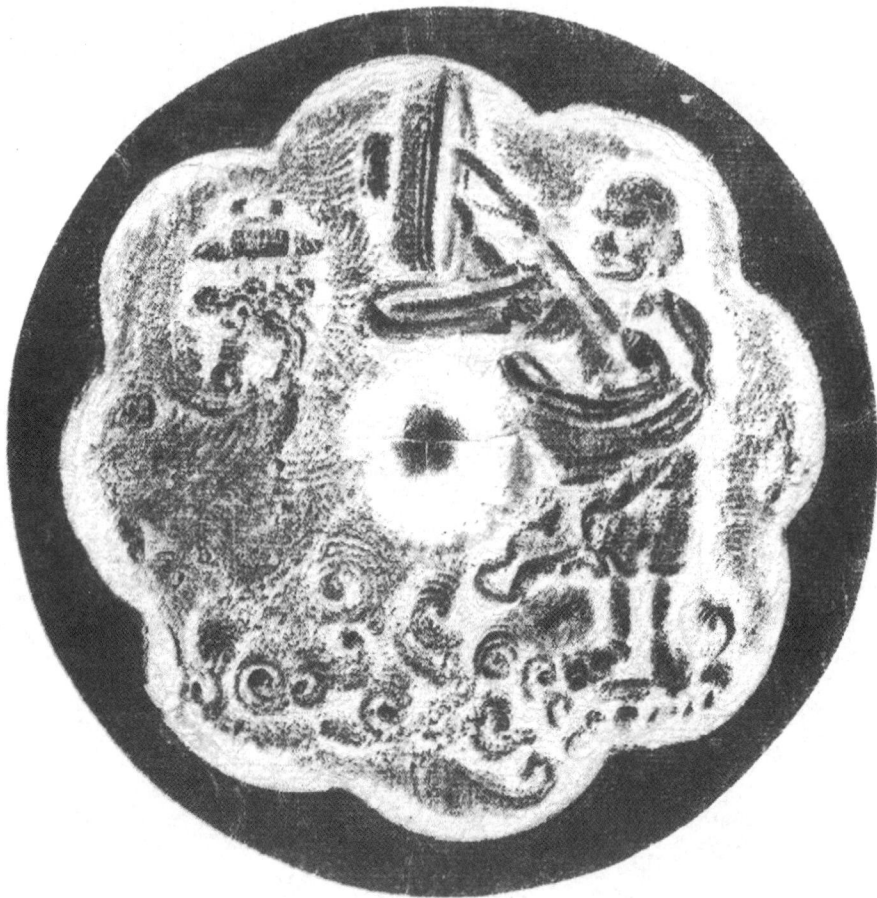

5.86 罗汉渡海镜

又称仙人过海镜、达摩渡海（江）镜、杯渡禅师镜、和尚闹海镜等。圆形，内为八弧形，圆钮。镜背满饰水波纹，钮右一僧人身披袈裟，手持伞形法器（或认为是头笠），脚踩一物浮于水面，飘然衣动。钮右海浪中一片祥云托起一座殿宇。素缘。直径 13.6 厘米。《铜镜鉴赏》图版 92。

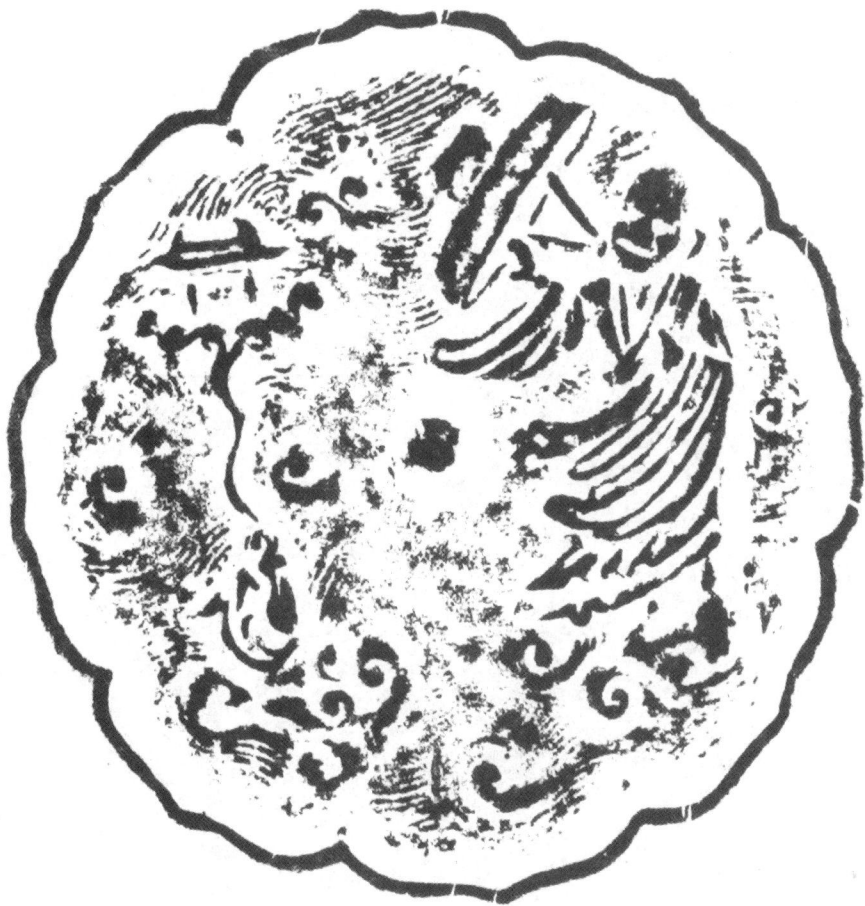

5.87 罗汉渡海镜

　　八菱花形。圆钮。纹饰题材和布局基本同前《铜镜鉴赏》图版 92 镜。素窄缘。此类镜出土及传世较多，如《历代铜镜纹饰》图 275 镜，曲线水波纹刻画清晰，龙首（似为鱼化龙或摩羯纹）露出水面，口吐升腾的云雾托起殿宇，被称为"底水隐然，蜃楼突起"。《小檀栾室镜影》卷六 9B。

5.88 仙人过海镜

　　八瓣菱花形。水曲纹海浪满铺镜背，钮左右各一仙人立在长剑上漂洋过海。仙人头戴冠，宽袖长袍顺风飘扬，水中漂浮水草并浮现出一座殿宇。在僧人渡海纹中也有同形的殿宇图纹。《小校经阁金文拓本》卷十七 60B 上。

5.89 仙人过海镜

　　方形。左上角一仙人着宽袖长袍，双脚立在长剑上。右下角一仙人面向左侧，双手抬至胸前，脚踏一物。两仙人相互呼应，衣袖顺风飘摆。另两角为海浪，波峰波谷层层交叠，显示一派壮阔起伏的海面景象。边长 9 厘米。湖南出土。《铜镜图案——湖南出土历代铜镜》190 页图 168。

5.90 仙人降龙镜

　　八出葵花形。圆钮，连珠纹钮座。钮右一仙人，绾髻，着对襟长袖衫，右手抬起，抛剑刺向飞龙，左手臂上挽着一根圆结长索，双脚踩在云朵上。龙头向下，俯身曲颈，后肢被压在剑下，尾卷曲缠于剑格处。边缘弧形内填满圆涡纹。钮上长方格内有铭文。直径 14 厘米。湖南出土。《铜镜图案——湖南出土历代铜镜》189 页图 167。又见《铜镜图案》128 页。

5.91 仙人鹤鹿同春镜

　　圆形。圆钮。右侧一树，枝叶横亘。树下老者端坐，旁立侍者，手托盘，盘中有物。左侧山石中隐现山门一扇，一只仙鹤探头于山门外。山门下亦立一侍者，手中持瓶，香烟袅袅，身前一鹿款款而行。桥下河水流淌。素缘。直径 20 厘米。《介绍馆藏铜镜》图九（《文博》1989 年 2 期 90 页）。

5.92 仙人鹤鹿同春镜

　　圆形，无钮。镜背右侧山石间有松树和几株修竹，树下一仙长着宽袖长袍，双手抱拳作揖状，有头光，头光上祥云环绕。身后一侍者，双手捧物。仙长左侧一梅花鹿，口衔灵芝草。松枝间一仙鹤俯首飞翔。素缘。直径 13.1 厘米。《铜镜鉴赏》图版 81。

5.93 仙人龟鹤齐寿镜

　　圆形。圆钮。钮上一树，枝叶下垂，一条彩云带沿镜缘飘向两侧。钮右侧坐一仙长，着长袍，有头光。左侧祥云上一侍者托盘，飘然而至。钮下竹草丛生，仙鹤与灵龟均昂首向着仙长。整个画面构图清新自然。素缘，其上刻有"金"字等刻记。直径 16.1 厘米。《铜镜鉴赏》图版 89。

5.94 仙人龟鹤齐寿镜

　　圆形，无钮。右侧一株粗壮的松树，枝叶繁茂。树下一仙长端坐石上，有头光。背后一侍童，手捧物。左侧仙鹤展翅飞翔，灵龟爬行。素缘。直径9.4厘米。重庆出土。《四川省出土铜镜》113页图56。

5.95 仙人龟鹤齐寿镜

　　八瓣菱花形。钮右仙长端坐石上，束发，头光上有星象纹，着对襟宽袖长衫，手持拂尘，举止端庄文静。左侧竹树下女侍童，双手托盘，盘中有仙桃。空中仙鹤飞翔，地上灵龟伸颈延首，蹒跚爬行。素窄缘。《小校经阁金文拓本》卷十七 2A 上。

5.96 仙人龟鹤齐寿镜

　　圆形。银锭钮。镜形、纹饰基本同前《小校经阁金文拓本》卷十七 2A 铜镜，只是缺少星象纹。素缘。直径 19.5 厘米。浙江安吉征集。《清质·昭明》126 页。

5.97 仙人龟鹤齐寿镜

　　圆形。结形钮。纹饰基本同前《清质·昭明》126 页铜镜。素缘。直径 20.5 厘米。这是一种格式相对固定的龟鹤齐寿镜。宝鸡市博物馆藏品。《介绍馆藏铜镜》图十（《文博》1989 年 2 期 90 页）。

5.98 仙人龟鹤齐寿镜

　　方形。圆钮座。一树虬曲绕钮座，左侧一人，手举承盘；右侧仙鹤展翅，灵龟爬行，均向着仙人方向。边长 9.1 厘米。《铜镜图案》113 页左上图。

5.99 潭州仙人龟鹤齐寿镜

　　钟形。镜中心长方格中有反书铭文"潭州官坊造"，其上有流云。左侧草地站立一人，着宽袖长衫，一手曲肘上举。右侧上有仙鹤振翅，下右灵龟爬行。缘内侧饰缠枝花叶纹。《湖南出土宋镜选记》图三（《南方文物》1994 年 3 期 88 页）。

5.100 仙人龟鹤齐寿镜

钟形。花瓣钮座。天空流云飘逸，地上松枝披拂。一人站立，昂首，着宽袖长衫。仙鹤振翅，灵龟爬行。这是龟鹤齐寿人物镜中较为模式化的一种类型，图纹大同小异。《湖南省博物馆收藏的日本江户时代铜镜》图一一（《文物》1995 年 5 期 63 页）。

5.101 仙人龟鹤齐寿镜

　　六出葵花形。桥形钮，花瓣钮座。纹饰内容和布局与前《铜镜图案》113页左上图铜镜大同小异，仙长站立，仙鹤振翅，灵龟爬行，但树枝表现形式有别，左侧松树枝叶横生。另外，钮两侧分别有"老彭"、"真鉴"铭文。窄缘。直径11.9厘米。《楚风汉韵——长沙市博物馆藏镜》204页图154。

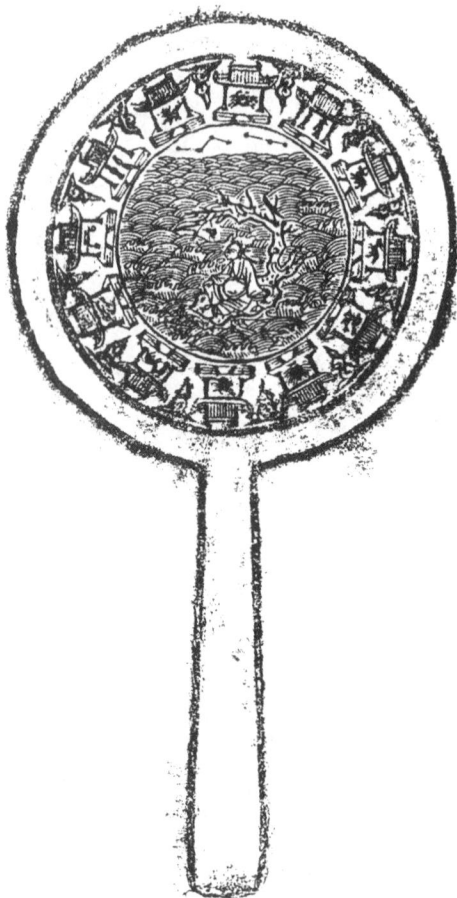

5.102 仙人乘槎镜

　　圆形，带柄。内区水天相连，天空布北斗七星星象，海水波浪起伏，仙人乘槎前行。外区十二座亭子环绕一周，亭中有人物、动物等不同图形，分别为黄道十二宫的白羊、金牛、双子、巨蟹、狮子、室女、天秤、天蝎、人马、摩羯、宝瓶、双鱼等。素缘。圆径 13.5 厘米，柄长 11 厘米。《九江出土铜镜》图 123。

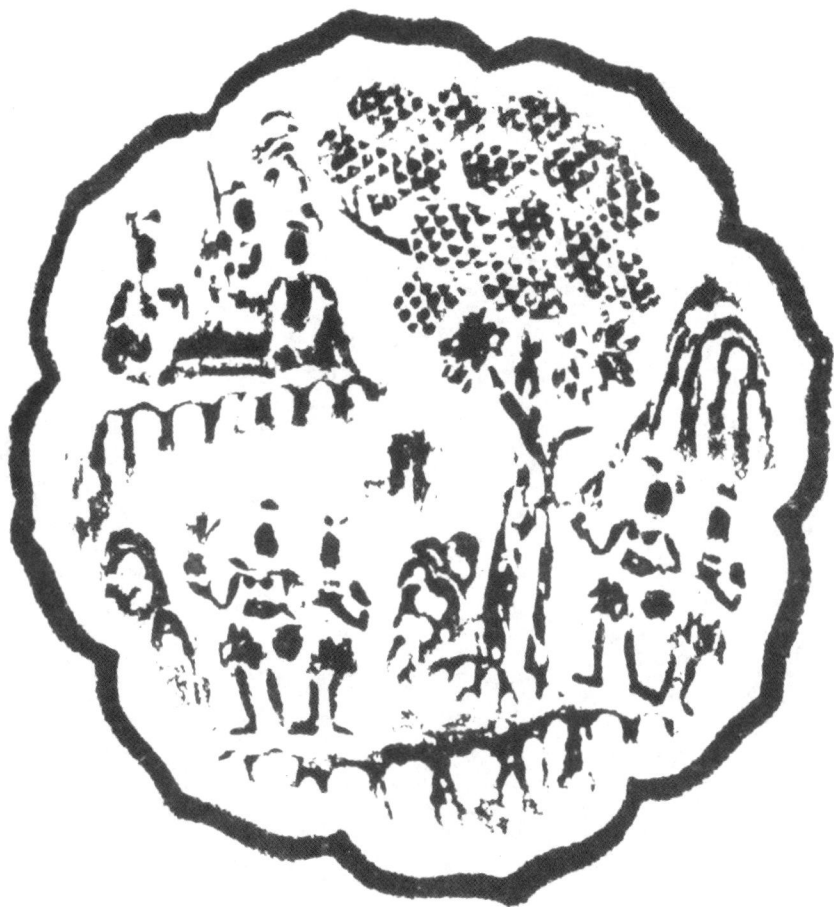

5.103 王质观弈镜

　　八瓣菱花形。圆钮。图纹分为水陆两部分，分界线似桥非桥。右侧大树挺拔，枝叶丛生。左上部两人坐地弈棋，一人观弈。树两侧各有二人，身着短褐，双手弯曲上抬。素缘。此类镜人物形象刻画都简单粗糙，纹饰中是桥非桥，是岸非岸的图纹，乃是宋镜中的一个重要特点，宋双龙镜中也有这种图纹。《小檀栾室镜影》卷六 7A。

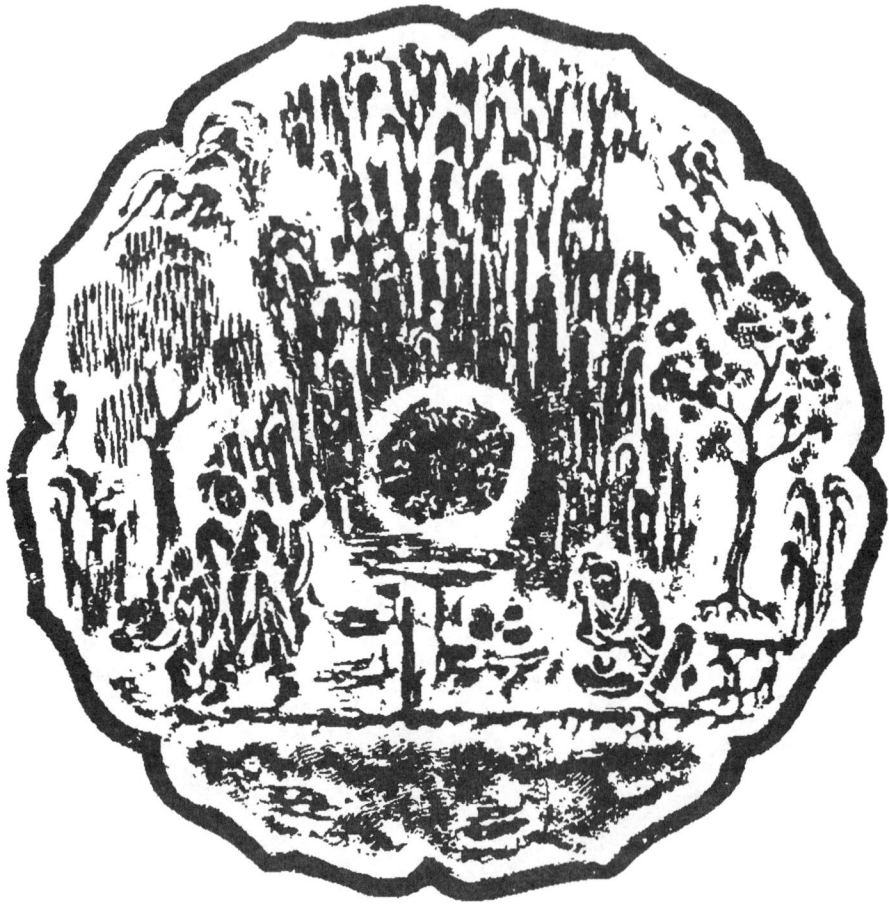

5.104 许由巢父镜

　　八菱花形。大扁圆钮，钮面有字符难以辨识。上部山峦起伏，两侧树木参天，河中流水潺潺。河岸边，一人站立，一手牵牛，一手抬起前指；一人坐地，右手弯曲抬至耳边。图纹表现的应是"许由洗耳，巢父饮牛"的传说故事。直径 29 厘米。《馆藏铜镜选辑（六）》图 51（《中国历史博物馆馆刊》1994 年 2 期 140 页）。

5.105 许由巢父镜

　　八瓣菱花形。纹饰分为水陆两部分，分界线似桥非桥，象征河岸。右侧一棵大树，枝叶繁盛，两侧有山石。树左一人坐地，右手弯曲抬至耳部；树右一人牵牛，一手指向坐着之人。河水中泛起花草。素缘。直径 15 厘米。四川三台出土。《四川三台县发现一批宋镜》图一 .2（《考古》1984 年 7 期 669 页）。

5.106 许由巢父镜

镜形和纹饰基本同前四川三台出土许由巢父镜，只是河岸下留白无纹。直径
14.5厘米。内蒙古巴林左旗出土。《辽上京出土许由巢父故事铜镜》插图（《文物》
1990年4期96页）。

5.107 许由巢父镜

　　圆形。圆钮。镜的图纹与布局基本上同前四川三台镜。此类镜的图纹有些著录中认为是宁戚饭牛的故事，但从人物手势及周围环境看，反映的应是许由巢父故事。吉林农安出土一镜与此镜相同，边缘有"金城县"刻记及花押，说明此类镜金代仍沿用。《古镜图录》卷下23B。

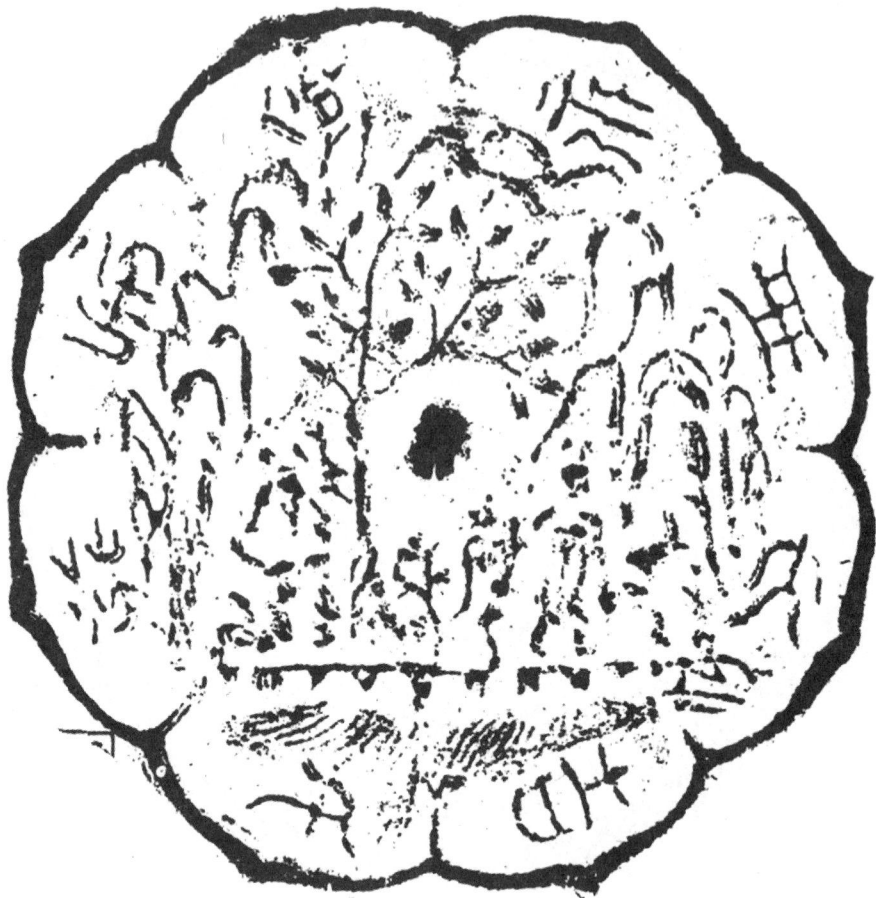

5.108 许由巢父镜

　　八瓣菱花形。圆钮。图纹内容和布局与前四川三台出土和前诸传世镜相同，亦是山石高树，一人牵牛而立，一手前指，一人端坐，右手抬至耳边。但图纹的表现却略有差别，如高树枝叶稀疏。菱瓣内各一字铭，合为"千秋长命，永用大吉"，同类镜中少见。直径 17.8 厘米。《小校经阁金文拓本》卷十七 67A 上。

5.109 抚琴人物镜

　　八瓣菱花形。圆钮。图纹分为水陆两部分，河岸更似一座有桩的木桥，大树枝叶丛生。岸边和大树的形状、人物的表现手法，与王质观弈、许由巢父等相似。左侧一人端坐抚琴，右侧一人似在山门内，故事内容不明。八瓣内有流云纹。吉林延吉出土一面镜，边缘上有"临潢县"刻记，直径 12.9 厘米，可知这类镜金代仍沿用。《小校经阁金文拓本》卷十七 2A 下。

5.110 楼阁人物镜

　　八菱花形。圆钮。右侧山岩上半露楼阁，楼阁邸吻、屋瓦、斗拱、版门都刻画出来。门半开，隐现一人。楼阁下方，一人端坐，两侧侍者手执宝扇，左侧山岩旁大树一株，枝叶茂密，河岸似长桥，河水流淌。钮下方白兔捣药，旁侧一人站立，手执幡物。另一人头戴冠，弯腰拱手作揖状。素缘。安徽合肥北宋徽宗政和八年（1118）墓出土。《合肥北宋马绍庭夫妻合葬墓》图二二（《文物》1991 年 3 期31 页）。

5.111 楼阁人物镜

　　形制、纹饰同前合肥宋徽宗政和八年墓出土镜，局部纹饰表现形式略有不同。
直径15.3厘米。湖北襄阳宋徽宗崇宁三年（1104）墓（《襄阳磨基山宋墓发掘简报》，
《江汉考古》1985年3期）出土一面，为此类镜的流行时期又提供了重要资料。《介
绍馆藏铜镜》图八（《文博》1989年2期90页）。八菱楼阁人物镜传世和出土品较
多，学者从不同切入点对其内容进行分析，有山寺礼僧、唐明皇游月宫、周穆王
会见西王母，以及唐传奇《裴航》等多种看法。尤其是镜中的"半启门"画面，则
成了重点研究的题材。

5.112 月宫镜

　　圆形，有支托，钮在镜下缘。镜心一仙人足踏祥云。左侧大树下，玉兔捣药、蟾蜍跳跃。右侧一座重檐楼阁。图纹表现的应是月中广寒宫、吴刚与桂树、玉兔与蟾蜍。支托呈云头纹，创意新颖。直径 14.5 厘米。《四川资中出土一件云纹托月宫铜镜》插图（《文物》1990 年 4 期 96 页）。

5.113 蹴鞠镜

圆形。圆钮。假山草坪中，一男一女正在进行蹴鞠游戏。左侧女子一脚直立，一脚微抬，皮球位于脚尖上，身后一女侍，肩搭一物。右侧男子蹲步前倾，注视着皮球，身后男仆，手执铃状物。晚唐出现了充气的皮球，球用多片缝成，里面充气。此镜球上有隐略可见的块状缝合纹。直径 11 厘米。《铜镜图案——湖南出土历代铜镜》195 页图 174。又见《铜镜图案》111 页。

5.114 观星望月气功镜

　　桃形。花瓣钮座。云朵中半月星辰，草丛中站立一人，头上举，手抬起，观星望月，被认为似为吐故纳新的呼吸姿势。素缘。长 13.4 厘米。《铜镜图案——湖南出土历代铜镜》194 页图 173。

5.115 轩辕耕牛镜

　　桃形或称盾形。大长方框中，上方三个格内楷书铭文合为："人有十口，前牛无角，后牛有口，走。"中部长方框内一牛吃草。下部长方框内有"辟祸去结"铭文。两侧有篆书铭文："轩辕维法造丹药，百炼成得者身昌。"其下为花枝纹。素缘。长 20.8 厘米。楷书铭文为一个隐语，或释为"古人手造"，或释为"甲午造"。《铜镜图案——湖南出土历代铜镜》229 页图 210。又见《铜镜图案》127 页。

5.116 轩辕耕牛镜

钮在镜背上方近镜缘处。镜形和图纹内容及布局基本上同前《铜镜图案——湖南出土历代铜镜》图 210 铜镜，只是牛和方格下的花草纹饰有所不同。长 19.35 厘米，宽 14.45 厘米。《旅顺博物馆藏铜镜》147 页图 135。

5.117 轩辕耕牛镜

镜形和图纹内容及布局基本上同前《铜镜图案——湖南出土历代铜镜》图210镜，有三组铭文相同。但此镜牛上方为北斗七星与云纹，下方没有铭文。方格下方为波浪纹。素缘。见《小校经阁金文拓本》卷十六109A。江苏江阴北宋葛闳夫妇墓亦出土此类镜（《文物资料丛刊》第十辑），镜的下半部为三足炉、游鱼和海水。葛闳为北宋仁宗皇祐元年（1049）进士，为此类镜的使用时期提供了重要依据。

5.118 仙人犀牛望月镜

圆形。圆钮。天空烟云映带，一弯新月。方格中铭文模糊难辨。钮两侧起伏的波浪中，浮起二仙人，抬手向前捧盘，盘中有灵芝等。水中一牛翘首望月。素宽缘。直径 18.5 厘米。《仪征馆藏铜镜》145 页。

四神镜

5.119 四神镜

八菱花形。圆钮。四神绕钮环绕，青龙、白虎挟钮相对。四神塑造粗放，朱雀羽翼、尾羽刻画简单。直径 7.5 厘米。四川成都出土。《四川省出土铜镜》123 页图 61。

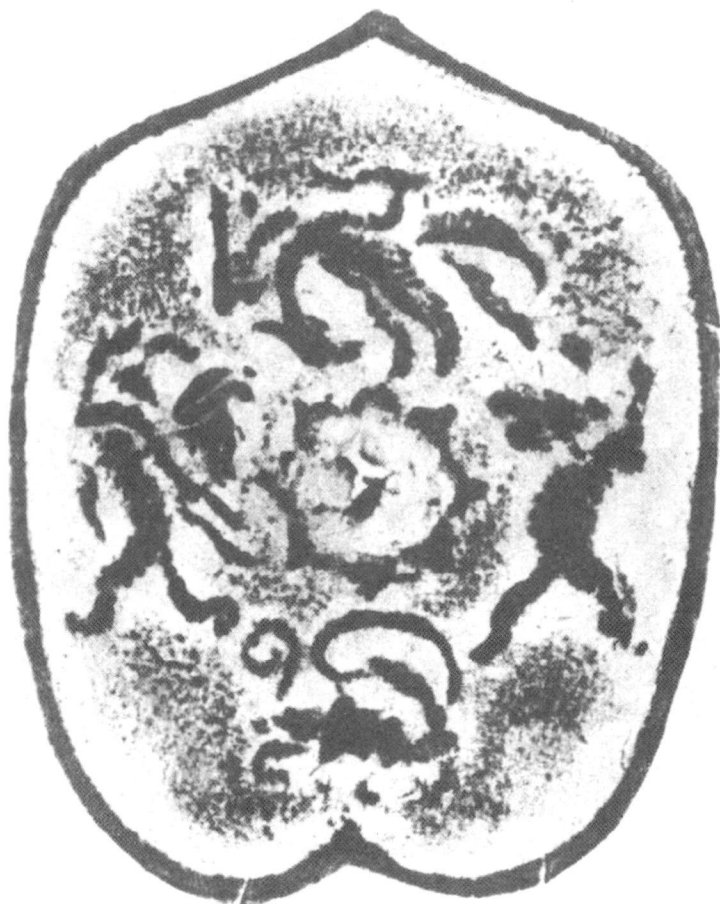

5.120 四神镜

桃形。花瓣钮座。四神环列，形象粗糙。《铜镜图案》109 页下图。

八卦镜

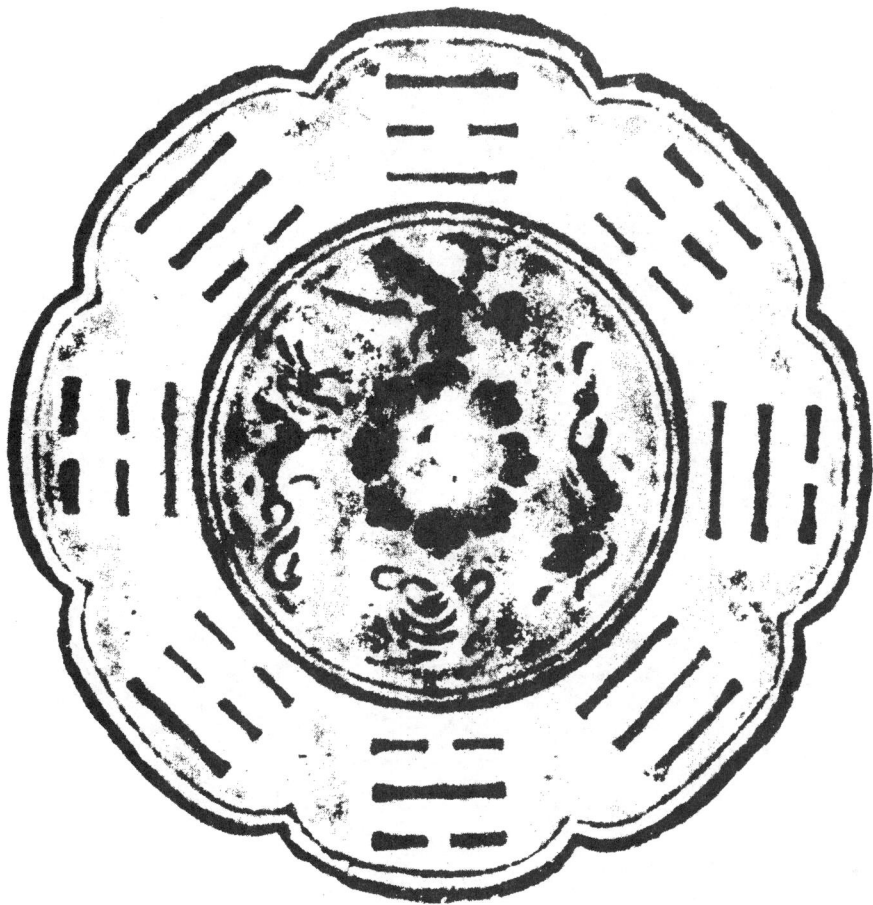

5.121 四神八卦镜

八出葵花形。花瓣钮座。内区环列四神，四神形态简单粗拙。外区八卦纹。素缘。直径 14.7 厘米。图纹中四神与八卦排列方位相符，即东青龙、西白虎、南朱雀、北玄武，乾卦在西北，坤卦在西南，卦在东北，巽卦在东南，震、兑、离、坎四卦分别在东、南、西、北。《铜镜图案——湖南出土历代铜镜》178 页图 156，又见《铜镜图案》101 页。

5.122 四神八卦镜

　　八菱花形。花瓣钮座。四神环列，四神形态简单粗劣，其外环绕八卦纹。素
缘。从四川、湖南出土或传世的四神和四神八卦镜看，一个最明显的特点是四神
形态大致相同，刻画粗拙。《铜镜图案》100 页。

5.123 四神八卦镜

　　八菱花形。圆钮，花瓣钮座。四神环列。宋代铜镜中的四神图纹多模糊不清，此镜拓本还能辨识四神造型的一些基本特征。窄缘。直径 12.4 厘米。《楚风汉韵——长沙市博物馆藏镜》207 页图 157。

5.124 八卦镜

　　八边形。平顶钮。钮上下排列北斗七星图像，两侧竖行铭文合为："七星朗耀通三界，一道灵光伏万魔。"外围一周八卦纹。直径 10.31 厘米。《旅顺博物馆藏铜镜》154 页图 142。

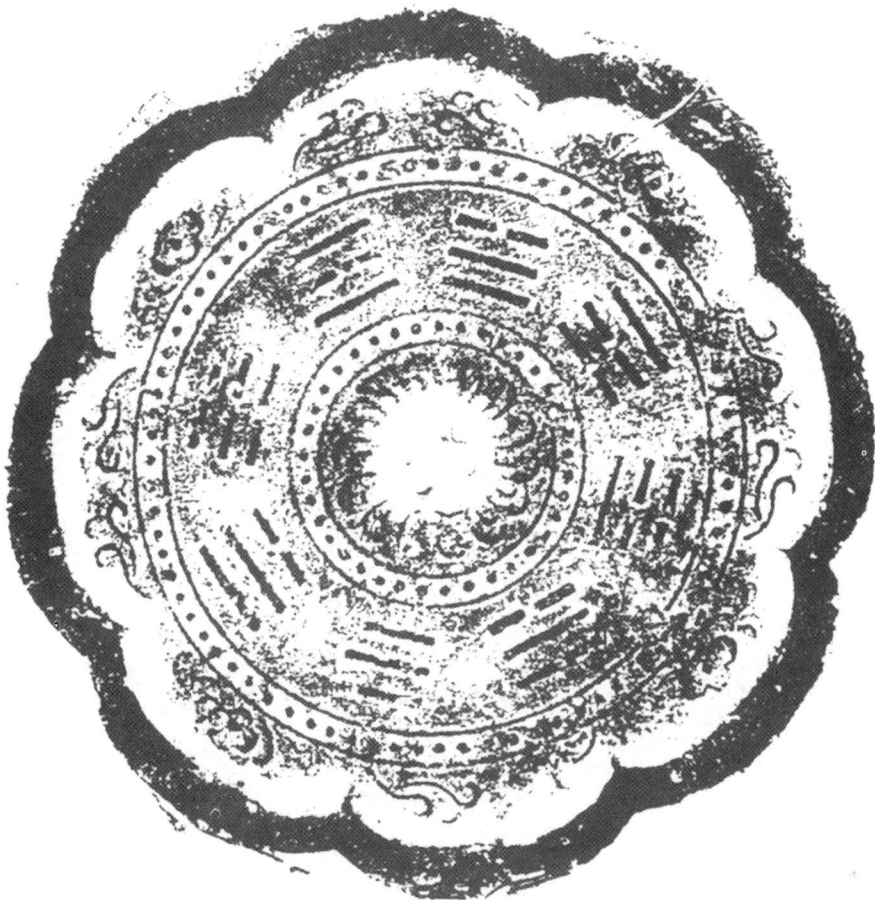

5.125 八卦镜

八出葵花形。小钮，花瓣钮座。两周连珠纹圈带分为内外二区，内区配置八卦纹，外区八弧内两种不同形态的花卉各四组相间环列。素缘。直径 12.4 厘米。江西瑞昌北宋徽宗宣和六年（1124）墓出土。《九江出土铜镜》图 82。湖北麻城北宋徽宗政和三年（1113）墓（《湖北麻城北宋石室墓清理简报》《考古》1965 年 1 期）出土方形八卦镜，与此镜纹饰近似。

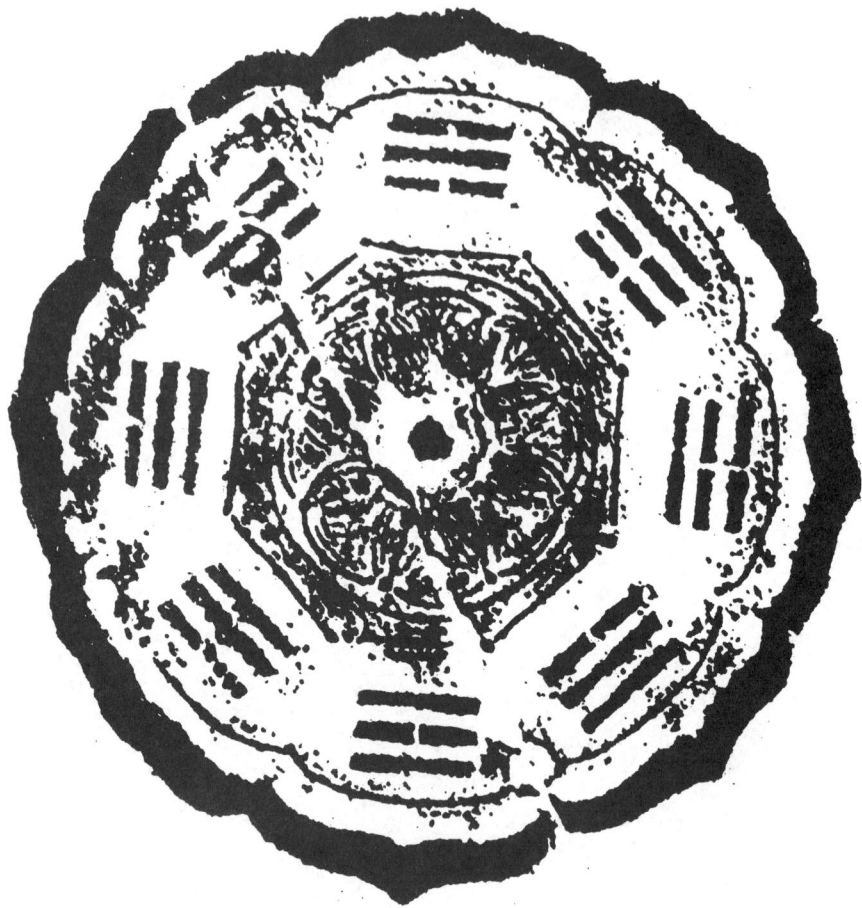

5.126 花瓣八卦镜

八菱花形。圆钮,围以花瓣。弦纹圈带和八边形外环列一周八卦纹,其外围以八出葵花形弦纹带。素缘。直径 15.3 厘米。《济宁市博物馆近年拣选的古代铜镜》图一一(《文物》1990 年 1 期 33 页)。

5.127 十二地支八卦镜

　　圆形。圆钮。钮外八卦纹环列，其外一个盝顶式方形，四边单线格界内，
各配置三个地支，合为"子丑寅卯辰巳午未申酉戌亥"。方格与镜缘形成的四区
内有水池、树、火焰、香炉。素窄缘。直径 15.2 厘米。《小校经阁金文拓本》卷
十七 73A 下。

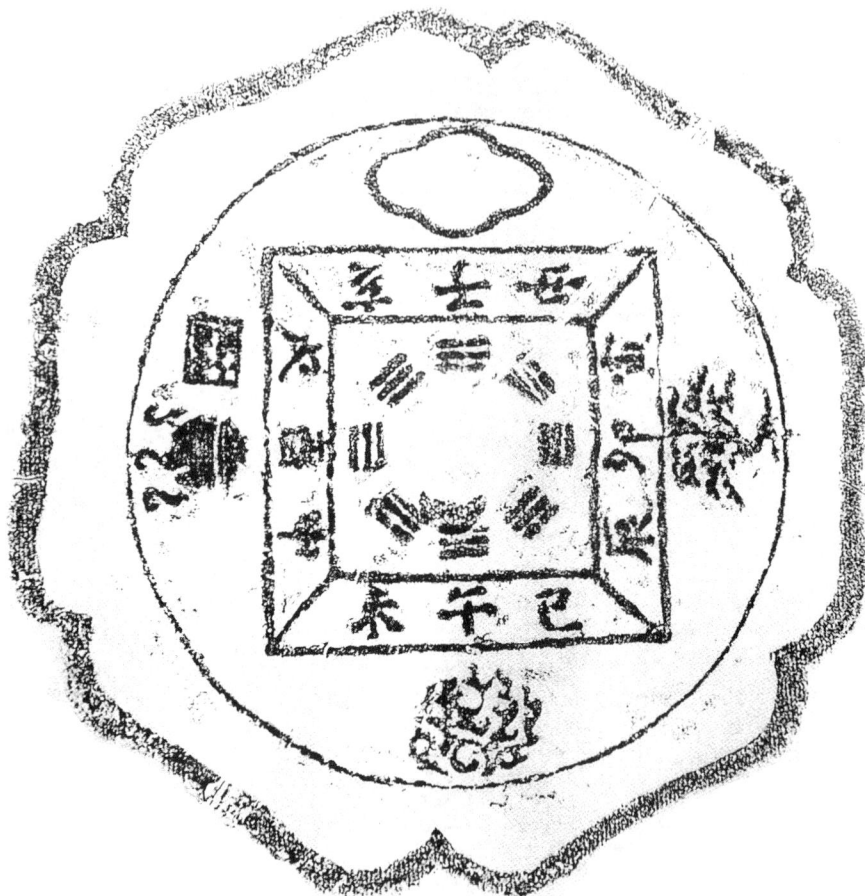

5.128 地支八卦镜

　　六菱花形。平顶钮。纹饰内容和布局与前《小校经阁金文拓本》卷十七收录镜大同小异，仅水池、火焰纹表现形式有别。另外，香炉侧有方框铭文，锈蚀难以辨识。素缘。直径 16.6 厘米。《楚风汉韵——长沙市博物馆藏镜》209 页图 159。

5.129 元祐八卦镜

　　圆形。圆钮。排列七行篆书铭文："宋元祐癸酉孟秋既望鲍公浩依禅月画像以七宝庄严敬造大阿罗汉一十八身。"外围八卦纹。素缘，其上有"官记"刻记。宋元祐癸酉为北宋哲宗元祐八年（1093）。直径 7.55 厘米。《旅顺博物馆藏铜镜》158页图 146。

5.130 纪年铭八卦镜

方形。圆钮。钮外一周绳纹带，圈带铭文为："大唐贞观拾陆年伍月戊午造。"两个方格间配置八卦纹，每卦爻之间用三条平行线隔开。最外区二十四方格内有符箓。素缘。边长 12.5 厘米。湖北襄阳北宋徽宗崇宁三年（1104）墓出土。《襄阳磨基山宋墓发掘简报》图版三下（《江汉考古》1985 年 3 期）。

5.131 八卦镜

　　方形。小圆钮，花瓣钮座。连珠方格外排列八卦纹。素宽缘。边长9.85厘米。
《旅顺博物馆藏铜镜》155页图143。

5.132 八卦镜

　　圆形。圆钮。钮外重卦八组错落排列，显示出八卦象的方位。素缘。直径
10.1 厘米。四川成都出土，同墓出土买地券有南宋高宗绍兴九年（1139）纪年。《四
川省出土铜镜》91 页图 45。

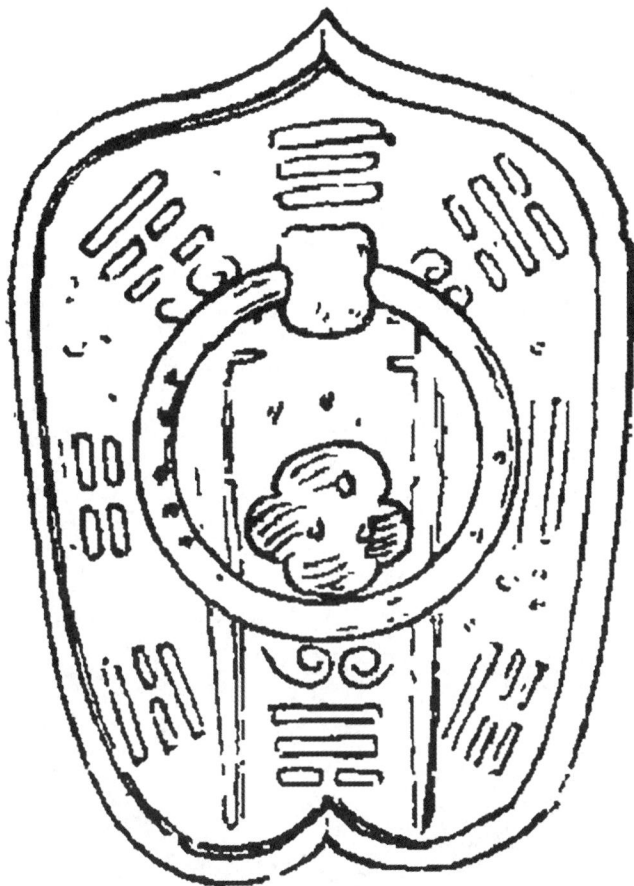

5.133 双剑八卦镜

盾形。环形扣钮。镜心花瓣两侧各立一剑，外围排列一周八卦纹。《略谈长沙的五代两宋墓》图 13（《文物》1960 年 3 期 62 页）。

官私作坊铭文镜

5.134 都省铜坊官字镜

　　圆形。小钮。"官"字铭两侧分别为"都省铜坊"和"匠人倪成"铭文。素缘。直径 17.2 厘米。江苏连云港南唐墓出土。《江苏连云港市清理四座五代、北宋墓葬》图九.1（《考古》1987 年 1 期 55 页）。

5.135 都省铜坊官字镜

圆形。"官"字铭两侧分别为"都省铜坊"和"匠人王典"铭文。江苏扬州出土。《扬州出土的唐代铜镜》图二下（《文物》1979 年 7 期 54 页）。

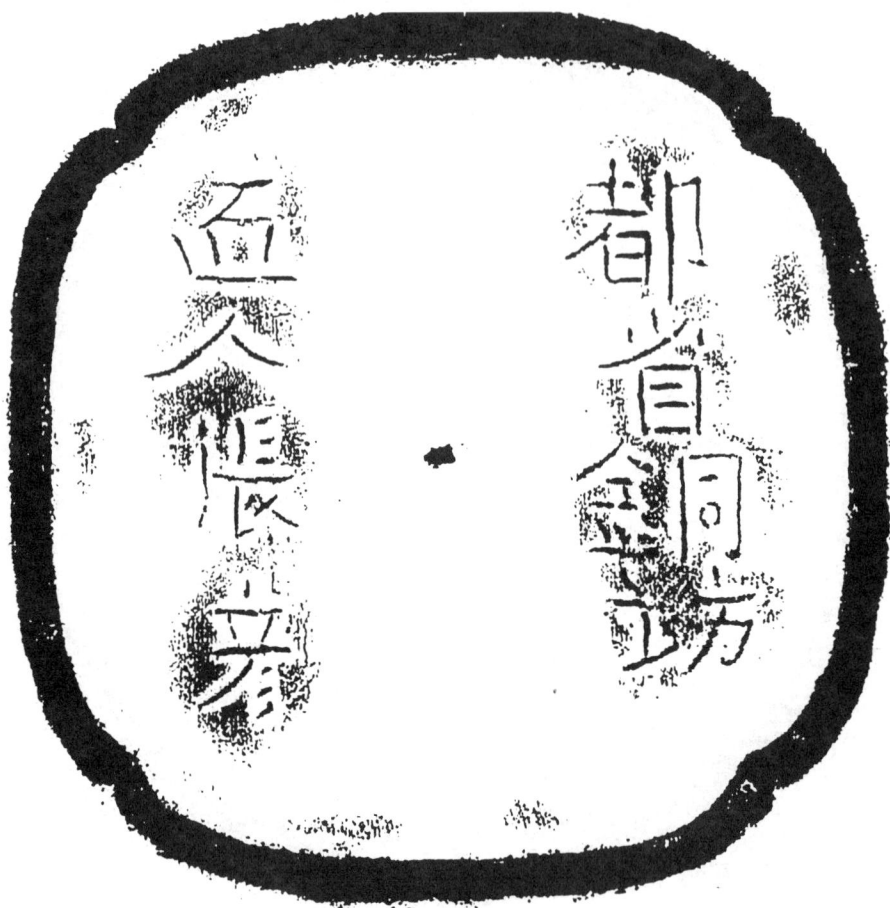

5.136 都省铜坊镜

　　四弧形。小钮。两侧分别有"都省铜坊"和"匠人张彦"铭文。素缘。边长16.4厘米。安徽合肥南唐保大三年（945）墓出土。《合肥出土、征集的部分古代》图九（《文物》1998年10期84页）。

5.137 湖州石家镜

　　六出葵花形。小圆钮。左右侧长方形框内分别有"湖州石家炼铜照子"和"炼铜每两佰"铭文。素缘。直径 11.6 厘米。四川成都出土。《四川省出土铜镜》111 页图 55。

5.138 湖州石念二叔镜

　　八菱边形，带柄。镜心长方框内有"湖州真正石念二叔照子"两行铭文。素窄缘。通长 18.7 厘米。四川成都出土。《四川省出土铜镜》99 页图 49。

5.139 湖州石念二叔镜

　　八出葵花形。小圆钮。右侧长方格内有"湖州真正石念二叔照子"二行铭文。素缘。直径 13.25 厘米。广西贵港出土。《广西铜镜》211 页图 167。

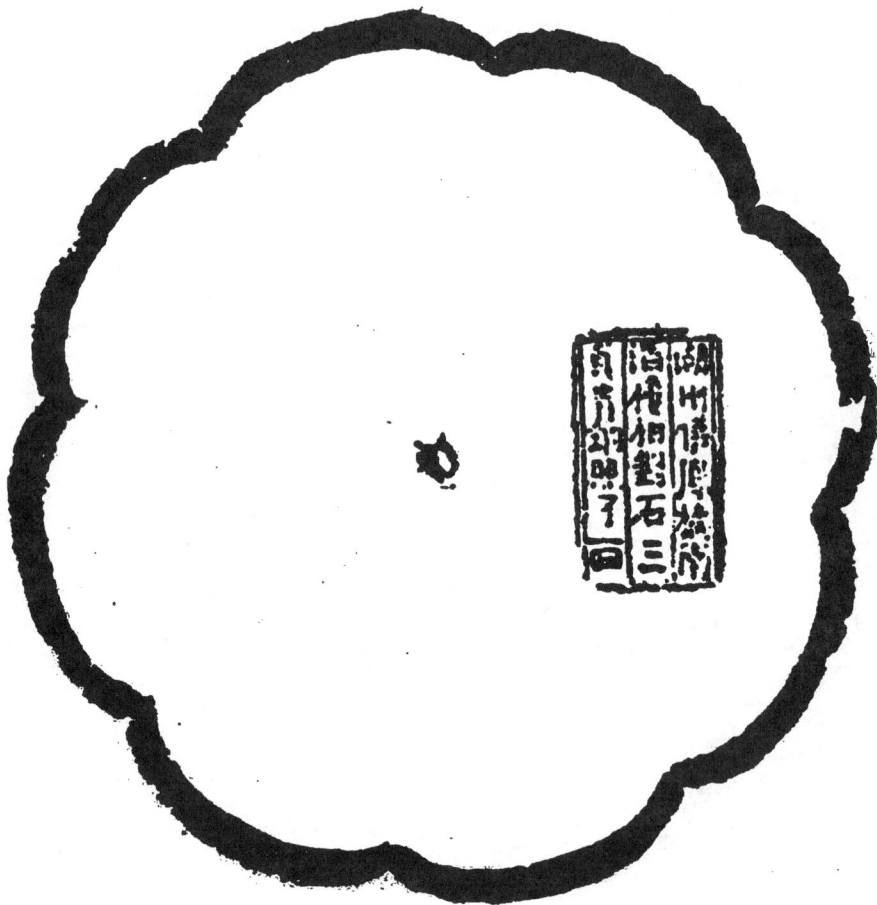

5.140 湖州石三镜

　　八出葵花形。小圆钮。右侧长方框内有"湖州仪凤桥南酒楼相对石三真青铜
照子（押）"三行铭文。素缘。直径 17.8 厘米。出土和传世铜镜中还有"湖州仪凤
桥石家真正一色青铜镜"、"湖州仪凤桥南石家"、"湖州仪凤桥南石家照子"、"湖州
仪凤桥南酒楼相对石家真青铜照子记"等铭文。《试谈中国铜镜纹饰的发展》图十
（《文物参考资料》1957 年 8 期 31 页）。

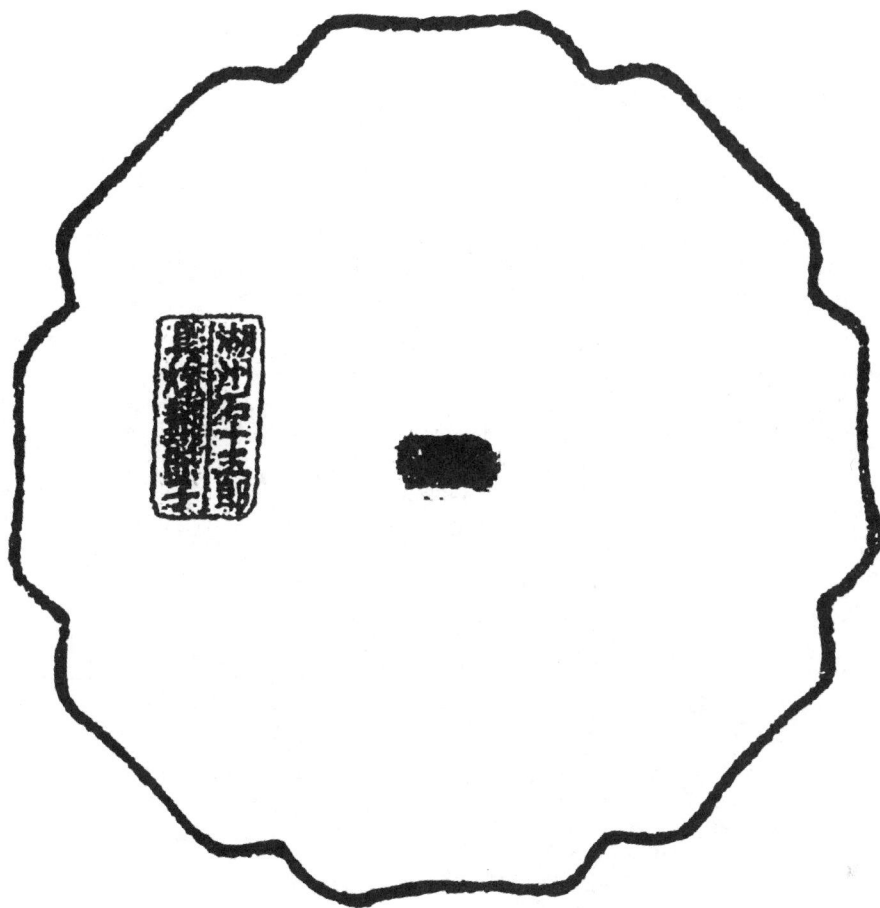

5.141 湖州石十五郎镜

　　八棱边形。桥形钮。左侧有"湖州石十五郎真炼铜照子"两行铭文。素窄缘。直径 17.1 厘米。广西桂平出土。《广西铜镜》214 页图 170。

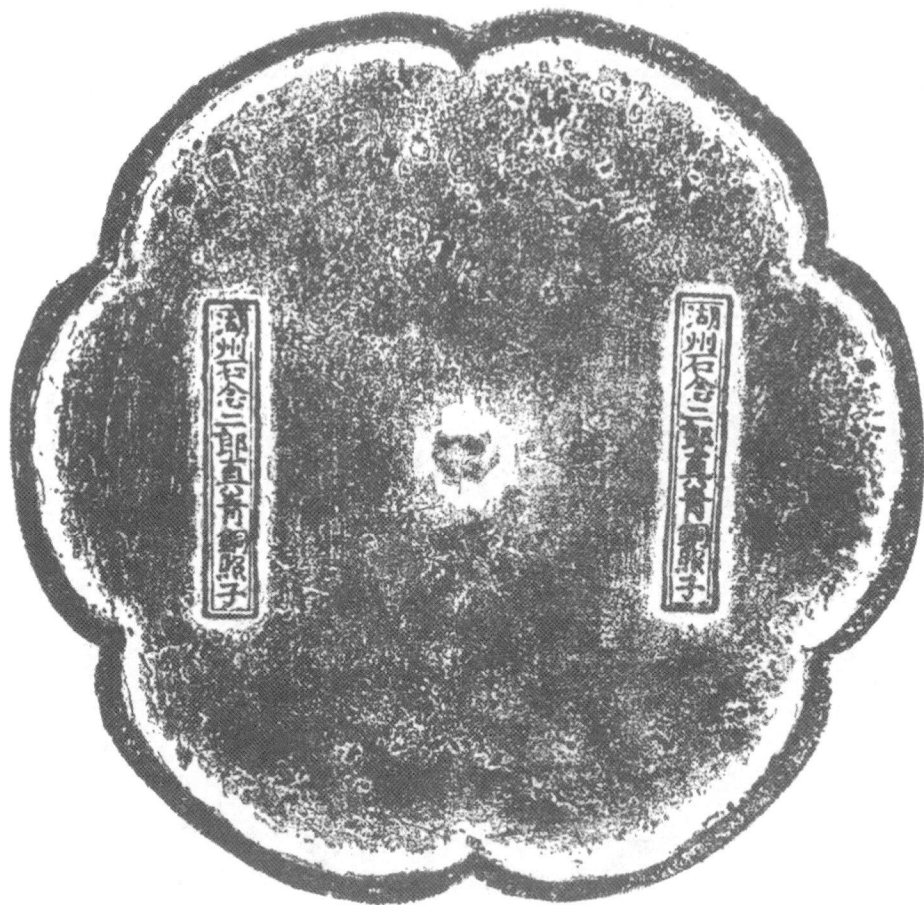

5.142 湖州石念二郎镜

　　六出葵花形。圆钮。两侧长方格内有相同的铭文"湖州石念二郎真青铜照子"。素缘。直径18.4厘米。四川广元出土。《四川省出土铜镜》101页图50。

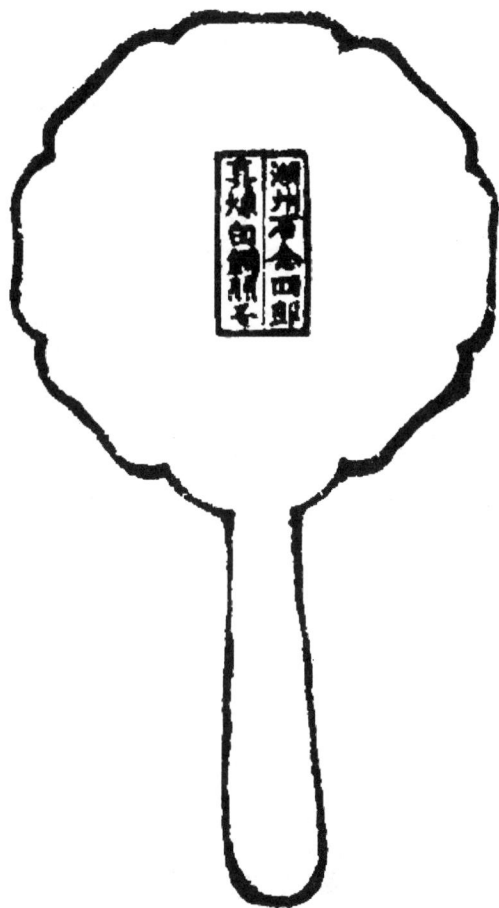

5.143 湖州石念四郎镜

　　八菱边形，带柄。镜心长方格内有"湖州石念四郎真炼白铜照子"两行铭文。素缘。通长 20 厘米。四川成都出土。《四川省出土铜镜》105 页图 52。

5.144 湖州陆家镜

　　八出葵花形。小圆钮。两侧长方格内分别有"炼铜照子每两壹佰文"和"旧住湖州陆家无比炼铜照子"铭文。素窄缘。直径 15.9 厘米。广西兴安出土。《广西铜镜》215 页图 171。

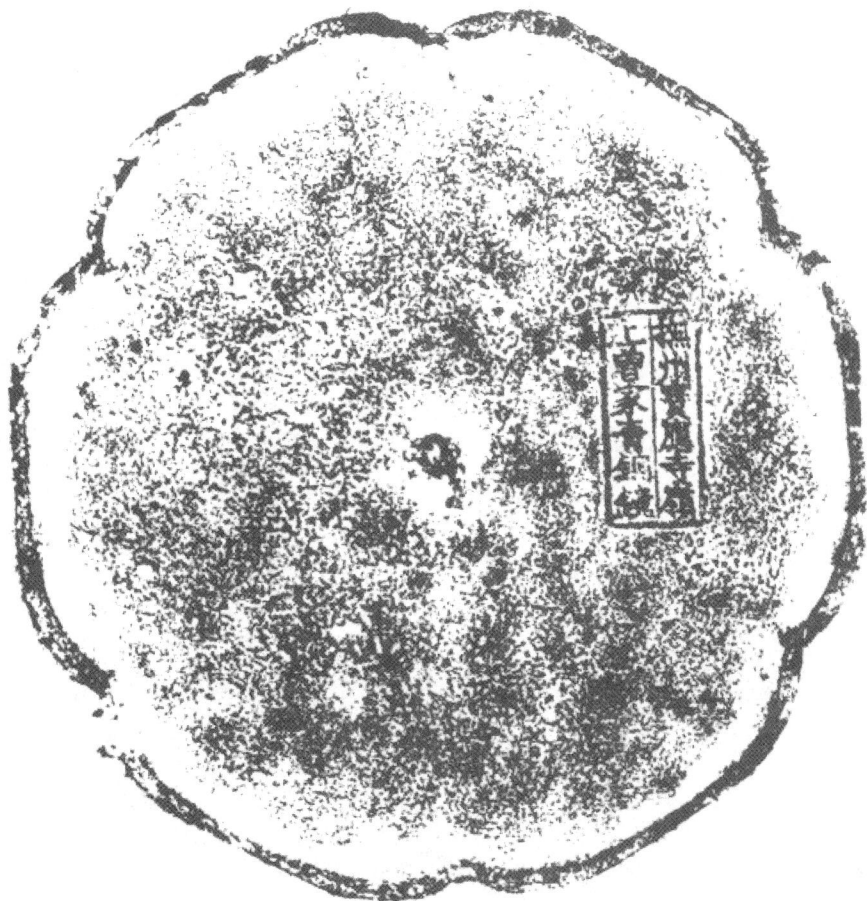

5.145 抚州曾家镜

　　六棱边形。小圆钮。右侧长方框格内有"抚州宝应寺岭上曾家青铜镜"两行铭文。直径 15.7 厘米。《南昌发现宋代抚州镜》图一（《考古》1989 年 3 期 268 页）。

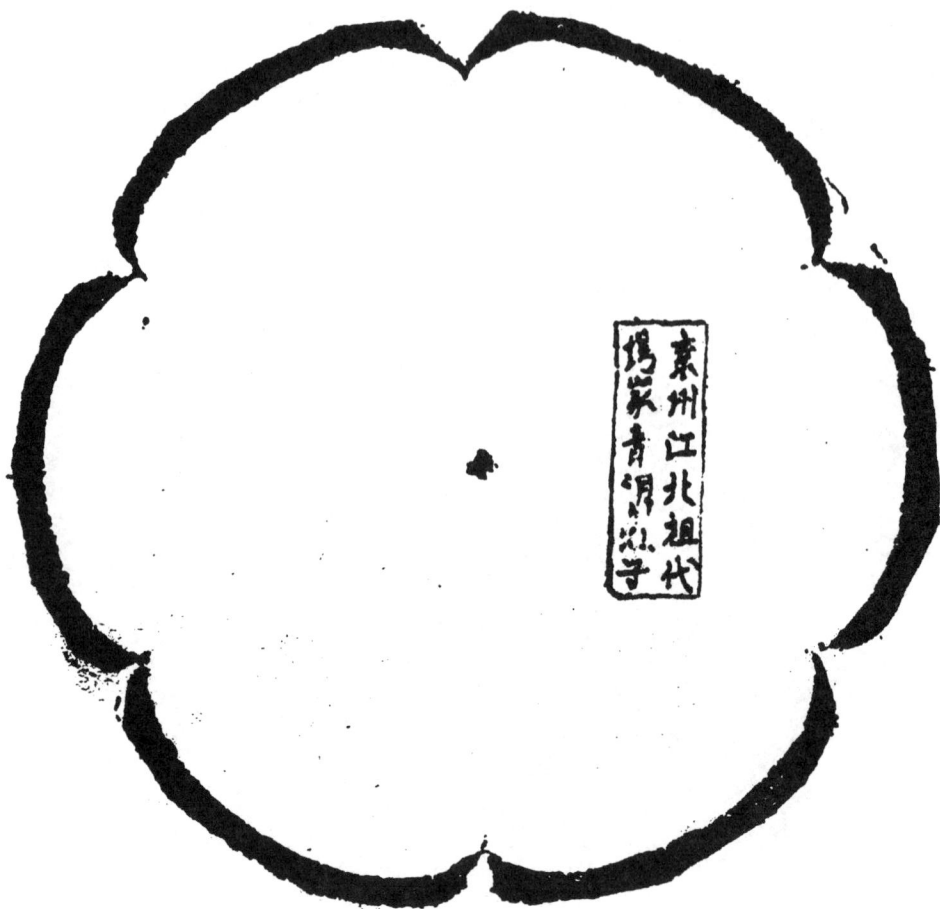

图版中镜面铭文：袁州江北祖代杨家青铜照子

5.146 袁州杨家镜

　　六出葵花形。小圆钮。右侧长方格内有"袁州江北祖代杨家青铜照子"两行铭文。素缘。直径 17.5 厘米。江西宜春南宋墓出土。《江西宜春首次发现袁州镜》插图（《文物》1990 年 4 期 60 页）。

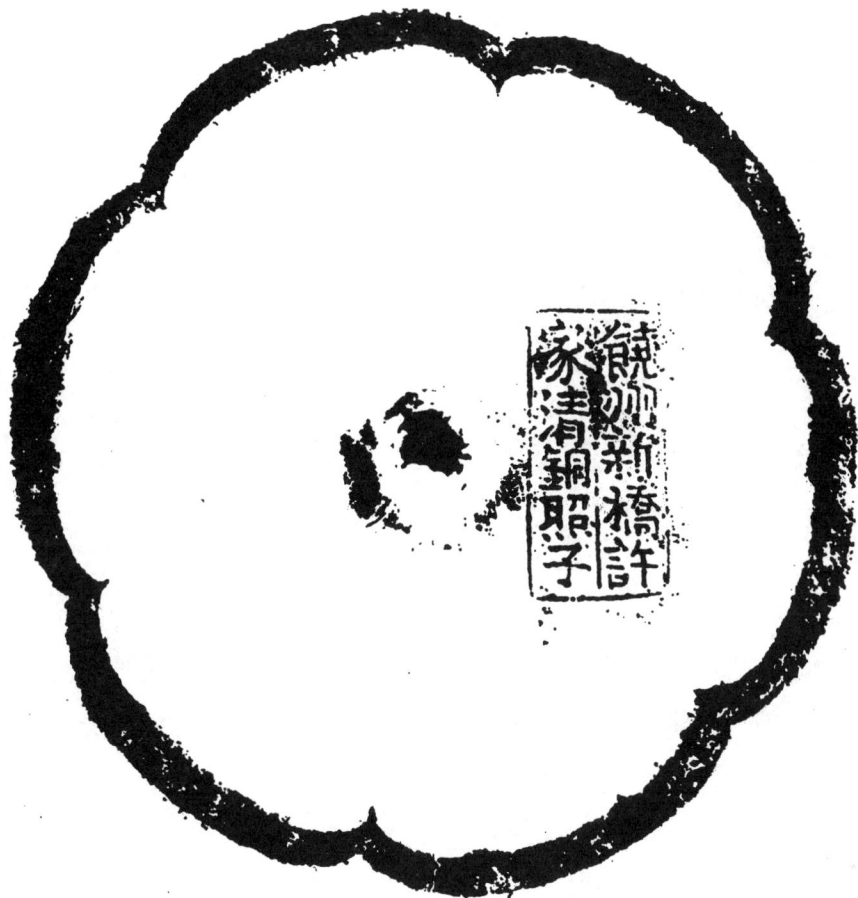

5.147 饶州许家镜

　　六出葵花形。圆钮。右侧长方格内有"饶州新桥许家清（青）铜照子"两行铭
文。素缘。《小校经阁金文拓本》卷十七 78B 上。

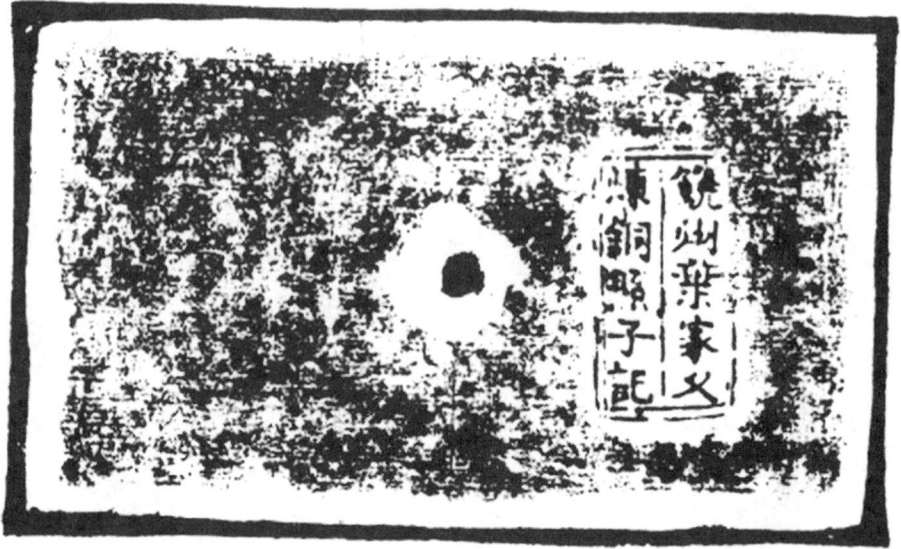

5.148 饶州叶家镜

    长方形。小圆钮。钮右侧长方框内有"饶州叶家久炼铜照子记"两行铭文。素缘。饶州叶家镜的铭文还有"饶州叶家青铜照子"、"饶州叶家久炼青铜照子"、"饶州棚下叶三家炼青铜照子"等。《小校经阁金文拓本》卷十七78B下。

5.149 成都龚家镜

　　六出葵花形。圆钮。右侧长方格内有"成都龚家清（青）铜昭（照）子"两行铭
文。素缘。直径 16.6 厘米。四川金堂南宋高宗绍兴十六年（1146）墓出土。《四川
省出土铜镜》93 页图 46。

5.150 杭州钟家镜

　　八出葵花形。小钮。右侧长方格内有"杭州钟家清（青）铜照子，今在越州清道桥下岸向西开张"三行铭文。素缘。直径 18.3 厘米。浙江新昌出土。《浙江新昌收藏的宋代铜镜》图三 .2（《考古》1991 年 6 期 574 页）。

5.151 杭州高家镜

方形。小环钮。右侧长方格内有"杭州真正高家青铜照子"两行铭文。边长10.3厘米。浙江绍兴出土。《浙江出土铜镜》图151。

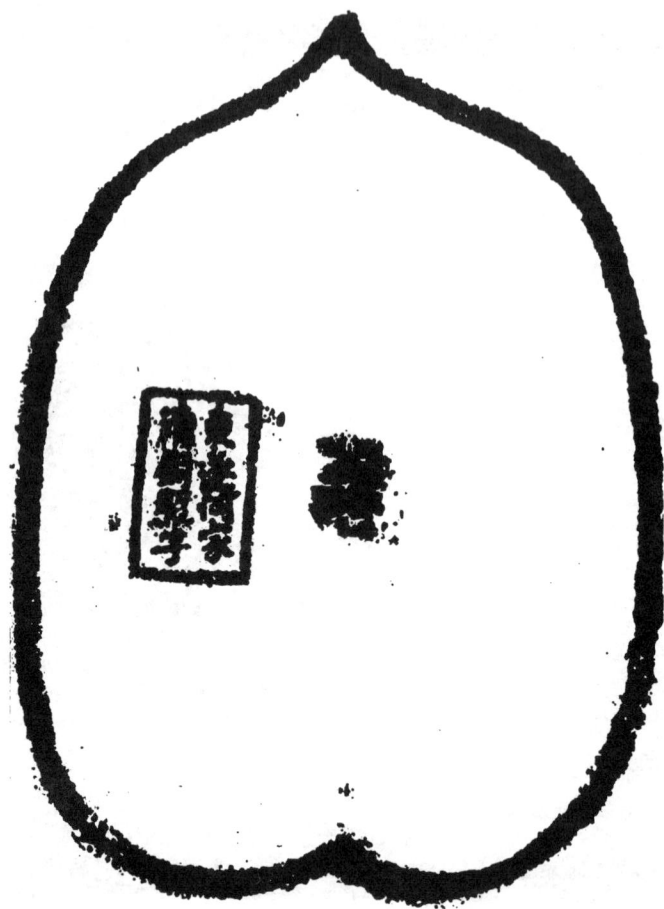

5.152 东遂何家镜

盾形。钮左侧长方格内有"东遂何家清（青）铜照子"两行铭文。素缘。长 14 厘米，宽 10.7 厘米。四川三台出土。《四川三台县发现一批宋镜》图一 .3（《考古》1984 年 7 期 669 页）。

5.153 真州孙家镜

　　六出葵花形。小钮。右侧长方格内有"真州元本孙家青铜照子"两行铭文。素窄缘。直径 13.6 厘米。江西武宁出土。《九江出土铜镜》图 120。

吉祥铭文镜

5.154 千秋万岁铭文镜

　　圆形。钮周围分布"千秋万岁"铭文。素缘。江苏扬州出土。江苏新海连市（今江苏连云港市）五代吴大和五年（933）墓（《文物参考资料》1957 年 3 期 70 页）亦出土一面，为此类镜的使用时代提供了重要资料。《扬州出土的唐代铜镜》图二右上（《文物》1979 年 7 期 54 页）。

5.155 福寿重圈铭文镜

八菱花形。平弧弓钮。两周素弦纹圈分为内外二区,内区铭文为"福寿家安",每字相间一变形"寿"字;外区铭文为"清素传家,永用宝鉴",并以一圆点结尾,字体较大。素缘。直径 14.5 厘米。《扶风博物馆藏历代铜镜介绍》图五 .6(《文博》1988 年 4 期 83 页)。

5.156 忠孝双重铭文镜

八出葵花形。弓形小钮。两周弦纹圈带分为内外二区，内区铭文"忠孝之家"，外区铭文"长命富贵，家和永昌"。素缘，缘上有"东平府录事司官"刻记及花押。直径12厘米，缘厚0.2厘米。《山东聊城地区出土的铜镜》图七（《文物》1986年6期89页）。

5.157 浮阳清辉铭文镜

　　八菱花形。圆钮。一周凸弦纹带外环绕"浮阳清辉，湛素传家"铭文。素缘。直径 15.8 厘米。《扶风博物馆藏历代铜镜介绍》图五 .5（《文博》1988 年 4 期 83 页 ）。

5.158 菱芳铭文镜

长方形。小圆钮。钮两侧分别有"菱芳耀日"和"冰光照室"铭文。素窄缘。
《小校经阁金文拓本》卷十七 64A 下。

5.159 满江红词铭文镜

八菱花形。圆钮。钮周围及两条平行线组成的八个回转环带内，有一首《满江红》词铭文，从"雪共梅花"起首到"须相忆"结束，共93字。环带间布列八卦纹，外围两周圆圈带。镜缘上依稀可见均匀分布的32个似梅花形的嵌槽。直径21.7厘米。《北京发现宋〈满江红〉词菱花铜镜》图一（《文物》1985年1期82页）。

5.160 回光反照铭文镜

钟形。中部下方一座炼丹炉，升腾的烟雾中托出一粒仙丹，两侧各一行铭文，分别为"回光反照"和"孰为妍丑"。空白处满饰圆涡纹。《小校经阁金文拓本》卷十七 65B 下。

5.161 匪鉴斯镜铭文镜

钟形。钮穿附圆环。中央方格内有"李道人造"铭文，其下有一小乳。两侧各有一行铭文，合为"匪鉴斯镜，以妆尔容"。高 13.45 厘米。《旅顺博物馆藏铜镜》159 页图 147。

5.162 炼铁为鉴铭文镜

钟形。左右并排两行铭文，分别为"鍊（炼）铁为鉴"和"衣冠可正"。高 11.2
厘米。《铜镜图案——湖南出土历代铜镜》204 页图 184。

5.163 河澄皎月铭文镜

　　长方形。小钮。钮两侧各一行铭文，合为回文"河澄皎月，波清晓雪"。长 14.5 厘米。《铜镜图案——湖南出土历代铜镜》204 页图 185。

5.164 千秋金鉴铭文镜

　　八菱花形。小桥形钮。钮两侧分别有铭文，合为"千秋镜鉴，勋业频看"。圈带外八瓣内有花叶形纹饰。整个镜背面有俗称"蹋泥纹"的不规则的凹坑。直径17厘米。《楚风汉韵——长沙市博物馆藏镜》221页图170。

5.165 安明双剑纹镜

　　八菱花形。中部为两只并列的宝剑，剑格相连，剑首之间有火焰纹。外侧各有一行铭文分别为"安明贵宝"和"弗剑而镜"。《铜镜图案》图97。

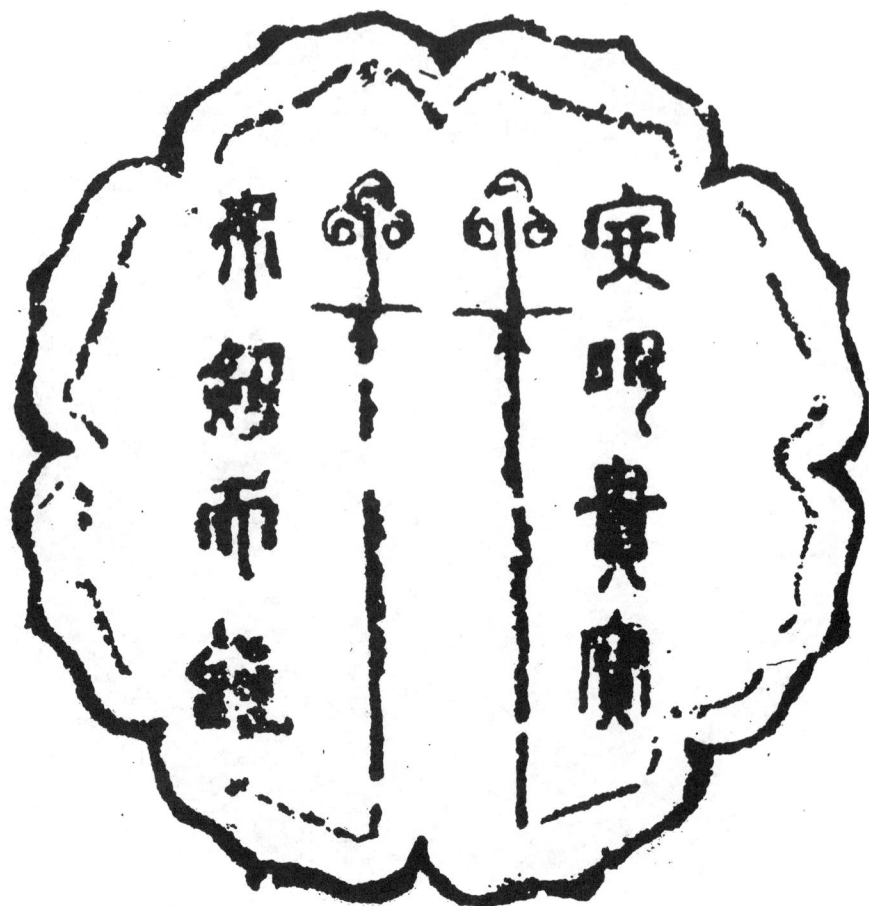

5.166 安明双剑纹镜

　　八菱花形。剑形及铭文与前《铜镜图案》图97镜相同，但两剑之间没有加饰其他图纹。《小校经阁金文拓本》卷十七64A上。

5.167 安明双剑纹镜

　　盾形。小圆钮。中部双剑并列，剑身、剑柄均宽厚，剑格短。两剑之间有三足炼丹炉，炉中升腾的火焰托起一粒仙丹。两侧铭文为"安明贵宝"和"弗剑而镜"。素缘。高 16.5 厘米。《铜镜图案——湖南出土历代铜镜》207 页图 188。

5.168 柱轮双剑镜

　　盾形。中部三足炼丹炉上，升腾似剑形的火焰。两侧双剑并立，剑鞘装饰花纹。其外铭文为"柱轮千岁莹"和"光焰弋轩寒"。"焰"即"照"字。素窄缘。高15.8厘米，宽11.8厘米。江西九江出土。《九江出土铜镜》图99。

5.169 篆经双剑镜

　　盾形。双剑并列，中间立三足炼丹炉，升腾的火焰中显现仙丹一枚。两侧铭文分别为"篆经千古涩"和"月影式堂寒"。素缘。高 13.3 厘米，宽 9.5 厘米。《楚风汉韵——长沙市博物馆藏镜》219 页图 169。

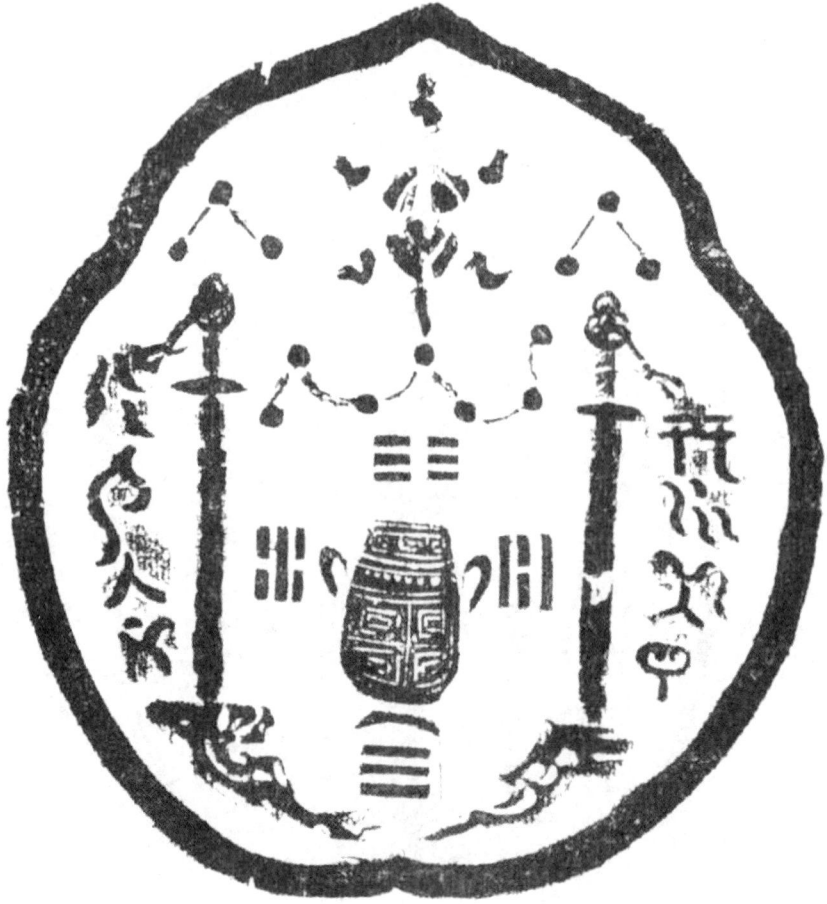

5.170 符箓双剑镜

桃形。龟钮位于上部。北斗七星等星象下双剑并列，中间置放一个装饰花纹的尊，四周环列乾、坤、坎、离四卦。剑两侧排列符箓图纹。素缘。高16.1厘米，宽14.4厘米。此镜纹饰在双剑纹镜中少见。《介绍江苏武进县博物馆藏的一件宋代铜镜》图二（《文物》1993年8期47页）。

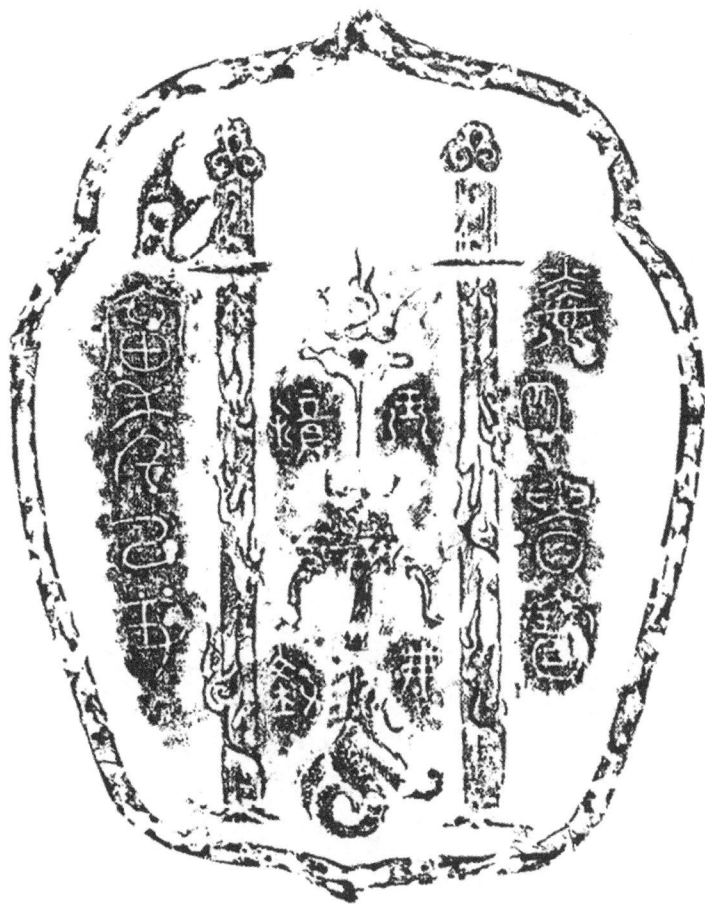

5.171 贵宝双剑镜

　　盾形。双剑并列，鞘身装饰火焰纹。中间三足炼丹炉，炉口火焰升腾，呈现一粒丹丸。炉下蟠龙曲卷，吻托炉足。炉四周及剑外侧均有铭文，分别为"王弗镜鉴"、"光明贵宝"和"富年己丑"。湖北房县墓葬出土。《湖北房县博物馆收藏的盾形铜镜》图二（《文物》2017 年 7 期 77 页）。

六

辽代铜镜

纪年铭文镜

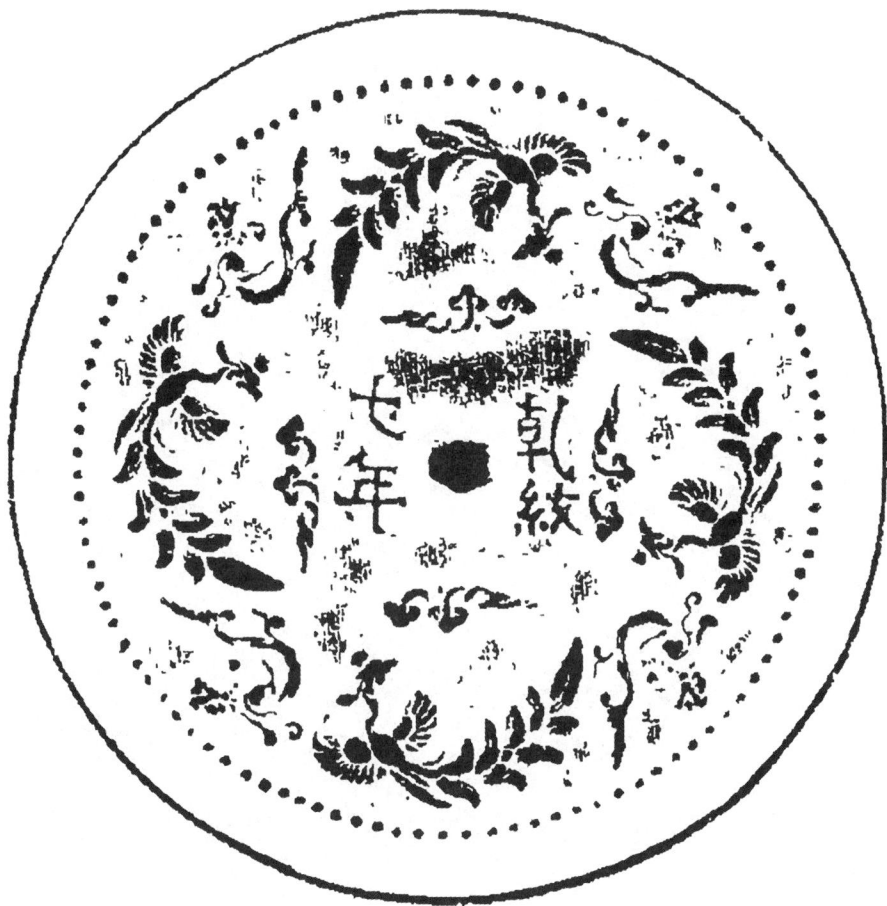

6.1 乾统七年龙凤镜

圆形。圆钮。钮两侧有"乾统七年"铭文，钮上方刻"都右院官押"。四朵流云外四龙四凤相间环列。近缘处一周连珠纹圈带。卷缘。直径 19 厘米。辽天祚帝耶律延禧乾统七年为 1107 年。《馆藏铜镜选辑（八）》图 1（《中国历史博物馆馆刊》1995 年 2 期 116 页）。

6.2 天庆三年万字镜

圆形。小钮。内区两朵云纹与两个卍字纹相间环列，外区铭文为："福德长寿，千秋万岁，天庆三年。"卷缘。直径 13.1 厘米。辽天祚帝耶律延禧天庆三年为 1113 年。《净月澄华——辽宁省博物馆藏古代铜镜》290 页。

6.3 天庆十年铭文镜

　　圆形。圆钮。钮右侧有铭文"高"及花押，左侧有铭文"天庆十年五月记"。镜边刻有"朔州马邑县验记官"及花押。素宽缘。直径 17.9 厘米。辽天祚帝耶律延禧天庆十年为 1120 年。吉林辽源古城出土。《吉林出土铜镜》图 30，又见《吉林省辽源市出土一面辽代铜镜》图二（《文物》1983 年 8 期 76 页）。

契丹文字镜

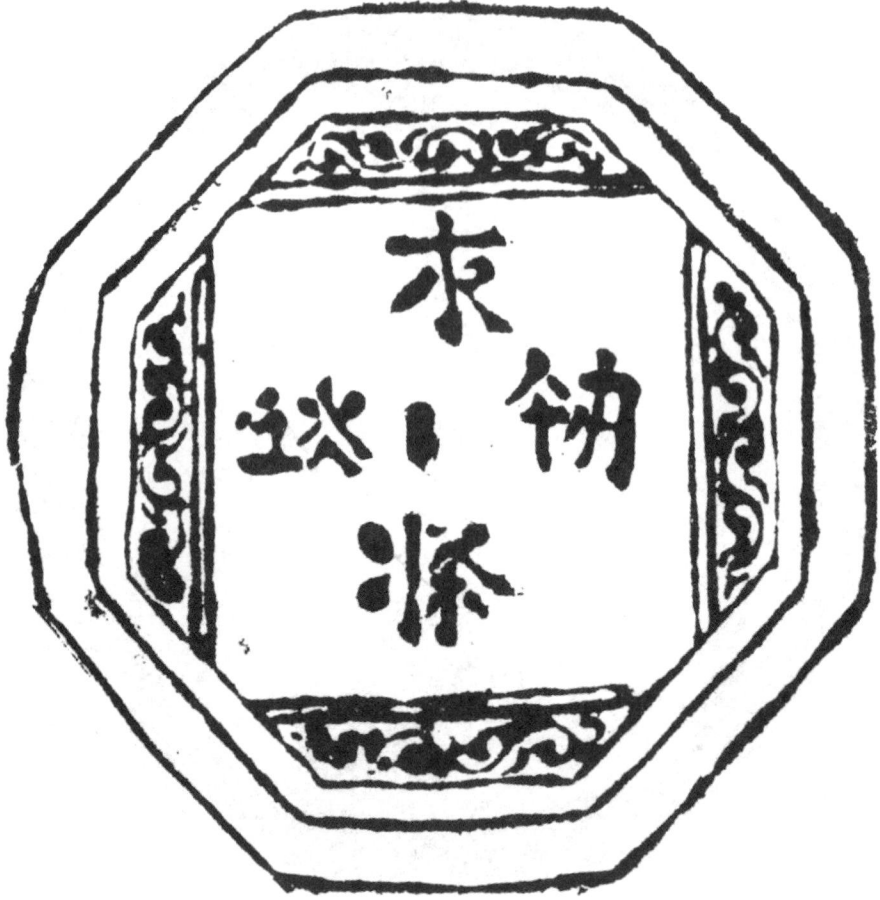

6.4 福德长寿契丹小字镜

等边八角形。圆钮。钮上下左右各有一契丹小字，合为"福德长寿"。方框外梯形内饰四组草叶纹。镜背左下侧阴刻汉字"宝坻官"三字，"官"字下有一花押。素宽缘。直径 14.6 厘米。内蒙古自治区昭乌达盟出土。《内蒙古喀喇沁旗出土契丹小字铜镜考释》图一 .1(《考古》1982 年 3 期 310 页)。

6.5 契丹文字花草镜

等边八角形。圆钮。钮外方框，框内五竖行契丹文字。方框外饰四组卷叶花草纹。镜边刻"济州录事完颜通"。素宽缘。直径 26 厘米。吉林大安出土。《吉林出土铜镜》图 28。陈述《跋吉林大安出土契丹文铜镜》(《文物》1973 年 8 期 36 页) 文中，对此镜铭文做了释读，总其大意为时不再来，命数由天，及时解脱，吉人天相。

龙纹镜

6.6 单龙镜

圆形。圆钮。钮外一龙盘绕，张口对钮，两角竖起，四肢伸张，一后肢与尾纠结，身躯显得宽厚，遍体饰鳞纹。素缘。直径 28 厘米。内蒙古赤峰市辽太宗耶律德光会同四年（941）耶律羽之墓出土。《辽耶律羽之墓发掘简报》图三一（《文物》1996 年 1 期 16 页），又见《辽代铜镜研究》32 页图十六。

6.7 单龙镜

　　圆形。圆钮。钮外一盘龙，昂首曲颈，两角，有翼。前肢伸张，后肢叠压长尾，身躯细长，满饰线条纹，首尾之间及外圈配以流云纹。素缘。直径 25 厘米。辽宁凌源辽墓出土。《辽代铜镜研究》34 页图十七 B。

6.8 双龙镜

　　圆形。小圆钮。钮外双龙环列，身躯曲折多变，遍体鳞甲。外围一周连珠纹和珠点花瓣纹，造型和纹饰少见。《辽代铜镜研究》36页图二十一B。

6.9 双龙镜

　　圆形。圆钮。钮外雕刻双龙,双龙同向绕钮环列,昂首曲颈,身躯卷曲,一后肢与尾纠结,满饰鳞纹。周围饰卷云纹。地纹为三角形集锦纹。素缘。此镜刻画极为细腻精美。直径 38.5 厘米。辽宁阜新塔基出土。《净月澄华——辽宁省博物馆藏古代铜镜》46 页。

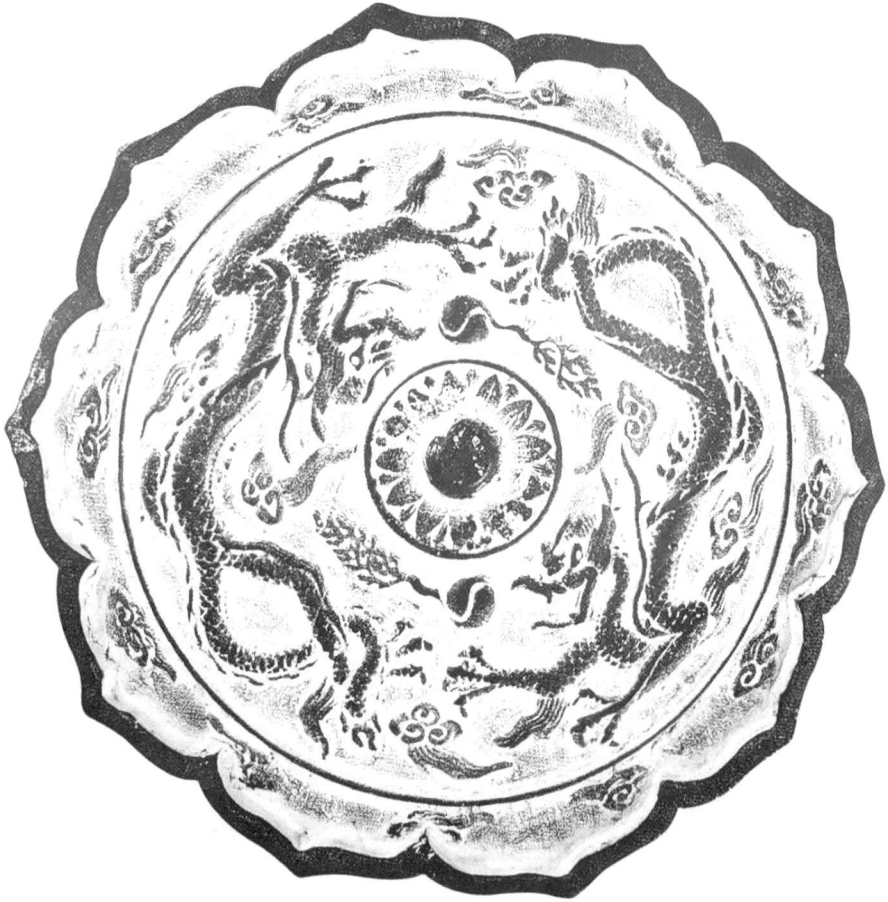

6.10 双龙镜

　　菱花形。平顶圆钮,花瓣钮座。双龙环列于钮两侧,昂首张口,对着火焰圆珠,前肢前伸,呈跃起之势,一后肢与尾纠结。周围饰如意云纹。如意云纹缘。直径 24.5 厘米。《净月澄华——辽宁省博物馆藏古代铜镜》286 页。

6.11 四龙花卉镜

圆形。圆钮。连珠纹圈带分为内外二区，内区四龙绕钮环列，昂首曲颈，两两相对。外区缠枝花纹。卷缘。直径 18.7 厘米。辽宁新民辽墓出土。《净月澄华——辽宁省博物馆藏古代铜镜》44 页。

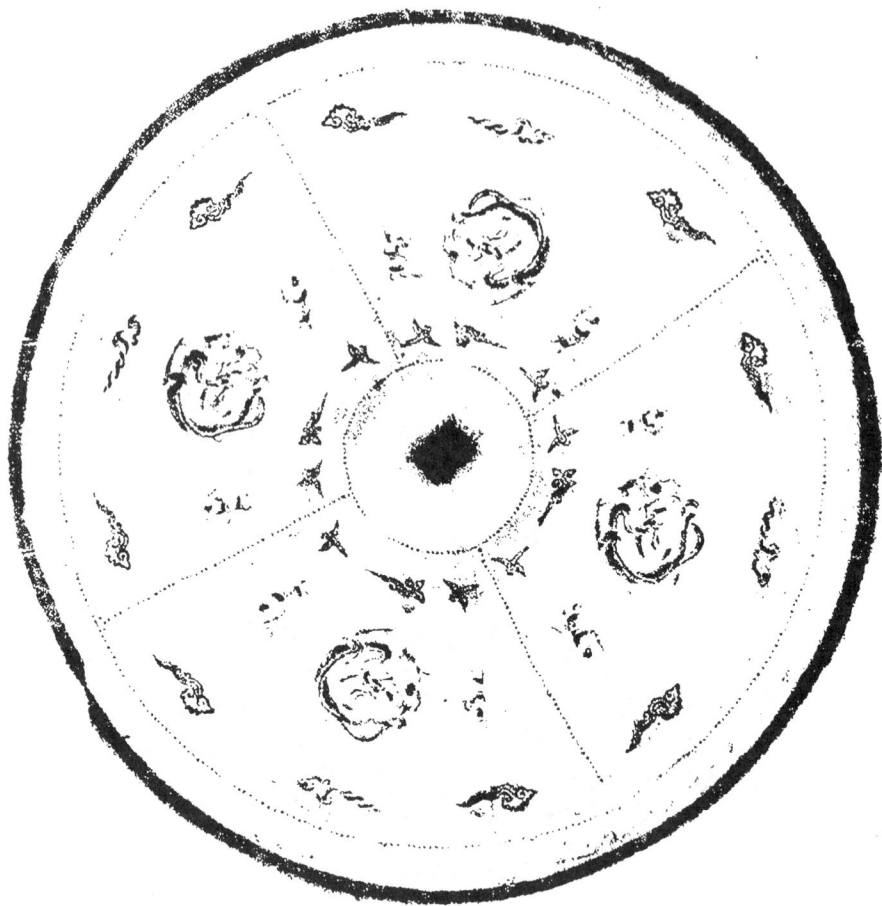

6.12 四龙人物镜

　　圆形。圆钮，外围连珠纹圈带。圈带向外放射出的十字形连珠线条划分的四个扇形区内，纹饰基本相同，中心一团龙，口对火珠，两侧分别为吹笙和击拍板的乐人。近钮圈带外饰云鸟纹，近缘连珠纹圈带内三朵云纹。素窄缘。直径 35.3厘米。内蒙古敖汉旗辽墓出土。《敖汉旗出土两件辽代铜镜》图一（《文物》1995 年5 期 64 页）。

兽纹镜

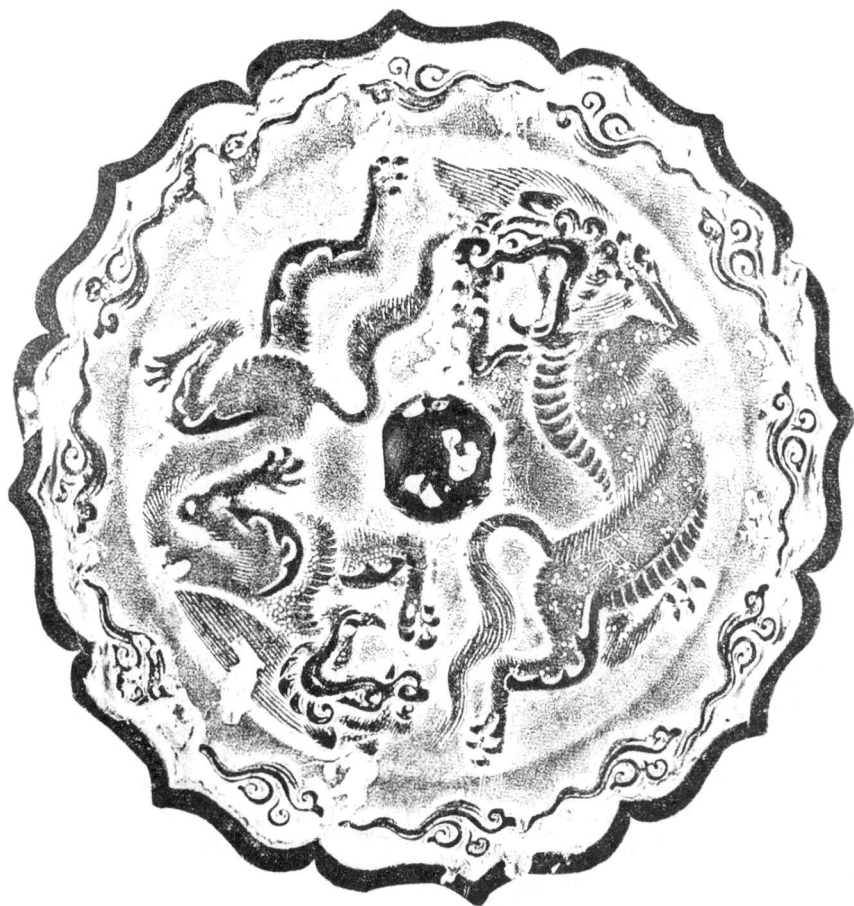

6.13 双兽镜

　　菱花形。圆钮。双兽环列于钮两侧，回首张口，前肢向上举起，垂尾。一兽的皮毛上有梅花点装饰和花押。流云纹缘。直径 22.6 厘米。《净月澄华——辽宁省博物馆藏古代铜镜》288 页。

摩羯镜

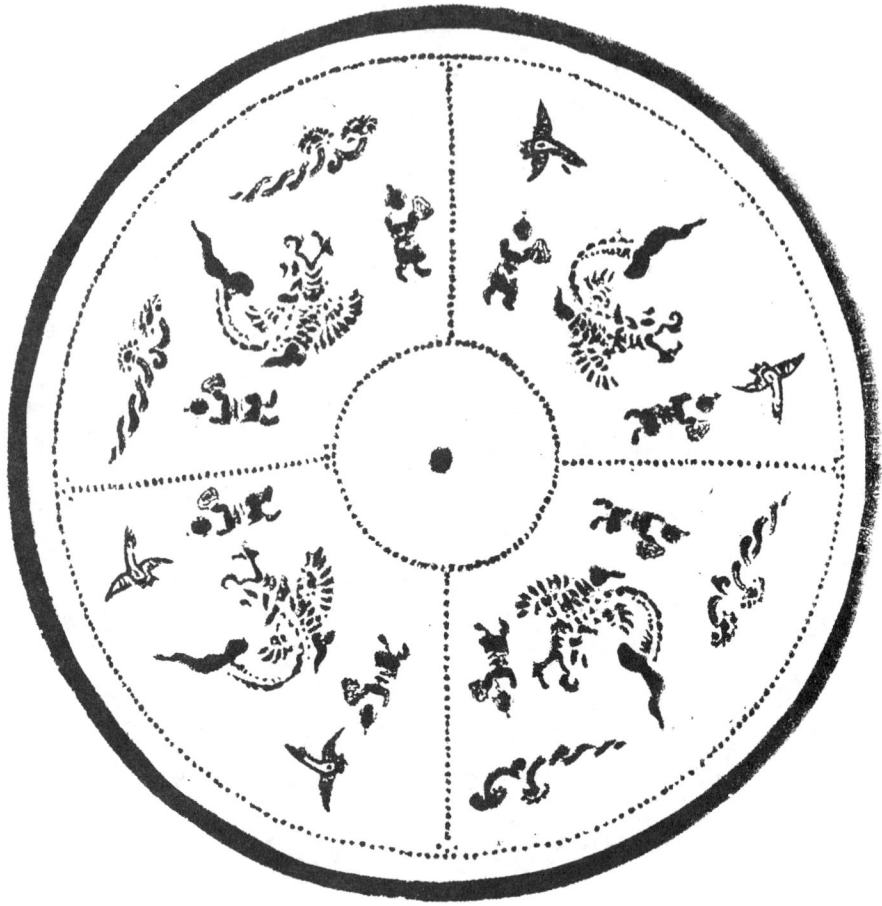

6.14 摩羯人物镜

　　圆形。圆钮，外围连珠纹圈带。圈带向外放射出的十字形连珠线条划分的四个扇形区内，分别有一摩羯和二人物，二人同向站立，抬手持物于胸前。其中二扇区饰二朵如意云纹，另二区饰二飞雁。素窄缘，缘上刻有"西京官造"及花押。此镜中的摩羯纹，也有学者称为鱼化龙纹。直径 19 厘米。吉林怀德金墓出土。《吉林出土铜镜》图 92。

凤鸟纹镜

6.15 双鸾凤镜

  圆形。圆钮。钮外双凤绕钮环列，凤大头细颈，羽翅微张，条带状长尾，纹饰粗拙。素宽缘。直径 20.1 厘米。河北隆化出土。《历代铜镜纹饰》图 215。河北尚义辽墓出土镜双凤纹饰亦粗拙简单，与此镜风格类似（《历代铜镜纹饰》图 216）。

6.16 三鸾凤禽鸟云纹镜

圆形。圆钮。钮外环列云纹。其外三凤三雁相间环绕，展翅飞翔。扇形双翅，芭蕉叶形长尾是辽镜中凤鸟的鲜明特征。外周饰几朵流云。卷缘，缘边刻有"龙州验记官"及花押。直径13.5厘米。《净月澄华——辽宁省博物馆藏古代铜镜》340页。

6.17 三鸾凤禽鸟云纹镜

　　圆形。圆钮，钮孔拧一铁环。纹饰同前辽宁省博物馆藏镜（《净月澄华——辽宁省博物馆藏古代铜镜》340页）。直径13.3厘米。河北宣化辽道宗咸雍十年（1074）合葬墓出土。《河北宣化辽张文藻壁画墓发掘简报》图三三.2（《文物》1996年9期36页）。

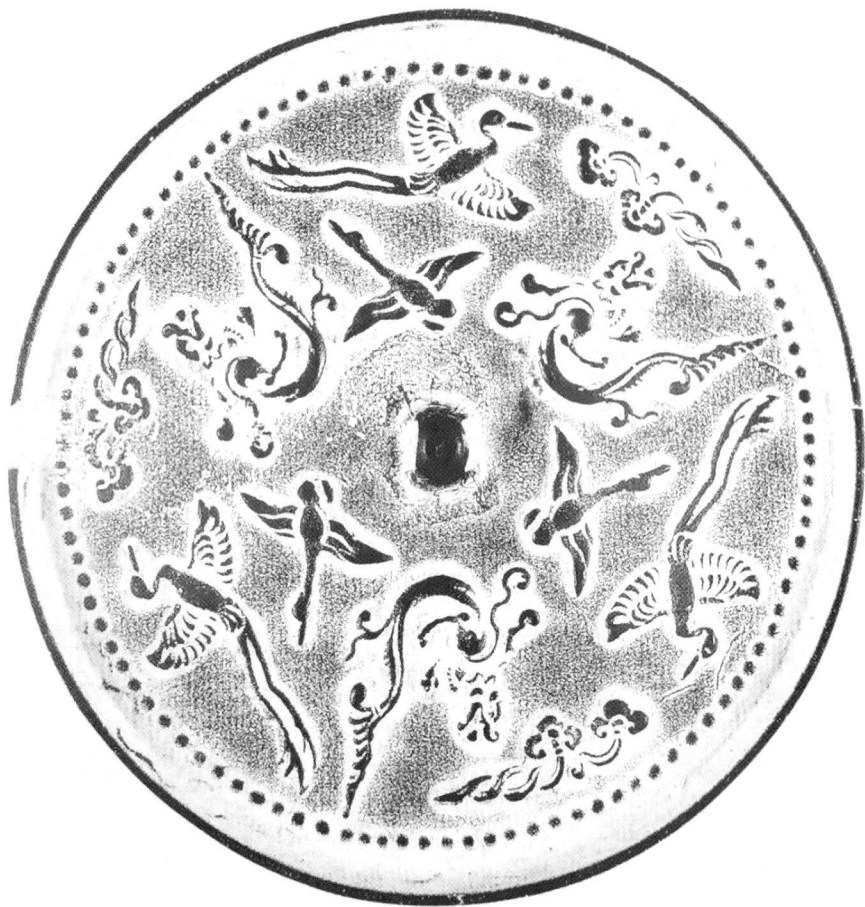

6.18 三鸾凤禽鸟云纹镜

圆形。平顶圆钮。钮外三凤、三雁、三鹤、三朵云纹相间交错环列。雁与鹤均展翅飞翔，雁伸出长脖，鹤扇形双翅，伸出长腿。凤昂首曲身，扫帚形尾，两朵如意云纹相缠绕，这些都是辽镜中禽鸟和云纹常见的形态。素卷缘。直径 13.2 厘米。《净月澄华——辽宁省博物馆藏古代铜镜》336 页。

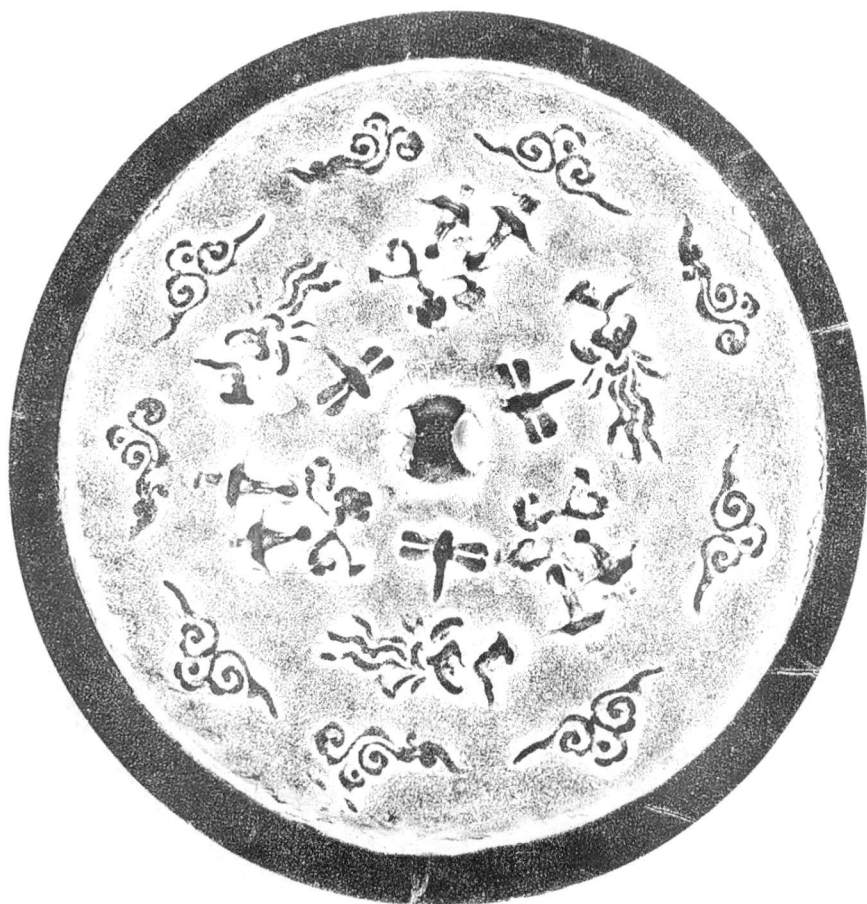

6.19 三鸾凤蜻蜓云纹镜

　　圆形。圆钮。纹饰由内向外呈多层次环绕，近钮三只展翅蜻蜓，其外三凤与三花枝相间环列，最外层两组不同形态的云纹。素宽缘。直径 17.7 厘米。《净月澄华——辽宁省博物馆藏古代铜镜》344 页。

6.20 四鸾凤禽鸟云纹镜

　　圆形。平顶圆钮。钮外四雁与四朵两两纠结的云纹相间排列。其外四凤四鹤相间环列，展翅飞翔。凤与鹤两两相对，点缀四朵云纹。一周连珠纹圈带。卷缘，缘边刻有"大兴县官"及花押。直径 15.8 厘米。《净月澄华——辽宁省博物馆藏古代铜镜》338 页。

6.21 四鸾凤云纹镜

　　圆形。弓形钮。钮区中心向外放射出的十字形连珠线条把镜背划分成四个扇形区，每区置一鸾凤一朵云纹。鸾凤形态相同，昂首曲身，展开扇形双翅，芭蕉叶形长尾。两朵如意云纹相缠绕，为辽镜中常见的纹样。近缘处一周连珠纹圈带。卷缘。直径12.5厘米。河北康保出土。《历代铜镜纹饰》图335。

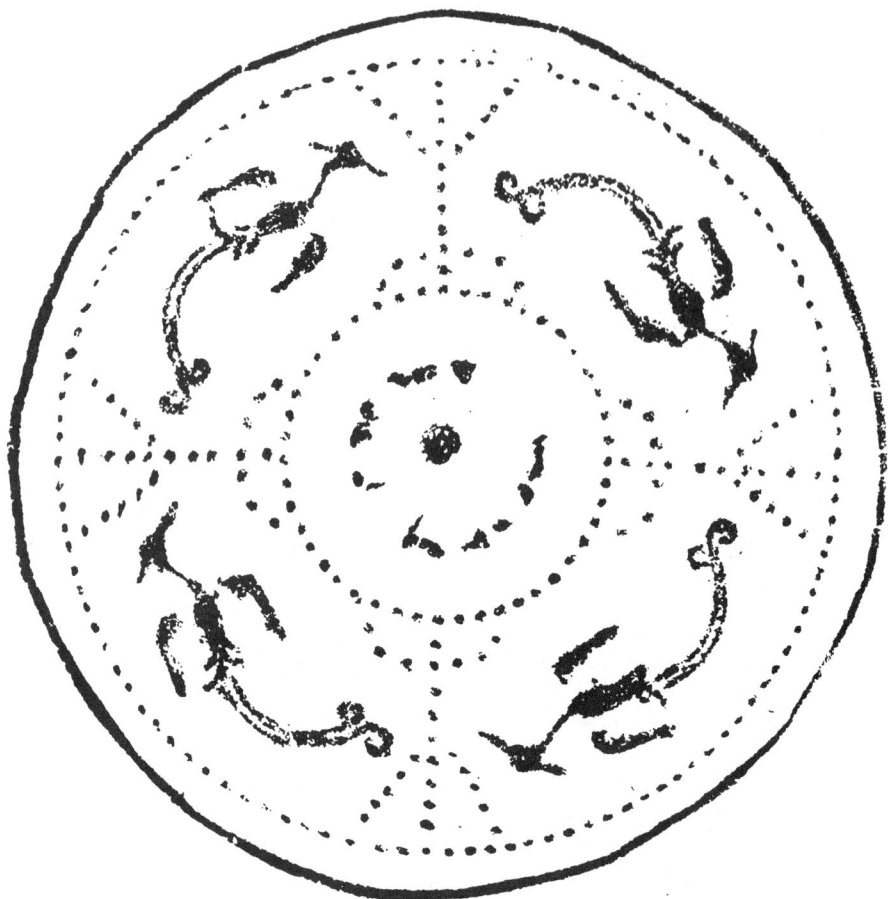

6.22 四鸾凤镜

    圆形。圆钮。外围连珠纹圈带,圈带内纹饰不明。圈带向外放射出的十字形
分叉线条把镜背分为四区,每区置一只同向环列的鸾凤。鸾凤形态相同,展翅飞
翔,两根细长尾羽,尾端勾卷。近缘处一周连珠纹圈带。卷缘。直径 10.4 厘米。
吉林省吉林市金代遗址出土。《吉林出土铜镜》图 111。

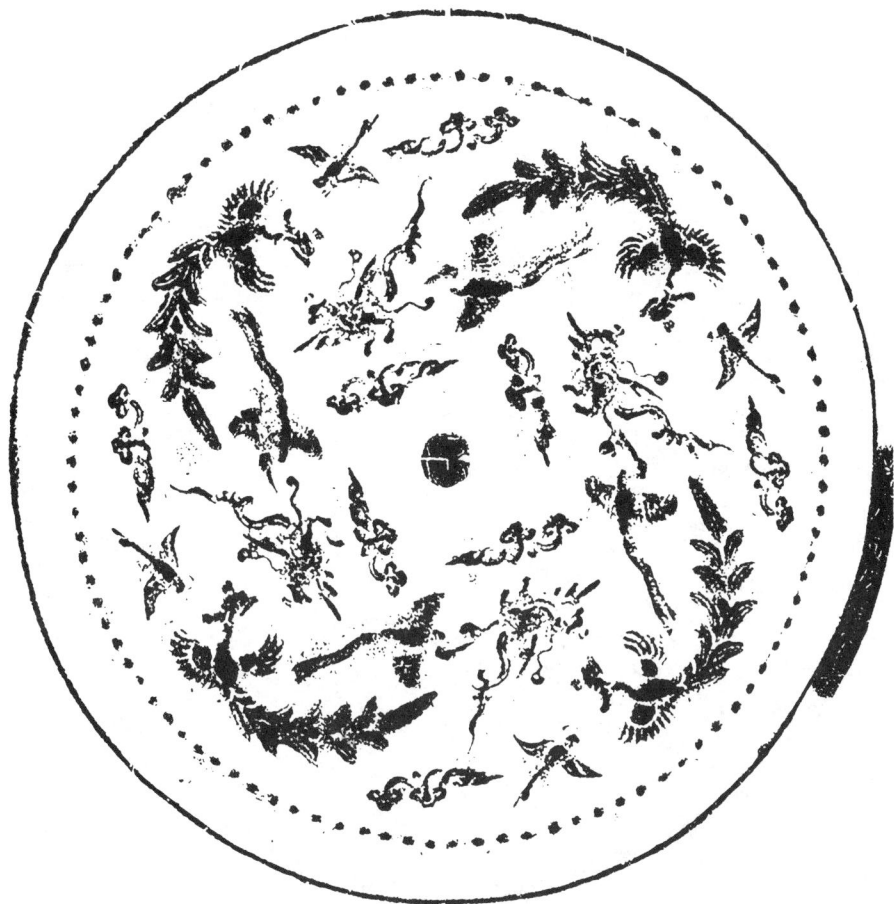

6.23 八鸾凤禽鸟云纹镜

　　圆形。圆钮。钮外四朵云纹，其外四凤与四鹤相间环绕飞翔，最外四凤、四雁和四朵云纹相间环列一周。近缘处一周连珠纹圈带。素窄缘，缘上有刻款。直径 20.7 厘米。辽代禽鸟云纹镜中，鸾凤、如意云纹等纹饰特征相同，只是布局与禽鸟、云纹的数量有所差异。河北保定拣选。《历代铜镜纹饰》343 页。

6.24 八鸾凤云纹镜

　　圆形。圆钮。钮外八鸾凤与四朵云纹相间环列，二鸾凤首尾相接，舒展的双翅和条带式长尾环绕成圆形。云纹为两朵如意云纹相缠绕。其外两周连珠纹圈带。素缘。直径 16.3 厘米。《历代铜镜纹饰》图 221。

6.25 牡丹鸾鸟镜

　　圆形。圆钮，花瓣钮座。连珠纹圈带外一周缠枝牡丹，牡丹间三只鸾鸟同向展翅飞翔。弦纹圈带外点缀二十五朵小花。二十五内向连弧缘。直径 17.9 厘米。吉林农安辽墓出土。《吉林出土铜镜》图 29。

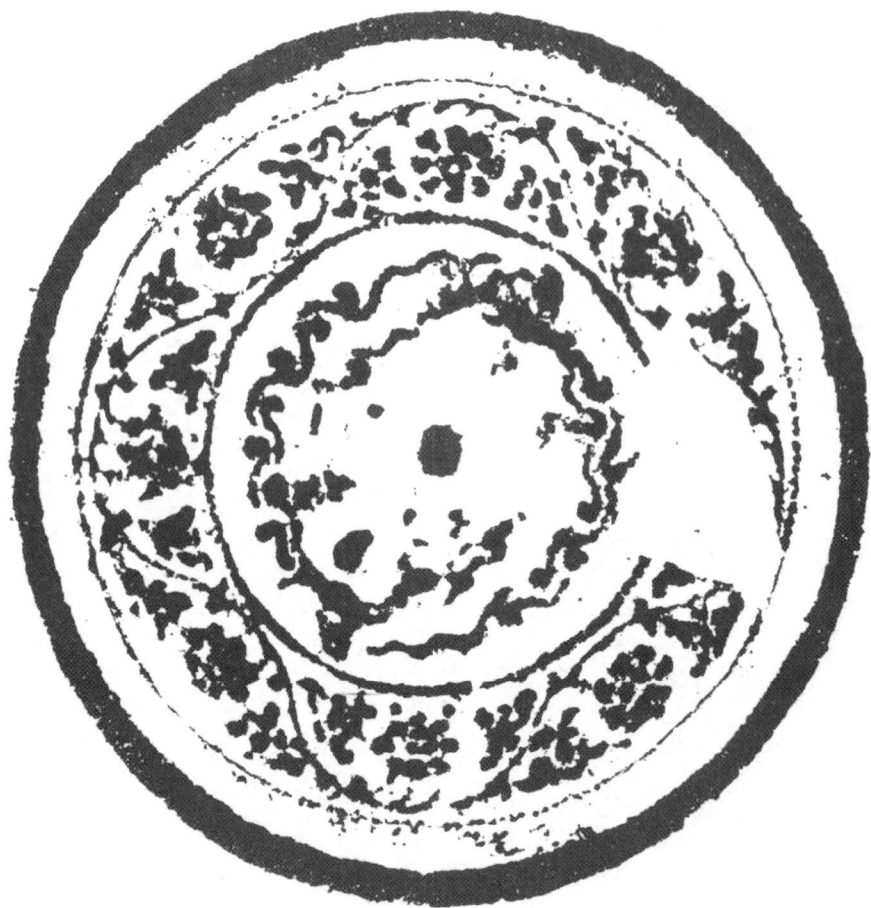

6.26 飞鸟葡萄镜

　　圆形。圆钮。圆圈带分为内外二区，内区对称飞鸟与云纹相间环绕，外区一周缠枝葡萄纹。素宽缘。直径 10.5 厘米。吉林通榆辽墓出土。《吉林通榆县团结屯辽墓》图三（《考古》1984 年 9 期 861 页）。

6.27 禽鸟花卉镜

　　圆形。圆钮，菊花纹钮座。座外二鸟二丛花枝相间环列。鸟侧首曲颈，展翅，短尾。花枝花叶茂盛，其中一株引来二飞蝶。素宽缘。直径 17.8 厘米。《仪征馆藏铜镜》133 页。

花卉镜

6.28 双蝶牡丹镜

　　圆形。弓形钮。钮外二株花枝与两只蝴蝶相间环列，叶片肥大，花朵盛开，蝴蝶飞舞。素宽缘。直径 12.8 厘米。河北丰宁辽墓出土。《河北丰宁哈拉海河发现辽墓》图二(《考古》1989 年 11 期 1054 页)，又见《历代铜镜纹饰》图 212。

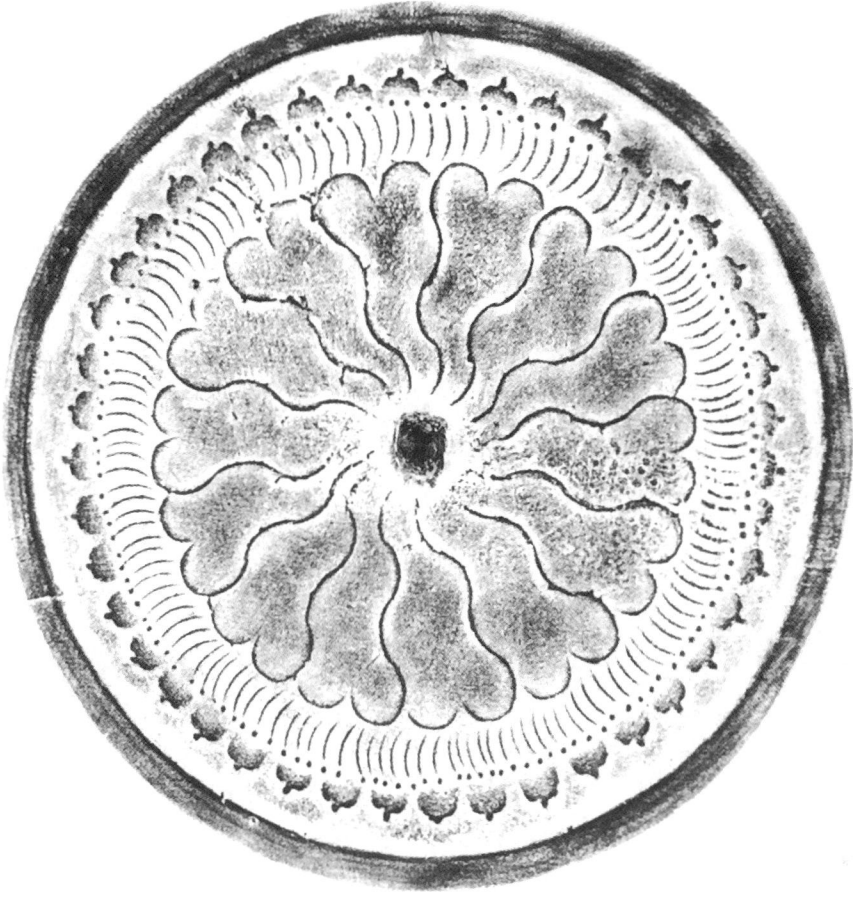

6.29 荷叶瓣镜

圆形。桥形钮。以镜心为中心组成一片十四瓣的荷叶纹，叶尖内凹，外围一周花蕊纹和一周莲瓣纹。素缘。直径 13.1 厘米。《练形神冶　莹质良工——上海博物馆藏铜镜精品》334 页图 128。

6.30 荷叶瓣镜

    圆形。平顶圆钮，花瓣钮座，瓣间点缀圆点纹。三周弦纹圈带外荷叶瓣相互叠压，纹饰简单清晰。素缘，边缘有"锦州安昌县验记官"及花押。直径12.9厘米。《净月澄华——辽宁省博物馆藏古代铜镜》306页。

6.31 荷叶瓣六花枝镜

　　圆形。圆钮。镜心饰一片相互叠压、呈旋转式的荷叶瓣纹，俏逸灵动（也有学者称为转轮菊花形纹饰），瓣间点缀一周圆点纹。其外环绕六株花枝，细枝曲卷，花瓣绽放。外围一周连珠纹。素宽缘。直径 22.8 厘米。《净月澄华——辽宁省博物馆藏古代铜镜》310 页。

6.32 八花连弧镜

　　圆钮。七角形花瓣钮座。外围双排连珠纹八内向连弧纹，连弧角端两种形态和大小不同的花卉各四朵相间环列。花卉格调清隽，挺张峻拔的造型很少见。素缘。直径 17.1 厘米。《净月澄华——辽宁省博物馆藏古代铜镜》312 页。

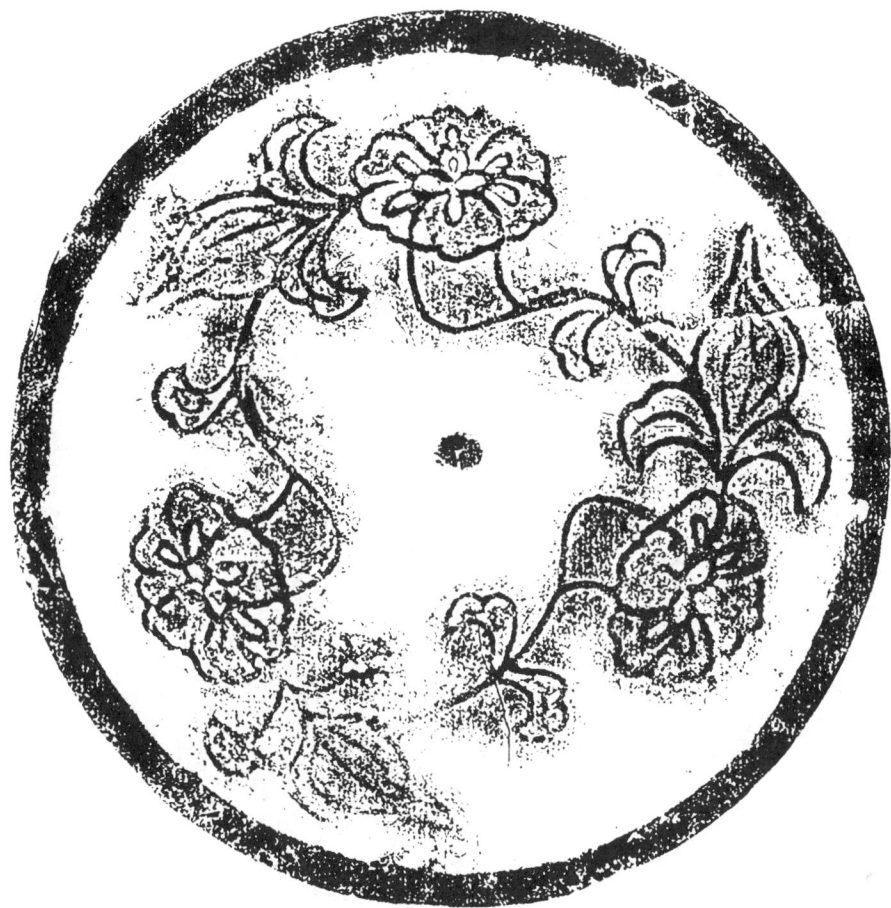

6.33 三花枝镜

  圆形。圆钮。钮外三株花枝环绕，形态相同，枝蔓卷曲相连，花瓣盛开，大花苞挺起。素缘。直径 15.9 厘米。河北唐县出土。《历代铜镜纹饰》图 355。

6.34 四瓜瓞镜

八出葵花形。平顶钮，围以连珠纹圈带。其外四株瓜瓞环绕，枝蔓相连，果实叶瓣均装饰连珠纹。绵绵瓜瓞，象征子孙繁衍不息。外围一周连珠纹圈带。平缘。直径 12.3 厘米。《旅顺博物馆藏铜镜》142 页图 130。

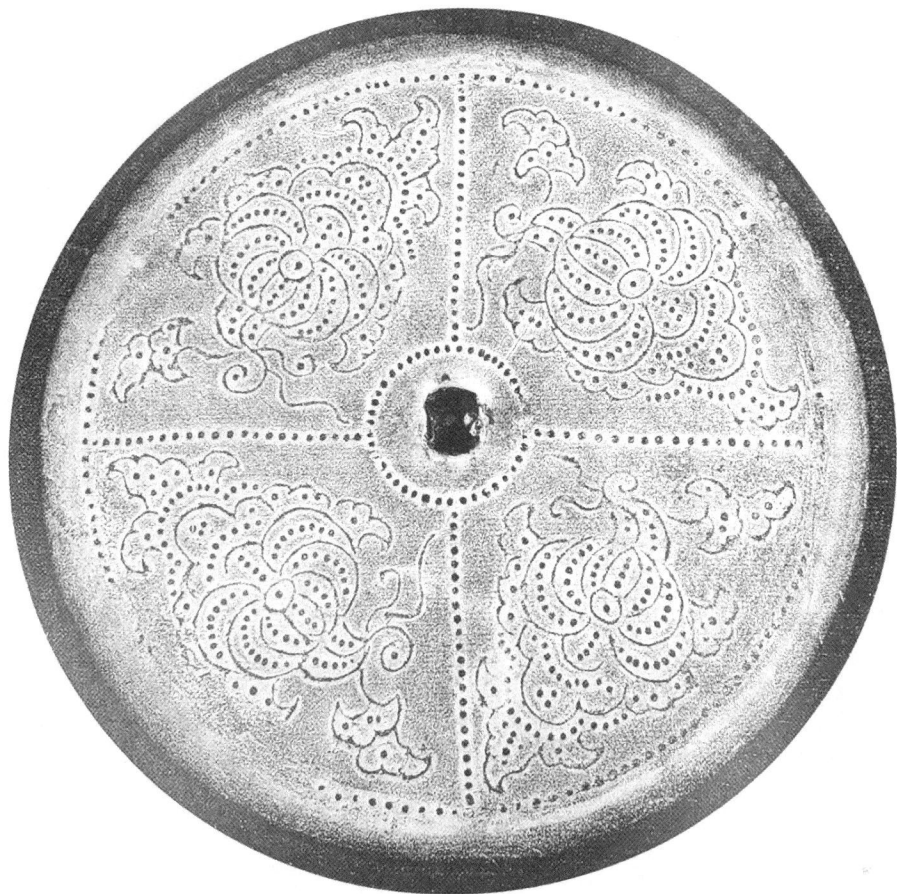

6.35 四瓜瓝镜

　　圆形。平顶圆钮，围以连珠纹圈带。圈带外十字形连珠纹线条划分的四区内，分别配置一株瓜瓝纹，果实叶瓣均装饰连珠纹或圆点纹。外围一周连珠纹。素缘。直径 15.4 厘米。《净月澄华——辽宁省博物馆藏古代铜镜》300 页。

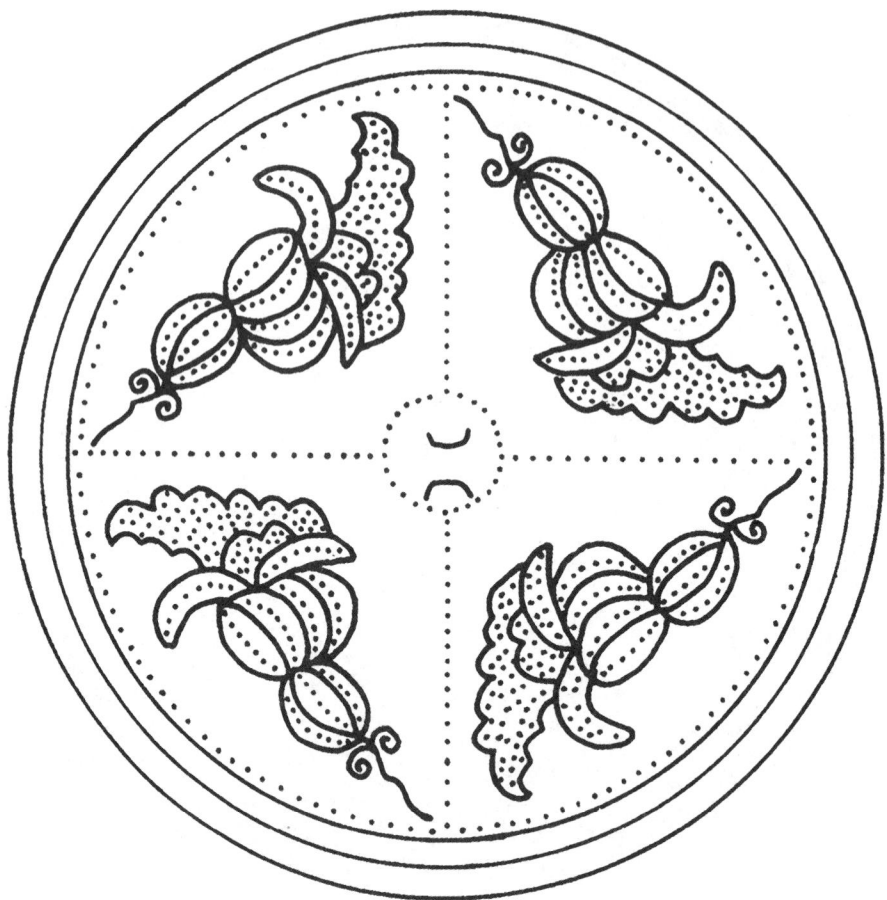

6.36 四瓜瓞镜

　　圆形。圆钮，围以连珠纹圈带。圈带外十字形连珠纹线条划分的四区内，分别配置一瓜瓞纹，叶瓣宽厚，果实连绵。构图明朗清新。素缘。直径10.5厘米。河北康保石棺墓出土。《历代铜镜纹饰》图213。

毬路龟背纹镜

6.37 四蝶毬路纹镜

圆形。圆钮，围以连珠花瓣纹。纹饰由镜心向外为连珠纹线条组成的内方格、二周圆圈带和外三重方格。内方格里外分别饰填花毬路纹和连珠菱格纹，二周圈带间饰圆点斜线纹，圈带与外三重方格形成的四区内各饰一飞蝶。三重方格与镜内缘划分的四区内饰填花毬路纹。素宽缘。直径 29 厘米。内蒙古昭乌达盟辽穆宗耶律景应历九年（959）驸马赠卫国王墓出土。《赤峰县大营子辽墓发掘报告》图版肆.5（《考古学报》1956 年 3 期），又见《中国青铜器全集·铜镜》图一八四。

6.38 四蝶龟背纹镜

    圆形。桥形钮，围以连珠纹圈带。四蛱蝶绕钮环列，其外四周连珠纹圈带。圈带外为二重方格，内方格四内角各置一只蛱蝶。二方格间饰点线纹，方格外为龟背纹和一周连珠纹。素宽坡状缘。直径 19.2 厘米。辽宁康平辽墓出土。《辽宁康平县后刘东屯辽墓》图四（《考古》1986 年 10 期 923 页）。

6.39 四蝶龟背毬路纹镜

　　圆形。鼻钮。钮外饰两周连珠纹圈带，圈带间装饰毬路纹。其外大方格四内
角各配置一只展翅飞翔的蛱蝶，外角端抵接近缘处的弦纹圈带，形成的四区内装
饰龟背纹。素宽缘。直径 22.3 厘米。辽宁朝阳辽圣宗太平六年（1026）墓（《考古
学集刊》1983 年 3 期）出土镜与此镜纹饰布局相同，但方格四内角为云朵纹。《净
月澄华——辽宁省博物馆藏古代铜镜》296 页。

6.40 花卉毯路纹镜

圆形。圆钮，围以连珠纹圈带。弦纹和连珠纹组成的多重方格分为内外二区，内区为填花菱格纹，外区为填花毯路纹。素缘。直径 20.8 厘米。内蒙古赤峰敖汉旗辽墓出土。《内蒙古敖汉旗沙子沟、大横沟辽墓》图一九（《考古》1987 年 10 期 902 页）。

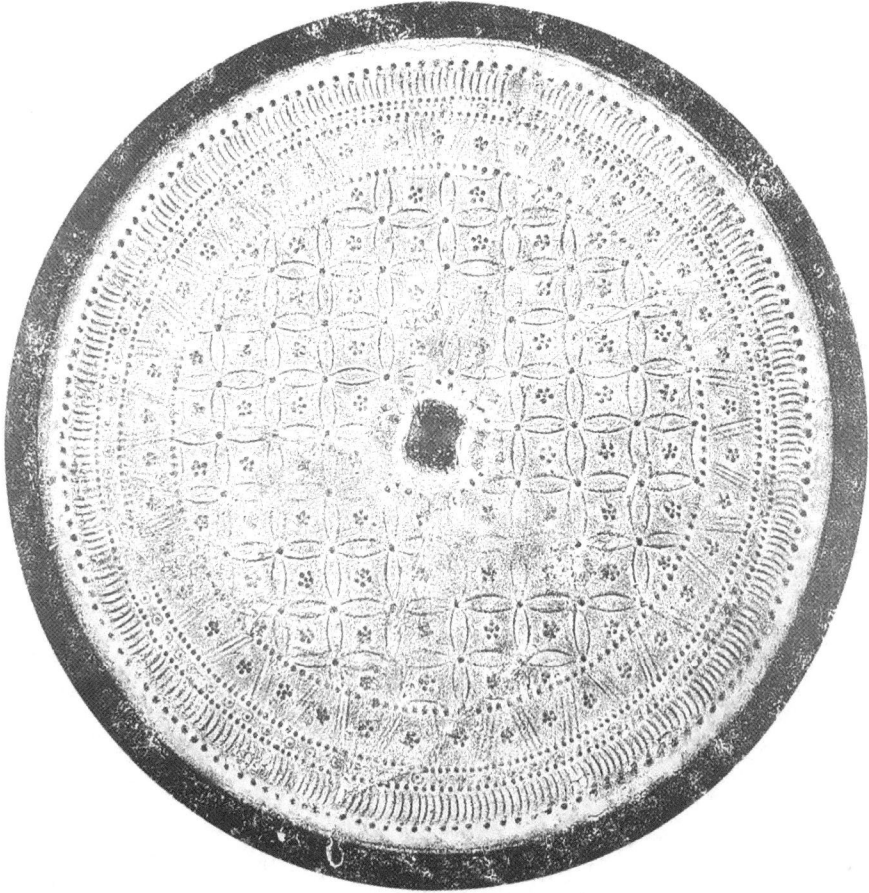

6.41 花卉毬路纹镜

　　圆形。圆钮。由镜心向镜缘配置间距不同的三周连珠纹圈带，内圈带里满饰填花毬路纹，内、中圈带间三条短斜线与圆点小花相间环绕，中、外圈带间饰一周圆点圆圈纹，其外装饰一周花蕊纹。素宽缘。直径 28.2 厘米。此镜尺寸较大，多重装饰，层层变化。辽宁法库辽墓出土。《净月澄华——辽宁省博物馆藏古代铜镜》52 页。

6.42 人物龟背毯路纹镜

　　圆形。圆钮。钮外连珠纹圈带与弦纹圈带间装饰毯路纹。其外连珠纹圈带与连珠纹方格间，方格四内角各站立一人，形态相同，一手曲肘抬起，一手弯曲于胸前，两侧装饰一花瓣。方格与近缘处连珠纹圈带形成的四区内装饰龟背纹。素宽缘。直径 15 厘米。辽宁建平辽墓出土，与此镜共出者还有 3 面，形制、大小相同。《净月澄华——辽宁省博物馆藏古代铜镜》50 页。

6.43 花卉龟背纹镜

　　圆形。圆钮，围以重瓣花卉，风轮式的花瓣中花蕊密点，繁花如簇。弦纹圈带与方格间，方格四内角配置的图像，或称为简化蜘蛛纹，或称为变形小蜜蜂。其外连珠纹圈带与方格形成的四区内为填花龟背纹，其外重瓣环绕一周。素宽缘。直径 19.5 厘米。此镜装饰结构严谨，纹饰清丽素雅，为辽镜佳作。《净月澄华——辽宁省博物馆藏古代铜镜》292 页。

6.44 串贝龟背纹镜

圆形。圆钮，围以花瓣纹。两周弦纹圈带间环列一圈串贝纹。圈带外方格四角内配置花叶纹，方格外为填花龟背纹。其外装饰两周弦纹圈带和一周连珠纹圈带。素宽缘，其上有刻款及花押。直径 16.3 厘米。吉林梨树出土。《吉林出土铜镜》图 128。

人物故事宗教题材镜

6.45 迦陵频伽镜

圆形。圆钮。两只迦陵频伽隔钮相对，头部与上身为人形，头戴莲冠，双手捧盆，盆中有三叶花。下身为鸟形，展翅垂尾站立，神态雍容端庄。空间补以不同形态的花卉。素宽缘。直径 22.8 厘米。辽宁建平辽墓出土。此镜纹饰采用凸线条的技法，婉转曲折，流畅自如。《净月澄华——辽宁省博物馆藏古代铜镜》48 页。

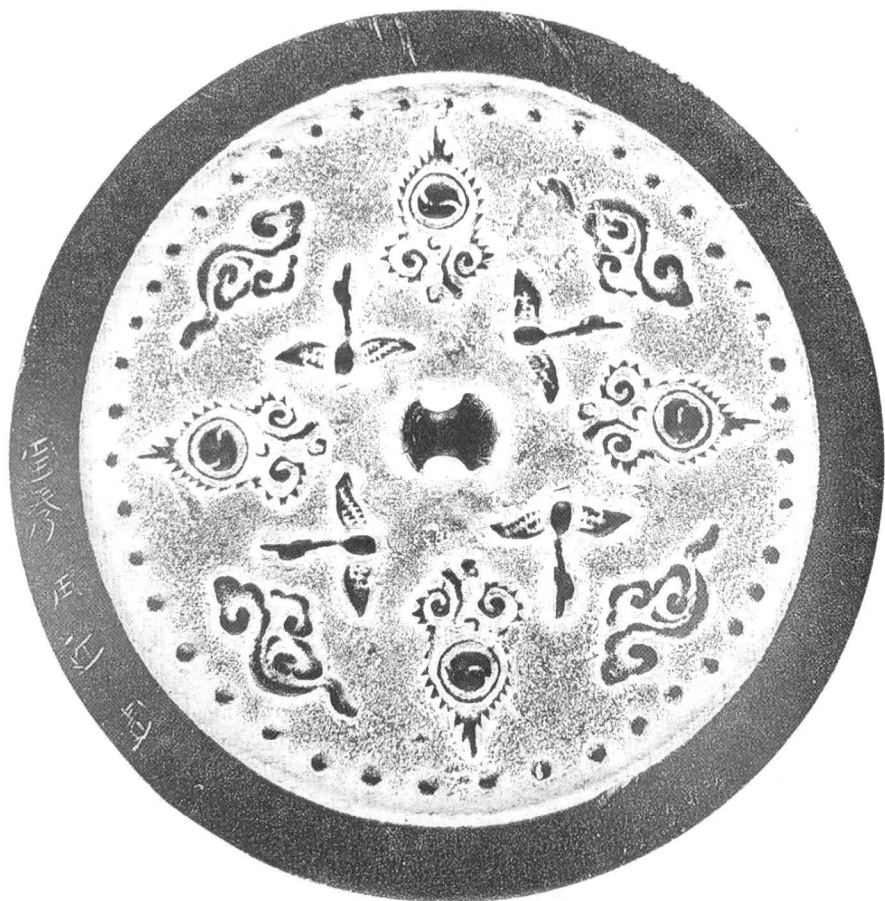

6.46 宝珠云鸟镜

圆形。平顶圆钮。钮外四宝珠与四雁和四朵流云相间环绕，雁伸长脖，展双翅飞向云间。近缘处一周连珠纹。素缘，其上刻有女真纹款及花押。直径12.3厘米。《净月澄华——辽宁省博物馆藏古代铜镜》342页。

6.47 宝珠祥云镜

　　圆形。圆钮。钮外四火焰宝珠与四朵流云相间环列。素卷缘。直径12.6厘米。辽宁省博物馆藏。《辽代铜镜研究》79 页图六十五 B。

6.48 抚琴人物宝珠镜

　　圆形。方钮，围以八颗火焰宝珠。其外四组抚琴人物、四组山林禽兽、八颗火焰宝珠相间环绕。抚琴人物呈圆形布局，连珠纹圈带内一亭，亭内一人端坐抚琴，亭外有流云、花草树木。山林禽兽图案略呈方形布局，挺拔的两棵大树，树下四只鹿，天上流云飞雁，远处山峰耸立。素缘。直径 38.5 厘米。内蒙古敖汉旗出土。此镜尺寸较大，是纹饰最丰富的抚琴人物镜。《敖汉旗出土两件辽代铜镜》图二（《文物》1995 年 5 期 65 页）。

6.49 抚琴人物团凤宝珠镜

　　圆形。圆钮。钮外环列四枚火焰宝珠。其外四组团凤与四组抚琴人物相间环列，团凤纹由两只衔绶鸾凤展翅曲身组成。抚琴人物端坐于亭内，亭外有流云及树木，外围连珠纹圈带。素缘。直径27.3厘米。河北围场出土。《历代铜镜纹饰》图223。

6.50 抚琴人物镜

　　圆形。无钮，镜缘上端有鼻系。镜中一亭，刻画细致。亭中一人端坐抚琴，亭外有流云、飞鸟和树木。外围连珠纹圈带。素窄缘。直径 8.5 厘米。河北张家口拣选。《历代铜镜纹饰》图 224。

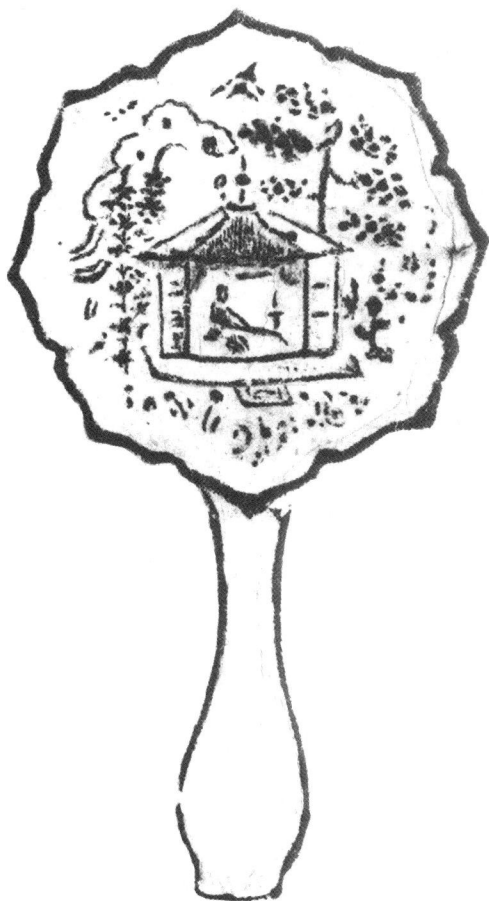

6.51 抚琴人物镜

八菱花形，瓶形柄。镜中心一亭，亭内一人端坐抚琴，亭外花草树木。素缘。直径 7.9 厘米。吉林桦甸出土。《吉林出土铜镜》图 79。

6.52 八飞仙云纹镜

　　圆形。圆钮。两周连珠纹圈带间，四飞仙绕内圈带一周，其外四飞仙与四朵流云相间环列，内外四飞仙均披帛飘起，但飞翔姿态不同。素窄缘。直径15.4厘米。河北隆化出土。《历代铜镜纹饰》图222。

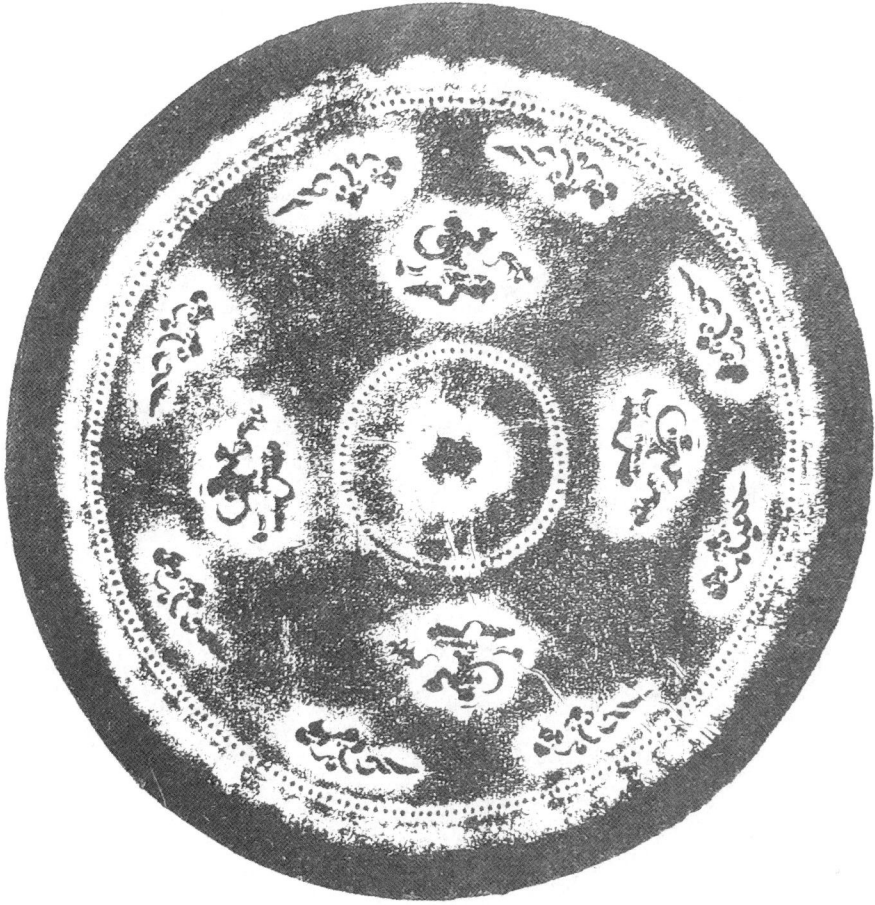

6.53 四飞仙云纹镜

　　圆形。小钮。内外两周连珠纹圈带间，内为四飞仙，外为八朵流云环绕。飞仙的姿态与前河北隆化出土的八飞仙镜中外圈的四飞仙相同。素缘。直径20.6厘米。辽宁建平辽墓出土。《辽代铜镜研究》83页图七十A。

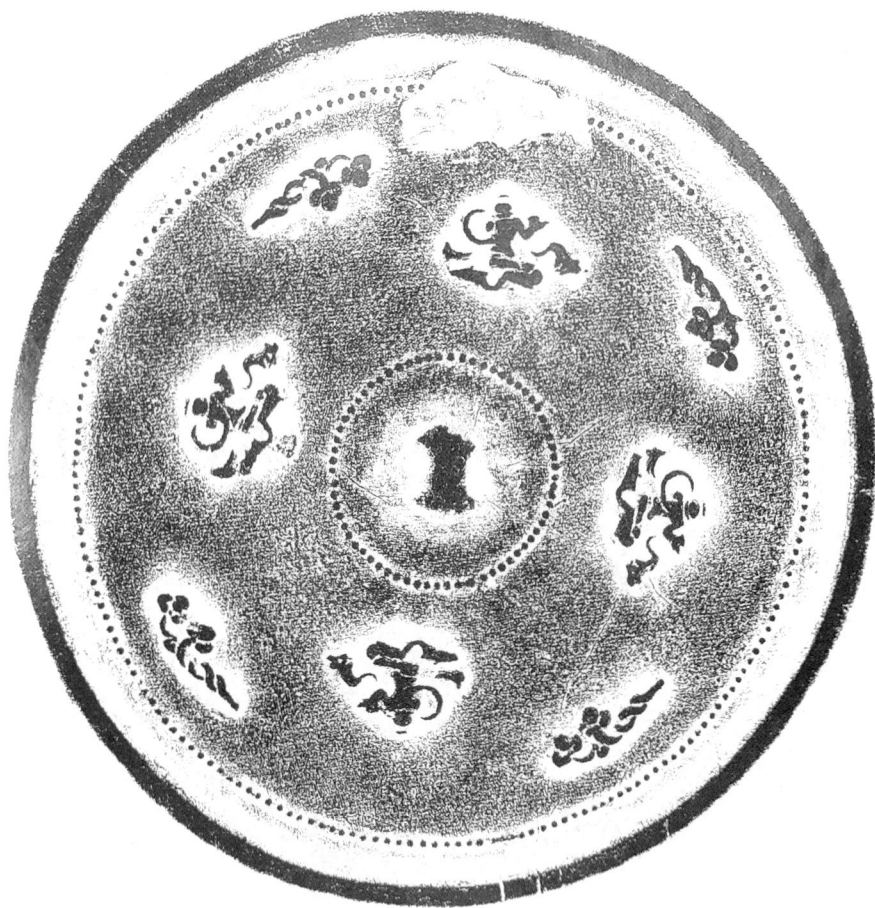

6.54 四飞仙云纹镜

　　圆形。鼻钮。内外两周连珠纹圈带间，四飞仙与四朵流云相间环绕。飞仙同前辽宁建平出土镜中的飞仙。素缘，其上有"宗州验记官壬"刻款。直径 20.4 厘米。辽宁省博物馆藏。《辽代铜镜研究》85 页图七十一 B。

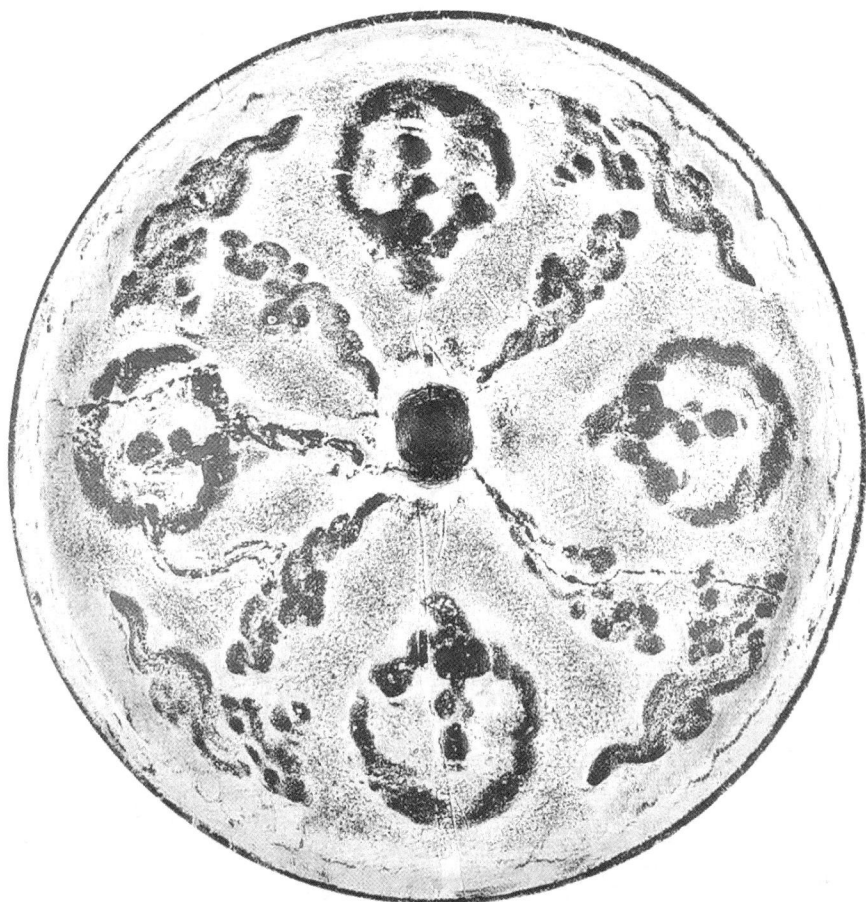

6.55 四佛云纹镜

　　圆形。圆钮。钮向外伸出十字形配置的四朵流云，云头外四朵流云环绕于外周。流云划分的四区内分别配置一佛，佛形态相同，头向镜缘，有圆形背光。镜背一处刻有"东平县"及花押。素卷缘。直径 13.1 厘米。《净月澄华——辽宁省博物馆藏古代铜镜》334 页。

6.56 沙罗树纹镜

　　圆形。桥形钮。纹饰为一棵高大的沙罗树，树干粗壮，枝叶繁茂。树干装饰圆圈点纹，圈点松叶形叶一行行排列。枝叶中四条连珠纹宽带下垂，其间装饰两只蛱蝶。素宽缘。直径 16 厘米。辽宁喀左县辽墓出土。《净月澄华——辽宁省博物馆藏古代铜镜》38 页。

七

金代铜镜

龙纹镜

7.1 单龙镜

圆形。圆钮。一龙身躯修长，绕钮环列，呈圆形，张口对钮，前肢张开，一后肢叠压在尾上。外围一周流云纹。素宽缘，其上镌刻"云内州录事司验记官"押记及花押。直径24.4厘米。吉林长春出土。《吉林出土铜镜》图52。

7.2 单龙镜

圆形。圆钮。一龙绕钮盘曲，体势修长，昂首曲颈，前肢伸张，一后肢叠压尾部。素宽缘。直径 22.2 厘米。河北赤城县出土。《历代铜镜纹饰》图 219。

7.3 单龙镜

　　八菱花形。小圆钮。一龙绕钮盘曲，身躯满饰鳞纹，前肢一伸一曲，后肢退化成勾卷纹，尾部演变为多歧枝形。镜缘上有"肇州司侯司"刻款。直径 12 厘米。吉林珲春出土。此镜龙纹形态与金镜摩羯纹（又称为鱼化龙纹）有相似之处，可以看出这类纹饰的演变关系。《吉林出土铜镜》图 51。

7.4 双龙戏珠镜

圆形。圆钮，外围花瓣钮座。内区圆圈带外二龙同向环列，龙躯体修长，昂首嬉戏火焰宝珠，呈奔腾飞动之势。外区一周流云纹。素缘。直径 23.5 厘米。黑龙江阿城出土。《辽金文物撷英》194 页上图。

7.5 双龙镜

　　圆形。圆钮。二龙同向环列，隔钮相顾，张口露齿，须毛飘起，爪趾如钩，后肢与尾纠结。一龙身躯曲卷，一龙身躯微呈弧形，姿势不同。近缘处一周卷叶纹。素宽缘，其上有"寿山福海，长命富贵"刻款及花押。铜镜缘上刻吉祥铭文是很少见的。直径 18.7 厘米。吉林通化金墓出土。《吉林出土铜镜》图 50。

7.6 双龙镜

圆形。圆钮。二龙同向环列，龙身躯细长，一龙戏珠，一龙腾跃。素宽缘，缘上有"广府山东"及花押。直径 12 厘米。河北平泉出土。《历代铜镜纹饰》图 307。

7.7 双龙镜

　　圆形。小圆钮。二龙隔钮，反向配置，姿势相同，头部均靠近镜缘，弓身甩尾，四肢伸张，张牙舞爪，满饰鳞纹。素宽缘，缘上有"咸平府釉黑千户"刻记及花押。直径22厘米。吉林梨树出土。《吉林出土铜镜》图46。

7.8 双龙镜

八瓣菱花形。圆钮。二龙首尾相接，姿势不同，一龙站立，一龙腾跃。头部结构简单，无角。前肢粗短，肘毛飘起，后肢一伸一微露出，外围一周云纹。直径 17 厘米。山东滕县金章宗承安四年（1199）墓出土，为此镜流行时间提供了重要资料。《山东滕县金苏瑀墓》图三（《考古》1984 年 4 期 350 页）。

7.9 双龙镜

　　八角形。圆钮。钮外二龙隔钮，反向配置，姿势相同，曲颈弓身卷尾，躯体细瘦，前肢伸张，后肢一伸一曲，与尾相交。素缘，镜缘四角上镌刻有"亚阳平"刻记及花押。直径 10.1 厘米。《铜镜鉴赏》图版 72。

双鱼镜

7.10 大定通宝双鱼镜

圆形。圆钮。二鱼绕钮同向洄游，侧身摆尾。钮一侧配置一枚"大定通宝"钱纹。素宽缘。直径 17.9 厘米。河北柏乡金墓出土。《历代铜镜纹饰》图 228。

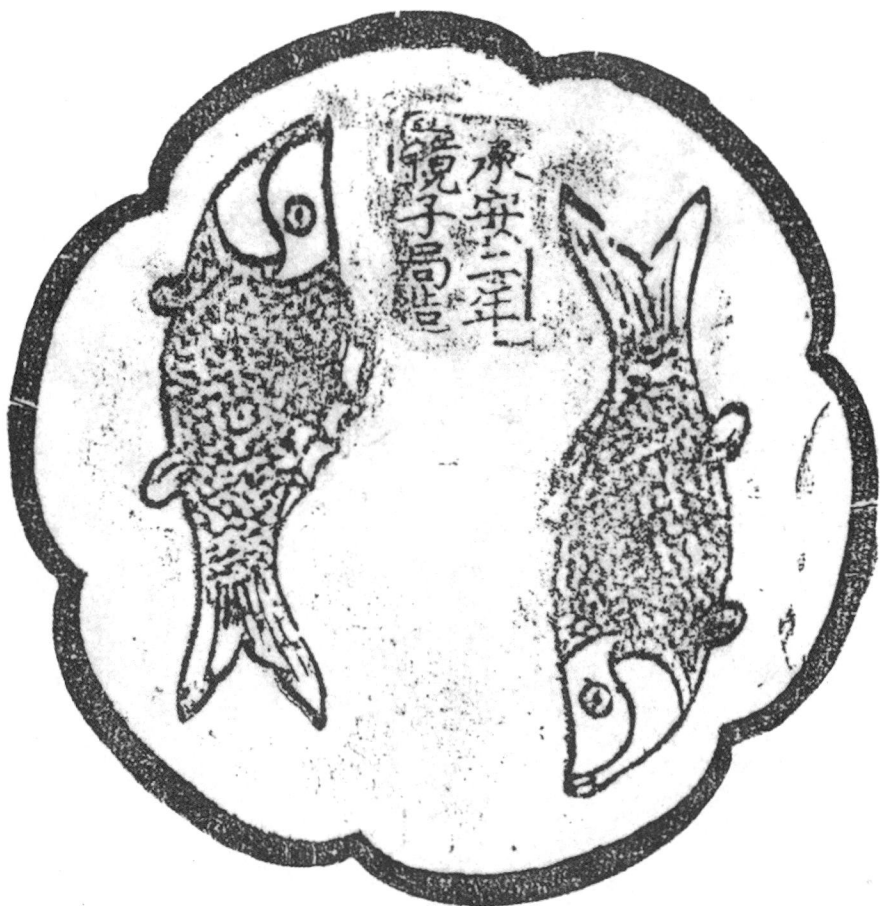

7.11 承安二年双鱼镜

六出葵花形。小钮。钮两侧各一鱼，两鱼反向配置。鱼形图案化，无折尾，体态呆滞。钮上方框内有两直行铭文："承安二年镜子局造。"素缘。直径11.3厘米。与大量出土的金代双鱼镜不同，此镜形不是圆形，鲤鱼不作摇头摆尾形态，刻画呆板。《历代铜镜纹饰》图244。

7.12 镜子局款双鱼镜

　　圆形。平顶小圆钮。镜背满饰波浪纹。钮两侧各一鱼，反向配置。鱼体宽肥，形态虽显笨拙，但纹饰清晰。空白处有"镜子局官"及花押牌记。素缘。直径12.15厘米。《净月澄华——辽宁省博物馆藏古代铜镜》362页。

7.13 双鱼镜

    圆形。圆钮。两条鱼同向洄游于波浪起伏的水中，体大宽肥，侧身摆尾，刻画极清晰逼真。近缘处水波回旋形成一波纹圈带。素宽缘。缘上有"上京巡院"、"金成县"两处刻记及花押。直径 20.1 厘米。吉林永吉出土。《吉林出土铜镜》图 31。

7.14 双鱼镜

　　圆形，带柄。两条鱼同向洄游于水中，侧身摆尾。素缘。镜柄饰花枝纹。圆径 8.2 厘米，柄长 7.1 厘米。《河南淇县征集的一批宋元铜镜》图二 .4（《考古》1987 年 3 期 285 页）。

7.15 双鱼镜

　　圆形。平顶小钮。双鱼同向洄游于水波纹间，舒展从容。素缘，上有"金成记"刻记及花押。直径 10.8 厘米。《旅顺博物馆藏铜镜》178 页图 166。

7.16 双鱼镜

　　圆形，带柄。镜心饰一花瓣，两侧双鱼同向洄游，围以水波纹。柄上装饰卷枝纹。圆径 10.3 厘米，柄长 9 厘米。《历代铜镜纹饰》图 246。

摩羯纹镜

7.17 双摩羯镜

圆形。圆钮。钮外两条摩羯同向环绕，龙头鱼身，前鳍为张开的双翅，脊鳍、后鳍均消失。满布水曲纹，水波整齐细密。近缘处铸有"陕西西路监造使"铭文。素缘。直径 23.7 厘米。甘肃临洮出土。此类纹饰亦称为鱼化龙镜或鱼龙变化镜。《甘肃省博物馆收藏的三面金代铜镜》图四（《考古与文物》1982 年 3 期 103 页）。

7.18 双摩羯镜

圆形、带柄。二摩羯翘首相望，展开双翅，腾跃飞起于水面上。素缘。圆径
11.5 厘米，柄长 9.7 厘米。河北隆化出土。《历代铜镜纹饰》图 317。

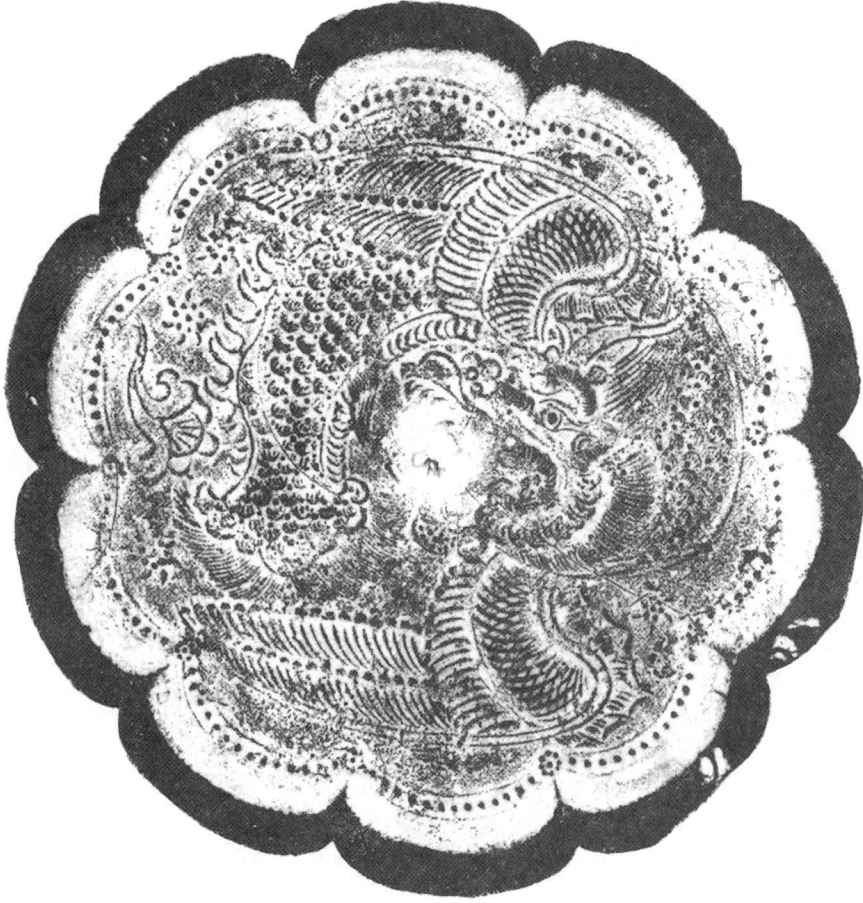

7.19 摩羯镜

　　十瓣葵花形。小钮。一摩羯绕钮盘曲，龙头对钮作吞珠状，双翅展开，躯体满饰瓣状鳞纹。点缀花卉，外围一周连珠纹。素宽缘。直径 16.7 厘米。此镜摩羯形态和细线浅雕的表现手法与其他金镜中摩羯不同，显示出雄健的气势。河北徐水金墓出土。《历代铜镜纹饰》图 314。

7.20 摩羯镜

　　八菱花形。圆钮。一摩羯绕钮盘曲，龙首张开，鱼身腹部似伸出一肢爪，肩部一侧有山岩状的纹饰。周围满饰云纹。此镜中那一片似山岩状的纹饰是否表示鲤鱼跳龙门的龙门呢？如果是，则更符合鱼化龙的内容。素缘。直径 10.4 厘米。《河南淇县征集的一批宋元铜镜》图二.3（《考古》1987 年 3 期 284 页）。

7.21 摩羯镜

圆形。圆钮。一摩羯绕钮蟠曲。八连弧缘。直径 8.5 厘米。《山东沂水县征集的古代铜镜》图三八(《文物》1991 年 7 期 94 页)。

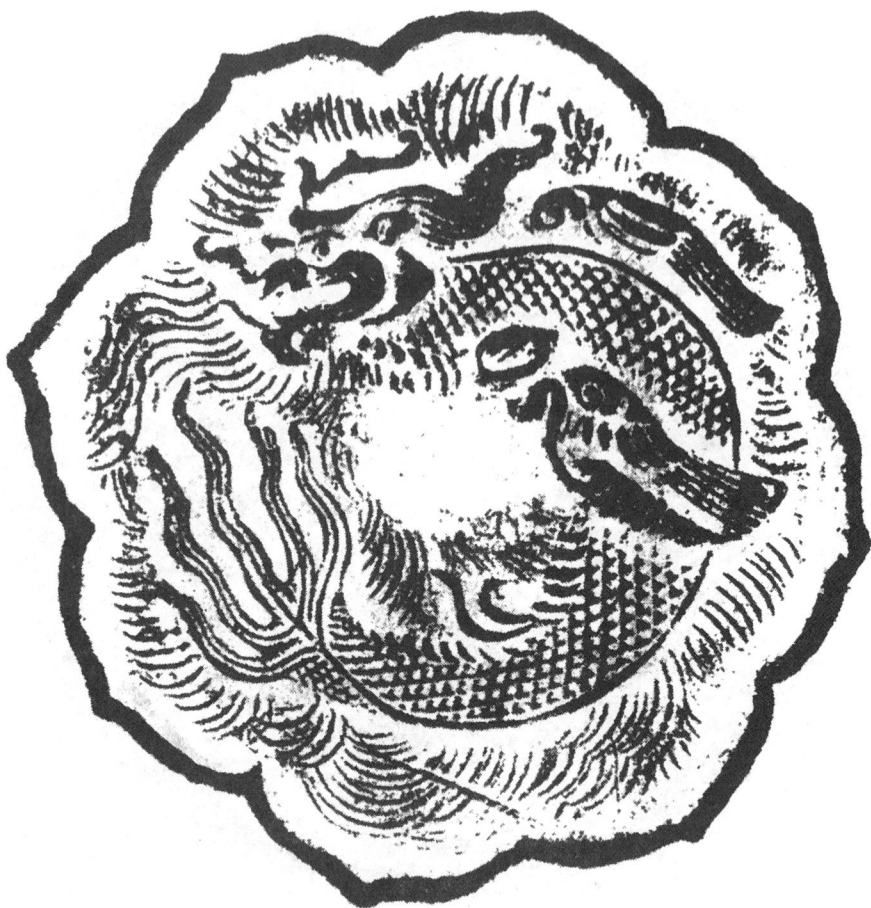

7.22 摩羯镜

　　八菱花形。圆钮。一摩羯绕钮，弓状盘曲，胁生双翅，躯体粗肥，鳞片规整，火焰形尾，跃动飞腾于波浪之中。素缘，其上有"泰州官"刻记及花押。直径15.5厘米。黑龙江阿城出土。《金源文物图集》图334，《辽金文物撷英》195页上图。

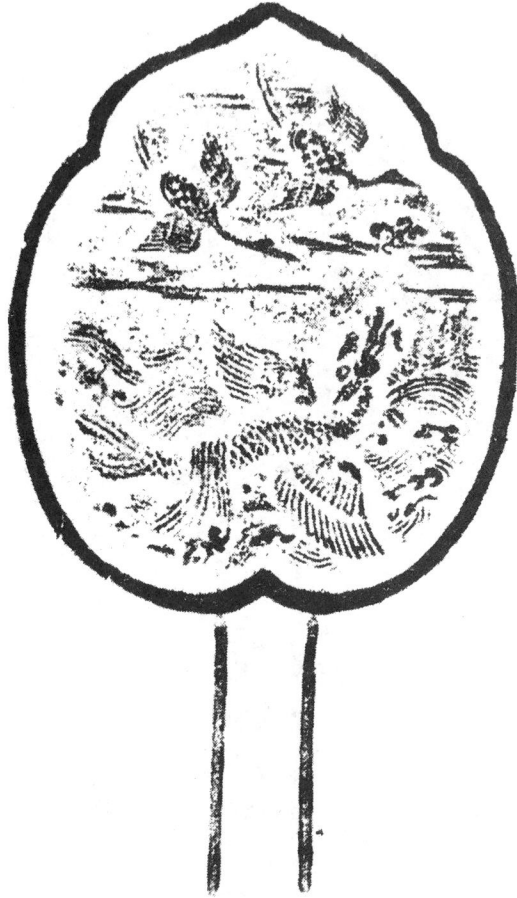

7.23 仙鹤摩羯镜

桃形，带柄。上部为两只仙鹤飞翔于流云中，下部一摩羯昂首展翅，飞腾于海上。素缘。直径 9.5 厘米。黑龙江克东出土。《辽金文物撷英》196 页下图。

7.24 摩羯镜

桃形，带柄。一摩羯纹盘曲于波涛起伏的海面上，天空云纹缭绕。桃形棱边压在柄上，柄上饰花叶纹。通长 21 厘米。《铜镜图案——湖南出土历代铜镜》182页图 160，又见《铜镜图案》104 页右图。

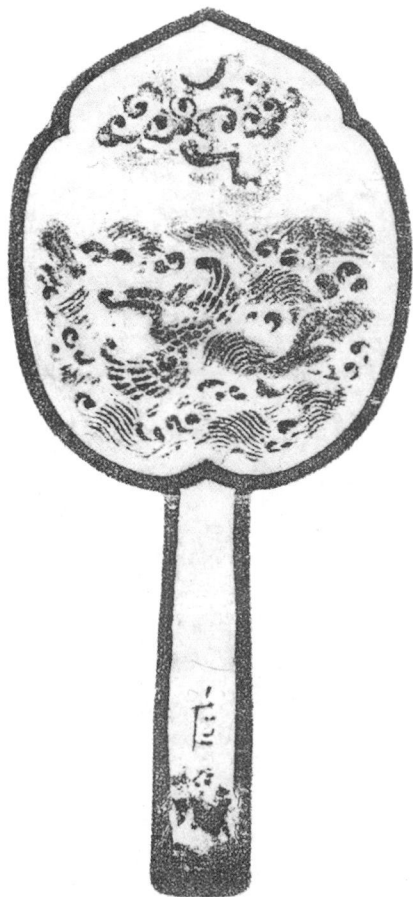

7.25 摩羯镜

桃形，带柄。天空流云钩月，海水中摩羯展翅飞腾。素缘。柄上有"官"字
铭。镜身长12厘米，宽10.5厘米。柄长11厘米。河北保定拣选。《历代铜镜纹饰》
图316。

凤鸟镜

7.26 双凤镜

八角形。圆钮。钮外二凤同向环列，昂首展翅，三歧尾羽飘拂。素缘。直径
10.3 厘米。吉林德惠金代遗址出土。《吉林出土铜镜》图 112。

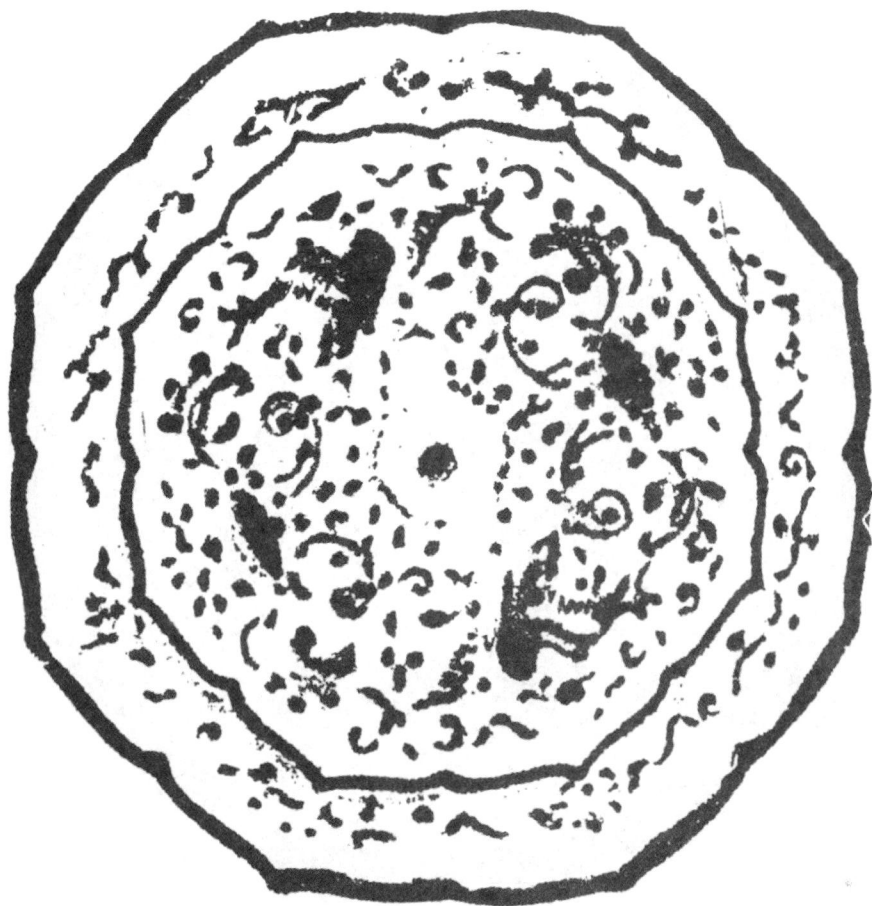

7.27 双凤缠枝花镜

　　八菱花形，菱边较直。圆钮，连珠纹钮座。钮外缠枝花纹中，环绕两只展翅飞翔的鸾凤。其外八菱花形与镜缘间饰花草纹。缘外侧有"济州县验官"刻记及花押。直径 11.5 厘米。《吉林农安出土金代"济州县令贾"铜镜》（《文物》1982 年 11 期 48 页）。

7.28 二凤二鸟镜

　　圆形。圆钮，花瓣纹钮座。圆圈带外两朵对称的云纹，其外两只鸾凤和两只大雁飞绕，四只体态较小的雀立在凤、雁之间。近缘处二圈弦纹带内饰散点圆珠纹。素宽缘，缘上有"泰州录判"刻记和花押。直径17.5厘米。黑龙江牡丹江出土。《牡丹江边墙调查简报》图二（《北方文物》1986年3期44页）。

7.29 孔雀鸾鸟镜

　　圆形，带柄。圆圈带分为内外二区，内区花丛中一只孔雀回首站立，外区六只不同姿态的禽鸟和花卉相间环绕。素缘。镜柄呈六棱花瓶形，仰莲瓶口，瓶身装饰卷草纹，底座亦为仰莲形。圆径 9.8 厘米。此镜铸制精丽，造型美观。吉林珲春出土。《吉林出土铜镜》图 117。

7.30 水禽游鱼镜

圆形。圆钮。圆圈带分为内外二区，内区饰荷叶莲瓣纹，外区满饰波浪纹，水中鸟儿嬉戏，鱼儿洄游。素缘。直径 18.2 厘米。黑龙江阿城出土。《辽金文物撷英》202 页下图。

7.31 凤鸟蛱蝶镜

　　圆形。圆钮。钮外飞雁、蛱蝶、蜻蜓与花卉相间环绕。素宽缘，其上有"弘州官"刻记及花押。直径10.4厘米。河北崇礼金世宗大定十三年（1173）墓出土。《历代铜镜纹饰》图345。

瑞兽镜

7.32 承安三年四兽镜

　　圆形。圆钮。圆圈分为内外二区。内区四兽同向绕钮奔跑，形态似鼠，其间点缀几串葡萄，又称为四鼠葡萄镜。外区为一圈非常工整的铭文："承安三年上元日，陕西东运司官造，监造录事任（花押），提控运使高（花押）。"素缘。同类镜中也有纹饰相同，铭文为承安四年的。直径8～9厘米。《小校经阁金文拓本》卷十七88A。

婴戏纹镜

7.33 二童戏花镜

圆形。桥形钮。钮两侧男女童子各一，手捧花叶，间以硕大的花叶及花枝，围以水波纹。素缘。直径 9.7 厘米。河北围场出土。《历代铜镜纹饰》图 250。

7.34 二童戏花镜

圆形。小圆钮。钮两侧男女童子各一，手捧花叶，脚下一片荷叶。图纹与前河北围场二童戏花镜相同，但较为简洁。素缘。直径 9.1 厘米。吉林德惠出土。《吉林出土铜镜》图 63。

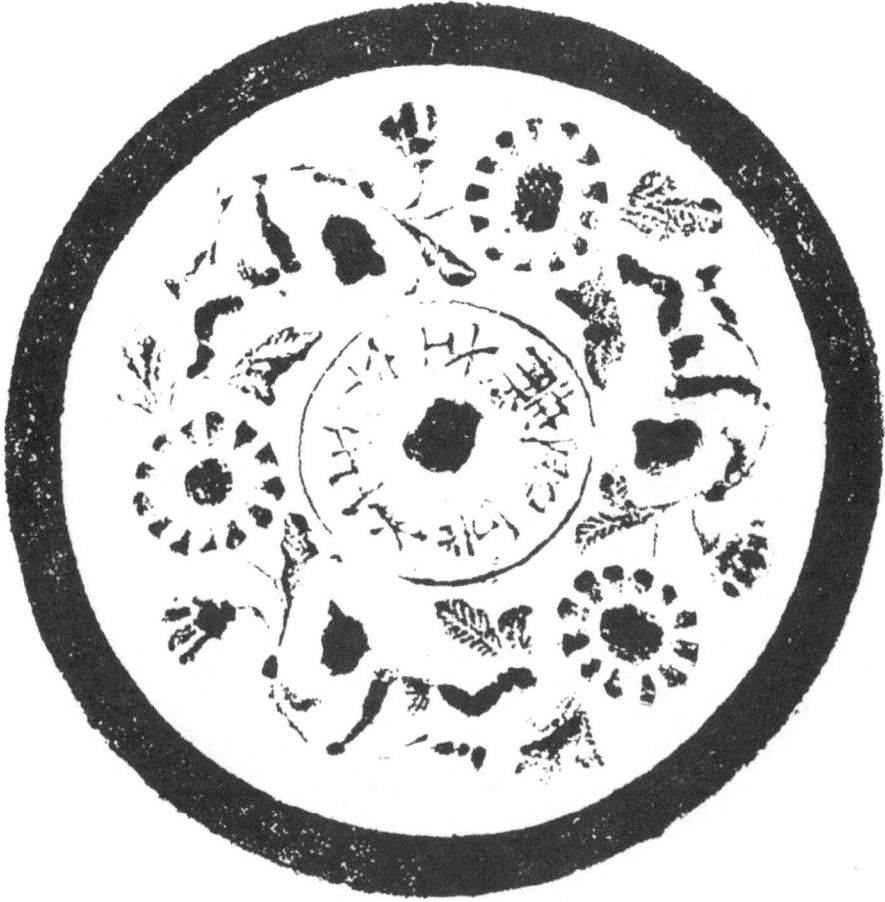

7.35 王家三童戏花镜

圆形。弓钮。弦纹圈带内环列"(盘)沟左字王家造"七字。圈带外三童与三
朵花相间环绕,童子俯卧,手持盛开的菊花。素缘。直径13.2厘米。山东茌平出
土。《山东茌平都屯出土一批金元器物》图二右(《考古》1986年8期765页)。

7.36 四童戏花镜

八出葵花形。圆钮,钮外四童子嬉戏嬉于花枝间。其中二童伏卧,隔钮相对,上下二童则一俯一仰,每人手执一株五花瓣的花枝。童子周围花枝缠绕,叶片茂盛。素缘。直径 13.8 厘米。吉林长春出土。《吉林出土铜镜》图 66。

7.37 四童戏花镜

圆形。圆钮，围以花瓣纹。内区四童手举折枝花，嬉戏于缠枝花间。三童伏
地，一童仰卧。外区环绕十五只蜂蝶。素缘，其上有"北京验记官"刻记及花押。
直径 11.5 厘米。吉林榆树出土。《吉林出土铜镜》图 65。

7.38 四童戏花镜

八角形。圆钮。内区四童手执花卉，三童伏地，一童仰坐，童子周围散布一些花枝。外区环绕十五只蜂蝶。素缘。直径 12.8 厘米。

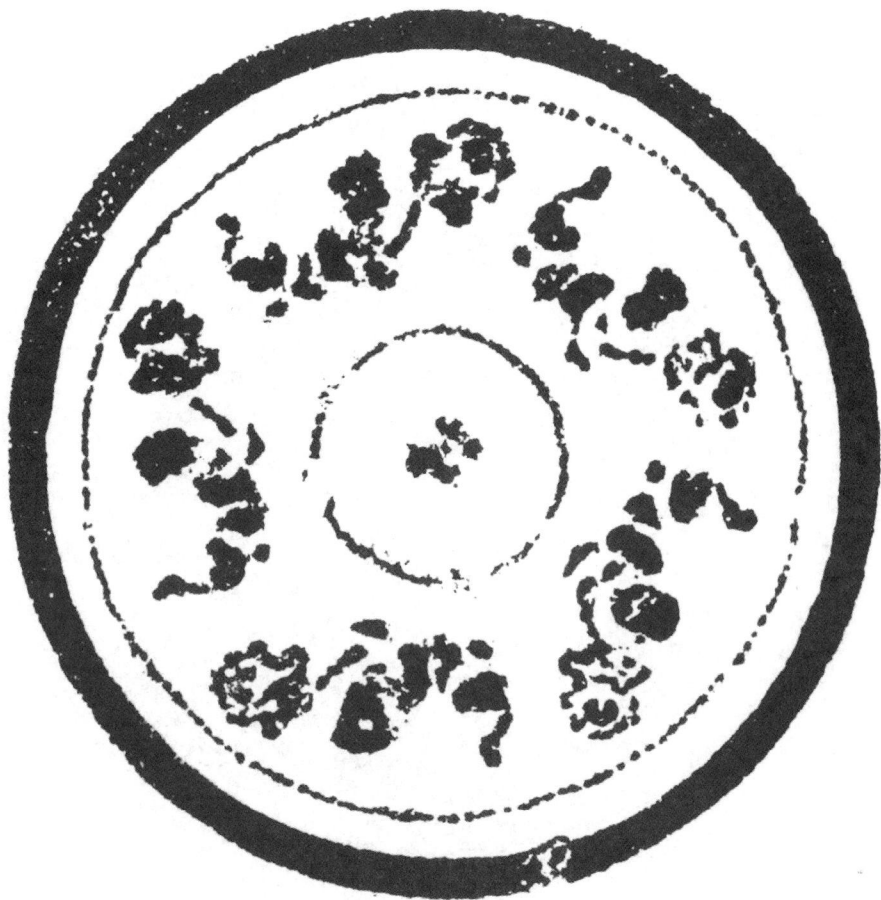

7.39 五童戏花镜

　　圆形。圆钮。圆圈带外五童子各持一朵芙蓉花，伏地嬉戏。素缘。直径 12.2
厘米。因蓉与荣谐音，又称五子荣华镜。《小校经阁金文拓本》卷十七 82A。

7.40 五童举花戏财镜

　　圆形。圆钮。钮外圆圈带叠压五枚"大定通宝"钱，形成一个绕钮五内向连弧形。其外五童子举花同向环绕一周，均作伏地姿势。近缘处又有五枚"大定通宝"钱与五个长方形图纹。直径 12.5 厘米。吉林辽源出土。《吉林出土铜镜》图 67。

许由巢父镜

7.41 许由巢父镜

　　圆形。圆钮。钮上近缘处有一单线方框，内有"许由洗耳，巢父饮牛"铭文。框下峰峦起伏，空中云彩缭绕，山上山下，点缀树林，显露屋宇一座。镜下方河水奔流，上游岸边坐一人，右手抬至耳边；下游处一人牵牛，一手指向上游坐者。素缘，缘上有"官"字刻记及花押。直径14.1厘米。吉林德惠出土。此镜铭文明确说明其纹饰描述的是许由巢父的故事。《吉林出土铜镜》74页。

7.42 许由巢父镜

　　此镜构图与人物形态基本上同前吉林德惠出土镜，只是镜上方框内没有铭文，外围弦纹两周。直径 15.2 厘米。河北保定拣选。《历代铜镜纹饰》图 267。

7.43 许由巢父镜

　　圆形。圆钮。钮右侧峭岩耸峙，峰峦间有茅屋两间。左侧大树苍碧，其下河水翻滚，上游岸边坐一人，侧首，右手抬至耳边；下游处立一人，欲牵牛离去。素缘。直径 10 厘米。吉林省博物馆藏。《吉林出土铜镜》附图 3。

7.44 许由巢父镜

　　圆形。圆钮。满饰流水纹的镜背上部，横亘巍峨峭拔的峰峦。河岸边大树枝虬干曲，树下一人站立，牵牛，抬手前指坐于地上之人，作对话姿态。素缘。直径17.6厘米。此镜是一幅在镜子中出现的人物山水画，亦是有关许由巢父的故事。《净月澄华——辽宁省博物馆藏古代铜镜》386页。

柳毅传书镜

7.45 柳毅传书镜

　　圆形。圆钮。以钮为界，分为上下两部分，上为陆地，下为河水。岸边沿镜缘左侧伸出一株大树，树下一男一女，女子衣带飘拂，男子面向女子，双手拱起，互作倾诉姿态。右侧一人牵马，草地上徜徉着几只羊。河水波涛翻滚，两条鱼在嬉游。素缘。直径 17.9 厘米。此镜纹饰应是柳毅传书的故事。《净月澄华——辽宁省博物馆藏古代铜镜》64 页。

7.46 柳毅传书镜

　　圆形。圆钮。镜缘左侧伸出一株大树，横贯顶部。树下一男一女，女子衣带飘拂，男子面向女子，双手拱起。岸边一人拱手立于马前，不同姿态的五只羊分散于草地上。河水中双鱼对游。素缘。直径 11.1 厘米。此镜纹饰在同类镜中刻画最为细致，形态最为生动。《历代铜镜纹饰》图 272。

7.47 柳毅传书镜

　　圆形。圆钮。一株大树沿着镜边伸出，枝叶覆盖镜上方。树下一男一女，相对而语。草地上有羊儿行走，右侧一人牵马。素缘。直径 10.9 厘米。1964 年吉林兆南出土。从人物的形象与纹饰内容看，当是表现龙女牧羊、柳毅传书的故事。《吉林出土铜镜》图 72。

7.48 柳毅传书镜

　　圆形。圆钮。钮右一树，枝叶分向两边。树下一男子拱手于胸前。钮左一女子及一侍童立于波浪之上，均拱手面向男子。河边一侍牵马站立，后有花草、小树。素缘。直径10.2厘米。同样的题材，此镜的画面布局和内容有所变化。河北张家口拣选。《历代铜镜纹饰》图273。

7.49 柳毅传书镜

　　圆形。圆钮。钮外满饰波涛起伏的水波纹，右侧一人立于岸边，着宽袖长衫，手捧书卷。左侧一人浮出水面，肩扛长棒，手指向前，作问询状。水中双鱼并躯畅游。外围一周卷云纹。素宽缘。直径 24.2 厘米。此镜画面应是柳毅传书故事中洞庭传书的情节。《河北省正定县文物保管所收藏的一件金代铜镜》图一（《文物》1995 年 5 期 59 页）。

海船镜

7.50 煌丕昌天海船镜

　　八菱花形。圆钮。一艘舟船落帆扬标行驶在波涛汹涌的海面上，水曲纹满铺镜背，波峰、波谷十分规整，并点缀一些花叶。船头尾各有数人。上部有"煌丕昌天"四字铭，书体近似蝌蚪文的变体。素窄缘。直径16.5厘米。吉林前郭尔罗斯出土。《吉林出土铜镜》图93。

7.51 临洮府煌丕昌天海舶镜

八菱花形。圆钮。一艘舟船落帆扬标行驶在波涛汹涌的海面上，水曲纹满铺镜背，波峰、波谷十分规整，并点缀一些花叶。船头尾各有数人。上部有"煌丕昌天"四字铭，铭文两侧刻有"临洮府录事司验记官"及花押。素窄缘。《小校经阁金文拓本》卷十七 91B 下。

7.52 海舶镜

八瓣菱花形。圆钮。一艘海船落帆扬标在波涛汹涌的海中行驶，船头、舱、尾都坐着人。水曲纹高低起伏铺满整个内区，水天相连，海域辽阔，浪花翻滚，花叶飘浮。桅杆上方正中有"天丕安昌"四字铭文。边缘八瓣内装饰云纹。《馆藏铜镜选辑（六）》图 38（《中国历史博物馆馆刊》1994 年 2 期 140 页）。

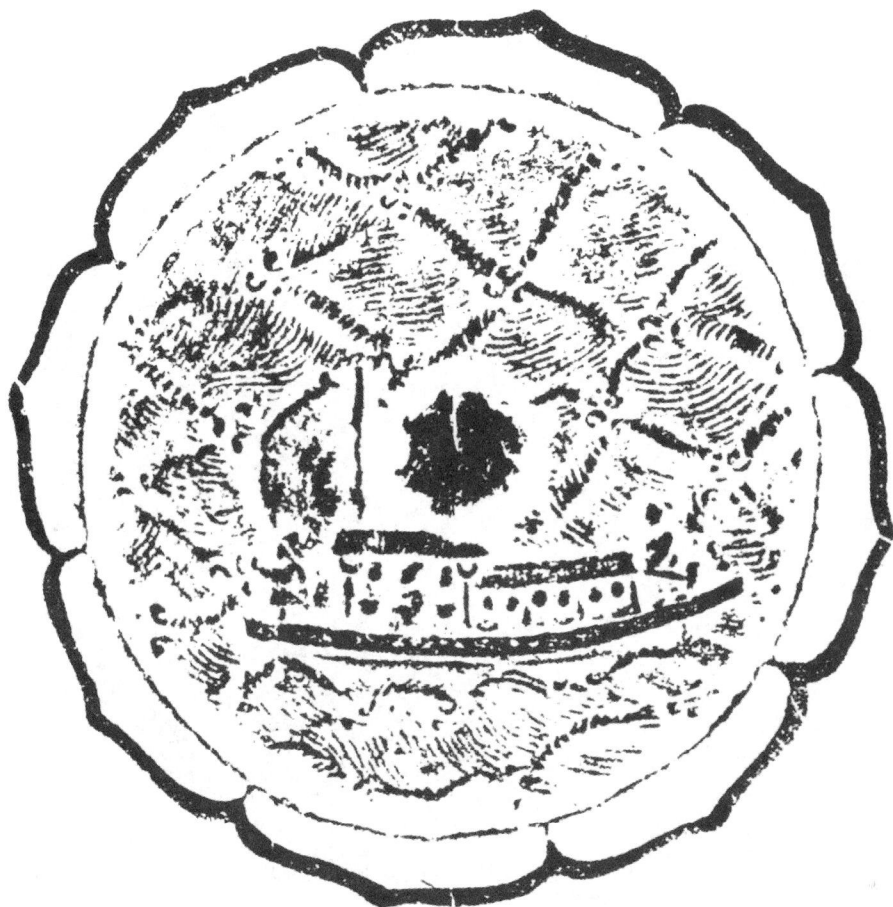

7.53 海舶镜

　　八菱花形。圆钮。钮上的波浪呈菱形，一艘船乘风破浪前进，桅杆竖起，舱中坐满乘客。船形和波浪形态都与其他海舶镜不同，应是另一种类型的海舶镜。《小校经阁金文拓本》卷十七 83A。

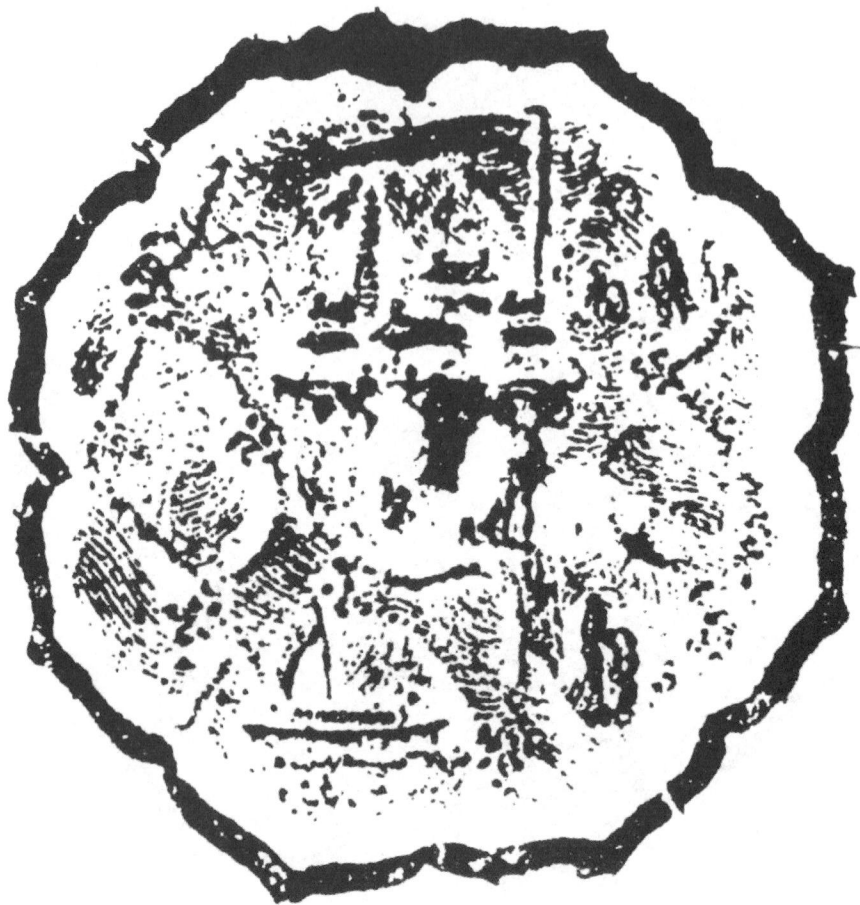

7.54 海舶镜

　　八菱花形。弓钮。整个镜背为漫无际涯的海水，钮上殿宇巍峨，寺塔高耸。钮下一船穿行于惊涛骇浪之中。此镜与其他海舶镜不同，海船较小，配置于镜的近缘处，更显得大海无边以及航行者乘风破浪的气魄。素缘。直径 16.5 厘米。河南舞阳出土。《河南舞阳县发现航海纹铜镜》(《考古与文物》1989 年 2 期 101 页)。

7.55 **海舶镜**

　　八菱花形。圆钮。一海船落帆扬标在波浪中行驶，船头船尾坐着数人。此镜显著的特点是波峰、波谷落差大，更突出了波涛汹涌。水中还有跳跃的大鱼，被称为"鱼龙戏舟"纹。直径 18 厘米。1984 年四川雅安宋墓出土，墓中伴出"宣和通宝"。《雅安市出土宋代铜镜》插图（《四川文物》1985 年 4 期 40 页）。

7.56 达摩渡海镜

　　圆形。圆钮。一周凸起的弦纹圈内海水滔滔，浪花翻卷。海面一人，手持法器，脚踏一物，逐浪前进。此镜图纹被称为"达摩渡海"或"罗汉渡海"纹。达摩，我国南北朝时高僧，南朝宋末从天竺航海至广州，后住少林寺，民间传说他渡江时手持一叶芦苇。素缘。直径 7.1 厘米。《铜镜鉴赏》图版 99。

人物故事镜

7.57 仙鹤人物故事镜

　　圆形，带柄。右侧有一体躯较大的仕女，右手持扇面，扇柄指着脚前似犬似兔的小兽，身后有修竹二株。左侧如意云头纹上仙鹤展翅飞翔，云下一躬身小童立在兽后。镜缘凸边压在镜柄凸边之上，柄上部有"铜院"铭文及花押，铭下一小鹿。圆径8.3厘米。吉林省吉林市出土。《吉林出土铜镜》图80。

7.58 对坐人物镜

　　圆形，带柄。镜背分为水陆两部分。右侧岩上侧伸一树至镜上部，树下两老者坐于椅上，身后分别有一犬和一侍者。侍者头饰奇特，似角，两手拱于胸前。河水中波浪翻腾。素缘。圆径 12.3 厘米。吉林白城出土。《吉林出土铜镜》图 91。

7.59 人物故事镜

圆形。纹饰部满镜背，物象众多。上部分为楼阁、流云及人物。下部分八个人物，以端坐的人物为中心，有坐、立、躬身和趴伏者，还有二人手举伞盖。人物右侧小桥流水，桥上一人行走。素缘。直径 11.1 厘米。此镜故事内容不明。《仪征馆藏铜镜》139 页。

7.60 人物故事镜

　　圆形，带柄。右侧一树枝叶横生，覆盖镜的上部。树下坐有一人，抬起右腿；左侧一人，右手后指。素缘。柄上有"泰和四年十一月日汾州录事司官"刻记及花押。金章宗泰和四年为公元1204年。圆径10厘米，柄长9.5厘米。辽宁凤城出土。《辽宁凤城县发现金代刻铭铜镜》(《文物》1983年4期91页)。

7.61 人物龟鹤齐寿镜

　　圆形，带柄。内区正中端坐一人，着宽袖长衫，后立一侍，手中有物。边缘一树，枝干斜生至镜上部。树梢一轮太阳，云上仙鹤飞翔，地下灵龟爬行。外区为细叶缠枝花纹带。素缘。圆径 9.4 厘米。吉林集安出土。《吉林出土铜镜》图 85。

7.62 人物鹤鹿鱼龟镜

　　圆形，带柄。一树横挺斜生，树下老者和侍童立于石上，侍者拱手。树梢一
轮太阳，其下有驮着小童的鹿、回首翘望的仙鹤及一株灵芝。下方波浪滚滚，鱼、
龟浮游其间。镜心银锭形框内有"南京路镜子局官"铭文及花押。镜柄饰莲枝荷
花。圆径 9.8 厘米，柄长 8.4 厘米。《铜镜鉴赏》图版 95。

7.63 人物龟鹤齐寿镜

　　圆形。圆钮。山岩上一棵枝叶繁茂的大树，树下山门半开，门外二侍者，分别捧着宝瓶和灵龟，面对着端坐于岩上的仙长。仙长前置香烟袅袅的香炉，仙鹤伫立。滚滚下泻的河水波浪翻腾。素缘。直径 17 厘米。吉林龙井出土。《吉林出土铜镜》83 页。

7.64 人物龟鹤齐寿镜

　　圆形。圆钮。树下山门虚掩，山石上端坐一人，旁立一童女，前有仙鹤回首振翅。山门外一行走的侍者，似捧托着一株灵芝。其下为翻滚波涛的河水。素缘。直径 15.6 厘米。《铜镜图案》图 134。

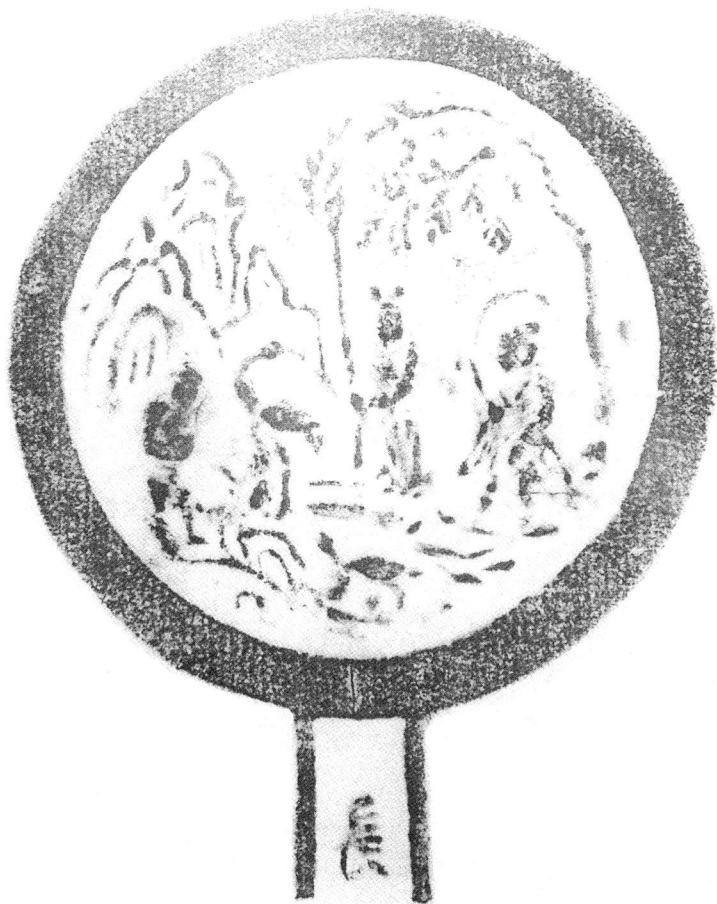

7.65 龟鹤齐寿镜

　　圆形，柄残。右侧树下坐一仙长，前有侍者手持幡物。左侧山峦起伏，一人
朝向仙人，前有仙鹤回首而立，灵龟爬行。残柄上有一"长"字。圆径 8.3 厘米。
《历代铜镜纹饰》图 288。

犀牛望月镜

7.66 犀牛望月镜

　　圆形。圆钮。钮上方一弯新月，月下祥云缭绕。左侧山峰高耸，古木参天。下方山水相连，小洲上跪卧一牛，回首望月。钮右侧铸有"陕西西路监造使"铭文。素缘。直径 17.4 厘米。甘肃省博物馆藏。

7.67 犀牛望月镜

　　圆形。平顶圆钮。云水相接，天空祥云缭绕，一钩弯月。钮两侧各一人，均着宽袖长衫，两手拱于胸前，遥相呼应。小洲树侧一牛伏卧，抬首望月。素宽缘其上有刻记。直径 22.9 厘米。《净月澄华——辽宁省博物馆藏古代铜镜》378 页。

7.68 犀牛望月镜

　　圆形。小圆钮。钮上祥云弯月，钮两侧各一人浮于水面，双手捧盘，盘中有灵芝等物。水中小洲上，卧牛回首望月。素宽缘。直径 9.2 厘米。《旅顺博物馆藏铜镜》192 页图 180。

7.69 犀牛望月镜

　　圆形，带柄。钮上祥云弯月，钮两侧各一人浮于水面，双手捧盘，盘中有物。水中小洲上，卧牛回首望月。圆径 7.8 厘米，柄长 5.7 厘米。《山东沂水县征集的古代铜镜》图三四(《文物》1991 年 7 期 94 页)。

7.70 犀牛望月镜

八瓣菱花形。圆钮。镜背纹饰水天相连,流云托着半月和星辰。波浪起伏,波峰、波谷比较整齐,湖水激起层层浪花。湖中小洲上站立一犀牛,回首望月。边缘八瓣内各一组云纹。素缘上镌刻有"大定十四年正月日信州世侯司记官"刻记及花押。金世宗大定十四年为公元 1174 年。直径 17.7 厘米。《旅顺博物馆藏铜镜》191 页图 179。

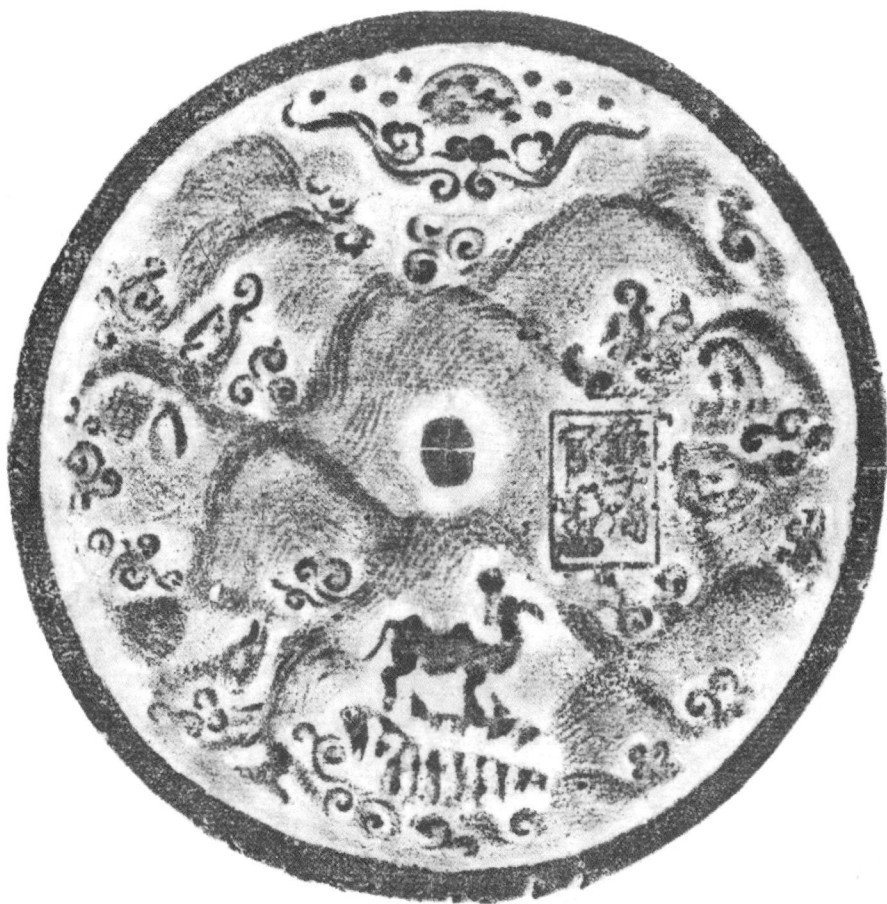

7.71 犀牛望月镜

圆形。圆钮。纹饰基本上同前大定十四年犀牛望月镜(《旅顺博物馆藏镜》图
179),水中有摩羯和游鱼。钮侧方格内有"镜子局"及花押。素缘。直径 14.3 厘
米。河北保定征集。《历代铜镜纹饰》图 259。

7.72 犀牛望月镜

　　圆形。有柄。纹饰水天相连，上方浮云满月，水曲纹比较平缓，波峰为一粗弧线。左侧山岩，水中小洲，一牛伏卧。柄上有花叶纹。圆径 8.5 厘米。吉林德惠出土。《吉林出土铜镜》图 71。

7.73 犀牛望月镜

　　圆形。圆钮。内区上部为流云、星座和弯月，其下为水波纹和水草，一牛伏卧，翘首望月。外区一周铭文："明昌七年陕西东路转运司官局造，监造官录事马（花押），提控所转运使高。"素缘，其上有"右院官"刻记及花押。直径 12.1 厘米。金章宗明昌七年为公元 1196 年。河北唐县出土。《历代铜镜纹饰》图 257。

7.74 犀牛望月镜

　　圆形。圆钮。镜背满饰浪花翻卷的水波纹，双鱼腾跃于水面。天空流云托月，小洲上一犀牛站立，回首望月。素宽缘。直径 11.6 厘米。河北康保出土。《历代铜镜纹饰》图 261。

7.75 犀牛望月镜

　　圆形。圆钮。镜背满饰水波纹，天空饰流云、星和月。右侧水中双鱼腾跃，左侧山崖瀑布。小洲上站立一犀牛，回首望月。素宽缘，其上有"金成县"刻记及花押。直径 21.5 厘米。河北康保出土。《历代铜镜纹饰》图 264。

花卉镜

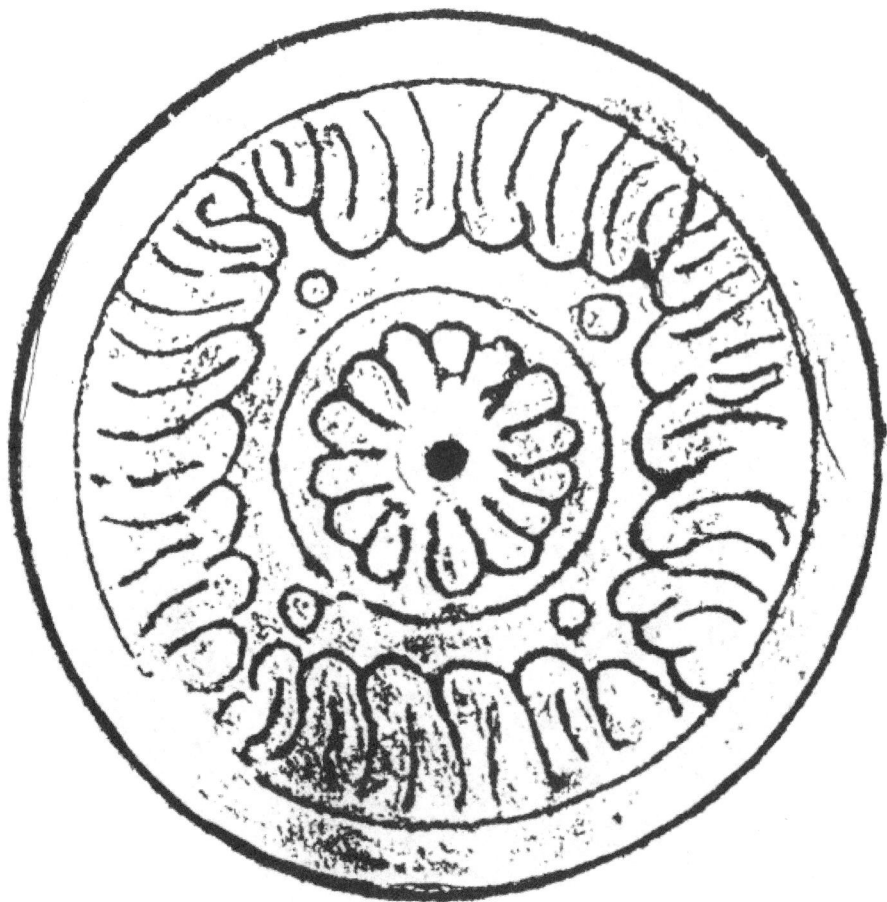

7.76 海浪菊花镜

圆形。小圆钮。弦纹圈分为内外区，内区一朵菊花。圆圈外均匀环列四个小圆圈，从近缘处向内一周海浪纹，这是比较少见的构图。边缘上有刻记。直径15.1厘米。吉林梨树出土。《吉林出土铜镜》图94。

7.77 二花镜

　　亚字形。小钮。钮外二株花枝环列，外围一周连珠纹圈带。素缘，其上有
"雄州录事司验记官"刻记及花押。直径 12.8 厘米。河北徐水金墓出土。《历代铜
镜纹饰》图 359。

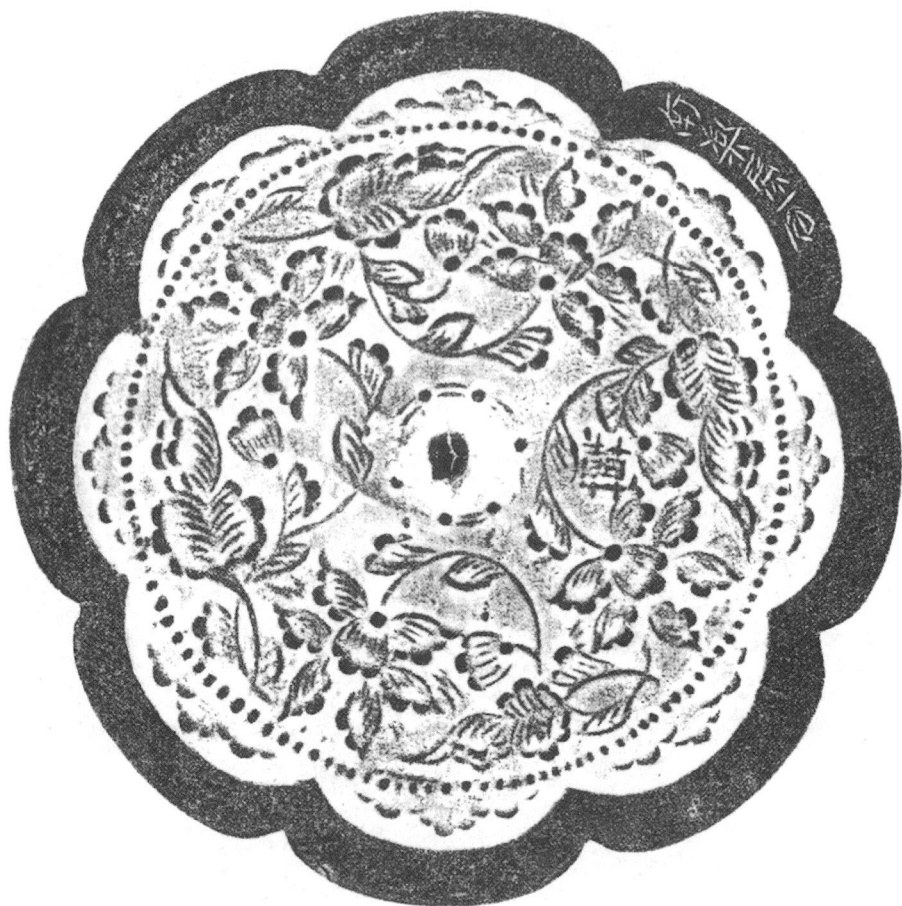

7.78 四花镜

　　八瓣菱花形。小钮，外围串珠纹。四株缠枝花环绕，花间一处铸有"韩"字铭文，围以连珠纹圈带。素宽缘，其上有"南乐县"刻记及花押。直径 12.2 厘米。河北怀安出土。《历代铜镜纹饰》图 350。

7.79 四花镜

　　八葵花形。小钮。钮外四株花枝环列，围以连珠纹圈带。素缘，其上有"东平保谋克验官"及花押。直径 12.2 厘米。河北冀县出土。《历代铜镜纹饰》图364。

7.80 缠枝花镜

　　圆形。圆钮。钮外七株缠枝花环列，S 形缠枝曲卷，顶端五瓣形花朵，排列规整。素宽缘，其上有"都右院"刻记及花押。河北牟平出土。《历代铜镜纹饰》图 366。

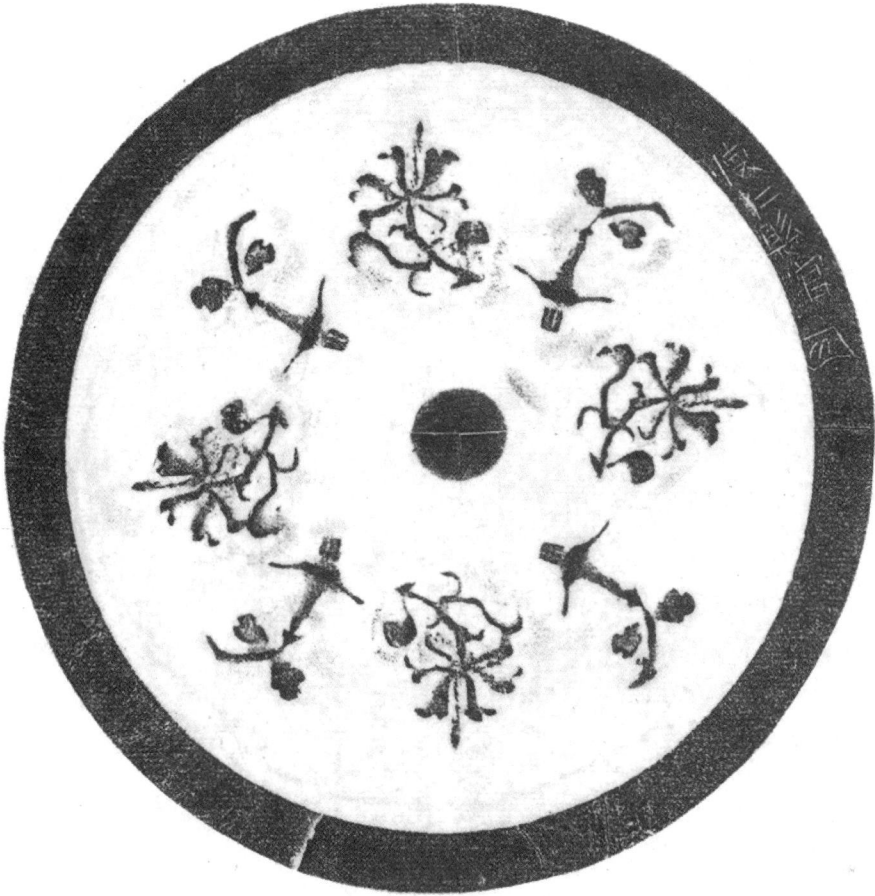

7.81 八花镜

圆形。圆钮。钮外四株花枝与四盆花相间环列，高浮雕的花盆内栽种折枝花卉。纹饰布局疏朗，花枝与盆花均图案化。素宽缘，其上有"怀仁县官"刻记及花押。直径 13.5 厘米。河北曲阳出土。《历代铜镜纹饰》图 368。

钱纹镜

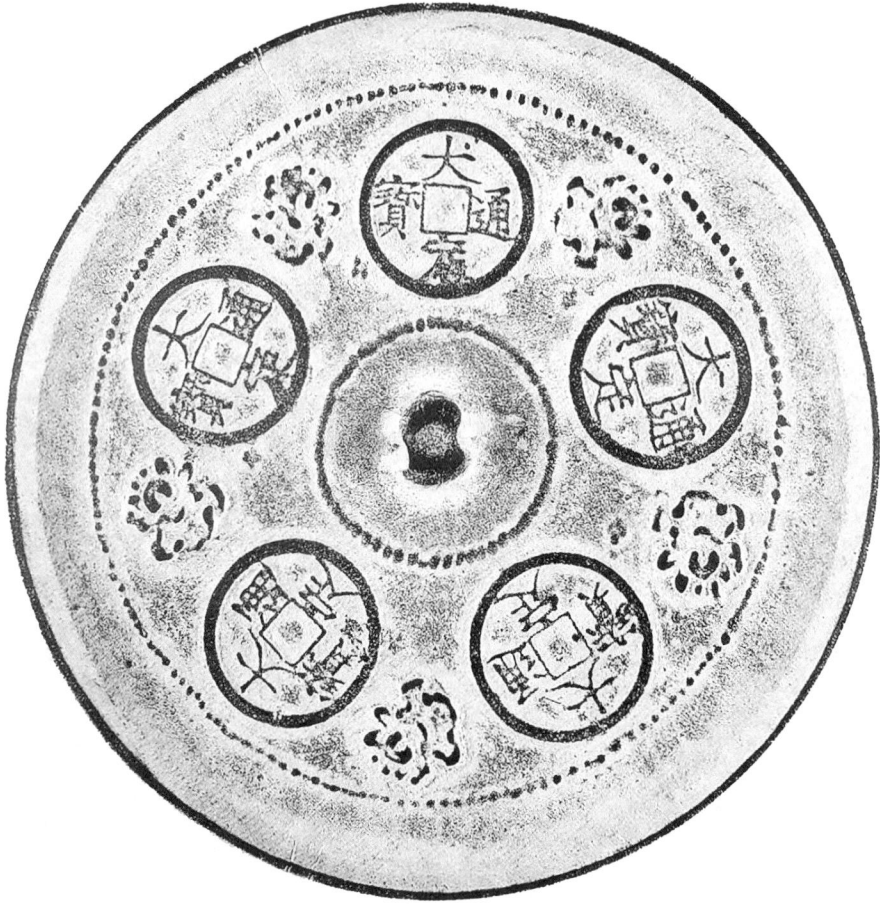

7.82 大定通宝钱纹镜

　　圆形。平顶圆钮。两周连珠纹圈带间，五枚大定通宝钱纹与五朵花相间环列。
素窄缘。直径 12.1 厘米。《净月澄华——辽宁省博物馆藏古代铜镜》372 页。

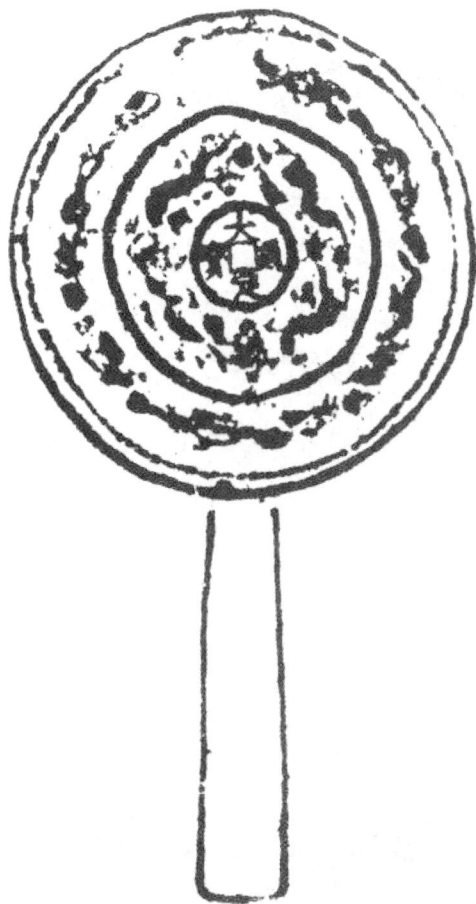

7.83 大定通宝瑞兽镜

　　圆形，有柄。弦纹圈将镜背分为内外二区，内区正中为一枚"大定通宝"钱纹，其外四瑞兽绕钱纹同向奔驰。四兽丰腴活泼，形态同前承安三年、四年四兽镜。外区纹饰不清。近缘处有连珠纹一圈。素柄。圆径8.2厘米，柄长7.1厘米。《小校经阁金文拓本》卷十七88A上。

素镜

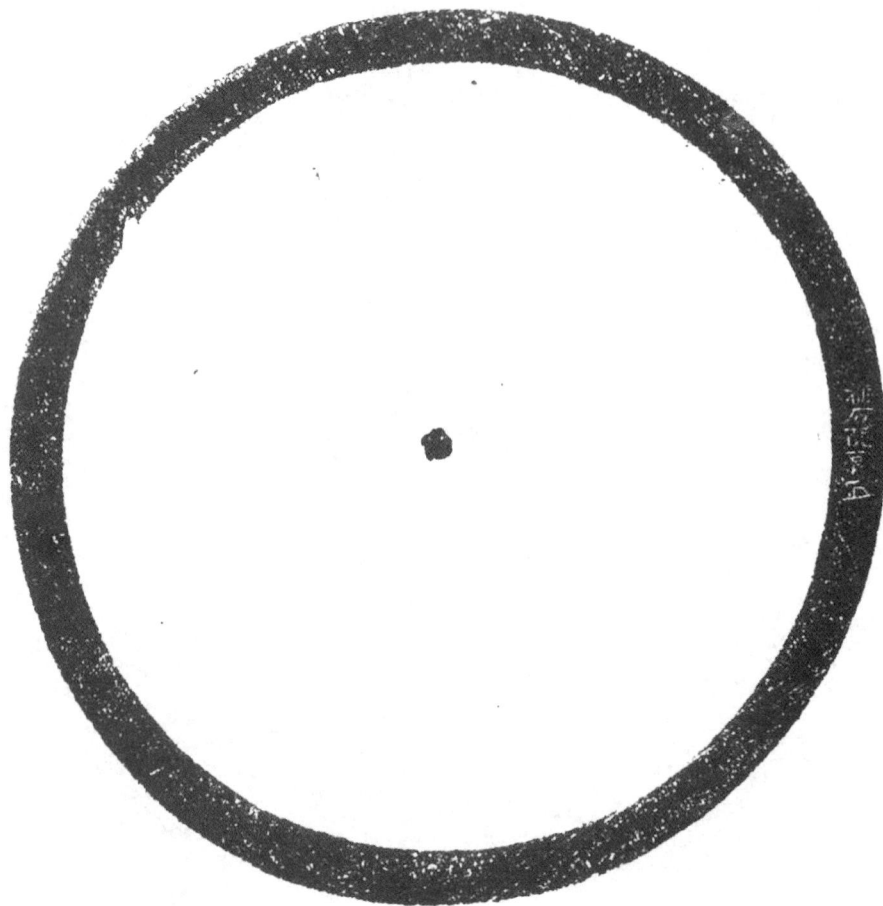

7.84 素镜

    圆形。小圆钮。无纹饰。素宽缘，缘上有刻记"都右院官"及一花押。直径23.1厘米。吉林农安出土。《吉林出土铜镜》图57。

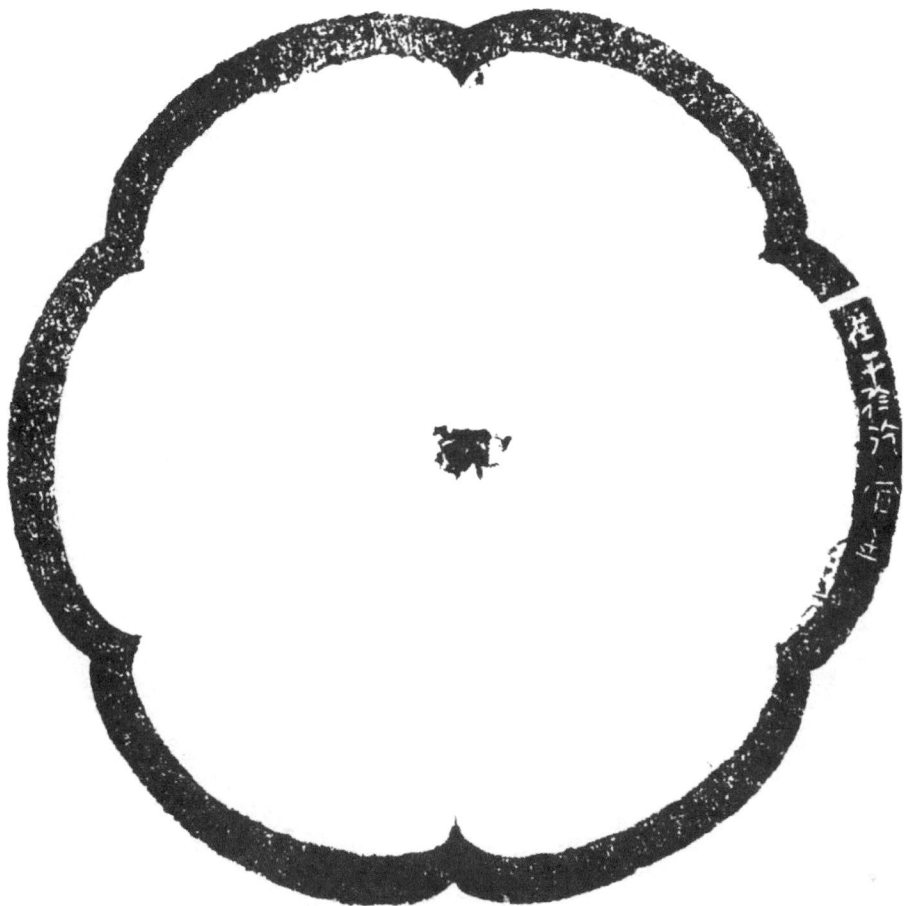

7.85 素镜

　　八出葵花形。弓钮。无纹饰。素缘，缘上有"茌平验官"刻记及花押。直径 16.6 厘米。山东茌平出土。《山东茌平郜屯出土一批金元器物》图二左（《考古》 1986 年 8 期 765 页）。

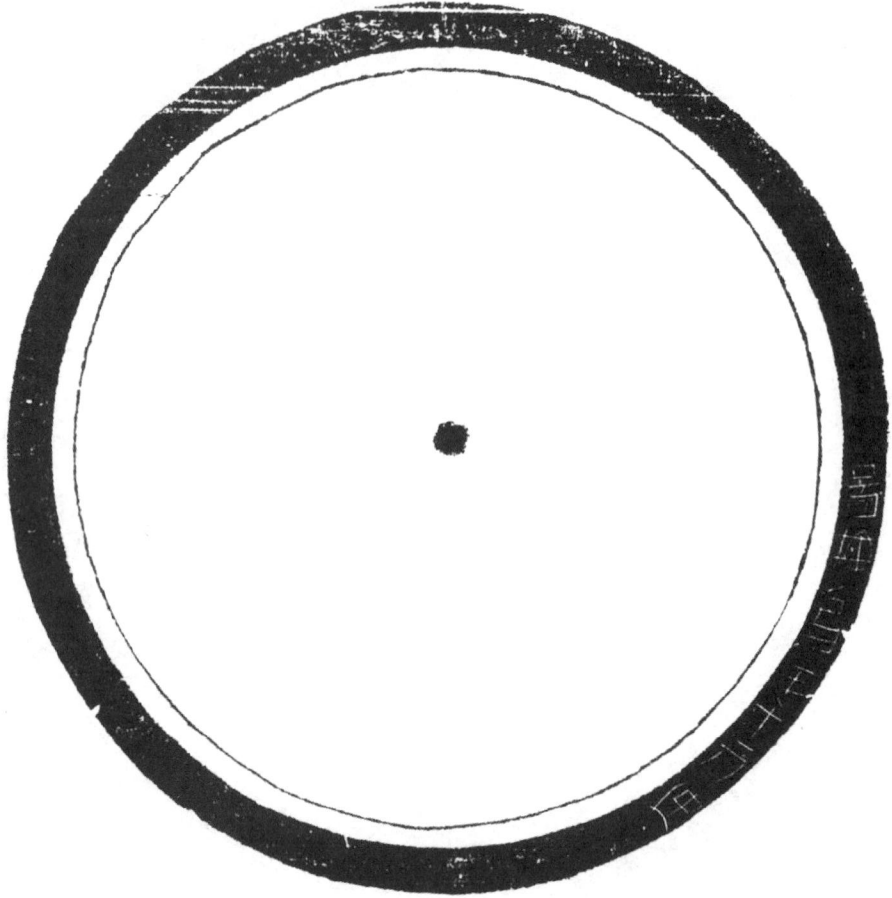

7.86 素镜

圆形。小圆钮。无纹饰。素宽缘，缘上有刻记及花押。直径 22.1 厘米。吉林洮南出土。《吉林出土铜镜》图 60。

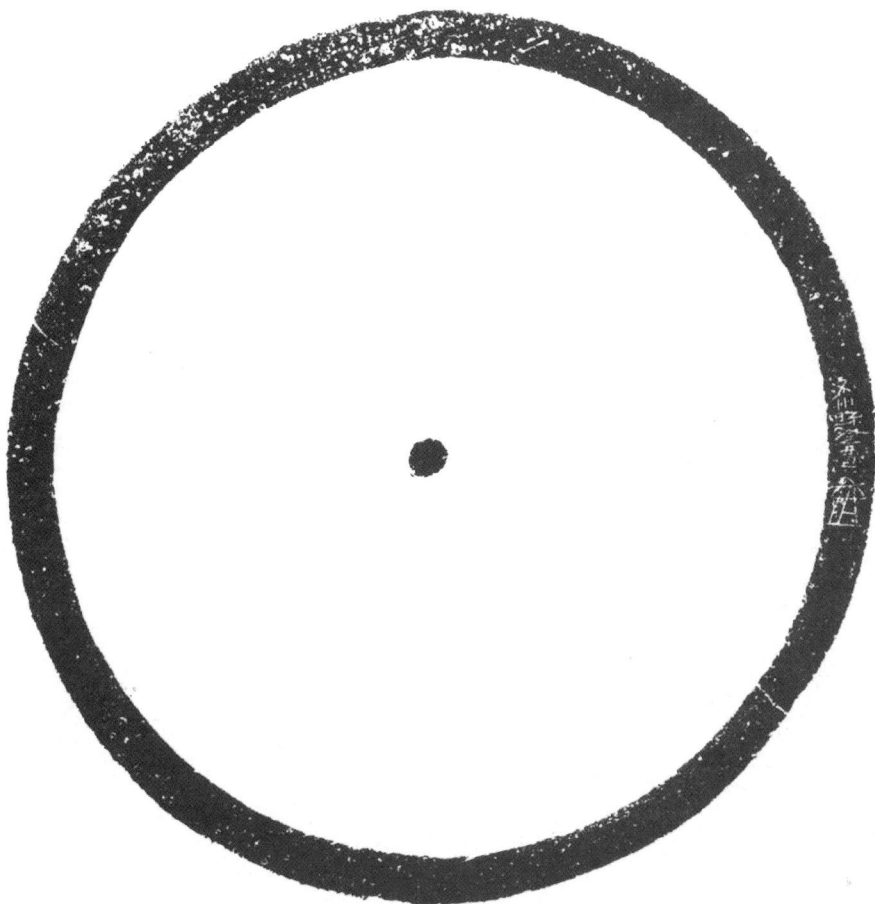

7.87 素镜

圆形。小圆钮。无纹饰。素宽缘，缘上有刻记"济州县验官"及花押。直径
27.8 厘米。吉林九台出土。《吉林出土铜镜》图 58。

八

元代铜镜

龙凤鱼纹镜

8.1 至元四年龙纹镜

　　圆形。半珠形钮。镜中心饰一方框,内有"至元四年"铭文。方框外上下各饰
一龙,龙身卷曲,利爪伸开,张开大口欲吞火珠。二龙周围饰有云纹、花瓣、枝
叶等。素宽缘。直径 21.6 厘米。湖南出土。元世祖至元四年(1267)双龙镜是元代
比较流行的镜类。《铜镜图案——湖南出土历代铜镜》225 页图 206。

8.2 至正龙凤镜

　　圆形。有柄，圆钮。龙凤飞舞，隔钮相对，周饰云纹，下为波浪翻腾的海水。素卷缘。镜柄上有"至正元年正月十日造"刻款。通长 26.7 厘米。元惠宗至正元年为公元 1341 年。《故宫藏镜》158 页。

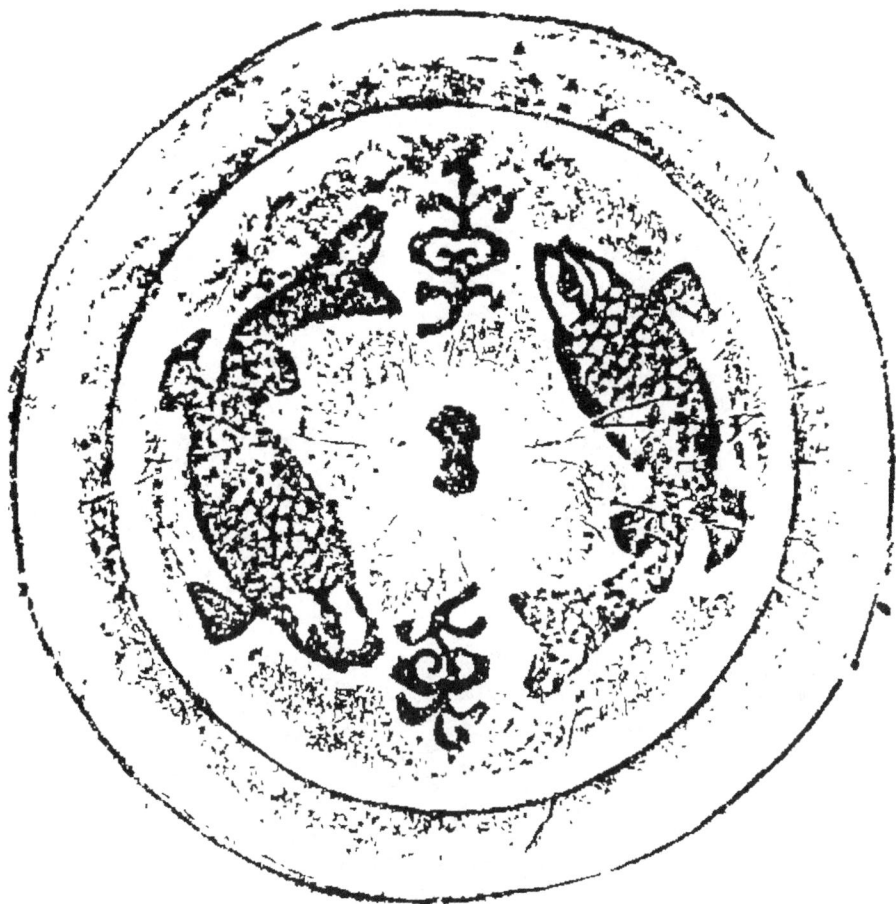

8.3 双鱼镜

圆形。钮外双鱼同向环列，间以二花卉。直径 12.5 厘米。河南信阳元墓出土。《河南信阳发现元代残墓》图二(《考古》1966 年 4 期 230 页)。

禽鸟瑞兽镜

8.4 双凤牡丹纹镜

　　圆形。圆钮座。钮座外围两只凤凰间以两朵大牡丹花，双凤同向环列，尾舒展，间杂花枝。素宽缘。直径 31.9 厘米。1956 年常德出土。《铜镜图案——湖南出土历代铜镜》222 页图 202。

8.5 双凤镜

圆形。圆钮。钮外二凤同向环列，口衔花枝，振翅展尾。连续回纹缘。直径
11.6 厘米。河北宣化元至元十四年（1277）墓出土。《河北宣化元代葛法成墓发掘简
报》图一二（《文物》2008 年 7 期 53 页）。

8.6 四鸾凤镜

圆形。圆钮。凸圈带分为内外二区，内区四兽绕钮相逐。外区四鸾凤穿花，鸾凤形态有所变化，头部形态两两相同，展翅长尾，三只鸾凤尾羽呈多根枝蔓飘拂，一只则由三条云纹构成。素宽缘。直径 27.7 厘米。《故宫藏镜》159 页。

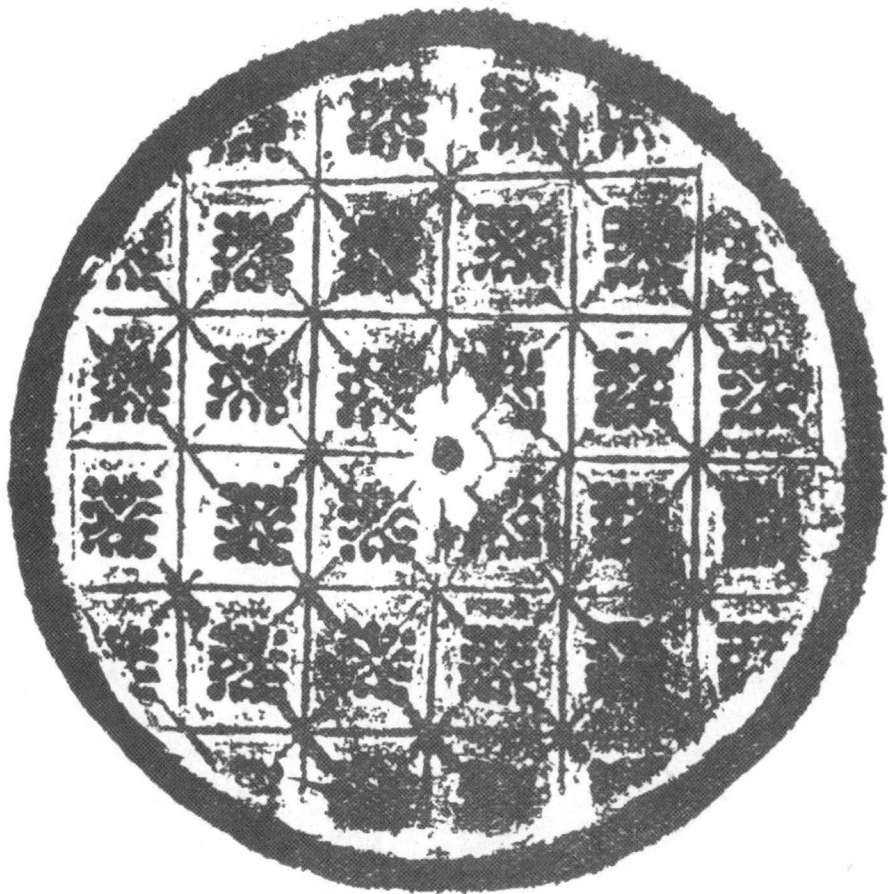

8.7 花叶锦纹镜

　　圆形。小圆钮。整个镜面由平行的线条垂直相交，形成许多小方格、大方格或菱形格，每个大方格中配置方形图案化花瓣。素缘。直径 10.1 厘米。四川华阳元仁宗皇庆二年（1313）墓出土。《四川省出土铜镜》163 页图 71。

8.8 至元二十六年莲花镜

圆形。圆钮。两周圆圈带分为三区，内区一周铭文"大元国至元廿六年王家造"。中区为三角形花瓣。外区为不同形态花瓣的四株花枝纹。素宽缘。直径 22.6 厘米。安徽合肥出土。元世祖至元廿六年为公元 1289 年。《安徽合肥市发现一面元代铜镜》图一（《考古》1999 年 11 期 89 页）。

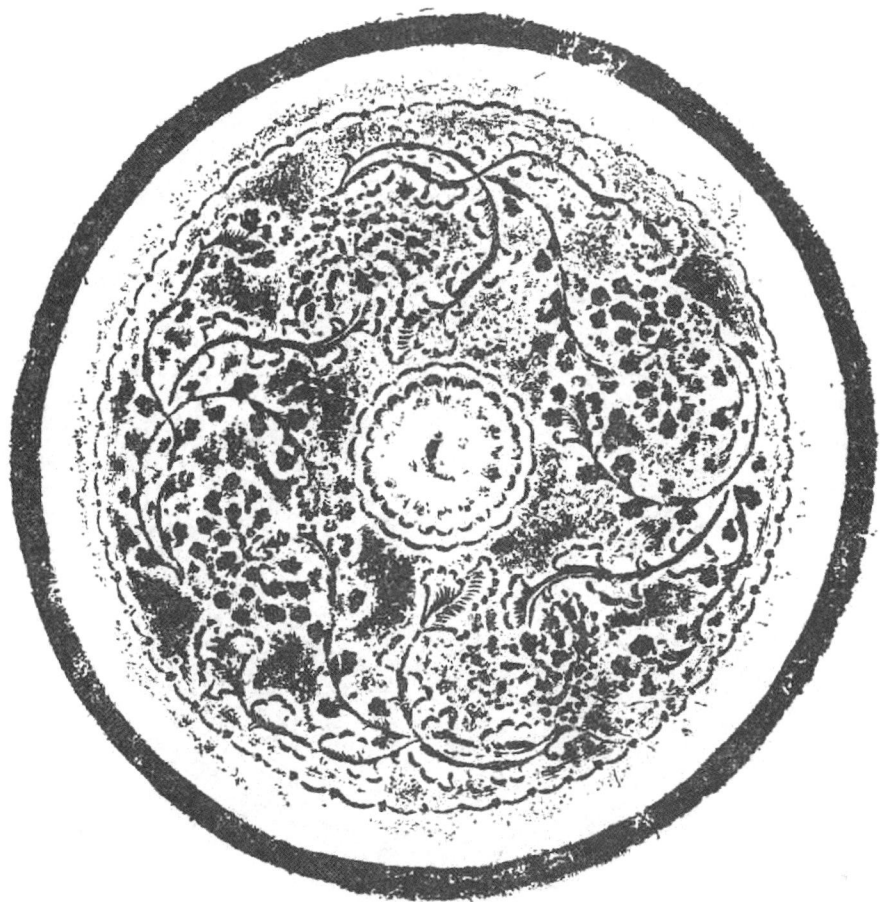

8.9 缠枝花镜

圆形。圆钮。钮上穿有铜环，花瓣钮座。钮外饰缠枝花纹，外围一周圆点圆弧纹。素缘，其上刻有"□州伶水县官"及花押。直径 38.2 厘米。山西大同元世祖至元二年（1265）墓出土。此镜应是金代铜镜的沿用。《山西省大同市元代冯道真、王青墓清理简报》图 4（《文物》1962 年 10 期 39 页）。

8.10 缠枝花镜

　　圆形。圆钮。多个圆圈带分为三区，内区一周荷叶瓣纹，中外区均为枝蔓呈波浪起伏的缠枝花。素缘。直径 24 厘米。内蒙古昭乌达盟出土。《内蒙辽中京及西城外出土的文物》图一（《考古》1959 年 7 期 373 页）。

莲花八宝镜

8.11 莲花八宝镜

　　圆形。镜心及两侧共三个圆钮。两周圆圈带分为三区，内外区饰花形图案，内区两组隔钮各半，外区十组环列。中区为十瓣莲瓣，瓣中饰轮、螺、伞、盖、花、瓶（罐）、鱼、长等八宝图形。直径 17 厘米。三个钮中尚存残铁穿 15.8 厘米。北京元铁可墓出土。铁可于元宪宗元年（1252）去世。《元铁可父子墓和张弘纲墓》图七（《考古学报》1986 年 1 期 101 页）。

神仙人物故事镜

8.12 大德元年观音镜

　　圆形。无钮。镜背正中一高浮雕观音，观音足踏龙头立于波涛之上，左侧有一行直书铭文"大德元年"。窄缘。直径7.2厘米。元成宗大德元年即公元1297年。台北故宫藏镜与此相同（《故宫铜镜特展图录》图版152）。

8.13 至顺鹤鹿同春

　　圆形。失钮。右侧松树下端坐一老者，旁立童女捧盘。左侧石门半开，仙鹤探头于门外。其下一人捧瓶，瓶口仙气缭绕。一鹿驮物行走于桥上。纹饰中有三处铭文："至顺辛未志"、"寓居长沙"和"洪都章镇何德正造"。素宽缘。直径 19.9 厘米。至顺辛未为元文宗至顺二年（1331）。《故宫藏镜》157 页。

8.14 八仙过海纹镜

　　圆形。圆钮。镜上方有两只展翅高飞的仙鹤和流云，其下是波涛滚滚的大海，八位仙者交错排列成四行，手执不同的器物，漂洋过海。素宽缘。直径 23 厘米。湖南省出土。《铜镜图案——湖南出土历代铜镜》226 页图 207。

8.15 八仙过海云纹镜

　　圆形。圆钮。主题纹饰基本上同前湖南出土八仙过海镜，局部有所不同，镜上方满天卷云而无飞鹤，八仙排列形式与顺序也不一样。直径 23.5 厘米。河南淇县出土。《河南淇县征集的一批宋元铜镜》图三 .1（《考古》1987 年 3 期 284 页）。

8.16 对弈镜

　　圆形。圆钮。圆圈带分为内外二区，内区钮外四朵流云与四瓣花相间环列，花中饰一蟠龙。外区四组对弈图、四仙人、四鹤相间环绕。大树下面二弈棋者坐于案几两侧，身边站立二持物侍者。仙人脚踏流云，仙鹤昂首直立。素宽缘。直径 20.5 厘米。《镜花水月——铜镜鉴赏与辨伪》171 页下图。

8.17 仙山人物多宝镜

　　圆形。圆钮。钮上方正中仙山起伏，青烟云雾缭绕于山寺。镜左侧一棵枝叶繁茂的垂柳，右上侧一仙人端坐于山脚云间。钮左右各有端坐的仙长一人，钮下方有宴乐七人，姿态各异，其间有杂宝、香炉和仙鹤等。素缘。直径18厘米。《镜花水月——铜镜鉴赏与辨伪》172页右上图。

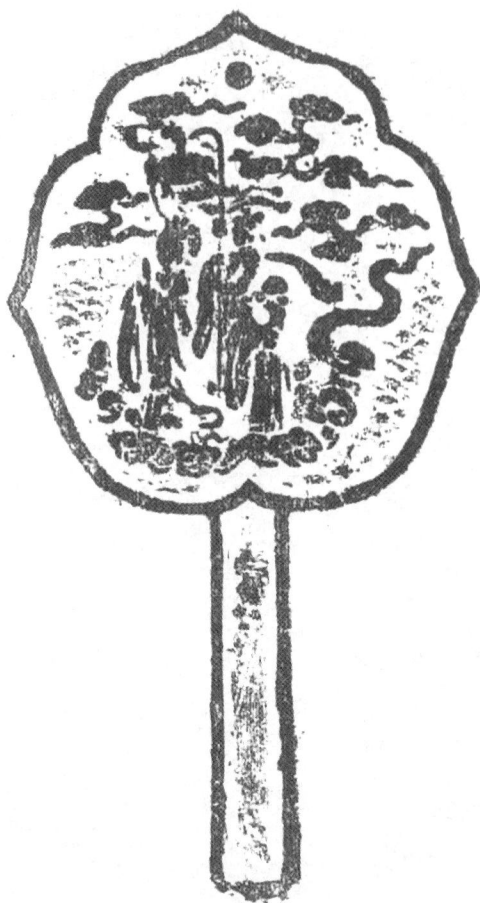

8.18 洛神镜

花叶形，长柄。镜背正上方一轮明月，祥云缭绕。中部童女手擎华盖，锦衣广袖；童男双手托物，仰视仙女。仙女发髻高耸，体态轻盈，罗衣绸裙，锦带飘飘，宝珠闪闪，一手扶华盖，一手前指。镜缘凸边压于镜柄之上。直径 12.5 厘米，柄长 10 厘米。此镜纹饰被认为是表现洛神的故事。北京元代居住遗址出土。《北京西绦胡同和后桃园的元代居住遗址》图九 .4（《考古》1973 年 5 期 283 页）。

8.19 人物故事镜

　　葵花形。圆钮。钮右侧一老夫子立于树下，左手托起悬挂于树上的画轴，右手指点画面。钮左侧两人一前一后面向老者，前者手似持笛，后者双手似托琴。镜的内外缘均为十二弧。直径 18.8 厘米。《镜花水月——铜镜鉴赏与辨伪》172 页左上图。

八卦镜

8.20 八卦镜

　　圆形。桥形钮。钮外环列一周篆体八卦铭文"乾兑坤离巽震艮坎",外围与之相对应的八卦图形。素卷缘。直径 13.6 厘米。《山东淄博临淄区元代墓葬发掘简报》图四七(《文物》2013 年 4 期 54 页)。

星象镜

8.21 十二生肖二十八宿图形镜

　　圆形。圆钮座。两周圆圈带分为内外二区，内区十二生肖环绕一周，外区配以二十八宿一周：奎、娄、胃、昴、毕、觜、参、角、亢、氐、房、心、尾、箕、斗、牛、女、虚、危、室、壁、井、鬼、柳、星、张、翼、轸。素宽缘。直径 10 厘米。《铜镜图案——湖南出土历代铜镜》224 页图 205。

吉祥铭文镜

8.22 寿山福海铭文镜

　　圆形。圆钮。钮上下左右铭文合为"寿山福海"，字体较大。素缘。直径22.2厘米。陕西西安元世祖至元三年（1266）墓出土。《陕西省出土铜镜》178页图168。

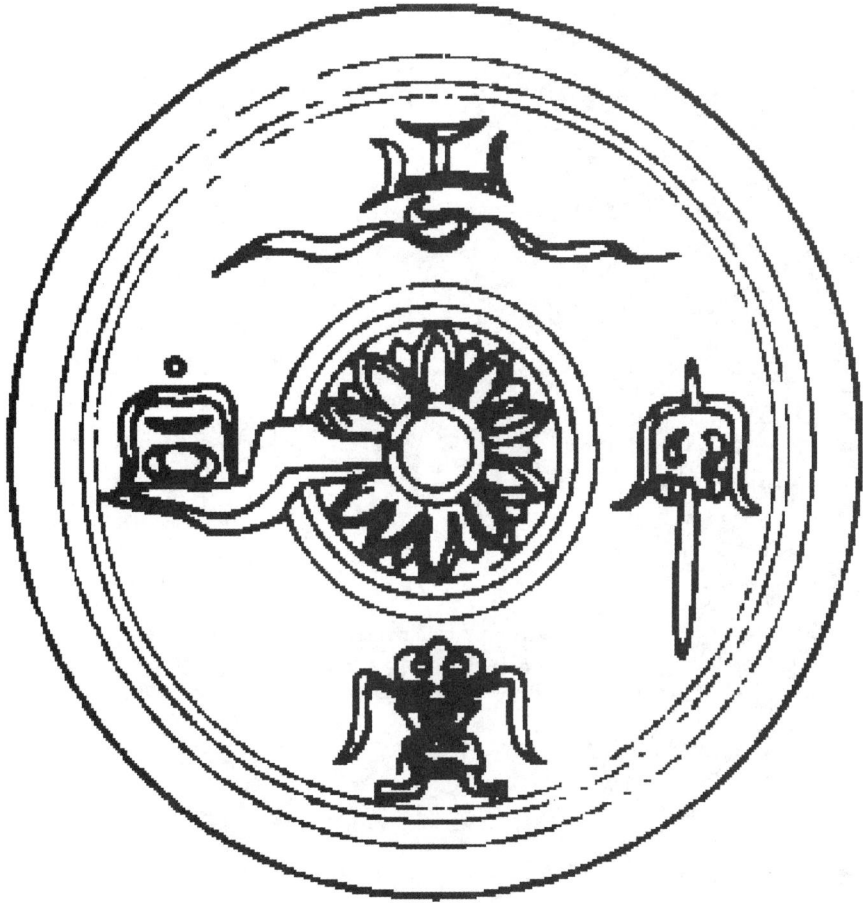

8.23 长命富贵镜

圆形。圆钮，围以莲瓣纹，其外为"长命富贵"四字铭文。素宽缘。直径 19.4
厘米。钮旁附一铁条。北京密云元墓出土。《北京市密云县元代壁画墓》图一一.1
（《文物》1984 年 6 期 60 页）。

汉梵两体文镜

8.24 汉梵两体准提咒文佛字镜

　　圆形，无钮。镜背正中饰一"佛"字，外有方形框，框内列汉文一周，框外列梵文一周。素窄缘。直径9厘米。

8.25 汉梵两体准提咒文佛字镜

　　圆形，带柄。镜背中心饰一"佛"字，外为方框，方框内外各铸汉、梵咒文各
一周。柄已残，上面铸有"澹然子造"四字。直径 9.4 厘米。浙江宁波出土。《浙江
出土铜镜》图 176。

8.26 汉梵文镜

　　圆形。圆柱形钮，钮顶面饰一梵文。钮外圆圈带分为内外二区，分别环列十六字和二十字梵文。素窄缘。直径9厘米。《枣庄市出土梵文铜镜和北朝铜佛像》图一.2（《考古》1986年6期511页）。

九

明代铜镜

纪年镜

9.1 洪武云龙镜

圆形。山形钮。一龙飞腾于云中，龙首向下，身躯蜿蜒蟠曲于上，前肢伸张，一后肢与尾相缠，一后肢仅露五爪，龙首前云雾缭绕。左侧长方框内有"洪武二十二年正月日造"铭文。素宽缘。直径11厘米。明太祖洪武二十二年为公元1389年。此式镜发现较多。《镜花水月——铜镜鉴赏与辨伪》179页左图。

9.2 宣德双龙镜

　　圆形。圆钮。钮上方饰火焰纹，与钮构成火焰宝珠。双龙隔宝珠相对，昂首曲颈，四肢伸张，尾盘曲于头上方，点缀几朵流云。上、下长方格内分别有"大明宣德年制"和"工部监造吴邦佐"铭文。斜卷缘。直径21厘米。《馆藏铜镜选辑（十）》图9（《中国历史博物馆馆刊》1997年1期122页）。

9.3 万历定制镜

　　圆形。圆钮，其上有"任"字印记铭。右侧铭文为："万历己丑年任小轩铸造。"素宽缘。直径 14.5 厘米。明神宗万历己丑即万历十七年（1589）。《江西南城明墓出土文物》图三（《考古》1965 年 6 期 320 页）。

9.4 万历吉祥铭文镜

　　圆形。圆钮。上方有铭文："镜铭：象君之明，日升月恒，拟君之寿，天长地久。"左侧一行铭文为"万历辛卯开化县置"，右侧为"薛怀泉造"印记铭。素宽缘。直径 12.2 厘米。明神宗万历辛卯即万历十九年（1591）。《故宫藏镜》171 页。

9.5 万历太监镜

　　圆形。大圆钮。钮上方及左右铭文分别为"大明丙午"、"钦差提督殿门工程"
和"内官监太监李制"。丙午年，明代有四个：宣德元年、成化二十二年、嘉靖
二十五年、万历三十四年。此镜型与江西出土的万历三十年铭文镜雷同。素宽缘。
直径 16.8 厘米。《镜花水月——铜镜鉴赏与辨伪》186 页右上图。

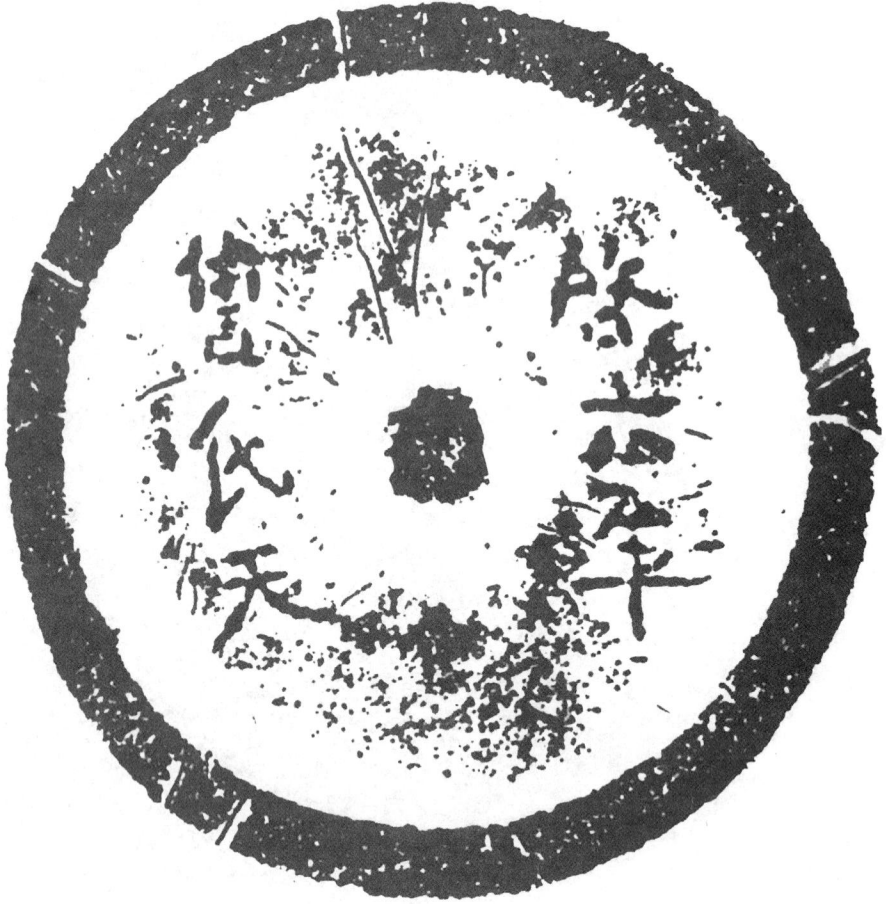

9.6 天启定制镜

　　圆形。圆钮。钮左右侧各有铭文三字，合为"曾氏天启六年"。素宽缘。明熹宗天启六年为公元 1626 年。

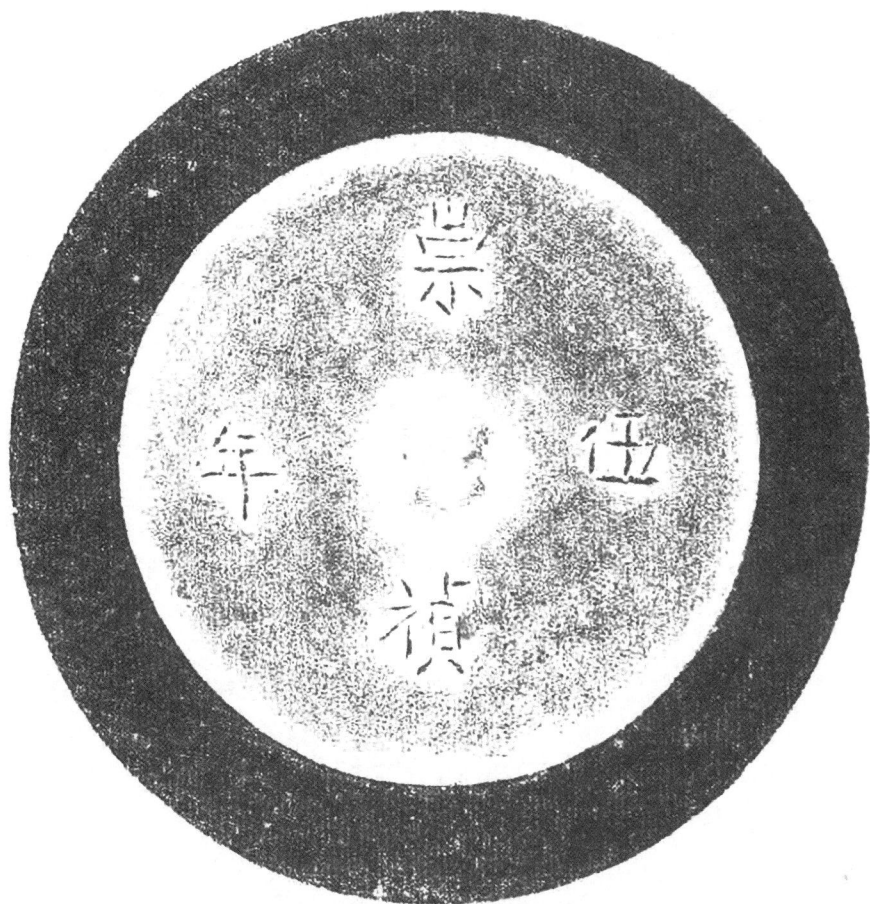

9.7 崇祯纪年镜

　　圆形。圆钮。钮外有"崇祯伍年"铭文。明思宗崇祯五年为公元 1632 年。直径 13.7 厘米。《故宫藏镜》174 页。

素镜

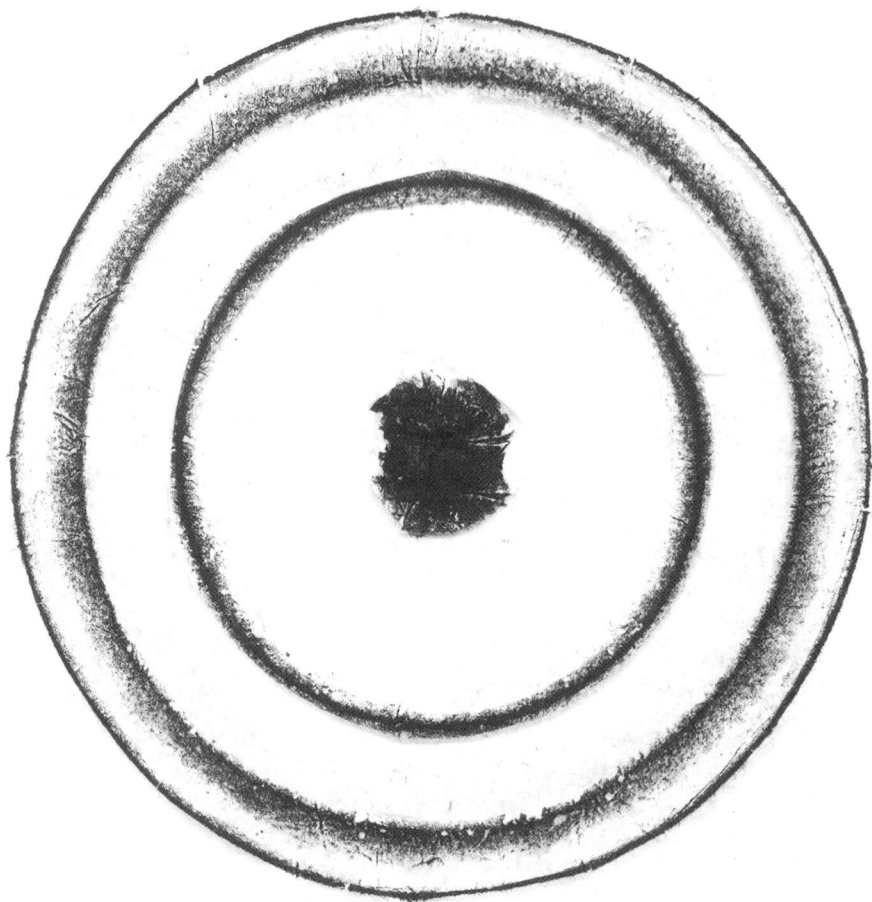

9.8 素镜

　　圆形。扁圆钮。钮外两周凸圈带，素面无纹。卷缘。直径 8 厘米。河南南阳明墓出土。《南阳出土铜镜》95 页图二三〇。

双鱼镜

9.9 水草双鱼镜

　　圆形。银锭钮。钮上下各一枝水草纹，两侧各饰一鱼。二鱼首尾相对配置，甩尾展鳍。凸圈带外卷缘。直径 12.6 厘米。四川成都明孝宗弘治五年（1492）墓出土。《成都市温江区万春镇明墓发掘简报》（《成都考古发现 2005 年》）。

9.10 水草双鱼镜

　　圆形。圆钮。钮上下各一枝水草纹，两侧双鱼洄游。凸圈带外卷缘。直径
12.9 厘米。由此可见，明代双鱼镜双鱼形态及布局基本相同，差异仅在铭文及点
缀的纹饰。《河北宝坻菜园村明墓群》图四 .1（《考古》1965 年 6 期 316 页）。

9.11 长命富贵双鱼镜

　　圆形。圆钮。两侧各饰一鱼，二鱼首尾相对配置，甩尾展鳍。钮上下铭文合为："长命富贵，金玉满堂。"凸圈带外卷缘。直径 14 厘米。《山东聊城地区出土的铜镜》图二一（《文物》1986 年 6 期 91 页）。

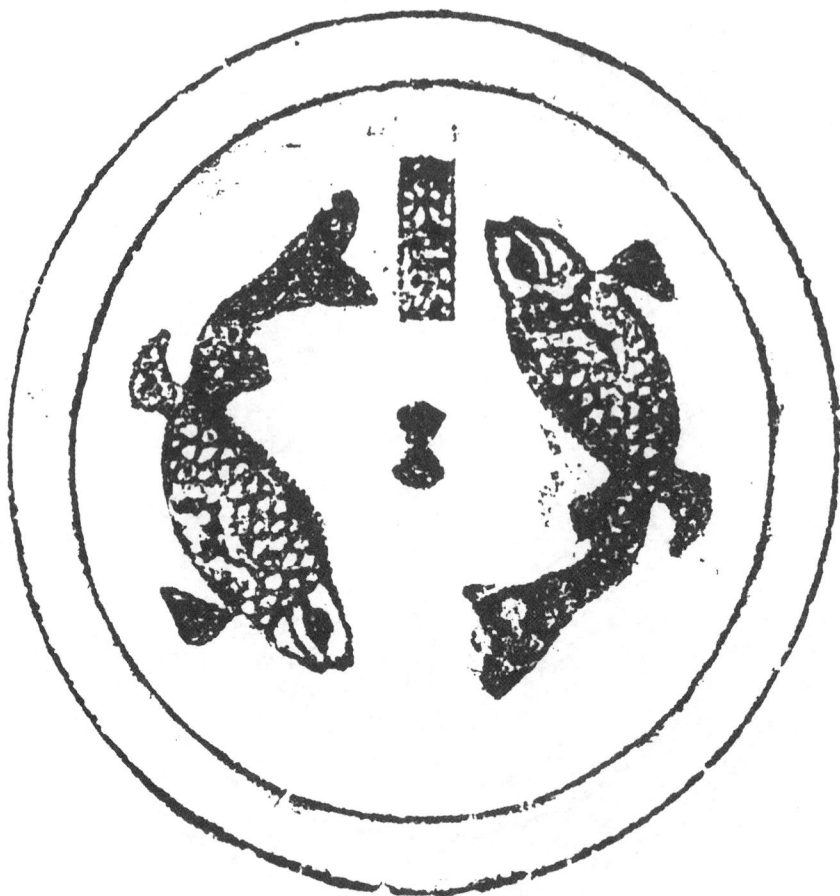

9.12 晁家双鱼镜

　　圆形。银锭钮。钮上长方格内有"晁家"铭文，两侧双鱼洄游。凸圈带外卷缘。直径 12.3 厘米。《镜花水月——铜镜鉴赏与辨伪》180 页右上图。

龙凤纹镜

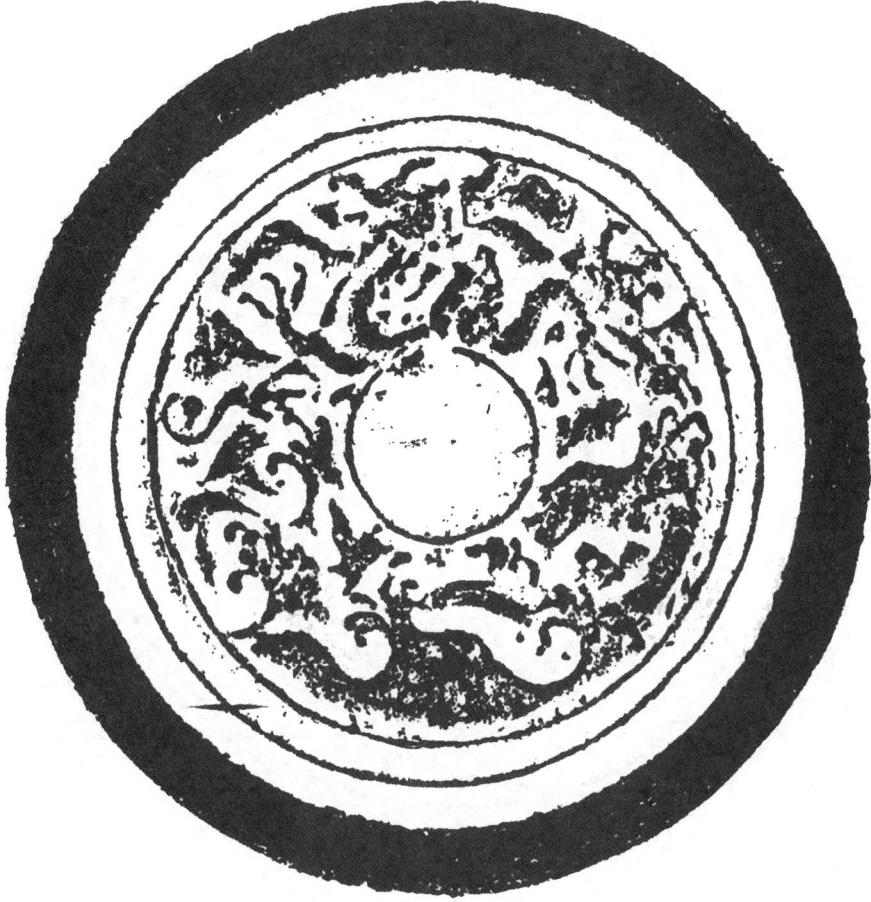

9.13 海水龙纹镜

圆形。圆钮座。钮座四周有海水波纹与蟠龙。素宽缘。直径 12.3 厘米。河北宝坻明墓出土。《河北宝坻菜园村明墓群》图四 .2(《考古》1965 年 6 期 316 页)。

9.14 双龙镜

　　圆形。钮两侧二龙相对，龙仰首弓背站立，头向火焰宝珠，前肢伸张，一后肢与尾着地。钮下一丛花枝，有叶有苞，花瓣绽开。凸圈带外卷缘。直径 12.6 厘米。《中国古代铜镜》174 页图 263。

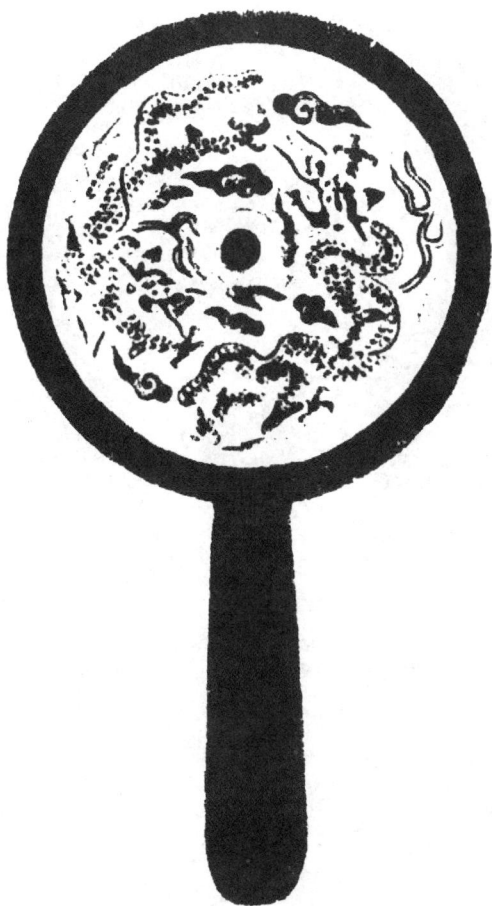

9.15 带柄双龙镜

　　圆形。圆钮，圆钮座。二龙同向环列，比目眼，身躯弯曲，三爪犀利，其间点缀流云纹。镜缘与柄平连。直径 11.1 厘米，柄长 9.5 厘米。《镜花水月——铜镜鉴赏与辨伪》180 页左上图。

9.16 龙凤镜

　　圆形。桥形钮。内区一龙一凤环列，外区花草纹交错环绕一周。素缘。直径
7.5 厘米。河南南阳明孝宗弘治六年（1493）墓出土。《南阳明故潊水郡主墓》图五
（《东南文化》2004 年 5 期 14 页）。

禽鸟镜

9.17 双鹤镜

　　圆形。扁平钮。双鹤隔钮飞翔，回首顾盼，展翅伸腿。两侧圭形长方牌内有铭文，模糊难辨识。凸圈带外卷缘。直径 11.9 厘米。河南南阳明墓出土。《南阳出土铜镜》97 页图二三四。

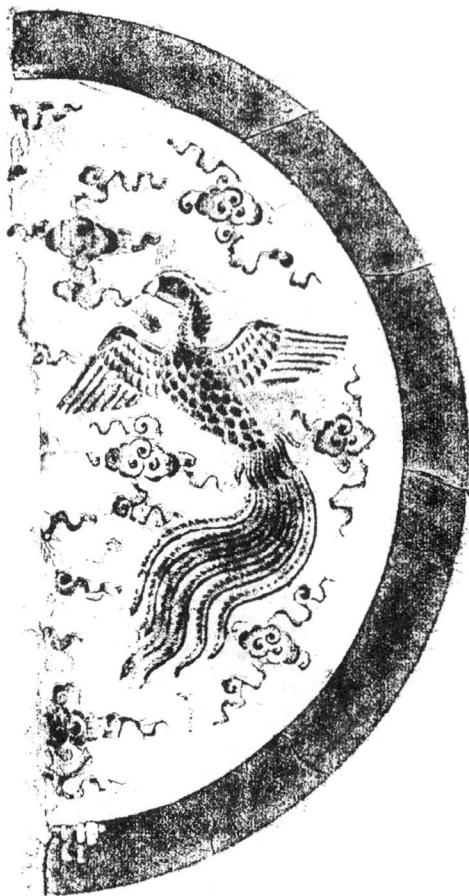

9.18 凤纹镜

镜残半，圆形。圆钮。钮侧一凤飞翔于祥云之中，昂首展翅，羽毛丰满，六条连珠条带式尾羽飘拂。素宽缘。直径 23.8 厘米。湖北武汉明英宗正统十二年（1447）墓出土。《武汉江夏二妃山明景陵王朱孟炤夫妻墓发掘简报》图五 .3（《江汉考古》2010 年 2 期 49 页）。

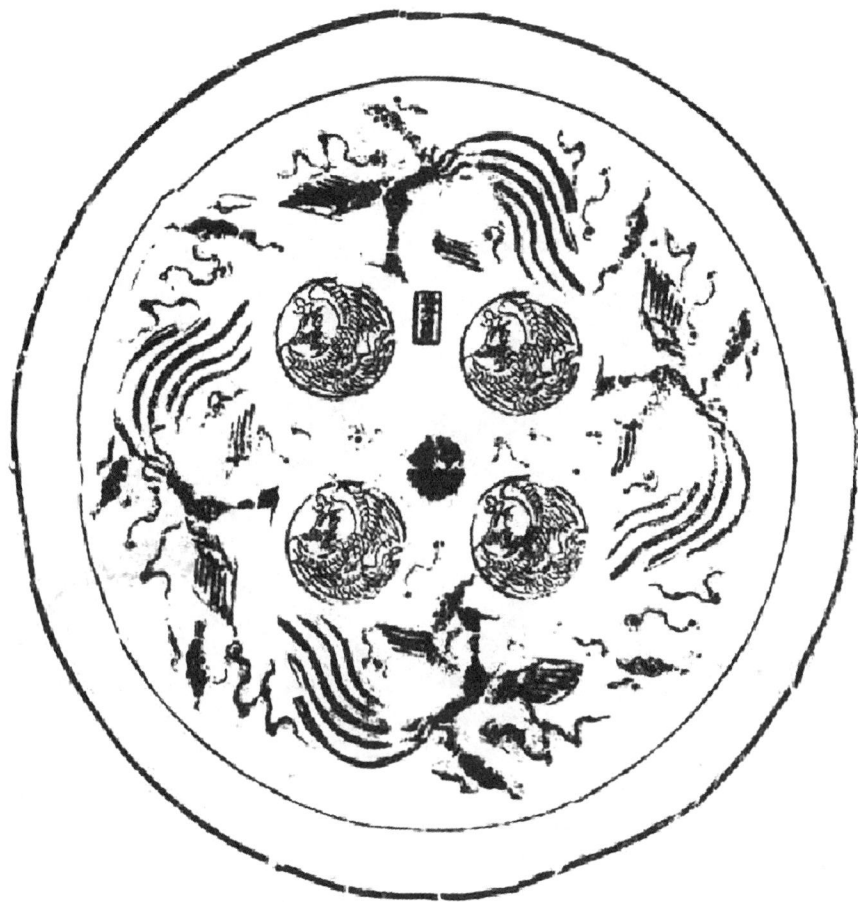

9.19 八凤镜

　　圆形。扁圆钮。钮外配置四团凤纹，其外四只飞凤环绕，头朝向团凤，展翅伸腿，尾羽飘拂。凸圈带外卷缘。直径41.25厘米。《旅顺博物馆藏镜》236页图224。

神仙人物故事镜

9.20 人物多宝镜

圆形。银锭钮。钮上方一塔，两侧仙鹤飞翔。钮左右各有一人手捧宝盘，作行走状。人物周围环列磬、珠、犀角、瑞兽、画卷、盘肠、宝钱、灵芝等八宝，象征吉祥如意，财亨洪福，平安长寿。素窄缘。直径8.8厘米。《镜花水月——铜镜鉴赏与辨伪》181页左图。

9.21 人物多宝镜

　　圆形。圆钮。自上而下纹饰为楼阁翔鹤、流云半月、灵芝仙草、童子戏莲。持杖寿老两侧分别为演奏或持物之人。香炉宝瓶两侧分别为持物或戏耍人物。最下方瑞兽周围饰各种杂宝。素宽缘。直径18厘米。此镜物象众多，内容丰富。《历代铜镜纹饰》图411。

9.22 人物多宝镜

　　圆形。银锭钮。内区以钮为中心，自上而下为楼阁飞鹤流云、不同姿态的人物和宝瓶，外围多宝。外区亦环绕一周多宝纹。素窄缘。直径 14 厘米。《旅顺博物馆藏镜》231 页图 219。

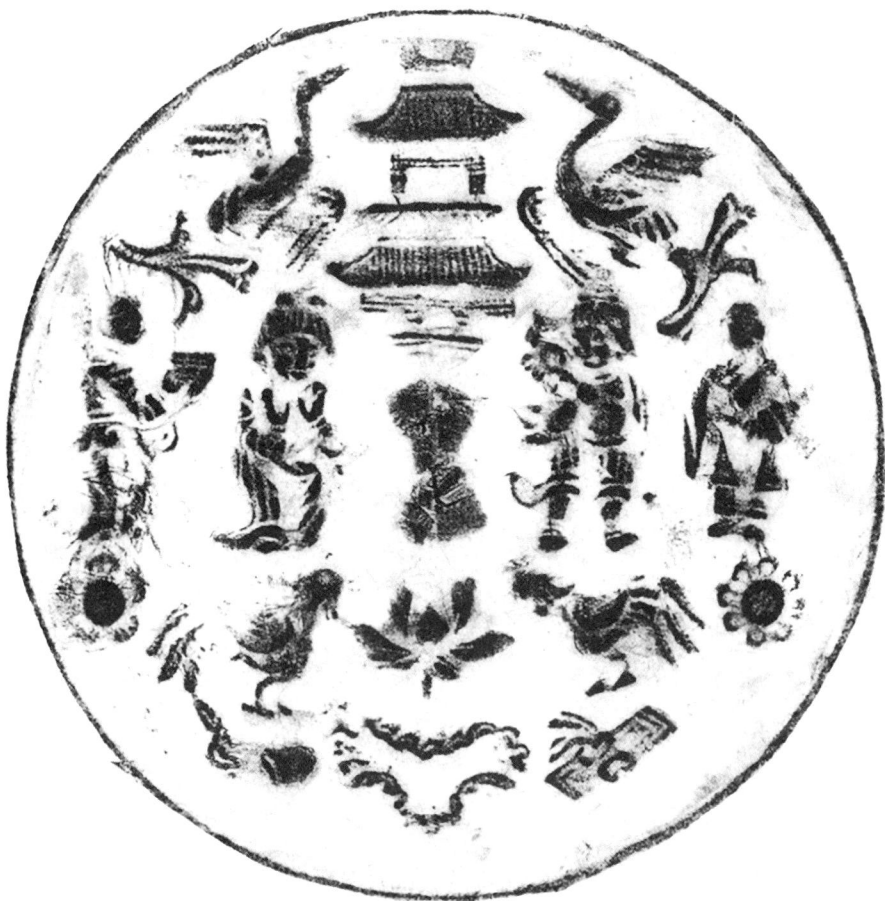

9.23 人物多宝镜

　　圆形。银锭钮。自上而下纹饰为楼阁、翔鹤和芝草。钮左右各有不同姿态的二人，手持物品。钮下花卉两侧为立鸟和花瓣，最下方为宝珠、画卷等杂宝。窄缘。直径 9.6 厘米。河北张家口拣选。《历代铜镜纹饰》图 413。

9.24 人物多宝镜

　　圆形。银锭钮。以钮为中心，上有仙鹤、聚宝盆，下为灵芝草和瑞兽。左右两侧纹饰基本相同，从上至下、从内向外呈对称排列，分别为流云、犀牛角，宝瓶、宝珠、银锭、提灯笼或持琴人物，犀牛角和梅花。素窄缘。直径 13.6 厘米。《镜花水月——铜镜鉴赏与辨伪》181 页右图。

9.25 人物多宝镜

圆形。银锭钮。以钮为中心，上有二层仙阁、犀牛角，下为香炉、画卷。两侧从上至下分别为仙鹤、宝钱和花叶、手执不同物品的人物、宝瓶，方胜、宝钱、犀牛角、盘肠。素窄缘。直径10.07厘米。《山东嘉祥县出土古代铜镜》图三.3(《考古》1986年10期958页)。

9.26 万历天上人间镜

　　圆形。鱼麟纹圆钮。镜上方为辐射光芒的殿堂和浮云托起的三座牌坊，两侧分别有"元始祖神先天地精"、"妙合丹成与道合真"铭文。其下为浮云托着有"日"、"月"铭文的日、月图像。两侧有"大明万历癸未冬"和"济南王子庞甫识"铭文。镜右侧饰高山峻岭、祥云、仙亭，左侧山顶上为城楼及祥云殿宇。山脚下一人持笏登山。钮下方海浪之上浮起殿宇，其上浮云中饰吉祥图案。直径10.7厘米。《铜镜图案》113页铜镜与此镜纹饰相同。

9.27 八仙寿老镜

　　圆形。以钮为中心，饰有八仙寿老，上部为拄拐杖寿星，头前祥云飘拂。其下四仙拱手呈拜寿状。最下方四仙呈各种不同的姿势，各仙之间配有杂宝。凸圈带外卷缘。直径 16.6 厘米。《铜镜图案——湖南出土历代铜镜》227 页图 208。

9.28 仙人楼台镜

　　圆形。圆钮。钮上方楼台两侧分别为驾祥云仙者和展翅飞翔的仙鹤。两侧为立于祥云之上的四仙，其姿势似为伎乐表演。下方饰梅花与瑞兽。凸起素宽缘。直径 11.5 厘米。四川昭化征集。《四川出土铜镜》149 页图 74。

9.29 山水人物镜

　　圆形。弓钮。左侧芦苇禽鸟，一高士端坐，凝目远视，旁立侍童。右侧山崖耸立，怪石嶙峋，飞瀑流泉，似一幅观瀑图。铭记为"尚家造"。素宽缘。直径18.4厘米。江西新建明英宗正统十四年（1449）宁献王朱权墓出土。《记元明时期江西铸造的铜镜》图二.1（《考古》1988 年 7 期 637 页）。

9.30 出行人物故事镜

    圆形，有柄。左侧一棵柳树在风中摇摆，中间一人坐在车上，其身后一人推车，一人持华盖，旁侧一人携狗，前有二人打着旗幡，屋栏边一女子拱手观看。圆径 12.6 厘米。吉林永吉出土。《吉林出土铜镜》图 141。

吉祥铭文镜

9.31 长命富贵镜

　　圆形。圆钮。钮上下左右各有一字铭，合为"长命富贵"。凸圈带外素卷缘。直径 14.1 厘米。《镜花水月——铜镜鉴赏与辨伪》183 页。

9.32 宝花长命富贵镜

圆形。圆钮,圆钮座,围以两周连珠纹花瓣。其外"长命富贵"铭文与花卉和杂宝相间环绕,杂宝有灵芝、仙鹤、犀角、盘肠、画卷、方胜、宝珠等。凸圈带外卷缘。直径 19.5 厘米。《镜花水月——铜镜鉴赏与辨伪》182 页。

9.33 福寿双全铭文镜

　　圆形。平顶圆钮。钮上下左右各一字铭，合为"福寿双全"。凸圈带外卷缘。直径 24.5 厘米。《旅顺博物馆藏镜》340 页图 228。

9.34 五子登科镜

　　圆形。圆钮。方格内各一字铭，合为"五子登科"。凸圈带外卷缘。直径 20.9 厘米。《山东聊城地区出土的铜镜》图二○（《文物》1986 年 6 期 91 页）。

9.35 八卦五子登科镜

　　圆形。圆钮座。四方委角形内各一字铭，合为"五子登科"。四字间间以圆圈带太极八卦图形。外圈饰有玉兔、大雁、铜钱和花草等饰物。凸圈带外卷缘。直径 16.3 厘米。《铜镜图案——湖南出土历代铜镜》230 页图 211。

9.36 大雁五子登科镜

　　圆形。圆钮，兽纹绕钮环列。方格内各一字铭，合为"五子登科"。方格间间以一只高飞的大雁。凸圈带外卷缘。直径 15.8 厘米。《故宫藏镜》182 页。

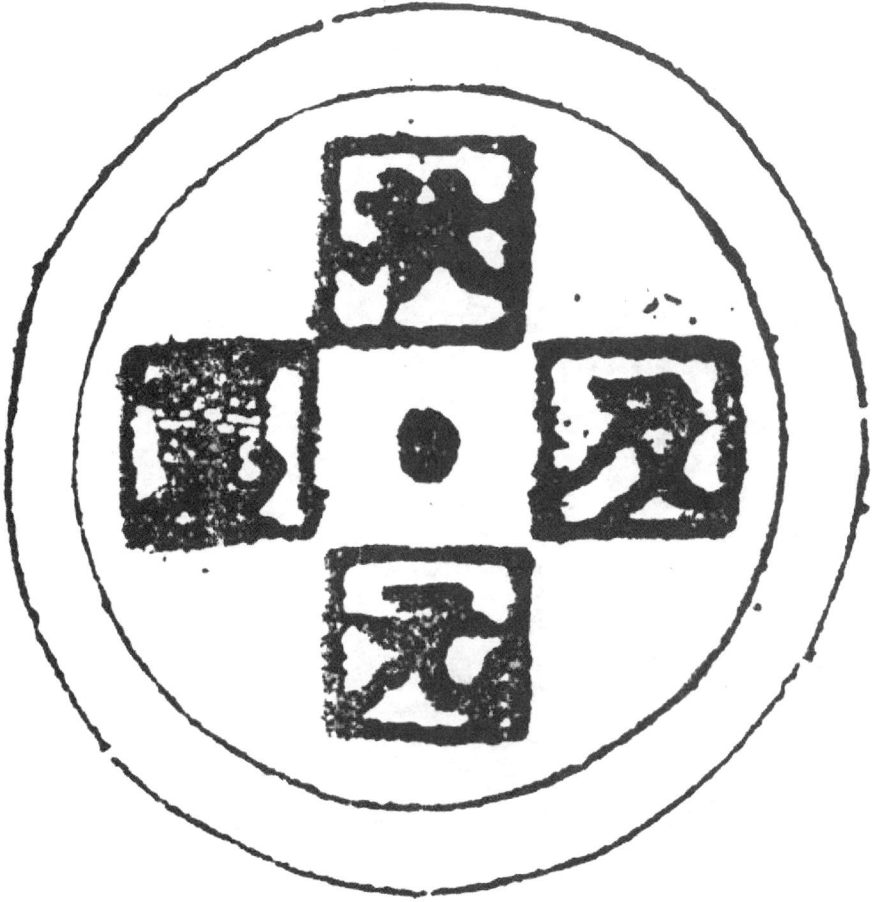

9.37 状元及第镜

　　圆形。圆钮。方格内各一字铭，合为 "状元及第"。凸圈带外卷缘。直径 9.5 厘米。《山东聊城地区出土的铜镜》图一九(《文物》1986 年 6 期 91 页)。

9.38 状元及第镜

　　圆形。圆钮。方格内各一字铭，合为"状元及第"。长方格内有"李家自造"铭记。凸圈带外卷缘。直径 13.1 厘米。《吉林出土铜镜》图 142。

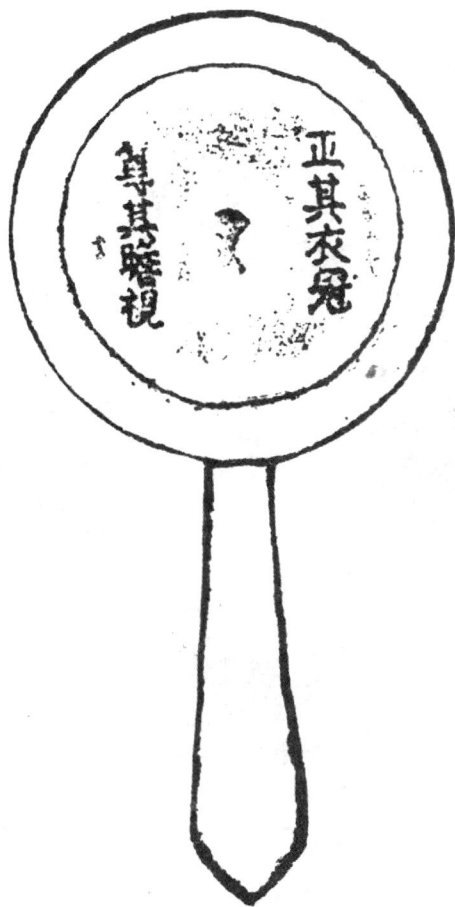

9.39　正其衣冠镜

　　圆形，带柄。银锭钮。左右各有一行铭文"正其衣冠"、"尊其瞻视"。此镜既带柄又有钮，柄端尖形，凸圈带外卷缘。圆径7.3厘米。《镜花水月——铜镜鉴赏与辨伪》189页上图。

9.40 鸾凤呈祥镜

圆形。圆钮，钮顶平。方格内各有一字铭，合为"鸾凤呈祥"。长方格内有"邵丕祥造"铭记。凸圈带外卷缘。直径 23.2 厘米。《镜花水月——铜镜鉴赏与辨伪》189 页下图。

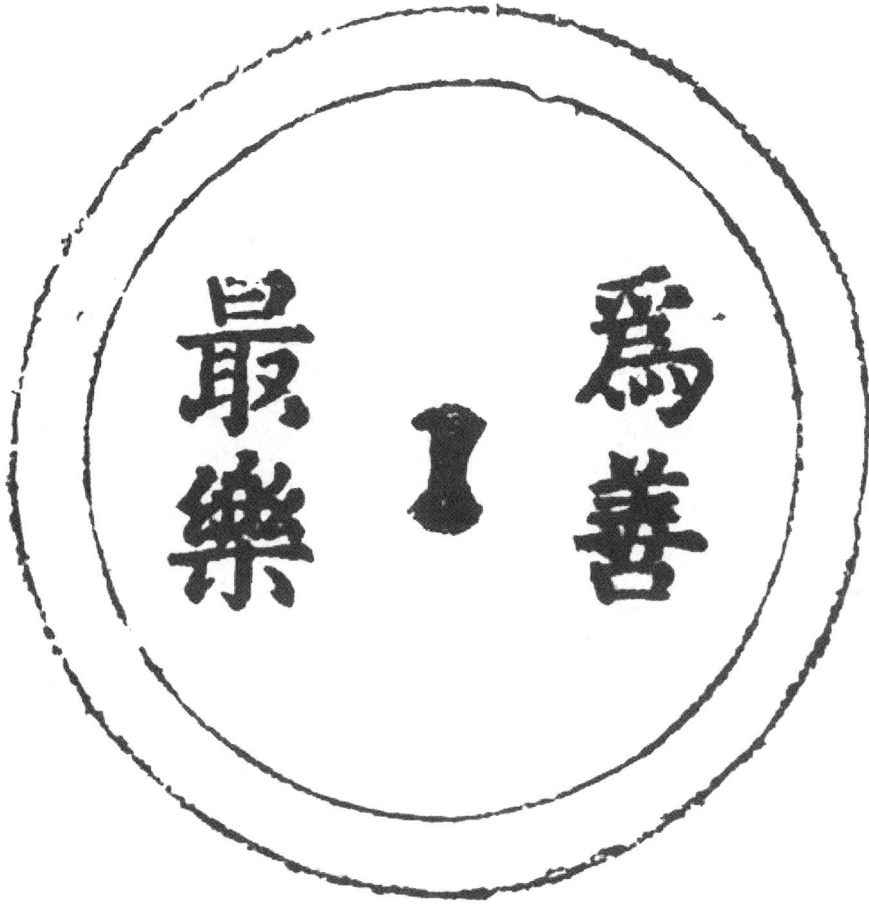

9.41 为善最乐镜

　　圆形。银锭钮。两侧各有二字铭文，合为"为善最乐"。凸圈带外卷缘。直径
8.2 厘米。《镜花水月——铜镜鉴赏与辨伪》188 页右上图。

9.42 彦和镜

圆形。银锭钮。上下各一字，合为"彦和"。凸圈带外卷缘。直径 8.2 厘米。《镜花水月——铜镜鉴赏与辨伪》188 页下图。

官私作坊铭文镜

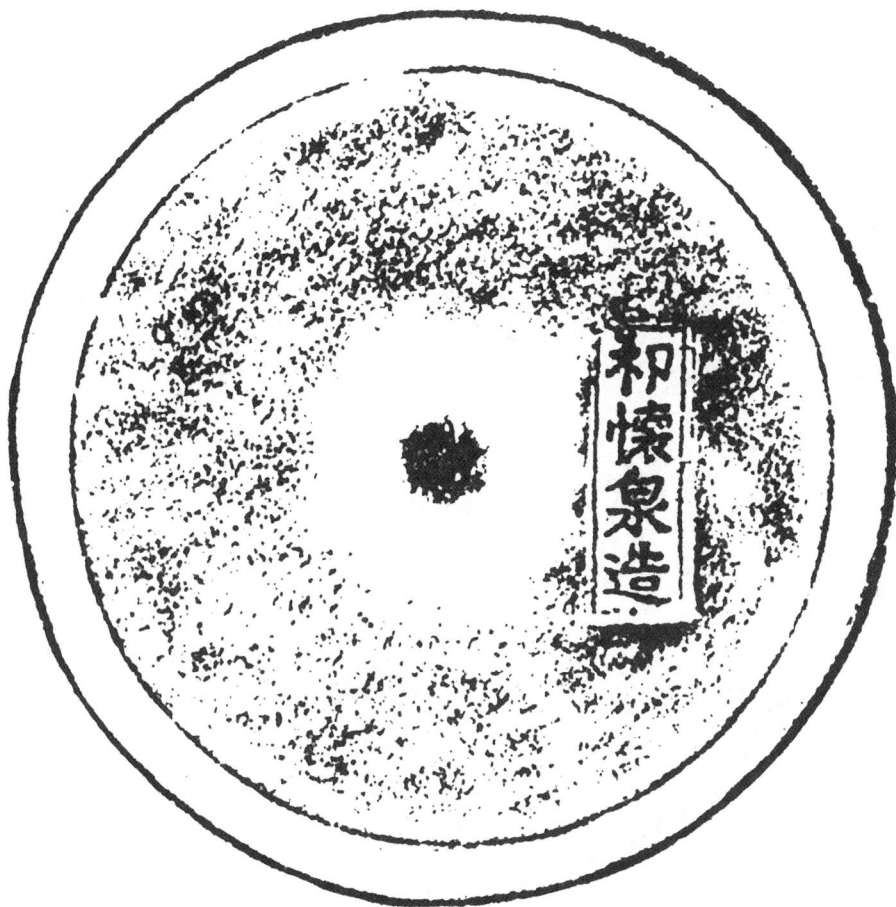

9.43 祁怀泉镜

圆形。圆钮。右侧有"祁怀泉造"铭文。凸圈带外卷缘。直径 11 厘米。《镜花水月——铜镜鉴赏与辨伪》186 页左上图。

五岳真形镜

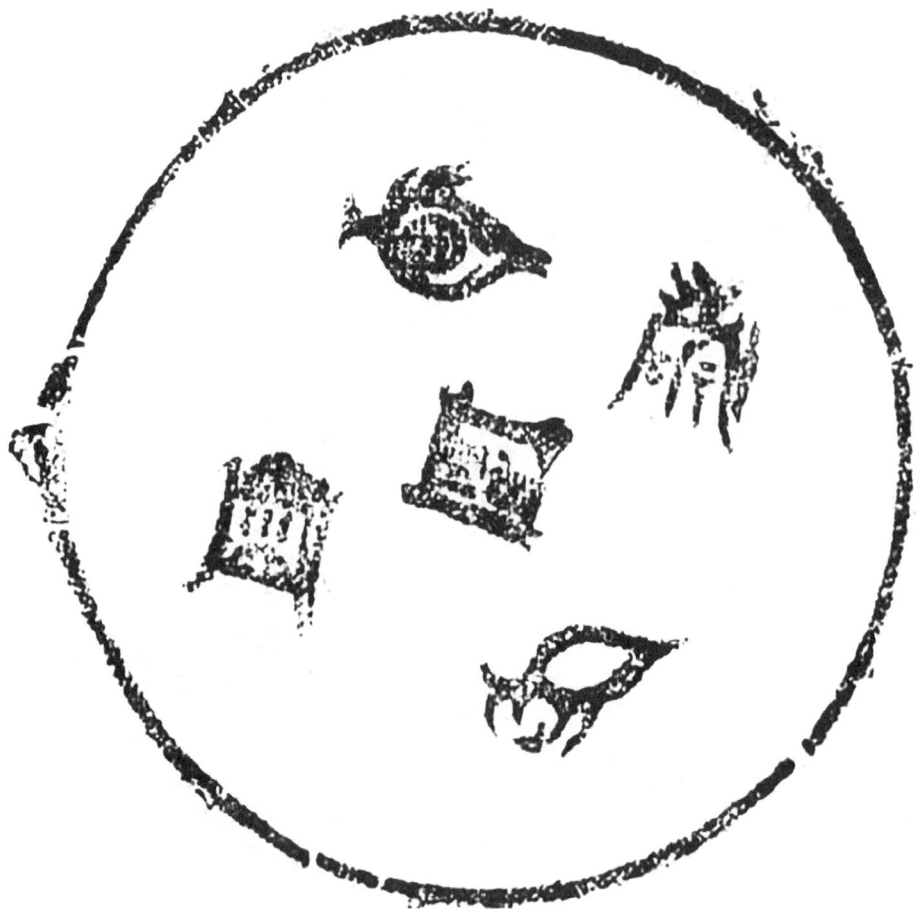

9.44 五岳真形镜

　　圆形，无钮。镜中心处配置一图像，其外四方位环列四个不同形态的图形。根据古代文献记载，这五个图形应是与道教有关的"五岳真形图"，中心象征中岳（嵩山），其他四岳是东岳（泰山）、西岳（华山）、南岳（衡山）、北岳（恒山）。素窄缘。直径10厘米。江苏太仓明思宗崇祯十二年（1639）墓出土。《苏州太仓县明黄元会夫妇合葬墓》图二右（《考古》1987年3期251页）。

仿镜

9.45 隆庆仿汉博局镜

圆形。弦纹圈带内七乳与勾卷纹等相间环绕,其外饰四乳、TLV 纹及瑞兽。两侧各一行铭文,合为"隆庆戊辰三月江西省铸荆溪王云川记"。卷云纹缘。直径 13.25 厘米。明穆宗隆庆戊辰年为隆庆二年(1568)。《故宫藏镜》167 页。

9.46 隆庆仿唐鸾兽镜

　　菱花形。圆钮。双鸾双兽花枝相间环列，镜缘八瓣中装饰蝴蝶、流云、花枝或朵花，并间以铭文"大明隆庆庚午端阳益藩世孙潢南雅制"。直径18.5厘米。江西南城县明益庄王朱厚烨继妃万氏墓出土。隆庆庚午即隆庆四年（1570）《记元明时期江西铸造的铜镜》图二.2（《考古》1988年7期637页）。

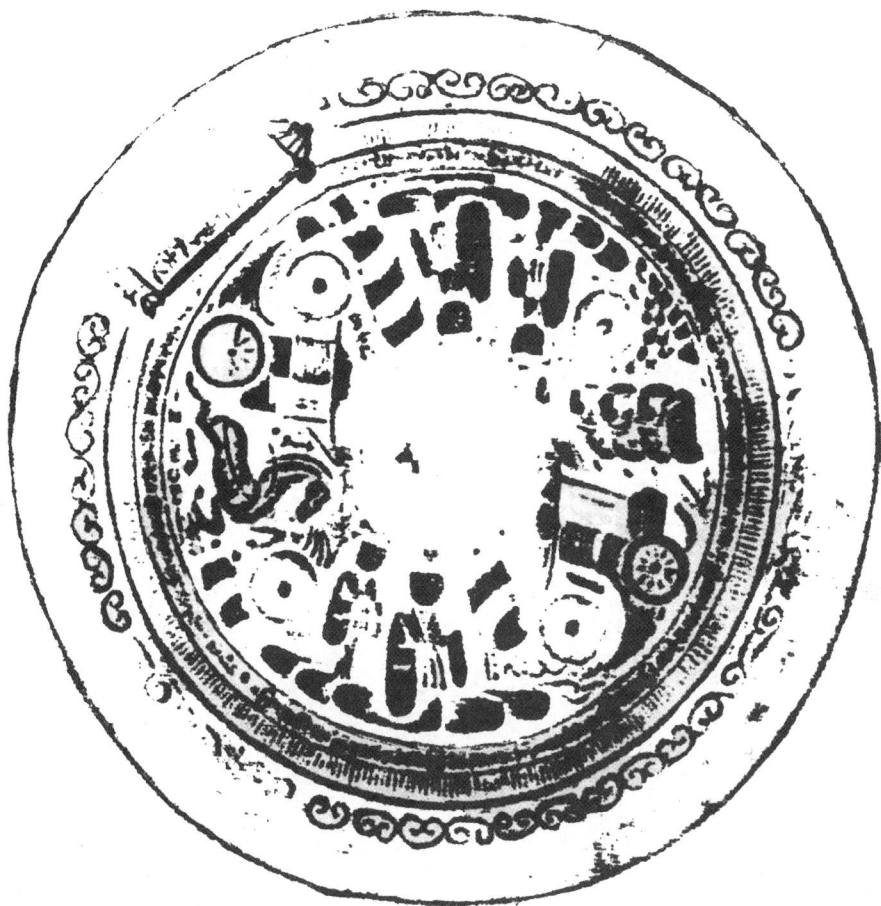

9.47 仿汉人物车马镜

　　圆形。圆钮座。四乳间有四组图案，一组为骏马驾车，一组为四马驾车，另两组分别为东王公、西王母及侍者和羽人。云卷纹缘，其上叠压"□府□薛家造"铭文牌记。直径 19 厘米。《铜镜图案——湖南出土历代铜镜》228 页图 209。

十

清代铜镜

纪年镜

10.1 康熙五岳八卦镜

　　圆形。平顶圆钮，上有符箓图形。中心符箓与四方符箓的组合，应象征"五岳真形图"。其外八卦卦象与"康熙五十九年六月"铭文相间环列。重圈缘。直径9.3厘米。康熙五十九年为公元1720年。《故宫藏镜》185页。

10.2 乾隆仿汉博局镜

　　圆形。平顶圆钮，其上为"乾隆年制"款铭。此镜为仿汉博局镜，但纹饰和铭文均与汉镜有所不同，如圈带铭文为"炼形神冶，璧月腾辉，周天分野，庚罴十式"。素缘。直径 11 厘米。《故宫藏镜》186 页。

10.3 乾隆仿唐瑞兽葡萄镜

　　圆形。镜心为方形"乾隆年制"款铭。此镜为仿唐瑞兽葡萄镜。内区瑞兽攀援
葡萄枝蔓，外区禽兽葡萄环绕一周。铭文缘。《尊古斋古镜集景》48 页。

10.4 嘉庆双鱼镜

    圆形。平顶圆钮,上饰卧鹿。内区双鱼,同向洄游。外区铭文为"大清嘉庆庚申冬十二月吉日作双鱼式,造于滇南"。素缘。直径 16.4 厘米。嘉庆庚申即嘉庆五年(1800)。《故宫藏镜》198 页。

10.5 嘉庆十二生肖镜

　　圆形，带柄。圆钮。弦纹圈带分为三区，内区钮四周有"东莱宝镜"铭文，中区环绕十二生肖，外区铭文为"嘉庆七年壬戌滇南抚署慎思堂铸"。素缘。直径17.8厘米。清仁宗嘉庆七年为公元1802年。《馆藏铜镜选辑》（十）图54（《中国历史博物馆馆刊》1997年1期129页）。

龙纹镜

10.6 薛惠公双龙镜

圆形。镜心为"湖州薛惠公"款铭。其外双龙相对，呈前跃式。窄缘。直径 11 厘米。山东沂水拣选。《山东沂水县征集的古代铜镜》图三〇（《文物》1991 年 7 期 93 页）。

10.7 双龙镜

　　圆形，钮缺。双龙相对，回首曲身，竖角张口，前肢伸张，仅显露一后肢，尾端呈分枝形。素缘。直径 12.3 厘米。河北徐水出土。《历代铜镜纹饰》图424。

10.8 盘龙镜

圆形。一龙浮现在云纹中，龙头呈正视形，前肢左右伸张，身躯盘曲。一圆圈带叠压在龙背脊上，圈带中有图案，十分突出。直径13.7厘米。《历代铜镜纹饰》图425。

吉祥图纹镜

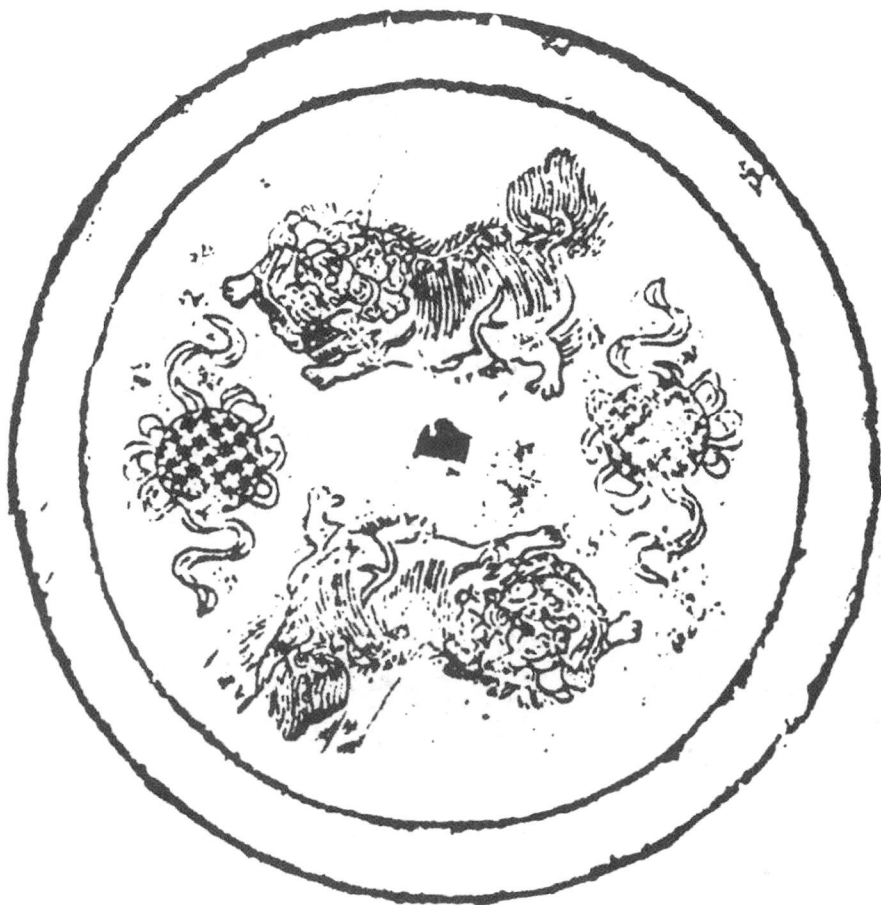

10.9 狮子滚绣球镜

圆形。圆钮。钮外两只雄狮，二目圆睁、狮尾上翘，作匍匐状，头前各饰一带着飘带的绣球。凸圈带外卷缘。直径 23.5 厘米。《湖南出土铜镜图录》177 页图 36。

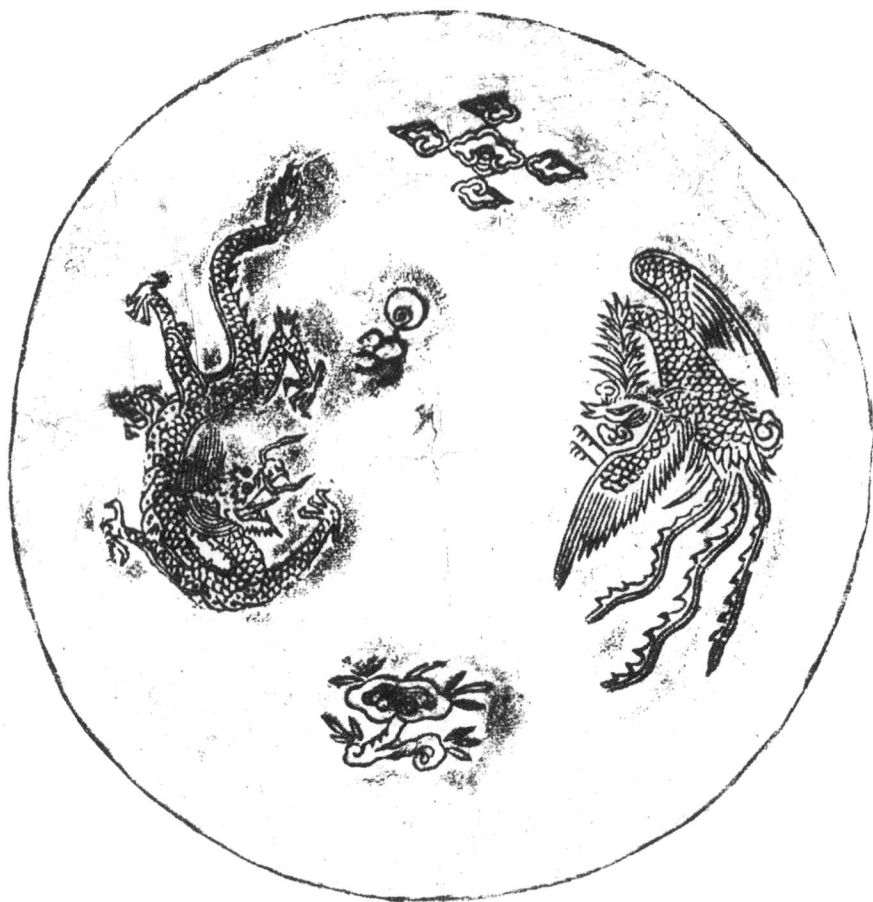

10.10 龙凤呈祥镜

　　圆形。圆钮。两侧龙凤相对，凤曲颈高飞，羽毛舒展清晰。龙昂首曲颈，四肢伸张，腾飞戏珠。龙凤间点缀方胜及灵芝纹。素窄缘。《铜镜图案》132 页。

10.11 三友纹镜

　　圆形，带柄。满饰腊梅、松枝和竹叶纹。其间有方形"上上清铜"和圆形"湖州薛晋侯自造"款铭。素窄缘。带柄通长 27.9 厘米。《铜镜图案——湖南出土历代铜镜》233 页图 214。

10.12 双喜五蝠纹镜

　　圆形，带柄。镜心圈带内饰一喜字，其外环绕五只展翅飞翔的蝙蝠，圈带下方有"包换青同"款铭。素窄缘，素长柄。通长 28.2 厘米。《铜镜图案——湖南出土历代铜镜》232 页图 213。

10.13 仁寿五福镜

　　圆形。平顶圆钮，其上圆圈带内有"仁寿"铭文。内区钮周环绕五朵祥云，又围以五只飞翔的蝙蝠。外区环列一周勾连纹。素缘。直径 14.1 厘米。《故宫藏镜》200 页。

人物故事镜

10.14 仕女游园镜

圆形。钮上方镂空楼阁栏杆，左侧有围栏老树、花草，下侧几个仕女在园中游乐。直径 10.2 厘米。《铜镜图案——湖南出土历代铜镜》234 页图 215。

10.15 童戏镜

　　圆形。平顶圆钮，其上有"湖州薛晋侯自造"款铭。钮周环列 36 个姿态各异的嬉戏儿童，间有花草、山石。素卷缘。直径 36 厘米。《馆藏铜镜选辑》（十）图 25（《中国历史博物馆馆刊》1997 年 1 期 125 页）。

10.16 童戏镜

　　圆形。平顶圆钮，上有"湖州薛晋侯自造"款铭。钮外环列 46 个人物，其中 40 多个儿童在进行各种嬉戏活动，内容丰富，形象生动，刻画细致。凸圈带外卷缘。直径 42 厘米。《故宫藏镜》204 页。

吉祥铭文镜

10.17 天子万年镜

　　圆形。方钮，其上有"天子万年"铭文。其外上下左右方格内各置一铭文，合为"天子万年"。素缘凸起。直径 38.1 厘米。《故宫藏镜》201 页。

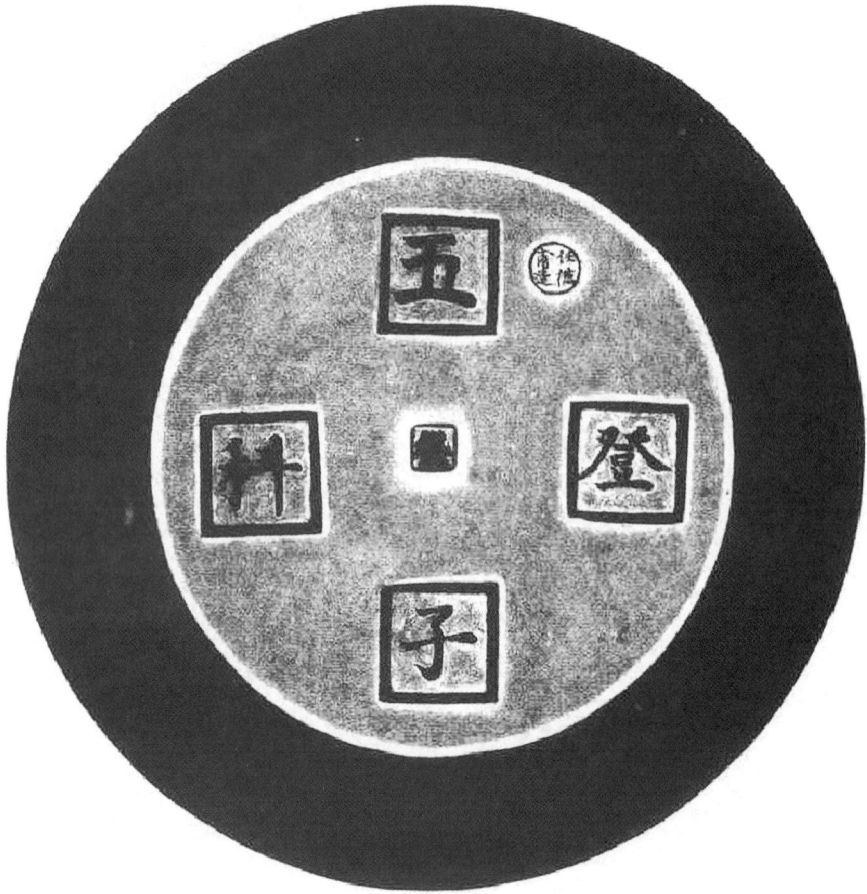

10.18 五子登科镜

　　圆形。方钮。其外上下左右方格内各置一铭文，合为"五子登科"。五字右侧有"任德甫造"圆形印记。宽凸素缘。直径 39.8 厘米。《故宫藏镜》202 页。

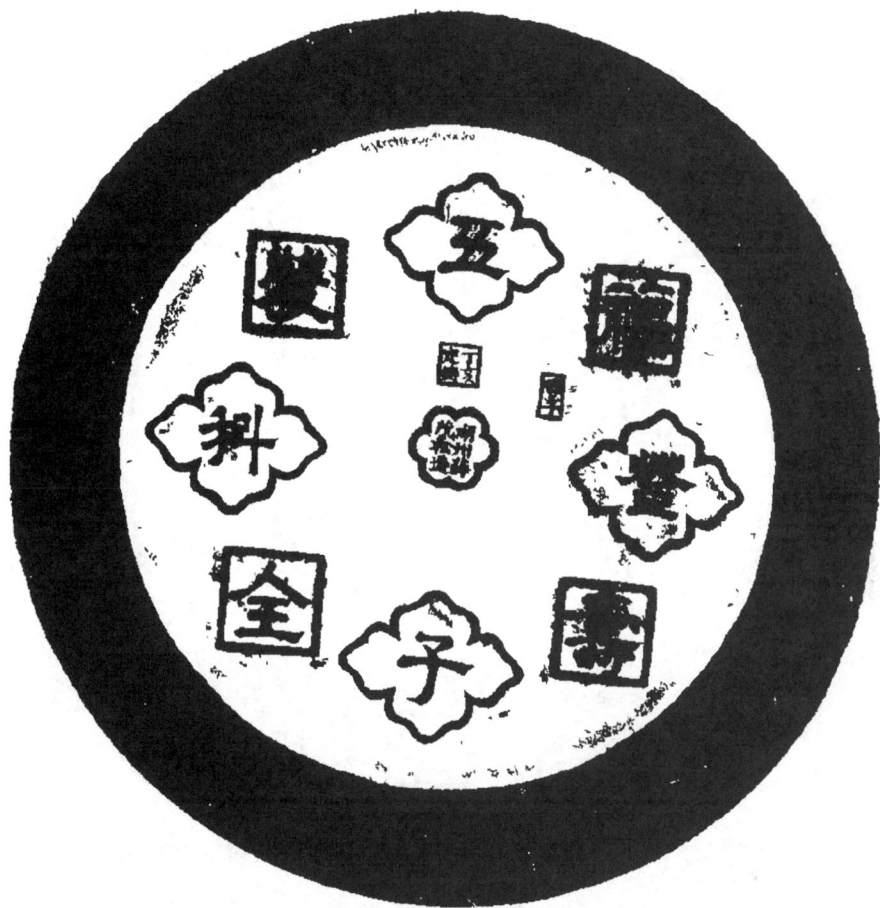

10.19 五子登科镜

　　圆形。平顶葵花形钮，钮顶有"湖州薛茂松造"款铭。钮上方有"德学"和"丁亥定铸"方形款铭。其外四正位四花瓣形内有"五子登科"、四隅位四方格内有"福寿双全"铭文。素宽缘。直径 32.8 厘米。《馆藏铜镜选辑》（十）图 20（《中国历史博物馆馆刊》1997 年 1 期 124 页）。

10.20 如日之精铭文镜

　　方形。四行铭文为："如日之精，如月之明，水天一色，犀照群伦。"左侧上下分别有"茗溪"压腰葫芦形和"薛惠公造"方形款铭。素宽缘。边长9厘米。浙江金华出土。《浙江出土铜镜》183页。

10.21 方正而明铭文镜

　　方形。铭文为："方正而明，万里无尘，水天式色，犀照群伦。"左侧下方有圆形"胡郡"和方形"薛晋侯造"款铭。素宽缘。边长10.1厘米。《广西铜镜》265页图221。

10.22 虚涵方寸铭文镜

方形。铭文为："虚涵方寸，明鉴万里，不将不迎，应物无已。"左侧下方有椭圆形"湖郡"和方形"薛赞王造"款铭。素宽缘。边长9厘米。《镜花水月——铜镜鉴赏与辨伪》191页下图。

修订本后记

在文博考古和收藏界同仁的期待中，在上海古籍出版社的支持下，《中国铜镜图典》（修订本）终于问世了。《中国铜镜图典》出版二十多年来，这本工具书以其资料的科学性、系统性得到读者的好评。伴随着中国古代铜镜研究成果的陆续出版，我们越来越感觉到原书存在的诸多问题必须进行修订改正。但是面对如此丰富复杂的铜镜资料，修订本如何定位就显得十分重要，感谢各方面人士的呼吁、建议和指正，我们确定了本书前言所谈到的修订目标和原则。

在修订过程中，我们引用了更多考古出土和文博考古单位收藏的铜镜，得到了许多同行的支持，他们同意授权本书使用这些资料。《南阳出土铜镜》、《洛镜铜华——洛阳铜镜发现与研究》、《仪征馆藏铜镜》、《汉广陵国铜镜》、《清质·昭明》（安吉县博物馆）等书作者还特别提供了拓本或电子版资料。

由于本书引用和参考的著作较多，我们不能一一举出单位名称和作者的名字，只能在这里向他们表示衷心的感谢！没有这么多的文博考古同仁辛苦的发掘、整理和研究，就不可能有这样一本综合性的铜镜图典。

本书得以出版，我们还要感谢上海古籍出版社吴长青副总编的支持，感谢责任编辑姚明辉博士的辛勤工作。

参考书目

一、古籍

（宋）王黼编纂：《宣和博古图》，清乾隆十八年（1753）天都黄晟亦政堂修补明万历二十八年吴万化宝古堂刻本.

（清）陈经：《求古精舍金石图》，清嘉庆二十二年（1817）乌程陈氏说剑楼刻本.

（清）端方：《陶斋吉金录》，清光绪三十四年（1908）有正书局石印本.

（清）方濬益：《缀遗斋彝器款识》，上海会文堂书局，民国14年（1925）影印本.

（清）冯云鹏，冯云鹓：《金石索》，清道光四年（1824）崇川邃古斋刊本.

（清）梁诗正等编纂：《宁寿鉴古》，涵芬楼民国二年（1913）据宁寿宫写本石印本.

（清）梁诗正等编纂：《西清古鉴》，台湾商务印书馆民国七十五年（1986）景印文渊阁四库全书本.

（清）刘喜海辑：《长安获古编》，清光绪三十一年（1905）丹徒刘铁云重印本.

（清）刘心源：《奇觚室吉金文述》，清光绪二十八年（1902）刻本.

（清）钱坫：《浣花拜石轩镜名集录》，陈乃乾《百一庐金石丛书》本，1921.

（清）王杰等编纂：《西清续鉴·甲编》，清宣统三年（1911）上海涵芬楼影印清宁寿宫写本.

（清）王杰等编纂：《西清续鉴·乙编》，北平古物陈列所民国二十年（1933）影清宝蕴楼抄本.

（清）张廷济：《清仪阁所藏古器物文》，商务印书馆据桐乡徐钧爱日馆本影印.

二、一般书籍

（一）图录类

曹菁菁，卢芳玉：《国家图书馆藏陈介祺藏古拓本选编·铜镜卷》，浙江古籍出版社，2008.

呼啸：《隋至清中国纪年铜镜图典》，陕西人民教育出版社，2017.

黄濬：《尊古斋古镜集景》，上海古籍出版社，1990.

孔祥星，刘一曼：《中国铜镜图典》，文物出版社，1992.

梁上椿：《岩窟藏镜》，大业印刷局，1940.

刘体智：《善斋吉金录》，民国二十三年 (1934) 庐江刘氏善斋石印本.

刘体智：《小校经阁金石拓本》，民国二十四年 (1932) 小校经阁印本.

徐乃昌：《小檀栾室镜影》，民国二十一年 (1932) 影印本.

中国青铜器全集编辑委员会：《中国青铜器全集·铜镜》，文物出版社，1998.

赵力光，李文英：《中国古代铜镜》，陕西人民出版社，1997.

各地区出土或馆藏铜镜

安徽

蚌埠市博物馆：《蚌埠市博物馆铜镜集萃》，文物出版社，2014.

淮南市博物馆编：《淮南市博物馆藏镜》，文物出版社，2011.

李德文：《六安出土铜镜》，文物出版社，2008.

故宫（北京）

郭玉海：《故宫藏镜》，紫禁城出版社，1996.

何林主编：《故宫藏镜》，紫禁城出版社，2008.

故宫（台北）

国立故宫博物院编辑委员会：《故宫铜镜特展图录》，台北国立故宫博物院，1986.

广西

黄启善主编，广西壮族自治区博物馆编：《广西铜镜》，文物出版社，2004.

河北

河北省文物研究所：《历代铜镜纹饰》，河北美术出版社，1996.

河南

霍宏伟，史家珍：《洛镜铜华——洛阳铜镜发现与研究》，科学出版社，2013.

洛阳博物馆编：《洛阳出土古镜·两汉部分图册》，文物出版社，1988.

洛阳市文物管理委员会：《洛阳出土铜镜》，文物出版社，1959.

南阳市文物考古研究所：《南阳出土铜镜》，文物出版社，2010.

黑龙江

阿城县文物管理所：《阿城县出土铜镜》，中华书局，1974.

湖北

鄂州市博物馆：《鄂州铜镜》，中国文学出版社，2002.

湖北省博物馆，鄂州市博物馆：《鄂城汉三国六朝铜镜》，文物出版社，1986.

湖南

长沙市博物馆：《楚风汉韵——长沙市博物馆藏铜镜精粹》，文物出版社，2011.

郴州市文物事业管理处，郴州市博物馆：《郴镜文化：郴州古镜精粹》，广西师范大学出版社，2018.

湖南省博物馆：《湖南出土铜镜图录》，文物出版社，1960.

龙朝彬：《常德出土铜镜》，岳麓书社，2010.

周世荣：《铜镜图案》，人民美术出版社，1986.

周世荣：《铜镜图案——湖南出土历代铜镜》，湖南美术出版社，1987.

吉林

张英：《吉林出土铜镜》，文物出版社，1990.

江苏

徐忠文，周长源：《汉广陵国铜镜》，文物出版社，2013.

仪征博物馆：《仪征馆藏铜镜》，江苏美术出版社，2010.

江西

吴水存：《九江出土铜镜》，文物出版社，1993.

辽宁

朝阳博物馆：《龙城宝笈——朝阳博物馆馆藏古代铜镜》，辽宁人民出版社，2014.

辽宁省博物馆：《净月澄华——辽宁省博物馆藏古代铜镜》，辽宁大学出版社，2013.

旅顺博物馆：《旅顺博物馆藏铜镜》，文物出版社，1997.

王家胜，郭富纯：《旅顺博物馆馆藏文物选粹·青铜器卷》，文物出版社，2008.

宁夏

韩彬:《固原铜镜》,宁夏人民出版社,2008.

山东

山东省文物考古研究所:《鉴耀齐鲁——山东省文物考古研究所出土铜镜研究》,文物出版社,2009.

淄博市临淄区文物管理局:《山东临淄战国汉代墓葬与出土铜镜研究》,文物出版社,2017.

陕西

宝鸡青铜器博物院:《对镜贴花黄——宝鸡青铜器博物院典藏铜镜精粹》,三秦出版社,2014.

程林泉,韩国河:《长安汉镜》,陕西人民出版社,2002.

扶风县博物馆:《镜鉴千秋——扶风县博物馆馆藏铜镜集萃》,三秦出版社,2014.

陕西历史博物馆:《千秋金鉴——陕西历史博物馆藏铜镜集成》,三秦出版社,2012.

陕西省文物管理委员会:《陕西省出土铜镜》,文物出版社,1959.

孙福喜:《西安文物精华·铜镜》,世界图书出版西安公司,2008.

上海

陈佩芬:《上海博物馆藏青铜镜》,上海书画出版社,1987.

上海博物馆:《练形神冶　莹质良工——上海博物馆藏铜镜精品》,上海书画出版社,2005.

四川　重庆

四川省博物馆,重庆市博物馆:《四川省出土铜镜》,文物出版社,1960.

浙江

安吉县博物馆:《清质·昭明》,浙江摄影出版社,2012.

王士伦,王牧:《浙江出土铜镜(修订本)》,文物出版社,2006.

王士伦:《浙江出土铜镜》,文物出版社,1987.

浙江省博物馆:《浙江省博物馆典藏大系·越地范金》,浙江古籍出版社,2009.

(一)考古报告及研究类

白云翔,(日)清水康二:《山东省临淄齐国故城汉代镜范的考古学研究》,科学出版社，2007.

广东省博物馆，香港中文大学文物馆：《广东出土晋至唐文物》.广东省博物馆，1985.

广州市文物管理委员会，广州市博物馆：《广州汉墓》，中国社会科学院考古研究所编辑，文物出版社，1981.

湖南省博物馆，长沙市博物馆《长沙楚墓》，文物出版社，2000.

南京大学历史系考古专业，湖北省文物考古研究所，鄂州市博物馆：《鄂城六朝墓》，科学出版社，2007.

中国社会科学院考古研究所：《洛阳烧沟汉墓》，科学出版社，1959.

中国社会科学院考古研究所，河北省文物管理处：《满城汉墓发掘报告》，文物出版社，1980.

中国社会科学院考古研究所：《西安郊区隋唐墓》，科学出版社，1966.

中国社会科学院考古研究所：《唐长安城郊隋唐墓》，文物出版社 1980.

中国社会科学院考古研究所：《偃师杏园唐墓》，科学出版社，2001.

三、外文书籍

［日］滨田耕作：《删订泉屋清赏》，小林写真馆，1934.

［日］富冈谦藏：《古镜の研究》，富冈益太郎，1920.

［日］广濑都巽：《扶桑纪年铭镜图说》，大阪市役所，1938.

［日］和泉市久保惣纪念美术馆：《和泉市久保惣纪念美术馆藏镜拓影》，和泉市久保惣纪念美术馆，1984.

［日］和泉市久保惣纪念美术馆：《和泉市久保惣纪念美术馆藏镜图录》，和泉市久保惣纪念美术馆，1985.

［日］后藤守一：《古镜聚英》，大冢巧艺社，1942.

［日］梅原末治：《汉三国六朝纪年镜集录》，冈书院，1931.

［日］梅原末治：《欧米に于ける支那古镜》，刀江书院，1931.

［日］梅原末治：《欧米搜储支那古铜精华·镜鉴部》，山中商会，1933.

［日］梅原末治：《汉以前の古镜の研究》，东方文化学院京都研究所，1935.

［日］梅原末治：《绍兴古镜聚英》，桑名文星堂，1939.

［日］梅原末治：《鉴镜の研究》，临川书店，1975.

［日］梅原末治：《汉三国六朝纪年镜图说》，同朋舍，1984.

［日］末永雅雄，杉本宪司：《徐乃昌藏中国古镜拓影》，木耳社，1984.

［日］泉屋博古馆：《泉屋博古·镜鉴编》，泉屋博古馆，2004.

［日］守屋孝藏：《方格规矩四神镜图录》，京都国立博物馆，1969.

［日］守屋孝藏：《汉镜と隋唐镜图录》，京都国立博物馆，1970.

［日］樋口隆康：《古镜》，新潮社，1985.

［日］樋口隆康：《古镜·图录》，新潮社，1985.

［日］樋口隆康：《镜鉴》，泉屋博古馆，1990.

［日］住友友成：《新修泉屋清赏》，泉屋博古馆，1971.

《中国铜镜图典(修订本)》所涉论文总目

一、中国早期铜镜

《馆藏铜镜选辑(一)》,《中国历史博物馆馆刊》1992 年总 17 期。

《齐家文化铜镜的非破坏鉴定——快中子放射化分析法》,《考古》1980 年 4 期。

《中国早期铜镜及其相关问题》,《考古学报》1997 年 2 期。

二、春秋战国铜镜

《安徽淮南市博物馆收藏的几件古代铜镜》,《文物》1993 年 4 期。

《安徽淮南市发现战国铜镜》,《考古》1988 年 4 期。

《安徽六安市白鹭洲战国墓 M566 的发掘》,《考古》2012 年 5 期。

《安塞县文管所收藏的部分铜镜》,《文博》1992 年 6 期。

《长沙沙湖桥一带古墓发掘报告》,《考古学报》1957 年 4 期。

《长沙西郊桐梓坡汉墓》,《考古学报》1986 年 1 期。

《成都洪家包西汉木椁墓清理简报》,《考古通讯》1957 年 3 期。

《成都羊子山第 172 号墓发掘报告》,《考古学报》1956 年 4 期。

《丹东地区出土的青铜短剑》,《考古》1984 年 8 期。

《鄂城楚墓》,《考古学报》1983 年 2 期。

《阜阳双古堆西汉汝阴侯墓发掘简报》,《文物》1978 年 8 期。

《古丈白鹤湾楚墓》,《考古学报》1983 年 3 期。

《馆藏铜镜选辑(一)》,《中国历史博物馆馆刊》1992 年总 17 期。

《光化五座坟的西汉墓》,《考古学报》1976 年 2 期。

《合肥出土、征集的部分古代铜镜》,《文物》1998 年 10 期。

《河北邯郸赵王陵》,《考古》1982 年 6 期。

《湖北云梦睡虎地秦汉墓发掘简报》，《考古》1981 年 1 期。

《湖北云梦睡虎地十一座秦墓发掘简报》，《文物》1976 年 9 期。

《湖南常德德山楚墓发掘报告》，《考古》1963 年 9 期。

《湖南郴州市马家坪古墓清理》，《考古》1961 年 9 期。

《湖南长沙纸园冲工地古墓清理小结》，《考古通讯》1957 年 5 期。

《湖南资兴旧市战国墓》，《考古学报》1983 年 1 期。

《江陵扬家山 135 号秦墓发掘简报》，《文物》1993 年 8 期。

《江陵张家山 201 号楚墓清理简报》，《江汉考古》1984 年 2 期。

《江苏盱眙县大云山西汉江都王陵东区陪葬墓》，《考古》2013 年 10 期。

《荆门郭店一号楚墓》，《文物》1997 年 7 期。

《辽宁本溪发现青铜短剑墓》，《考古》1987 年 2 期。

《辽宁朝阳十二台营子青铜短剑墓》，《考古学报》1960 年 1 期。

《临沂银雀山四座西汉墓葬》，《考古》1975 年 6 期。

《洛阳道北战国墓》，《文物》1996 年 7 期。

《洛阳市西工区 C1M3943 战国墓》，《文物》1999 年 8 期。

《南越国铜镜论述》，《考古学报》1998 年 3 期。

《潜山县博物馆藏战国两汉铜镜》，《文物》2013 年 2 期。

《山东临沂西汉墓发现〈孙子兵法〉和〈孙膑兵法〉等竹简的简报》，《文物》1974 年 2 期。

《山东临淄出土战国彩绘铜镜》，《文物》2017 年 4 期。

《山东淄博市临淄区国家村战国及汉代墓葬》，《考古》2010 年 11 期。

《山西孝义张家庄汉墓发掘记》，《考古》1960 年 7 期。

《山西长治分水岭 126 号墓发掘简报》，《文物》1972 年 4 期。

《山西长治分水岭战国墓第二次发掘》，《考古》1964 年 3 期。

《沈阳郑家洼子的两座青铜时代墓葬》，《考古学报》1975 年 1 期。

《咸阳市黄家沟战国墓发掘简报》，《考古与文物》1982 年 6 期。

《扬州地区出土的铜镜》，《文物参考资料》1957 年 8 期。

《宜昌前坪战国两汉墓》，《考古学报》1976 年 2 期。

《益阳楚墓》，《考古学报》1985 年 1 期。

三、汉魏晋南北朝铜镜

《安徽马鞍山东吴朱然墓发掘简报》，《文物》1986 年第 3 期。

《长安县秦沟村清理一座东汉墓》，《文博》1988 年 6 期。

《长沙北郊东汉墓中出土的铜尺》，《考古》1959 年 12 期。

《长沙金塘坡东汉墓发掘简报》，《考古》1979 年 5 期。

《长沙马王堆二、三号汉墓发掘简报》，《文物》1974 年 7 期。

《长沙树木岭战国墓阿弥岭西汉墓》，《考古》1984 年 9 期。

《长沙咸家湖西汉曹□（女巽）墓》，《文物》1979 年 3 期。

《固始县发现东汉画像镜》，《文物》1986 年 5 期。

《馆藏铜镜选辑（三）》，《中国历史博物馆馆刊》1993 年 1 期。

《广东韶关市郊古墓发掘报告》，《考古》1961 年 8 期。

《"规矩镜"应改称"博局镜"》，《考古》1987 年 12 期。

《河南南阳百里奚村汉墓的调查》，《考古通讯》1975（1957）年 6 期。

《河南淇县发现一面东汉画像铜镜》，《文物》1980 年 7 期。

《河南陕县刘家渠汉墓》，《考古学报》1965 年 1 期。

《河南偃师三座唐墓发掘简报》，《中原文物》2009 年 5 期。

《河南禹县白沙汉墓发掘报告》，《考古学报》1959 年 1 期。

《湖北沔阳出土的汉代铜镜》，《文物》1989 年 5 期。

《湖北十堰市发现一枚汉代铜镜》，《考古》2004 年 7 期。

《湖北宜城"楚皇城"遗址调查》，《考古》1965 年 8 期。

《湖南郴州市马家坪古墓清理》，《考古》1961 年 9 期。

《湖南出土汉代铜镜文字研究》，《古文字研究》第 14 辑，1986 年。

《湖南衡阳茶山坳东汉至南朝墓的发掘》，《考古》1986 年 12 期。

《湖南耒阳东汉墓清理简报》，《考古通讯》1956 年 4 期。

《湖南零陵李家园发现新莽墓》，《考古》1964 年 9 期。

《湖南长沙砚瓦池古墓的清理》，《考古通讯》1957 年 5 期。

《湖南长沙纸园冲工地古墓清理小结》，《考古通讯》1957 年 5 期。

《湖南资兴东汉墓》，《考古学报》1984 年 1 期。

《霍邱张家岗古墓发掘简报》，《文物参考资料》1958 年 1 期。

《几种汉代镜铭补说》，台湾政大中文系主办《第十届汉代文学与思想国际学术研讨会论文集》，2016 年。

《济宁市博物馆近年拣选的古代铜镜》，《文物》1990 年 1 期。

《江苏东海县尹湾汉墓群发掘简报》，《文物》1996 年 8 期。

《江苏连云港市海州网疃庄汉木椁墓》，《考古》1963 年 6 期。

《江苏盱胎东阳汉墓》，《考古》1979 年 5 期。

《江苏盱眙县大云山西汉江都王陵北区陪葬墓》，《考古》2014 年 3 期。

《江西南昌东汉、东吴墓》，《考古》1978 年 3 期。

《江西瑞昌马头西晋墓》，《考古》1974 年 1 期。

《江西新干县西晋墓》，《考古》1983 年 12 期。

《论吴晋时期的佛像夔凤镜——为纪念夏鼐先生考古五十年而作》，《考古》1985 年 7 期。

《洛阳道北西汉墓出土一件博局纹铜镜》，《文物》1999 年 9 期。

《洛阳谷水晋墓（FM6）发掘简报》，《文物》1997 年 9 期。

《洛阳晋墓的发掘》，《考古学报》1957 年 1 期。

《洛阳五女冢 267 号新莽墓发掘简报》，《文物》1996 年 7 期。

《洛阳西郊汉墓发掘报告》，《考古学报》1963 年 2 期。

《南阳市博物馆藏纪年的铜镜》，《中原文物》1982 年 1 期。

《潜山县博物馆藏战国两汉铜镜》，《文物》2013 年 2 期。

《山东梁山柏木山的一座东汉墓》，《考古》1964 年 9 期。

《山东临沂金雀山九座汉代墓葬》，《文物》1989 年 1 期。

《山东临沂西汉墓发现〈孙子兵法〉和〈孙膑兵法〉等竹简的简报》，《文物》1974 年 2 期。

《山东临淄出土汉代铜镜》，《文物》2017 年 4 期。

《山东滕县柴胡店汉墓》，《考古》1963 年 8 期。

《山东邹城发现两件汉代铜镜》，(《文物》1996 年 4 期。

《山西朔县秦汉墓发掘简报》，《文物》1987 年 6 期。

《山西朔县西汉并穴木椁墓》，《文物》1987 年 6 期。

《陕西淳化县出土汉代铜镜》，《考古》1983 年 9 期。

《陕西长安洪庆村秦汉墓第二次发掘简记》，《考古》1959 年 12 期。

《陕西长安县 206 基建工地汉、晋墓清理简报》，《考古与文物》1989 年 5 期。

《上海市文物保管委员会所藏的几面古镜介绍》，《文物参考资料》1957 年 8 期。

《四川三台县发现东汉墓》，《考古》1976 年 6 期。

《太原东太堡出土的汉代铜器》，《文物》1962 年 4、5 期。

《谈谈我国古代的铜镜》，《考古通讯》1955 年 6 期。

《吴镜师陈世所作神兽镜论考》，《考古》1986 年 11 期。

《西安十里铺东汉墓清理简报》，《考古通讯》1957 年 4 期。

《西安市文管会所藏的四件汉代文物》，《考古与文物》1981 年 4 期。

《徐州狮子山西汉楚王陵发掘简报》，《文物》1998 年 8 期。

《徐州西汉宛朐侯刘埶墓》，《文物》1997 年 2 期。

《扬州出土的汉代铭文铜镜》，《文物》1985 年 10 期。

《扬州地区出土的铜镜》，《文物参考资料》1957 年 8 期。

《扬州东风砖瓦厂汉代木椁墓群》，《考古》1980 年 5 期。

《扬州市郊发现两座新莽时期墓》，《考古》1986 年 11 期。

《扬州胥浦六朝墓》，《考古学报》1988 年 2 期。

《一九五五年洛阳涧西区小型汉墓发掘报告》，《考古学报》1959 年 2 期。

《云南昭通茨泥巴出土两面汉镜》，《考古》1982 年 3 期。

《浙江安吉三宫乡的一座六朝初期墓》，《考古通讯》6 期。

《镇江东吴西晋墓》，《考古》1984 年 6 期。

《郑乾意夫妇墓发掘简报》，《文博》2014 年 4 期。

四、隋唐铜镜

《安徽望江县发现汉代规矩镜》，《考古》1987 年 10 期。

《长沙两晋南朝隋墓发掘报告》，《考古学报》1959 年 3 期。

《长沙容园两汉、六朝、隋、唐、宋墓清理简报》，《考古通讯》1958 年 5 期。

《馆藏铜镜选辑（四）》，《中国历史博物馆馆刊》1993 年 2 期。

《馆藏铜镜选辑（五）》，《中国历史博物馆馆刊》1994 年 1 期。

《合肥出土、征集的部分古代铜镜》，《文物》1998 年 10 期。

《河北邢台市唐墓的清理》，《考古》2004 年 5 期。

《河南焦作博爱聂村唐墓发掘报告》，《文博》2008 年 3 期。

《河南平顶山苗候唐墓发掘简报》，《考古与文物》1982 年 3 期。

《河南三门峡市印染厂唐墓清理简报》，《华夏考古》2002 年 1 期。

《河南偃师唐墓发掘报告》，《华夏考古》1995 年 1 期。

《河南偃师杏园村的六座纪年唐墓》，《考古》1986 年 5 期。

《湖北谷城县肖家营墓地》，《考古》2006 年 11 期。

《湖北郧县唐李徽、阎婉墓发掘简报》，《文物》1987 年 8 期。

《湖南衡阳市发现唐代凤凰双镜》，《考古》1992 年 11 期。

《介绍馆藏铜镜》，《文博》1989 年 2 期。

《洛阳 16 工区 76 号唐墓清理简报》，《文物参考资料》1956 年 5 期。

《洛阳博物馆馆藏的几件铜镜》，《中原文物》1991 年 1 期。

《洛阳关林唐墓》，《考古》1980 年 4 期。

《洛阳涧西区唐代墓葬发掘简报》，《文物》2011 年 6 期。

《洛阳伊川大庄唐墓（M3）发掘简报》，《文物》2005 年 8 期。

《三门峡市两座唐墓发掘简报》，《华夏考古》1989 年 3 期。

《山东邹城古代铜镜选粹》，《文物》1997 年 7 期。

《山西大同西北郊五代墓发掘简报》，《文物》2016 年 4 期。

《陕西商洛地区出土一件唐代双鸾奔马镜》，《文物》1988 年 7 期。

《陕西长安隋宋忻夫妇合葬墓清理简报》，《考古与文物》1994 年 1 期。

《上海市文物保管委员会所藏的几面古镜介绍》，《文物参考资料》1957 年 8 期。

《隋元威夫妇墓发掘简报》，《考古与文物》2012 年 1 期。

《唐代辅君夫人米氏墓清理简报》，《文博》2015 年 4 期。

《唐代故济州司马郝君夫人达奚令婉墓发掘简报》，《文博》2013 年 4 期。

《唐金银平脱天马鸾凤镜》，《文物》1966 年 1 期。

《唐薛元暇夫妇墓发掘简报》，《考古与文物》2009 年 6 期。

《西安东郊发现一座唐墓》，《考古》1991 年 3 期。

《西安郭家滩唐墓清理简报》，《考古通讯》1956 年 6 期。

《西安南郊隋苏统师墓发掘简报》，《考古与文物》2010 年 3 期。

《西安南郊唐代张夫人墓发掘简报》，《文博》2013 年 1 期。

《西安市文管会收藏的几件珍贵文物》，《考古与文物》1984 年 4 期。

《扬州出土的唐代铜镜》，《文物》1979 年 7 期。

《扬州新出土的几面唐镜》，《文物》1986 年 4 期。

《一九五六年河南陕县刘家渠汉唐墓葬发掘简报》，《考古通讯》1957 年 4 期。

《浙江淳安古墓发掘》，《考古》1959 年 9 期。

《真子飞霜镜研究》附图 10-1，陕西师范大学硕士学位论文。

《郑乾意夫妇墓发掘简报》，《文博》2014 年 4 期。

《郑州地区发现的几座唐墓》，《文物》1995 年 5 期。

《郑州市博物馆收藏的几面古代铜镜》，《中原文物》1987 年 1 期。

《郑州市区西北部两座唐墓发掘简报》，《中原文物》2011 年 4 期。

《郑州唐丁彻墓发掘简报》，《华夏考古》2000 年 4 期。

五、五代宋铜镜

《安阳市博物馆藏铜镜选介》，《中原文物》1986 年 3 期。

《北京发现宋〈满江红〉词菱花铜镜》，《文物》1985 年 1 期。

《扶风博物馆藏历代铜镜介绍》，《文博》1988 年 4 期。

《高安、清江发现两座宋墓》，《文物》1959 年 10 期。

《馆藏铜镜选辑（六）》，《中国历史博物馆馆刊》1994 年 2 期。

《合肥北宋马绍庭夫妻合葬墓》，《文物》1991 年 3 期。

《合肥出土、征集的部分古代铜镜》，《文物》1998 年 10 期。

《河南洛阳市苗北村五代、宋金墓葬发掘简报》，《考古》2013 年 4 期。

《河南淇县征集的一批宋元铜镜》，《考古》1987 年 3 期。

《湖北房县博物馆收藏的盾形铜镜》，《文物》2017 年 7 期。

《湖北麻城北宋石室墓清理简报》，《考古》1965 年 1 期。

《湖南安仁发现一座五代墓》,《考古》1992 年 10 期。

《湖南常德市郊出土宋代大型铜镜》,《文物》1987 年 10 期。

《湖南出土宋镜选记》,《南方文物》1994 年 3 期。

《湖南临湘陆城宋元墓清理简报》,《考古》1988 年 1 期。

《湖南省博物馆收藏的日本江户时代铜镜》,《文物》1995 年 5 期。

《济宁市博物馆近年拣选的古代铜镜》,《文物》1990 年 1 期。

《江苏连云港市清理四座五代、北宋墓葬》,《考古》1987 年 1 期。

《江西新余市草溪村出土南宋铜镜》,《考古》1998 年 5 期。

《江西宜春首次发现袁州镜》,《文物》1990 年 4 期。

《介绍馆藏铜镜》,《文博》1989 年 2 期。

《介绍江苏武进县博物馆藏的一件宋代铜镜》,《文物》1993 年 8 期。

《金华南宋郑继道家族墓清理简报》,《东方博物》2008 年 28 辑。

《辽上京出土许由巢父故事铜镜》,《文物》1990 年 4 期。

《略谈长沙的五代两宋墓》,《文物》1960 年 3 期。

《南昌发现宋代抚州镜》,《考古》1989 年 3 期。

《山东聊城地区出土的铜镜》,《文物》1986 年 6 期。

《山东沂水县征集的古代铜镜》,《文物》1991 年 7 期。

《山西忻县北宋墓清理简报》,《文物参考资料》1958 年 5 期。

《商州市城区宋代墓葬发掘简报》,《考古与文物》2002 年 2 期。

《试谈中国铜镜纹饰的发展》,《文物参考资料》1957 年 8 期。

《四川三台县发现一批宋镜》,《考古》1984 年 7 期。

《四川资中出土一件云纹托月宫铜镜》,《文物》1990 年 4 期。

《襄阳磨基山宋墓发掘简报》,《江汉考古》1985 年 3 期。

《扬州出土的唐代铜镜》,《文物》1979 年 7 期。

《浙江东阳市胡前山村发现南宋墓》,《考古》1996 年 9 期。

《浙江新昌收藏的宋代铜镜》,《考古》1991 年 6 期。

《郑州市博物馆收藏的几面古代铜镜》,《中原文物》1987 年 1 期。

六、辽代铜镜

《敖汉旗出土两件辽代铜镜》,《文物》1995 年 5 期。

《跋吉林大安出土契丹文铜镜》,《文物》1973 年 8 期。

《赤峰县大营子辽墓发掘报告》,《考古学报》1956 年 3 期。

《馆藏铜镜选辑（八）》,《中国历史博物馆馆刊》1995 年 2 期。

《河北宣化辽张文藻壁画墓发掘简报》,《文物》1996 年 9 期。

《吉林省辽源市出土一面辽代铜镜》,《文物》1983 年 8 期。

《吉林通榆县团结屯辽墓》,《考古》1984 年 9 期。

《辽宁康平县后刘东屯辽墓》,《考古》1986 年 10 期。

《内蒙古敖汉旗沙子沟、大横沟辽墓》,《考古》1987 年 10 期。

《内蒙古喀喇沁旗出土契丹小字铜镜考释》,《考古》1982 年 3 期。

七、金代铜镜

《甘肃省博物馆收藏的三面金代铜镜》,《考古与文物》1982 年 3 期。

《馆藏铜镜选辑（六）》,《中国历史博物馆馆刊》1994 年 2 期。

《河北省正定县文物保管所收藏的一件金代铜镜》,《文物》1995 年 5 期。

《河南淇县征集的一批宋元铜镜》,《考古》1987 年 3 期。

《河南舞阳县发现航海纹铜镜》,《考古与文物》1989 年 2 期。

《湖南省博物馆收藏的日本江户时代铜镜》,《文物》1995 年 5 期。

《吉林农安出土金代“济州县令贾”铜镜》,《文物》1982 年 11 期。

《辽宁凤城县发现金代刻铭铜镜》,《文物》1983 年 4 期。

《牡丹江边墙调查简报》,《北方文物》1986 年 3 期。

《山东茌平郗屯出土一批金元器物》,《考古》1986 年 8 期。

《山东滕县金苏瑀墓》,《考古》1984 年 4 期。

《山东沂水县征集的古代铜镜》,《文物》1991 年 7 期。

《雅安市出土宋代铜镜》,《四川文物》1985 年 4 期。

八、元代铜镜

《安徽合肥市发现一面元代铜镜》，《考古》1999 年 11 期。

《北京市密云县元代壁画墓》，《文物》1984 年 6 期。

《北京西绦胡同和后桃园的元代居住遗址》，《考古》1973 年 5 期。

《河北宣化元代葛法成墓发掘简报》，《文物》2008 年 7 期。

《河南淇县征集的一批宋元铜镜》，《考古》1987 年 3 期。

《河南信阳发现元代残墓》，《考古》1966 年 4 期 230 页。

《内蒙辽中京及西城外出土的文物》，《考古》1959 年 7 期。

《山东淄博临淄区元代墓葬发掘简报》，《文物》2013 年 4 期。

《山西省大同市元代冯道真、王青墓清理简报》，《文物》1962 年 10 期。

《元铁可父子墓和张弘纲墓》，《考古学报》1986 年 1 期。

《枣庄市出土梵文铜镜和北朝铜佛像》，《考古》1986 年 6 期。

九、明代铜镜

《馆藏铜镜选辑（十）》，《中国历史博物馆馆刊》1997 年 1 期。

《河北宝坻菜园村明墓群》，《考古》1965 年 6 期。

《记元明时期江西铸造的铜镜》，《考古》1988 年 7 期。

《江西南城明墓出土文物》，《考古》1965 年 6 期。

《南阳明故溦水郡主墓》，《东南文化》2004 年 5 期。

《山东嘉祥县出土古代铜镜》，《考古》1986 年 10 期。

《山东聊城地区出土的铜镜》，《文物》1986 年 6 期。

《苏州太仓县明黄元会夫妇合葬墓》，《考古》1987 年 3 期。

《武汉江夏二妃山明景陵王朱孟炤夫妻墓发掘简报》，《江汉考古》2010 年 2 期。

十、清代铜镜

《馆藏铜镜选辑（十）》，《中国历史博物馆馆刊》1997 年 1 期。

《山东沂水县征集的古代铜镜》，《文物》1991 年 7 期。